Einführung in Perl

Randal L. Schwartz, Tom Phoenix & brian d foy

Deutsche Übersetzung von Jørgen W. Lang

Beijing · Cambridge · Farnham · Köln · Sebastopol · Tokyo

O'Reilly Verlag
Balthasarstr. 81
50670 Köln
E-Mail: kommentar@oreilly.de

Copyright:
© 2012 by O'Reilly Verlag GmbH & Co. KG
6. Auflage 2012

Die Darstellung eines Lamas im Zusammenhang mit dem Thema Perl ist ein Warenzeichen von O'Reilly Media, Inc.

Bibliografische Information der Deutschen Nationalbibliothek
Die Deutsche Nationalbibliothek verzeichnet diese Publikation in der Deutschen Nationalbibliografie; detaillierte bibliografische Daten sind im Internet über *http://dnb.d-nb.de* abrufbar.

Lektorat: Volker Bombien, Köln
Korrektorat: Astrid Sander, Köln
Satz: III-Satz, Husby; www.drei-satz.de
Umschlaggestaltung: Michael Oreal, Köln
Produktion: Andrea Miß, Köln
Belichtung, Druck und buchbinderische Verarbeitung:
Druckerei Kösel; Krugzell, www.koeselbuch.de

ISBN 978-3-86899-145-1

Dieses Buch ist auf 100% chlorfrei gebleichtem Papier gedruckt.

Inhalt

Vorwort

Willkommen zur 6. Auflage von *Einführung in Perl*, aktualisiert auf Perl 5.14. Sie können dieses Buch aber auch problemlos benutzen, wenn Sie noch mit Perl 5.8 arbeiten (wobei seine Veröffentlichung mittlerweile schon so lange her ist, dass Sie vielleicht über ein Update nachdenken sollten).

Wenn Sie nach der besten Möglichkeit suchen, die nächsten 30 bis 45 Stunden mit der Programmiersprache Perl zu verbringen, hat Ihre Suche hier ein Ende. Auf den folgenden Seiten finden Sie eine sorgfältig abgestimmte Einleitung in die Sprache, die als das »Arbeitspferd des Internet« sowie als die Sprache der Wahl bei Systemadministratoren, Web-Hackern und Gelegenheitsprogrammierern auf der ganzen Welt gilt.

Wir können Ihnen natürlich nicht den gesamten Umfang von Perl in ein paar Stunden beibringen. Bücher, die Ihnen das versprechen, übertreiben ein bisschen. Stattdessen haben wir sorgfältig einen nützlichen Querschnitt von Perl für Sie ausgewählt. Dieser reicht aus, um Anwendungen mit einer Länge von einer bis zu 128 Zeilen zu schreiben, die ungefähr 90% aller Programme ausmachen. Wenn Sie dieses Buch durchgearbeitet haben, können Sie sich das Alpaka-Buch besorgen, das dort anschließt, wo das Ihnen hier vorliegende Lama-Buch aufhört. Wir haben außerdem eine Reihe von weiterführenden Hinweisen mit aufgenommen, die Ihnen weiterhelfen sollen, wenn Sie sich mit spezielleren Perl-Themen befassen wollen.

Jedes Kapitel ist kurz genug, um in einer bis zwei Stunden gelesen zu werden, und endet mit einer Reihe von Übungen, die Ihnen helfen sollen, das Gelernte anzuwenden. Die Antworten haben wir für Sie zur Überprüfung in Anhang A zusammengestellt. Dieses Buch ist also ideal für Perl-Einführungskurse und -seminare geeignet. Wir wissen dies aus erster Hand, da das Material für dieses Buch fast Wort für Wort aus dem Konzept für unseren Perl-Einführungskurs stammt, den mittlerweile Tausende von Kursteilnehmern in aller Welt absolviert haben. Dennoch ist dieses Buch natürlich auch für das Selbststudium geeignet.

Perl wird oft als der »Werkzeugkasten für Unix« bezeichnet, aber Sie müssen kein Unix-Guru sein, nicht einmal Unix-Benutzer, um mit diesem Buch Perl lernen zu können.

Sofern es nicht extra vermerkt ist, gilt alles, was wir sagen, auch für die Windows-Version ActivePerl von ActiveState und für andere moderne Implementierungen von Perl.

Auch wenn Sie zu Beginn der Lektüre dieses Buchs keinerlei Ahnung von Perl haben müssen, ist es empfehlenswert, sich bereits mit grundsätzlichen Konzepten des Programmierens auszukennen. Hierzu zählen etwa Variablen, Schleifen, Unterroutinen, Arrays und das ganz wichtige »eine Quellcode-Datei mit Ihrem Lieblings-Texteditor bearbeiten«. Diese Konzepte setzen wir voraus. Auch wenn es uns freut zu hören, dass der eine oder andere mit diesem Buch Perl als erste Programmiersprache gelernt hat, können wir nicht allen Lesern versprechen, dass sie das ebenfalls hinbekommen.

Typografische Konventionen

Die folgenden typografischen Konventionen werden in diesem Buch verwendet:

Nichtproportionalschrift
>   wird für Namen von Methoden, Funktionen, Variablen und Attributen sowie für Codebeispiele verwendet.

Nichtproportionalschrift fett
>   wird verwendet, wenn User-Eingaben dargestellt werden sollen.

Nichtproportionalschrift kursiv
>   steht für austauschbare Codeelemente (zum Beispiel *Dateiname*, wenn der tatsächliche Dateiname eingesetzt werden soll).

Kursivschrift
>   wird benutzt für Dateinamen, URLs, Rechnernamen, wichtige Begriffe bei ihrer ersten Erwähnung und zur Hervorhebung von Textteilen.

Fußnoten
>   enthalten zusätzliche Anmerkungen, die Sie beim ersten Lesen dieses Buchs *nicht mitlesen* sollten (sondern vielleicht beim zweiten oder dritten Mal). Manchmal wird im Text bewusst ein wenig die Unwahrheit gesagt, um die Erklärungen zu vereinfachen, und eine Fußnote stellt dann alles wieder richtig. Oft enthalten Fußnoten auch Hinweise auf weiterführendes Material, das in diesem Buch gar nicht weiter behandelt wird.

[2], [5] usw.
>   am Anfang der Texte zu den Übungen stellen grobe Schätzungen dar, wie viele Minuten Sie voraussichtlich mit der jeweiligen Übung verbringen werden.

Verwendung der Codebeispiele

Dieses Buch soll Ihnen dabei helfen, Ihre Arbeit zu erledigen. Sie können den Code aus diesem Buch benutzen und an Ihre eigenen Bedürfnisse anpassen. Wir empfehlen Ihnen allerdings, ihn nicht von Hand zu kopieren, sondern unter *http://www.learning-perl.com* herunterzuladen.

Den Code, den wir hier zeigen, dürfen Sie im Allgemeinen in Ihren Programmen und in Ihrer Dokumentation verwenden. Sie brauchen uns nicht um Genehmigung bitten, sofern Sie nicht große Teile des Codes reproduzieren. Wenn Sie zum Beispiel ein Programm schreiben, das mehrere Codestücke aus diesem Buch wiederverwendet, brauchen Sie uns nicht um Erlaubnis zu bitten, wenn Sie jedoch eine CD mit Codebeispielen aus O'Reilly-Büchern verkaufen oder vertreiben wollen, müssen Sie eine Genehmigung einholen. Eine Frage mit einem Zitat aus diesem Buch und seinen Codebeispielen zu beantworten erfordert keine Erlaubnis, aber es ist ohne Genehmigung nicht gestattet, große Teile unseres Textes oder Codes in eine eigene Produktdokumentation aufzunehmen.

Wir freuen uns über eine Quellenangabe, verlangen sie aber nicht unbedingt. Zu einer Quellenangabe gehören normalerweise Autor, Titel, Verlag und ISBN, zum Beispiel so: »Randal L. Schwartz, Tom Phoenix & brian d foy: *Einführung in Perl*, 6. Auflage, O'Reilly Verlag 2011, ISBN 978-3-868 99-145-1«.

Die Geschichte dieses Buchs

Für die Neugierigen unter Ihnen folgt nun Randals Version der Entstehungsgeschichte dieses Buchs.

Nachdem Larry Wall und ich 1991 mit der Arbeit an der 1. Auflage von *Programming perl* fertig waren, wurde ich von der Firma Taos Mountain Software im Silicon Valley angesprochen, einen Perl-Kurs zu entwickeln. Hierzu gehörte auch das erste Dutzend Kurse, um Ausbilder dieser Firma auszubilden, diesen Kurs zu halten. Ich schrieb also diesen Kurs und gab ihn, wie vereinbart, an die Firma[1] weiter.

Als ich den Kurs das dritte oder vierte Mal hielt (Ende 1991), kam jemand auf mich zu und sagte: »Weißt du, ich finde ja *Programming Perl* wirklich gut, aber die Art, wie das Material hier im Kurs aufbereitet wird, ist viel leichter nachzuvollziehen. Du solltest ein Buch schreiben, das wie dieser Kurs aufgebaut ist.« Das schien mir eine gute Idee, und so begann ich, darüber nachzudenken.

Ich schrieb an Tim O'Reilly und schlug ihm ein Buch vor, das sich in den Grundzügen an dem Kurs orientierte, den ich für Taos entwickelt hatte. Allerdings habe ich einige Kapitel, nach Beobachtungen im Kursraum, etwas umstrukturiert und geändert. Ich glaube, schneller ist noch nie ein Buchvorschlag von mir angenommen worden: Bereits 15 Minuten später erhielt ich eine Nachricht von Tim: »Wir haben schon darauf gewartet, dass

---

1   In dem Vertrag behielt ich mir die Rechte an den Übungen vor, in der Hoffnung, diese eines Tages woanders, etwa in den Zeitschriftenkolumnen, die ich zu der Zeit schrieb, wiederverwenden zu können. Die Übungen sind das Einzige, das aus dem Taos-Kurs in diesem Buch verwendet wird.

du ein zweites Buch einreichst – *Programming perl* verkauft sich wie verrückt.« Die folgenden 18 Monate verbrachte ich dann damit, die 1. Auflage von *Learning Perl* fertig zu stellen.

Während dieser Zeit begann ich, eine Gelegenheit zu sehen, Perl auch außerhalb des Silicon Valley[2] zu lehren. Also entwickelte ich einen Kurs, der auf dem Text basierte, den ich für *Learning Perl* geschrieben hatte. Ich gab ein Dutzend Kurse für verschiedene Kunden (unter anderem auch für meinen Hauptauftraggeber, Intel Oregon) und benutzte die Rückmeldungen, die ich bekam, um der Rohfassung des Buchs den letzten Schliff zu geben.

Die 1. Auflage kam am 1. November 1993[3] in die Läden und wurde zu einem überwältigenden Erfolg, dessen Verkaufszahlen oft sogar die von *Programming perl* übertrafen.

Auf der Rückseite der 1. Auflage stand zu lesen: »Geschrieben von einem der führenden Perl-Trainer«. Das wurde schnell zu einer sich selbst erfüllenden Prophezeiung. Innerhalb von wenigen Monaten bekam ich E-Mails von Leuten überall aus den USA, die mich darum baten, für ihre Firmen Kurse zu geben. Während der folgenden sieben Jahre entwickelte sich meine Firma zum weltweiten Marktführer für Perl-Training vor Ort, und ich sammelte eine Million Vielflieger-Meilen. Es kam auch nicht ungelegen, dass es während dieser Zeit so richtig mit dem Web losging. Bei Webmastern und -meisterinnen wurde Perl die bevorzugte Sprache für Content-Management, Benutzerinteraktion mit CGI und die Pflege von Sites.

Zwei Jahre arbeitete ich bei Stonehenge ziemlich eng mit Tom Phoenix zusammen. Ich gab ihm Freiraum, mit dem »Lama«-Kurs herumzuexperimentieren, einige Dinge umzustellen und anders aufzuteilen. Als wir mit dem fertig waren, was wir als die beste große Revision dieses Kurses ansahen, rief ich Tim O'Reilly an und sagte: »Zeit für ein neues Buch!« Das Ergebnis war die 3. Auflage dieses Buchs.

Zwei Jahre nach der 3. Auflage des Lama-Buchs beschlossen Tom und ich, dass es an der Zeit sei, auch unseren Fortgeschrittenen-Kurs als Buch herauszubringen. Und so entstand das Alpaka-Buch, *Einführung in Perl-Objekte, Referenzen & Module*, das 2004 erschien (*www.oreilly.de/catalog/lrnperlormger/*).

Zu dieser Zeit kam unser Kollege brian d foy vom Einsatz im Golfkonflikt zurück; ihm war aufgefallen, dass beide Bücher ein wenig Anpassung gebrauchen konnten, um die veränderten Bedürfnisse der Leser bzw. Lernenden besser zu berücksichtigen. Also schlug er O'Reilly vor, Lama und Alpaka noch ein (hoffentlich) letztes Mal vor Perl 6 in einer neuen Auflage herauszugeben. Die vorliegende Auflage von *Einführung in Perl* spie-

---

2   Mein Vertrag mit Taos enthielt eine Klausel, nach der ich meinem Auftraggeber keine Konkurrenz machen durfte. Ich musste mich also vom Silicon Valley fern halten, was ich auch viele Jahre lang respektiert habe.

3   An diesen Tag erinnere ich mich gut – es war der Tag, an dem man mich zu Hause wegen Computeraktivitäten im Zusammenhang mit meinem Intel-Vertrag verhaftete. Es wurde eine Reihe von Anklagen erhoben, für die ich später auch verurteilt wurde. Details finden Sie unter *http://www.lightlink.com/fors/*.

gelt diese Veränderungen wider. brian war dabei der Hauptautor und hat großartige Arbeit geleistet, das Team aus mehreren Autoren zu organisieren.

Am 18. Dezember 2007 veröffentlichten die Perl-Portierer Perl 5.10, eine bedeutsame neue Version mit zahlreichen neuen Features. Bei der Vorgängerversion 5.8 war es hauptsächlich um Unicode-Unterstützung gegangen. Die neue Version, die auf der stabilen 5.8 aufbaute, hatte ganz neue Features zu bieten, von denen einige schon aus der Entwicklung des noch nicht veröffentlichten Perl 6 stammten. Ein paar dieser Features, zum Beispiel benannte Captures in regulären Ausdrücken, sind in ihrer Funktionsweise den alten haushoch überlegen und dadurch ideal für Perl-Anfänger. Wir hatten nie eine fünfte Auflage dieses Buches geplant, aber Perl 5.10 hat so viele neue Features zu bieten, dass wir einfach nicht widerstehen konnten.

Seitdem ist Perl fortlaufend verbessert worden und hat einen regelmäßigen Release-Zyklus aufzuweisen. Wir hatten keine Gelegenheit dazu, das Buch für Perl 5.12 zu überarbeiten, weil die Entwicklung zu schnell voranging. Wir freuen uns, Ihnen die vorliegende Überarbeitung für Perl 5.14 präsentieren zu können, und können selbst kaum fassen, dass es jetzt schon die 6. Auflage gibt.

Veränderungen in dieser Auflage

Ihnen werden vermutlich einige Unterschiede zur letzten Auflage auffallen. Der Text wurde auf Perl 5.14 aktualisiert. Einiger Code in diesem Buch funktioniert nur mit dieser Version. Wir weisen im Text darauf hin, wenn wir über Perl 5.14-Features sprechen, und die entsprechenden Codeabschnitte sind mit einem use-Statement markiert, damit Sie auch die richtige Version verwenden:

```
use 5.014; # dieses Skript setzt Perl 5.14 oder höher voraus
```

Wenn Sie nicht diesen Hinweis vorfinden, sollte der Code bis hinunter zu Perl 5.8 lauffähig sein. Um in Erfahrung zu bringen, mit welcher Perl-Version Sie arbeiten, verwenden Sie folgenden Befehl:

```
$ perl -v
```

Hier ist eine Liste mit einigen der neuen Features in Perl 5.14, die behandelt werden. Wo es angebracht ist, erklären wir aber auch, wie man dasselbe in älteren Versionen bewerkstelligt.

- Wir geben an geeigneten Stellen auch Unicode-Beispiele und -Features mit an. Für den Fall, dass Sie noch nicht damit begonnen haben, mit Unicode herumzuprobieren, finden Sie in Anhang C eine kleine Einführung in das Thema. Irgendwann müssen Sie sowieso in den sauren Apfel beißen, also warum nicht einfach jetzt? Um Unicode geht es hier und da überall in diesem Buch, vor allem aber in den Kapiteln über Skalare (Kapitel 2), Input/Output (Kapitel 5) und Sortieren (Kapitel 14).

- Die Kapitel über reguläre Ausdrücke sind ausführlicher als zuvor und umfassen die neuen Features in Perl 5.14, die Case-Folding in Unicode betreffen. Bei den Operatoren in regulären Ausdrücken gibt es die neuen Switches /a, /u und /l. Wir behandeln jetzt auch das Matching nach Unicode-Eigenschaften mit den Features \p{} und \P{} von regulären Ausdrücken.

- In Perl 5.14 wurde ein nichtdestruktiver Ersetzungsoperator hinzugefügt (Kapitel 9), der sich als wirklich praktisch erwiesen hat.

- Intelligentes Matching und given-when haben sich seit ihrer Einführung mit Perl 5.10 etwas verändert. Deshalb haben wir Kapitel 15 ein wenig verändert, um auch die neuen Regeln abzudecken.

- Wir haben Kapitel 11, Perl-Module, aktualisiert und erweitert, um die neuesten Änderungen mit hineinzunehmen, unter anderem das Zeroconf-Werkzeug *cpanm*. Außerdem wurden einige Modulbeispiele hinzugefügt.

- Einige der Punkte, die bislang in Anhang B bei den »fortgeschrittenen, aber nicht beschriebenen Features« zu finden waren, sind in den Haupttext aufgenommen worden. Besonders erwähnenswert sind hier die Verwendung des »dicken Pfeils« => in Hashes (Kapitel 6) und die Verwendung von splice in Listen und Arrays (Kapitel 3).

Danksagungen

Von Randal

Ich möchte mich bei den früheren und jetzigen Stonehenge-Trainern (Joseph Hall, Tom Phoenix, Chip Salzenberg, brian d foy und Tad McClellan) für ihre Bereitschaft bedanken, hinauszugehen und Woche für Woche vor den Kursteilnehmern zu stehen, um mit ihren Notizen zurückzukommen und zu berichten, was funktioniert hat und was nicht, damit wir das Material für dieses Buch feiner abstimmen konnten. Besonders hervorheben möchte ich meinen Mitautor und Geschäftspartner Tom Phoenix dafür, dass er viele Stunden daran gearbeitet hat, den Lama-Kurs zu verbessern und das hervorragende Grundgerüst für den größten Teil dieses Buchs zu erstellen. Danke an brian d foy, der ab der 4. Auflage Hauptautor wurde und mich damit von diesem ewigen To-do-Eintrag in meiner Inbox befreit hat.

Ein Dankeschön auch an alle bei O'Reilly, insbesondere an unsere geduldige Lektorin Allison Randal (mit der ich nicht verwandt bin, aber sie hat natürlich einen wunderbaren Nachnamen), den derzeit verantwortlichen Lektor Simon St. Laurent sowie Tim O'Reilly, der mir überhaupt die Gelegenheit zu dem Kamel- und dem Lama-Buch eröffnet hatte.

Ich stehe außerdem in der Schuld bei den Tausenden von Leuten, die die letzten Auflagen des Lama-Buchs gekauft haben, so dass ich weder unter der Brücke noch im

Gefängnis gelandet bin. Außerdem danke ich meinen Kursteilnehmern, die mir beigebracht haben, ein besserer Kursleiter zu sein. Des Weiteren danke ich der erstaunlichen Anzahl von Fortune-1000-Kunden, die unsere Kurse in der Vergangenheit gebucht haben und dies auch in Zukunft tun werden.

Wie immer, ein besonderes Dankeschön an Lyle und Jack dafür, dass sie mir fast alles beigebracht haben, was ich über das Schreiben weiß.

Von Tom

Ich schließe mich Randals Dank an alle bei O'Reilly an. Für die 3. Auflage war Linda Mui unsere Lektorin, und ich bin ihr immer noch dankbar für die Geduld, die sie bewies, während sie uns dazu brachte, die allzu übertriebenen Witze und Fußnoten rauszuwerfen; gleichzeitig muss ich betonen, dass sie keinerlei Schuld für die verbliebenen Albernheiten trifft. Linda und Randal führten mich durch den Schreibprozess, wofür ich ihnen dankbar bin. Später übernahm dann Allison Randal die Aufgabe der Lektorin, und mittlerweile ist es Simon St. Laurent. Diesen beiden gilt mein Dank für ihre ganz besonderen Beiträge.

Außerdem schließe ich mich Randal an, was die anderen Stonehenge-Trainer angeht, aber auch ihn selbst: Sie haben sich so gut wie nie darüber beklagt, wenn ich unerwartet das Kursmaterial verändert habe, um eine neue Lehrmethode auszuprobieren. Ihr habt eine Menge verschiedene Perspektiven hinsichtlich der Lehrmethoden beigetragen, die ich ohne euch nie kennengelernt hätte.

Ich arbeitete viele Jahre am Oregon Museum of Science and Industry (OMSI) und ich möchte euch allen danken, dass ich meine Lehrmethoden verbessern durfte, indem ich lernte, einen oder zwei Witze in jede nur mögliche Tätigkeit einzubauen.

Danke auch an die vielen Leute im Usenet, die ihr mir eure Wertschätzung und Aufmunterungen für meine Beiträge dort gezeigt habt. Wie immer hoffe ich, es hilft.

Auch den vielen Studenten gilt Dank, die mir mit ihren Fragen (und ihren verdatterten Gesichtern) gezeigt haben, wann ich nach einer anderen Möglichkeit suchen musste, ein bestimmtes Konzept zu erklären. Ich hoffe, dass das vorliegende Buch jede noch verbliebene Verwirrung auflöst.

Selbstverständlich gilt meine tiefe Dankbarkeit insbesondere meinem Koautor Randal, der mir die Freiheit gab, verschiedene Arten auszuprobieren, das Material sowohl im Kurs als auch hier im Buch zu präsentieren. Außerdem danke ich ihm für seine Initiative, dieses Material überhaupt als Buch herauszubringen. Ich bin schwer beeindruckt von deinen Anstrengungen sicherzustellen, dass niemand anders in die rechtlichen Schwierigkeiten gerät, die so viel von deiner Zeit und Energie gestohlen haben; du bist ein gutes Vorbild.

Von brian

Ich habe zuerst Randal zu danken, da ich Perl mithilfe der 1. Auflage dieses Buchs erlernte. 1998 musste ich es noch einmal erlernen, als er mich bat, als Lehrer für Stonehenge zu arbeiten. Lehren ist oft der beste Weg, etwas zu lernen. Seit dieser Zeit ist Randal mein Mentor für Perl und viele andere Dinge, von denen er meinte, dass ich sie lernen sollte – zum Beispiel zu der Zeit, als er entschied, dass wir für eine Demonstration auf einer Webkonferenz Smalltalk an Stelle von Perl verwenden sollten. Ich bin immer wieder überrascht über die Vielfalt seines Wissens. Er hat mir Perl beigebracht, und jetzt helfe ich selbst bei dem Buch mit, mit dem ich einst begonnen hatte. Ich fühle mich sehr geehrt, Randal.

Während der ganzen Zeit, als ich für Stonehenge arbeitete, habe ich Tom Phoenix wahrscheinlich insgesamt höchstens zwei Wochen gesehen, aber ich unterrichte schon seit Jahren seine Version des Perl-Einführungskurses. Diese Version stellte die Grundlage für die 3. Auflage dieses Buchs dar. Dadurch, dass ich diesen Kurs unterrichte, habe ich neue Möglichkeiten gefunden, so gut wie alles zu erklären, und sogar noch die eine oder andere Ecke von Perl genauer kennengelernt.

Als ich Randal davon überzeugte, dass meine Mitarbeit bei der Aktualisierung des Lama-Buchs von Vorteil sein würde, wurde mir die Verantwortung für das Proposal an den Verlag, die Gliederung der neuen Auflage und das Managen der Manuskriptversionen übertragen. Unsere Lektorin Allison Randal half mir bei all dem sehr und ertrug meine ständigen E-Mails ohne Klagen. Nach ihrem Aufbruch zu neuen Ufern hat Simon St. Laurent uns als Lektor und Insider bei O'Reilly sehr geholfen und immer die richtige Mondphase abgewartet, um eine weitere Überarbeitung anzuregen.

Von uns allen

Danke unseren Fachkorrektoren David H. Adler, Alan Haggai Alavi, Andy Armstrong, Dave Cross, Chris Devers, Paul Fenwick, Stephen Jenkins, Matthew Musgrove, Jacinta Richardson, Steve Peters, Peter Scott, Wil Wheaton und Karl Williamson für ihre Anmerkungen zu unserem Manuskript.

Danke auch an die vielen Kursteilnehmer, die uns mitgeteilt haben, welche Teile des Kursmaterials über die Jahre verbesserungswürdig waren. Euretwegen sind wir heute so stolz darauf.

Danke auch an die vielen Perl Mongers, die uns ein Zuhause gegeben haben, wenn wir ihre Städte besucht haben. Lasst es uns irgendwann wiederholen.

Und schließlich gilt unser aufrichtigster Dank unserem Freund Larry Wall dafür, dass er die Weisheit besaß, seine wirklich coolen und mächtigen Werkzeuge dem Rest der Welt zugänglich zu machen, damit wir alle unsere Arbeit ein bisschen schneller, leichter und mit mehr Spaß erledigen können.

## KAPITEL 1

Einleitung

Willkommen zum Lama-Buch!

Dies ist die 6. Auflage eines Buchs, in dessen Genuss seit 1993 über eine halbe Million Leser gekommen sind. Wir hoffen zumindest, dass sie es genossen haben. Uns hat es jedenfalls Spaß gemacht, es zu schreiben.[1]

Fragen und Antworten

Wahrscheinlich haben Sie einige Fragen zu Perl, und vielleicht auch einige zu diesem Buch, besonders wenn Sie schon ein wenig herumgeblättert haben, um zu sehen, was dieses Buch so alles bietet. Wir werden daher dieses Kapitel dazu benutzen, Ihre Fragen zu beantworten bzw. Ihnen zu erzählen, wo Sie Antworten herbekommen, die nicht in diesem Buch stehen.

Ist dies das richtige Buch für Sie?

Wenn Sie und wir uns auch nur ein wenig ähnlich sind, dann stehen Sie vermutlich jetzt in einem Buchladen[2] und fragen sich, ob Sie dieses Lama-Buch kaufen und Perl lernen sollen oder das Buch da drüben, um eine Sprache zu lernen, die nach einer Schlange[3]

---

1   Um sicherzugehen: Die 1. Auflage wurde von Randal L. Schwartz geschrieben, die 2. von Randal und Tom Christiansen, die 3. Auflage von Randal und Tom Phoenix und die letzten drei von Randal, Tom Phoenix und brian d foy. Wenn wir also »wir« sagen, meinen wir die letzte Gruppe. Wenn Sie sich nun fragen, warum es uns Spaß *gemacht hat* (in der Vergangenheitsform), dieses Buch zu schreiben, obwohl wir uns noch auf der ersten Seite befinden, ist die Antwort leicht: Wir haben hinten angefangen und uns dann nach vorne vorgearbeitet. Das mag jetzt zwar etwas seltsam klingen, aber um ehrlich zu sein, war der Rest einfach, als der Index erst einmal fertig war.

2   Wenn Sie und wir uns tatsächlich ähnlich sind, stehen Sie jetzt eher in einer *Bücherei* und nicht in einem Buchladen. Aber wir wollen ja nicht kleinlich sein.

3   Bevor Sie uns jetzt schreiben, um uns mitzuteilen, dass es sich eigentlich um eine Comedy-Truppe handelt, sollten wir Ihnen vielleicht erklären, dass wir – mit einem Buchstabendreher – eigentlich CORBA meinen.

benannt ist, nach einem Getränk oder einem Buchstaben des Alphabets. Sie haben genau zwei Minuten Zeit, bevor der Verkäufer herüberkommt, um Ihnen zu sagen, dass das hier keine Bibliothek sei,[4] und Sie auffordert, entweder etwas zu kaufen oder den Laden zu verlassen. Vielleicht wollen Sie die zwei Minuten nutzen, um ein kurzes Perl-Programm zu sehen, anhand dessen Sie erkennen können, was Perl so alles kann. In diesem Fall sollten Sie die Perl-Blitztour weiter hinten in diesem Kapitel mitmachen.

Das hier ist kein Nachschlagewerk. Es ist eine Einführung in die Grundlagen von Perl, das Ihnen gerade das Nötigste vermittelt, um einfache Programme für den Hausgebrauch zu schreiben. Wir behandeln nicht alle Details eines jeden Themas, und wir verteilen einige der Themen über mehrere Kapitel, so dass Sie mit bestimmten Konzepten jeweils dort vertraut gemacht werden, wo Sie sie auch brauchen.

Wir schreiben für Leser, die schon das eine oder andere übers Programmieren wissen und jetzt Perl lernen möchten. Wir gehen davon aus, dass Sie sich schon einigermaßen damit auskennen, wie man ein Terminal benutzt, Dateien editiert und Programme laufen lässt – aber eben nicht mit Perl-Programmen. Sie wissen, was Variablen, Subroutinen usw. sind, aber Sie wollen wissen, wie so etwas in Perl funktioniert.

Das heißt nicht, dass Sie als blutiger Anfänger, der noch nie ein Terminal-Programm angesehen oder eine Codezeile geschrieben hat, durchgehend Bahnhof verstehen werden. Sie werden vielleicht nicht alles verstehen, was wir schreiben, wenn Sie das Buch das erste Mal durchgehen, aber eine Menge Anfänger haben dieses Buch schon zum Lernen benutzt, ohne völlig zu verzweifeln. Der Trick besteht darin, sich keine Gedanken um all das zu machen, was man vielleicht nicht versteht, sondern sich stattdessen einfach auf die grundlegenden Konzepte zu konzentrieren, die wir vorstellen. Sie werden vielleicht etwas länger brauchen als ein erfahrener Programmierer, aber irgendwo müssen Sie ja anfangen.

Und: Das hier sollte nicht das einzige Perl-Buch sein, das Sie jemals lesen. Es ist nur eine Einführung und bei Weitem nicht umfassend. Es ist eine erste Starthilfe, um Sie auf den richtigen Weg zu bringen, damit Sie dann, wenn Sie so weit sind, mit unseren anderen Büchern weitermachen können: *Intermediate Perl* (deutsch: *Einführung in Perl-Objekte, Referenzen & Module*, zurzeit nur als E-Book erhältlich – bekannt als das »Alpaka-Buch«) und *Mastering Perl*. Das maßgebliche Nachschlagewerk zu Perl ist *Programming Perl*, das auch das »Kamel-Buch« genannt wird (deutsch: *Programmieren mit Perl*; zurzeit nur als E-Book erhältlich).

Wir möchten außerdem anmerken, dass dieses Buch zwar Perl bis Version 5.14 behandelt, aber auch nutzbringend verwendet werden kann, wenn Sie eine frühere Version benutzen. Dann verpassen Sie vielleicht ein paar coole neue Features, aber auf jeden Fall lernen Sie die grundlegende Verwendung von Perl kennen. Die älteste Version, die wir in

---

4   Es sei denn, es ist wirklich eine.

unsere Überlegungen mit einbeziehen werden, ist Perl 5.8, obwohl es vor fast zehn Jahren veröffentlicht wurde.

Warum gibt es so viele Fußnoten?

Danke, dass Sie das bemerkt haben. Es gibt *eine Menge* Fußnoten in diesem Buch. Ignorieren Sie sie. Die Fußnoten werden gebraucht, weil Perl eine ganze Reihe von Ausnahmen zu seinen Regeln hat. Das ist eine gute Sache, da das reale Leben auch voller Ausnahmen ist.

Das hat zur Folge, dass wir nicht ohne zu lügen sagen können: »Der *fitzbin*-Operator frobniziert die husistatische Variable.«, ohne die Ausnahmen[5] in einer Fußnote zu erläutern. Da wir ziemlich ehrliche Leute sind, müssen wir also eine Menge Fußnoten schreiben. Sie dagegen können ehrlich sein, ohne die Fußnoten lesen zu müssen (witzig, wie sich das ergibt). Die Fußnoten bieten zusätzliche Informationen, die Sie für die Grundkonzepte nicht benötigen.

Viele der Ausnahmen haben mit der Portierbarkeit des Codes zu tun. Die Geschichte von Perl begann auf Unix-Systemen und ist dort auch heute noch ziemlich tief verwurzelt. Wo immer es möglich war, haben wir versucht, auf unerwartetes Verhalten hinzuweisen, egal ob es daher rührt, dass ein Programm auf einem Nicht-Unix-System laufen soll, oder auf einem anderen Grund beruht. Wir hoffen, dass dieses Buch auch für unsere Leser, die nichts über Unix wissen, eine gute Einführung in Perl darstellt. (Und die werden nebenbei noch etwas über Unix lernen – ohne Extrakosten, versteht sich.)

Außerdem folgen die meisten Ausnahmen der alten »80/20«-Regel, die besagt, dass 80% des Verhaltens von Perl in 20% der Dokumentation beschrieben werden kann. Die übrigen 20% des Verhaltens nehmen dafür die verbleibenden 80% der Dokumentation ein. Um dieses Buch also übersichtlich zu halten, besprechen wir im Haupttext die gängigsten und leicht erklärbaren Anwendungsformen. In den Fußnoten (die außerdem eine kleinere Schrift verwenden, so dass wir bei gleichem Platzverbrauch mehr sagen können)[6] gehen wir dann auf die anderen Dinge ein. Wenn Sie das Buch zum ersten Mal ganz durchgelesen haben, ohne dabei die Fußnoten mitzulesen, werden Sie sich vermutlich einige Abschnitte zur Vertiefung noch einmal ansehen wollen. Wenn Sie an diesem Punkt angekommen sind oder die Neugier beim Lesen einfach zu groß wird, können Sie die Fußnoten lesen. Ein Großteil sind sowieso nur Informatikerwitze.

---

5   Außer dienstags während eines Stromausfalls, wenn Sie bei Tag-und-Nacht-Gleiche Ihren Ellenbogen verdrehen oder wenn bei einer Perl-Version vor 5.12 use integer innerhalb eines von einer Prototyp-Subroutine aufgerufenen Schleifenblocks benutzt wird.

6   Wir haben uns sogar überlegt, das ganze Buch als Fußnote zu konzipieren, um die Seitenzahl klein zu halten. Wir haben diese Idee jedoch wieder verworfen, weil uns Fußnoten mit Fußnoten dann doch ein bisschen zu verrückt vorkamen.

Was ist mit den Übungen und ihren Lösungen?

Die Übungen finden Sie jeweils am Ende jedes Kapitels. Sie basieren auf den Erfahrungen, die wir mit diesem Kursmaterial bereits vor tausenden[7] von Kursteilnehmern gemacht haben. Wir haben diese Übungen sorgfältig zusammengestellt, um Ihnen die Gelegenheit zu geben, auch einmal Fehler zu machen.

Nicht dass wir *wollen*, dass Sie Fehler machen, aber Sie brauchen die *Gelegenheit* dazu. Die meisten dieser Fehler werden Ihnen während Ihrer Perl-Karriere begegnen, warum also nicht gleich jetzt? Jeden Fehler, den Sie beim Lesen dieses Buchs begehen, machen Sie nicht noch einmal, wenn Sie unter Zeitdruck ein Programm schreiben müssen. Außerdem sind wir, falls einmal etwas schiefgehen sollte, die ganze Zeit bei Ihnen. Anhang A, *Lösungen zu den Übungen*, enthält unsere Lösungen für jede Übung und bespricht die Fehler, die Sie gemacht haben, sowie ein paar Fehler, die Sie nicht gemacht haben. Sehen Sie sich diese Lösungen und Erläuterungen an, wenn Sie die Übungen erledigt haben.

Aber schlagen Sie die Antwort nicht nach, bevor Sie nicht ernsthaft versucht haben, selbst auf die Lösung zu kommen. Ihr Lernerfolg wird besser sein, wenn Sie die Lösung von sich aus finden, als wenn Sie sie einfach nachlesen. Schlagen Sie Ihren Kopf nicht gegen die Wand, wenn Sie mal eine Aufgabe nicht lösen können. Ärgern Sie sich nicht und machen Sie einfach mit dem nächsten Kapitel weiter.

Selbst wenn Sie überhaupt keine Fehler machen, sollten Sie sich die Antworten ansehen, wenn Sie mit der Übung fertig sind. Der Begleittext zeigt einige Details der Übungsprogramme auf, die auf den ersten Blick vielleicht nicht ganz so offensichtlich sind.

Wenn Sie gern zusätzliche Übungen machen möchten, probieren Sie es mit dem englischsprachigen *Learning Perl Student Workbook*, in dem zu jedem der Kapitel mehrere weitere Übungen angefügt sind.

Was bedeuten die Zahlen am Anfang der Übungen?

Jeder Übung ist vor dem Text eine Zahl in eckigen Klammern vorangestellt:

1. [2] Was bedeutet die Zahl 2, die am Anfang einer Übung steht?

Diese Zahl ist unsere (grobe) Schätzung, wie viele Minuten Sie in etwa für das Absolvieren einer Übung brauchen werden. Seien Sie bitte nicht überrascht, wenn Sie (inklusive des Schreibens, Testens und Debuggens) nur die halbe Zeit benötigen oder auch nach mehr als der doppelten Zeit noch nicht fertig sind. Wenn Sie allerdings wirklich nicht weiterkommen, werden wir natürlich nicht verraten, dass Sie in Anhang A nachgesehen haben, wie die Antwort lautet.

---

7   Natürlich nicht gleichzeitig.

Wie soll ich als Perl-Dozent vorgehen?

Wenn Sie Perl-Kurse leiten und sich entschieden haben, dieses Buch im Kurs einzusetzen (wie es schon viele andere getan haben), sollten Sie wissen, dass wir jeden Übungsblock so konzipiert haben, dass die meisten Schüler in 45 bis 60 Minuten damit fertig sind und noch etwas Zeit für eine Pause bleibt. Die Übungen einiger Kapitel brauchen weniger Zeit, andere dauern womöglich etwas länger. Nachdem wir den Übungen diese kleinen Zahlen in den eckigen Klammern vorangestellt hatten, wussten wir plötzlich einfach nicht mehr, wie wir sie zusammenzählen sollten. (Glücklicherweise wissen wir, wie wir das von Computern erledigen lassen können.)

Es gibt von uns ein begleitendes englischsprachiges Buch, das *Learning Perl Student Workbook*, in dem Sie zu jedem der Kapitel zusätzliche Übungen finden. Wenn Sie sich das Workbook zur vierten Auflage besorgen, müssen Sie für sich die Kapitelreihenfolge ändern, weil wir in der vorliegenden Auflage ein Kapitel hinzugefügt und ein anderes verschoben haben.

Was bedeutet »Perl«?

Perl wird manchmal die »*Practical Extraction and Report Language*« genannt, auch wenn es schon mal als »*Pathologically Eclectic Rubbish Lister*« (krankhaft zusammengeschustertes Auflistungsprogramm für wirres Zeug) bezeichnet wird. Hierbei handelt es sich eigentlich um ein Retronym und nicht um ein Akronym. Soll heißen, Larry Wall, der Erfinder von Perl, hatte zunächst den Namen und erst später die Interpretation der Buchstaben. Deshalb schreibt man »Perl« auch nicht komplett in Großbuchstaben. Es besteht kein Anlass, darüber zu streiten, welche Interpretation die richtige ist – beide Versionen werden von Larry Wall unterstützt.

Sie werden manchmal auch die Schreibweise »perl« mit kleinem »p« sehen. Im Allgemeinen bezieht sich die Schreibweise »Perl« auf die Sprache, während mit »perl« der Interpreter gemeint ist, der Ihre Perl-Programme kompiliert und ausführt. Intern schreiben wir Programmnamen so: *perl*.

Warum schuf Larry Perl?

Larry entwickelte Perl Mitte der achtziger Jahre, um aus Usenet-News-artigen Dateistrukturen eine Reihe von Berichten zu erstellen, weil *awk* bei dieser Aufgabe die Luft ausging. Faul, wie er war,[8] versuchte Larry das Problem mit einem Mehrzweckwerk-

---

8   Es ist keine Beleidigung für Larry, wenn wir sagen, er sei faul – Faulheit ist eine Tugend. Die Schubkarre wurde von jemandem erfunden, der zu faul war, Dinge zu tragen, und das Schreiben wurde von jemandem erfunden, der zu faul war, sich alles zu merken. Perl wurde von jemandem erfunden, der zu faul war, sich für seine Arbeit eine komplett neue Computersprache auszudenken.

zeug zu erschlagen, das er noch für mindestens einen anderen Zweck benutzen konnte. Das Ergebnis war Perl Version Null.

Warum hat Larry nicht einfach eine andere Sprache benutzt?

Es gibt doch schon genug Computersprachen, oder? Als Larry Perl erfand, konnte er jedoch keine finden, die seinen Bedürfnissen entsprach. Wäre eine der heutigen Sprachen damals verfügbar gewesen, hätte er vermutlich eine davon benutzt. Er benötigte eine Sprache, in der er, wie auf der Shell oder in *awk*, schnell mal etwas zusammentippen konnte. Dabei sollte sie allerdings die Mächtigkeit von höher entwickelten Werkzeugen, wie etwa *grep*, *cut*, *sort* und *sed*,[9] haben, ohne dabei auf eine Sprache wie C zurückgreifen zu müssen.

Perl versucht, die Lücke zwischen Low-Level-Programmierung (wie zum Beispiel in C, C++ oder Assembler) und High-Level-Programmierung (zum Beispiel Shell-Programmierung) zu schließen. Low-Level-Programme sind in der Regel schwer zu schreiben und hässlich, dafür aber schnell und unbegrenzt einsetzbar. Gut geschriebene Low-Level-Programme sind auf der richtigen Maschine schwer zu schlagen, und es gibt kaum etwas, das Sie hier nicht machen können. Das andere Extrem, die High-Level-Programme, tendiert dazu, langsam, schwer, hässlich und begrenzt zu sein. Viele Dinge lassen sich mit Shell- oder Batch-Programmierung nur erledigen, wenn es auf Ihrem System auch ein Kommando gibt, das diese Funktionalität bereitstellt. Perl ist einfach, fast unbegrenzt, meistens schnell und ein bisschen hässlich.

Lassen Sie uns diese vier Behauptungen über Perl noch einmal einzeln betrachten:

Perl ist einfach. Wie Sie sehen werden, bedeutet das, dass Perl zwar einfach zu *benutzen* ist, wodurch es aber nicht unbedingt einfach zu *lernen* ist. Bevor Sie Auto fahren können, verbringen Sie viele Wochen oder Monate damit, es zu lernen. Aber heute fällt es Ihnen leicht. Wenn Sie so viel Zeit, wie Sie gebraucht haben, um fahren zu lernen, investieren, um Perl zu lernen, wird auch Perl Ihnen leicht fallen.[10]

Perl ist fast unbegrenzt. Es gibt wenige Dinge, die Sie mit Perl nicht machen können. Perl ist nicht gerade die geeignete Sprache, um einen Interrupt-gesteuerten Gerätetreiber auf Basis eines Mikrokernels zu schreiben (obwohl auch das schon gemacht wurde). Die meisten Durchschnittsanwendungen bewältigt Perl ohne Probleme, von schnell zusammengetippten Einmalprogrammen bis hin zu Anwendungen von industriellem Ausmaß.

Perl ist meistens schnell. Das liegt daran, dass niemand Perl weiterentwickelt, ohne es selbst zu benutzen – also wollen wir alle, dass es schnell ist. Bringt jemand ein neues Feature ein, das zwar cool wäre, andere Programme aber verlangsamen könnte, ist es ziem-

---

9 Machen Sie sich keine Sorgen, wenn Sie nicht wissen, worum es sich dabei handelt. Wichtig ist nur, dass es Programme sind, die Larry in seiner Unix-Werkzeugkiste hatte, die aber für die anfallenden Arbeiten nicht ausreichten.

10 Wir hoffen allerdings, dass Ihr Auto nicht so oft abstürzt.

lich sicher, dass Larry es zurückweist, bis wir einen Weg gefunden haben, es schnell genug zu machen.

Perl ist ein bisschen hässlich. Das stimmt. Perls Symbol ist das Kamel, das Tier auf dem Cover des hoch geschätzten Kamel-Buchs (auch bekannt als *Programming Perl* bzw. *Programmieren mit Perl* [O'Reilly] von Larry Wall, Tom Christiansen und John Orwant), dem Cousin dieses Lama-Buchs (und seiner Schwester, des Alpaka-Buchs). Kamele sind auch ein bisschen hässlich, aber sie arbeiten hart, selbst unter schwierigen Bedingungen. Kamele erledigen die Arbeit trotz aller Schwierigkeiten, selbst wenn sie schlecht aussehen, noch schlechter riechen und einen manchmal anspucken. Perl ist so ähnlich.

Ist Perl nun schwer oder leicht?

Perl ist einfach zu benutzen, manchmal aber schwer zu lernen. Das ist selbstverständlich eine Verallgemeinerung. Aber als Larry Perl entwickelte, musste er eine Menge Kompromisse eingehen. Wo es möglich war, dem Programmierer etwas zu erleichtern, auch wenn es dadurch für den Schüler schwerer wurde, hat Larry sich fast immer zugunsten des Programmierers entschieden. Der Grund besteht darin, dass Sie Perl nur einmal lernen, aber immer wieder benutzen.[11] Perl hat eine Reihe von Annehmlichkeiten, die dem Programmierer viel Zeit sparen helfen. So haben die meisten Funktionen ein Standardverhalten. Der Standard ist die Art, auf die Sie diese Funktion üblicherweise verwenden. Betrachten Sie einmal diese Zeilen Perl-Code:

```
while (<>) {
  chomp;
  print join("\t", (split /:/)[0, 2, 1, 5] ), "\n";
}12
```

Komplett ausgeschrieben, also ohne das Standardverhalten und die Abkürzungen von Perl zu benutzen, wäre dieser Codeschnipsel etwa zehn- bis zwölfmal länger. Sie würden also auch länger brauchen, um ihn zu lesen und zu schreiben. Es wäre außerdem schwieriger, den Code zu debuggen, und es müssten mehr Variablen verwendet werden. Wenn Sie etwas Perl kennen und die Variablen im Code gar nicht sehen, so ist das ein Teil dessen, was wir Ihnen hier klarzumachen versuchen. Die Variablen werden durch das Standardverhalten definiert. Den Preis für diese Erleichterung beim Programmieren zahlen Sie beim Lernen, weil Sie das Standardverhalten und die Abkürzungen ebenfalls lernen müssen.

Eine gute Analogie ist die richtige und häufige Verwendung von Kurzformen im Englischen. »Will not« bedeutet zwar dasselbe wie »won't«, aber die meisten verwenden eher

---

11 Sofern Sie eine Programmiersprache nur ein paar Minuten in der Woche oder im Monat benutzen, werden Sie vermutlich eine Sprache vorziehen, die sich leichter lernen lässt, da Sie das meiste, was Sie gelernt haben, zwischenzeitlich wieder vergessen. Perl ist für Leute gedacht, die mindestens zwanzig Minuten täglich programmieren.

12 Wir werden das Programm hier jetzt nicht komplett erklären, aber dieses Beispiel liest Daten aus einer Eingabedatei mit einem bestimmten Format und gibt einige der Daten in einem anderen Format wieder aus. Sämtliche hier verwendeten Sprachmerkmale werden im Buch behandelt.

die Kurzform. Sie spart Zeit, und da sie jeder kennt, ist sie auch sinnvoll. Auf vergleichbare Weise kürzen die »Kurzformen« von Perl verbreitete »Wendungen« ab, so dass sie schneller »gesprochen« werden und als ein einzelner Ausdruck statt als Reihe voneinander unabhängiger Schritte verstanden werden können.

Sobald Sie einmal mit Perl vertraut sind, werden Sie weniger Zeit benötigen, das Shell-Quoting (oder C-Deklarationen) richtig hinzubekommen, und mehr Zeit haben, um im Internet zu surfen. Die klaren Konstrukte von Perl ermöglichen Ihnen, (mit minimalem Aufwand) coole Einmallösungen oder auch allgemein verwendbare Werkzeuge zu erstellen. Sie können diese Werkzeuge zu Ihrer nächsten Arbeitsstätte mitnehmen, da Perl hochportabel und dort oft bereits installiert ist, so dass Sie noch mehr Zeit haben, um im Web zu surfen.

Perl besitzt ein sehr hohes Sprachniveau. Das bedeutet, dass der Code eine ziemlich hohe »Dichte« aufweist. Ein Perl-Programm ist nur etwa 30 bis 70 Prozent so lang wie ein entsprechendes C-Programm. Dadurch ist Perl schneller zu schreiben, zu lesen und zu debuggen, sowie leichter zu pflegen. Sie brauchen nicht viel Programmiererfahrung, um zu sehen, dass die gesamte Subroutine klein genug ist, um vollständig auf den Bildschirm zu passen. Sie müssen also nicht ständig hin- und herscrollen, um zu sehen, was gerade passiert. Und da sich die Anzahl der Bugs in einem Programm ungefähr proportional zur Länge des Quellcodes verhält[13] (und nicht proportional zur Funktionalität), bedeutet der kürzere Quellcode bei Perl im Schnitt auch weniger Fehler.

Wie in jeder Sprache ist es auch in Perl möglich, so zu programmieren (»write-only«), dass das Programm hinterher nicht mehr lesbar ist. Wenn Sie allerdings sorgfältig vorgehen, können Sie diesen oft gehörten Vorwurf vermeiden. Für Außenstehende sieht Perl aus wie ein »Rauschen in der CPAN-Leitung«, für Eingeweihte jedoch sieht es aus wie die Noten einer großartigen Sinfonie. Wenn Sie sich an die Richtlinien in diesem Buch halten, sollten Ihre Programme leicht zu lesen und ebenso leicht zu pflegen sein. Dafür werden Sie aber vermutlich den »Obfuscated Perl Contest« leider nicht gewinnen.

Warum ist Perl so beliebt?

Nachdem Larry ein bisschen mit Perl herumgespielt und es um ein paar Dinge ergänzt hatte, veröffentlichte er es in der Gemeinschaft der Usenet-Leserschaft (auch als das »Net« bezeichnet). Die Benutzer dieses zusammengewürfelten Haufens von Systemen auf der ganzen Welt (schon damals mehrere zehntausend) gaben ihm Rückmeldungen und fragten nach Möglichkeiten, dieses oder jenes zu erledigen, wovon Larry eigentlich nie gedacht hatte, dass sein kleines Perl es übernehmen sollte.

Das Resultat war, dass Perl wuchs und wuchs und wuchs. Es wuchs in seinen Möglichkeiten. Es wuchs in seiner Portabilität. Was früher einmal eine kleine Sprache war, die nur auf ein paar Unix-Systemen verfügbar war, ist zu einer Größe herangewachsen, die

---

13 Mit einem großen Sprung, sobald ein Programmteil nicht mehr auf den Bildschirm passt.

tausende von Seiten frei erhältlicher Dokumentation beinhaltet, Dutzende von Büchern hervorgebracht hat und in einer großen Anzahl von Mainstream-Usenet-Newsgruppen (und einem Dutzend Newsgruppen und Mailinglisten, die nicht so »Mainstream« sind) diskutiert wird, die eine kaum zu zählende Anzahl von Lesern haben. Perl ist auf fast jedem Betriebssystem, das heute benutzt wird, zu Hause. Und vergessen Sie auch nicht das Lama-Buch.

Was geschieht in Zukunft mit Perl?

Zwar schreibt Larry den Code heutzutage nicht mehr selbst, aber er leitet die Entwicklung und trifft die großen Entscheidungen. Perl wird zum großen Teil von einer kühnen Gruppe von Leuten gewartet, die die »Perl 5 Porters«[14] genannt werden. Sie können ihre Arbeit und Diskussionen auf der Mailingliste *perl5-porters@perl.org* mitverfolgen.

Während wir diesen Text schreiben (März 2011), passiert eine Menge mit Perl. In den letzten paar Jahren haben viele Leute an der nächsten größeren Version von Perl gearbeitet: Perl 6.

Kurz gesagt, ist Perl 6 heute eine völlig andere Sprache. Das geht so weit, dass seine wichtigste Implementierung jetzt Rakudo heißt. Perl 6 nahm seinen Anfang im Jahr 2000 als etwas, das vielleicht eines Tages Perl 5 ersetzen sollte, das ja aufgrund der langen Lag-Zeiten bei den Releases 5.6, 5.8 und 5.10 eine ziemliche Flaute erlebte. Schließlich ergab es sich durch diverse Zufälle und Berührungspunkte, dass Perl 5 wieder auflebte, während Perl 6 immer schleppender vorankam. So eine Ironie ...

Die Entwicklung von Perl 5 ist wieder in Schwung gekommen: Derzeit gibt es monatliche Releases von experimentellen Versionen und etwa eine neue Wartungsversion pro Jahr. Die letzte Auflage dieses Buchs beschäftigte sich mit 5.10, und wir hatten keine Zeit, es zu überarbeiten, bis Perl 5.12 herauskam. Das vorliegende Buch erscheint etwa zu der Zeit, zu der Perl 5.14 veröffentlicht werden soll. Und gleichzeitig beschäftigen sich die Perl-5-Portierer schon mit Perl 5.16.

Wofür ist Perl eigentlich geeignet?

Perl ist gut für schnell zusammengeschusterte Programme, die Sie kurz mal in drei Minuten herunterhacken. Perl ist aber auch für lange und ausgedehnte Programme gut, für die ein Team von einem Dutzend Programmierern drei Jahre braucht. Sie werden allerdings eine Menge Programme schreiben, für die Sie von der Konzeption bis zum vollständig getesteten Code nicht mal eine Stunde brauchen.

Perl ist für Probleme optimiert, die zu ungefähr 90% mit Text und ungefähr 10% mit anderen Dingen zu tun haben. Diese Beschreibung scheint auf die meisten Programmieraufgaben zu passen, die sich heutzutage stellen. In einer perfekten Welt würden alle Pro-

---

14 Portierer, nicht Portiers!

grammierer alle Sprachen kennen und dadurch in der Lage sein, immer die beste Sprache für ein bestimmtes Projekt zu wählen. Meistens würde man sich wohl für Perl entscheiden.[15]

Obwohl das World Wide Web noch nicht einmal ein Glänzen in Tim Berners-Lees Augen war, als Larry sich Perl ausdachte, war es doch eine Heirat im (Use-)Net. Manche Leute sagen, dass es durch den Einsatz von Perl Anfang der neunziger Jahre möglich wurde, eine große Menge an Inhalten sehr schnell in das HTML-Format umzuwandeln. Das war wichtig, da das Web ohne Inhalte nicht existieren konnte. Selbstverständlich war Perl auch die Sprache der Wahl für kleine CGI-Skripten (Programme, die von einem Webserver ausgeführt werden). Das ging sogar so weit, dass schlecht informierte Leute immer wieder fragten, »Ist Perl nicht sowieso nur CGI?« oder »Warum sollte man Perl überhaupt für etwas anderes als CGI einsetzen?« Wir finden solche Fragen sehr amüsant.

Wofür ist Perl nicht geeignet?

Wofür ist Perl denn *nicht* gut, wo es doch für so viele Dinge gut geeignet ist? Nun, Sie sollten Perl nicht benutzen, wenn Sie *opaken Binärcode* erzeugen wollen. Das ist ein Programm, das Sie an Leute weitergeben oder verkaufen, ohne dass diese Ihre geheimen Algorithmen im Quellcode sehen können. Sie können Ihnen also auch nicht helfen, Ihren Code zu debuggen oder zu pflegen. Wenn Sie jemandem Ihr Perl-Programm weitergeben, geben Sie in der Regel den Quellcode weiter, nicht opaken Binärcode.

Wenn Sie opaken Binärcode haben wollen, müssen wir Ihnen leider sagen, dass es so etwas nicht gibt. Wenn man Ihr Programm installieren und ausführen kann, kann das Programm auch wieder in Quellcode in jeder beliebigen Sprache zurückverwandelt werden. Das ist nicht unbedingt derselbe Quellcode, mit dem Sie angefangen haben, aber es ist auf jeden Fall Quellcode. Der korrekte Weg, Ihre geheimen Algorithmen weiterhin geheim zu halten, besteht also vielmehr darin, eine angemessene Anzahl von Rechtsanwälten zu beschäftigen. Diese können dann eine Lizenz aufsetzen, in der steht: »Sie können *das* mit dem Code machen, *jenes* aber nicht. Sollten Sie entgegen unseren Regeln *jenes* trotzdem tun, verfügen wir über eine angemessene Anzahl von Rechtsanwälten, um sicherzustellen, dass Sie es bereuen werden.«

Wo kann ich Perl bekommen?

Vermutlich haben Sie es bereits. Da, wo *wir* hingehen, ist Perl zumindest immer zu finden. Es wird mit vielen Betriebssystemen bereits ausgeliefert, und Systemadministratoren installieren es oft auf jeder Maschine ihrer Site. Wenn sich Perl jedoch noch nicht auf

---

15 Nehmen Sie uns das nicht einfach so ab. Wenn Sie wissen wollen, ob Perl besser ist als Sprache X, lernen Sie beide Sprachen, probieren Sie beide aus und finden Sie heraus, welche von beiden Sie öfter benutzen. Das ist dann die Sprache, die für Sie am besten ist. Letztendlich werden Sie Perl besser verstehen, weil Sie die Sprache X erforscht haben, und umgekehrt. Sie haben die Zeit also sinnvoll genutzt.

Ihrem System befindet, können Sie es sich kostenlos besorgen. Auf den meisten Linux- und *BSD-Systemen, Mac OS X und einigen anderen ist es vorinstalliert. Firmen wie ActiveState (*http://www.activestate.com*) bieten fertige, verbesserte Distributionen für verschiedene Plattformen einschließlich Windows an. Sie können sich für Windows auch Strawberry Perl besorgen (*http://www.strawberryperl.com*), das alles mitbringt, was beim normalen Perl dabei ist, und dann noch zusätzliche Werkzeuge, um Module von Drittanbietern zu kompilieren und installieren.

Perl wird unter zwei verschiedenen Lizenzvereinbarungen verteilt. Wenn Sie – wie die meisten Leute – Perl nur *benutzen*, sind für Sie beide Lizenzen gleich gut. Wenn Sie Perl selbst verändern wollen, sollten Sie die Lizenzen jedoch etwas genauer lesen, da es einige Beschränkungen gibt, was die Verteilung von modifiziertem Code angeht. Für Leute, die Perl nicht modifizieren wollen, besagen beide Lizenzen im Prinzip: »Perl ist freie Software – viel Spaß damit!«

Perl ist nicht nur frei erhältlich, sondern läuft auch auf so ziemlich allem, was sich Unix nennt und einen C-Compiler besitzt. Sie müssen es nur herunterladen und ein oder zwei Kommandos eingeben, und schon beginnt es, sich selbst zu konfigurieren und zu kompilieren. Oder noch besser: Bringen Sie Ihren Systemadministrator dazu, es für Sie zu installieren.[16] Abgesehen von Benutzern von Unix- und Unix-artigen Systemen gab es sogar Leute, die süchtig genug nach Perl waren, um es auch für andere Systeme zu portieren, wie MacOS X, VMS, OS/2 und sogar MS/DOS und jede Spezies von Windows. Und während Sie das hier lesen, sind vermutlich schon wieder einige dazugekommen.[17] Viele dieser *Portierungen* von Perl werden mit einem Installationsprogramm verteilt, was die Installation von Perl auf diesen Systemen sogar noch leichter macht als unter Unix. Sehen Sie sich die Links im »ports«-Abschnitt des CPAN an.

Was ist das CPAN?

Das *CPAN* ist das Comprehensive Perl Archive Network, Ihre erste Anlaufstelle, wenn es um Perl geht. Hier bekommen Sie den Quellcode von Perl selbst, Portierungen für alle möglichen Nicht-Unix-Systeme, die Sie nur noch zu installieren brauchen,[18] Beispiele, Dokumentation und Erweiterungen zu Perl sowie Nachrichtenarchive, die sich mit Perl beschäftigen. Kurz gesagt: Das CPAN ist »comprehensive« (umfassend).

---

16 Wofür sind Systemadministratoren gut, wenn sie keine Software installieren können? Wenn Sie Schwierigkeiten haben, Ihren Administrator davon zu überzeugen, Perl zu installieren, laden Sie ihn auf eine Pizza ein. Wir haben noch nie einen Systemadministrator getroffen, der nein zu einer Pizza sagen konnte, oder zumindest zu etwas Ähnlichem, das genauso leicht zu beschaffen war.

17 Und nein, es passt (noch) nicht auf Ihren Blackberry – es ist einfach zu groß, selbst wenn es auf das Wesentliche beschränkt ist. Wir haben aber schon Gerüchte gehört, dass es unter WinCE funktioniert.

18 Auf Unix-Systemen ist es fast immer besser, Perl aus dem Quellcode selbst zu kompilieren. Auf anderen Systemen stehen eventuell C-Compiler oder andere für die Kompilierung benötigte Werkzeuge nicht zur Verfügung. Für diese Systeme finden Sie die bereits kompilierten Binärdateien im CPAN.

Das CPAN wird auf hunderten von Rechnern weltweit gespiegelt. Beginnen Sie einfach bei *http://search.cpan.org/*, um das Archiv zu durchsuchen. Falls Sie keinen Internetzugang haben, hat Ihr EDV-Buchladen vielleicht eine CD- oder DVD-ROM vorrätig, auf der die nützlichen Teile des CPAN zu finden sind. Achten Sie jedoch darauf, dass es sich um eine aktuelle Kopie des Archivs handelt, da das CPAN täglich aktualisiert wird – ein zwei Jahre altes Archiv ist eine Antiquität. Noch besser ist es, wenn Sie jemanden mit einer schnellen Netzanbindung finden, der Ihnen das aktuelle CPAN auf eine CD brennt.

Wo bekomme ich Support für Perl?

Tja, Sie haben doch den kompletten Quellcode – also können Sie die Bugs auch selbst entfernen!

Klingt nicht so gut, oder? Ist es aber. Da es bei Perl keine »Quellcodehinterlegung« (source code escrow) gibt, kann im Prinzip jeder einen Fehler beheben. Wenn Sie einen Fehler gefunden und verifiziert haben, hat ihn jemand anderes vielleicht schon behoben. Tausende von Leuten weltweit helfen mit, Perl zu pflegen.

Damit wollen wir jetzt nicht sagen, Perl sei voller Bugs. Aber es handelt sich um ein Programm, und jedes Programm hat mindestens einen Bug.

Um zu erkennen, warum es so nützlich ist, den Quellcode von Perl zu besitzen, stellen Sie sich einmal vor, Sie hätten es stattdessen mit einem gigantischen, mächtigen Konzern zu tun, dessen Besitzer ein Zillionär mit einem schlechten Haarschnitt ist. Von diesem hätten Sie nun eine Lizenz für eine Programmiersprache namens Forehead erworben. (Das ist natürlich alles hypothetisch. Jeder weiß, dass es keine Sprache mit dem Namen Forehead gibt.) Jetzt überlegen Sie einmal, was Sie tun können, wenn Sie einen Fehler in Forehead entdecken. Zuerst einmal können Sie diesen Fehler melden. Danach können Sie hoffen – hoffen, dass der Fehler behoben wird, hoffen, dass der Fehler *bald* behoben wird, und hoffen, dass der Konzern für die neue Version keinen zu hohen Preis verlangt. Sie können hoffen, dass in der neuen Version keine neuen Features vorkommen, die neue Fehler enthalten, und Sie können hoffen, dass der gigantische Konzern nicht durch ein Gerichtsverfahren wegen Ausnutzung der Monopolstellung in viele kleine Teile zerschlagen wird.

Perl hingegen wird zusammen mit seinem Quellcode verteilt. Tritt der seltene Fall auf, dass sich der Fehler nicht auf eine andere Art beseitigen lässt, können Sie notfalls einen oder zehn Programmierer engagieren und an die Arbeit gehen. Falls Sie in diesem Fall einen neuen Rechner kaufen, auf dem Perl noch nicht unterstützt wird, können Sie Ihre eigene Portierung schreiben. Und wenn Sie ein Feature brauchen, das es noch nicht gibt, wissen Sie ja nun, was zu tun ist.

Gibt es auch noch andere Arten von Support?

Sicher. Einer unserer Favoriten sind die »Perl Mongers«. Das ist ein weltweiter Zusammenschluss von Perl-Benutzergruppen. Weitere Informationen dazu finden Sie unter *http://www.pm.org/*. Höchstwahrscheinlich gibt es auch bei Ihnen in der Nähe eine Gruppe mit einem Experten oder jemandem, der einen Experten kennt. Falls es noch keine Gruppe gibt, können Sie einfach eine ins Leben rufen.

Selbstverständlich sollten Sie als erste Quelle für Support die Dokumentation nicht unbeachtet lassen. Außer in der mitgelieferten Dokumentation können Sie die Perl-Dokumentation auch im CPAN (*http://www.cpan.org*) und auf anderen Sites finden: *http://perldoc. perl.org* bietet HTML- und PDF-Versionen der Perl-Dokumentation und *http://faq.perl. org/* enthält die aktuelle Version der Perl-FAQs (*perlfaq*).

Eine weitere erstklassige Informationsquelle ist das O'Reilly-Buch *Programmieren mit Perl*, aufgrund des Tieres auf dem Einband auch das »Kamel-Buch« genannt (so wie dieses Buch als das »Lama-Buch« bekannt ist). Das Kamel-Buch enthält eine vollständige Referenz zu Perl, einige Anleitungen und eine Reihe von verschiedenen anderen Informationen zu Perl. Außerdem gibt es noch die praktische und handliche Kurzreferenz *Perl – kurz & gut* von Johan Vromans (O'Reilly Verlag).

Wenn Sie jemanden etwas fragen müssen, gibt es dafür die Perl-Newsgruppen sowie eine Reihe von Mailinglisten.[19] Unabhängig von der Tageszeit bei Ihnen ist in irgendeiner Zeitzone dieser Welt immer ein Perl-Experte gerade wach und beantwortet Fragen zu Perl im Usenet – im Reich von Perl geht die Sonne nie unter. Das bedeutet: Wenn Sie eine Frage stellen, kann es sein, dass Sie innerhalb von Minuten eine Antwort erhalten. Wenn Sie vorher jedoch nicht die Dokumentation und die FAQs konsultiert haben, werden Sie innerhalb von Minuten wüst beschimpft werden.

Die offiziellen Perl-Newsgruppen befinden sich im *comp.lang.perl.**-Teil der Hierarchie. Während wir dieses Buch schreiben, gibt es fünf verschiedene Gruppen, aber das ändert sich von Zeit zu Zeit. Die zwei deutschsprachigen Newsgruppen finden Sie im *de.comp. lang.perl.**-Bereich. Sie (oder wer sonst in Ihrer Firma für Perl zuständig ist) sollten in jedem Fall die Newsgruppe *comp.lang.perl.announce* abonnieren. Das ist eine Gruppe mit relativ wenigen Nachrichten, die für wichtige Ankündigungen zum Thema Perl, einschließlich sicherheitsbezogener Themen, da ist. Fragen Sie Ihren Experten vor Ort, falls Sie Hilfe mit dem Usenet brauchen.

Es gibt außerdem eine Reihe von Gruppen im Web, die sich rund um das Thema Perl gebildet haben. Eine populäre Gruppe ist unter dem Namen »The Perl Monastery« (»Das Perl-Kloster«, zu finden unter *http://www.perlmonks.org*) bekannt. Hier finden sich viele der Perl-Buchautoren und Artikelschreiber, unter anderem auch mindestens zwei der Autoren dieses Buchs. Außerdem gibt es guten Perl-Support bei Stack Overflow (*http:// www.stackoverflow.com*).

Sie können auch auf *http://learn.perl.org/* nachsehen oder die zugehörige Mailingliste *beginners@perl.org* abonnieren. Viele bekannte Perl-Programmierer haben außerdem

---

19 Viele Mailinglisten sind unter *http://lists.perl.org* zu finden.

Blogs, in denen sie regelmäßig Artikel rund um Perl veröffentlichen, die Sie größtenteils in der Perlsphere unter *http://perlsphere.net* lesen können.

Für den Fall, dass Sie einen Support-Vertrag für Perl abschließen wollen, gibt es eine Reihe von Firmen, die gern bereit sind, Ihnen so viel Geld abzunehmen, wie Sie wollen. Die meisten anderen Support-Formen sind jedoch kostenlos.

Was soll ich tun, wenn ich einen Bug in Perl entdecke?

Zuallererst sollten Sie noch einmal[20] in der Dokumentation[21] nachlesen. Perl hat ein paar Besonderheiten und Regelausnahmen, und es kann gut sein, dass das, was Sie als Fehler auffassen, eigentlich ein Feature ist. Des Weiteren sollten Sie überprüfen, ob Sie eventuell eine veraltete Version von Perl haben; vielleicht sind Sie auf etwas gestoßen, das in einer neueren Version bereits behoben wurde.

Erst wenn Sie sich fast sicher sind, dass es sich um einen Fehler handelt, sollten Sie nachfragen. Fragen Sie bei einem Arbeitskollegen, einer örtlichen Perl-Mongers-Gruppe oder in einer Perl-Konferenz nach. Die Chancen stehen gut, dass es sich *doch* um ein Feature handelt und nicht um einen Fehler.

Erst wenn Sie sich ganz sicher sind, einen Fehler gefunden zu haben, denken Sie sich ein Testszenario aus (sofern Sie das nicht schon getan haben). Der ideale Testfall besteht aus einem kleinen Programm, das ein beliebiger Benutzer laufen lassen kann, um das (Fehl-)Verhalten nachzuvollziehen, das Sie entdeckt haben. Erst wenn Sie einen Testfall haben, der deutlich zeigt, dass es sich um einen Fehler handelt, verwenden Sie das *perlbug*-Hilfsprogramm, das zusammen mit Perl verteilt wird, um den Fehler zu melden. Damit wird in der Regel eine E-Mail an die Perl-Entwickler verschickt; benutzen Sie *perlbug* also nicht, ohne ein Testszenario zur Hand zu haben.

Es ist nichts Ungewöhnliches, wenn Sie, nachdem Sie Ihren Fehlerbericht abgeschickt und dabei alles richtig gemacht haben, in wenigen Minuten eine Antwort bekommen. Normalerweise können Sie einen kleinen Patch anwenden und gleich weiterarbeiten. Unter Umständen (oder schlimmstenfalls) bekommen Sie auch gar keine Antwort. Keiner der Perl-Entwickler wird dazu gezwungen, Ihre Fehlerberichte zu lesen. Dennoch lieben wir alle Perl viel zu sehr, als dass wir einen Fehler unbeachtet lassen wollten.

Wie schreibe ich ein Perl-Programm?

Das wurde aber auch Zeit, dass Sie fragen (auch wenn Sie's nicht getan haben). Perl-Programme sind Textdateien. Daher reicht zum Programmieren ein einfacher Texteditor

---

20 Vielleicht sogar eher zwei- bis dreimal. Oft haben wir in der Dokumentation nachgeschlagen, um ein bestimmtes unerwartetes Verhalten zu erklären, und haben dabei eine neue kleine Schattierung entdeckt, die sich dann auf einem Schaubild oder in einem Artikel wiederfand.

21 Selbst Larry gibt zu, gelegentlich einmal die Dokumentation zu konsultieren.

aus. Sie brauchen keine spezielle Entwicklungsumgebung, auch wenn es davon einige zu kaufen gibt. Wir haben mit keiner von ihnen genug gearbeitet, um sie empfehlen zu können (aber lang genug, um sie nicht mehr zu benutzen). Außerdem ist die Wahl der Umgebung eine persönliche Entscheidung. Fragen Sie drei Programmierer, was für eine Sie benutzen sollen, und Sie werden acht Antworten bekommen.

Ein Texteditor für Programmierer ist sinnvoller als ein normales Textverarbeitungsprogramm. Der Unterschied besteht darin, dass ein Texteditor für Programmierer oft eine Reihe hilfreicher Funktionen hat, wie etwa das automatische Einrücken von Codeblöcken oder das Finden einer schließenden geschweiften Klammer. Die zwei beliebtesten Editoren für Programmierer unter Unix sind *emacs* und *vi* (sowie ihre Variationen und Klone). BBEdit und Alpha sind gute Editoren für Mac OS X. Über UltraEdit und Programmer's Favorite Editor (PFE) für Windows wurde ebenfalls viel Gutes berichtet. Die *perlfaq3*-Dokumentation und die FAQ für die deutschsprachige Perl-CGI-Newsgruppe (*http://www.worldmusic.de/perl/dclpc-faq.html*) listen einige weitere Editoren auf. Und schließlich können Sie auch wieder Ihren Experten vor Ort danach fragen, welcher Texteditor auf Ihrem System der richtige zum Programmieren ist.

Die einfachen Programme, die Sie während der Übungen dieses Buchs schreiben, sollten nicht mehr als 20 bis 30 Zeilen Code umfassen, wofür jeder Texteditor vollkommen ausreichend ist.

Anfänger versuchen immer wieder gern, ein Textverarbeitungsprogramm (z.B. Word oder Works) statt eines Texteditors zum Programmieren zu verwenden. Wir raten jedoch davon ab, da die Verwendung dieser Programme für diesen Zweck unbequem oder schlimmstenfalls sogar unmöglich ist. Wir wollen Ihnen hier jedoch nichts vorschreiben. Stellen Sie aber auf jeden Fall sicher, dass Ihre Dateien im »Nur Text«-Format gespeichert werden. Das Standardformat des Textverarbeitungsprogramms ist in den meisten Fällen unbrauchbar. Einige dieser Textverarbeitungsprogramme werden Ihnen wahrscheinlich mitteilen, dass Ihr Perl-Programm Fehler in der Schreibung aufweist hat und weniger Semikolons enthalten sollte.

In manchen Fällen müssen Sie ein Programm vor seiner Ausführung auf einen anderen Rechner übertragen. Stellen Sie dabei sicher, dass für die Übertragung der »Text«- oder »ASCII«-Modus anstelle des »Binär«-Modus verwendet wird. Das ist wichtig, da reiner Text auf verschiedenen Maschinen unterschiedlich gespeichert wird. Wenn Sie das nicht tun, kann es passieren, dass Ihr Programm nicht richtig ausgeführt wird. Einige Perl-Versionen brechen das Programm einfach ab, wenn sie die Zeilenenden nicht richtig erkennen.

Ein einfaches Programm

Eine alte Regel besagt, dass jedes Buch über eine Computersprache, die Unix-artige Wurzeln hat, mit dem »Hallo Welt!«-Programm beginnen muss. Hier also die Version in Perl:

```
#!/usr/bin/perl
print "Hallo Welt!\n";
```

Wir stellen uns einmal vor, Sie hätten das Obenstehende in Ihren Texteditor eingegeben. (Machen Sie sich keine Gedanken darüber, was die einzelnen Teile bedeuten und wie sie funktionieren. Wir werden uns das alles gleich ansehen.) Sie können das Programm in der Regel unter jedem beliebigen Namen abspeichern. Perl erwartet normalerweise kein bestimmtes Format für Dateinamen oder -endungen; es ist sowieso am besten, überhaupt keine Endung zu benutzen.[22] Auf manchen Systemen ist es dennoch nötig, Dateien mit einer Endung wie etwa *.plx* zu versehen (was so viel wie PerL eXecutable oder ausführbare Perl-Datei heißt). Die Dokumentation für Ihre Version von Perl gibt Ihnen darüber Aufschluss.

Möglicherweise müssen Sie Ihrem System irgendwie mitteilen, dass Ihre Datei nun ein ausführbares Programm (also ein Kommando) ist. Was genau zu tun ist, hängt von Ihrem jeweiligen Betriebssystem ab; vielleicht brauchen Sie auch gar nichts zu tun, außer das Programm an einem bestimmten Ort abzulegen. Auf Unix-Systemen müssen Sie das Programm als ausführbar kennzeichnen, indem Sie das chmod-Kommando benutzen, etwa so:

```
$ chmod a+x mein_programm
```

Das Dollarzeichen (und das folgende Leerzeichen) am Beginn der Zeile bezeichnet eine Eingabeaufforderung auf der Shell. Selbstverständlich können Sie chmod statt des symbolischen Parameters a+x auch einen numerischen Wert übergeben, wie zum Beispiel 755. Beides teilt dem System mit, dass diese Datei ein ausführbares Programm ist.

Und jetzt können Sie es laufen lassen:

```
$ ./mein_programm
```

Der Punkt und der Schrägstrich (oder *Slash*) teilen dem System mit, dass sich das Programm im gegenwärtigen Verzeichnis befindet. Diese Angabe wird nicht immer benötigt, aber Sie sollten sie zu Beginn jedes Kommandoaufrufs verwenden, bis Sie vollständig verstanden haben, was sie bewirkt.[23] Es ist ziemlich unwahrscheinlich, dass alles gleich klappt. Öfter werden Sie feststellen, dass Ihr Programm noch irgendwo einen Fehler hat. Ändern Sie es ab und probieren Sie es noch einmal. Dafür müssen Sie chmod nicht noch einmal aufrufen, da diese Mitteilung mit Ihrer Datei »verbunden« sein sollte. Besteht der

---

22   Warum soll es besser sein, keine Dateiendung zu benutzen? Stellen Sie sich vor, Sie haben ein Programm geschrieben, das Ihnen die Spielstände Ihres Fußballteams ausgibt. Sie haben allen Ihren Freunden erzählt, das Programm heiße *fussball.plx*. Eines Tages entscheiden Sie sich, das Programm in C neu zu schreiben. Soll es nun immer noch denselben Namen tragen, der aussagt, dass das Programm immer noch in Perl ist? Oder sagen Sie jedem, dass das Programm jetzt einen neuen Namen trägt? (Aber bitte nicht *fussball.c*!) Die Antwort lautet: Es geht Ihre Freunde einfach nichts an, in welcher Sprache es geschrieben ist, wenn sie das Programm nur *benutzen*. Daher sollten Sie es von Anfang an einfach nur *fussball* nennen.

23   Kurz gesagt: Es verhindert, dass Ihre Shell ein anderes Programm (oder ein Shell-Kommando) mit demselben Namen ausführt. Ein häufiger Anfängerfehler besteht darin, das erste Programm »test« zu nennen. Auf vielen Systemen gibt es nämlich schon ein Programm mit dem Namen »test«, das die Anfänger dann statt ihres Programms ausführen.

Fehler darin, dass Sie chmod nicht korrekt verwendet haben, bekommen Sie vermutlich von der Shell die Nachricht »permission denied« (keine Berechtigung, das Programm auszuführen).

In Perl 5.10 und danach gibt es eine weitere Möglichkeit, dieses einfache Programm zu schreiben, die wir auch einfach hier abhandeln können. Anstelle von *print* können Sie *say* benutzen, das fast dasselbe bewirkt, allerdings mit weniger Tipparbeit. Es fügt für uns den Zeilenumbruch hinzu, wodurch wir Zeit sparen können. Da es sich um ein neues Merkmal handelt und Sie möglicherweise noch kein Perl 5.10 benutzen, verwenden wir hier die Anweisung *use 5.010* , die Perl mitteilt, dass wir neue Funktionen verwenden.

```
#!/usr/bin/perl

use 5.010;

say "Hallo Welt!";
```

Dieses Programm läuft nur unter Perl 5.10 oder späteren Versionen. Sofern wir in diesem Buch Funktionen verwenden, die erst ab Perl 5.10 oder später gültig sind, werden wir ausdrücklich im Text darauf hinweisen und die Anweisung *use 5.010* benutzen, nicht aber *use 5.10* (das hält Perl nämlich für *5.100*, eine Version, die mit Sicherheit noch nicht vorliegt).

Normalerweise braucht man für die benötigten Features nur die früheste Version von Perl. Dieses Buch behandelt alles bis Perl 5.14, weshalb wir bei vielen der neuen Features den Codebeispielen etwas voranstellen, das Sie daran erinnert, folgende Zeile hinzuzufügen:

```
use 5.014;
```

Was passiert im Innern des Programms?

Wie auch bei anderen Sprachen, in denen Sie »frei formulieren« dürfen, können Sie in Perl beliebig Whitespace-Zeichen (wie Leerzeichen, Tabulatoren und Newline-Zeichen) verwenden, um Ihr Programm besser lesbar zu machen. Die meisten Perl-Programme, wie auch die meisten unserer Beispiele, verwenden ein recht standardisiertes Format.[24] Wir möchten Sie dringend dazu ermutigen, Ihre Programme korrekt einzurücken, weil sie dadurch leichter zu lesen sind; ein guter Texteditor sollte die meiste Arbeit für Sie erledigen. Gute Kommentare erleichtern ebenfalls die Lesbarkeit. In Perl beginnen Kommentare mit einem Doppelkreuz (#) und enden am Zeilenende. (In Perl gibt es keine »Kommentar-Blöcke«.[25]) In den Programmen dieses Buchs benutzen wir selten Kommentare, da der umgebende Text Erklärung genug ist. Ihre eigenen Programme sollten Sie jedoch ausreichend kommentieren.

---

24 In der *perlstyle*-Dokumentation finden sich einige allgemeine Hinweise (aber keine Regeln!).

25 Es gibt jedoch eine Reihe von Möglichkeiten, diese zu imitieren. Sehen Sie sich die *perlfaq*-Abschnitte in der Dokumentation an.

Eine andere (allerdings seltsame) Art, das gleiche »Hallo Welt!«-Programm zu schreiben, könnte etwa so aussehen:

```
#!/usr/bin/perl
    print   # dies ist ein Kommentar
"Hallo Welt!\n"
    ;    # so sollte Ihr Perl-Code nicht aussehen
```

Die erste Zeile ist hierbei ein spezieller Kommentar: Lauten auf einem Unix-System[26] die ersten zwei Zeichen einer Textdatei »#!«, so bezeichnet der Rest der Zeile den Namen des Programms, das die Datei ausführt. In diesem Fall ist das Programm unter dem Pfad */usr/bin/perl* zu finden.

Die #!-Zeile ist diejenige, die am wenigsten portabel ist, da sich für jedes System unterscheiden kann, was hier zu stehen hat. Glücklicherweise ist das so gut wie immer */usr/bin/perl* oder */usr/local/bin/perl*. Wenn das nicht der Fall ist, müssen Sie herausfinden, wo Ihr System Perl versteckt. Auf einigen Unix-Systemen können Sie dazu folgende Zeile verwenden:

```
#!/usr/bin/env perl
```

Falls Perl sich nicht in einem der Verzeichnisse in Ihrem Suchpfad befindet, fragen Sie Ihren Systemadministrator oder jemanden, der dasselbe System benutzt wie Sie. Passen Sie aber auf: Das findet das erste *perl*, und das ist vielleicht nicht das, auf das Sie es abgesehen haben.

Auf Nicht-Unix-Systemen wird traditionsgemäß die Zeile #!perl verwendet. Auch wenn es eigentlich nicht nötig ist, wird diese Zeile konventionsgemäß beibehalten. Sollte jemand später einmal Ihr Programm an ein anderes Betriebssystem anpassen müssen, so ist auf jeden Fall klar, dass es sich um Perl-Code handelt.

Stehen in der #!-Zeile die falschen Informationen, wird Ihnen die Shell eine Fehlermeldung anzeigen. Das könnte etwas Unerwartetes sein, wie etwa »file not found« oder »bad interpreter«. Ihr Programm wurde dann zwar gefunden, aber */usr/bin/perl* befand sich offenbar nicht an der richtigen Stelle. Um es etwas klarer zu machen: Die Fehlermeldung kommt nicht von Perl selbst, sondern es ist die Shell, die sich hier beklagt. (Übrigens: Es heißt nicht *user*, sondern *usr* – die Erfinder von Unix waren ziemlich faul, was das Tippen angeht, also haben sie eine Menge Buchstaben einfach weggelassen.)

Ein anderes Problem kann auftreten, wenn Ihr System die #!-Notation überhaupt nicht erkennt. In diesem Fall wird die Shell (oder was auch immer Ihr System benutzt) vermutlich das Programm an sich ausführen. Die Qualität der Ergebnisse reicht von enttäuschend bis erstaunlich. Die Dokumentation zu Ihrem System oder die *perldiag*-Dokumentation sollten Ihnen in diesem Fall Aufschluss darüber geben, um welche Art von Fehler es sich handelt.

---

26 Jedenfalls auf den meisten modernen Unix-Systemen. Der »sh-bang«-Mechanismus wurde irgendwann Mitte der achtziger Jahre eingeführt, und das ist selbst auf der sehr langen Unix-Zeitleiste schon ziemlich lange her.

Das Haupt- oder »main«-Programm besteht aus allen allgemeinen Perl-Anweisungen (ohne die Subroutinen, wie Sie bald sehen werden). Im Gegensatz zu Sprachen wie C oder Java gibt es in Perl keine eigentliche »main«-Routine. Tatsächlich haben viele Programme gar keine Routinen (in Form von Subroutinen).

Im Unterschied zu anderen Sprachen ist es auch nicht unbedingt nötig, Variablen vorzudeklarieren. Das mag Sie zunächst etwas überraschen oder auch beunruhigen, es versetzt Sie jedoch in die Lage, »schnell mal« ein Perl-Programm zu schreiben. Ist Ihr Programm sowieso nur zwei Zeilen lang, wollen Sie sicher keine dieser Zeilen dafür verwenden, erst Ihre Variablen zu deklarieren. Wenn Sie das trotzdem tun wollen, ist das eine gute Sache. Wie es geht, zeigen wir in Kapitel 4, *Subroutinen*.

Die meisten Anweisungen bestehen aus einem Ausdruck, gefolgt von einem Semikolon.[27] Hier ist eine Anweisung, die Sie bereits ein paarmal gesehen haben:

```
print "Hallo Welt!\n";
```

Wie Sie sich vielleicht schon gedacht haben, geben diese Zeilen die Nachricht Hallo Welt! aus. Das Kürzel \n kennen Sie vielleicht schon aus anderen Sprachen wie C, C++ oder Java; es handelt sich hierbei um das Newline-Zeichen. Dieses Zeichen sorgt dafür, dass die Ausgabeposition zum Beginn der folgenden Zeile weiterwandert. Statt direkt hinter der ausgegebenen Zeile zu stehen, wird die neue Eingabeaufforderung auf einer eigenen Zeile angezeigt. In der Regel wird jede ausgegebene Zeile mit einem Newline-Zeichen abgeschlossen. Im nächsten Kapitel werden Sie neben dem Newline-Zeichen noch weitere so genannte »Backslash-Escapes« kennenlernen.

Wie kann ich mein Perl-Programm kompilieren?

Es überrascht Sie vielleicht, aber ein Perl-Programm zu kompilieren bedeutet, es auszuführen.

```
$ perl mein_programm
```

Beim Ausführen eines Programms wandelt der Perl-Compiler Ihren Quellcode zuerst in internen *Bytecode* um (eine interne Datenstruktur, die das Programm darstellt). Dann übernimmt die Bytecode-Engine von Perl und führt den Bytecode aus. Gibt es einen Syntaxfehler in Zeile 200, bekommen Sie die Fehlermeldung, bevor Zeile 2 ausgeführt wird. [28] Haben Sie in Ihrem Programm eine Schleife, die fünftausendmal durchlaufen wird, so wird diese trotzdem nur einmal kompiliert, wodurch die Schleife dann mit Hochgeschwindigkeit laufen kann. Auch kommt es nicht zu Geschwindigkeitseinbußen während der Laufzeit Ihres Programms, wenn Sie viele Kommentare und Leerzeichen benutzt haben, um Ihr Programm leichter verständlich zu machen. Wenn Sie Berechnungen anstellen, die ausschließlich Konstanten verwenden, wird das Ergebnis eine Konstante

---

27 Semikolons brauchen Sie nur, um Ausdrücke voneinander zu trennen, nicht um sie abzuschließen.

28 Es sei denn, Zeile zwei enthält Anweisungen, die bereits zur Kompilierungszeit ausgeführt werden, wie zum Beispiel einen BEGIN-Block oder einen Aufruf von use.

sein, die nur einmal zu Beginn des Programms errechnet wird, und nicht erneut für jeden Schleifendurchlauf.

Sicher, die Kompilierung braucht ihre Zeit. Es ist nicht effizient, ein umfangreiches Perl-Programm für eine kleine Aufgabe (von vielen möglichen) zu benutzen, das dann gleich wieder beendet wird. Das liegt daran, dass die Laufzeit des Programms dann viel kürzer ist als die Zeit, die für das Kompilieren gebraucht wird. Jedoch ist der Compiler schnell und benötigt für die Kompilierung meist nur einen Bruchteil der Laufzeit.

Eine Ausnahme könnte es darstellen, wenn Sie ein Programm schreiben, das als CGI-Skript ausgeführt wird, das mehrere hundert- oder tausendmal pro Minute aufgerufen wird. (Das ist eine große Anzahl von Aufrufen. Die meisten Programme im Web werden normalerweise nicht öfter als hundert- oder tausendmal pro *Tag* ausgeführt. In diesem Fall brauchen Sie sich keine allzu großen Sorgen um die Performance zu machen.) Viele dieser Programme haben kurze Laufzeiten, wodurch die ständige Rekompilierung zu einem wichtigen Faktor wird. Ist dies für Sie ein Thema, werden Sie vermutlich nach einem Weg suchen, Ihr Programm auch zwischen seinen Aufrufen im Arbeitsspeicher zu halten. Die mod_perl-Erweiterung für den Apache-Webserver (*http://perl.apache.org*) oder Perl-Module wie CGI::Fast können Ihnen helfen.

Eine Möglichkeit, den kompilierten Bytecode zu speichern und dadurch den Overhead der Kompilierung zu vermeiden, wäre nicht schlecht. Noch besser wäre es, wenn Sie den Bytecode in eine andere Sprache wie C umwandeln könnten, um diese dann zu kompilieren. Beides ist in einigen Fällen tatsächlich möglich, die meisten Programme werden dadurch wahrscheinlich jedoch nicht leichter zu benutzen, zu debuggen oder zu installieren. Es kann sogar sein, dass Ihr Programm dadurch eher langsamer läuft. Perl 6 sollte in dieser Hinsicht deutlich besser sein, aber während wir das hier schreiben, ist es noch zu früh, um darüber eine Aussage zu machen.

Eine Perl-Blitztour

Sie wollen endlich ein Perl-Programm sehen, an dem ein bisschen mehr Fleisch dran ist? (Wenn nicht, machen Sie für den Moment bitte erstmal einfach mit – danke!) Also dann:

```
#!/usr/bin/perl
@zeilen = `perldoc -u -f atan2`;
foreach (@zeilen) {
  s/\w<([^>]+)>/\U$1/g;
  print;
}
```

Wenn Sie zum ersten Mal Perl-Code wie diesen sehen, kann das zunächst einmal seltsam aussehen. (Um ehrlich zu sein: Perl-Code wie dieser sieht eigentlich immer seltsam aus.) Aber lassen Sie uns Zeile für Zeile vorgehen und sehen, was dieses Beispiel tut. Diese Erklärungen werden kurz sein, schließlich handelt es sich ja um eine Blitztour. Im weiteren Verlauf dieses Buchs werden wir alle Merkmale eingehend betrachten. Wir erwarten nicht, dass Sie jedes Detail jetzt schon verstehen.

Die erste Zeile ist die #!-Zeile, die Sie ja bereits kennen. Wie gesagt kann es sein, dass Sie diese Zeile für Ihr System anpassen müssen.

Die zweite Zeile führt ein externes Kommando aus, das in Backticks (` `) steht. (Das Backtick-Zeichen finden Sie auf der deutschen Standardtastatur rechts neben dem ß. Verwechseln Sie dieses Zeichen bitte nicht mit dem einfachen Anführungszeichen.) Das Kommando für unser Beispiel lautet `perldoc -u -f atan2`. Geben Sie es auf der Kommandozeile ein und beobachten Sie die Ausgabe. Diese Anweisung wird auf den meisten Betriebssystemen verwendet, um die Dokumentation zu Perl und den dazugehörigen Erweiterungen und Hilfsprogrammen anzuzeigen, sollte also meistens verfügbar sein.[29] Dieses Kommando sagt Ihnen weiterhin etwas über die trigonometrische Funktion atan2; wir verwenden diese Funktion hier als Beispiel für ein externes Kommando, dessen Ausgabe wir verarbeiten wollen.

Die Ausgabe des Kommandos in den Backticks wird in einer Arrayvariablen mit dem Namen `@zeilen` gespeichert. Die folgende Zeile startet eine Schleife, die jede dieser Zeilen nacheinander abarbeitet. Innerhalb der Schleife sind die Anweisungen eingerückt. Gute Programmierer tun das, auch wenn es nicht explizit von Perl gefordert ist.

Die erste Zeile innerhalb der Schleife ist am furchteinflößendsten: `s/\w<([^>]+)>/\U$1/g;`. Damit wird jede Zeile verändert, die eine spezielle Markierung (spitze Klammern) enthält. Die Ausgabe des `perldoc`-Kommandos sollte mindestens eine davon enthalten.

Die nächste Zeile gibt überraschenderweise jede (möglicherweise modifizierte) Zeile aus. Das Ergebnis sollte so ähnlich aussehen wie das, was `perldoc -u -f atan2` tut, wenn es direkt von der Kommandozeile aus aufgerufen wird. Unterschiede treten auf, wenn Markierungen gefunden werden.

Mit wenigen Zeilen haben wir ein externes Programm aufgerufen, die Ausgabe in den Arbeitsspeicher geladen und die gespeicherten Teile verändert und sie schließlich ausgegeben. Für Aufgaben wie diese wird Perl recht häufig eingesetzt.

Übungen

Normalerweise endet jedes Kapitel mit einer Reihe von Übungen, deren Antworten Sie in Anhang A nachlesen können. Für dieses Kapitel haben wir die Antworten jedoch schon innerhalb des Kapiteltextes gegeben.

Wenn Sie diese Übungen auf Ihrem Rechner nicht zum Laufen bringen können, überprüfen Sie Ihre Arbeit nochmals und fragen Sie dann gegebenenfalls Ihren Perl-Experten vor Ort. Sie müssen Ihr Programm vermutlich, wie im Text beschrieben, ein wenig anpassen.

---

29 Wenn `perldoc` auf Ihrem System nicht verfügbar ist, heißt das wahrscheinlich, dass Ihr System nicht über eine Kommandozeile verfügt. Dadurch kann Perl Kommandos (wie `perldoc`), die in Backticks stehen oder über eine Pipe geöffnet werden (mehr dazu in Kapitel 16, *Prozessverwaltung*), nicht ausführen. In diesem Fall sollten Sie die Übungen, die perldoc benutzen, überspringen.

1. [7] Geben Sie das »Hallo Welt!«-Programm ein und bringen Sie es zum Laufen. Sie können es nennen, wie Sie wollen, ein guter Name wäre zum Beispiel ueb1-1, da es sich hier um die erste Übung von Kapitel 1 handelt. Derartige Programme werden auch von erfahrenen Programmierern geschrieben, und zwar üblicherweise, um das System zu testen. Wenn dieses Programm bei Ihnen läuft, funktioniert Ihr Perl.

2. [5] Geben Sie auf der Kommandozeile die Anweisung `perldoc -u -f atan2` ein und beobachten Sie die Ausgabe. Wenn es nicht funktioniert, müssen Sie mithilfe Ihres Systemadministrators oder der Dokumentation für Ihre Perl-Version herausfinden, wie sich das `perldoc`-Kommando oder seine Entsprechung aufrufen lässt. (Für die folgende Übung brauchen Sie das sowieso.)

3. [6] Geben Sie das zweite Beispielprogramm (aus dem vorangegangenen Abschnitt) ein und beobachten Sie seine Ausgabe. Hinweis: Geben Sie sämtliche Zeichen exakt so ein, wie es im Text angegeben ist. Haben Sie bemerkt, wie sich die Ausgabe des Kommandos verändert?

## KAPITEL 2

Skalare Daten

Im Deutschen, wie auch in vielen anderen gesprochenen Sprachen, unterscheiden wir zwischen Singular und Plural. Da die Computersprache Perl von einem menschlichen Sprachwissenschaftler entwickelt wurde, verhält sie sich ganz ähnlich. Als Faustregel können Sie sich merken: Ist in Perl von einem einzelnen Etwas die Rede, handelt es sich um einen skalaren Wert bzw. einen *Skalar*.[1] Ein *Skalar* ist der einfachste Datentyp, den Perl kennt. Die meisten Skalare sind entweder eine Zahl (wie 255 oder $3{,}25 \times 10^{20}$) oder ein String (eine Zeichenkette, z.B. `Hallo`[2] oder das Grundgesetz). Im Gegensatz zu anderen Sprachen sind bei Perl Zahlen und Strings fast beliebig austauschbar.

Auf einen skalaren Wert kann man Operatoren anwenden (wie etwa Plus oder Aneinanderhängen) und erhält normalerweise als Ergebnis auch wieder einen skalaren Wert. Skalare Werte können in skalaren Variablen gespeichert werden. Skalare Werte können aus Dateien und von Eingabegeräten gelesen sowie auch wieder ausgegeben werden.

Zahlen

Auch wenn Skalare sowohl eine Zahl als auch eine Zeichenkette sein können, ist es sinnvoll, sie erst einmal getrennt zu betrachten. Zuerst nehmen wir uns die Zahlen, dann wenden wir uns den Zeichenketten zu.

---

[1] Das hat, bis auf die Tatsache, dass ein Skalar etwas »Einzelnes« ist, wenig mit dem ähnlichen Begriff aus der Mathematik oder der Physik zu tun; in Perl gibt es keine »Vektoren«.

[2] Wenn Sie schon einmal andere Programmiersprachen benutzt haben, stellen Sie sich unter `Hallo` anstatt einer einzelnen Sache vermutlich eher eine Reihe von fünf Zeichen vor. In Perl gilt ein String jedoch als einzelner skalarer Wert. Hierbei ist es selbstverständlich möglich, auch auf die einzelnen Zeichen zuzugreifen, sofern es nötig ist. Sie erfahren in späteren Kapiteln, wie das funktioniert.

Alle Zahlen haben intern das gleiche Format

Wie Sie in den nächsten Absätzen sehen werden, ist es möglich, sowohl ganze Zahlen (Integer, etwa 255 oder 2.001) als auch Fließkommazahlen (*floating-point*, reelle Zahlen, z.B. 3,14159 oder 1,35 mal 10^{25}) anzugeben.[3] Intern arbeitet Perl jedoch mit Fließkommawerten doppelter Genauigkeit.[4] Das bedeutet, dass Perl intern keine ganzen Zahlen kennt. Eine ganzzahlige Konstante im Programm wird intern wie die entsprechende Fließkommazahl behandelt.[5] Vermutlich fällt Ihnen diese Umwandlung auch gar nicht weiter auf (oder stört Sie nicht weiter). Jedenfalls sollten Sie nicht weiter nach speziellen Operatoren für ganzzahlige Werte suchen – die gibt es nämlich nicht.[6]

Fließkomma-Literale

Ein *Literal* ist die zeichengetreue Darstellung von Daten im Quellcode des Perl-Programms und nicht das Ergebnis einer Berechnung oder einer Eingabe/Ausgabe-Operation. Es sind Daten, die Sie direkt in Ihr Programm hineintippen.

Die Fließkomma-Literale von Perl sollten Ihnen bereits bekannt vorkommen. Es sind Zahlen sowohl mit als auch ohne Dezimalpunkt erlaubt (einschließlich eines vorangestellten Plus oder Minus). Auch das Anhängen einer Zehnerpotenz (Exponentialdarstellung) mittels der E-Notation ist erlaubt.

```
1.25
255.000
255.0
7.25e45   # 7,25 mal 10 hoch 45 (eine ziemlich große Zahl)
-6.5e24   # minus 6,5 mal 10 hoch 24
          # (eine ziemlich große negative Zahl)
-12e-24   # minus 12 mal 10 hoch minus 24
          # (eine sehr kleine negative Zahl)
-1.2E-23  # eine andere Art, das Gleiche zu sagen
          # - E kann auch ein Großbuchstabe sein
```

---

3   In Perl wird anstelle des Dezimalkommas wie im Amerikanischen üblich ein Dezimalpunkt verwendet.

4   Eine Fließkommazahl doppelter Genauigkeit ist das, was der C-Compiler, mit dem Perl übersetzt wurde, aus der Deklaration double gemacht hat. Auch wenn sich die Größe von Rechner zu Rechner unterscheiden kann, wird von den meisten Systemen das Format IEEE-754 verwendet, das mit einer Genauigkeit von 15 Ziffern und einem Bereich von mindestens 1e-100 bis 1e100 arbeitet.

5   Manchmal benutzt Perl intern auch Integer-Werte. Das geschieht aber auf eine Art und Weise, die dem Programmierer verborgen bleibt. Das Einzige, was Ihnen dabei auffallen sollte, ist, dass Ihr Programm schneller läuft. Und wer wollte sich darüber schon beschweren?

6   Na gut, es gibt das integer-Pragma. Genau zu erklären, wie es funktioniert, würde den Rahmen dieses Buchs jedoch sprengen. Und es gibt auch Fälle, in denen ganzzahlige Werte aus einer gegebenen Fließkommazahl berechnet werden, wie wir später noch sehen.

Ganzzahlige Literale

Ganzzahlige Literale sind genauso unkompliziert:

```
0
2001
-40
255
61298040283768
```

Die letzte Zahl ist etwas schwer zu lesen. Perl erlaubt der Klarheit halber, innerhalb von ganzzahligen Literalen Unterstriche zu benutzen. Dadurch können Sie die Zahl auch folgendermaßen schreiben:

```
61_298_040_283_768
```

Dabei handelt es sich um denselben Wert; er sieht für uns Menschen nur anders aus. Vielleicht sind Sie der Meinung, man hätte hier besser Kommas[7] verwendet. Diese werden in Perl jedoch bereits für einen wichtigeren Zweck verwendet, wie Sie im nächsten Kapitel sehen werden.

Nichtdezimale ganzzahlige Literale

Wie andere Programmiersprachen auch, erlaubt Perl Ihnen, Zahlen nicht nur in der dezimalen Schreibweise (zur Basis 10) anzugeben. Oktalen Literalen (zur Basis 8) wird dafür eine 0 vorangestellt, hexadezimale Literale (zur Basis 16) beginnen mit 0x und binäre (zur Basis 2) mit 0b.[8] Die Hexadezimalzahlen A bis F (oder auch a bis f) bezeichnen die konventionellen Zahlenwerte von 10 bis 15.

```
0377        # 377 oktal, das Gleiche wie 255 dezimal
0xff        # FF hexadezimal, auch 255 dezimal
0b11111111  # auch 255 dezimal
```

Auch wenn diese Werte für uns Menschen sehr unterschiedlich aussehen, bedeuten sie für Perl doch dieselbe Zahl. Für Perl macht es keinen Unterschied, ob Sie 0xFF oder 255. 000 schreiben. Wählen Sie daher die Darstellung, die für Sie und den »Programmierer, der nach Ihnen kommt«, den Wartungsprogrammierer, am besten geeignet ist. (Damit meinen wir den armen Kerl, der den Rest seines Lebens damit verbringt herauszufinden, was Sie wohl mit Ihrem Code gemeint haben. Meistens handelt es sich dabei um Sie selbst, und Sie wissen nicht mehr, warum Sie vor drei Monaten getan haben, was Sie getan haben.)

---

7   Statt der im Deutschen üblichen Dezimalpunkte werden im Englischen Kommas verwendet.

8   Die »vorangestellte Null« als Indikator funktioniert ausschließlich für Literale und nicht für die automatische Konvertierung von Zeichenketten in Zahlen, die wir weiter unten in diesem Kapitel behandeln (siehe »Automatische Umwandlung zwischen Zahlen und Strings« auf Seite 30). Wollen Sie eine Zeichenkette, die wie eine oktale oder eine hexadezimale Zahl aussieht, in einen dezimalen Wert umwandeln, können Sie das mit den oct( )- oder hex( )-Funktionen erledigen. Für die Konvertierung von binären Werten gibt es keinen speziellen »bin( )«-Operator. Das lässt sich bei Zeichenketten, die mit 0b beginnen, mit dem oct( )-Operator erledigen.

Nichtdezimale Literale, die länger als vier Zeichen sind, können schwer zu lesen sein. Aus diesem Grund sind bei Perl auch hier Unterstriche erlaubt, um Literale leichter lesbar zu machen:

```
0x1377_0B77
0x50_65_72_7C
```

Numerische Operatoren

In Perl stehen die typischen Operatoren für Addition, Subtraktion, Multiplikation, Division usw. zur Verfügung:

```
2 + 3      # 2 plus 3, oder 5
5.1 - 2.4  # 5,1 minus 2,4, oder 2,7
3 * 12     # 3 mal 12 = 36
14 / 2     # 14 geteilt durch 2, oder 7
10.2 / 0.3 # 10,2 geteilt durch 0,3, oder 34
10 / 3     # grundsätzlich Fließkomma-Division, also etwa 3,3333333...
```

Perl unterstützt außerdem einen *Modulo*-Operator (%). Der Wert des Ausdrucks 10 % 3 ist der Rest, der übrigbleibt, wenn 10 durch 3 geteilt wird, also 1. Beide Werte werden vorher auf ihren ganzzahligen Wert reduziert – 10.5 % 3.2 wird also als 10 % 3 berechnet.[9] Zusätzlich gibt es in Perl den *Potenzierungs*operator, der Ihnen möglicherweise aus FORTRAN bekannt ist (und den sich viele auch für Pascal und C wünschen). Der Operator besteht aus einem doppelten Sternchen (Asterisk), wie etwa 2**3, was 2 hoch 3 oder 8 entspricht.[10]

Darüber hinaus gibt es noch eine Reihe weiterer numerischer Operatoren, die wir vorstellen werden, wenn wir sie brauchen.

Strings

Unter einem *String* (bzw. einer *Zeichenkette*) versteht man eine Aneinanderreihung von Zeichen (wie etwa Hallo oder ☙★ᴄᴍ). Strings können beliebige Kombinationen verschiedener Zeichen enthalten.[11] Der kürzestmögliche String enthält überhaupt keine Zeichen und wird *leerer String* genannt. Der längste mögliche String füllt Ihren gesamten Hauptspeicher (auch wenn Sie nicht viel damit anfangen könnten). Dies steht im Einvernehmen mit dem Prinzip der »Grenzenlosigkeit«, dem Perl bei jeder Gelegenheit folgt. Typische Strings sind Folgen aus druckbaren Zeichen mit Buchstaben, Zahlen und Interpunktions-

---

9 Vorsicht! Das Ergebnis einer Modulo-Operation, bei der eine oder zwei negative Zahlen beteiligt sind, kann sich zwischen verschiedenen Perl-Implementierungen unterscheiden.

10 Normalerweise ist es nicht möglich, eine negative Zahl mit einem nicht ganzzahligen Exponenten zu potenzieren. Mathematikexperten wissen, dass das Ergebnis eine komplexe Zahl wäre. Um dies zu ermöglichen, müssen Sie das Modul Math::Complex verwenden.

11 Im Gegensatz zu C oder C++ hat das NUL-Zeichen in Perl keine besondere Bedeutung, da Perl das Stringende mit der Länge und nicht mit dem Nullbyte bestimmt.

zeichen im Bereich zwischen ASCII 32 und ASCII 126. Da in einem String beliebige Zeichen vorkommen dürfen, ist es möglich, auch aus rohen Binärdaten Strings zu erzeugen und diese zu durchsuchen und zu bearbeiten – etwas, womit viele andere Hilfsprogramme (Utilities) große Schwierigkeiten hätten. Zum Beispiel können Sie eine Grafikdatei oder ein kompiliertes Programm in einen Perl-String einlesen und diesen verändern und das Ergebnis wieder herausschreiben.

Perl bietet volle Unterstützung für Unicode, und Strings können beliebige gültige Unicode-Zeichen enthalten. Aufgrund seiner Entstehungsgeschichte interpretiert Perl allerdings Ihren Quellcode nicht automatisch als Unicode. Wenn Sie in Ihrem Programm literalen Unicode verwenden wollen, müssen Sie das utf8-Pragma hinzufügen:[12]

```
use utf8;
```

Im weiteren Verlauf dieses Buchs gehen wir davon aus, dass Sie dieses Pragma verwenden. In manchen Fällen wird es egal sein, aber wenn Sie Zeichen im Quellcode sehen, die außerhalb des ASCII-Bereichs liegen, brauchen Sie es. Außerdem sollten Sie sicherstellen, dass Sie Ihre Dateien mit der UTF-8-Kodierung abspeichern. Wenn Sie unseren Hinweis zu Unicode in der Einleitung übersprungen haben, sollten Sie vielleicht ein bisschen in Anhang C schmökern, um mehr über Unicode zu erfahren.

Wie für Zahlen gibt es auch für Strings eine Möglichkeit der literalen Darstellung, die einen String in Ihrem Programm verkörpert. String-Literale kommen in zwei Geschmacksrichtungen vor: als *Strings in einfachen Anführungszeichen* und als *Strings in doppelten Anführungszeichen*.

Strings in einfachen Anführungszeichen

Ein »single-quoted string literal« ist eine Zeichenkette, die von einfachen Anführungszeichen umschlossen wird, dem Zeichen '. Dabei sind die Anführungszeichen nicht Teil des Strings, sondern sie zeigen Perl den Anfang und das Ende des Strings an. Jedes Zeichen, das kein einfaches Anführungszeichen oder ein Backslash ist, steht hier für sich selbst (dazu gehört auch ein Zeilenumbruch, falls der String sich über mehrere Zeilen erstreckt). Wenn Sie einen Backslash benötigen, schreiben Sie einfach zwei Backslashes hintereinander. Benötigen Sie ein literales einfaches Anführungszeichen, so schreiben Sie einen Backslash, gefolgt von einem einfachen Anführungszeichen.

```
'Fred'      # die vier Zeichen: F, r, e und d
'Barney'    # diese sechs Zeichen
''          # der Nullstring (keine Zeichen)
'‰☺☃'       # ein paar "breite" Unicode-Zeichen
'Ein \' kann Ihren String früher beenden, als Sie denken.'
'Das letzte Zeichen dieses Strings ist ein Backslash: \\'
'Hallo\n'   # Hallo, gefolgt von einem Backslash, gefolgt von einem n
'Hallo
```

---

12 Vermutlich ist es eine gute Vorgehensweise, dieses Pragma immer in Ihre Programme einzuschließen, außer wenn Sie einen bestimmten Grund dafür haben, es nicht zu tun.

```
   Welt!'    # Hallo, Zeilenumbruch, Welt! (insgesamt 11 Zeichen)
   '\'\\'    # ein einfaches Anführungszeichen, gefolgt von einem Backslash
```

Die Zeichenfolge \n innerhalb eines Strings in einfachen Anführungszeichen wird von Perl nicht als Newline-Zeichen interpretiert, sondern als ein Backslash, gefolgt von einem n. Sonderbedeutungen haben hier nur der doppelte Backslash (\\) und ein Backslash, dem ein einfaches Anführungszeichen (\') folgt.

Strings in doppelten Anführungszeichen

Strings in doppelten Anführungszeichen (»double-quoted String Literals«) verhalten sich in Perl so ähnlich wie Strings in anderen Programmiersprachen. Auch hier handelt es sich um eine Folge von Zeichen, die diesmal allerdings von doppelten Anführungszeichen umgeben sind. Jetzt kann der Backslash seine ganze Stärke zeigen, um bestimmte Kontrollzeichen oder jedes beliebige Zeichen in oktaler oder hexadezimaler Form darzustellen. Hier sehen Sie ein paar Strings in doppelten Anführungszeichen:

```
"Barney"        # das Gleiche wie 'Barney'
"Hallo Welt\n"  # Hallo Welt und ein Newline-Zeichen
"Das letzte Zeichen ist ein doppeltes Anführungszeichen: \""
"Kaffee\tTee"   # ein Kaffee, ein Tabulator und ein Tee
"\x{2668}"      # das HOT-SPRINGS-Zeichen in Unicode-Code
```

Der String "Barney" hat für Perl die gleiche Bedeutung wie 'Barney'. Das funktioniert genauso wie die Behandlung von Zahlen, bei denen 0377 nur eine andere Schreibweise für 255 ist. In Perl können Sie ein Literal auf die Art schreiben, die für Sie am sinnvollsten ist. Wenn Sie *Backslash-Escape-Zeichen* (wie etwa \n für ein Newline-Zeichen) benutzen wollen, müssen Sie allerdings doppelte Anführungszeichen verwenden.

Der Backslash kann vor einer Reihe verschiedener Zeichen stehen, die dadurch ihre Bedeutung ändern. Die fast vollständige[13] Liste von Backslash-Escapes für Strings in doppelten Anführungszeichen finden Sie in Tabelle 2-1.

Tabelle 2-1: Escapes für Strings in doppelten Anführungszeichen

Ausdruck	Bedeutung
\n	Newline-Zeichen, Zeilenumbruch
\r	Return, Wagenrücklauf
\t	Tabulator
\f	Formfeed, Seitenvorschub
\b	Backspace, Rückschritt
\a	Tonsignal
\e	Escape (ASCII-Escape-Zeichen)

---

13 In neueren Versionen von Perl gibt es außerdem noch sogenannte Unicode-Escapes. Diese werden aber hier nicht weiter behandelt.

Tabelle 2-1: Escapes für Strings in doppelten Anführungszeichen (Fortsetzung)

Ausdruck	Bedeutung
\007	Jeder oktale ASCII-Wert (hier: 007 = Tonsignal)
\x7f	Jeder hexadezimale ASCII-Wert (hier: 7f = DEL, Löschzeichen)
\x{2744}	Irgendein hexadezimales Unicode-Zeichen (hier U+2744, Snowflake)
\cC	Jedes »Control«-Zeichen (hier: Ctrl-C bzw. Strg-C)
\\	Backslash
\"	Doppeltes Anführungszeichen
\l	Den folgenden Buchstaben kleinschreiben
\L	Alle folgenden Buchstaben bis zum nächsten \E kleinschreiben
\u	Den folgenden Buchstaben großschreiben
\U	Alle folgenden Buchstaben bis zum nächsten \E großschreiben
\Q	Alle nicht-alphanumerischen Zeichen bis zum nächsten \E mit einem Backslash schützen
\E	Hebt die Wirkung von \L, \U oder \Q wieder auf

Ein weiteres Merkmal von Strings in doppelten Anführungszeichen ist die *Variablen-Interpolation*. Das bedeutet, dass bestimmte Variablennamen innerhalb des Strings durch den enthaltenen Wert ersetzt werden, wenn der String benutzt wird. Sie haben bisher noch nicht erfahren, wie eine Variable aussieht, daher werden wir später in diesem Kapitel darauf zurückkommen.

Operatoren für Strings

Strings können mit dem Operator . aneinander gehängt werden (ja, das ist ein einzelner Punkt). Dadurch werden die Strings genauso wenig verändert, wie das Pluszeichen in 2 + 3 die 2 oder die 3 ändert. Der resultierende (längere) String kann dann weiterverarbeitet oder einer Variablen zugewiesen werden.

```
"Hallo" . "Welt"        # das Gleiche wie "HalloWelt"
"Hallo" . ' ' . "Welt"  # das Gleiche wie 'Hallo Welt'
'Hallo Welt' . "\n"     # das Gleiche wie "Hallo Welt\n"
```

Das Aneinanderhängen muss mit dem Operator . ausdrücklich angefordert werden. Sie können also nicht wie bei anderen Sprachen die zwei Strings einfach hintereinander stellen.

Ein weiterer Operator für Strings ist beispielsweise der *Wiederholungsoperator*, der aus einem einzelnen kleingeschriebenen x besteht. Dieser Operator fertigt so viele Kopien seines linken Operanden (eines Strings) an, wie durch den rechten Operanden (eine Zahl) angegeben wird, und hängt diese aneinander.

```
"Fred" x 3        # ergibt "FredFredFred"
"Barney" x (4+1)  # ergibt "Barney" x 5 oder
                  # "BarneyBarneyBarneyBarneyBarney"
5 x 4.8           # ist eigentlich "5" x 4, also "5555"
```

Das letzte Beispiel sollten wir uns noch einmal genauer ansehen. Der Wiederholungsoperator benötigt als linken Operanden einen String, daher wird die Ziffer 5 hier in den aus einem Zeichen bestehenden String "5" umgewandelt. (Das geschieht anhand von Regeln, die wir im nächsten Abschnitt im Detail erläutern werden.) Das x kopiert das Ergebnis viermal, woraus sich der String 5555 ergibt. Hätten wir die Reihenfolge der Operanden umgekehrt, also 4 x 5 geschrieben, dann hätten wir stattdessen fünf Kopien des Strings 4 angefertigt, und das Ergebnis wäre 44444. Sie sehen also, dass die Operanden nicht einfach umgestellt werden können.

Der Zähler für die anzufertigenden Kopien wird vor der Operation auf einen ganzzahligen Wert reduziert (4,8 wird zu 4), bevor er benutzt wird. Wenn der Wert für die anzufertigenden Kopien kleiner als eins ist, wird ein leerer String (ohne Länge) verwendet.

Automatische Umwandlung zwischen Zahlen und Strings

In den meisten Fällen wandelt Perl je nach Bedarf Zahlen in Strings (und umgekehrt) um. Aber woher weiß Perl, was es gerade verwenden soll? Das hängt jeweils davon ab, welcher Operator auf den skalaren Wert angewendet wird. Erwartet der Operator eine Zahl (wie etwa + das tut), so sieht Perl diesen Wert als Zahl an. Erwartet ein Operator (wie etwa .) hingegen einen String, so wird Perl diesen Wert auch als String ansehen. Sie brauchen sich also keine Sorgen um den Unterschied zwischen Zahlen und Strings zu machen; benutzen Sie einfach die richtigen Operatoren, und Perl übernimmt den Rest für Sie.

Wenn ein String verwendet wird, wo ein Operator eine Zahl erwartet (z.B. bei einer Multiplikation), wandelt Perl den String automatisch in seine numerische Entsprechung um, als wäre er als Fließkommazahl eingegeben worden. Die Operation "12" * "3" ergibt das Ergebnis 36. Nachgestellte Zeichen, die keine Zahlen sind, und vorangestellte Leerzeichen werden ignoriert. "12fred34" * " 3" ergibt also ebenfalls 36, ohne dass Perl sich darüber beklagen würde.[14] Ist im Extremfall etwas überhaupt keine Zahl, so wird stattdessen null verwendet. Das wäre etwa der Fall, wenn Sie versuchten, den String "fred" als Zahl zu benutzen.

Der Trick mit der »führenden Null«, um einen nichtdezimalen Wert zu erzeugen, funktioniert zwar bei Literalen, aber nie bei automatischer Konvertierung, die immer dezimal abläuft.

Wird dagegen ein numerischer Wert verwendet, aber ein String gebraucht (beispielsweise beim Anhängen), wird der Wert in den der Zahl entsprechenden String umgewandelt. Wenn Sie beispielsweise das Ergebnis von 5 multipliziert mit 7 an den String Z anhängen wollen,[15] können Sie das folgendermaßen tun:

```
"Z" . 5 * 7 # das Gleiche wie "Z" . 35 oder "Z35"
```

---

14 Es sei denn, Sie haben die Warnungen eingeschaltet, zu denen wir gleich kommen.

15 Wir werden in Kürze auf runde Klammern und Präzedenz eingehen.

Mit anderen Worten: Sie brauchen sich (meistens) keine Gedanken darüber zu machen, ob Sie es mit einer Zahl oder einem String zu tun haben. Perl übernimmt die notwendigen Konvertierungen für Sie.[16]

Eingebaute Warnungen

Sie können Perl anweisen, Sie zu warnen, wenn es auf verdächtige Vorgänge in Ihrem Programm stößt. Bei Perl 5.6 oder später können Sie die Warnungen auch mit einem Pragma anschalten (aber seien Sie vorsichtig, weil das bei Leuten mit früheren Perl-Versionen nicht funktioniert):[17]

```
#!/usr/bin/perl
use warnings;
```

Die Warnungen für Ihr gesamtes Programm schalten Sie ein, indem Sie auf der Kommandozeile die Option -w benutzen:

```
$ perl -w mein_programm
```

Alternativ können Sie die Warnungen für jeden Programmablauf einschalten, indem Sie sie in der #!-Zeile anfordern:

```
#!/usr/bin/perl -w
```

Dies funktioniert sogar auf Nicht-Unix-Systemen. Da hier der Pfad zu Perl nicht wichtig ist, schreiben Sie traditionsgemäß:

```
#!perl -w
```

Wenn Sie nun versuchen, '12fred34' wie eine Zahl zu benutzen, warnt Perl Sie:

```
Argument "12fred34" isn't numeric
```

Perl wandelt das nicht numerische '12fred34' auf jeden Fall gemäß seinen normalen Regeln in 12 um, auch wenn Sie die Warnung angezeigt bekommen.

Sicher – diese Warnungen sind in der Regel für Programmierer und nicht für die Benutzer gedacht. Wenn aber kein Programmierer die Warnungen sieht, bringt Ihnen das vermutlich nicht viel. Warnungen ändern das Verhalten Ihres Programms nur insofern, als dass es dann hin und wieder meckert. Erhalten Sie einmal eine Warnung, die Sie nicht verstehen, können Sie das Pragma diagnostics aktivieren. Dadurch erhalten Sie eine ausführlichere Beschreibung des Problems. Die *perldiag*-Dokumentation enthält sowohl die kurzen Warnungen als auch die längeren Erläuterungen, und sie ist die Quelle des segensreichen Wirkens von diagnostics:

---

16 Sollten Sie sich in diesem Zusammenhang Sorgen um die Effizienz solcher Operationen machen, seien Sie beruhigt. Perl »erinnert« sich in der Regel an das Ergebnis einer Konvertierung, so dass diese nur einmal durchgeführt wird.

17 Das Pragma warnings ermöglicht die Verwendung lexikalischer Warnungen. Nähere Informationen hierzu finden Sie in der Manpage *perllexwarn*.

```
#!/usr/bin/perl
use diagnostics;
```

Wenn Sie das Pragma mit use diagnostics in Ihr Programm einbinden, scheint es beim Start für einen Moment zu pausieren. Das liegt daran, dass das Programm eine Menge zu tun hat (und einen großen Batzen Arbeitsspeicher verschlingt), für den Fall, dass Sie die Dokumentation lesen wollen, sobald (und sofern) Perl einen Ihrer Fehler entdeckt. Das führt zu einer raffinierten Optimierung, die den Start Ihres Programms beschleunigen (und dessen Speicherverbrauch verringern) kann, ohne dass Benutzer darunter leiden müssten: Sobald Sie die Dokumentation nicht mehr sofort lesen müssen, entfernen Sie einfach das use diagnostics-Pragma. (Noch besser ist es natürlich, Ihr Programm so zu schreiben, dass die Fehler gar nicht mehr auftreten. Aber es reicht schon, einfach die Ausgaben nicht mehr zu lesen.)

Eine weitere Optimierung besteht in der Verwendung von -M, einer von Perls Kommandozeilen-Optionen. Hierdurch wird das Pragma nur bei Bedarf geladen und Sie müssen zum Aktivieren und Deaktivieren von diagnostics nicht jedes Mal den Quellcode editieren:

```
$ perl -Mdiagnostics ./mein_programm
Argument "12fred34" isn't numeric in addition (+) at ./mein_programm line 17 (#1)
    (W numeric) The indicated string was fed as an argument to
    an operator that expected a numeric value instead.  If you're
    fortunate the message will identify which operator was so unfortunate.
```

Beachten Sie das (W numeric) in der Meldung. Das W besagt, dass die Meldung eine Warnung ist, und das numeric gibt die Klasse der Warnung an. Im vorliegenden Fall wissen Sie, dass Sie nach etwas suchen müssen, das mit einer Zahl zu tun hat.

Sollte uns im Verlauf dieses Buchs eine Situation begegnen, in der Perl uns vor einem Fehler warnen kann, werden wir entsprechend darauf hinweisen. Hierbei sollten Sie sich jedoch nicht darauf verlassen, dass Text oder Verhalten der Warnungen bei zukünftigen Perl-Versionen unverändert bleiben.

Skalare Variablen

Variable ist ein Name für einen Behälter, der einen oder mehrere Werte enthalten kann. Wie Sie sehen werden, kann eine skalare Variable immer nur genau einen Wert enthalten, und in späteren Kapiteln werden Sie andere Variablentypen kennenlernen, z. B. Arrays und Hashes, in denen sich mehrere Werte ablegen lassen. Der Name der Variablen bleibt das gesamte Programm über gleich. Der enthaltene Wert kann sich jedoch während der Ausführung immer wieder ändern.

Eine skalare Variable enthält also einen einzelnen skalaren Wert. Der Name einer skalaren Variablen beginnt mit einem Dollarzeichen ($), das Sigille oder englisch Sigil genannt wird, gefolgt von einem *Perl-Identifier*. Dieser besteht aus einem Buchstaben oder Unterstrich, eventuell gefolgt von mehreren Buchstaben, Ziffern oder Unterstrichen. Anders gesagt kann ein Variablenname aus alphanumerischen Zeichen und Unterstrichen bestehen, darf aber nicht mit einer Ziffer beginnen. Es wird zwischen Groß- und Kleinschreibung unterschieden. Das bedeutet: Die Variable $Fred ist eine andere als $fred. Sämtliche Buchstaben, Ziffern und Unterstriche sind hierbei von Bedeutung, weshalb das hier alles verschiedene Variablen sind:

```
$name
$Name
$NAME

$sehr_lange_variable_nummer_1
$sehr_lange_variable_nummer_2
$Sehr_lange_variable_nummer_2
$SehrLangeVariableNummer2
```

Perl verwendet die Sigillen, um Variablen von allem anderen zu unterscheiden, was Sie vielleicht in das Programm hineintippen. Sie müssen nicht die Namen aller Perl-Funktionen und -Operatoren kennen, um einen Namen für Ihre Variable auszuwählen.

Außerdem verwendet Perl die Sigille, um anzuzeigen, was Sie mit einer Variablen anstellen wollen. Die $-Sigille bedeutet eigentlich »einzelnes Objekt« oder »Skalar«. Da eine skalare Variable immer ein einzelnes Objekt ist, bekommt sie immer die Sigille für »einzelnes Objekt«. In Kapitel 3 werden Sie sehen, wie die »Einzelnes Objekt«-Sigille mit einer anderen Sorte Variable verwendet wird, nämlich dem Array.

Einen guten Variablennamen auswählen

In der Regel sollten Sie Variablennamen so wählen, dass sie etwas über den Zweck der Variablen aussagen. $r ist wahrscheinlich nicht so aussagekräftig wie $zeilen_laenge. Eine Variable, die nur in zwei oder drei aufeinander folgenden Zeilen Ihres Programms benutzt wird, kann man schon einmal $n nennen; wird eine Variable jedoch im gesamten Programm benutzt, sollten Sie ihr einen verständlicheren Namen geben, um einerseits sich selbst daran zu erinnern, was Sie mit ihr tun wollen, andererseits aber auch anderen mitzuteilen, was sie tut.[18]

Ebenso können richtig platzierte Unterstriche das Lesen und Verstehen eines Variablennamens erleichtern, besonders dann, wenn der Programmierer, der Ihre Programme pflegen soll, einen anderen sprachlichen Hintergrund hat als Sie. So ist beispielsweise der Name $flachbett_scanner besser geeignet als $flachbettscanner, da sich Letzteres auch durchaus als $flach_bettscanner deuten lassen könnte. Bedeutet $stopid nun $sto_pid (»store process ID«, also Prozess-ID speichern) oder $stop_id (die ID für irgendetwas, das gestoppt werden soll), oder handelt es sich bloß um einen stopiden Rechtschreibfehler?

Meistens werden die Variablennamen in diesem Buch (und auch sonst) kleingeschrieben. In einigen Sonderfällen schreiben wir den ersten Buchstaben eines Namens groß. Besteht

---

18 Ihr Programm wird für Sie weitestgehend Sinn ergeben, weil Sie es sich ausgedacht haben. Jemand anderes wird sich aber kaum denken können, warum Ihnen ein Name wie $srly sinnvoll erscheint.

ein Variablenname komplett aus Großbuchstaben (wie etwa $ARGV), so handelt es sich meistens um etwas Besonderes. Wenn ein Variablenname aus mehr als einem Wort besteht, finden die einen $unterstriche_richtig_cool, während die anderen $Grossbuch-stabenAnJedemWortanfang bevorzugen. Bleiben Sie einfach bei einer Schreibweise.[19] Sie können für Ihre Variablen auch Namen verwenden, die komplett aus Großbuchstaben bestehen, aber das könnte dazu führen, dass Sie eine spezielle, für Perl reservierte Variable verwenden. Wenn Sie auf Namen in Großbuchstaben verzichten, tritt dieses Problem nicht auf.[20]

Perl macht es nichts aus, ob Sie nun passende oder unpassende Variablennamen wählen. Sie *könnten* die drei wichtigsten Variablen in Ihrem Programm auch $O0O0OO000, $OO00OO00 und $O000O0O00 nennen, und Perl würde das überhaupt nicht stören. Bitten Sie uns in diesem Fall aber nicht um Hilfe, wenn Sie durch Ihren Code nicht mehr durchsteigen.

Skalare Zuweisung

Die häufigste Operation mit skalaren Variablen ist die *Zuweisung*. Hierdurch wird der Variablen ein Wert zugewiesen. Der Zuweisungsoperator ist in Perl wie auch in vielen anderen Sprachen das Gleichheitszeichen (=). Der Variablenname steht hierbei links vom Gleichheitszeichen; der Wert, der zugewiesen werden soll, steht rechts.

```
$fred   = 17;          # $fred den Wert 17 zuweisen
$barney = 'Hallo';     # $barney den String 'Hallo' zuweisen
$barney = $fred + 3;   # $barney den gegenwärtigen Wert von
                       # $fred plus 3 zuweisen (20)
$barney = $barney * 2; # $barney ist nun $barney mal 2 (40)
```

In der letzten Zeile benutzen wir die Variable $barney zweimal: einmal, um ihren Wert auszulesen (rechts vom Gleichheitszeichen), und einmal, um anzugeben, wo der berechnete Ausdruck gespeichert werden soll (links vom Gleichheitszeichen). Das ist in Ordnung, sicher und recht gebräuchlich. Es ist sogar so gebräuchlich, dass Sie diese Schreibweise noch weiter abkürzen können, wie Sie im folgenden Abschnitt sehen werden.

Binäre Zuweisungsoperatoren

Ausdrücke wie $fred = $fred + 5 (bei denen auf beiden Seiten einer Zuweisung die gleiche Variable erscheint) kommen so oft vor, dass Perl (wie auch C und Java) eine Abkürzung dafür bereithält: den *Operator für binäre Zuweisung*. Fast alle binären Operatoren, die einen Wert berechnen, besitzen eine entsprechende Form der binären Zuweisung, bei der dem Operator ein Gleichheitszeichen angehängt wird. Die folgenden zwei Zeilen sind beispielsweise gleichbedeutend:

---

19 In der *perlstyle*-Dokumentation gibt es ein paar Ratschläge zu diesem Thema.

20 Die speziellen Variablen von Perl sind alle in der *perlvar*-Dokumentation aufgeführt.

```
$fred  = $fred + 5; # ohne den Operator für binäre Zuweisung
$fred += 5;         # mit dem Operator für binäre Zuweisung
```

Auch diese Zeilen bedeuten das Gleiche:

```
$barney  = $barney * 3;
$barney *= 3;
```

In beiden Fällen bewirkt der Operator eher eine Änderung der existierenden Variablen, anstatt sie einfach mit dem Ergebnis eines neues Ausdrucks zu überschreiben.

Ein weiterer gebräuchlicher Zuweisungsoperator wird mit dem Operator für das Aneinanderhängen von Zeichenketten (.) gemacht; dadurch erhalten wir einen Anhängenoperator (.=):

```
$str  = $str . " "; # ein Leerzeichen an $str anhängen
$str .= " ";        # das Gleiche mit dem Zuweisungsoperator
```

Fast alle binären Operatoren funktionieren auf diese Art. Der *Potenzierungsoperator* wird als **= geschrieben. $fred **= 3 bedeutet also: »Potenziere die Zahl in $fred mit 3 und schreibe das Ergebnis zurück nach $fred.«

Ausgaben mit print

In der Regel sollte Ihr Programm irgendeine Art von Ausgabe erzeugen; ansonsten könnte jemand denken, das Programm wurde gar nicht ausgeführt. Ausgaben erzeugen Sie mithilfe des print-Operators. Es wird ein skalarer Wert übergeben, und print schreibt diesen ohne weitere Bearbeitung in die Standardausgabe. Sofern Sie nicht irgendetwas Seltsames gemacht haben, ist Ihr Terminal die Standardausgabe.

```
print "Hallo Welt\n"; # Ausgabe von Hallo Welt,
                      # gefolgt von einem Newline-Zeichen
print "Die Antwort ist ";
print 6 * 7;
print ".\n";
```

Sie können print auch mehrere durch Kommas getrennte Werte übergeben:

```
print "Die Antwort ist ", 6 * 7, ".\n";
```

Hier handelt es sich eigentlich um eine *Liste*. Da wir aber bis jetzt noch nicht über Listen gesprochen haben, werden wir auch erst später auf die Details eingehen.

Interpolation von skalaren Variablen in Strings

Steht ein String in doppelten Anführungszeichen, findet neben den Tests auf Backslash-Escapes die sogenannte *Variablen-Interpolation*[21] statt. Das bedeutet, dass der Name

---

21 Das hat nichts mit der mathematischen oder statischen Interpolation zu tun.

einer skalaren Variablen[22] innerhalb des Strings durch den gegenwärtigen Wert dieser Variablen ersetzt wird. Zum Beispiel:

```
$essen  = "Brontosaurier-Steak";
$barney = "Fred aß ein $essen";     # $barney ist jetzt "Fred aß ein
                                    # Brontosaurier-Steak"
$barney = 'Fred aß ein ' . $essen; # eine andere Art, das Gleiche zu schreiben
```

Wie Sie sehen, ist es möglich, das gleiche Ergebnis auch ohne doppelte Anführungszeichen zu bekommen. Meistens ist deren Verwendung jedoch wesentlich bequemer.

Wurde einer skalaren Variablen bisher kein Wert zugewiesen,[23] wird stattdessen eine leere Zeichenkette verwendet:

```
$barney = "Fred aß ein $stueck_fleisch"; # $barney ist jetzt "Fred aß ein "
```

Wenn Sie nur eine einzelne Variable haben, brauchen Sie sich um die Interpolation nicht zu kümmern:

```
print "$fred"; # unnötige doppelte Anführungszeichen
print $fred;   # besserer Stil
```

Es ist nicht falsch, bei einer einzelnen Variablen doppelte Anführungszeichen zu verwenden,[24] allerdings werden die anderen Programmierer hinter Ihrem Rücken vermutlich über Sie lachen, oder sogar Ihnen direkt ins Gesicht.

Die *Variableninterpolation* wird auch *Interpolation in doppelten Anführungszeichen* genannt, da sie bei der Verwendung von doppelten (und nicht bei einzelnen) Anführungszeichen stattfindet. Wie wir später noch sehen werden, gibt es außerdem noch andere Formen von Strings, bei denen Variablen ebenfalls interpoliert werden.

Wenn Sie in einem String in doppelten Anführungszeichen tatsächlich ein Dollarzeichen benötigen, stellen Sie diesem einen Backslash voran. Dadurch wird die Sonderbedeutung des Dollarzeichens aufgehoben.

```
$fred = 'Hallo';
print "Der Name lautet \$fred.\n";   # gibt ein Dollarzeichen aus
```

Oder Sie könnten es vermeiden, die doppelten Anführungszeichen um den problematischen Teil des Strings herum zu verwenden:

```
print 'Der Name lautet $fred' . "\n"; # hat die gleiche Wirkung
```

---

22 Sowie einige andere Variablentypen, die Sie allerdings erst später kennenlernen werden.

23 Hierbei handelt es sich eigentlich um den speziellen undefinierten Wert undef, auf den wir später in diesem Kapitel noch genauer zu sprechen kommen werden. Wenn Sie die Warnungen eingeschaltet haben, wird Perl Sie auf den Versuch hinweisen, eine undefinierte Variable zu interpolieren.

24 Na gut, manchmal kann dadurch die Interpretation der Variablen als String anstelle einer Zahl erzwungen werden. Dies kann in seltenen Fällen nötig sein, ist aber meistens nur unnötige Tipperei.

Perl sucht in einem String nach dem längsten möglichen Variablennamen, den es finden kann. Dies kann zu Problemen führen, wenn direkt auf die Variable literaler Text folgen soll, der mit einem Buchstaben, einer Zahl oder einem Unterstrich beginnt.[25]

Während Perl nach Variablennamen sucht, sieht es diese Zeichen als Bestandteil des vorangegangenen Namens an, was Sie in den meisten Fällen eher nicht wollen. Zum Glück existieren für diesen Fall Zeichen, mit denen Sie, ähnlich wie auf der Shell, den Variablennamen vom restlichen Text trennen können. Umschließen Sie den *Namen* der Variablen mit geschweiften Klammern. Alternativ dazu können Sie den Rest Ihres Strings auch mittels des Anhängen-Operators mit dem vorderen Teil verbinden.

```perl
$was = "Brontosaurier-Steak";
$n = 3;
print "Fred aß $n $wass.\n";        # keine Steaks, sondern der
                                    #  Wert von $wass
print "Fred aß $n ${was}s.\n";      # jetzt wird $was benutzt
print "Fred aß $n $was" . "s.\n";   # eine andere Art, das Gleiche
                                    #  zu tun
print 'Fred aß ' . $n . ' ' . $was . "s.\n"; # eine besonders
                                    # aufwändige Methode
```

Mit Codepoint Zeichen erzeugen

Manchmal möchte man vielleicht in Strings Zeichen verwenden, die nicht auf der Tastatur vertreten sind, z. B. *é*, *å*, α oder א. Wie Sie diese Zeichen in Ihr Programm fabriziert bekommen, hängt von Ihrem System und dem von Ihnen benutzten Editor ab. Aber manchmal ist es leichter, sie mithilfe der Funktion chr() anhand ihres Codepoints[26] zu erzeugen:

```perl
$alef  = chr( 0x05D0 );
$alpha = chr( hex( '03B1' ) );
$omega = chr( 0x03C9 );
```

Oder Sie stellen es mit der Funktion ord() andersherum an, die ein Zeichen in seinen Codepoint umwandelt:

```perl
$code_point = ord( 'א' );
```

Das können Sie in Strings mit doppelten Anführungszeichen interpolieren wie jede andere Variable:

```perl
"$alpha$omega"
```

---

25 Es gibt noch weitere Zeichen, die eventuell für Probleme sorgen können. Wollen Sie eine linke eckige oder geschweifte Klammer direkt nach einem Variablennamen benutzen, stellen Sie ihr einen Backslash voran. Dies sollten Sie auch tun, wenn auf den Variablennamen ein Apostroph oder ein Paar Doppelpunkte folgt. Alternativ dazu können Sie aber auch, wie im Text beschrieben, geschweifte Klammern benutzen, um den Variablennamen vom Rest abzugrenzen.

26 Wir werden im Verlauf dieses Buchs immer Codepoints verwenden, weil wir von Unicode ausgehen. In ASCII hätten wir vielleicht einfach *Ordinalwert* gesagt und damit die numerische Position in ASCII gemeint. Um noch mehr über Unicode zu erfahren, können Sie sich Anhang C ansehen.

Das könnte mehr Arbeit sein, als sie direkt zu interpolieren, indem man die hexadezimale Wiedergabe in \x{} setzt:

```
"\x{03B1}\x{03C9}"
```

Präzedenz und Assoziativität der Operatoren

Die Präzedenz von Operatoren legt fest, welche Operation in einer komplexen Gruppe von Operationen als erste ausgeführt wird. Nehmen wir zum Beispiel den Ausdruck 2+3*4. Wird hier zuerst die Addition ausgeführt oder die Multiplikation? Würden Sie zuerst die Addition ausführen, wäre das Ergebnis 5*4, also 20. Würden Sie dagegen zuerst die Multiplikation ausführen (so wie Sie es aus dem Mathematikunterricht kennen), bekämen Sie 2+12, also 14. Zum Glück wählt Perl in solchen Fällen die gängige mathematische Definition und führt daher zuerst die Multiplikation aus. Man kann also sagen, die Multiplikation hat Vorrang vor der Addition oder eine *höhere Präzedenz*.

Runde Klammern haben die höchste Präzedenz. Jegliche Ausdrücke in den runden Klammern werden zuerst vollständig berechnet, bevor der Operator außerhalb der Klammern Anwendung findet (genau wie Sie es im Mathematikunterricht gelernt haben). Wenn Sie also wollen, dass die Addition tatsächlich vor der Multiplikation ausgeführt wird, können Sie (2+3)*4 sagen, was 20 ergibt. Wenn Sie nun aber wollen, dass die Multiplikation vor der Addition ausgeführt wird, können Sie dies mit einem Paar dekorativer, aber unnötiger runder Klammern tun: 2+(3*4).

Während die Präzedenz bei einfacher Addition und Multiplikation noch recht intuitiv ist, bekommen Sie Probleme, wenn Sie es mit dem Aneinanderhängen von Strings und Potenzierung zu tun haben. Der richtige Weg, dieses Problem in den Griff zu bekommen, ist die Verwendung der einzig wahren, unersetzlichen Tabelle für die Präzedenz von Perl-Operatoren in der *perlop*-Dokumentation, aus der Auszüge aus der in Tabelle 2-2 zu sehen sind.[27]

Tabelle 2-2: Assoziativität und Vorrang (Präzedenz) von Operatoren (in absteigender Reihenfolge)

Assoziativität	Operatoren
links	runde Klammern und Listen-Operatoren
links	-> (Dereferenzierung)
keine	++ -- (Autoinkrement, Autodekrement)
rechts	** (Potenzierung)
rechts	\ ! ~ + - (Referenzierung, logisches NICHT, bitweises NICHT, unäres Plus, unäres Minus)
links	=~ !~ (Muster passt, Muster passt nicht)
links	* / % x (Multiplikation, Division, Modulo-Operator, String-Wiederholung)

---

27 C-Programmierer, freuet Euch! Die Operatoren, die in C und Perl gleichermaßen vorkommen, haben in beiden Sprachen die gleiche Präzedenz und Assoziativität.

Tabelle 2-2: Assoziativität und Vorrang (Präzedenz) von Operatoren (in absteigender Reihenfolge) (Fortsetzung)

Assoziativität	Operatoren
links	+ - . (binäre Operatoren Plus, Minus, Aneinanderhängen)
links	<< >>
keine	benannte unäre Operatoren (-X-Dateitests, rand)
keine	< <= > >= lt le gt ge (die »Ungleich«-Operatoren)
keine	== != <=> eq ne cmp (die »Gleich«-Operatoren)
links	& (bitweises UND)
links	| ^ (bitweises ODER, bitweises Exklusiv-ODER)
links	&& (logisches UND)
links	|| (logisches ODER)
keine	.. ... (nicht inklusiver und inklusiver Bereich)
rechts	?: (ternäres if-then-else)
rechts	= += -= .= (sowie ähnliche Zuweisungsoperatoren (binär und unär))
links	, => (Komma und Komma-Pfeil)
keine	Listen-Operatoren (rechtsgerichtet)
rechts	not (logisches NICHT geringer Präzedenz)
links	and (logisches UND geringer Präzedenz)
links	or xor (logisches ODER geringer Präzedenz, logisches Exklusiv-ODER)

In Tabelle 2-2 hat jeder der Operatoren eine höhere Präzedenz über alle unter ihm stehenden Operatoren und eine geringere Präzedenz als alle über ihm stehenden. Operatoren, die auf der gleichen Präzedenzstufe stehen, werden nach den Regeln der *Assoziativität* aufgelöst.

Die Assoziativität sorgt dafür, dass bei zwei Operatoren gleicher Präzedenz eine bestimmte Reihenfolge eingehalten wird. Das ist der Fall, wenn zwei gleichrangige Operatoren auf drei Operanden zugreifen wollen:

```
4 ** 3 ** 2    # 4 ** (3 ** 2) oder 4 ** 9   (rechts-assoziativ)
72 / 12 / 3    # (72 / 12) / 3 oder 6/3 oder 2 (links-assoziativ)
36 / 6 * 3     # (36/6)*3 oder 18
```

Im ersten Fall ist der Operator ** rechts-assoziativ, runde Klammern werden daher auf der rechten Seite angenommen. Die Operatoren * und / sind dagegen links-assoziativ, die runden Klammern werden also auf der linken Seite angenommen.

Ist es also nötig, die Präzedenz-Tabelle auswendig zu lernen? Nein! Niemand macht das. Benutzen Sie stattdessen lieber runde Klammern, wenn Sie sich im Hinblick auf die Präzedenz nicht sicher sind oder einfach zu viel zu tun haben, um in der Tabelle nachzusehen. Und überhaupt, wenn schon Sie es sich nicht ohne Klammern merken können, wird der Wartungsprogrammierer noch viel größere Schwierigkeiten haben. Seien Sie also nett zu ihm oder ihr – das könnten eines Tages Sie selbst sein.

Vergleichsoperatoren

Um Zahlen miteinander zu vergleichen, besitzt Perl die Operatoren für den logischen Vergleich, die Ihnen vielleicht aus der Algebra bekannt vorkommen: < <= == >= > !=. Jeder dieser Operatoren gibt den Wert *wahr* oder *falsch* zurück. Wir werden uns im folgenden Abschnitt etwas ausführlicher mit Rückgabewerten beschäftigen. Diese werden vermutlich etwas anders verwendet, als Sie es aus anderen Sprachen kennen. So wird als Gleichheitszeichen der Operator == benutzt und nicht =, das in Perl eine andere Bedeutung (Zuweisung) hat. Für den Test auf Ungleichheit verwenden wir in Perl den Operator != anstelle von <>, da auch dieser Operator bereits mit einer anderen Funktion belegt ist. Auch das Zeichen für »größer als oder gleich« schreiben wir in Perl aus dem gleichen Grund nicht als =>, sondern als >=. Eigentlich wird fast jede denkbare Abfolge von Satzzeichen in Perl für irgendetwas verwendet. Wenn Sie also mal eine Schreibblockade haben, dann lassen Sie einfach die Katze über die Tastatur laufen und debuggen Sie das Ergebnis.

Zum Vergleichen von Strings gibt es in Perl ebenfalls spezielle Operatoren, die wie lustige kleine Wörter aussehen: lt le eq ge gt ne. Diese Operatoren vergleichen zwei Strings Zeichen für Zeichen miteinander, um zu sehen, ob sie sich gleichen oder welcher von beiden bei der Standardsortierung von Strings zuerst kommt. Beachten Sie, dass die Reihenfolge der Zeichen in ASCII oder Unicode Ihnen vielleicht nicht besonders sinnvoll vorkommen könnte. In Kapitel 14 erfahren Sie, wie Sie Abhilfe schaffen.

Die Vergleichsoperatoren (für Zahlen und Strings) finden Sie in Tabelle 2-3.

Tabelle 2-3: Vergleichsoperatoren für Zahlen und Strings

Vergleich	Zahlen	Strings
Gleich	==	eq
Ungleich	!=	ne
Kleiner als	<	lt
Größer als	>	gt
Kleiner als oder gleich	<=	le
Größer als oder gleich	>=	ge

Hier einige Beispiele für die Benutzung der Vergleichsoperatoren:

```
35 != 30 + 5        # falsch
35 == 35.0          # wahr
'35' eq '35.0'      # falsch (String-Vergleich)
'fred' lt 'barney'  # falsch
'fred' lt 'free'    # wahr
'fred' eq "fred"    # wahr
'fred' eq 'Fred'    # falsch
' ' gt ''           # wahr
```

In Kapitel 15 stellen wir Ihnen die sogenannten intelligenten Vergleiche vor. Wenn Sie extrem ungeduldig sind, können Sie gerne auch jetzt schon einen Blick darauf werfen.

Sinnvoller ist es allerdings, noch ein paar Kapitel weiterzulesen, damit Sie auch verstehen, was dort steht.

Kontrollstrukturen mit if

Sobald Sie in der Lage sind, zwei Werte miteinander zu vergleichen, wollen Sie vermutlich, dass Ihr Programm auf dem Ergebnis basierende Entscheidungen trifft. Wie in anderen Sprachen gibt es auch in Perl eine if-Kontrollstruktur, die nur ausgeführt wird, wenn ihre Bedingung einen wahren Wert zurückgibt:

```
if ($name gt 'fred') {
  print "'$name' folgt nach der Sortierung auf 'fred'.\n";
}
```

Falls Sie eine alternative Auswahlmöglichkeit brauchen, können Sie auch das else-Schlüsselwort verwenden:

```
if ($name gt 'fred') {
  print "'$name' folgt nach der Sortierung auf 'fred'.\n";
} else {
  print "'$name' folgt nicht auf 'fred'.\n";
  print "Vielleicht handelt es sich um den gleichen String.\n";
}
```

Im Gegensatz zu C müssen in Perl geschweifte Klammern um den von der Bedingung abhängigen Code stehen. Es ist außerdem eine gute Idee, den Inhalt eines Codeblocks wie hier gezeigt einzurücken. Dadurch ist leichter nachzuvollziehen, was im Code vorgeht. Wenn Sie einen Texteditor für Programmierer benutzen (wie in Kapitel 1 erwähnt), sollte dieser eigentlich die meiste Arbeit für Sie erledigen.

Boolesche Werte

Sie können jeden beliebigen skalaren Wert als Bedingung in einer if-Kontrollstruktur verwenden. Das ist praktisch, wenn Sie einen wahren oder falschen Wert in einer Variablen speichern wollen:

```
$ist_groesser = $name gt 'fred';
if ($ist_groesser) { ... }
```

Aber wie unterscheidet Perl, ob ein gegebener Wert nun wahr oder falsch ist? Perl hat im Gegensatz zu anderen Sprachen keinen Booleschen Datentyp. Stattdessen werden ein paar einfache Regeln angewandt:[28]

- Wenn der Wert eine Zahl ist, gilt 0 als falsch; alle anderen Zahlen sind wahr.

- Wenn der Wert allerdings ein String ist, gilt der leere String ('') als falsch; alle anderen Strings sind wahr.

---

28 Das sind nicht die Regeln, die Perl intern verwendet. Stattdessen können Sie diese Regeln verwenden, um das gleiche Ergebnis zu erhalten.

- Wenn der Wert ein Skalar einer anderen Art (also keine Zahl oder ein String) ist, wird dieser in eine Zahl oder einen String konvertiert und ein erneuter Versuch unternommen.[29]

Bei diesen Regeln gibt es einen Trick. Da der String '0' den gleichen skalaren Wert besitzt wie die Zahl 0, muss Perl auch beide gleich behandeln. Das hat zur Folge, dass '0' der einzige nicht-leere String ist, der einen falschen Wert besitzt.

Wenn Sie das Gegenteil eines Booleschen Wertes brauchen, benutzen Sie den unären *Nicht*-Operator !. Folgt hierauf ein wahrer Wert, wird falsch zurückgegeben; folgt ein falscher Wert, wird wahr zurückgegeben.

```
if (! $ist_groesser) {
    # irgendetwas tun, wenn $ist_groesser nicht wahr ist
}
```

Hier kommt ein praktischer Trick: Da das ! wahr in falsch und falsch in wahr umkehrt und Perl keinen separaten Booleschen Typ besitzt, muss das ! irgendeinen Skalar zurückgeben, um wahr und falsch darzustellen. Wie sich herausstellt, sind die Werte 1 und 0 dafür gut zu gebrauchen, weshalb manche Leute ihre Werte auf genau die festlegen. Um das zu tun, verdoppeln sie das !, um wahr in falsch und wieder in wahr umzukehren (oder andersrum):

```
$still true  = ! !  'Fred';
$still false = ! !  '0';
```

Allerdings ist diese Ausdrucksweise nicht dokumentiert und für sie auch nicht festgelegt, dass sie immer genau die Werte 1 oder 0 zurückliefert, aber wir vermuten, dass sich das derzeitige Verhalten mittelfristig nicht ändern wird.

Auf Benutzereingaben reagieren

Mittlerweile fragen Sie sich wahrscheinlich, wie Sie eine Eingabe von der Tastatur in Ihr Perl-Programm bekommen. Hier die einfachste Möglichkeit: Benutzen Sie den Zeileneingabe-Operator <STDIN>.[30]

Jedes Mal, wenn Sie <STDIN> an einer Stelle verwenden, an der Perl einen skalaren Wert erwartet, liest Perl die nächste Zeile aus der *Standardeingabe* (bis zum ersten Newline-Zeichen) und benutzt diesen String als Wert für <STDIN>. Der Begriff Standardeingabe kann in diesem Zusammenhang verschiedene Bedeutungen haben. Sofern Sie nichts Unübliches tun, bedeutet er eine Eingabe auf der Tastatur des Benutzers, der das Programm aufgerufen hat (vermutlich Sie). Wenn es für <STDIN> nichts weiter zu lesen gibt (was normalerweise der Fall ist, sofern Sie nicht schon eine komplette Zeile eingegeben

---

29 Das bedeutet, dass undef (zu dem wir gleich kommen werden) als falsch ausgewertet wird und sämtliche Referenzen (die im Alpaka-Buch behandelt werden) als wahr angesehen werden.

30 Hierbei handelt es sich um den Zeileneingabe-Operator, der auf das Dateihandle STDIN zugreift. Allerdings können wir Ihnen darüber nichts weiter erzählen, bis wir uns mit Dateihandles beschäftigen (in Kapitel 5).

haben), hält das Perl-Programm an und wartet darauf, dass Sie einige Zeichen eingeben, gefolgt von Zeilenumbruch (Return).[31]

Der in <STDIN> stehende Wert endet typischerweise mit einem Newline-Zeichen.[32] Sie könnten also etwa Folgendes tun:

```
$zeile = <STDIN>;
if ($zeile eq "\n") {
  print "Oh, nur eine leere Zeile!\n";
} else {
  print "Die eingegebene Zeile lautet: $zeile";
}
```

In der Praxis werden Sie das Newline-Zeichen allerdings eher entfernen wollen. Hierfür gibt es den chomp()-Operator.

Der chomp-Operator

Wenn Sie zum ersten Mal etwas über den chomp()-Operator lesen, erscheint Ihnen dieser vermutlich überspezialisiert. Er bearbeitet eine Variable, die einen String enthält. Wenn der String mit einem Newline-Zeichen endet, kann chomp() dieses entfernen. Das ist schon (fast) alles, was chomp() tut. Zum Beispiel:

```
$text = "Eine Zeile Text\n"; # oder das Gleiche aus <STDIN>
chomp($text);                 # entfernt das Newline-Zeichen
```

Wie Sie bald erkennen werden, ist chomp() so hilfreich, dass Sie ihn schon bald fast in jedem Ihrer Programme benutzen werden. Die Verwendung von chomp() wird durch eine einfache Regel noch einfacher: Immer wenn Sie in Perl eine Variable brauchen, können Sie stattdessen eine Zuweisung benutzen. Zuerst nimmt Perl die Zuweisung vor und verwendet dann die Variable auf die von Ihnen festgelegte Art. Die häufigste Verwendung von chomp() sieht daher folgendermaßen aus:

```
chomp($text = <STDIN>); # Text einlesen, aber ohne Newline-Zeichen

$text = <STDIN>;        # das Gleiche...
chomp($text);           # ...aber in zwei Schritten
```

Auf den ersten Blick scheint diese Verwendung von chomp() nicht der einfachste Weg zu sein, besonders weil sie komplexer aussieht. Wenn Sie sich dieses Verfahren in zwei Schritten vorstellen (eine Zeile einlesen und dann ein chomp() ausführen), ist es nur natürlich, es auch in zwei separaten Anweisungen zu schreiben. Wenn Sie es jedoch als

---

31 Um ehrlich zu sein, ist es eigentlich Ihr System, das auf die Eingabe wartet, während Perl auf Ihr System wartet. Auch wenn die Details von Ihrem System und dessen Konfiguration abhängen, können Sie Tippfehler in der Regel durch die Eingabe eines Rückschritts korrigieren, bevor Sie die Return-Taste drücken – hierfür ist Ihr System zuständig, nicht Perl. Falls Sie mehr Kontrolle über die Eingaben brauchen, können Sie das Modul Term::ReadLine aus dem CPAN benutzen.

32 Die Ausnahme besteht darin, dass der Eingabestrom plötzlich in der Mitte der Zeile abbricht. Aber das ist natürlich keine korrekte Textdatei.

einen Schritt betrachten (den Text einlesen und nicht das Newline-Zeichen), ist es näherliegend, es auch als eine Anweisung zu formulieren. Da die meisten Perl-Programmierer diese Schreibweise benutzen, können Sie sich auch gleich daran gewöhnen.

Bei chomp() handelt es sich eigentlich um eine Funktion. Als Funktion hat chomp() einen Rückgabewert, nämlich die Anzahl der entfernten Zeichen. Diese Zahl ist allerdings nur sehr selten von Nutzen:

```
$essen = <STDIN>;
$betty = chomp $essen; # erhält den Wert 1, aber das wissen wir auch so
```

Wie Sie sehen, können Sie chomp() mit oder ohne runde Klammern verwenden. Dies ist eine weitere allgemeine Regel in Perl: Runde Klammern müssen nur dann wirklich verwendet werden, wenn sie die Bedeutung eines Ausdrucks verändern.

Endet eine Zeile mit zwei oder mehr[33] Newline-Zeichen, so entfernt chomp() nur das erste. Steht kein Newline-Zeichen am Ende der Zeile, so tut chomp nichts und gibt null zurück.

Kontrollstrukturen mit while

Wie die meisten auf Algorithmen basierenden Programmiersprachen besitzt auch Perl eine Reihe von Schleifenstrukturen.[34] Die while-Schleife wiederholt einen Anweisungsblock, solange eine Bedingung wahr ist:

```
$zaehler = 0;
while ($zaehler < 10) {
  $zaehler += 2;
  print "Der Zähler steht jetzt auf $zaehler\n";
  # gibt die Werte 2, 4, 6, 8 und 10 aus
}
```

Wie wir es bereits vom if-Test kennen, steht auch hier der Bedingungsteil in runden Klammern. Analog dazu muss der dazugehörige Anweisungsblock wieder in geschweiften Klammern stehen. Der Ausdruck, der die Bedingung enthält, wird zuerst ausgewertet. Dadurch wird die Schleife komplett übersprungen, sofern die Bedingung schon zu Beginn falsch ist.

Der Wert undef

Was geschieht, wenn Sie eine skalare Variable verwenden, bevor Sie ihr einen Wert zugewiesen haben? Nichts Ernstes und sicher nichts wirklich Fatales. Bevor einer Variablen

---

33 Diese Situation kann nicht auftreten, wenn Sie Eingaben zeilenweise einlesen. Sie kann aber eintreten, wenn Sie das Trennzeichen für Eingabedatensätze ($/) auf einen anderen Wert als das Newline-Zeichen eingestellt haben, die read-Funktion verwenden oder einige Zeilen von Hand zusammengeklebt haben.

34 Jeder Programmierer erzeugt irgendwann einmal eine Endlos-Schleife. Hört Ihr Programm einfach nicht auf zu laufen, können Sie es normalerweise wie jedes andere Programm auf Ihrem System beenden. Oft hilft die Eingabe von Strg-C. Die Dokumentation zu Ihrem System sollte genauer darüber Aufschluss geben.

ein Wert zugewiesen wird, besitzen Variablen den speziellen Wert undef. Dies ist die Art von Perl zu sagen: »Hier gibt es nichts zu sehen, bitte weitergehen, bitte weitergehen!« Wenn Sie dieses »Nichts« als numerischen Wert verwenden, wird es sich wie 0 verhalten. Wenn Sie es als String benutzen, wird es sich wie ein leerer String verhalten. undef ist jedoch weder eine Zahl noch ein String; es ist eine vollkommen eigenständige Art von skalarem Wert.

Da sich undef automatisch wie 0 verhält, wenn es als Zahl benutzt wird, ist es recht einfach, einen Zähler zu erzeugen, der bei null beginnt.

```
# Add up some odd numbers
$n = 1;
while ($n < 10) {
    $summe += $n;
    $n += 2; # zur nächsten ungeraden Zahl springen
}
print "Das Ergebnis ist $summe.\n";
```

Dies funktioniert korrekt, wenn $summe zu Beginn der Schleife den Wert undef hat. Beim ersten Schleifendurchlauf hat $n den Wert 1. Dieser Wert wird nun zu $summe hinzugezählt. Das ist, als ob Sie 1 zu einer Variablen hinzuzählen, die bereits den Wert 0 enthält (da Sie undef hier benutzen, als wäre es eine Zahl). $summe hat jetzt also den Wert 1. Nachdem die Variable nun initialisiert ist, funktioniert die Addition wie gewohnt.

Auf ähnliche Weise können Sie eine Variable für einen String anlegen, der zu Beginn leer ist:

```
$zeichenkette .= "mehr Text\n";
```

Enthält die Variable $zeichenkette den Wert undef, verhält sie sich, als würde sie bereits einen leeren String enthalten, zu dem "mehr Text\n" hinzugefügt wird. Enthält $zeichenkette jedoch schon einen Wert, so wird der neue Text angehängt.

Perl-Programmierer benutzen neue Variablen oft, indem sie die Variable als 0 oder als leeren String verwenden.

Viele Operatoren geben undef zurück, wenn die Argumente Gültigkeitsgrenzen überschreiten oder keinen Sinn ergeben. Wenn Sie nicht etwas Besonderes tun, sollten Sie ohne weitere Konsequenzen eine Null oder einen leeren String zurückbekommen. In der Praxis ist dies selten ein Problem. Tatsächlich verlassen sich die meisten Programmierer auf dieses Verhalten. Das sollte Ihnen jedoch bereits bekannt sein, wenn Sie die Warnungen eingeschaltet haben. Typischerweise warnt Perl Sie, wenn undef nicht ordnungsgemäß benutzt wird. Zum Beispiel ist es kein Problem, undef von einer Variablen in die nächste zu kopieren. Versuchen Sie aber, diesen Wert mit print auszugeben, führt dies normalerweise zu einer Warnung.

Die Funktion defined

Einer der Operatoren, die undef zurückgeben können, ist der Zeileneingabeoperator <STDIN>. Normalerweise wird eine Zeile Text zurückgegeben. Wenn jedoch keine weiteren Eingaben mehr existieren, wie etwa am Ende einer Datei, wird stattdessen undef zurückgegeben.[35] Um zu unterscheiden, ob ein Wert nun tatsächlich undef ist oder etwa ein leerer String, können Sie die defined-Funktion verwenden. Ist der Wert undef, wird falsch zurückgegeben, in allen anderen Fällen wahr:

```
$madonna = <STDIN>;
if ( defined($madonna) ) {
  print "Die Eingabe lautet $madonna";
} else {
  print "Keine Eingabe verfügbar!\n";
}
```

Wenn Sie Ihren Variablen selbst den undefinierten Wert zuweisen wollen, können Sie hierfür den Operator mit dem seltsamen Namen undef verwenden:

```
$madonna = undef; # als wäre sie noch nie berührt worden
```

Übungen

Die Lösungen zu den folgenden Übungen finden Sie in Anhang A auf Seite 323.

1. [5] Schreiben Sie ein Programm, das den Umfang eines Kreises berechnet, der einen Radius von 12,5 besitzt. Der Umfang beträgt 2π, multipliziert mit dem Radius des Kreises (ungefähr 2 mal 3,141592654). Das Ergebnis sollte etwa 78,5 betragen. (Denken Sie daran, dass das Komma im Englischen durch einen Punkt zu ersetzen ist.)

2. [4] Ändern Sie das Programm aus der vorigen Übung so ab, dass es Benutzer, die das Programm ausführen, nach einem Radius fragt und diese Eingabe zur Berechnung des Umfangs benutzt. Wenn also beispielsweise 12,5 als Wert eingegeben wird, sollte das Ergebnis das gleiche sein wie in der vorigen Übung.

3. [4] Ändern Sie das Programm aus der vorigen Übung so ab, dass eine Eingabe kleiner als null keinen negativen Wert ergibt, sondern null.

4. [8] Schreiben Sie ein Programm, das nach zwei Zahlen fragt und diese (auf zwei separaten Eingabezeilen) einliest. Nachdem diese zwei Zahlen miteinander multipliziert wurden, soll das Ergebnis wieder ausgegeben werden.

5. [8] Schreiben Sie ein Programm, das die Benutzer nach einem String und einer Zahl fragt und diese (aus zwei separaten Eingabezeilen) einliest. Der String soll so oft ausgegeben werden, wie durch die Zahl angegeben wurde. (Tipp: Verwenden Sie den x-Operator.) Wenn ein Benutzer »fred« und »3« eingibt, sollte dreimal die Zeile »fred« ausgegeben werden. Gibt ein Benutzer »fred« und »299792« ein, sollte es recht viele Ausgabezeilen geben.

---

35 Kommt die Eingabe von der Tastatur, so gibt es normalerweise kein »End-of-file« (Dateiende). Es kann jedoch sein, dass die Eingabe so umgeleitet wurde, dass sie statt von der Tastatur aus einer Datei kommt, oder dass der Benutzer die Taste gedrückt hat, die dem System ein Dateiende anzeigt.

## KAPITEL 3

Listen und Arrays

Wenn wir einen Skalar als den »Singular« in Perl betrachten (wie zu Beginn von Kapitel 2 beschrieben), so wird der »Plural« durch Listen und Arrays dargestellt.

Eine *Liste* ist eine geordnete Ansammlung von skalaren Werten. Ein *Array* ist eine Variable, die eine Liste enthält. Diese zwei Begriffe werden oft benutzt, als seien sie gegeneinander austauschbar, aber dazwischen liegt ein großer Unterschied: Bei der Liste handelt es sich um die Daten und beim Array um die Variable, die die Daten enthält. So können Sie einen Listenwert haben, der sich nicht in einem Array befindet; eine Arrayvariable enthält jedoch immer eine Liste (auch wenn diese Liste leer sein kann). Abbildung 3-1 zeigt eine Liste, die sich in einer Arrayvariable befinden kann, aber nicht muss.

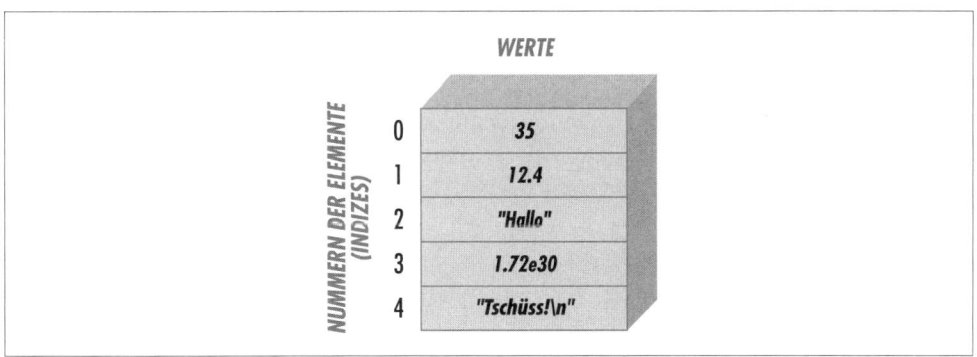

Abbildung 3-1: Eine Liste mit fünf Elementen

Da Listen und Arrays viele gemeinsame Operationen haben, genau wie skalare Werte und Variablen, werden wir sie parallel behandeln. Behalten Sie dabei aber ihre Unterschiede im Kopf.

Jedes *Element* eines Arrays oder einer Liste ist eine für sich stehende skalare Variable, die ihrerseits einen eigenständigen skalaren Wert enthalten kann. Diese Werte sind geordnet, das heißt, sie haben eine bestimmte Reihenfolge vom ersten bis zum letzten Element.

Die Elemente eines Arrays oder einer Liste werden durch kleine Integer (ganzzahlige Werte) *indiziert*. Die Indizierung beginnt mit null[1] und wird in Einerschritten hochgezählt; das erste Element eines Arrays oder einer Liste ist also immer das Element null.

Da jedes Element einen von den anderen unabhängigen skalaren Wert enthalten kann, ist es möglich, dass eine Liste oder ein Array aus Zahlen, Strings, undefinierten Werten oder einer beliebigen Kombination aus skalaren Werten besteht. Wesentlich üblicher ist es jedoch, dass alle Elemente vom selben Typ sind, wie etwa eine Liste von Buchtiteln (nur Strings) oder eine Liste von Kosinus-Werten (nur Zahlen).

Arrays und Listen können eine beliebige Anzahl an Elementen enthalten. Die kleinste hat dabei überhaupt kein Element und die größte füllt Ihren gesamten Hauptspeicher. Auch hier gilt wieder Perls Philosophie der »Grenzenlosigkeit«.

Zugriff auf Arrayelemente

Wenn Sie bereits mit anderen Programmiersprachen vertraut sind, wird es Sie nicht wundern, dass es auch in Perl eine Möglichkeit gibt, ein Array zu indizieren, um ein Element über seinen numerischen Index anzusprechen.

Die Elemente eines Arrays werden mithilfe einer Folge von ganzzahligen Werten nummeriert.[2] Die Indizierung beginnt bei null und wird für jedes weitere Element um eins erhöht, wie hier:

```
$fred[0] = "yabba";
$fred[1] = "dabba";
$fred[2] = "duuh";
```

Der Name des Arrays selbst (in diesem Fall "fred") kommt hierbei aus einem ganz anderen Namensraum, als ihn Skalare benutzen. Sie könnten also eine skalare Variable mit dem Namen $fred im selben Programm benutzen. Perl behandelt sie als verschiedene Dinge und lässt sich nicht verwirren.[3] (Den Wartungsprogrammierer würde das jedoch schon verwirren. Geben Sie also nicht allen Variablen den gleichen Namen, bloß weil Ihnen gerade danach ist.)

Sie können ein Arrayelement wie $fred[2] überall dort[4] benutzen, wo auch die Verwendung von skalaren Variablen, wie etwa $fred, möglich ist. Daher können Sie den Wert

---

1   In Perl beginnen die Indizes im Gegensatz zu anderen Sprachen immer mit null. In früheren Perl-Versionen war es möglich, den Startwert für die Indizierung von Listen und Arrays zu ändern (nicht nur für eine bzw. eines, sondern für alle auf einmal). Larry wurde später klar, dass das eher ein schlechtes Feature ist. Daher wird von dem Gebrauch (oder Missbrauch) dieser Möglichkeit dringend abgeraten. Wenn Sie jedoch furchtbar neugierig sind, sehen Sie sich in der *perlvar*-Dokumentation die Dokumentation zur Variablen $[an.

2   Ja, Sie können auch negative verwenden, aber das behandeln wir erst später.

3   Die Syntax ist immer eindeutig — knifflig vielleicht, aber immer eindeutig.

4   Die wichtigste Ausnahme besteht darin, dass die kontrollierende Variable in einer foreach-Schleife ein einfacher Skalar sein muss, wie Sie später in diesem Kapitel sehen werden. Weitere Ausnahmen sind etwa der »indirect object slot« und der »indirect filehandle slot« bei print und printf.

---

eines Arrayelements auch mit den gleichen Methoden auslesen oder ändern, die wir bereits im vorigen Kapitel für skalare Variablen benutzt haben:

```
print $fred[0];
$fred[2] = "manamana";
$fred[1] .= "wasndas";
```

Als Index kann natürlich jeder beliebige Ausdruck verwendet werden, der einen numerischen Wert zum Ergebnis hat. Wenn es nicht schon ein ganzzahliger Wert ist, rundet Perl ihn auf den nächsten darunterliegenden Wert ab:

```
$zahl = 2.71828;
print $fred[$zahl - 1]; # das Gleiche wie die Ausgabe von $fred[1]
```

Weist der Index auf ein Element, das hinter dem Ende eines Arrays liegen würde, wird der entsprechende Wert automatisch als undef angesehen. Das funktioniert genauso wie mit normalen Skalaren. Sofern Sie einer Variablen keinen Wert zugewiesen haben, ist ihr Wert undef.

```
$leer = $fred[ 142_857 ]; # unbenutztes Arrayelement wird zu undef
$leer = $mel;             # unbenutzter Skalar $mel wird ebenfalls undef
```

Besondere Arrayindizes

Wenn Sie versuchen, etwas in einem Arrayelement zu speichern, das hinter dem Ende des Arrays liegt, so wird das Array je nach Bedarf automatisch erweitert. Hierbei gibt es wiederum keine Grenze außer der Größe Ihres Hauptspeichers.[5] Neu erzeugte Elemente werden automatisch mit undef belegt.

```
$steine[0]  = 'feuerstein'; # ein Element ...
$steine[1]  = 'schiefer';   # noch eins ...
$steine[2]  = 'lava';       # und noch eins ...
$steine[3]  = 'geroell';    # und noch eins ...
$steine[99] = 'basalt';     # und dazu noch 95 undefinierte Elemente
```

Manchmal werden Sie den Index des letzten Elements in einem Array herausfinden wollen. Für das Array von steinen ist das zum Beispiel $#steine.[6] Das ist nicht das Gleiche wie die Anzahl der Elemente, da es auch ein Element mit dem Index null gibt.

```
$ende = $#steine;               # 99, der Index des letzten Elements
$anzahl_der_steine = $ende + 1; # in Ordnung, aber Sie werden später
                                # eine bessere Möglichkeit kennen lernen

$steine[ $#steine ] = 'ein harter Brocken'; # der letzte Stein
```

---

5 Das ist eigentlich nicht ganz richtig. Der größte Arrayindex hat die Größe eines »Signed integer«, weshalb bislang höchstens 2.147.483.647 Einträge vorhanden sein können. Auch wenn vielleicht das Risiko besteht, dass die Geschichte sich wiederholt: Mehr sollte doch wohl niemand benötigen.

6 Machen Sie hierfür die hässliche Syntax der C-Shell verantwortlich. Glücklicherweise müssen Sie sich so etwas im wahren Leben nicht oft ansehen.

Die Benutzung des Wertes von $#name aus dem letzten Beispiel kommt so oft vor, dass Larry sich dafür eine Abkürzung ausgedacht hat: Negative Arrayindizes zählen rückwärts vom Ende des Arrays nach vorn. Denken Sie jedoch nicht, dass diese Indizes beim Erreichen des Anfangs wieder am Ende anfangen. Wenn Sie ein Array mit drei Elementen haben, sind die drei gültigen negativen Indizes -1 (das letzte Element), -2 (das mittlere Element) und -3 (das erste Element). Im wahren Leben scheint aber jeder nur den negativen Index -1 zu benutzen.

```
$steine[ -1 ]     = 'ein harter Brocken'; # eine einfachere Methode,
                                          # das Obenstehende zu sagen
$totes_gestein  = $steine[-100];          # benutzt 'feuerstein'
$steine[ -200 ] = 'kristall';             # schwerer Fehler
```

Listenliterale

Ein *Listenliteral* (also die Art, auf die eine Liste im Quellcode Ihres Programms dargestellt wird) ist eine Liste von durch Kommas getrennten Werten, die von runden Klammern umschlossen sind. Diese Werte stellen die einzelnen Elemente Ihrer Liste dar, zum Beispiel so:

```
(1, 2, 3)       # eine Liste mit den drei Werten 1, 2 und 3
(1, 2, 3,)      # dieselben drei Werte (das Komma am Ende wird
                # ignoriert)
("Fred", 4.5)   # zwei Werte: "Fred" und 4,5
()              # eine leere Liste - keine Elemente
(1..100)        # eine Liste von 100 ganzen Zahlen
```

In der letzten Zeile wird der *Bereichsoperator* .. benutzt, den wir hier zum ersten Mal sehen. Dieser Operator erzeugt eine Liste von Werten, indem er in Einerschritten vom linken bis zum rechten Skalar hochzählt,[7] zum Beispiel so:

```
(1..5)            # das Gleiche wie (1, 2, 3, 4, 5)
(1.7..5.7)        # das Gleiche - beide Werte werden abgerundet
(5..1)            # leere Liste - .. funktioniert nur "bergauf"
(0, 2..6, 10, 12) # das Gleiche wie (0, 2, 3, 4, 5, 6, 10, 12)
($m..$n)          # Bereich, der durch die gegenwärtigen Werte von
                  # $m und $n definiert wird
(0..$#steine)     # die Indizes des Arrays steine aus dem vorigen Abschnitt
```

Wie Sie an den letzten beiden Punkten sehen können, müssen die Elemente eines Listenliterals nicht unbedingt konstant sein – vielmehr kann es sich auch um Ausdrücke handeln, die bei jeder Benutzung des Literals neu ausgewertet werden, zum Beispiel so:

```
($m, 17)        # zwei Werte: der gegenwärtige Wert von $m und 17
($m+$o, $p+$q)  # zwei Werte
```

---

7   Der Bereichsoperator zählt leider nur aufwärts, aber Perl bietet eine Möglichkeit, das zu umgehen.

Eine Liste darf natürlich jede beliebige Art von skalaren Werten enthalten, wie diese Liste mit Strings:

```
("Fred", "Barney", "Betty", "Wilma", "Dino")
```

Die Schreibweise mit qw abkürzen

Es hat sich gezeigt, dass Listen mit einfachen Wörtern (wie im vorigen Beispiel) in Perl-Programmen immer wieder gebraucht werden. Die Abkürzung qw erleichtert Ihnen das Erstellen, da sich die Eingabe von zusätzlichen Anführungszeichen erübrigt:

```
qw( Fred Barney Betty Wilma Dino ) # das Gleiche wie oben, aber mit
                                   # weniger Tipperei
```

qw steht für »quoted words« (Wörter in einfachen Anführungszeichen) oder »quoted by whitespace« (durch Whitespace-Zeichen getrennte Wörter), je nachdem, wen Sie fragen. Wie dem auch sei, Perl behandelt diese Elemente, als stünden sie in einfachen Anführungszeichen. (Dinge wie \n oder $fred können daher in einer qw-Liste nicht verwendet werden wie in einem String, der in doppelten Anführungszeichen steht). Die Whitespace-Zeichen (wie z.B. Leerzeichen, Tabulatoren und das Newline-Zeichen) verschwinden, und was übrig bleibt, wird zu einer Liste von Elementen. Da Whitespace-Zeichen verschwinden, können wir das Obenstehende auch noch auf eine andere (wenn auch nicht so gebräuchliche) Art schreiben:

```
qw(Fred
   Barney    Betty
Wilma Dino)   # das Gleiche wie oben, aber mit ziemlich
              # seltsamen Whitespace-Zeichen
```

Da qw anstelle von Anführungszeichen benutzt wird (»Quoting«), können Sie innerhalb einer solchen Liste keine Kommentare benutzen. Manch einer schreibt Listen gern mit einem Element pro Zeile, wodurch sie besser als Spalte zu lesen sind:

```
qw(
    fred
    barney
    belly
    wilma
    dino
)
```

In den vorigen zwei Beispielen haben wir runde Klammern als Trennzeichen verwendet; Perl erlaubt jedoch die Benutzung eines beliebigen Interpunktionszeichens. Hier sehen Sie einige der häufigsten:

```
qw! Fred Barney Betty Wilma Dino !
qw/ Fred Barney Betty Wilma Dino /
qw# Fred Barney Betty Wilma Dino #  # Doppelkreuz wie bei Kommentaren
```

Wie die letzten vier Beispiele zeigen, können sich die Trennzeichen voneinander unterscheiden. Ist das öffnende Trennzeichen etwa das »linke« Zeichen eines Paares (z.B. bei

Klammern), so ist das korrekte Trennzeichen zum Schließen das dazugehörige »rechte«
Zeichen. Andere Trennzeichen benutzen das gleiche Zeichen zum Öffnen und zum
Schließen.

```
qw( Fred Barney Betty Wilma Dino )
qw{ Fred Barney Betty Wilma Dino }
qw[ Fred Barney Betty Wilma Dino ]
qw< Fred Barney Betty Wilma Dino >
```

Wenn Sie das schließende Trennzeichen *innerhalb* der Liste als Teil eines Strings benötigen, haben Sie wahrscheinlich das falsche Trennzeichen gewählt. Wenn Sie das Trennzeichen nicht austauschen können oder wollen, ist es möglich, das Zeichen mit einem
Backslash zu »entkoppeln«:

```
qw! Yahoo\! Google Web.de msn ! # Yahoo! als Element verwenden
```

Wie bei einem String in einfachen Anführungszeichen müssen Sie für die Verwendung
eines literalen Backslash diesen mit einem weiteren Backslash schützen (\\):

```
qw(  Das hier als \\ echter Backslash );
```

Obwohl das Motto von Perl »There's More Than One Way To Do It« (Es gibt mehr als
eine Art und Weise, es zu machen) lautet, fragen Sie sich vermutlich, wozu jemand diese
ganzen verschiedenen Möglichkeiten überhaupt braucht. Sie werden später sehen, dass
es auch noch andere Quoting-Arten gibt, bei denen Perl nach denselben Regeln vorgeht.
Bei vielen kann sich diese Vielfalt als nützlich erweisen. Aber auch hier ist das schon der
Fall, etwa wenn Sie eine Liste von Unix-Dateinamen brauchen:

```
qw{
  /usr/dict/words
  /home/rootbeer/.ichsags_englisch
}
```

Diese Liste wäre schwer zu lesen, zu schreiben und zu pflegen, wenn wir nur / als Trennzeichen zur Verfügung hätten.

Listenzuweisung

Ähnlich wie skalare Werte können auch Listen bestimmten Variablen zugewiesen werden.

```
($fred, $barney, $dino) = ("Feuerstein", "Geroellheimer", undef);
```

Alle drei Variablen in der Liste auf der linken Seite erhalten neue Werte, als hätten wir
drei einzelne Zuweisungen vorgenommen. Da die Liste auf der rechten Seite erzeugt
wird, bevor die Zuweisung beginnt, ist es leicht, in Perl die Werte zweier Variablen miteinander zu vertauschen:[8]

---

8 Anders als in Sprachen wie C, die keine einfache Möglichkeit bieten, das zu tun. C-Programmierer benutzen
zum temporären Speichern des Wertes eine Hilfsvariable für den Tausch, die optional von einem Makro verwaltet wird.

```
($fred, $barney) = ($barney, $fred);  # diese zwei Werte vertauschen
($betty[0], $betty[1]) = ($betty[1], $betty[0]);
```

Was passiert aber, wenn die Anzahl der Variablen (links vom Gleichheitszeichen) und die Anzahl der Werte (auf der rechten Seite) unterschiedlich groß sind? Zusätzliche Werte werden bei der Listenzuweisung stillschweigend ignoriert. Perl geht davon aus, dass Sie ihm mitteilen, wo die Werte gespeichert werden sollen. Gibt es andererseits zu viele Variablen, wird den überflüssigen Variablen undef zugewiesen.[9]

```
($fred, $barney) = qw< Feuerstein Geroellheimer Schiefer Granit >;
                                          # zwei Werte ignoriert
($wilma, $dino) = qw[Feuerstein];         # $dino erhält undef
```

Da Sie nun wissen, wie Listenzuweisung funktioniert, könnten Sie mit einer Codezeile wie dieser ein Array aus Strings erzeugen:[10]

```
($steine[0], $steine[1], $steine[2]$steine[3]) = qw/Talcum Feldspat Quarz/;
```

Wenn Sie sich auf ein komplettes Array beziehen wollen, gibt es dafür noch eine bessere Möglichkeit – stellen Sie dem Namen des Arrays einfach ein at-Zeichen (@) voran, und lassen Sie die Indexklammern weg. Als Eselsbrücke können Sie dies auch als »alle« lesen; @steine liest sich also wie »alle Steine«.[11]

```
@steine    = qw/ Feuerstein Schiefer Lava /;
@winzig    = ();                        # eine leere Liste
@riesig    = 1..1e5;                    # eine Liste mit
                                        # 100.000 Elementen
@zeug      = (@riesig, undef, @riesig); # eine Liste mit
                                        # 200.001 Elementen
$dino      = "Granit";
@steinbruch = (@steine, "Kies", @winzig, $dino);
```

Die letzte Zuweisung füllt @steinbruch mit einer Liste aus fünf Elementen (Feuerstein, Schiefer, Lava, Kies, Granit), da @winzig keine Elemente enthält. (Um genau zu sein, wird der Liste kein undef hinzugefügt, es sei denn, wir machen das explizit wie vorher mit @zeug.) Der Name eines Arrays wird bei dieser Art der Zuweisung durch die enthaltenen Elemente ersetzt. Da Arrays nur skalare Werte enthalten können, kann ein Array selbst nicht als Listenelement benutzt werden.[12] Der Wert einer Arrayvariablen, der noch nichts zugewiesen wurde, ist ( ), die leere Liste. Ähnlich wie neue, leere Skalare zu Beginn undef enthalten, enthalten leere Arrays eine leere Liste.

---

9   Das stimmt soweit für skalare Variablen. Arrayvariablen erhalten stattdessen eine leere Liste, wie Sie gleich sehen werden.

10 Wir schummeln hier ein wenig, da wir davon ausgehen, dass das Array steine vor dieser Anweisung noch keinen Inhalt hatte. Hätte etwa $steine[7] bereits einen Wert, so hätte diese Zuweisung keinen Einfluss auf das Element.

11 Larry sagt, er habe das Dollar- und das at-Zeichen gewählt, da sich diese Zeichen auch als $kalar (skalare Variable) und @rray (Arrayvariable) lesen lassen. Wenn Sie das jetzt nicht nachvollziehen können oder sich später nicht mehr daran erinnern – nicht so schlimm.

12 Im Alpaka-Buch zeigen wir Ihnen eine spezielle Art von Skalar, die man Referenz nennt. Damit lassen sich interessante und nützliche Dinge erzeugen, zum Beispiel »Listen von Listen«. Auch dabei wird nicht eine Liste in einer anderen gespeichert, sondern nur eine Referenz darauf.

Auch wenn Sie ein Array in ein anderes kopieren, handelt es sich noch um eine Listenzuweisung. Die Listen sind – wie im folgenden Beispiel – in den Arrays gespeichert:

```
@kopie = @steinbruch; # die Liste im Array @steinbruch ins Array
                      # @kopie kopieren
```

pop und push

Sie könnten neue Werte am Ende eines Arrays einfügen, indem Sie diese in Elementen mit neueren, größeren Indizes speichern. Echte Perl-Programmierer benutzen aber keine Indizes.[13] In den folgenden Abschnitten werden wir Ihnen daher ein paar Methoden zeigen, mit Arrays zu arbeiten, ohne dabei Indizes zu verwenden.

Häufig werden Arrays benutzt, um Informationen in »Stapeln« (Stacks) zu verwalten, bei denen die Werte auf der rechten Seite der Liste hinzugefügt oder entfernt werden, wie Tabletts in der Mensa oder Kantine.[14] Die rechte Seite ist die Seite mit den »letzten« Einträgen der Liste bzw. mit den höchsten Indexwerten. Diese Operationen müssen so oft vorgenommen werden, dass es dafür spezielle Funktionen gibt.

Der pop-Operator entfernt das letzte Element aus einem Array und gibt es zurück.

```
@array = 5..9;
$fred = pop(@array); # $fred erhält jetzt 9, @array enthält jetzt
                     # (5, 6, 7, 8)
$barney = pop @array; # $barney erhält 8, @array enthält jetzt (5, 6, 7)
pop @array;          # @array enthält jetzt (5, 6). (Die 7 wird verworfen.)
```

Das letzte Beispiel verwendet pop in einem »leeren Kontext« (void-Kontext). Das ist nur eine andere Art zu sagen, dass der Rückgabewert nicht benutzt wird. Es ist nichts Schlimmes daran, pop auf diese Weise zu benutzen, wenn es das ist, was Sie wollen.

Ist das Array leer, gibt es auch für pop nichts zu tun (da es kein Element zu entfernen gibt); statt eines Elements wird undef zurückgegeben.

Eventuell haben Sie schon gemerkt, dass man pop mit oder ohne runde Klammern benutzen kann. Das ist eine allgemein gültige Regel in Perl: Solange die Bedeutung einer Anweisung durch das Entfernen der Klammern nicht verändert wird, sind sie optional.[15]

---

13 Natürlich machen wir nur Spaß. Allerdings steckt in dieser Aussage ein Fünkchen Wahrheit. Das Zugreifen auf Arrays mithilfe von Indizes bedeutet, dass Sie die wirklichen Stärken von Perl verkennen. Wenn Sie pop, push und andere Operatoren verwenden, die die Indizierung vermeiden, läuft Ihr Code in der Regel wesentlich schneller als bei der Verwendung von Indizes. Außerdem lassen sich dadurch die »Einer zu viel oder zu wenig«-Fehler (oft auch »Zaunpfahl«-Fehler genannt) vermeiden. Gelegentlich kommt es vor, dass ein angehender Perl-Programmierer sich einen für C optimierten Sortieralgorithmus (mit einer Menge Indexoperationen) vornimmt (um zu sehen, welche Sprache schneller ist), diesen eins zu eins in Perl nachprogrammiert (wieder mit einer Menge Indexoperationen) und sich anschließend wundert, warum er so langsam ist. Die Antwort lautet: Mit einer Stradivari Nägel in die Wand zu schlagen, sollte nicht als gutes Handwerk angesehen werden.

14 Die andere Möglichkeit ist eine Warteschlange (Queue), wo hinten hinzugefügt, aber vorne entfernt wird.

15 Leser mit höherer Bildung werden erkennen, dass es sich hierbei um eine Tautologie handelt.

Die umgekehrte Operation heißt push. Damit wird ein Element (oder eine Liste von Elementen) am Ende eines Arrays hinzugefügt:

```
push(@array, 0);        # @array enthält nun (5, 6, 0)
push @array, 8;         # @array enthält nun (5, 6, 0, 8)
push @array, 1..10;     # @array hat nun 10 neue Elemente
@andere = qw/ 9 0 2 1 0 /;
push @array, @andere;   # @array hat nun 5 weitere Elemente (19 insgesamt)
```

Sowohl für push als auch für pop muss das erste Argument eine Arrayvariable sein. Die Verwendung einer literalen Liste für diese Operationen ist sinnlos.

shift und unshift

Die Operatoren push und pop erledigen ihre Arbeit am Ende eines Arrays (auf der rechten Seite des Arrays oder auf der Seite mit den höchsten Indizes, je nachdem, wie Sie sich ein Array vorstellen). Die Operatoren shift und unshift führen die entsprechenden Aufgaben am »Anfang« des Arrays aus (auf der »linken« Seite oder auf der Seite mit den niedrigsten Indizes). Hier sehen Sie ein paar Beispiele:

```
@array = qw# Dino Fred Barney #;
$m = shift(@array);     # $m erhält "Dino", @array enthält
                        # jetzt ("Fred", "Barney")
$n = shift @array;      # $n erhält "Fred", @array enthält nun ("Barney")
shift @array;           # @array ist jetzt leer
$o = shift @array;      # $o erhält undef, @array ist weiterhin leer
unshift(@array, 5);     # @array enthält jetzt eine Liste mit
                        # einem Element (5)
unshift @array, 4;      # @array enthält jetzt (4, 5)
@andere = 1..3;         # @andere enthält jetzt (1, 2, 3)
unshift @array, @andere; # @array enthält jetzt (1, 2, 3, 4, 5)
```

Analog zu pop gibt auch shift den Wert undef zurück, wenn es auf eine leere Arrayvariable angewendet wird.

splice

Die Operatoren push-pop und shift-unshift wirken sich am Ende eines Arrays aus, aber was tun, wenn man mittendrin Elemente entfernen oder hinzufügen muss? Hier kommt der Operator splice ins Spiel. Er nimmt bis zu vier Argumente entgegen, von denen zwei optional sind. Das erste Argument ist immer das Array, und das zweite ist die Position, an der angefangen werden soll. Wenn Sie nur diese zwei Argumente verwenden, entfernt Perl alle Elemente ab der angegebenen Startposition und gibt sie zurück:

```
@array = qw( pebbles dino fred barney betty);
@removed = splice @array, 2;  # alles ab fred entfernen
                              # @removed ist qw(fred barney betty)
                              # @array ist qw(pebbles dino)
```

Sie können ein drittes Argument verwenden, um eine Länge anzugeben. Lesen Sie diesen Satz noch einmal, denn viele Leute gehen davon aus, dass das dritte Argument eine Endposition sein müsste, aber weit gefehlt: Es ist eine Länge. So können Sie Elemente aus der Mitte entfernen und am Ende welche stehen lassen:

```perl
@array = qw( pebbles dino fred barney betty );
@removed = splice @array, 1, 2; # dino und fred entfernen
                              # @removed ist qw(dino fred)
                              # @array ist qw(pebbles barney betty)
```

Das vierte Argument ist eine Ersetzungsliste. Während Sie Elemente entfernen, können Sie andere einfügen. Die Ersetzungsliste muss nicht dieselbe Größe haben wie das, was Sie entfernen:

```perl
@array = qw( pebbles dino fred barney betty );
@removed = splice @array, 1, 2, qw(wilma); # dino und fred entfernen
                              # @removed ist qw(dino fred)
                              # @array ist qw(pebbles wilma
                              #              barney betty)
```

Sie müssen überhaupt keine Elemente entfernen. Wenn Sie eine Länge von 0 angeben, entfernen Sie keine Elemente, fügen aber trotzdem die »Ersetzungsliste« ein:

```perl
@array = qw( pebbles dino fred barney betty );
@removed = splice @array, 1, 0, qw(wilma); # nichts entfernen
                              # @removed ist qw()
                              # @array ist qw(pebbles wilma dino
                              #              fred barney betty)
```

Beachten Sie, dass wilma vor dino erscheint. Perl hat die Ersetzungsliste ab Index 1 eingefügt und alles andere rübergeschoben.

splice kommt Ihnen vielleicht nicht wie eine große Sache vor, aber in manchen Sprachen ist so etwas wirklich schwer zu bewerkstelligen. Deshalb sind schon viele komplizierte Techniken entwickelt worden, etwa verbundene Listen, deren erfolgreiche Umsetzung eine Menge Aufmerksamkeit vom Programmierer verlangt.

Interpolation von Arrays in Strings

Wie Skalare können auch Arrayvariablen in einem String in doppelten Anführungszeichen interpoliert werden. Perl expandiert das Array und trennt die einzelnen Elemente bei der Interpolation automatisch durch Leerzeichen voneinander,[16] und nach der Interpolierung kommt das ganze Ergebnis in den String.

```perl
@steine = qw{ Feuerstein Schiefer Schotter };
print "Quarz @steine Kalkstein\n";  # gibt 5 durch Leerzeichen voneinander
                                   # getrennte Steine aus.
```

---

16 Das Trennzeichen ist übrigens der Wert der speziellen Variablen $", die standardmäßig ein Leerzeichen ist.

Vor und nach dem interpolierten Array werden keine zusätzlichen Leerzeichen eingefügt. Wenn Sie welche brauchen, müssen Sie diese selbst einfügen:

```
print "Drei Steine: @steine.\n";
print "In diesen Klammern steht nichts (@empty).\n";
```

Wenn Sie vergessen, dass Arrays auf diese Art interpoliert werden, werden Sie überrascht sein, wenn Sie eine E-Mail-Adresse in einen String mit doppelten Anführungszeichen schreiben:

```
$email = "fred@feuerstein.edu";  # FALSCH! Versucht, @bedrock zu interpolieren
```

Obwohl Sie vermutlich vorhatten, eine E-Mail-Adresse zu schreiben, sieht Perl das Array namens @feuerstein und versucht, es zu interpolieren. Je nachdem, welche Perl-Version Sie verwenden, wird in diesem Fall vermutlich eine Warnmeldung ausgegeben:[17]

```
Possible unintended interpolation of @steine
```

Dieses Problem können Sie umgehen, indem Sie das @-Zeichen in einem String in doppelten Anführungszeichen »escapen« oder einen String mit einfachen Anführungszeichen verwenden.

```
$email = "fred\@feuerstein.edu"; # richtig
$email = 'fred@feuerstein.edu';  # auch eine Möglichkeit
```

Allerdings wird das Verhalten bei nicht gefundenen Arrayvariablen in zukünftigen Versionen von Perl 5 (die beim Schreiben dieser Zeilen sehr bald zu erwarten sind) an das bei leeren Strings angepasst. Das heißt, ein nicht gefundenes Array wird durch einen leeren String ausgetauscht, möglicherweise begleitet von einer Warnmeldung, sofern die Warnungen aktiviert sind. Die Entwickler von Perl haben offenbar erkannt, dass zehn Jahre schwerwiegender Fehler Warnung genug sind.

Ein einzelnes Element eines Arrays wird zu seinem Wert interpoliert, genau wie man es bei einer skalaren Variablen erwarten würde:

```
@fred = qw(Hello Dolly);
$y   = 2;
$x   = "Hier wohnt $fred[1]";   # "Hier wohnt Dolly"
$x   = "Hier wohnt $fred[$y-1]"; # das Gleiche
```

Der Index-Ausdruck wird ausgewertet, als wäre er ein normaler Ausdruck außerhalb eines Strings. Es findet vorher *keine* Variableninterpolation statt. Mit anderen Worten: Wenn $y den String "2*4" enthält, reden wir immer noch über das Element mit dem Index 1 und nicht über $fred[7], da "2*4" als Zahl ausgewertet ($y in einem numerischen Ausdruck benutzt) einfach 2 ist.[18] Wenn direkt auf eine einfache skalare Variable eine

---

17 In einigen Perl-Versionen vor 5.6 löste dieses Vorgehen einen fatalen Fehler aus. Weil es einfach zu nervig war, wurde es später in eine schlichte Warnmeldung umgewandelt.

18 Wenn Sie natürlich die Warnungen eingeschaltet haben, wird Perl Sie vermutlich daran erinnern, dass die Zahl "2*4" etwas komisch aussieht.

literale eckige Klammer folgen soll, müssen Sie diese von der davorstehenden Variablen abgrenzen. Ansonsten nimmt Perl an, Sie bezögen sich auf ein Arrayelement:

```
@fred = qw(steine essen ist schlecht);
$fred = "richtig";                # wir wollen sagen: "Dies ist richtig[3]"
print "Dies ist $fred[3]\n";      # gibt "falsch" aus (Benutzung von $fred[3])
print "Dies ist ${fred}[3]\n";    # gibt "richtig" aus (durch
                                  # geschweifte Klammern geschützt)
print "Dies ist $fred"."[3]\n";   # auch richtig (separater String)
print "Dies ist $fred\[3]\n";     # auch richtig (Backslash-Schutz verwendet)
```

Kontrollstrukturen mit foreach

Es ist praktisch, ein Array oder eine Liste »am Stück« zu bearbeiten, daher gibt es in Perl eine Kontrollstruktur, die genau für diesen Zweck gedacht ist. Die foreach-Schleife geht eine Liste (ein Array) Element für Element durch. Bei jeder Iteration (jedem Schleifendurchlauf) wird der angegebene Code für jedes Element jeweils einmal ausgeführt.

```
foreach $stein (qw/ Feuerstein Schiefer Lava /) {
  print "$stein ist ein Stein.\n";        # gibt die Namen von drei
                                          # Steinen aus
}
```

Die Kontrollvariable (in diesem Beispiel $stein) nimmt dabei für jede Iteration einen neuen Wert an. Beim ersten Durchlauf ist dies "Feuerstein", beim dritten "Lava".

Hierbei enthält die Kontrollvariable keine Kopie des Listenelements, sondern *das Element selbst*. Das heißt, wenn Sie die Kontrollvariable innerhalb der Schleife ändern, ändern Sie auch das Element in der Originalliste, wie im folgenden Codefragment gezeigt ist. Dieses Verhalten ist nützlich und wird offiziell unterstützt, aber es könnte Sie überraschen, wenn Sie nicht damit rechnen.

```
@steine = qw/ Feuerstein Schiefer Lava /;
foreach $stein (@steine) {
  $stein = "\t$stein";    # vor jedes Element in @steine einen
                          # Tabulator schreiben
  $stein .= "\n";         # hinter jedem Element ein Newline-Zeichen einfügen
}
print "Die Steine sind:\n", @steine;
                          # alle Elemente sind nun eingerückt und
                          # stehen jeweils in einer eigenen Zeile
```

Welchen Wert enthält die Kontrollvariable, wenn die Schleife beendet ist? Denselben, den sie hatte, bevor die Schleife gestartet wurde. Der Wert der Kontrollvariable einer foreach-Schleife wird von Perl automatisch gespeichert und wiederhergestellt. Während die Schleife läuft, gibt es keine Möglichkeit, auf den gespeicherten Wert zuzugreifen. Am Ende der Schleife hat die Kontrollvariable daher denselben Wert wie vorher, beziehungsweise undef, wenn vorher kein Wert zugewiesen wurde:

```
$stein = "Schiefergestein";
@steine = qw/ Feuerstein Schiefer Lava /;

foreach $stein (@steine) {
    ...
}

print "Stein ist immer noch $stein\n"; # "Stein ist immer noch Schiefergestein"
```

Wenn Sie Ihre Kontrollvariable also $stein nennen wollen, brauchen Sie sich keine Sorgen zu machen, ob Sie den Namen vielleicht schon für eine andere Variable benutzt haben. Wenn wir Ihnen in Kapitel 4 Subroutinen vorgestellt haben, werden wir Ihnen eine bessere Methode zeigen, um Derartiges zu bewerkstelligen.

Die beliebteste Standardvariable in Perl: $_

Wenn Sie am Anfang der foreach-Schleife die Kontrollvariable weglassen, benutzt Perl stattdessen seine beliebteste Standardvariable, $_. Diese verhält sich (meistens) wie jede andere skalare Variable, wenn wir einmal von ihrem ungewöhnlichen Namen absehen, zum Beispiel:

```
foreach (1..10) {  # standardmäßige Benutzung von $_
  print "Ich kann bis $_ zählen.\n";
}
```

Dies ist bei Weitem nicht die einzige Standardvariable in Perl, auf jeden Fall aber die am häufigsten benutzte. Sie werden noch viele Fälle sehen, in denen Perl automatisch die Variable $_ benutzt, sofern Sie keine andere angegeben haben. Dadurch erspart Perl dem Programmierer die harte Arbeit, sich einen neuen Variablennamen auszudenken und einzugeben. Um Sie nicht länger auf die Folter zu spannen: Einer dieser Fälle ist die Verwendung der Funktion print, die ebenfalls auf $_ zurückgreift, wenn kein anderes Argument angegeben wurde:

```
$_ = "Yabba dabba duuuh\n";
print;  # standardmäßige Benutzung von $_
```

Der reverse-Operator

Der reverse-Operator übernimmt eine Werteliste (die auch aus einem Array kommen kann) und gibt sie in umgekehrter Reihenfolge wieder zurück. Wenn Sie enttäuscht sind, dass der Bereichsoperator (..) nur »aufwärts« funktioniert – hier ist der Ausweg:

```
@fred    = 6..10;
@barney = reverse(@fred); # ergibt 10, 9, 8, 7, 6
@wilma  = reverse 6..10; # ergibt das Gleiche, aber ohne
                         # zusätzliches Array
@fred   = reverse @fred; # schreibt das Ergebnis ins ursprüngliche
                         # Array zurück
```

Die letzte Zeile ist beachtenswert, da hier @fred zweimal benutzt wird. Perl berechnet auch hier den zuzuweisenden Wert (auf der rechten Seite), bevor die eigentliche Zuweisung vorgenommen wird.

Denken Sie daran, dass reverse eine Liste in umgekehrter Reihenfolge zurückgibt. Hierbei werden die Argumente selbst nicht verändert. Wird also der Rückgabewert nirgendwo zugewiesen, ist diese Funktion nutzlos:

```
reverse @fred;          # FALSCH - @fred wird nicht verändert
@fred = reverse @fred;  # schon viel besser
```

Der sort-Operator

Der sort-Operator übernimmt eine Liste von Werten und sortiert sie nach der intern definierten Zeichenreihenfolge. Für Strings ist das die Codepoint-Reihenfolge.[19] Bei Prä-Unicode-Versionen von Perl basierte die Sortierreihenfolge auf ASCII; Unicode behält diese Reihenfolge bei und legt dazu noch die Reihenfolge für viele weitere Zeichen fest. Die Codepoint-Reihenfolge ist ein seltsames System, in dem alle Großbuchstaben vor allen Kleinbuchstaben kommen und die Zahlen sogar vor allen Buchstaben, und die Interpunktionszeichen – nun ja, die sind hier und da und sonstwo. Aber die Sortierung in dieser Reihenfolge ist bloß das *Standard*verhalten; in Kapitel 14 werden Sie sehen, wie Sie alles auf *Ihre* Art sortieren können. Der Operator sort nimmt eine Inputliste entgegen, sortiert sie und gibt eine neue Liste aus:

```
@steine  = qw/ Feuerstein Schiefer Schotter Granit /;
@sortiert = sort(@steine);       # ergibt Feuerstein Granit Schiefer Schotter
@zurueck = reverse sort @steine; # von Schotter nach Feuerstein
@steine  = sort @steine;         # schreibt das sortierte Ergebnis zurück in @steine
@zahlen  = sort 97..102;         # ergibt 100, 101, 102, 97, 98, 99
```

Wie Sie am letzten Beispiel erkennen können, ergibt der Versuch, Zahlen zu sortieren, als seien sie Strings, nicht unbedingt sinnvolle Ergebnisse. Allerdings muss nach den Standardsortierregeln ein String, der mit 1 beginnt, natürlich vor einem String stehen, der mit 9 beginnt. Und wie bei der Verwendung von reverse wird auf die Argumente selbst kein Einfluss genommen. Wenn Sie ein Array sortieren wollen, müssen Sie das Ergebnis auch wieder in einem Array speichern:

```
sort @steine;          # FALSCH, @steine wird nicht verändert
@steine = sort @steine;  # jetzt haben wir unsere Steinsammlung geordnet
```

---

19 Die Unicode-Sortierung geht davon aus, dass kein Gebietsschema (locale) eingestellt ist; da die Aktivierung eines solchen Schemas aber einer speziellen Maßnahme Ihrerseits bedarf, verwenden Sie vermutlich auch keines.

Der each-Operator

Ab Perl 5.12 können Sie den Operator each auf Arrays anwenden. Vor dieser Version konnte man each nur mit Hashes verwenden, aber die zeigen wir Ihnen erst in Kapitel 5.

Jedes Mal, wenn Sie each auf ein Array anwenden, werden zwei Werte für das folgende Element im Array ausgegeben, nämlich der Index des Werts und der Wert selbst:

```
use 5.012;

@steine = qw/ Feuerstein Schiefer Schotter Granit /;
while( my( $index, $value ) = each @steine ) {
    say "$index: $value";
}
```

Wollten Sie das ohne each erreichen, müssten Sie durch alle Indizes des Arrays iterieren und den Index verwenden, um den Wert zu erhalten:

```
@steine    = qw/ Feuerstein Schiefer Schotter Granit /;
foreach $index ( 0 .. $#steine ) {
    print "$index: $steine[$index]\n";
}
```

Je nachdem, was Sie bewirken wollen, kann jeweils die eine oder die andere Variante für Sie bequemer sein.

Skalarer Kontext und Listenkontext

Das hier ist der wichtigste Abschnitt in diesem Kapitel. Eigentlich ist es sogar der wichtigste Abschnitt im ganzen Buch. Es wäre sogar nicht übertrieben zu sagen, dass Ihre gesamte Perl-Karriere davon abhängt, ob Sie diesen Abschnitt verstehen. Wenn Sie den Text bisher nur überflogen haben, ist jetzt der Moment gekommen, wo Sie wirklich aufpassen sollten.

Damit wollen wir natürlich nicht sagen, dass dieser Abschnitt schwer zu verstehen wäre. Es handelt sich um eine einfache Idee: Ein gegebener Ausdruck kann verschiedene Dinge bedeuten, je nachdem, in welchem Zusammenhang er auftaucht und wie Sie ihn verwenden. Das ist nichts Neues; in natürlichen Sprachen passiert das ständig. Zum Beispiel kann das Wort »ausgeben« verschiedene Bedeutungen haben, die davon abhängen, wie es benutzt wird. Die wirkliche Bedeutung können Sie sich erst aus dem Kontext erschließen.

Je nachdem, wo Ihr Ausdruck steht und wie Sie ihn verwenden, hat er einen bestimmten *Kontext*. Ein paar kontextabhängige Operationen mit Zahlen und Strings haben Sie bereits gesehen. Wenn Sie etwas mit Zahlen machen, bekommen Sie auch ein numerisches Ergebnis. Wenn Sie etwas mit Strings machen, bekommen Sie auch Strings als Ergebnis. Und was Sie gerade machen, wird durch den Operator festgelegt, nicht durch die Werte. Das * in 2*3 bedeutet eine numerische Multiplikation, während das x in <2x3>

eine String-Replizierung anzeigt. Ersteres ergibt 8, während bei Letzterem 222 herauskommt. So funktioniert das mit dem Kontext.

Wenn Perl Ihre Ausdrücke parst, erwartet es immer entweder einen skalaren Wert oder einen Listenwert.[20] Das nennt man den Kontext eines Ausdrucks.[21]

```
42 + irgendetwas   # hier muss irgendetwas ein skalarer Wert sein
sort irgendetwas   # hier muss irgendetwas ein Listenwert sein
```

Selbst wenn es sich bei *irgendetwas* um die gleiche Folge von Zeichen handelt, wird sie im einen Fall als Skalar interpretiert, im anderen jedoch als Liste.[22] Ausdrücke geben in Perl immer den ihrem Kontext entsprechenden Wert zurück. Nehmen wir zum Beispiel den »Namen«[23] eines Arrays. Im Listenkontext werden die einzelnen Elemente zurückgegeben, im skalaren Kontext jedoch die *Anzahl* der Elemente:

```
@leute    = qw( Fred Barney Betty );
@sortiert = sort @leute; # Listenkontext: Barney, Betty, Fred
$zahl     = 42 + @leute; # skalarer Kontext: 42 + 3 ergibt 45
```

Selbst eine einfache Zuweisung (auf einen skalaren Wert oder eine Liste) kann einen unterschiedlichen Kontext bedeuten:

```
@liste = @leute; # eine Liste mit drei Namen
$n = @leute;     # die Zahl 3
```

Ziehen Sie jetzt bitte nicht voreilig den Schluss, ein skalarer Kontext gäbe immer die Anzahl der Elemente zurück. Die meisten Ausdrücke, die eine Liste zurückgeben,[24] haben *viel* interessantere Rückgabewerte.

Aber das ist noch nicht alles: Sie können überhaupt keine allgemeingültigen Regeln dafür aufstellen, wie Sie das, was Sie über irgendwelche Ausdrücke wissen, auf andere anwenden können. Jeder Ausdruck kann seine eigenen Regeln haben. Am besten sollten Sie wohl dieser nicht sonderlich hilfreichen Grundregel folgen: Tun Sie das, was im jeweiligen Kontext am passendsten erscheint. Perl ist eine Sprache, die versucht, das »Normalste« zu tun, also das, was im Normalfall Ihrer Absicht entsprechen dürfte.

---

20 Außer natürlich, Perl erwartet etwas vollkommen anderes. Diese anderen Kontextarten werden hier nicht behandelt. Tatsächlich weiß niemand genau, wie viele Arten von Kontext Perl benutzt. Die größten Hirne der Perl-Gemeinde haben sich noch nicht auf eine Antwort einigen können.

21 Das ist genauso, wie Sie es aus natürlichen Sprachen kennen: Wenn ich einen grammatischen Fehler mache, bemerken Sie es sofort, da Sie bestimmte Wörter auch an bestimmten Stellen erwarten. Nach einiger Zeit werden Sie auch Perl auf diese Art lesen, vorerst müssen Sie jedoch noch über die Bedeutung nachdenken.

22 Die Liste kann hierbei eine beliebige Anzahl von Elementen enthalten, also auch nur ein einziges oder gar keins. Wichtig ist nur, dass es sich um eine Liste und nicht um einen Skalar handelt.

23 Um genau zu sein, ist der tatsächliche Name des Arrays @leute einfach nur leute. Das @-Zeichen ist nur ein Qualifier (Qualifizierungszeichen, das anzeigt, um welche Art von Variable es sich handelt).

24 Im Bezug auf diesen Abschnitt gibt es allerdings keinen Unterschied zwischen einem Ausdruck, der eine Liste zurückgibt, und einem, der einen skalaren Wert zurückgibt. Jeder Ausdruck kann sowohl eine Liste als auch einen skalaren Wert zurückgeben, je nachdem, in welchem Kontext er benutzt wird. Wenn wir hier also von Listen erzeugenden Ausdrücken sprechen, meinen wir Ausdrücke, die typischerweise im Listenkontext benutzt werden. Diese können für Überraschungen sorgen, wenn sie unerwartet im skalaren Kontext benutzt werden (wie etwa reverse oder @fred).

Ausdrücke, die eine Liste zurückgeben, in skalarem Kontext benutzen

Es gibt eine Menge Ausdrücke, die typischerweise benutzt werden, um eine Liste zu erzeugen. Was bekommen Sie aber, wenn Sie einen solchen Ausdruck in einem skalaren Kontext benutzen? Am besten fragen Sie die Person, die sich diese Funktion ausgedacht hat, meistens also Larry. Die vollständige Antwort ist daher auch meistens in der Dokumentation zu finden. Das Lernen von Perl besteht sowieso zu einem großen Teil darin, zu verstehen, wie Larry denkt.[25] Wenn Sie also denken können wie Larry, wissen Sie auch, wie Perl sich in bestimmten Situationen verhält. Solange Sie jedoch noch dabei sind zu lernen, ist es vermutlich leichter, in der Dokumentation nachzuschlagen.

Manche Ausdrücke haben nicht einmal einen Wert für den skalaren Kontext. Was würde zum Beispiel sort im skalaren Kontext zurückgeben? Eine Liste müssen Sie nicht erst sortieren, um die Anzahl der Elemente zurückzubekommen. Daher gibt sort in skalarem Kontext auch undef zurück, solange nicht jemand etwas anderes implementiert.

Ein weiteres Beispiel ist reverse. Im Listenkontext wird eine umgekehrte Liste zurückgegeben. In skalarem Kontext wird ein umgekehrter String zurückgegeben (beziehungsweise die Umkehrung aller Strings in einer Liste hintereinander gehängt).

```
@rueckwaerts = reverse qw/ yabba dabba duuuh /;
    # ergibt duuuh, dabba, yabba
$rueckwaerts = reverse qw/ yabba dabba duuuh /;
    # ergibt huuudabbadabbay
```

Anfangs ist es nicht immer offensichtlich, ob ein Ausdruck in skalarem Kontext oder im Listenkontext benutzt wurde. Aber vertrauen Sie uns – es *wird* Ihnen bald in Fleisch und Blut übergehen.

Hier sehen Sie ein paar Beispiele für die verschiedenen Arten von Kontext:

```
$fred = irgendetwas;              # skalarer Kontext
@pebbles = irgendetwas;           # Listenkontext
($wilma, $betty) = irgendetwas;   # Listenkontext
($dino) = irgendetwas;            # immer noch Listenkontext!
```

Lassen Sie sich vom letzten Beispiel, der Liste mit einem Element, nicht täuschen: Hier handelt es sich nicht um einen skalaren Kontext, sondern um einen Listenkontext. Die runden Klammern sind hier wichtig, sie machen das letzte Beispiel zu etwas anderem als das erste Beispiel. Wenn Sie einer Liste etwas zuweisen (unabhängig von der Anzahl der Elemente), geschieht das automatisch im Listenkontext. Weisen Sie einem Array etwas zu, geschieht es ebenfalls im Listenkontext.

Hier sehen Sie ein paar andere Ausdrücke, die Sie bereits kennen, und den dazugehörigen Kontext. Zuerst einige Beispiele, die *irgendetwas* in skalarem Kontext benutzen:

---

25 Das ist nur fair. Larry hat, als er Perl entwickelte, schließlich auch versucht, wie Sie zu denken, um vorherzusagen, was Sie wollen.

```
$fred    = irgendetwas;
$fred[3] = irgendetwas;
123 + irgendetwas
irgendetwas + 654
if (irgendetwas)    { ... }
while (irgendetwas) { ... }
$fred[irgendetwas] = irgendetwas;
```

Und hier ein paar, die *irgendetwas* im Listenkontext benutzen:

```
@fred = irgendetwas;
($fred, $barney) = irgendetwas;
($fred) = irgendetwas;
push @fred, irgendetwas;
foreach $fred (irgendetwas) { ... }
sort irgendetwas;
@fred = reverse irgendetwas;
print irgendetwas;
```

Ausdrücke, die Skalare erzeugen, im Listenkontext benutzen

So herum ist alles ganz einfach: Hat ein Ausdruck normalerweise keinen Listenwert, wird der skalare Wert automatisch als Liste mit einem Element angesehen:

```
@fred   = 6 * 7; # erzeugt eine Liste mit einem Element (42)
@barney = "Hallo" . ' ' . "Welt";
```

Eines gibt es jedoch zu beachten:

```
@wilma = undef; # hoppla - erzeugt eine Liste mit einem Element
                # (undef), was nicht das Gleiche ist wie dies:
@betty = ( );   # die korrekte Art, ein Array zu leeren (leere Liste)
```

Da undef ein skalarer Wert ist, können Sie ein Array nicht leeren, indem Sie ihm undef zuweisen. Der bessere Weg besteht darin, ihm eine leere Liste zuzuweisen.[26]

Skalaren Kontext erzwingen

Gelegentlich kann es notwendig sein, einen skalaren Kontext zu erzwingen, wo Perl eigentlich eine Liste erwartet. Dafür gibt es die Funktion scalar. Das ist keine »echte« Funktion, da sie Perl nur anweist, einen skalaren Kontext zu verwenden.

```
@steine = qw( Feuerstein Quarz Jade Obsidian );
print "Wie viele Steine haben Sie?\n";
print "Ich habe ", @steine, " Steine!\n";        # falsch, gibt die
                                                 # Namen aus
print "Ich habe ", scalar @steine, " Steine!\n"; # richtig, ergibt
                                                 # eine Zahl
```

---

26 Bei den meisten Algorithmen, die tatsächlich benutzt werden, besteht jedoch kein Bedarf, die Variable explizit zu leeren, sofern sie für den korrekten Geltungsbereich deklariert wurde. Diese Art von Zuweisung ist in Perl eher selten. Was ein Geltungsbereich ist, erfahren Sie im nächsten Kapitel.

Seltsamerweise gibt es keine Funktion, die einen Listenkontext erzwingt. Es hat sich gezeigt, dass so etwas fast nie gebraucht wird. Vertrauen Sie uns einfach.

\<STDIN\> im Listenkontext

Ein Operator, der je nach Kontext einen anderen Wert ausgibt, ist uns bereits bekannt: \<STDIN\>. Wie bereits gesagt wurde, gibt \<STDIN\> im skalaren Kontext jeweils die folgende Zeile einer Eingabe zurück. Im Listenkontext gibt er *alle* verbleibenden Zeilen bis zum Dateiende zurück. Jede Zeile wird hierbei als eigenes Listenelement behandelt, zum Beispiel so:

```
@zeilen = <STDIN>; # im Listenkontext von Standardeingabe lesen
```

Kommt die Eingabe aus einer Datei, wird hiermit bis zum Dateiende gelesen. Aber woher soll das Dateiende kommen, wenn die Eingabe von der Tastatur kommt? Auf Unix-Systemen und Unix-verwandten Systemen (inklusive Linux und Mac OS X) können Sie normalerweise einfach Strg-D[27] eingeben, um dem System zu zeigen, dass keine weiteren Eingaben mehr folgen. Das spezielle Zeichen sieht Perl dabei nicht,[28] selbst wenn es auf dem Bildschirm angezeigt werden sollte. Auf DOS/Windows-Systemen benutzen Sie stattdessen Strg-Z.[29] Möglicherweise müssen Sie in der Dokumentation zu Ihrem System nachlesen oder einen Experten fragen, wenn es bei Ihnen anders funktioniert.

Gibt die Person, die das Programm ausführt, drei Zeilen ein und drückt dann die richtige Tastenkombination, um ein Dateiende anzuzeigen, so wird das Array drei Elemente enthalten. Hierbei enthält jedes Element einen String, der auf ein Newline-Zeichen endet. Das entspricht den eingegebenen Zeilen, die ihrerseits auf ein Newline-Zeichen enden (Return-Taste).

Praktischerweise können Sie chomp ein Array mit einer Liste von Zeilen übergeben, und es entfernt die Newline-Zeichen aus allen Listenelementen auf einmal, zum Beispiel:

```
@zeilen = <STDIN>;  # alle Zeilen einlesen
chomp(@zeilen);     # alle Newline-Zeichen entfernen
```

Üblicher ist es jedoch, diese Anweisung so zu schreiben, wie Sie es schon kennengelernt haben:

```
chomp(@zeilen = <STDIN>); # Zeilen ohne die Newline-Zeichen einlesen
```

---

27 Dies ist nur die Standardsystemeinstellung und kann mit dem Befehl stty geändert werden. Sie können sich aber meistens darauf verlassen; wir haben noch kein Unix-System gesehen, das eine andere Zeichenfolge für das Dateiende verwendet hätte.

28 Es ist das Betriebssystem, das die Strg-Taste »sieht« und der Anwendung »Dateiende« zurückmeldet.

29 Manche Portierungen von Perl für DOS/Windows-Systeme enthalten einen Fehler. Durch ihn kann es passieren, dass die erste Zeile, die nach der Eingabe des Dateiende-Zeichens ausgegeben wird, nicht korrekt angezeigt wird. Sie können dieses Problem umgehen, indem Sie nach dem Lesen der Eingabe eine leere Zeile ("\n") ausgeben.

Auch wenn Sie diesen Code in den eigenen vier Wänden gern so schreiben dürfen, wie Sie wollen, werden die meisten Perl-Programmierer die zweite, kompaktere Schreibweise erwarten.

Es ist offensichtlich (wenn auch nicht für jeden), dass diese Eingabezeilen nur einmal gelesen werden können.[30] Ist einmal das Dateiende erreicht, gibt es auch keine weitere Eingabe mehr zu lesen.

Und was passiert nun, wenn die Eingabe aus einer 400 MByte großen Logdatei kommt? Der Zeileneingabe-Operator wird alle Zeilen einlesen und dabei jede Menge Arbeitsspeicher verbrauchen.[31] Wieder einmal versucht Perl hier nicht, Ihnen irgendwelche Grenzen aufzuzwingen. Stattdessen werden sich die übrigen Benutzer Ihres Systems (mal ganz abgesehen vom Administrator) zu Recht bei Ihnen beschweren. Wenn die Menge an Eingabedaten zu groß wird, sollten Sie in der Regel eher eine Methode verwenden, die nicht alle Daten auf einmal in den Speicher einliest.

Übungen

Die Lösungen zu den folgenden Übungen finden Sie in Anhang A auf Seite 323.

1. [6] Schreiben Sie ein Programm, das eine mehrzeilige Liste von Strings bis zum Dateiende-Zeichen einliest und diese in umgekehrter Reihenfolge wieder ausgibt. Kommt die Eingabe von der Tastatur, müssen Sie diese durch die Eingabe von Strg-D (Unix) bzw. Strg-Z (Windows) abschließen.

2. [12] Schreiben Sie ein Programm, das eine Liste von Zahlen (jeweils auf einer separaten Zeile) bis zum Dateiende(-Zeichen) einliest und dann für jede Zahl den dazugehörigen Namen aus der unten stehenden Liste ausgibt. (Diese Liste muss in Ihrem Programm »hartcodiert« werden, d.h. sie muss im Quellcode Ihres Programms vorkommen.) Wenn das zum Beispiel die Zahlen 1, 2, 4 und 2 wären, sollten die ausgegebenen Namen Fred, Betty, Dino und Betty sein.

   `Fred Betty Barney Dino Wilma Pebbles Bambam`

3. [8] Schreiben Sie ein Programm, das eine Liste von Strings (jeweils in einer separaten Zeile) einliest. Danach sollen die Strings nach Codepoint-Reihenfolge geordnet ausgegeben werden. Wenn Sie also die Strings Fred, Barney, Wilma, Betty eingeben, sollte die Ausgabe folgendermaßen aussehen: Barney Betty Fred Wilma. Befinden sich alle Strings in einer Zeile oder in verschiedenen? Können Sie die Strings auch auf die jeweils andere Weise ausgeben?

---

30 Na gut: Kommt die Eingabe aus einer Quelle, auf die Sie die Funktion seek anwenden können, ist es möglich, an den Anfang zurückzugehen und noch einmal zu lesen. Aber das ist nicht das, wovon wir hier reden.

31 Das ist typischerweise sogar mehr Speicher, als die Datei selbst eigentlich benötigt. Eine 400 MByte große Datei kann also durchaus ein Gigabyte an Speicher verbrauchen. Perl tendiert dazu, Speicher zu verschwenden, um dadurch Zeit zu sparen. Das ist eigentlich ein guter Tausch: Wenn Sie zu wenig Arbeitsspeicher haben, können Sie welchen dazukaufen; wenn Sie zu wenig Zeit haben – Pech gehabt.

## KAPITEL 4

Subroutinen

Wir haben bereits einige eingebaute Systemfunktionen kennengelernt, unter anderem chomp, reverse, print und so weiter. Wie in anderen Sprachen ist es auch in Perl möglich, *Subroutinen*, also benutzerdefinierte Funktionen, zu erstellen.[1] Dadurch kann dasselbe Codestück in einem Programm mehrmals verwendet werden.

Der Name einer Subroutine besteht ebenfalls aus einem Perl-Identifier (Buchstaben, Zahlen und Unterstrichen, aber keine Ziffer am Anfang), dem ein Ampersand-Zeichen (&, »Kaufmanns-Und«) vorangestellt wird. Dieses Zeichen kann in bestimmten Fällen auch weggelassen werden. Die entsprechende Regel finden Sie am Ende dieses Kapitels. Bis auf Weiteres werden wir das Zeichen immer verwenden, sofern es nicht ausdrücklich verboten ist. Dadurch sind Sie immer auf der sicheren Seite. Selbstverständlich werden wir Ihnen auch sagen, an welchen Stellen es verboten ist.

Genau wie Skalare und Arrays haben auch Subroutinen ihren eigenen Namensraum, so dass Perl nicht durcheinanderkommt, wenn Sie eine Subroutine namens &fred und einen Skalar $fred nebeneinander in Ihrem Programm benutzen wollen – auch wenn es dafür unter normalen Umständen eigentlich keinen Grund gibt.

Subroutinen definieren

Um Ihre eigene Subroutine zu definieren, benutzen Sie das Schlüsselwort sub, gefolgt vom Namen der Subroutine (ohne das Kaufmanns-Und). Darauf folgt der eingerückte Codeblock in geschweiften Klammern, den wir den *Körper* der Subroutine nennen, zum Beispiel so:

---

[1] Im Gegensatz zu Pascal unterscheiden wir in Perl nicht zwischen einer *Funktion*, die einen Wert zurückgibt, und einer *Prozedur*, die das nicht tut. Eine *Subroutine* in Perl ist immer benutzerdefiniert, während eine *Funktion* dies nicht unbedingt sein muss. Das bedeutet: Das Wort *Funktion* kann als Synonym für *Subroutine* benutzt werden, oder es kann eine von den Funktionen meinen, die in Perl eingebaut sind. Deshalb heißt dieses Kapitel auch *Subroutinen*, da es um die Funktionen geht, die Sie selbst definieren können, und nicht um die eingebauten. Meistens jedenfalls.

```
sub marine {
  $n += 1;  # globale Variable $n
  print "Hallo, Taucher Nummer $n!\n";
}
```

Subroutinen können Sie an jeder beliebigen Stelle in Ihrem Programm definieren. Programmierer, die sich mit Sprachen wie C oder Pascal auskennen, schreiben ihre Subroutinen vermutlich lieber an den Anfang ihrer Programme; andere wiederum schreiben sie lieber an das Ende, so dass der Hauptteil des Programms am Anfang steht. Die Wahl ist Ihnen überlassen. Sie brauchen Ihre Subroutinen jedenfalls nicht vorzudeklarieren.[2]

Subroutinendefinitionen sind global, das heißt, sie gelten in Ihrem gesamten Programm; ohne irgendwelche schlauen Tricks anzuwenden, sind private Subroutinen nicht möglich.[3] Wenn Sie also in einem Programm zwei Subroutinen mit demselben Namen definieren,[4] überschreibt die später definierte die von vorher. Allerdings sagt Perl Ihnen Bescheid, wenn das passiert, sofern Sie Warnungen angeschaltet haben. Dieses Vorgehen wird in der Regel als schlechte Form angesehen, oder auch als Zeichen von Verwirrung beim Wartungsprogrammierer.

Wie Sie in unserem vorigen Beispiel vielleicht schon bemerkt haben, ist es möglich, globale Variablen im Körper einer Subroutine zu benutzen. Um genau zu sein, waren alle Variablen, die Sie bisher gesehen haben, global, das heißt von jedem Teil Ihres Programms aus zugänglich. Das verschreckt natürlich die Sprachpuristen, aber die hat das Perl-Entwicklungsteam schon vor Jahren aus der Stadt gejagt. Im Abschnitt »Private Variablen in Subroutinen« auf Seite 72 weiter unten in diesem Kapitel zeigen wir Ihnen, wie Sie Variablen anlegen können, die nur in Ihrer Subroutine gültig sind.

Subroutinen aufrufen

Innerhalb eines Ausdrucks rufen Sie eine Subroutine auf, indem Sie einfach ihren Namen (mit vorangestelltem Kaufmanns-Und) verwenden:[5]

```
&marine;  # sagt Hallo, Taucher Nummer 1!
&marine;  # sagt Hallo, Taucher Nummer 2!
&marine;  # sagt Hallo, Taucher Nummer 3!
&marine;  # sagt Hallo, Taucher Nummer 4!
```

---

2 Es sei denn, Ihre Subroutine ist besonders trickreich angelegt und deklariert einen »Prototyp«, der den Compiler anweist, die aufrufenden Argumente auf eine bestimmte Art und Weise zu parsen und zu interpretieren. In dem seltenen Fall, dass Sie so etwas brauchen, finden Sie die nötigen Informationen in der *perlsub*-Dokumentation.

3 Wenn Sie richtig schlau sein wollen, lesen Sie nach, was in der Dokumentation über Codereferenzen steht, die in privaten (lexikalischen) Variablen gespeichert werden.

4 Über gleichnamige Subroutinen in unterschiedlichen Packages werden wir erst in *Intermediate Perl* (»Alpaka-Buch«) zu sprechen kommen.

5 Und regelmäßig auch ein nachgestelltes Paar runder Klammern, selbst wenn diese leer sind. So wie wir sie hier geschrieben haben, würde unsere Subroutine den Wert von @_ von einer aufrufenden Subroutine »erben«. Wir werden gleich darauf kommen; hören Sie also hier nicht auf zu lesen, denn Sie könnten sonst Code schreiben, der Dinge tut, die Sie nicht erwarten.

Sie werden im Verlauf dieses Kapitels noch andere Methoden des Aufrufens von Subroutinen kennenlernen.

Rückgabewerte

Subroutinen werden immer als Teil eines Ausdrucks aufgerufen, selbst wenn das Ergebnis des Ausdrucks nicht benutzt wird. Als wir vorhin die Subroutine &marine aufgerufen haben, haben wir den Wert des Ausdrucks berechnet, das Ergebnis aber wieder verworfen.

Oft ist es aber so, dass Sie beim Aufruf einer Subroutine auch das Ergebnis verwenden wollen. Sie verwenden also den *Rückgabewert* einer Subroutine. In Perl haben alle Subroutinen einen Rückgabewert – es macht dabei keinen Unterschied, ob explizit ein Wert zurückgegeben wird oder nicht. Dennoch hat nicht jede Subroutine auch einen *nützlichen* Rückgabewert.

Da alle Perl-Subroutinen so aufgerufen werden können, dass sie einen Wert zurückgeben, wäre es reine Verschwendung, wenn dafür jedes Mal eine spezielle Syntax benutzt werden müsste. Deshalb hat Larry die Sache vereinfacht: Wenn eine Subroutine aufgerufen wird, werden die Werte automatisch im Hintergrund mitberechnet. Der Wert, der *zuletzt* in der Subroutine berechnet wird, ist *automatisch* auch der Rückgabewert.

Lassen Sie uns zum Beispiel einmal die folgende Subroutine betrachten:

```
sub summe_von_fred_und_barney {
  print "Sie haben die summe_von_fred_und_barney-Subroutine aufgerufen.\n";
  $fred + $barney;  # dies ist der Rückgabewert
}
```

Der letzte Ausdruck, der im Körper der Subroutine ausgewertet wurde, berechnet die Summe von $fred und $barney. Also ist die Summe von $fred und $barney auch der Rückgabewert der Subroutine. Hier sehen Sie die Subroutine in Aktion:

```
$fred   = 3;
$barney = 4;
$wilma  = &summe_von_fred_und_barney;     # $wilma erhält den Wert 7
print "\$wilma hat den Wert $wilma.\n";
$betty  = 3 * &summe_von_fred_und_barney; # $betty erhält den Wert 21
print "\$betty hat den Wert $betty.\n";
```

Dieser Code erzeugt die folgenden Ausgaben:

```
Sie haben die summe_von_fred_und_barney-Subroutine aufgerufen.
$wilma hat den Wert 7.
Sie haben die summe_von_fred_und_barney-Subroutine aufgerufen.
$betty hat den Wert 21.
```

Hierbei ist die print-Anweisung eine Hilfe zum Debuggen, damit Sie sehen, dass Sie die Subroutine tatsächlich aufgerufen haben. Ist Ihr Programm einmal fertig gestellt, würden

Sie diese Anweisungen wieder entfernen. Aber nehmen wir einmal an, Sie hätten am Ende der Subroutine ein weiteres print eingefügt:

```
sub summe_von_fred_und_barney {
    print "Sie haben die summe_von_fred_und_barney-Subroutine aufgerufen.\n";
    $fred + $barney;  # dies ist jetzt nicht mehr der Rückgabewert
    print "Juhu! Jetzt bin ich der Rückgabewert!\n";  # Hoppla!
}
```

In diesem Beispiel ist der letzte ausgewertete Ausdruck nicht mehr die Addition, sondern die print-Anweisung. Der Rückgabewert von print ist normalerweise 1, was einfach »die Ausgabe war erfolgreich« bedeutet.[6] Das ist jedoch nicht der Rückgabewert, den wir eigentlich haben wollten. Seien Sie also vorsichtig, wenn Sie eine Subroutine um zusätzlichen Code ergänzen, da der letzte ausgewertete Ausdruck der Rückgabewert sein wird.

Und was ist jetzt mit der Summe aus $fred und $barney in der zweiten Subroutine passiert? Wir haben den Wert nirgendwo abgelegt, also hat Perl ihn wieder verworfen. Hätten Sie die Warnungen eingeschaltet, hätte Perl Sie höchstwahrscheinlich gewarnt, dass hier ein »useless use of addition in a void context« (eine unnütze Verwendung einer Addition ohne Zusammenhang) vorliegt. Das ist nur eine andere Art zu sagen, dass Sie die Summe nicht benutzen, weder durch Speichern in einer Variablen noch auf eine andere Weise.

»Der letzte ausgewertete Ausdruck« meint hier tatsächlich den letzten Ausdruck, den Perl auswertet, und nicht den letzten Ausdruck in der Subroutine. Die folgende Subroutine gibt z. B. den größeren der beiden Werte $fred und $barney zurück:

```
sub ist_fred_oder_barney_groesser {
    if ($fred > $barney) {
        $fred;
    } else {
        $barney;
    }
}
```

Der letzte ausgewertete Ausdruck ist hier entweder $fred oder $barney. Je nachdem, welcher Wert größer ist, ist also $fred oder $barney der Rückgabewert. Welcher von beiden das sein wird, können Sie erst sagen, wenn Sie wissen, welche Variablen $fred und $barney zur Laufzeit des Programms haben werden.

Dies sind alles noch recht triviale Beispiele. Das Ganze wird besser, sobald Sie in der Lage sind, die Subroutine bei jedem Aufruf mit verschiedenen Werten aufzurufen, anstatt sich auf globale Variablen verlassen zu müssen. Wie der Zufall es will, ist genau das das Thema des kommenden Abschnitts.

---

6 Der Rückgabewert von print ist wahr bei einer erfolgreichen Operation und falsch, wenn die Ausgabe fehlschlägt. Wie festgestellt wird, ob eine Operation fehlgeschlagen ist, erfahren Sie im nächsten Kapitel.

Argumente

Die Subroutine ist_fred_oder_barney_groesser wäre noch viel nützlicher, wenn Sie nicht gezwungen wären, die globalen Variablen $fred und $barney zu verwenden. Wollten Sie zum Beispiel auch den größeren Wert von $wilma und $betty ermitteln, müssten Sie diese erst in die Variablen $fred und $barney kopieren, bevor die Subroutine für diesen Fall benutzbar wäre. Stünde in diesen Variablen nun bereits etwas anderes Nützliches, müssten Sie diese Werte vor der Operation erst sichern, zum Beispiel in $fred_sichern und $barney_sichern. Am Ende der Subroutine müssten Sie dann die ursprünglichen Werte auch noch wieder nach $fred und $barney zurückkopieren.

Zum Glück gibt es in Perl Subroutinenargumente. Um eine Liste von Argumenten an die Subroutine zu übergeben, schreiben Sie diese in runden Klammern hinter den Aufruf der Subroutine, wie hier gezeigt ist:

```
$n = &max(10, 15);  # Subroutine wird mit zwei Argumenten aufgerufen
```

Die Liste wird an die Subroutine *übergeben*, das heißt, dass Perl die Argumente der Subroutine zur Verfügung stellt, die sie dann ganz nach Bedarf bearbeiten kann. Selbstverständlich muss auch die Parameterliste (ein anderer Name für die Liste der Argumente) irgendwo gespeichert werden. Perl tut das automatisch in der speziellen Arrayvariable @_, die für die Dauer der Subroutine die aufrufenden Argumente enthält.

Der erste Parameter, der auf diese Weise an die Subroutine übergeben wurde, ist folglich in $_[0] zu finden, der zweite in $_[1] und so weiter. An dieser Stelle ein wichtiger Hinweis: Diese Variablen haben mit der Variablen $_ so wenig zu tun wie $dino[3] (ein Element aus dem Array @dino) etwas mit der Variablen $dino zu tun hat. Die Parameterliste muss für die Verwendung in der Subroutine einfach in einer Arrayvariablen gespeichert werden, und Perl verwendet dafür das Array @_.

Jetzt *könnten* Sie eine Subroutine namens &max schreiben, die so ähnlich aussieht wie &ist_fred_groesser_als_barney. Anstelle von $fred könnten Sie nun den ersten Subroutinenparameter einsetzen ($_[0]) und anstelle von $barney den zweiten Subroutinenparameter ($_[1]). Am Schluss *könnten* Sie also etwa Folgendes schreiben:

```
sub max {
  # vergleichen Sie dies mit &ist_fred_oder_barney_groesser
  if ($_[0] > $_[1]) {
    $_[0];
  } else {
    $_[1];
  }
}
```

Wie gesagt, Sie *könnten* das so machen. Mit den ganzen Indizes sieht das jedoch ziemlich hässlich aus; zudem ist es schwer zu lesen, zu schreiben und zu debuggen. Sie werden gleich eine bessere Methode kennenlernen.

Ein anderes Problem besteht darin, dass der Name &max zwar schön kurz ist, uns aber nicht daran erinnert, dass diese Subroutine nur mit exakt zwei Parametern korrekt funktioniert.

```
$n = &max(10, 15, 27);  # Hoppla!
```

max ignoriert weitere Parameter, da es sich das dritte Argument, $_[2], nie ansieht. Perl ist es egal, ob sich etwas darin befindet oder nicht. Im Fall unzureichender Parameter wird bei dem Versuch, hinter das Ende von @_ zu schauen, einfach undef verwendet, genau wie bei jedem anderen Array auch. Weiter hinten in diesem Kapitel zeigen wir, wie Sie die &max-Subroutine so umschreiben können, dass eine beliebige Anzahl von Parametern übergeben werden kann.

Die Variable @_ existiert in der Subroutine lokal.[7] Gibt es also auch eine globale Variable @_, so sichert Perl ihren Wert vor dem Aufruf der Subroutine. Ist die Subroutine beendet, wird der ursprüngliche Wert wiederhergestellt.[8] Das hat zur Folge, dass eine Subroutine Argumente an eine andere Subroutine übergeben kann, ohne dabei die Werte ihrer eigenen @_-Variablen zu verlieren. Bei verschachtelten Subroutinenaufrufen bekommt so jede Subroutine ihr eigenes @_-Array zugeteilt. Das funktioniert sogar dann, wenn sich die Subroutine rekursiv selbst aufruft.

Private Variablen in Subroutinen

Wenn Perl uns für jeden Aufruf ein neues @_ geben kann, ist das dann auch mit Variablen möglich? Aber sicher!

Standardmäßig sind alle Variablen in Ihrem Programm als globale Variablen angelegt; das heißt, sie sind von jedem Teil des Programms aus zugänglich. Mit dem my-Operator können Sie aber jederzeit auch private bzw. *lexikalische Variablen* anlegen, zum Beispiel:

```
sub max {
  my($m, $n);   # neue, private Variablen für diesen Block anlegen
  ($m, $n) = @_; # die Parameter benennen
  if ($m > $n) { $m } else { $n }
}
```

Diese Variablen sind nun privat beziehungsweise besitzen einen auf den umschließenden Block begrenzten Geltungsbereich; andere Variablen außerhalb des Blocks, die auch $m oder $n heißen, werden davon nicht beeinflusst. Das funktioniert ebenso in der anderen Richtung: Kein Code kann diese privaten Variablen versehentlich oder

---

7 Sofern vor dem Namen der aufgerufenen Subroutine ein Kaufmanns-Und steht und sie ohne nachgestellte runde Klammern (oder Argumente) benutzt wird, »erbt« die aufgerufene Subroutine das Array @_ von der aufrufenden Routine. Das ist in der Regel keine gute Idee, kann aber manchmal ganz nützlich sein.

8 Sie erkennen hier vielleicht den gleichen Mechanismus, der auch bei der foreach-Schleife zur Anwendung kommt. In beiden Fällen sichert Perl den Wert einer Variablen und stellt ihn automatisch wieder her.

---

absichtlich[9] von außen verändern. Sie könnten diese Subroutine also in ein beliebiges Perl-Programm auf dieser Welt einbauen und dabei sicher sein, dass keine anderen Variablen in diesem Programm, die zufällig auch $m oder $n heißen, davon durcheinander gebracht werden.[10]

Innerhalb eines if-Blocks muss nach dem Ausdruck, der den Rückgabewert definiert, kein Semikolon stehen. Auch wenn Perl es gestattet, das letzte Semikolon innerhalb eines Blocks wegzulassen,[11] lässt man es normalerweise nur dann weg, wenn der Code so einfach ist, dass der Block in einer einzigen Zeile Platz findet.

Die Subroutine aus dem vorigen Beispiel lässt sich sogar noch weiter vereinfachen. Ist Ihnen aufgefallen, dass die Liste ($m, $n) zweimal erwähnt wird? Dabei lässt sich der my-Operator auch auf eine in runden Klammern stehende Liste anwenden. Daher ist es üblich, die beiden ersten Anweisungen in der Subroutine miteinander zu kombinieren:

```
my($m, $n) = @_;   # Subroutinenparameter benennen und "privatisieren"
```

Diese Anweisung erzeugt gleichzeitig zwei private Variablen und weist ihnen Werte zu. Dadurch haben die Parameter nun die einfacheren Namen $m und $n. Fast jede Subroutine beginnt mit einer Zeile wie dieser, in der die Parameter benannt werden. Wenn Sie diese Zeile in Zukunft sehen, wissen Sie also, dass die Subroutine zwei skalare Parameter erwartet, die innerhalb der Subroutine $m und $n heißen.

Parameterlisten mit variabler Länge

In der rauen Wirklichkeit werden oft Parameterlisten an Subroutinen übergeben, die beliebige Längen haben können. Das liegt ebenfalls an der Perl eigenen Philosophie der »Grenzenlosigkeit«. Sie unterscheidet Perl von vielen traditionellen Programmiersprachen, bei denen für jede Subroutine ein striktes Typing gilt. Das bedeutet, dass immer nur eine vordefinierte Anzahl von Parametern erlaubt ist, die einem vordefinierten Typ entsprechen müssen. Es ist zwar schön, dass Perl so flexibel ist; das kann aber (wie Sie bei der &max-Subroutine gesehen haben) zu Problemen führen, sobald wir die Subroutine mit einer anderen Anzahl von Argumenten aufrufen, als sie erwartet.

---

9   Fortgeschrittene Programmierer werden erkennen, dass die lexikalische Variable auch außerhalb des Geltungsbereichs über eine Referenz zugänglich sein kann. Dies lässt sich mithilfe von Referenzen bewerkstelligen, aber niemals mit dem Variablennamen selbst. Wie das funktioniert, zeigen wir in *Intermediate Perl* (»Alpaka-Buch«).

10 Wenn das Programm natürlich bereits eine Subroutine mit dem Namen &max hätte, würden Sie *die* durcheinanderbringen.

11 Das Semikolon beendet nämlich eigentlich keine Anweisungen, sondern trennt sie nur voneinander.

Es lässt sich jedoch leicht prüfen, ob die korrekte Anzahl von Argumenten übergeben wurde, indem wir das Array @_ auf seine Länge überprüfen. Um die Parameterliste von &max zu testen, hätten wir die Subroutine z.B. auch wie folgt schreiben können:[12]

```perl
sub max {
  if (@_ != 2) {
    print "WARNUNG! Sie müssen &max genau zwei Argumente übergeben!\n";
  }
  # weitermachen wie zuvor...
  .
  .
  .
}
```

Die if-Überprüfung benutzt hier den Namen des Arrays in skalarem Kontext, um herauszufinden, wie viele Elemente es enthält. Dieses Verfahren kennen Sie bereits aus Kapitel 3.

Auch diese Art der Überprüfung wird in der Praxis so gut wie nie benutzt. Es ist besser, Subroutinen so zu schreiben, dass sie sich auf die Parameter einstellen.

Eine bessere &max-Subroutine

Lassen Sie uns &max also so umschreiben, dass sie mit einer beliebigen Anzahl von Argumenten umgehen kann, so dass folgender Aufruf möglich wird:

```perl
$maximum = &max(3, 5, 10, 4, 6);

sub max {
  my($max_bis_jetzt) = shift @_;    # Das erste Argument ist bis jetzt
                                    # das größte.
  foreach (@_) {                    # Die weiteren Argumente ansehen.
    if ($_ > $max_bis_jetzt) {      # Könnte dieser Wert vielleicht
      $max_bis_jetzt = $_;          # noch größer sein?
    }
  }
  $max_bis_jetzt;
}
```

Dieser Code benutzt einen sogenannten »Hochwassermarken«-Algorithmus: Wenn nach einer Flut der Wasserstand sinkt, zeigt die Hochwassermarke, an welcher Stelle das Wasser seinen höchsten Stand hatte. In unserer Subroutine benutzen wir zum Feststellen des bisher höchsten Pegelstands die Variable $max_bis_jetzt, in der jeweils die größte bisher gefundene Zahl gespeichert wird.

---

12 Sobald Sie im nächsten Kapitel die Funktion warn kennengelernt haben, werden Sie wissen, wie Sie eine falsche Benutzung Ihrer Subroutine in eine korrekte Warnung verwandeln können. Oder Sie überlegen sich, dass dieser Fall wichtig genug ist, um die Funktion die zu benutzen, die im selben Kapitel vorgestellt wird.

Die erste Zeile setzt $max_bis_jetzt auf den Wert 3 (den ersten Parameter in unserem Beispiel). Dieser wird per shift aus dem Parameter-Array @_ entfernt und $max_bis_jetzt zugewiesen. @_ enthält jetzt also nur noch die Werte (5, 10, 4, 6), da wir die 3 entfernt haben. Bis jetzt ist also der erste Parameter (3) die größte Zahl, da 3 die *einzige* Zahl ist, die wir bis jetzt gesehen haben.

Jetzt geht die foreach-Schleife die übrigen Werte aus der Parameterliste in @_ der Reihe nach durch. Standardmäßig wird als Schleifenkontrollvariable $_ benutzt. (Denken Sie aber daran: @_ und $_ haben prinzipiell nichts miteinander zu tun; sie haben nur zufällig ähnliche Namen.) Beim ersten Schleifendurchlauf erhält $_ den Wert 5. Die if-Überprüfung stellt fest, dass 5 größer ist als der Wert, der bisher in $max_bis_jetzt gespeichert war, also wird $max_bis_jetzt auf den Wert 5 gesetzt – die neue Hochwassermarke.

Beim nächsten Schleifendurchlauf hat $_ den Wert 10. Das ist ein Rekordhochwasser, also wird nun dieser Wert in $max_bis_jetzt gespeichert.

Einen Durchlauf später hat $_ den Wert 4. Der if-Test schlägt fehl, da 4 kleiner ist als der in $max_bis_jetzt gespeicherte Wert. Daraufhin wird der Körper der if-Überprüfung übersprungen.

Noch einen Schleifendurchlauf weiter hat $_ den Wert 6, also wird auch dieses Mal die von der if-Überprüfung abhängige Neuzuweisung übersprungen. Da sich keine weiteren Werte mehr in der Parameterliste befinden, wird an dieser Stelle die Schleife beendet.

Schließlich wird $max_bis_jetzt als Rückgabewert verwendet. Dies ist die größte Zahl, die wir bei unserer Überprüfung gefunden haben: 10.

Leere Parameterlisten

Der verbesserte &max-Algorithmus funktioniert jetzt schon wesentlich besser, selbst wenn mehr als zwei Parameter übergeben werden. Aber was passiert, wenn überhaupt kein Wert übergeben wird?

Auf den ersten Blick scheint dieser Fall etwas zu esoterisch zu sein, um sich darüber Sorgen zu machen. Warum sollte jemand &max aufrufen, ohne irgendwelche Parameter zu übergeben? Das kommt selten vor, aber vielleicht haben Sie ja eine Zeile wie diese in Ihrem Programm:

```
$maximum = &max(@zahlen);
```

Das Array @zahlen kann unter Umständen eine leere Liste enthalten; vielleicht wurde sie aus einer Datei gelesen, die sich als leer herausgestellt hat. Sie müssen also wissen, was &max in einem solchen Fall tut.

In der ersten Zeile der Subroutine wird versucht, der Variablen $max_bis_jetzt den mit shift aus dem (jetzt leeren) Array @_ entfernten ersten Wert zuzuweisen. Das ist völlig harmlos. Das Array bleibt leer, und shift weist $max_bis_jetzt den Wert undef zu.

Als Nächstes soll mit der foreach-Schleife über @_ iteriert werden. Da das Array jedoch leer ist, wird die Schleife nicht ausgeführt.

Der Rückgabewert unserer Subroutine (der Wert von $max_bis_jetzt) ist also ebenfalls undef. Wenn die Liste keine definierten Werte enthält, ist undef folglich die einzig richtige Antwort.

Selbstverständlich sollte derjenige, der die Subroutine aufruft, sich darüber im Klaren sein, dass der Rückgabewert undef sein kann; oder man könnte sicherstellen, dass die Parameterliste niemals leer ist.

Anmerkungen zu lexikalischen (my)-Variablen

Lexikalische Variablen können in jedem beliebigen Block benutzt werden, nicht nur innerhalb einer Subroutine, zum Beispiel in Blöcken einer Fallunterscheidung mit if oder in einer Schleife mit while oder foreach:

```
foreach (1..10) {
    my($quadrat) = $_ * $_;   # für diese Schleife private Variable $quadrat
    print "$_ zum Quadrat ist $quadrat.\n";
}
```

Die Variable $quadrat ist innerhalb des umschließenden Blocks als private (lexikalische) Variable angelegt. In diesem Fall ist das der Block der foreach-Schleife. Gibt es keinen umschließenden Block, so ist die Variable innerhalb der gesamten Quellcodedatei als private Variable angelegt. Momentan benutzen Ihre Programme zwar nur eine Datei für den Quellcode,[13] das kann sich aber ändern. Das wichtige Konzept dahinter ist, dass der *Geltungsbereich* eines lexikalischen Variablennamens auf den kleinsten umschließenden Block bzw. die Datei beschränkt ist. Der *einzige* Code, der $quadrat benutzen kann, befindet sich im selben Geltungsbereich wie die Variable. Dadurch wird die Pflege Ihres Codes erheblich leichter: Wird in $quadrat ein falscher Wert gefunden, so kann der Schuldige in einem begrenzten Codestück aufgespürt werden. Erfahrene Programmierer haben (oft auf die harte Tour) gelernt, dass die Begrenzung des Geltungsbereichs einer Variablen auf eine Seite oder auf ein paar Zeilen Code den Entwicklungs- und Testzyklus erheblich beschleunigen kann.

Beachten Sie auch, dass der my-Operator den Kontext einer Zuweisung nicht verändert:

```
my($num) = @_;   # Listenkontext, das Gleiche wie ($num) = @_;
my $num  = @_;   # skalarer Kontext, das Gleiche wie $num = @_;
```

Im ersten Beispiel erhält $num den ersten Parameter von @_ in Form einer Zuweisung im Listenkontext. Im zweiten Beispiel erhält er stattdessen die Anzahl der Elemente im skalaren Kontext. Hierbei könnte jede der beiden Codezeilen das sein, was der Programmierer wollte. Anhand nur einer Zeile lässt sich das jedoch nicht feststellen. Daher kann Perl

---

13 Wiederverwendbare Bibliotheken und Module behandeln wir in *Intermediate Perl* (»Alpaka-Buch«).

Sie auch nicht warnen, wenn Sie die falsche Variante benutzen. (Selbstverständlich sollten Sie nicht *beide* Zeilen in derselben Subroutine verwenden, da Sie keine zwei lexikalischen Variablen gleichen Namens innerhalb eines einzigen Geltungsbereichs deklarieren können; das ist nur ein Beispiel.) Wenn Sie Code wie diesen sehen, lässt sich der Kontext der Zuweisung immer ermitteln, indem Sie überlegen, wie dieser ohne das Wort my aussehen würde.

Solange wir allerdings die Verwendung von my( ) mit runden Klammern besprechen, sollten Sie nicht vergessen, dass my nur eine *einzelne* lexikalische Variable deklariert:[14]

```
my $fred, $barney;        # falsch, $barney wird nicht deklariert
my($fred, $barney);       # deklariert beide Variablen
```

Selbstverständlich lassen sich mit my auch neue private Arrays anlegen:[15]

```
my @telefon_nummern;
```

Neu angelegte Variablen sind zu Beginn immer leer: undef für Skalare und eine leere Liste bei Arrays.

Bei herkömmlicher Perl-Programmierung würde man wahrscheinlich my verwenden, um eine neue Variable in einem Geltungsbereich einzuführen. In Kapitel 3 haben wir gesehen, dass man mithilfe der foreach-Struktur seine eigenen Kontrollvariablen definieren könnte. Das kann auch eine lexikalische Variable sein:

```
foreach my $stein (qw/ Feuerstein Schiefer Lava /) {
    print "Ein Stein ist $stein.\n";  # Gibt Namen von drei Steinen aus
```

Das gewinnt im folgenden Abschnitt an Bedeutung, wo wir damit anfangen werden, ein Feature zu verwenden, das Sie alle Ihre Variablen deklarieren lässt.

Das »use strict«-Pragma

Perl ist eine recht »freizügige« Sprache.[16] Aber vielleicht wollen Sie ja, dass Perl ein wenig mehr Disziplin verlangt. Dafür gibt es das Pragma use strict.

Unter einem *Pragma* verstehen wir einen Hinweis an den Compiler, der etwas über den Code aussagt. In diesem Fall teilt das Pragma use strict dem internen Compiler von Perl mit, für den Rest des Blocks oder der Quellcodedatei einige gute Programmierregeln anzuwenden.

---

14   Wie üblich wird die Aktivierung der Warnungen Ihnen bei einem Missbrauch von my einen entsprechenden Hinweis ausgeben, oder aber Sie rufen die Nummer 0180-LEXIKALISCHER-MISSBRAUCH an und melden ihn selbst. Die Verwendung des strict-Pragmas, auf das wir in Kürze kommen, sollte diesen Missbrauch von my vornherein verbieten.

15   Oder auch Hashes, wie wir in Kapitel 6 sehen werden.

16   Das ist Ihnen mit Sicherheit noch gar nicht aufgefallen.

Wozu könnte das gut sein? Stellen Sie sich einmal vor, Sie schreiben in Ihrem Programm eine Zeile wie diese:

```
$bam_bam = 3;  # Perl erzeugt diese Variable automatisch
```

Danach schreiben Sie eine Zeit lang weiter. Nachdem die Zeile vom Bildschirm verschwunden ist, geben Sie nun die folgende Zeile ein, um die Variable zu erhöhen:

```
$bambam += 1;  # Hoppla!
```

Da Perl hier einen neuen Variablennamen findet (der Unterstrich in einem Variablennamen *ist* wichtig), wird eine neue Variable erzeugt und diese erhöht. Wenn Sie schlau sind und Glück haben, haben Sie die Warnungen eingeschaltet, und Perl kann Sie darüber informieren, dass einer oder beide globalen Variablennamen jeweils nur einmal in Ihrem Programm vorkommen. Wenn Sie allerdings nur schlau sind, kommen beide Namen nicht nur einmal in Ihrem Programm vor, und Perl kann Sie folglich auch nicht warnen.

Um Perl mitzuteilen, dass Sie ab jetzt etwas restriktiver vorgehen wollen, schreiben Sie das Pragma use strict an den Beginn Ihres Programms (oder in einen beliebigen Block oder eine Datei, in der Sie diese Regeln anwenden wollen):

```
use strict;  # einige vernünftige Programmierregeln anwenden
```

Ab Perl 5.12 verwenden Sie dieses Pragma implizit, wenn Sie eine »Mindestversion« angeben:

```
use 5.012;  # lädt strict für Sie
```

Jetzt wird Perl neben anderen Einschränkungen[17] darauf bestehen, dass Sie Ihre Variablen deklarieren, was üblicherweise mit my getan wird:[18]

```
my $bam_bam = 3;  # neue lexikalische Variable
```

Jetzt kann Perl sich beschweren, wenn Sie versehentlich eine Variable mit dem Namen $bambam deklarieren, wodurch der Fehler schon zur Kompilierzeit abgefangen wird.

```
$bambam += 1;  # es gibt keine Variable mit diesem Namen:
               # fataler Fehler zur Kompilierzeit
```

Diese Einschränkung gilt natürlich nur für neue Variablen; die in Perl eingebauten Variablen wie $_ und @_ müssen nicht extra deklariert werden.[19]

---

17 Wenn Sie mehr über die Beschränkungen wissen wollen, lesen Sie die Dokumentation für strict. Die Dokumentation für ein Pragma finden Sie unter dem Namen des jeweiligen Pragmas; die Eingabe von perldoc strict (oder die auf Ihrem System funktionierende Dokumentationsmethode) sollte die nötigen Dokumente für Sie finden. Kurz gesagt: Die Einschränkungen sorgen dafür, dass Strings in den meisten Fällen in Anführungszeichen stehen müssen und dass Referenzen echte (harte) Referenzen sein müssen. (Mit Referenzen, ob weich oder hart, befassen wir uns erst in *Intermediate Perl* (»Alpaka-Buch«). Für Perl-Anfänger bedeuten diese Einschränkungen jedoch kaum eine Änderung.

18 Es gibt nämlich auch noch andere Möglichkeiten, Variablen zu deklarieren.

19 Unter gewissen Umständen ist es nicht sinnvoll, $a und $b gesondert zu deklarieren, da sie intern von sort benutzt werden. Wenn Sie dieses Feature testen, sollten Sie also andere Variablennamen benutzen als diese zwei. Übrigens ist die Tatsache, dass use strict diese zwei Namen nicht verbietet, der am häufigsten gemeldete Fehler in Perl, der gar keiner ist.

Wenn Sie das use strict-Pragma in ein zuvor geschriebenes Programm einbauen, werden Sie in der Regel eine wahre Flut von Fehlermeldungen bekommen. Daher ist es besser, das Pragma dann zu benutzen, wenn es gebraucht wird: zu Beginn der Programmierarbeiten.

Die meisten Leute empfehlen bei allen Programmen, deren Quellcode nicht mehr auf einen Bildschirm passt, use strict zu benutzen. Ganz unsere Meinung.

Von jetzt an werden die meisten (aber nicht alle) unserer Beispiele so geschrieben sein, als wäre use strict benutzt worden, auch wenn wir die Anweisung nicht jedes Mal ausdrücklich zeigen. Das heißt: Wo es angemessen ist, deklarieren wir die Variablen in der Regel mit my. Obwohl wir es hier nicht immer tun, möchten wir Sie dazu ermuntern, use strict in möglichst jedem Ihrer Programme zu benutzen. Irgendwann werden Sie es uns danken.

Der return-Operator

Was ist, wenn Sie Ihre Subroutine direkt anhalten wollen? Der Operator return gibt sofort bei seinem Aufruf einen Wert aus einer Subroutine zurück.

```
my @namen    = qw/ Fred Barney Betty Dino Wilma Pebbles Bam-Bam /;
my $ergebnis = &welches_element_ist("Dino", @namen);

sub welches_element_ist {
  my($was, @array) = @_;
  foreach (0..$#array) {  # Indizes der Elemente von @array
    if ($was eq $array[$_]) {
      return $_;    # richtiges Element gefunden, Wert sofort zurückgeben
    }
  }
  -1;               # Element nicht gefunden (return ist hier optional)
}
```

Sie fordern diese Subroutine auf, im Array @namen den Index von Dino zu finden. Zuerst wird mit my eine Parameterliste deklariert: Es gibt das $was, nach dem wir suchen, und ein @array von Werten, in dem gesucht wird. Dies ist in unserem Fall eine Kopie des Arrays @namen. Die foreach-Schleife geht die Indizes der Werte von @array der Reihe nach durch (wie in Kapitel 3 gezeigt, ist der erste Index 0 und der letzte $#array).

Für jeden Schleifendurchlauf testen wir, ob $was dem Element aus unserem @array gleicht, das den aktuellen Index trägt.[20] Ist dies der Fall, wird der aktuelle Index sofort zurückgegeben. Das ist in Perl die häufigste Verwendung des Schlüsselworts return – einen Wert sofort zurückzugeben, ohne den Rest einer Subroutine auszuführen.

---

20 Es ist Ihnen doch aufgefallen, dass wir hier eq (equal, engl. »gleich«), den Vergleichsoperator für Strings, anstelle des numerischen Gegenstücks == benutzt haben, oder?

Und wenn wir nun überhaupt kein Element gefunden hätten? In diesem Fall hat sich der Autor der Subroutine entschieden, als Code für »kein Wert gefunden« -1 zurückzugeben. Vermutlich wäre es etwas »perliger«, in diesem Fall undef zurückzugeben. Da dies die letzte in der Subroutine ausgeführte Anweisung ist, wurde auf die Verwendung von return verzichtet, obwohl return -1 auch nicht falsch gewesen wäre.

Manche Programmierer bevorzugen es, jedes Mal, wenn es einen Rückgabewert gibt, return zu benutzen, da sich auf diese Weise der Code selbst dokumentiert. Das könnte zum Beispiel sinnvoll sein, wenn der Rückgabewert nicht in der letzten Codezeile der Subroutine steht, wie es bei &ist_fred_oder_barney_groesser weiter vorn in diesem Kapitel der Fall ist. Hier wird return nicht benötigt, tut aber auch niemandem weh. Manche Perl-Programmierer sehen darin allerdings nur sieben Zeichen, die man zusätzlich eingeben muss. Sie sollten also in der Lage sein, beide Arten von Code zu verstehen.

Das Ampersand-Zeichen weglassen

Wie versprochen, erklären wir Ihnen jetzt die Regeln, nach denen Sie bei einem Subroutinenaufruf das Ampersand-Zeichen (&, Kaufmanns-Und) weglassen können. Das ist immer dann der Fall, wenn die Subroutine vor ihrem Aufruf deklariert wird oder aus der Syntax klar erkennbar ist, dass es sich um einen Funktionsaufruf[21] handelt. So erkennt Perl eine Subroutine beispielsweise an einer in runden Klammern stehenden Parameterliste, die dem Namen der Routine nachgestellt ist. Ist mindestens eine dieser Bedingungen erfüllt, kann das &-Zeichen weggelassen werden. Die Subroutine kann nun wie eine eingebaute Funktion aufgerufen werden. (In diesen Regeln versteckt sich jedoch eine kleine Falle, wie Sie gleich sehen werden.)

```
my @karten = mischen(@kartenspiel); # &mischen kann ohne & aufgerufen werden
```

Wird die Subroutine in Ihrem Programm bereits vor ihrem Aufruf definiert, können Sie die runden Klammern um die Parameterliste weglassen:

```
sub division {
  $_[0] / $_[1];   # ersten Parameter durch zweiten dividieren
}

my $quotient = division 355, 113;  # &division benutzen
```

Das funktioniert, da runde Klammern weggelassen werden dürfen, solange es die Bedeutung des Codes nicht verändert.

Falls Sie die Deklaration der Subroutine jedoch *hinter* ihren Aufruf stellen, hat der Compiler keine Ahnung, was es mit dem versuchten Aufruf von division auf sich hat. Der Compiler muss die Definition vor dem Aufruf zu sehen bekommen, um einen Subroutinenaufruf wie eine eingebaute Funktion behandeln zu können. Sonst weiß der Compiler nicht, was er mit diesem Ausdruck anfangen soll.

---

21 In diesem Fall ist die Funktion die Subroutine &mischen. Wie wir gleich erläutern werden, könnte es sich dabei auch um eine eingebaute Funktion handeln.

Die Falle lauert jedoch woanders. Sie besteht nämlich darin, dass eine Subroutine denselben Namen wie eine eingebaute Funktion haben kann. Um Perl vor Verwechslungen zu bewahren, *muss* Ihre Subroutine in einem solchen Fall mit einem Ampersand-Zeichen aufgerufen werden. Dadurch stellen Sie sicher, dass tatsächlich die Subroutine aufgerufen wird und keine interne Funktion. Ohne Kaufmanns-Und können Sie die Subroutine *nur dann* aufrufen, wenn es keine eingebaute Funktion gibt, die denselben Namen trägt:

```
sub chomp {
    print "Mampf, mampf!\n";
}

&chomp;   # hier MUSS ein &-Zeichen benutzt werden
```

Ohne das Kaufmanns-Und hätten wir das eingebaute chomp aufgerufen, obwohl wir die Subroutine &chomp definiert haben. Die eigentliche Regel, nach der Sie vorgehen sollten, lautet also: Solange Sie nicht die Namen aller in Perl eingebauten Funktionen kennen, sollten Sie das &-Zeichen beim Aufruf Ihrer eigenen Funktionen *immer* benutzen (also ungefähr bei Ihren ersten hundert Programmen). Wenn Sie sehen, dass andere Leute das Ampersand-Zeichen in ihrem Code weggelassen haben, muss das kein Fehler sein, sondern kann bedeuten, dass es in Perl keine eingebaute Funktion mit demselben Namen gibt.[22]

Oft benutzen Programmierer *Prototypen*, wenn sie planen, ihre Subroutinen auf die gleiche Art wie Perls eingebaute Funktionen aufzurufen. Das geschieht oft beim Schreiben von *Modulen*. Prototypen sagen Perl, welche Parameter zu erwarten sind. Das Schreiben von Modulen ist ein Thema für Fortgeschrittene; Sie können sich aber, wenn Sie so weit sind, die Perl-Dokumentation (insbesondere die Dokumente *perlmod* und *perlsub*) zu den Themen Subroutinen, Prototypen und Module ansehen.[23]

Nicht-skalare Rückgabewerte

Als Rückgabewerte von Subroutinen können übrigens nicht nur Skalare verwendet werden. Wenn Sie eine Subroutine im Listenkontext[24] aufrufen, kann diese auch eine Werteliste zurückgeben.

Stellen Sie sich vor, Sie wollten einen Zahlenbereich ausgeben (wie der Bereichsoperator ..), nur soll herauf- und heruntergezählt werden. Der Bereichsoperator kann nur aufwärts zählen, aber das lässt sich leicht beheben:

---

22 Oder es handelt sich *doch* um einen Fehler. Um herauszufinden, ob es sich um eine eingebaute Funktion handelt, können Sie die Dokumentationen zu *perlfunc* und *perlop* durchsuchen. Außerdem wird Perl Sie bei eingeschalteten Warnungen darauf hinweisen.

23 Oder Sie setzen Ihre Studien mit *Intermediate Perl* fort.

24 Mithilfe der Funktion wantarray können Sie feststellen, ob eine Subroutine im skalaren oder im Listenkontext ausgewertet wird. Auf diese Weise können Sie ohne Schwierigkeiten Subroutinen schreiben, die vom Kontext abhängige skalare oder Listenwerte zurück geben.

```
sub liste_von_fred_bis_barney {
  if ($fred < $barney) {
    # von $fred bis $barney aufwärts zählen
    $fred..$barney;
  } else {
    # von $fred bis $barney abwärts zählen
    reverse $barney..$fred;
  }
}
$fred = 11;
$barney = 6;
@c = &liste_von_fred_bis_barney;  # @c enthält (11, 10, 9, 8, 7, 6)
```

In diesem Fall gibt uns der Bereichsoperator eine Liste der Zahlen zwischen 6 und 11. Mit reverse wird diese Liste dann umgekehrt, so dass sie von $fred (11) bis $barney (6) geht – genau das, was wir wollten.

Der kleinste mögliche Rückgabewert hat keinen Inhalt. Eine return-Anweisung ohne Argumente gibt im skalaren Kontext undef zurück und im Listenkontext eine leere Liste. Das kann praktisch sein, wenn es einen Fehler in der Subroutine gibt. Auf diese Weise kann angezeigt werden, dass kein bedeutungsvollerer Rückgabewert zur Verfügung steht.

Persistente private Variablen (Zustandsvariablen)

Mit my haben wir private Variablen für Subroutinen definiert. Allerdings wurden diese bei jedem Aufruf der Subroutine erneut definiert. Mit der Funktion state lassen sich nun für Subroutinen private Variablen deklarieren, die zwischen den Aufrufen ihre Werte behalten.

Zu Beginn dieses Kapitels hatten wie eine Subroutine namens marine, die einen Wert um eins erhöht:

```
sub marine {
  $n += 1; # globale Variable $n
  print "Hallo, Taucher Nummer $n!\n";
}
```

Da Sie mittlerweile wissen, wofür strict gut ist, können Sie es in der neuen Version der Subroutine direkt verwenden und stellen erst einmal fest, dass $n jetzt nicht mehr erlaubt ist. Allerdings können wir $n auch nicht einfach mit my als lexikalische Variable deklarieren, weil ihr Wert zwischen den Aufrufen verfallen würde.

Indem wir die Variable mit state deklarieren, teilen wir Perl mit, dass es sich um eine private Variable handelt, deren Wert Perl sich zwischen den Aufrufen merken soll. Dieses Feature gibt es seit Perl 5.10:

```
use 5.010;

sub marine {
  state $n = 0; # private persistente Variable $n
  $n += 1;
  print "Hallo, Taucher Nummer $n!\n";
}
```

Jetzt können Sie auch bei der Verwendung von strict die gleichen Ausgaben erzeugen, ohne dafür eine globale Variable verwenden zu müssen. Beim ersten Aufruf der Subroutine deklariert und initialisiert Perl $n. In den nachfolgenden Aufrufen der Subroutine wird diese Deklaration von Perl ignoriert. Zwischen den Aufrufen merkt sich Perl den Wert von $n für den nächsten Aufruf.

Mit state lassen sich beliebige Variablentypen deklarieren, nicht nur Skalare. Hier sehen Sie eine Subroutine, die eine Gesamtsumme aller Zahlen, die in einem mit state deklarierten Array enthalten sind, errechnet und ausgibt:

```perl
use 5.010;
gesamtsumme( 5, 6 );
gesamtsumme( 1..3 );
gesamtsumme( 4 );
sub gesamtsumme {
  state $summe = 0;
  state @zahlen;
  foreach my $zahl ( @_ ) {
    push @zahlen, $zahl;
    $summe += $zahl;
  }

  say "Die Gesamtsumme von (@zahlen) ist $summe";
}
```

Bei jedem Aufruf wird eine neue Summe ausgegeben, indem die neuen Argumente zu den bereits vorhandenen hinzugezählt werden.

```
Die Gesamtsumme von (5 6) ist 11
Die Gesamtsumme von (5 6 1 2 3) ist 17
Die Gesamtsumme von (5 6 1 2 3 4) ist 21
```

Bei der Deklaration von Arrays und Hashes mit state gibt es in Perl 5.10 allerdings eine kleine Einschränkung. Beide Variablentypen können (noch) nicht im Listenkontext initialisiert werden:

```perl
state @array = qw(a b c); # Fehler!
```

Es wird eine Fehlermeldung angezeigt, die Ihnen einen Hinweis darauf gibt, was in zukünftigen Perl-Versionen vielleicht möglich sein wird:

```
Initialization of state variables in list context currently forbidden ...(Übersetzung:
Initialisierung von Zustandsvariablen ist im Moment noch verboten.)
```

Übungen

Die Antworten zu diesen Übungen finden Sie in Anhang A. Übungsantworten auf Seite 327

1. [12] Schreiben Sie eine Subroutine &gesamt, die die Summe einer Liste von Zahlen zurückgibt. Hinweis: Die Subroutine sollte dabei keine I/O-Operationen durchführen, sondern ihre Parameter abarbeiten und das Ergebnis an den Aufrufer zurückgeben. Probieren Sie es mit dem folgenden Beispielprogramm, das die Subroutine

aufruft, um die Funktionsweise zu testen. Die erste Gruppe von Zahlen sollte zusammen 25 ergeben.

```
my @fred        = qw{ 1 3 5 7 9 };
my $fred_gesamt = &gesamt(@fred);
print "Die Summe von \@fred ist $fred_gesamt.\n";
print "Geben Sie einige Zahlen jeweils auf einer eigenen Zeile ein: ";
my $benutzer_gesamt = &gesamt(<STDIN>);
print "Die Summe der von Ihnen eingegebenen Zahlen ist
        $benutzer_gesamt.\n";
```

2. [5] Benutzen Sie die Subroutine aus der vorigen Übung, um ein Programm zu schreiben, das die Summe der Zahlen von 1 bis 1.000 berechnet.

3. [18] Übung für Zusatzpunkte: Schreiben Sie eine Subroutine &ueber_durchschnitt, die eine Liste mit Zahlen übernimmt und diejenigen zurückgibt, die größer sind als der Durchschnittswert (arithmetisches Mittel). (Tipp: Schreiben Sie eine zusätzliche Subroutine zum Ermitteln des Durchschnittswertes, indem die Gesamtsumme durch die Anzahl der Elemente dividiert wird.) Testen Sie Ihre Subroutine mit diesem Testprogramm.

```
my @fred = &ueber_durchschnitt(1..10);
print "\@fred ist @fred\n";
print "(Sollte 6 7 8 9 10 ergeben)\n";
my @barney = &ueber_durchschnitt(100, 1..10);
print "\@barney ist @barney\n";
print "(Sollte nur 100 ausgeben)\n";
```

4. [10] Schreiben Sie eine Subroutine mit dem Namen begruesse, die jede Person persönlich begrüßt und ihr dabei den Namen des zuletzt Begrüßten mitteilt:

```
begruesse( "Fred" );
begruesse( "Barney" );
```

Die Ausgaben sollten aussehen wie folgt:

```
Hallo Fred! Du bist der Erste hier!
Hallo Barney! Fred war auch gerade da!
```

5. [10] Ändern Sie das vorige Programm so ab, dass jeder neuen Person sämtliche Namen der bereits Begrüßten mitgeteilt werden:

```
begruesse( "Fred" );
begruesse( "Barney" );
begruesse( "Wilma" );
begruesse( "Betty" );
```

Die Ausgaben sollten aussehen wir folgt:

```
Hallo Fred! Du bist der Erste hier!
Hallo Barney! Die folgenden Personen waren vor Dir hier: Fred
Hallo Wilma! Die folgenden Personen waren vor Dir hier: Fred Barney
Hallo Betty! Die folgenden Personen waren vor Dir hier: Fred Barney Wilma
```

## KAPITEL 5

Eingabe und Ausgabe

Um einige der Übungen zu ermöglichen, haben wir bereits ein paar Formen der Ein- und Ausgabe (I/O) vorgestellt. Jetzt werden wir über diese Operationen etwas mehr sagen. Wenn Sie sich bereits mit den Kanälen für die Standardeingabe, -ausgabe und -fehlerausgabe auskennen, sind Sie diesem Buch schon voraus. Wenn nicht, werden wir Sie bis zum Ende dieses Kapitels auf dem entsprechenden Stand haben. Für den Moment können Sie sich die »Standardeingabe« einfach als »die Tastatur« und die »Standardausgabe« einfach als »den Bildschirm« vorstellen.

Eingaben von der Standardeingabe (STDIN)

Von der *Standardeingabe* zu lesen, ist recht einfach. Dafür haben wir bereits den <STDIN>-Operator[1] benutzt. Die Auswertung dieses Operators in skalarem Kontext gibt Ihnen jeweils die folgende Eingabezeile:

```
$zeile = <STDIN>;          # nächste Zeile einlesen
chomp($zeile);             # mittels chomp Newline-Zeichen entfernen

chomp($zeile = <STDIN>);# das Gleiche, aber idiomatischer
```

Da der Zeileneingabe-Operator beim Erreichen des Dateiende-Zeichens undef zurückgibt, lässt er sich sehr praktisch zum Beenden einer Schleife einsetzen:

```
while (defined($zeile = <STDIN>)) {
  print "$zeile habe ich bereits gesehen!";
}
```

Zuerst lesen wir die Eingabe in eine Variable ein und überprüfen, ob sie definiert ist. Ist das der Fall (was bedeutet, dass wir das Ende der Eingabe noch nicht erreicht haben), führen wir den Schleifenkörper aus. Innerhalb des Schleifenkörpers finden sich die Ein-

---

[1] Was wir hier den Zeileneingabe-Operator, <STDIN>, nennen, ist eigentlich ein Zeileneingabe-Operator (durch die beiden spitzen Klammern dargestellt), der ein *Datei-Handle* umschließt. Datei-Handles lernen Sie später in diesem Kapitel genauer kennen.

gabezeilen nacheinander in der Variablen $zeile wieder.[2] Diese Vorgehensweise kommt in Perl so oft vor, dass es auch dafür eine Abkürzung gibt:

```
while (<STDIN>) {
  print "$_ habe ich bereits gesehen!";
}
```

Für diese Abkürzung hat Larry eine eigentlich nutzlose Schreibweise gewählt. Das Obenstehende bedeutet: »Lies eine Eingabezeile und überprüfe, ob sie wahr ist. (Normalerweise ist sie das.) Führe in diesem Fall die while-Schleife aus und *verwirf die Eingabezeile wieder*!« Larry wusste, dass dies eigentlich nutzlos ist; niemand sollte so etwas in einem echten Perl-Programm jemals tun müssen. Also wandelte er diese nutzlose Syntax in etwas Sinnvolles um.

Tatsächlich bedeutet die Schreibweise, dass Perl das Gleiche tun soll wie in unserer ersten Schleife: Die Eingabe wird in eine Variable eingelesen und die while-Schleife ausgeführt (Letzteres, solange das Ergebnis definiert ist, also noch Zeilen zu bearbeiten sind). Anstatt die Zeile allerdings in $zeile abzulegen, benutzt Perl seine beliebteste Standardvariable $_, als hätten Sie das Folgende geschrieben:

```
while (defined($_ = <STDIN>)) {
  print "$_ habe ich bereits gesehen!";
}
```

Bevor wir nun weitermachen, müssen Sie sich über eine Sache klar sein: Diese Abkürzung funktioniert *nur*, wenn sie so geschrieben wird, wie wir es hier getan haben. Wenn Sie den Zeileneingabe-Operator an einer anderen Stelle (insbesondere in einer allein stehenden Anweisung) benutzen, wird die Zeile nicht standardmäßig in $_ gespeichert. Die Abkürzung funktioniert ausschließlich, wenn *nur* der Zeileneingabe-Operator im Bedingungsteil der Schleife steht.[3] Sobald Sie im Bedingungsteil der while-Schleife noch etwas anderes schreiben müssen, funktioniert diese Abkürzung nicht mehr.

Ansonsten besteht zwischen dem Zeileneingabe-Operator (<STDIN>) und der beliebtesten Standardvariablen von Perl ($_) keine weitere Beziehung. In diesem Fall wird nur einfach die Eingabe in dieser Variablen gespeichert.

Wenn Sie den Zeileneingabe-Operator jedoch im Listenkontext auswerten, bekommen Sie alle (verbleibenden) Zeilen als Liste zurückgeliefert, und jedes Element der Liste enthält eine Zeile:

```
foreach (<STDIN>) {
  print "$_ habe ich bereits gesehen!";
}
```

---

2 In dieser Art von Schleife können Sie chomp nicht im Bedingungsteil benutzen. Stattdessen steht es oft als erste Anweisung im Schleifenkörper, wenn es gebraucht wird. Beispiele dafür finden Sie im folgenden Abschnitt.

3 Na gut, der Bedingungsteil einer for-Schleife ist eigentlich nichts anderes als ein getarnter Bedingungsteil einer while-Schleife und funktioniert dort also auch.

Auch hier gibt es keine Verbindung zwischen dem Zeileneingabe-Operator und der Variablen $_. In diesem Fall ist $_ die Standardvariable für die foreach-Schleife. Daher sehen wir in dieser Schleife jede Eingabezeile in $_, eine nach der anderen.

Das kommt uns aus einem guten Grund bekannt vor. Richtig! Das ist das gleiche Verhalten wie in der while-Schleife.

Der Unterschied ist hinter den Kulissen zu finden. In der while-Schleife liest Perl eine einzelne Eingabezeile ein und führt den Schleifenkörper aus. Dann erst wird die nächste Zeile eingelesen. In der foreach-Schleife benutzen wir den Zeileneingabe-Operator jedoch im Listenkontext, da foreach eine Liste benötigt, über die es iterieren kann. Bevor die Schleife starten kann, müssen also alle Eingaben eingelesen worden sein. Der Unterschied wird offensichtlich, wenn die Eingabe aus einer 400 MByte großen Logdatei eines Webservers kommt. In der Regel ist es also besser, hier nach Möglichkeit immer eine while-Schleife zu benutzen, da nur jeweils eine Zeile bearbeitet wird.

Eingaben vom Diamantoperator

Eine andere Möglichkeit, Daten einzulesen, besteht in der Verwendung des Diamantoperators[4] <>. Dieser Operator ist hilfreich, wenn es darum geht, Programme zu schreiben, die sich wie Unix[5]-Standardhilfsprogramme verhalten. Diese können mit verschiedenen Argumenten aufgerufen werden (wie wir gleich sehen werden). Wenn Sie ein Perl-Programm schreiben wollen, das sich wie die Utilities *cat*, *sed*, *awk*, *sort*, *grep*, *lpr* und viele andere verhält, ist der Diamantoperator Ihr Freund. In anderen Fällen wird er Ihnen vermutlich nicht besonders viel nützen.

Die *aufrufenden Argumente*, die einem Programm bei seinem Aufruf mitgegeben werden können, sind normalerweise eine Reihe von »Wörtern« auf der Kommandozeile, die nach dem Namen des Programms angegeben werden.[6] In diesem Fall geben wir die Namen der Dateien an, deren Inhalt das Programm verarbeiten soll:

```
$ ./mein_programm fred barney betty
```

---

4   Den Namen Diamantoperator gab ihm Larrys Tochter Heidi, als Randal eines Tages bei Larry vorbeikam, um ihm seine neuen Lehrmaterialien zu zeigen, und sich beschwerte, dass es keinen Namen für »dieses Ding« gab. Larry hatte selbst auch noch keinen Namen dafür, aber seine Tochter Heidi (damals acht Jahre alt) hatte die zündende Idee: »Das ist ein Diamant, Papa.« Also blieb es dabei. Danke, Heidi!

5   Aber nicht nur auf Unix-Systemen. Viele andere Systeme haben diese Art der Übergabe von aufrufenden Argumenten übernommen.

6   Immer wenn ein Programm gestartet wird, erhält es vom aufrufenden Programm eine Liste von null oder mehr aufrufenden Argumenten. Oft ist dies die Shell, die diese Liste abhängig von Ihren Eingaben zusammenstellt. Später werden wir sehen, wie Sie ein Programm mit so ziemlich jedem beliebigen String als aufrufendem Argument ausführen können. Da diese Argumente oft von der Kommandozeile der Shell kommen, werden sie gelegentlich auch »Kommandozeilenargumente« genannt.

Dieses Kommando weist das System an, das Programm *mein_programm* (das sich im gegenwärtigen Verzeichnis befindet) auszuführen. Dieses Programm soll die Dateien *fred*, *barney* und *betty* nacheinander bearbeiten.

Falls Sie einem Programm keine aufrufenden Argumente mitgeben, sollte es stattdessen mit dem Standardeingabekanal arbeiten. In manchen Fällen können Sie auch einen Bindestrich (-) angeben, der ebenfalls für die Standardeingabe steht.[7] Wären die aufrufenden Argumente fred - betty gewesen, hätte das Programm zuerst die Datei *fred* bearbeitet, dann die Standardeingabe und zum Schluss die Datei *betty*.

Der Vorteil dieser Arbeitsweise besteht darin, dass Sie erst zur Laufzeit des Programms entscheiden müssen, von woher das Programm seine Eingaben empfängt. Sie müssen das Programm also nicht extra umschreiben, wenn Sie es in einer Pipe (auf die wir später genauer eingehen) verwenden wollen. Larry hat Perl dieses Feature mitgegeben, da er es Ihnen leicht machen wollte, Programme zu schreiben, die wie Standard-Utilities funktionieren. Um genau zu sein, hat er Perl diese Funktionalität mitgegeben, damit er seine eigenen Utilities schreiben konnte, denn die Programme verschiedener Hersteller funktionierten nicht auf jedem System gleich. Das bedeutete natürlich, dass er Perl auf jedes System portieren musste, das er vorfand.

Der Diamantoperator ist eine besondere Art von Zeileneingabe-Operator. Anstatt seine Eingaben von der Tastatur zu bekommen, kann der Benutzer die Eingabequelle selbst wählen.[8]

```
while (defined ($zeile = <>)) {
  chomp($zeile);
  print "$zeile habe ich bereits gesehen!\n";
}
```

Wenn wir das Programm also mit den aufrufenden Argumenten fred, barney und betty ausführen, sieht die Ausgabe etwa so aus: »[Eine Zeile aus der Datei *fred*] habe ich bereits gesehen!«, und so weiter, bis das Ende der Datei fred erreicht ist. Danach wird automatisch die Datei barney zeilenweise ausgegeben, und schließlich auch betty. Dabei werden alle Dateien direkt hintereinander ausgegeben. Die Ausgabe sieht also aus, als wären alle Eingabedateien zu einer großen Datei zusammengefügt worden.[9] Erst wenn alle Eingabedateien abgearbeitet sind, gibt der Diamantoperator undef zurück, und die while-Schleife wird beendet.

---

7   Eine Tatsache über Unix, die Ihnen vermutlich nicht so bekannt ist: Die meisten Standard-Utilities (wie *cat* und *sed*) arbeiten nach derselben Konvention, gemäß der ein Bindestrich für eine Eingabe aus dem Standardeingabekanal steht.

8   Was eine Eingabe von der Tastatur bedeuten kann, aber nicht muss.

9   Der Name der Datei, die gegenwärtig bearbeitet wird, steht übrigens in der Perl-Spezialvariablen $ARGV. Hier könnte natürlich auch der Bindestrich (-) anstelle eines richtigen Dateinamens stehen, wenn die Eingabe vom Standardeingabekanal kommt.

Da es sich dabei um eine Sonderform des Zeileneingabe-Operators handelt, können wir dieselbe Abkürzung benutzen. Wie bereits gezeigt, speichern wir auch hier die Eingabezeile standardmäßig in $_ :

```
while (<>) {
  chomp;
  print "$_ habe ich bereits gesehen!\n";
}
```

Die Funktionsweise ist die gleiche wie bei der obigen Schleife, nur mit weniger Tipparbeit. Vermutlich ist Ihnen aufgefallen, dass wir hier das Standardverhalten von chomp benutzt haben: Wird chomp ohne Argumente aufgerufen, wird standardmäßig $_ benutzt. Jedes bisschen vermiedene Tipperei ist eine Hilfe.

Da der Diamantoperator in der Regel dazu benutzt wird, sämtliche Eingaben zu bearbeiten, gilt es als Fehler, ihn in einem Programm an mehr als einer Stelle zu verwenden. Wenn Sie in Ihrem Programm zwei Diamantoperatoren haben, wird es so gut wie nie das tun, was Sie erwarten. Das ist vor allem dann der Fall, wenn der zweite Diamantoperator innerhalb der while-Schleife steht, die aus dem ersten Diamantoperator lesen soll.[10] Unserer Erfahrung nach meinen Anfänger, die einen zweiten Diamantoperator in ihrem Programm stehen haben, fast immer die Standardvariable $_. Denken Sie daran: Der Diamantoperator *liest* die Eingabedaten, während die Daten selbst normalerweise in $_ zu finden sind.

Wenn der Diamantoperator eine Datei nicht öffnen oder nicht aus ihr lesen kann, gibt er eine entsprechende Warnung aus:

```
can't open wimla: No such file or directory
```

Anstatt das Programm zu beenden, macht der Diamantoperator mit der nächsten Datei weiter, so wie Sie es auch von Standard-Utilities, wie etwa *cat*, erwarten würden.

Aufrufende Argumente

Technisch gesehen, benutzt der Diamantoperator nicht die aufrufenden Werte selbst, sondern die Werte, die in @ARGV stehen. Das ist ein spezielles Array, in dem Perl die Liste der aufrufenden Argumente ablegt. Mit anderen Worten: @ARGV verhält sich genau wie jedes andere Array auch (wenn man einmal von seinem nur aus Großbuchstaben bestehenden Namen absieht). Wird jetzt allerdings das Programm gestartet, ist @ARGV bereits vollgestopft mit aufrufenden Argumenten.[11]

---

10 Wenn Sie das Spezialarray @ARGV vor der Verwendung eines zweiten Diamantoperators neu initialisieren, sind Sie auf der sicheren Seite. @ARGV werden wir im folgenden Abschnitt kennenlernen.

11 C-Programmierer fragen sich vielleicht, wie es sich mit argc (das gibt es in Perl nicht) und dem Namen des Programms verhält (den finden Sie in $0, nicht in @ARGV). Abhängig davon, wie Sie das Programm aufgerufen haben, passiert hier vielleicht auch noch etwas mehr. Vollständige Informationen darüber finden Sie in der *perlrun*-Dokumentation.

Sie können @ARGV wie jedes andere Array benutzen. Sie können Elemente per shift entfernen oder mit einer foreach-Schleife darüber iterieren. Sie können sogar überprüfen, ob die Argumente mit einem Bindestrich beginnen (wie zum Beispiel die Perl-Option -w), und diese als Optionen zum Steuern Ihres Programms einsetzen.[12]

Der Diamantoperator bekommt seine Informationen über die zu verwendenden Dateinamen aus dem Array @ARGV. Enthält dieses eine leere Liste, wird stattdessen die Standardeingabe benutzt. Dadurch haben Sie die Möglichkeit, @ARGV zu verändern, bevor Sie den Diamantoperator anwenden. Im unten stehenden Beispiel bearbeiten wir drei Dateien, unabhängig davon, was der Benutzer auf der Kommandozeile angegeben hat:

```
@ARGV = qw# larry moe curly #;  # drei Dateien zum Lesen hart codieren
while (<>) {
  chomp;
  print "Ich habe $_ in einer Handlangerdatei gesehen!\n";
}
```

In Kapitel 14 erfahren Sie mehr über @ARGV, wenn wir Ihnen zeigen, wie man seine Werte in die richtige Kodierung übersetzt.[13]

Ausgaben auf STDOUT

Der print-Operator nimmt eine Liste von Werten und schreibt sie nacheinander (als String, versteht sich) in die Standardausgabe (STDOUT). Es werden keine zusätzlichen Zeichen vor, nach oder zwischen den Elementen eingefügt.[14] Wenn Sie Leerzeichen zwischen den einzelnen Elementen wollen, müssen Sie das auch sagen:

```
$name = "Larry Wall";
print "Hallo $name, wusstest du, dass 3+4 zusammen ", 3+4, " ergibt ?\n";
```

Es besteht natürlich ein Unterschied zwischen der direkten Ausgabe eines Arrays und dem Interpolieren eines Arrays:

```
print @array;    # gibt eine Liste der Elemente aus
print "@array";  # gibt einen String aus (der ein
                 # interpoliertes Array enthält)
```

Die erste print-Anweisung gibt die Elemente der in @array gespeicherten Liste nacheinander aus. Dabei werden die Elemente nicht durch Leerzeichen voneinander getrennt. Die zweite print-Anweisung gibt genau ein Element aus, nämlich den String, der sich

---

12 Wenn Sie mehr als nur eine oder zwei solcher Optionen verwenden wollen, sollten Sie mit ziemlicher Sicherheit ein Modul benutzen, um damit umzugehen. Details dazu finden Sie in den Dokumentationen für die Module Getopt::Long und Getopt::Std, die beide Teil der Standarddistribution von Perl sind.

13 Wenn Sie sich über Kodierungen schlau machen wollen, können Sie das in Anhang C tun.

14 Zumindest wird standardmäßig nichts verändert. Dieses Standardverhalten kann (wie so oft in Perl) geändert werden. Diese Änderungen werden den Wartungsprogrammierer mit ziemlicher Sicherheit verwirren. Vermeiden Sie sie also, es sei denn, es handelt sich um eine »quick 'n' dirty«-Lösung oder einen kleinen (und hoffentlich gut kommentierten) Teil Ihres Programms. Weitere Informationen zum Standardverhalten und dazu, wie man es ändert, finden Sie in der perlvar-Dokumentation.

---

ergibt, wenn Sie das @array in den leeren String interpolieren. Diesmal werden die Elemente durch Leerzeichen voneinander getrennt.[15] Stünde in @array zum Beispiel qw/ Fred Barney Betty /,[16] so gäbe die erste Anweisung FredBarneyBetty aus, während die zweite Fred Barney Betty durch Leerzeichen getrennt ausgibt.

Bevor Sie sich jetzt aber vorschnell entscheiden, immer die zweite Form zu benutzen, sollten Sie sich das @array einmal als Liste von Zeilen vorstellen, die alle auf ein Newline-Zeichen enden (auf die also noch kein chomp angewandt wurde). Jetzt gibt die erste print-Anweisung Fred, Barney und Betty jeweils auf einer eigenen Zeile aus. Das Ergebnis der zweiten Anweisung sieht aber nun folgendermaßen aus:

```
Fred
 Barney
 Betty
```

Können Sie erkennen, woher die Leerzeichen kommen? Perl interpoliert ein Array, also trennt es die einzelnen Elemente durch Leerzeichen. Die Ausgabe besteht aus dem ersten Element (Fred und einem Newline-Zeichen), dann einem Leerzeichen, gefolgt vom nächsten Element (Barney und einem Newline-Zeichen), einem weiteren Leerzeichen und dem letzten Element (Betty und einem Newline-Zeichen). Dadurch werden alle Zeilen bis auf die erste eingerückt. Mindestens ein- bis zweimal die Woche erscheint in der Newsgroup *comp.lang.perl.misc* eine Nachricht mit einer Betreffzeile wie »Perl rückt alles nach der ersten Zeile ein«.

Ohne die Nachricht lesen zu müssen, wissen wir, dass ein Array in doppelten Anführungszeichen benutzt wurde, in dem Strings mit einem Newline-Zeichen am Ende stehen. Wenn wir dann nachfragen, ob es so war, ist die Antwort immer Ja.

Wenn Ihre Strings Newline-Zeichen enthalten, wollen Sie sie in der Regel sowieso einfach nur ausgeben:

```
print @array;
```

Enthält die Liste dagegen noch keine Newline-Zeichen, wollen Sie normalerweise eines am Ende einfügen:

```
print "@array\n";
```

Üblicherweise werden die Ausgaben Ihres Programms *gepuffert*: Anstatt jedes einzelne Zeichen sofort auszugeben, wird dabei gewartet, bis genügend Daten vorhanden sind, um sie effizient weiterzuverarbeiten. Wollen Sie Ihre Ausgaben beispielsweise auf einer Festplatte speichern, wäre es (relativ) langsam, jedes Mal einen Schreibvorgang auf die Platte auszulösen, wenn nur ein oder zwei Zeichen an eine Datei angehängt werden müssen. Daher wird die Ausgabe normalerweise zuerst in einem Puffer zwischengespeichert.

---

15 Ja, die Leerzeichen sind ebenfalls Standardverhalten. Sehen Sie unter der Variable $« in der *perlvar*-Dokumentation nach.

16 Es ist Ihnen doch klar, dass es sich hier um eine Liste mit drei Elementen handelt, oder? Das ist nur eine Möglichkeit, dies in Perl auszudrücken.

Dieser wird *geleert* (das heißt, tatsächlich auf die Festplatte oder was auch immer geschrieben), sobald er voll ist oder wenn die Ausgabe anderweitig beendet wird (etwa am Ende der Laufzeit des Programms). In den meisten Fällen sollten Sie damit keine Probleme bekommen.

Wenn Sie (oder Ihr Programm) aber nun ungeduldig darauf warten, die Daten endlich auszugeben, kann es sein, dass Sie lieber Performance-Einbußen hinnehmen, um die Daten bei jedem print-Vorgang sofort ausgeben zu können. Die nötigen Informationen über die Kontrolle des Puffers bei der Ausgabe finden Sie in der entsprechenden Dokumentation.

Da print eine Liste von Strings erwartet, werden seine Argumente auch im Listenkontext ausgewertet. Da der Diamantoperator (als spezieller Zeileneingabe-Operator) im Listenkontext seinerseits eine Liste von Strings zurückgibt, funktioniert ihre Zusammenarbeit recht gut:

```
print <>;        # Quellcode für 'cat'
print sort <>;   # Quellcode für 'sort'
```

Der Fairness halber müssen wir zugeben, dass die Standard-Unix-Programme *cat* und *sort* einige zusätzliche Funktionen aufweisen, die unsere Ersatzprogramme nicht haben. Aber der Preis ist unschlagbar! Jetzt können Sie alle Ihre Standard-Unix-Programme in Perl neu implementieren und sie stressfrei auf jedes andere System portieren, ob da nun Unix läuft oder nicht. Und Sie können sicher sein, dass die Programme auf einer beliebigen Maschine immer das gleiche Verhalten zeigen.[17]

Es ist vielleicht nicht ganz offensichtlich, aber print hat optionale runde Klammern, was gelegentlich Verwirrung stiften kann. Denken Sie an die Regel, nach der in Perl runde Klammern weggelassen werden können, sofern sich die Bedeutung der Anweisung dadurch nicht ändert. Hier haben wir zwei Möglichkeiten, das Gleiche auszugeben:

```
print("Hallo Welt!\n");
print "Hallo Welt!\n";
```

Eine andere Regel in Perl besagt: Wenn ein Aufruf von print wie ein Funktionsaufruf *aussieht*, dann *ist* es auch einer. Bei einem Funktionsaufruf folgen die Argumente, die zu der Funktion gehören, unmittelbar[18] auf ihren Namen. Sie stehen dabei in runden Klammern:

```
print (2+3);
```

---

17 Es wurde sogar schon ein Versuch unternommen, sämtliche klassischen Unix-Utilities in Perl neu zu implementieren. Dieses Projekt namens PPT (Perl Power Tools) hat bereits fast alle Utilities (und die meisten Spiele) fertig gestellt, wurde bei der Reimplementierung der Shell jedoch zurückgeworfen. Dennoch war das PPT-Projekt sehr nützlich, denn nun stehen diese Standard-Utilities auch auf Nicht-Unix-Systemen zur Verfügung.

18 Wenn wir hier »unmittelbar« sagen, meinen wir damit, dass bei dieser Art von Funktionsaufruf zwischen dem Funktionsnamen und der öffnenden runden Klammer kein Newline-Zeichen stehen darf. Tut es das trotzdem, vermutet Perl hinter dieser Formulierung einen Listenoperator anstelle eines Funktionsaufrufs. Das ist die Art von pingeligen technischen Details, die wir nur der Vollständigkeit halber erwähnen. Wenn Sie unheilbar neugierig sind, dann verschaffen Sie sich in der Dokumentation einen Überblick.

Das sieht aus wie ein Funktionsaufruf, also ist es auch einer. Hier wird zuerst 5 ausgegeben, und dann wird, wie bei jeder Funktion, ein Wert zurückgegeben. Der Rückgabewert von print ist entweder wahr oder falsch, je nachdem, ob die Ausgabe erfolgreich war. Die Ausgabe ist so gut wie immer erfolgreich, es sei denn, es gibt einen I/O-Fehler. Das Ergebnis der folgenden Anweisung ist also normalerweise 1 (wahr):

```
$ergebnis = print("Hallo Welt!\n");
```

Was wäre aber nun, wenn Sie das Ergebnis auf eine andere Art benutzt hätten? Nehmen wir an, Sie wollten den Rückgabewert mit vier multiplizieren:

```
print (2+3)*4;  # Hoppla!
```

Wenn Perl diese Codezeile sieht, gibt es 5 aus, genau wie Sie es ihm gesagt haben. Dann wird der Rückgabewert der print-Anweisung (1) mit 4 multipliziert. Zum Schluss verwirft Perl das Produkt und fragt sich, warum Sie es nicht angewiesen haben, irgendetwas anderes damit zu tun. Jemand, der Ihnen über die Schulter sieht, wird an dieser Stelle sagen: »Ha! Perl beherrscht ja nicht einmal die Grundrechenarten! Dabei hätte doch 20 und nicht 5 herauskommen müssen!«

Das ist das Problem mit den optionalen runden Klammern. Bei der Benutzung von runden Klammern vergessen wir Menschen leicht, wo die Klammern hingehören. Gibt es keine runden Klammern, so arbeitet print als Listen-Operator, indem er erwartungsgemäß alle Elemente der folgenden Liste ausgibt. Folgt jedoch direkt auf print eine öffnende runde Klammer, wird print als Funktionsaufruf angesehen und gibt nur das aus, was innerhalb der Klammern steht. Da in der letzten Zeile Klammern vorkamen, ist es für Perl das Gleiche, als hätten Sie gesagt:

```
( print(2+3) ) * 4;  # Hoppla!
```

Zum Glück kann Perl Ihnen bei den meisten Problemen dieser Art helfen, wenn Sie Warnungen eingeschaltet haben. Zumindest beim Entwickeln und Debuggen sollte es Ihnen daher zur Gewohnheit werden, die Option -w oder use warnings zu benutzen.

Die Regel »Wenn etwas aussieht wie ein Funktionsaufruf, dann ist es auch einer.« gilt für alle Listenfunktionen[19] in Perl, nicht nur für print. Bei print ist es nur am auffälligsten. Wenn auf print (oder einen anderen Funktionsnamen) eine öffnende runde Klammer folgt, sollten Sie also dafür sorgen, dass die schließende (rechte) Klammer erst nach *allen* Argumenten für diese Funktion kommt.

Formatierte Ausgaben mit printf

Manchmal werden Sie sich wünschen, Sie hätten etwas mehr Kontrolle über das Aussehen Ihrer Ausgaben, als print Ihnen erlaubt. Falls Ihnen die Funktion printf bereits von

---

19 Funktionen, denen kein oder nur ein Argument übergeben wird, haben dieses Problem nicht.

der Programmiersprache C her bekannt ist, haben Sie keine Angst – in Perl gibt es eine vergleichbare Funktion mit demselben Namen.

Der Operator `printf` übernimmt einen String, der das Format angibt, gefolgt von einer Liste dessen, was ausgegeben werden soll. Der Formatierungsstring[20] funktioniert wie eine Schablone, die angibt, wie die Ausgaben auszusehen haben:

```
printf "Hallo %s; Dein Passwort ist noch %d Tage gültig!\n",
  $benutzer, $tage_zu_leben;
```

Der Formatierungsstring enthält eine Reihe sogenannter *Konversionen*; jede Konversion beginnt dabei mit einem Prozentzeichen und endet auf einen Buchstaben. (Wie wir gleich sehen werden, kann zwischen diesen beiden Symbolen eine Reihe von wichtigen Zusatzzeichen stehen.) Die Liste, die auf den Formatierungsstring folgt, sollte immer genau so viele Elemente enthalten, wie es Formatanweisungen gibt. Ist das nicht der Fall, wird die Ausgabe ziemlich sicher anders aussehen, als Sie es erwarten. Im oben stehenden Beispiel gibt es zwei Elemente und zwei Konversionen. Diese erzeugen die folgende Ausgabe:

```
Hallo merlyn; Dein Passwort ist noch 3 Tage gültig!
```

Die Zahl der bei `printf` möglichen Konversionen ist recht hoch. Hier werden wir jedoch nur die gebräuchlichsten behandeln. Die vollständige Dokumentation finden Sie selbstverständlich in der *perlfunc*-Dokumentation.

Die Konversion `%g`[21] gibt eine Zahl automatisch in einem passenden Format aus. Es wird je nach Bedarf automatisch eine Fließkomma-, Integer- oder sogar Exponentialschreibweise ausgewählt.

```
printf "%g %g %g\n", 5/2, 51/17, 51 ** 17;  # 2.5 3 1.0683e+29
```

Das Format `%d` steht für einen ganzzahligen Dezimalwert,[22] der nachgestellte Kommastellen bei Bedarf entfernt:

```
printf "in %d Tagen!\n", 17.85;  # in 17 Tagen!
```

Die Kommastellen werden dabei tatsächlich abgeschnitten, nicht gerundet; Sie werden gleich sehen, wie Sie eine Zahl runden können.

---

20 In diesem Fall benutzen wir das Wort »Format« im allgemein gebräuchlichen Sinne. Perl besitzt eine Möglichkeit, Berichte zu erstellen, die ebenfalls »Format« heißt. Wir werden aber bis zu Anhang B nicht weiter darauf eingehen (außer in dieser Fußnote), und auch da nur, um zu sagen, dass Formate nicht weiter behandelt werden. Sie sind also auf sich selbst gestellt. Weiterführende Informationen dazu finden Sie u. a. in der *perlform*-Manpage.

21 »Allgemeine« (»general«) numerische Konversion. Oder vielleicht eine »gute Konversion für diese Zahl«, oder auch »Rate mal, welche Ausgabe ich hier haben will.«

22 Für hexadezimale und oktale Zahlen gibt es außerdem %x bzw. %o. Wir benutzen »dezimal« hier als Gedächtnisstütze: %d steht für einen ganzzahligen Dezimalwert.

In Perl wird printf am häufigsten dafür verwendet, Daten spaltenweise auszugeben, da für die meisten Formate auch eine Feldbreite angegeben werden kann. Passen die Daten nicht ganz hinein, wird das Feld normalerweise je nach Bedarf erweitert:

```
printf "%6d\n", 42;  # eine Ausgabe wie ````42 (das `-Zeichen steht
                     # hier für einen Leerschritt)
printf "%2d\n", 2e3 + 1.95;  # 2001
```

Die Konversion %s steht für einen String. Der angegebene Wert wird dabei effektiv als String interpoliert, allerdings mit einer festen Feldbreite:

```
printf "%10s\n", "Wilma";  # wird dargestellt als `````Wilma
```

Ein negativer Wert für die Feldbreite sorgt dafür, dass die Daten linksbündig ausgegeben werden (das gilt für alle Konversionen):

```
printf "%-15s\n", "Feuerstein";  # ergibt Feuerstein`````
```

Die %f-Konversion (Fließkomma) rundet ihre Ausgabe nach Bedarf auf oder ab und lässt Sie sogar die Anzahl der Stellen nach dem Komma angeben:

```
printf "%12f\n",   6 * 7 + 2/3;  # ergibt ``` 42.666667
printf "%12.3f\n", 6 * 7 + 2/3;  # ergibt ```````42.667
printf "%12.0f\n", 6 * 7 + 2/3;  # ergibt ```````````43
```

Um ein literales Prozentzeichen auszugeben, benutzen Sie die Notation %%. Dieses Format unterscheidet sich insofern von den anderen, als dafür kein Element aus der Liste der zu formatierenden Strings benutzt wird.[23]

```
printf "Monatlicher Zinssatz: %.2f%%\n",
    5.25/12;  # ergibt "Monatlicher Zinssatz: 0.44%"
```

Arrays und printf

Normalerweise wird printf nicht mit einem Array als Argument benutzt. Das liegt daran, dass ein Array eine beliebige Anzahl von Elementen enthalten kann, während ein Formatstring nur mit einer festgelegten Anzahl von Elementen umgehen kann. Sind im Format drei Konversionen angegeben, so müssen auch genau drei Elemente benutzt werden.

Es gibt allerdings keinen Grund, das Format nicht erst dann zusammenzubauen, wenn alle nötigen Informationen (die Anzahl der Elemente) vorliegen; schließlich kann als Format jeder beliebige Ausdruck benutzt werden. Das ist manchmal nicht ganz einfach. Daher kann es (besonders beim Debuggen) nützlich sein, das Format in einer Variablen zu speichern.

---

23 Vielleicht dachten Sie, Sie könnten einen Backslash vor dem Prozentzeichen benutzen. Netter Versuch, aber falsch. Der Grund besteht darin, dass es sich bei der Formatangabe um einen Ausdruck handelt; und der Ausdruck "\%" bezeichnet nun mal den aus einem Zeichen bestehenden String '%'. Und selbst wenn wir im Formatstring einen Backslash stehen hätten, wüsste printf nicht, was es damit anfangen soll. Abgesehen davon sind C-Programmierer es gewohnt, printf auf diese Weise zu benutzen.

```
my @elemente = qw( wilma dino pebbles );
my $format = "Die Elemente sind:\n" . ("%10s\n" x @elemente);
# zum Debuggen benutzen Sie die folgende Zeile:
## print "Verwendetes Format: >>$format<<\n";
printf $format, @elemente;
```

Dieses Beispiel verwendet den x-Operator (den wir aus Kapitel 2 bereits kennen), um einen gegebenen String zu wiederholen. Das geschieht so oft, wie es die Anzahl der Elemente in @elemente (das hier in skalarem Kontext benutzt wird) vorgibt. Das Ergebnis ist 3, da das Array drei Elemente enthält. Der daraus resultierende Formatierungsstring ist der gleiche, als hätten wir geschrieben: "Die Elemente sind:\n%10s\n%10s\n%10s\n." Nun wird jedes Element auf einer zehn Zeichen breiten Zeile rechtsbündig ausgegeben. Außerdem hat die Ausgabe auch gleich noch eine Überschrift bekommen. Ziemlich cool, was? Aber noch nicht cool genug, denn wir können die beiden Zeilen auch noch miteinander kombinieren:

```
printf "Die Elemente sind:\n".("%10s\n" x @elemente), @elemente;
```

Wir haben hier @elemente einmal im skalaren Kontext benutzt, um die Anzahl der Elemente zu ermitteln, und einmal im Listenkontext, um an seinen Inhalt heranzukommen. Der Kontext ist wichtig.

Datei-Handles

In Perl-Programmen bezeichnet ein *Datei-Handle* den Namen einer Eingabe/Ausgabe-(I/O-)*Verbindung* zwischen Ihrem Programm und der Außenwelt. Dabei muss die Verbindung nicht unbedingt zu einer »normalen« Datei bestehen, sondern kann zum Beispiel auch zu einer Gerätedatei bestehen.

Vor Perl 5.6 waren alle Datei-Handles *Barewords*, also Kombinationen aus Buchstaben, Zahlen und Unterstrichen ohne irgendwelche anderen Symbole. Seit Perl 5.6 ist es möglich, eine Datei-Handle-Referenz in einer normalen skalaren Variablen zu speichern. Wir werden zunächst auf die Bareword-Varianten eingehen, da Perl diese immer noch für seine speziellen Datei-Handles verwendet, und uns später in diesem Kapitel der Möglichkeit der skalaren Variablen widmen.

Datei-Handles werden nach den Konventionen benannt, die auch für andere Perl-Identifier gelten (Buchstaben, Ziffern, Unterstriche, keine Ziffer am Anfang). Da Bareword-Handles wie Label kein vorangestelltes Sonderzeichen haben, kann es unter Umständen zu Verwechslungen mit Funktionsnamen kommen. Bestimmte Wörter, zum Beispiel print, sind in Perl reserviert. Andere werden in Zukunft dazukommen. Es wird daher empfohlen, die Namen von Datei-Handles vollständig in Großbuchstaben zu schreiben. Dadurch lassen sie sich im Programm leichter erkennen, und spätere Konflikte mit eventuell hinzukommenden reservierten Wörtern (die immer kleingeschrieben werden) werden vermieden.

Sechs Datei-Handle-Namen sind bereits von Perl für eigene Zwecke mit einer Bedeutung belegt: STDIN, STDOUT, STDERR, DATA, ARGV und ARGVOUT.[24] Diese sollten Sie nur benutzen, wenn Sie auch ihre besondere Funktionalität verwenden wollen. Abgesehen von diesen sechs Namen können Sie Ihre Datei-Handles nennen, wie Sie wollen.[25]

Einige dieser Namen kennen Sie vermutlich bereits. In Ihrem Programm bezeichnet das Datei-Handle STDIN die Verbindung zwischen Ihrem Perl-Prozess und dem Ort, von dem er seine Eingaben bekommt, dem sogenannten *Standardeingabekanal*, der auch Standardeingabe genannt wird. Das ist meistens die Tastatur des Benutzers, es sei denn, der Benutzer hat eine andere Quelle gewählt, zum Beispiel eine Datei oder die Ausgaben eines Programms in einer Pipeline.[26]

Des Weiteren gibt es einen *Standardausgabekanal* mit dem Perl-internen Handle STDOUT. Ausgaben nach STDOUT werden standardmäßig auf dem Bildschirm des Benutzers angezeigt. Wie wir gleich sehen werden, können Ausgaben aber auch in eine Datei geschrieben oder an ein anderes Programm geschickt werden. Diese Kanäle basieren auf der Unix-»Standard-I/O«-Bibliothek, funktionieren aber bei allen modernen Betriebssystemen fast identisch.[27] Die zugrunde liegende Idee besagt, dass Ihr Programm »ohne hinzusehen« aus STDIN liest und nach STDOUT schreibt. Dabei verlässt sich Ihr Programm darauf, dass der Benutzer (oder was immer Ihr Programm aufgerufen hat) dieses korrekt benutzt. Dadurch können Sie zum Beispiel folgendes Kommando verwenden:

```
$ ./Ihr_Programm <dino >wilma
```

Hiermit wird der Shell mitgeteilt, dass Ihr Programm seine Eingaben aus der Datei *dino* beziehen und seine Ausgaben in die Datei *wilma* schreiben soll. Solange Ihr Programm »blind« aus STDIN liest, dann die Eingaben (wie auch immer) verarbeitet und die Ausgaben blind nach STDOUT schreibt, funktioniert diese Methode einwandfrei.

Ohne Aufpreis können Sie Ihr Programm nun auch in einer *Pipeline* (oder einfach nur »Pipe«), einem weiteren Unix-Konzept, einsetzen. Damit können Sie Kommandozeilen wie die folgende schreiben:

```
$ cat fred barney | sort | ./Ihr_Programm | grep irgendwas | lpr
```

---

24 Manche Leute sind so faul, dass sie nicht einmal einen Augenblick lang Großbuchstaben benutzen wollen. Stattdessen schreiben sie alles klein, zum Beispiel stdin. Gelegentlich vergibt Ihnen Perl dieses Verhalten, manchmal aber auch nicht. Unter welchen Voraussetzungen das geschieht, können wir im Rahmen dieses Buchs nicht erklären. Wenn Sie also vermeiden wollen, dass Ihr Programm eines Tages unerwartet nicht mehr funktioniert, schreiben Sie Datei-Handle-Namen prinzipiell groß.

25 Gelegentlich können Sie diese Namen auch problemlos für Ihre Zwecke benutzen. Der Wartungsprogrammierer wird aber vermutlich davon ausgehen, dass Sie die reservierten Datei-Handles benutzen, und könnte dadurch verwirrt werden.

26 Damit meinen wir die drei wichtigsten I/O-Kanäle, die Unix-Shells standardmäßig zur Verfügung stellen. Programme können aber nicht nur von einer Shell gestartet werden. In Kapitel 14 werden wir sehen, was passiert, wenn Sie ein Programm von Perl aus aufrufen.

27 Wenn Sie wissen wollen, wie Nicht-Unix-Systeme mit der Standardein- und -ausgabe umgehen, lesen Sie in der *perlport*- und der Systemdokumentation nach. Dort finden Sie Informationen darüber, wodurch auf diesem System die Unix-Shell (das Programm, das andere Programme basierend auf Tastatureingaben ausführt und steuert) ersetzt wird.

Wenn Sie diese Unix-Kommandos nicht kennen, ist das nicht so schlimm. Die Zeile weist das cat-Kommando an, alle Zeilen der Datei *fred* gefolgt von allen Zeilen der Datei *barney* auszugeben. Diese sollen als Eingabe für das sort-Kommando benutzt werden, das die übergebenen Zeilen sortiert und weiterreicht. Diese Daten werden nun an *Ihr_Programm* weitergereicht. Dieses verarbeitet die Daten weiter und gibt das Ergebnis aus. Nun werden die Daten an das grep-Kommando weitergegeben, das bestimmte Zeilen ausfiltert und die verbleibenden Daten an das lpr-Kommando übergibt. Dieses gibt schließlich alle Daten auf einem Drucker aus. Uff!

Heutzutage sind Pipelines unter Unix und vielen anderen Systemen sehr beliebt, da sich mit ihnen aus ein paar einfachen Bausteinen sehr mächtige und komplexe Kommandos erzeugen lassen. Jeder dieser Bausteine ist für eine Sache sehr gut geeignet, Ihre Aufgabe besteht darin, die Bausteine auf die richtige Weise zusammenzufügen.

Es gibt noch einen weiteren Standard-I/O-Kanal. Hätte *Ihr_Programm* aus dem vorigen Beispiel irgendwelche Warnungen oder Fehlermeldungen auszugeben gehabt, wären diese in der Pipeline nicht besonders gut aufgehoben gewesen. Das grep-Kommando ist so eingestellt, dass es Dinge, die es nicht explizit erkennen soll, einfach ignoriert. Ihre Warnungen wären also sehr wahrscheinlich gar nicht angezeigt worden. Aber selbst wenn die Warnungen nicht ignoriert werden, ist es nicht besonders sinnvoll, sie an andere Programme in der Pipeline weiterzureichen. Aus diesem Grund gibt es STDERR, die *Standardfehlerausgabe*. Selbst wenn die Standardausgabe an ein anderes Programm oder eine Datei weitergegeben wird, landen die Fehler an einem vom Benutzer gewählten Ort. Das ist normalerweise der Bildschirm des Benutzers.[28] Mit folgendem Bourne-Shell-Kommando können Sie die Fehlermeldungen aber auch in eine Datei umleiten:

```
$ netstat | ./Ihr_Programm 2>/tmp/meine_fehler
```

Datei-Handles öffnen

Perl stellt also drei Datei-Handles beim Programmstart zur Verfügung: STDIN, STDOUT und STDERR. Über sie kann Ihr Programm auf die vom Elternprozess des Programms (vermutlich die Shell) voreingestellten Dateien und Geräte (Bildschirm, Tastatur usw.) zugreifen. Benötigen Sie andere Datei-Handles, können Sie Perl mit dem open-Operator mitteilen, dass es das System anweisen soll, eine Verbindung zwischen Ihrem Programm und der Außenwelt herzustellen. Hier sehen Sie ein paar Beispiele:

---

28 Fehlermeldungen werden normalerweise nicht gepuffert ausgegeben. Wenn der Standardausgabekanal und der Standardfehlerkanal auf demselben Gerät (wie etwa dem Monitor) angezeigt werden, kann es passieren, dass die Fehlermeldung vor der normalen Ausgabe angezeigt wird. Gibt Ihr Programm beispielsweise eine Zeile Text aus und versucht danach, eine Division durch null durchzuführen, kann es sein, dass der Text erst nach der Fehlermeldung ausgegeben wird.

```
open CONFIG, "dino";
open CONFIG, "<dino";
open STEINTAL, ">fred";
open LOG, ">>logdatei";
```

Im ersten Beispiel wird das Datei-Handle CONFIG geöffnet, das eine Verbindung zur Datei *dino* herstellt. Das heißt, die Datei *dino* wird geöffnet, wodurch Ihr Programm über das Datei-Handle CONFIG auf ihren Inhalt zugreifen kann. Das funktioniert so ähnlich wie das Lesen einer Datei von STDIN, wenn auf der Kommandozeile zum Beispiel die Shell-Umleitung <dino benutzt worden wäre. Das zweite Beispiel benutzt genau diese Schreibweise. Hier geschieht im Prinzip das Gleiche wie im ersten Beispiel. Der einzige Unterschied besteht darin, dass Perl ausdrücklich angewiesen wird, die Datei zum Lesen zu öffnen, selbst wenn das das Standardverhalten ist.[29]

Sie müssen das Kleiner-als-Zeichen nicht verwenden, um eine Datei zum Lesen zu öffnen. Wir haben es hier trotzdem vorgestellt, damit Sie eine Vergleichsmöglichkeit zum Größer-als-Zeichen haben. Dieses öffnet eine Datei zum Schreiben. Im dritten Beispiel öffnen wir das Datei-Handle STEINTAL, um in die neu angelegte Datei *fred* schreiben zu können. Das funktioniert analog zur Shell-Umleitung mit dem Größer-als-Zeichen. Wir senden die Ausgabe an eine *neue* Datei mit dem Namen *fred*. Wenn es bereits eine Datei mit diesem Namen gibt, wird sie mit der neuen überschrieben.

Im vierten Beispiel zeigen wir die Benutzung von zwei Größer-als-Zeichen (ebenfalls analog zur Shell-Schreibweise), die ein Datei-Handle zum Anhängen öffnen. Wenn die Datei bereits existiert, wird sie nicht überschrieben, sondern die neuen Daten werden am Ende der Datei angehängt. Existiert die Datei noch nicht, wird (wie bei der Verwendung nur eines Größer-als-Zeichens) versucht, sie neu anzulegen. Das ist praktisch, wenn Sie mit Logdateien arbeiten wollen. Bei jedem Programmlauf können ein paar neue Zeilen am Ende der Logdatei eingefügt werden. Aus diesem Grund haben wir im vierten Beispiel LOG als Namen des Datei-Handles und *logdatei* als Dateinamen gewählt.

Anstelle des Dateinamens können Sie einen beliebigen Ausdruck benutzen, der einen skalaren Wert erzeugt. In der Regel werden Sie hier aber eine klare Angabe über den Speicherort machen wollen:

```
my $ausgabe_datei = "ihre_datei";
open LOG, "> $ausgabe_datei";
```

Beachten Sie das Leerzeichen nach dem Größer-als-Zeichen. Dadurch lassen sich unerwartete Dinge vermeiden, auch wenn das Leerzeichen an sich von Perl ignoriert wird.[30]

---

29 Das kann aus Sicherheitsgründen wichtig sein. Wie wir gleich (und in Kapitel 14 im Detail) sehen werden, können in Dateinamen einige »Zauberzeichen« benutzt werden. Wenn $name einen vom Benutzer gewählten Dateinamen enthält, können diese Zeichen ihre volle Wirkung entfalten. Wir empfehlen, immer die Form mit drei Argumenten zu benutzen, die wir Ihnen gleich zeigen werden.

30 Richtig: Das heißt, führende Leerzeichen in Ihren Dateinamen werden ebenfalls von Perl ignoriert. Wenn Sie damit Probleme haben, finden Sie Rat und Beistand in den Dokumentationen zu *perlfunc* und *perlopentut*.

Wäre der Inhalt von `$ausgabe_datei` beispielsweise ">passwd", würde die Datei zum Anhängen statt zum Schreiben geöffnet.

In modernen Perl-Versionen (beginnend mit Perl 5.6) können Sie eine »Drei-Argumente-Form« von open benutzen, wie hier:

```
open CONFIG, "<", "dino";
open STEINTAL, ">", $datei_name;
open LOG, ">>", &logdatei_name( );
```

Der Vorteil besteht darin, dass Perl den Modus (das zweite Argument) keinesfalls als Teil des Dateinamens (das dritte Argument) ansehen kann, was zudem zwei nette Vorteile in puncto Sicherheit hat.[31] Da es sich um separate Argumente handelt, kann Perl auf keinen Fall durcheinanderkommen.

Die Drei-Argumente-Form hat einen weiteren maßgeblichen Vorteil: Zusätzlich zum Modus kann man auch eine Kodierung angeben. Wenn Sie wissen, dass Ihre Input-Datei UTF-8 ist, können Sie das angeben, indem Sie einen Doppelpunkt hinter den Dateimodus setzen und die Kodierung nennen:

```
open CONFIG, "<:encoding(UTF-8)", "dino";
```

Wenn Sie Ihre Daten in einer bestimmten Kodierung in eine Datei schreiben möchten, können Sie das Gleiche mit einem der Schreibmodi machen:

```
open STEINTAL, "<:encoding(UTF-8)", $datei_name;
open LOG, ">>:encoding(UTF-8)", &logdatei_name();
```

Dafür gibt es eine Abkürzung: Statt des ausgeschriebenen encoding(UTF-8) begegnet einem manchmal auch :utf8. Eigentlich ist das keine Abkürzung für die vollständige Fassung, denn dieser Schreibweise ist es egal, ob das In- bzw. Output gültiges UTF-8 ist. Indem Sie encoding(UTF-8) verwenden, stellen Sie sicher, dass die Daten korrekt kodiert sind. :utf8 nimmt einfach entgegen, was man ihm gibt, und markiert es als UTF-8-String, und zwar selbst wenn es keiner ist, was dann später Probleme verursachen kann. Trotzdem kann Ihnen durchaus etwas wie das hier begegnen:

```
open STEINTAL, ">:utf8", $datei_name;  # vermutlich nicht korrekt
```

Mit der Form encoding() können Sie auch andere Kodierungen angeben. Um an eine Liste aller Kodierungen zu kommen, die Perl versteht, verwenden Sie folgenden Einzeiler:

```
% perl -MEncode -le "print for Encode->encodings(':all')"
```

Sie sollten grundsätzlich jeden der Begriffe, die in dieser Liste auftauchen, als Kodierung zum Lesen oder Schreiben einer Datei verwenden können. Allerdings sind nicht alle

---

31 Ein Nachteil bezüglich der Sicherheit besteht darin, dass ein böswilliger Benutzer möglicherweise schädliche Zeichen in das zerbrechliche Innenleben Ihres unschuldigen Programms einschleusen kann. Sobald Sie etwas von regulären Ausdrücken verstehen (beginnend mit Kapitel 7), werden Sie in der Lage sein, einige Sicherheitsüberprüfungen von Benutzereingaben vorzunehmen. Sollte Ihr Programm möglicherweise böswilligen Benutzern ausgesetzt sein, sollten Sie im Alpaka-Buch, in der *perlsec*-Dokumentation oder in beiden Quellen über die Sicherheitsmechanismen von Perl nachlesen.

Kodierungen auf jedem Rechner verfügbar, da der Inhalt der Liste davon abhängt, was Sie bei sich installiert haben oder nicht.

Wenn Sie eine Little-Endian-Version von UTF-16 haben möchten:

```
open STEINTAL, ">:encoding(UTF-16LE)", $datei_name;
```

Oder vielleicht Latin-1:

```
open STEINTAL, ">:encoding(iso-8859-1)", $datei_name;
```

Es gibt andere *Schichten*[32], die Transformierungen am In- oder Output vornehmen. Zum Beispiel muss man manchmal mit Dateien arbeiten, die DOS-Zeilenenden haben, bei denen jede Zeile mit dem Paar Wagenrücklauf/Zeilenvorschub (Carriage Return/Linefeed, CR-LF) endet (normalerweise auch als »\r\n« geschrieben). Unix-Zeilenenden verwenden bloß Newline. Wenn Sie versuchen, eines davon auf das andere anzuwenden, können merkwürdige Sachen passieren. Die Kodierung :crlf kümmert sich um dieses Problem.[33] Wenn Sie sicherstellen wollen, dass Sie an jedem Zeilenende ein CR-LF bekommen, können Sie diese Kodierung an der Datei einstellen:

```
open STEINTAL, ">:crlf", $datei_name
```

Wenn Sie dann auf die einzelnen Zeilen ausgeben, übersetzt diese Schicht jedes Newline in CR-LF. Sie sollten allerdings aufpassen, denn wenn schon CR-LF vorliegt, bekommen Sie am Ende zwei Wagenrückläufe hintereinander.

Das Gleiche können Sie machen, um eine Datei zu lesen, die möglicherweise DOS-Zeilenenden hat:

```
open STEINTAL, "<:crlf", $datei_name;
```

Wenn Sie dann eine Datei lesen, wandelt Perl alle CR-LF in einfache Newlines um.

binmode auf Datei-Handles anwenden

Sie müssen nicht im Vorhinein wissen, welche Kodierung vorliegt, und sie auch nicht angeben, wenn Sie es wissen. Wenn man bei älteren Perl-Versionen Zeilenenden nicht übersetzen wollte, weil zum Beispiel irgendein Wert in einer Binärdatei zufällig denselben Ordinalwert wie Newline hatte, verwendete man binmode, um die Verarbeitung der Zeilenenden abzuschalten:[34]

```
binmode STDOUT; # Zeilenenden nicht übersetzen
binmode STDERR; # Zeilenenden nicht übersetzen
```

---

32 Eine Schicht unterscheidet sich ein kleines bisschen von einer Kodierung, weil sie eigentlich nicht unbedingt etwas tun muss. Man kann Schichten übereinander legen (daher haben sie ihren Namen), um verschiedene Wirkungen zu erzielen.

33 Unter Windows ist die Kodierung :crlf die Standardeinstellung.

34 Ganz ähnlich, wie man bei FTP den Binärmodus einstellen würde, falls Sie noch wissen, was das ist.

Seit Perl 5.6 konnte man eine Schicht[35] als zweites Argument von `binmode` angeben. Wenn man Unicode auf `STDOUT` ausgeben will, sollte man sicherstellen, dass `STDOUT` weiß, wie es mit dem umgehen soll, was es vorgesetzt bekommt:

```
binmode STDOUT, "encoding(UTF-8)";
```

Wenn Sie das nicht tun, bekommen Sie vielleicht eine Warnung (selbst wenn Sie Warnungen nicht eingeschaltet haben), weil `STDOUT` nicht weiß, wie Sie es kodieren möchten:

```
Wide character in print at test line 1.
```

Sie können `binmode` sowohl mit Input- als auch mit Output-Handles verwenden. Wenn Sie als Standardinput UTF-8 erwarten, können Sie Perl das mitteilen:

```
binmode STDERR, ":encoding(UTF-8)";
```

Schlechte Datei-Handles

Von sich aus kann Perl keine Dateien öffnen. Stattdessen muss Perl, wie jede andere Programmiersprache auch, mit dem Betriebssystem kommunizieren, wenn eine Datei geöffnet werden soll. Sind die Rechte der Datei nicht korrekt gesetzt, ist ein falscher Name angegeben oder sprechen andere Gründe gegen das Öffnen, kann das System den Zugriff auf die Datei verweigern.

Falls Sie versuchen, von einem schlechten Datei-Handle zu lesen (weil es nicht korrekt geöffnet oder eine beendete Netzwerkverbindung ist), wird sofort ein Dateiende-Zeichen ausgegeben. (Die weiter hinten in diesem Kapitel besprochenen I/O-Methoden sorgen dafür, dass in skalarem Kontext `undef` ausgegeben wird und im Listenkontext eine leere Liste.) Versuchen Sie, in ein schlechtes Datei-Handle zu schreiben, werden die Daten stillschweigend verworfen.

Glücklicherweise sind diese schweren Konsequenzen vermeidbar. Zuallererst schalten wir mit der Option -w oder mit dem `warnings`-Pragma die Warnungen ein. In der Regel wird Perl uns informieren, wenn es feststellt, dass wir versuchen, ein schlechtes Datei-Handle zu benutzen. Auch unabhängig davon kann uns `open` sagen, ob das Öffnen der Datei erfolgreich war oder nicht, indem es bei Erfolg *wahr* und bei Misserfolg *falsch* zurückgibt. Sie könnten Ihren Code also folgendermaßen formulieren:

```
my $erfolg = open LOG, ">>", "logdatei"; # Rückgabewert speichern
if ( ! $erfolg ) {
  # open nicht möglich
  ...
}
```

Wie gesagt: Sie *könnten* das so machen. Wie Sie im nächsten Abschnitt sehen werden, gibt es aber noch einen besseren Weg.

---

35 In Perl 5.6 wird dafür der Begriff *Disziplin* verwendet, aber er wurde zugunsten von *Schicht* aufgegeben.

Datei-Handles schließen

Wenn Sie ein Datei-Handle nicht mehr brauchen, können Sie es mit dem close-Operator folgendermaßen wieder schließen:

```
close STEINTAL;
```

Das Schließen eines Datei-Handle weist Perl an, dem System mitzuteilen, dass noch auszugebende Daten spätestens jetzt geschrieben werden sollen, falls jemand bereits darauf wartet.[36] Wenn Sie ein Datei-Handle erneut öffnen (indem Sie den Namen des Datei-Handle bei einem neuen open wiederverwerten) oder Ihr Programm beendet wird, schließt Perl das Datei-Handle automatisch.[37]

Aus diesem Grund wird in vielen Perl-Programmen auf explizites Schließen verzichtet. Wenn Sie sauber programmieren wollen, haben Sie jedoch die Möglichkeit, für jedes open auch ein entsprechendes close zu benutzen. In der Regel ist es am besten, ein Datei-Handle zu schließen, sobald es nicht mehr gebraucht wird – auch wenn das Ende Ihres Programms früh genug erreicht wird.[38]

Schwerwiegende Fehler mit die abfangen

Lassen Sie uns diese Sache mit etwas Abstand betrachten. Wir brauchen etwas, das nicht direkt mit I/O zu tun hat (beziehungsweise nicht darauf beschränkt ist) – etwas, womit wir ein Programm vorzeitig beenden können.

Wenn innerhalb von Perl ein schwerwiegender Fehler auftritt (wie etwa bei einer Division durch null, bei der Benutzung eines ungültigen regulären Ausdrucks oder beim Aufruf einer nicht deklarierten Subroutine), wird eine entsprechende Fehlermeldung

---

36 Wenn Sie sich gut mit I/O-Systemen auskennen, werden Sie wissen, dass wir hier nicht alles gesagt haben. Wird ein Datei-Handle geschlossen, geschieht in der Regel Folgendes: Sind noch Eingaben aus einer Datei zu erwarten, so werden diese ignoriert; stehen die Eingaben in einer Pipeline, bekommt das schreibende Programm ein Signal, dass die Pipeline geschlossen ist (»broken pipe«). Werden Daten an eine Datei oder Pipeline ausgegeben, wird der Puffer ausgeleert (anstehende Ausgaben werden also noch ausgegeben). Wurde das Datei-Handle gesperrt, wird die Sperrung beim Schließen aufgehoben. Weitere Details finden Sie in der Dokumentation zu den I/O-Operationen Ihres Systems.

37 Datei-Handles werden in der Regel bei jedem Programmende automatisch geschlossen. Stürzt jedoch Perl selbst ab, werden noch wartende Ausgabepuffer nicht mehr ausgeleert. Bringen Sie Ihr Programm also versehentlich zum Absturz, beispielsweise aufgrund einer Division durch null, läuft Perl selbst noch weiter. In diesem Fall sorgt Perl dafür, dass noch anstehende Daten auch ausgegeben werden. Wird aber Perl selbst beendet (etwa weil ihm der Speicher ausgegangen ist oder weil es ein unerwartetes Signal erhalten hat), werden die letzten Teile der anstehenden Ausgabe nicht mehr auf die Festplatte geschrieben. Das ist aber normalerweise keine große Sache.

38 Das Schließen eines Datei-Handles sorgt für das Ausleeren der Ausgabepufferung und das Aufheben einer Sperrung der Datei. Da unter Umständen auch noch andere Prozesse auf diese Dateien zugreifen wollen, empfiehlt es sich besonders bei Programmen, die länger laufen, die Dateien so bald wie möglich wieder zu schließen. Viele Ihrer Programme werden aber nur ein paar Sekunden laufen, so dass dieses Vorgehen vermutlich nicht immer notwendig ist. Das Schließen gibt außerdem eventuell begrenzte Systemressourcen wieder frei, es ist also nicht einfach nur ordentlich, sondern sogar sinnvoll.

ausgegeben und das Programm beendet.[39] Mit der Funktion die können Sie diese Funktionalität nutzen, wenn Sie sie brauchen.

Die die-Funktion gibt eine ihr übergebene Fehlermeldung (auf der Standard*fehler*ausgabe, versteht sich) aus und sorgt dafür, dass Ihr Programm mit einem Exit-Status ungleich null beendet wird.

Jedes Programm, das unter Unix (und vielen anderen modernen Betriebssystemen) läuft, besitzt einen Exit-Status, der dem System mitteilt, ob das Programm erfolgreich ausgeführt wurde. Ruft ein Programm ein anderes auf (wie das Hilfsprogramm *make*), überprüft es dessen Exit-Status, um festzustellen, ob das ausgeführte Programm korrekt abgelaufen ist. Dieser Status besteht nur aus einem einzelnen Byte, ist für sich genommen also nicht besonders aussagekräftig. In der Regel wird bei Erfolg der Status 0 ausgegeben und bei einem Fehler ein von 0 verschiedener Wert. 1 könnte beispielsweise einen Fehler bei den Kommandozeilenargumenten bedeuten, der Status 2 vielleicht ein Problem bei der Datenverarbeitung, und 3 bedeutet eventuell, dass die Konfigurationsdatei nicht gefunden werden konnte. Die Details unterscheiden sich von Kommando zu Kommando. Der Status 0 steht aber prinzipiell für eine erfolgreiche Ausführung des Programms. Am Exit-Status können Programme wie *make* in unserem Beispiel also erkennen, ob es sinnvoll ist, weiterzulaufen, oder ob besser abgebrochen wird.

Wir könnten das vorige Beispiel nun also neu schreiben, vielleicht so:

```
if ( ! open LOG, ">>", "logdatei" ) {
  die "Kann logdatei nicht anlegen: $!";
}
```

Schlägt open fehl, bricht die das Programm ab und gibt die Meldung aus, dass die Logdatei nicht angelegt werden konnte. Aber was hat das $! jetzt da zu suchen? Diese Spezialvariable enthält die menschenlesbare Form der Systemfehlermeldung. Kann das System eine von Ihnen angeforderte Aktion (zum Beispiel das Öffnen einer Datei) nicht durchführen, gibt $! in der Regel einen Grund an (hier vermutlich »permission denied« oder »file not found«). Das ist der String, den Sie in C oder ähnlichen Sprachen mit perror auslesen können. Diese Nachricht steht Perl in der speziellen Variablen $! zur Verfügung.[40] Es ist daher eine gute Idee, den Inhalt von $! in einer Fehlermeldung mit anzugeben, wenn sie dem Benutzer helfen kann, den Fehler zu ermitteln. Das ist allerdings nur sinnvoll, wenn auch ein Systemaufruf erfolgt ist. Ansonsten enthält $! vermutlich eine Perl-interne Nachricht, die nichts mit dem eigentlichen Fehler zu tun hat. Die Benutzung der Variablen $! ist also nur nach einem *fehlgeschlagenen* Systemaufruf sinnvoll. Ein erfolgreicher Aufruf hat keinen Einfluss auf $!.

---

39 Das ist das Standardverhalten. Sie können Fehler aber auch in einem eval-Block abfangen. Wie das geht, zeigen wir in Kapitel 16.

40 Bei einigen Nicht-Unix-Systemen enthält die Variable $! eine Meldung wie error number 7 und überlässt es dem Benutzer, die genaue Beschreibung in der Dokumentation nachzuschlagen. Unter Windows und VMS enthält die Variable $^E unter Umständen weitere diagnostische Informationen.

Und die kann noch mehr: Am Ende der Nachricht wird automatisch der Name des Perl-Programms und die Zeilennummer[41] angehängt. Dadurch können Sie leicht feststellen, welches die für das vorzeitige Ende Ihres Programms verantwortlich ist. Enthält $! also beispielsweise die Nachricht permission denied, sähe Ihre Fehlermeldung folgendermaßen aus:

```
Kann logdatei nicht anlegen: permission denied at Ihr_Programm line 1234.
```

Das kann sehr hilfreich sein, da wir in unseren Fehlermeldungen meistens mehr Informationen bekommen wollen, als wir ursprünglich geplant hatten. Wenn Sie nicht wollen, dass die Zeilennummer und der Name des Programms angezeigt werden, fügen Sie am Ende der Fehlermeldung ein Newline-Zeichen ein:

```
if (@ARGV < 2) {
    die "Nicht genug Argumente\n";
}
```

Wenn nicht mindestens zwei Kommandozeilenargumente angegeben werden, gibt das Programm eine entsprechende Fehlermeldung aus und beendet sich dann selbst. Der Name des Programms und die Zeilennummer werden dabei nicht mit ausgegeben, da diese Informationen für den Benutzer nicht von Bedeutung sind – schließlich hat er diesen Fehler offenbar selbst verursacht, nicht unser Programm. Als Faustregel gilt: Verwenden Sie ein Newline-Zeichen, wenn es um die Ausgabe von Benutzerfehlern geht, beim Debuggen jedoch nicht.[42]

Sie sollten den Rückgabewert von open prinzipiell überprüfen, da der Rest Ihres Programms von seinem Erfolg abhängt.

Warnhinweise ausgeben mit warn

Analog zur Benutzung von die, das sich wie die in Perl eingebaute Fehlerbehandlung (beispielsweise bei einer Division durch null) verhält, können wir mit der Funktion warn Warnhinweise ausgeben (analog zu den in Perl eingebauten Warnungen, etwa bei der Benutzung eines undefinierten Wertes).

Die Funktion warn funktioniert bis auf den letzten Schritt genau wie die Funktion die, nur dass das Programm nicht beendet wird. Es können aber auch hier der Name des Pro-

---

41 Kommt es beim Lesen aus einer Datei zu einem Fehler, enthält die Meldung außerdem die »Chunk-Nummer« (meistens die Nummer der zuletzt aus der Datei gelesenen Zeile) sowie den Namen des Datei-Handles. Das soll Ihnen helfen, mögliche Programmierfehler leichter aufzuspüren.

42 Der Name des Programms ist außerdem in der Spezialvariablen $0 (Dollar-Null) zu finden. Es kann also sinnvoll sein, eine Meldung wie die folgende auszugeben: "$0: Nicht genug Argumente\n". Das ist besonders dann nützlich, wenn das Programm in einer Pipeline ausgeführt wird, wo es nicht so offensichtlich ist, welches Programm die Meldung verursacht hat. $0 kann während der Ausführung des Programms allerdings verändert werden. Eventuell wollen Sie sich auch die speziellen Markierungen __FILE__ und __LINE__ (oder die caller-Funktion) ansehen. Damit können Sie an die Informationen gelangen, die Ihnen durch das Newline-Zeichen verloren gehen, und diese in einem selbst gewählten Format ausgeben.

gramms und die Zeilennummer ausgegeben werden. Der Warnhinweis wird wie bei die in die Standardfehlerausgabe geschrieben.[43]

Nachdem wir über den Tod und düstere Warnungen gesprochen haben, kommen wir nun zu unserem eigentlichen Lehrthema zurück: I/O. Lesen Sie beruhigt weiter.

Automatisches die-en

Ab Perl 5.10 ist das Pragma autodie Teil der Standardbibliothek. Bisher haben wir in den Beispielen den Rückgabewert von open überprüft und den Fehler selbst bearbeitet:

```
if ( ! open LOG, '>>', 'logdatei' ) {
    die "Cannot create logdatei: $!";
}
```

Das kann ziemlich mühsam werden, wenn man es jedes Mal tun muss, wenn man ein Datei-Handle öffnen möchte. Stattdessen können Sie das Pragma autodie einmal im Programm benutzen und automatisch das die erzeugen, wenn open fehlschlägt:

```
use autodie;

open LOG, ">>", "logdatei";
```

Dieses Pragma arbeitet so, dass es erkennt, welche Built-ins Systemaufrufe sind, die aus Gründen fehlschlagen könnten, die nicht im Einflussbereich des Programms liegen. Wenn einer dieser Systemaufrufe fehlschlägt, ruft autodie wie von Zauberhand die für Sie auf. Seine Fehlermeldung sieht so ähnlich aus wie das, was Sie vielleicht auch selbst schreiben würden:

```
Can't open(">>", "logdatei"): No such file or directory at test line 3
```

Datei-Handles benutzen

Wenn ein Datei-Handle einmal zum Lesen geöffnet ist, können Sie die Zeilen lesen, als kämen sie von STDIN. Um also zum Beispiel die Zeilen der Unix-Passwortdatei zu lesen, geben Sie Folgendes ein:

```
if ( ! open PASSWD, "/etc/passwd") {
  die "Wie konnten Sie sich nur anmelden? ($!)";
}

while (<PASSWD>) {
  chomp;
  ...;
}
```

---

[43] Warnungen können nicht wie schwerwiegende Fehler mit einem eval-Block abgefangen werden. Müssen Sie das dennoch tun, lesen Sie in der *perlvar*-Dokumentation zu %SIG den Abschnitt über das Pseudosignal __WARN__.

In diesem Beispiel werden in der die-Nachricht runde Klammern um $! benutzt. Das sind einfach nur runde Klammern, die die Systemmeldung umgeben. (Manchmal werden die Interpunktionszeichen tatsächlich auch als solche benutzt.) Wie Sie nun sehen können, besteht der »Zeileneingabe-Operator« eigentlich aus zwei Teilen: aus den spitzen Klammern (dem *echten* Zeileneingabe-Operator), die um ein Datei-Handle angeordnet sind.

Ein zum Schreiben oder Anhängen geöffnetes Datei-Handle kann zusammen mit print oder printf benutzt werden. Dabei steht der Name des Handles direkt hinter dem Funktionsnamen, aber vor der auszugebenden Liste:

```
print LOG "Logbuch der Enterprise. Sternzeit 3,14159\n";  # Ausgabe nach LOG
printf STDERR "%d Prozent erledigt.\n", $erledigt/$gesamt * 100;
```

Ist Ihnen aufgefallen, dass hier zwischen dem Datei-Handle und den auszugebenden Elementen kein Komma steht? Das erscheint besonders seltsam, wenn Sie runde Klammern benutzen. Beide Schreibweisen sind korrekt:[44]

```
printf (STDERR "%d Prozent erledigt.\n", $erledigt/$gesamt * 100);
printf STDERR ("%d Prozent erledigt.\n", $erledigt/$gesamt * 100);
```

Das Standard-Datei-Handle für Ausgaben ändern

Wenn Sie print kein Datei-Handle mitgeben, werden Daten standardmäßig nach STDOUT ausgegeben. (Das gilt auch für printf. Alles, was wir in diesem Zusammenhang über die eine Funktion sagen, gilt auch für die andere.) Dieses Standardverhalten können Sie mit dem select-Operator ändern. Im folgenden Beispiel werden einige Zeilen nach STEINTAL ausgegeben:

```
select STEINTAL;
print "Ich hoffe, Mr. Schiefer weiß nichts davon.\n";
print "Wilma!\n";
```

Haben Sie einmal ein Datei-Handle für die Ausgabe gewählt, wird es für den Rest Ihres Programms als Standard-Datei-Handle benutzt. Damit Ihr Programm nicht durcheinanderkommt, sollten Sie es nach der Benutzung wieder auf STDOUT zurücksetzen.[45]

---

44 Wenn Sie in Englisch oder Linguistik nur gute Noten bekommen haben, werden Sie bei der Erklärung, dass es sich hier um indirekte Objektsyntax handelt, vermutlich sagen: »Ja, sicher! Jetzt verstehe ich, warum da kein Komma nach dem Datei-Handle steht – es ist ein indirektes Objekt.« Wir dagegen haben nicht genügend Einser, um zu verstehen, warum hier kein Komma steht. Wir lassen es einfach weg, weil Larry uns das so gesagt hat.

45 In dem seltenen Fall, dass STDOUT nicht das ausgewählte Datei-Handle ist, können Sie es sichern und wiederherstellen. Die richtige Vorgehensweise finden Sie in der Beschreibung von select in der *perlfunc*-Dokumentation. Und wo wir gerade dabei sind, können wir Ihnen auch gleich erzählen, dass es eigentlich zwei eingebaute Funktionen mit dem Namen select gibt. Beide werden in der *perlfunc*-Manpage erklärt. Die zweite Variante von select übernimmt vier Argumente, weshalb sie gelegentlich auch »Vier-Argumente-select« genannt wird.

Ausgaben an Datei-Handles werden standardmäßig gepuffert ausgegeben. Das können Sie ändern, indem Sie die Spezialvariable $| auf den Wert 1 setzen. Dadurch werden Ausgaben auf das Datei-Handle, das beim Ändern des Wertes von $| ausgewählt war, ab sofort ungepuffert vorgenommen. Wenn Sie sicherstellen wollen, dass die Einträge in Ihre Logdatei immer sofort vorgenommen werden, können Sie eine Formulierung wie die unten stehende benutzen. Das kann nützlich sein, wenn Sie den Verlauf eines Programms anhand der Logdatei mitverfolgen wollen.[46]

```
select LOG;
$| = 1;  # Einträge in LOG ungepuffert ausgeben
select STDOUT;
# ... Zeit vergeht. Kleinkinder lernen laufen, tektonische Platten
# verschieben sich, und dann plötzlich ...
print LOG "Dieser Eintrag erscheint sofort im LOG!\n";
```

Standard-Datei-Handles erneut öffnen

Wenn Sie versuchen, ein bereits geöffnetes Datei-Handle (zum Beispiel FRED) zu öffnen, obwohl es bereits ein offenes Handle mit diesem Namen gibt, wird das alte automatisch geschlossen. Wir haben bereits gesagt, dass Sie keinen der sechs Standard-Datei-Handle-Namen für eigene Zwecke benutzen sollten, es sei denn, Sie wollen ihr spezielles Verhalten in irgendeiner Form nutzen. Schließlich haben wir Ihnen noch erzählt, dass die von die und warn erzeugten Nachrichten sowie die Perl-internen Fehlermeldungen automatisch nach STDERR ausgegeben werden. Wenn Sie nun diese drei Informationen kombinieren, können Sie daraus schließen, wie sich Fehlermeldungen in eine Datei umleiten lassen, anstatt in die Standardfehlerausgabe des Programms geschrieben zu werden:[47]

```
# Fehlermeldungen in meine private Logdatei schreiben.
if ( ! open STDERR, ">>/home/barney/.fehler_log") {
  die "Kann Logdatei nicht zum Anhängen öffnen: $!";
}
```

Nachdem STDERR neu geöffnet wurde, werden alle von Perl ausgegebenen Fehlermeldungen in die neue Datei umgeleitet. Was passiert aber, wenn die ausgeführt wird? Wo wird *diese* Nachricht ausgegeben, wenn die neue Datei nicht zum Anhängen der Meldungen geöffnet werden konnte?

---

46 Zum Beispiel mit dem Kommando *tail -f Ihre_Logdatei*.

47 Machen Sie das aber nicht grundlos. Es ist fast immer besser, den Benutzer die Auswahl treffen zu lassen, als die Umleitung innerhalb Ihres Programms unabänderlich festzulegen. In manchen Fällen kann diese Möglichkeit jedoch recht nützlich sein, etwa wenn das Programm automatisch ausgeführt werden soll (wie zum Beispiel von einem Webserver oder von Programmen wie cron oder at, die Ihr Programm in regelmäßigen Abständen aufrufen). Ein weiterer Grund könnte darin bestehen, dass Ihr Programm einen weiteren Prozess startet (vermutlich mit system oder exec, die wir in Kürze kennenlernen werden), der andere I/O-Verbindungen als der Elternprozess hat.

Die Antwort lautet: Kann eines der System-Datei-Handles nicht erneut geöffnet werden, wird das Original-Handle freundlicherweise von Perl wiederhergestellt.[48] Genauer gesagt: Das Original-Handle (der drei System-Handles) wird nur geschlossen, wenn absehbar ist, dass ein erneutes Öffnen erfolgreich sein wird. Sie können diese Methode also verwenden, um ein beliebiges System-Datei-Handle (oder alle) innerhalb Ihres Programms umzuleiten.[49] Damit lässt sich Ihr Programm ausführen, als wäre sowieso die I/O-Umleitung der Shell benutzt worden.

Ausgaben mit say

Perl 5.10 »borgt« sich die eingebaute Funktion say von der laufenden Entwicklung von Perl 6 (die vermutlich ihrerseits durch die say-Funktion von Pascals `println` inspiriert ist). Sie funktioniert genau wie `print`, nur dass am Ende einer Zeile automatisch ein Newline-Zeichen eingefügt wird. Die folgenden Schreibweisen erzeugen alle dieselbe Ausgabe:

```
use 5.010;

print "Hallo!\n";
print "Hallo!", "\n";
say "Hallo!";
```

Wenn Sie einfach nur den Wert einer Variablen gefolgt von einem Newline-Zeichen ausgeben wollen, müssen Sie dafür nicht extra einen String anlegen oder `print` mit einer Liste aufrufen. Benutzen Sie einfach say, um das Gewünschte auszugeben. Das ist besonders hilfreich, wenn Sie einfach nur ein Newline-Zeichen nach der eigentlichen Ausgabe brauchen:

```
use 5.010;
my $name = 'Fred';
print "$name\n";
print $name, "\n";
say $name;
```

Wenn Sie ein Array interpolieren wollen, müssen Sie es allerdings auch weiterhin mit Anführungszeichen umgeben. Diese sorgen schließlich dafür, dass die Elemente in der Ausgabe durch Leerzeichen voneinander getrennt werden:

```
use 5.010;
my @array = qw( a b c d );
say @array;    # "abcd\n"
say "@array"; # "a b c d\n";
```

---

48 Dies ist zumindest so lange wahr, wie Perls Spezialvariable $^F nicht geändert wurde. Diese Variable teilt Perl mit, dass die drei Datei-Handles eine Sonderbedeutung haben.

49 Öffnen Sie STDIN aber nicht zum Schreiben oder eines der anderen Datei-Handles zum Lesen. Der bloße Gedanke daran bereitet uns schon Kopfschmerzen.

Wie bei print können Sie auch für say ein Datei-Handle angeben:

```
use 5.010;
say STEINTAL "Hallo!";
```

Da es sich bei say um ein Merkmal von Perl 5.10 handelt, werden wir es nur im Zusammenhang mit anderen Perl 5.10-Funktionen benutzen. Das gute alte print funktioniert natürlich immer noch so gut wie sonst auch. Wir vermuten allerdings, dass es eine ganze Reihe von Perl-Programmierern gibt, die sich den deutlichen Zeitvorteil, den sie durch die verringerte Tipparbeit (immerhin vier Zeichen – zwei im Funktionsnamen un das \n) erhalten, keinesfalls entgehen lassen wollen.

Datei-Handles in Skalaren

Seit Perl 5.6 kann man Datei-Handles in skalaren Variablen anlegen, damit man kein Bareword verwenden muss. Das macht Vieles deutlich einfacher, zum Beispiel die Weitergabe von Datei-Handles als Argumente von Subroutinen, ihre Speicherung in Arrays und Hashes oder die Kontrolle über ihren Geltungsbereich. Allerdings muss man trotzdem wissen, wie man Barewords verwendet, da sie immer noch in Perl-Code zu finden sind und in kurzen Skripten wirklich ganz schön praktisch sind, wo man keinen großen Nutzen aus den Datei-Handles in einer Variablen ziehen kann.

Wenn Sie eine skalare Variable ohne einen Wert anstelle des Bareword in open benutzen, landet Ihr Datei-Handle in der Variablen. Normalerweise macht man das mit einer lexikalischen Variablen, weil damit sichergestellt ist, dass man eine Variable ohne einen Wert bekommt. Manch einer setzt gern ein _fh ans Ende der Namen solcher Variablen, um sich selbst daran zu erinnern, dass sie für Datei-Handles verwendet werden:

```
my $steine_fh;
open $steine_fh, "<", "steine.txt"
    or die "Konnte steine.txt nicht öffnen: $!";
```

Man kann diese beiden Anweisungen sogar miteinander kombinieren, so dass man die lexikalische Variable direkt im open deklariert:

```
open my $steine_fh, "<", "steine.txt"
    or die "Konnte steine.txt nicht öffnen: $!";
```

Sobald man das Datei-Handle in der skalaren Variablen hat, verwendet man die Variable mit Sigille und allem genau an der Stelle, wo vorher die Bareword-Variante benutzt wurde:

```
while( <$steine_fh> ) {
    chomp;
    ...
}
```

Das funktioniert auch mit Output-Datei-Handles. Sie öffnen das Datei-Handle mit dem entsprechenden Modus und benutzen dann die skalare Variable anstelle des Bareword-Datei-Handle:

```
open my $steine_fh, '>>', 'steine.txt'
    or die "Konnte steine.txt nicht öffnen: $!";
foreach my $stein ( qw( Schiefer Lava Granit ) ) {
    say $steine_fh $stein
}
print $steine_fh "Kalkstein\n";
close $steine_fh;
```

Beachten Sie, dass in diesem Beispiel immer noch kein Komma hinter dem Datei-Handle benutzt wird. Perl merkt, dass $fh ein Datei-Handle ist, weil kein Komma hinter steht, was direkt auf print folgt. Wenn Sie ein Komma hinter das Datei-Handle setzen, sieht das Output komisch aus. Das ist vermutlich nicht, was Sie eigentlich wollen:

```
print $steine_fh, "Kalkstein\n"; # FALSCH
```

Bei diesem Beispiel kommt etwas in folgender Art heraus:

```
GLOB(0xABCDEF12)Kalkstein
```

Was ist denn da passiert? Da Sie nach dem ersten Argument ein Komma verwendet haben, hat Perl dieses Argument als einen String behandelt, der statt des Datei-Handle auszugeben ist. Wir werden Referenzierung zwar erst im nächsten Buch, *Intermediate Perl*, behandeln, aber hier sehen Sie, wie die Referenz im Gegensatz zu dem, was Sie vermutlich vorhatten, »stringifiziert« wird. Daraus ergibt sich, dass es auch zwischen den folgenden zwei Beispielen einen feinen Unterschied gibt:

```
print STDOUT;
print $stein_fh; # FALSCH, zumindest vermutlich
```

Im ersten Fall weiß Perl, dass STDOUT ein Datei-Handle ist, weil es ein Bareword ist. Da es keine weiteren Argumente gibt, wird standardmäßig $_ verwendet. Im zweiten Fall kann Perl nicht beruteilen, was $stein_fh entgegennehmen wird, bis es die Anweisung tatsächlich ausführt. Da es also im Vorhinein nicht weiß, dass es sich um ein Datei-Handle handelt, geht es immer davon aus, dass $stein_fh einen Wert hat, den Sie ausgeben lassen wollen. Um das zu umgehen, können Sie immer alles, was ein Datei-Handle sein soll, in geschwungene Klammern setzen, damit Perl auf jeden Fall das Richtige tut, selbst wenn Sic cin Datci-Handle benutzen, das in einem Array oder Hash gespeichert ist:

```
print { $stein_fh }; # verwendet standardmäßig $_
print { $steine[0] } "Sandstein\n";
```

Je nachdem, was Sie konkret programmieren, können Sie es so oder so machen und sich zwischen Datei-Handles mit Barewords und mit skalaren Variablen entscheiden. Bei kurzen Programmen, zum Beispiel in der Systemverwaltung, stellen Barewords kein großes Problem dar. Bei der Entwicklung großer Anwendungen dagegen sollte man wohl eher lexikalische Variablen verwenden, um den Geltungsbereich der offenen Datei-Handles steuern zu können.

Übungen

Die Lösungen zu den folgenden Aufgaben finden Sie in Anhang A.

1. [7] Schreiben Sie ein Programm, das wie *cat* funktioniert, die Reihenfolge der auszugebenden Zeilen jedoch umkehrt. (Auf manchen Systemen gibt es ein Utility mit dem Namen *tac*.) Wenn Sie Ihr Programm mit der Anweisung `./tac fred barney betty` aufrufen, sollte zuerst die Datei *betty* von der letzten Zeile bis zur ersten ausgegeben werden, dann *barney* und dann *fred* – ebenfalls von der letzten Zeile bis zur ersten. (Achten Sie darauf, beim Programmaufruf `./` zu benutzen, wenn Sie es *tac* genannt haben, damit Sie nicht stattdessen das Utility des Systems aufrufen!)

2. [8] Schreiben Sie ein Programm, das den Benutzer dazu auffordert, eine Liste von Strings auf separaten Zeilen einzugeben. Die Strings sollen in einer rechtsbündigen Spalte mit einer Breite von 20 Zeichen ausgegeben werden. Um sicherzugehen, dass die Ausgabe auch in der richtigen Spalte erfolgt, soll zusätzlich ein »Lineal« aus Zahlen ausgegeben werden. (Dies ist nur als Debugging-Hilfe gedacht.) Stellen Sie sicher, dass Sie nicht versehentlich eine Zeile aus nur 19 Zeichen benutzen. Wenn der Benutzer zum Beispiel `Hallo` und `Tschüss` eingibt, sollte die Ausgabe etwa so aussehen:

```
12345678901234567890123456789012345678901234567890
               Hallo
             Tschüss
```

3. [8] Ändern Sie das Programm aus der vorigen Übung so ab, dass der Benutzer die Spaltenbreite selbst wählen kann. Gibt der Benutzer also etwa 30, `Hallo` und `Tschüss` (jeweils auf einer eigenen Zeile) ein, soll der String in einer 30 Zeichen breiten Spalte ausgegeben werden. (Tipp: Sehen Sie sich den Abschnitt »Interpolation von skalaren Variablen in Strings« in Kapitel 2 auf Seite 35 noch einmal an.) Zusatzpunkte gibt es, wenn das »Lineal« automatisch verlängert wird, wenn die vom Benutzer angegebene Spaltenbreite das verlangt.

Hashes

In diesem Kapitel lernen Sie ein Merkmal kennen, das Perl zu einer der großen Programmiersprachen der Welt macht – *Hashes*[1]. Selbst wenn Sie schon einige Jahre Erfahrung mit anderen mächtigen Sprachen haben, ist es möglich, dass Sie noch nie etwas von Hashes gehört haben – obwohl Hashes ein mächtiges und nützliches Feature sind. In Perl sind Hashes derart wichtig, dass sie in fast jedem Programm vorkommen.

Was ist ein Hash?

Ähnlich wie ein Array ist auch ein Hash eine Datenstruktur, die eine Anzahl von Werten enthalten und wieder ausgeben kann. Anstatt die Werte jedoch, wie beim Array üblich, über einen *numerischen* Index anzusprechen, werden beim Hash die Werte mit einem *Namen* angesprochen. Die *Indizes* (die wir bei Hashes *Schlüssel* nennen) sind hier also keine Zahlen, sondern können beliebige, einmalige Strings sein (siehe Abbildung 6-1).

Hash-Schlüssel sind zunächst einmal *Strings*, das heißt, anstatt etwa das Element Nummer 3 aus einem Array anzusprechen, greifen wir nun auf das Hash-Element mit dem Namen wilma zu.

Die Schlüssel sind Strings – Sie können also einen beliebigen Ausdruck, der einen String erzeugt, als Schlüssel in einem Hash benutzen. Diese Strings dürfen jeweils nur einmal vorkommen. Genau wie es nur *ein* Arrayelement mit dem Index 3 geben kann, gibt es auch nur *ein* Hash-Element mit dem Schlüssel wilma.

---

[1] Früher nannten wir diesen Datentyp »assoziative Arrays«. Ungefähr 1995 hat die Perl-Gemeinschaft entschieden, dass das zu viele Buchstaben zu schreiben und zu viele Silben zu sprechen seien, und den Namen in »Hashes« geändert.

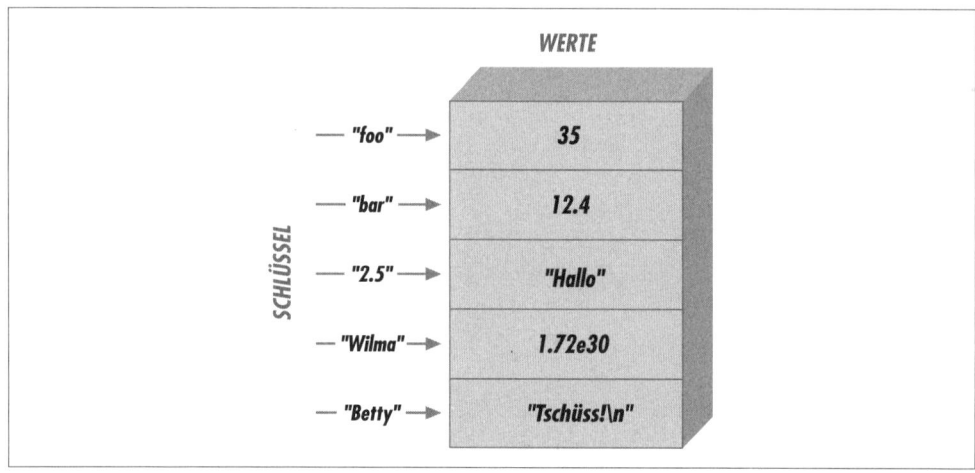

Abbildung 6-1: Schlüssel und Werte eines Hash

Eine andere Art, sich einen Hash vorzustellen, wäre ein Fass voller Daten (siehe Abbildung 6-2), wobei an jedem Datenstück ein Zettel hängt. Sie können in das Fass greifen und einen beliebigen Zettel herausziehen, um zu sehen, welches Datenstück daran hängt. Aber es gibt kein »erstes Element«, sondern nur eine ungeordnete Ansammlung. In einem Array starten wir mit dem Element 0, darauf folgt Element 1, dann 2 und so weiter. In einem Hash gibt es dagegen keine feste Reihenfolge, also auch kein erstes Element. Ein Hash ist einfach eine Sammlung von Schlüssel/Wert-Paaren.

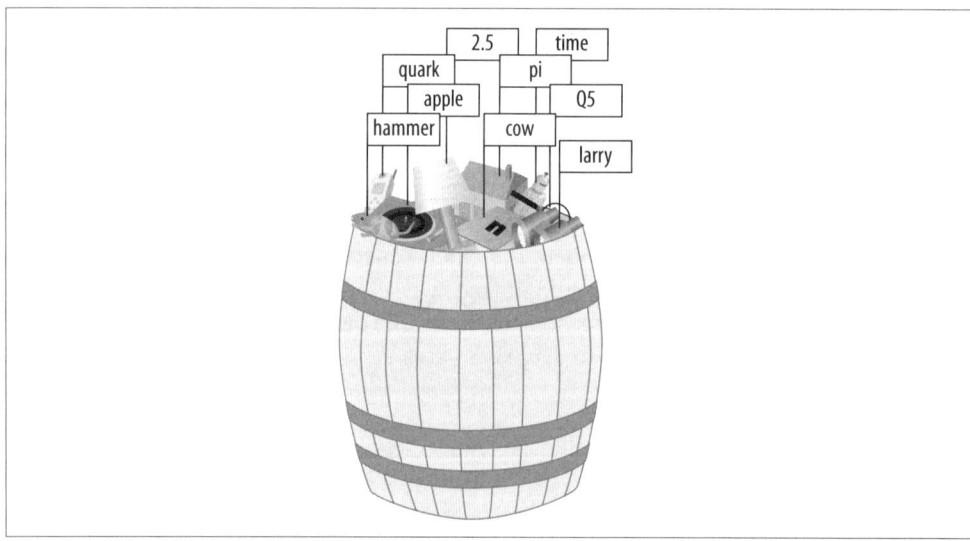

Abbildung 6-2: Ein Hash als ein Fass voller Daten

Sowohl Schlüssel als auch Werte können beliebige skalare Werte sein. Dabei werden die Schlüssel jedoch prinzipiell in Strings umgewandelt. Würden Sie also den numerischen Ausdruck 50/20 als Schlüssel benutzen,[2] so würde dieser in den String "2.5" (drei Zeichen) umgewandelt (einer der Schlüssel im Diagramm aus Abbildung 6-2).

Wieder gilt die Regel, dass Perl uns keine unnötigen Grenzen auferlegt: Ein Hash kann eine beliebige Größe haben, von einem leeren Hash bis hin zu einem, dessen Schlüssel/ Wert-Paare Ihren gesamten Hauptspeicher füllen.

Einige Hashimplementierungen (wie etwa das Original in der Sprache *awk*, von der Larry sich die Idee ausgeliehen hat) werden mit zunehmender Größe der Hashes immer langsamer. Perl ist für diesen Fall jedoch mit einem guten, skalierbaren Algorithmus ausgestattet.[3] Hat ein Hash also nur drei Schlüssel/Wert-Paare, geht das Heraussuchen der Werte recht schnell. Hat der Hash 3 Millionen Schlüssel, sollte das Heraussuchen ähnlich schnell vor sich gehen. Haben Sie also keine Angst vor großen Hashes.

An dieser Stelle möchten wir noch einmal darauf hinweisen, dass Hash-Schlüssel im Gegensatz zu den Werten nicht doppelt vorkommen können. Die Werte können aus Zahlen, Strings, undef-Werten oder beliebigen Kombinationen[4] daraus bestehen. Die Schlüssel müssen jedoch einmalige Strings sein.

Warum einen Hash benutzen?

Besonders wenn Sie nach einem langen und produktiven Programmiererleben zum ersten Mal von Hashes hören, kann es sein, dass Sie sich fragen, wofür man so etwas überhaupt braucht. Der grundsätzliche Gedanke besteht darin, miteinander »verwandte« Datensätze zu benutzen. Hier haben wir einige typische Verwendungen von Hashes in Perl:

Vorname, Familienname
> Der Vorname ist hier der Schlüssel, der Familienname (Nachname) der Wert. Dies setzt einmalige Vornamen voraus; gäbe es zwei Leute mit dem Namen Randal, würde dieses Beispiel nicht funktionieren. Mit diesem Hash können Sie einen beliebigen Vornamen angeben und so den Nachnamen dieser Person herausfinden. Benutzen Sie etwa den Schlüssel Tom, bekommen Sie den Wert Phoenix.

Rechnername, IP-Adresse
> Wie Sie wissen, besitzt jeder Rechner im Internet sowohl einen Rechnernamen (wie etwa *http://www.stonehenge.com*) als auch eine numerische IP-Adresse (wie etwa 123.45.67.89), da Maschinen lieber mit Zahlen arbeiten, uns Menschen es aber

---

2   Dies ist ein numerischer Ausdruck, und nicht etwa der aus fünf Zeichen bestehende String "50/20". Wenn wir den String als Schlüssel benutzt hätten, würde er selbstverständlich unverändert bleiben.

3   Technisch gesehen baut Perl die Hash-Tabelle, je nach der benötigten Hashgröße, neu auf. (Das Wort »Hash« kommt von der Tatsache, dass intern eine Hash-Tabelle zur Implementierung dieses Datentyps verwendet wird.)

4   Oder, um genau zu sein, vollkommen beliebige skalare Werte, also auch solche, die wir bisher noch nicht behandelt haben.

leichter fällt, uns die Namen zu merken. Die Rechnernamen sind einmalige Strings und können daher als Schlüssel in einem Hash benutzt werden. Mit einem Hash wie diesem können Sie also einen Rechnernamen angeben und die dazugehörige IP-Adresse herausfinden.[5]

IP-Adresse, Rechnername

Oder umgekehrt: Wir stellen uns eine IP-Adresse normalerweise als Zahl vor, wir können sie aber auch als einmaligen String darstellen (wie jede Zahl in Perl) und dadurch als Schlüssel in einem Hash verwenden. In diesem Hash können wir eine IP-Adresse angeben, um den dazugehörigen Rechnernamen herauszufinden. Das ist nicht derselbe Hash wie im vorigen Beispiel. Hashes funktionieren nur in einer Richtung: vom Schlüssel zum Wert; es gibt keine Methode, anhand eines Wertes den dazugehörigen Schlüssel herauszufinden! Es handelt sich in diesen zwei Beispielen also um ein Paar Hashes, einer zum Speichern der IP-Adressen und einer für die Rechnernamen. Wie wir gleich sehen werden, ist es recht einfach, einen in den anderen umzuwandeln.

Ein Wort, Anzahl der Vorkommen dieses Wortes

Dies ist eine sehr häufige Verwendung für einen Hash. Sie kommt sogar so oft vor, dass sie eventuell in einer Übung am Ende dieses Kapitels auftauchen könnte.

Hier geht es darum herauszufinden, wie oft ein bestimmtes Wort in einem Dokument vorkommt. Vielleicht erzeugen Sie einen Index für eine Anzahl von Dokumenten, so dass ein Benutzer, der nach Fred sucht, herausfinden kann, dass dieses Wort in einem bestimmten Dokument fünfmal vorkommt. In einem anderen Dokument taucht Fred vielleicht siebenmal auf. Wieder ein anderes Dokument erwähnt Fred womöglich überhaupt nicht. Dadurch können Sie zum Beispiel ermitteln, nach welchem Dokument der Benutzer wahrscheinlich sucht. Jedes Mal, wenn das Indizierungsprogramm in einem bestimmten Dokument eine Erwähnung von Fred findet, wird der Wert, der zum Schlüssel Fred gehört, um 1 erhöht. Wenn wir Fred in einem Dokument also bereits zweimal gesehen hätten, wäre der Wert nun 2, und wir müssten ihn auf 3 erhöhen. Hätten wir Fred bisher noch gar nicht gesehen, müssten wir den Standardwert undef jetzt zu 1 ändern.

Benutzername, Anzahl der benutzten (verschwendeten) Blöcke auf der Festplatte

Systemadministratoren mögen dieses Beispiel: Die Benutzernamen auf einem System sind alle einmalige Strings. Daher lassen sie sich in einem Hash einsetzen, um Informationen über einen bestimmten Benutzer zu ermitteln.

Ausweisnummer, Name

Es gibt eine Menge Leute, die Peter Meier heißen, aber wir hoffen, dass jeder von ihnen eine einmalige Ausweisnummer besitzt. Die Nummer dient uns hier als einmaliger Schlüssel, und der Name der Person als Wert.

---

5   Das ist kein besonders gutes Beispiel, weil wir wissen, dass einige Hosts mehrere IP-Adressen haben können, während manche IP-Adressen auf verschiedene Hosts abbilden können, aber Sie verstehen, was wir meinen.

Sie können sich einen Hash also auch als eine einfache Datenbank vorstellen, in der für jeden Schlüssel jeweils immer ein bestimmtes Datenstück abgelegt wird. Wenn Ihre Aufgabenbeschreibung Begriffe wie »Duplikate finden«, »Querverweis« oder »Lookup-Tabelle« enthält, stehen die Chancen nicht schlecht, dass ein Hash für die Implementierung geeignet ist.

Zugriff auf Hash-Elemente

Um auf ein Hash-Element zuzugreifen, benutzen Sie die folgende Schreibweise:

```
$hash{$schluessel}
```

Diese Syntax ähnelt der, die wir für den Zugriff auf Arrayelemente bereits kennengelernt haben. Hier benutzen wir anstelle der eckigen Klammern jedoch geschweifte, um den Schlüssel zu kennzeichnen.[6] Der Ausdruck für den Schlüssel ist hierbei ein String und keine Zahl.

```
$familien_name{"Fred"}  = "Feuerstein";
$familien_name{"Barney"} = "Geroellheimer";
```

Abbildung 6-3 zeigt, wie die resultierenden Schlüssel/Wert-Paare nach der Zuweisung aussehen.

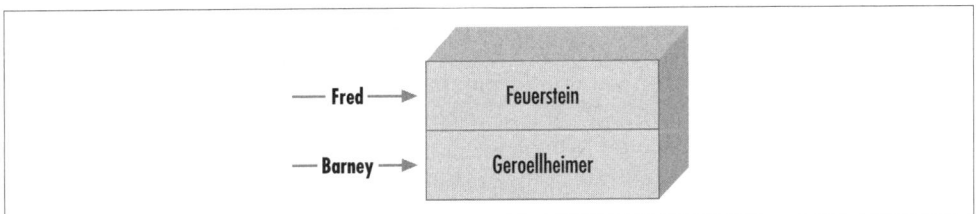

Abbildung 6-3: Schlüssel/Wert-Paare nach der Zuweisung

Wir können also zum Beispiel den folgenden Code schreiben:

```
foreach my $person (qw< Barney Fred >) {
  print "Ich kenne $person $familien_name{$person}.\n";
}
```

Der Name eines Hash ist ebenfalls ein ganz normaler Perl-Identifier (er kann aus Buchstaben, Zahlen und Unterstrichen bestehen, darf aber nicht mit einer Zahl beginnen). Auch Hashes haben ihren eigenen Namensraum. Es gibt also keine Beziehung zwischen dem Hash-Element $familien_name{"Fred"} und etwa der Subroutine &familien_name. Es besteht selbstverständlich kein Grund dazu, alle Leute zu verwirren, indem wir allem den gleichen Namen geben. Perl würde es jedoch nichts ausmachen, wenn

---

6   Hier ein kleiner Ausflug in Larry Walls Kopf: Larry sagt, dass wir hier geschweifte Klammern anstelle von eckigen benutzen, da wir hier etwas anderes tun, als einen einfachen Arrayzugriff vorzunehmen. Daher sollten wir auch eine andere Schreibweise benutzen.

Sie einen Skalar mit dem Namen $familien_name und ein Arrayelement mit dem Namen $familien_name[5] nebeneinander benutzen würden. Wir Menschen müssen das Gleiche tun wie Perl: Wir müssen nachsehen, welche Zeichenfolge vor dem Identifier verwendet wird, um herauszufinden, was sie bedeutet. Stehen also vor dem Identifier ein Dollarzeichen und dahinter geschweifte Klammern, wird offenbar auf ein Hash-Element zugegriffen.

Wenn Sie sich einen Namen für einen Hash ausdenken, kann es hilfreich sein, sich das Wort »von« zwischen dem Namen des Hash und dem Schlüssel zu denken. Zum Beispiel »der familien_name von Fred ist Feuerstein«. Dadurch, dass wir den Hash familien_name nennen, wird klar, welche Beziehung zwischen den Schlüsseln und ihren Werten besteht.

Sie können für Hash-Schlüssel einen beliebigen Ausdruck benutzen, und nicht nur literale Strings oder einfache skalare Variablen, wie hier gezeigt ist:

```
$foo = "Bar";
print $familien_name{ $foo . "ney" };  # gibt "Geroellheimer" aus
```

Wenn Sie versuchen, etwas in einem bereits existierenden Hash-Element zu speichern, wird der vorige Wert dadurch überschrieben:

```
$familien_name{"Fred"} = "Astaire";
# gibt einem bereits existierenden Element einen neuen Wert

$steintal = $familien_name{"Fred"};
# Zuweisung von "Astaire"; der alte Wert geht verloren
```

Das funktioniert analog zu Arrays und Skalaren; wenn Sie in $pebbles[17] oder $dino einen neuen Wert ablegen, wird der alte überschrieben. Das Gleiche passiert, wenn Sie etwas Neues in $familien_name{"Fred"} speichern – auch hier wird der alte Wert überschrieben.

Hash-Elemente können ebenfalls durch eine Zuweisung erzeugt werden:

```
$familien_name{"Wilma"} = "Feuerstein";
# fügt einen neuen Schlüssel (und einen neuen Wert) hinzu

$familien_name{"Betty"} .= $familien_name{"Barney"};
# erzeugt das Element, falls nötig
```

Dies geschieht analog zu Arrays und Skalaren;[7] existieren $pebbles[17] oder $dino nicht bereits, werden sie durch eine einfache Zuweisung erzeugt. Falls das Element $familien_name{"Betty"} nicht schon vorher existiert hat, tut es das jetzt.

Hier gibt der Zugriff auf nichtexistente Elemente ebenfalls undef zurück:

```
$granit = $familien_name{"Larry"};
# kein Larry gefunden, also: undef
```

---

[7] Dieses Feature wird Autovivification (»Autobelebung«) genannt. Wir kommen in *Intermediate Perl* darauf zu sprechen.

Auch hier greift die Analogie: Wenn `$pebbles[17]` oder `$dino` beim Zugriff auf sie keinen Wert enthalten, wird `undef` zurückgegeben. Enthält `$familien_name{"Larry"}` beim Zugriff keinen Wert, wird auch hier `undef` zurückgegeben.

Der Hash als Ganzes

Um einen Hash als Ganzes anzusprechen, benutzen Sie das Prozentzeichen als Präfix. Der Hash, den wir während der letzten Seiten benutzt haben, heißt also eigentlich `%familien_name`.

Aus Gründen der Bequemlichkeit ist es möglich, einen Hash in eine Liste und zurück zu konvertieren. Zuweisungen an einen Hash (in diesem Fall an den Hash aus Abbildung 6-1) geschehen als Zuweisung im Listenkontext, bei der Schlüssel und Werte die Listenelemente darstellen.[8]

```
%irgendein_hash = ("foo", 35, "bar", 12.4, 2.5, "Hallo",
    "Wilma", 1.72e30, "Betty", "Tschüss\n");
```

Der Wert des Hash (im Listenkontext) ist eine einfache Liste aus Schlüssel/Wert-Paaren:

```
@irgendein_array = %irgendein_hash;
```

Dieses Vorgehen wird in Perl als *Unwinding* (Abwickeln) eines Hash bezeichnet, wobei eine Liste aus Schlüssel/Wert-Paaren entsteht. Die Paare befinden sich dabei nicht unbedingt in der gleichen Reihenfolge wie in der ursprünglichen Liste:

```
print "@irgendein_array\n";
    # könnte etwas wie das Folgende ergeben:
    # Betty Tschüss (und ein Newline-Zeichen) Wilma
    # 1.72e+30 foo 35 2.5 Hallo bar 12.4
```

Die Reihenfolge ist vermutlich eine andere, da Perl die Schlüssel/Wert-Paare intern so ablegt, dass sie sich schnell nachschlagen lassen.[9] Sie benutzen einen Hash normalerweise in Situationen, in denen es nicht wichtig ist, in welcher Reihenfolge sich die Einträge befinden, oder wenn Sie eine einfache Möglichkeit besitzen, die von Ihnen benötigte Reihenfolge herzustellen.

Trotzdem bleibt jeder Schlüssel in der neuen Liste natürlich mit dem dazugehörigen Wert verbunden. Das heißt: Selbst wenn Sie nicht wissen, an welcher Stelle der Liste der Schlüssel foo auftaucht, können Sie sich sicher sein, dass der dazugehörige Wert, nämlich 35, direkt auf seinen Schlüssel folgt.

---

8   Sie können sämtliche Listenoperatoren und Ausdrücke benutzen. Die einzige Bedingung besteht darin, dass es sich um eine gerade Anzahl von Elementen handeln muss, da der Hash nun einmal aus Schlüssel/Wert-*Paaren* besteht. Eine ungerade Anzahl wird wahrscheinlich irgendetwas Unzuverlässiges tun, kann aber mit eingeschalteten Warnungen abgefangen werden.

9   Perl würfelt die Reihenfolge auch deshalb durcheinander, damit ein Angreifer nicht vorhersagen kann, wie Perl den Hash abspeichert.

Hash-Zuweisung

Auch wenn es selten gemacht wird, kann ein Hash kopiert werden, indem Sie die folgende Schreibweise verwenden, bei der ein Hash einfach einem anderen zugewiesen wird:

```
my %neuer_hash = %alter_hash;
```

Dafür muss Perl einen größeren Aufwand betreiben, als es zunächst scheint. Im Gegensatz zu Sprachen wie Pascal oder C, bei denen einfach ein bestimmter Speicherbereich kopiert wird, sind die Datenstrukturen von Perl komplexer aufgebaut. Perl wird durch diese Codezeile angewiesen, zuerst %alter_hash in eine Liste von Schlüssel/Wert-Paaren umzuwandeln und diese dann Paar für Paar %neuer_hash zuzuweisen.

Üblicher ist es, den Hash auf eine irgendeine Weise umzuwandeln. Zum Beispiel könnten wir den Hash umkehren:

```
my %umgedrehter_hash = reverse %irgendein_hash;
```

Mit dieser Zeile wird %irgendein_hash in eine Liste aus Schlüssel/Wert-Paaren »abgespult«, wodurch eine Liste in der Form (*Schlüssel, Wert, Schlüssel, Wert, Schlüssel, Wert ...*) entsteht. Der reverse-Operator dreht nun diese Liste um, wodurch wir eine Liste der Form (*Wert, Schlüssel, Wert, Schlüssel, Wert, Schlüssel ...*) bekommen. Jetzt stehen die Werte an der Stelle der Schlüssel und die Schlüssel an der Stelle der Werte. Weisen wir diese Liste nun %umgedrehter_hash zu, können wir einen String, der vorher ein Wert in %irgendein_hash war, als Schlüssel benutzen. Das gibt uns die Möglichkeit, anhand eines »Wertes« (der jetzt ein »Schlüssel« ist) den dazugehörigen »Schlüssel« (jetzt ein »Wert«) zu ermitteln.

Wenn Sie aufmerksam gelesen haben, wissen Sie bereits, dass diese Methode nur dann korrekt funktioniert, wenn auch die Werte im ursprünglichen Hash nur einmal vorkamen, da es keine doppelten Schlüssel geben darf. Perl geht dabei nach folgender Regel vor: Der Letzte gewinnt. Das bedeutet, ein bereits angelegter Schlüssel kann von einem später erzeugten überschrieben werden.

Da wir allerdings nicht wissen, in welcher Reihenfolge die Paare in die Liste »abgespult« werden, lässt sich auch nicht sagen, wer das Rennen macht. Sie sollten diese Technik also nur dann anwenden, wenn Sie wissen, dass es unter den ursprünglichen Werten keine Duplikate gibt.[10] In unseren Beispielen mit den Rechnernamen und IP-Adressen ist das der Fall.

```
%ip_adresse = reverse %rechner_name;
```

---

10 Oder es ist Ihnen egal, ob es Duplikate gibt. So könnten wir beispielsweise den Hash %familien_name (in dem die Vornamen als Schlüssel verwendet werden und die Familiennamen als Werte) umkehren, um festzustellen, ob es innerhalb dieser Gruppe jemanden mit einem bestimmten Familiennamen gibt. Gibt es also im umgedrehten Hash keinen Schlüssel Schiefer, wissen wir, dass dieser Name im ursprünglichen Hash nicht vorkommt.

Jetzt können wir sowohl den Rechnernamen als auch die IP-Adresse auf die gleiche leichte Art nachschlagen.

Der große Pfeil

Wenn Sie Zuweisungen auf einen Hash vornehmen, ist es manchmal nicht ganz offensichtlich, welche Elemente nun die Schlüssel sind und welche die Werte. In der Zuweisung von eben müssen wir Menschen beispielsweise die Liste durchzählen und dabei sagen »Schlüssel, Wert, Schlüssel, Wert, ...« , um herauszufinden, ob etwa 2.5 ein Schlüssel oder ein Wert ist:

```
%irgendein_hash = ("foo", 35, "bar", 12.4, 2.5, "Hallo",
        "Wilma", 1.72e30, "Betty", "Tschüss\n");
```

Wäre es nicht nett, wenn Perl uns die Möglichkeit gäbe, Schlüssel und Werte in einer solchen Liste auch als Paare darzustellen? Das hat sich Larry auch gedacht, weshalb er den großen Pfeil (=>) erfunden hat.[11] Für Perl ist das nur eine andere Möglichkeit, ein Komma zu schreiben. Das heißt, immer wenn Sie in Perl ein Komma (,) verwenden, können Sie auch den großen Pfeil benutzen; für Perl macht das keinen Unterschied aus.[12] Eine andere Art, unseren Hash von Familiennamen zu schreiben, sieht so aus:

```
my %familien_name = (  # ein Hash kann als lexikalische Variable
                       # definiert werden
  "Fred"    => "Feuerstein",
  "Dino"    => undef,
  "Barney"  => "Geroellheimer",
  "Betty"   => "Geroellheimer",
);
```

Jetzt haben wir eine leichter lesbare Methode, um zu sehen, was ein Schlüssel und was ein Wert ist, selbst wenn alle Paare auf einer Zeile stehen. Beachten Sie auch das zusätzliche Komma am Ende der Liste. Wie wir bereits gesehen haben, ist dieses Verfahren harmlos, aber bequem. Müssen wir dem Hash noch weitere Personen hinzufügen, ist nur darauf zu achten, dass auf jeder Zeile ein Schlüssel/Wert-Paar und ein nachgestelltes Komma stehen. Perl fasst das so auf, als stünde zwischen jedem Eintrag in dieser Liste ein Komma und ein weiteres (harmloses) Komma am Ende der Liste.

Es wird aber noch besser: Perl bietet diverse Abkürzungen an, die Programmierern die Arbeit erleichtern. Eine sehr praktische ist die Möglichkeit, die Anführungszeichen bei

---

11 Ja, es gibt auch einen *kleinen* Pfeil. Dieser wird für Referenzen benutzt, die als Thema für Fortgeschrittene gelten. Wenn Sie so weit sind, können Sie mehr darüber in den Dokumentationen zu *perlreftut-* und *perlref* erfahren.

12 Einen technischen Unterschied gibt es doch: Barewords (Folgen von Buchstaben, Ziffern und Unterstrichen, die nicht mit einer Ziffer beginnen dürfen und optional ein vorangestelltes Plus- oder Minuszeichen haben können) links vom Pfeil müssen nicht von Anführungszeichen umgeben werden. Das passiert implizit. Das Gleiche gilt innerhalb geschweifter Klammern bei der Verwendung eines Barewords als Hash-Schlüssel.

einigen der Hash-Schlüssel wegzulassen, wenn der große Pfeil verwendet wird, der automatisch die Werte links von ihm in Anführungszeichen setzt:

```
my %familien_name = (
   Fred    => "Feuerstein",
   Dino    => undef,
   Barney  => "Geroellheimer",
   Betty   => "Geroellheimer",
);
```

Natürlich können Sie nicht bei jedem x-beliebigen Schlüssel die Anführungszeichen weglassen, da ein Hash-Schlüssel ja irgendein frei gewählter String sei kann. Wenn der Wert links wie ein Perl-Operator aussieht, kann das Perl durcheinanderbringen. Folgendes kann zum Beispiel nicht funktionieren, weil Perl denkt, das + sei der Additionsoperator und kein String, der in Anführungszeichen gehört:

```
my %familien_name = (
   +    => "Feuerstein",   # FALSCH, Kompilationsfehler
);
```

Aber Schlüssel sind oft einfach. Wenn der Hash-Schlüssel nur aus Buchstaben, Zahlen und Unterstrichen besteht und nicht mit einer Zahl anfängt, ist es *möglich*, dass man die Anführungszeichen weglassen kann. Ein derart einfacher String ohne Anführungszeichen wird *Bareword* genannt, also »blankes Wort«, da er allein und ohne Anführungszeichen steht.

Ein anderer Fall, in dem man diese Abkürzung benutzen darf, ist dort, wo Hash-Schlüssel am häufigsten auftauchen: in den geschweiften Klammern einer Hash-Element-Referenz. Anstelle von $score{"Fred"} könnte man zum Beispiel einfach $score{Fred} schreiben. Da viele Hash-Schlüssel so schlicht sind, ist es wirklich eine Erleichterung, keine Anführungszeichen verwenden zu müssen. Aber seien Sie vorsichtig: Wenn sich innerhalb der geschweiften Klammern irgendetwas anderes als ein Bareword befindet, interpretiert Perl das als Ausdruck. Wenn zum Beispiel ein . vorkommt, hält Perl das für eine Stringverkettung:

```
$hash{ bar.foo } = 1;   # das ist der Schlüssel "foobar"
```

Hash-Funktionen

Natürlich gibt es auch eine ganze Reihe von nützlichen Funktionen, die Sie gleichzeitig auf einen ganzen Hash anwenden können.

Die Funktionen keys und values

Die Funktion keys gibt eine Liste aller in einem Hash enthaltenen Schlüssel zurück, und values gibt die dazugehörigen Werte aus. Wenn der Hash keine Elemente enthält, wird von beiden Funktionen eine leere Liste zurückgegeben.

```
my %hash = ("a" => 1, "b" => 2, "c" => 3);
my @schluessel = keys   %hash;
my @werte      = values %hash;
```

Das Array @schluessel enthält folglich "a", "b" und "c", während @werte 1, 2 und 3 enthält – in *irgendeiner* Reihenfolge. Perl speichert die Paare eines Hash in keiner bestimmten Ordnung: War "b" der letzte Schlüssel, so ist 2 der letzte Wert; ist "c" der erste Schlüssel, so ist 3 der erste Wert. Diese Aussage ist wahr, solange Sie den Hash nicht zwischen den Aufrufen von keys und values verändern. Wenn Sie zwischen den Aufrufen beispielsweise neue Elemente hinzufügen, behält Perl sich das Recht vor, die Elemente intern in eine neue Reihenfolge zu bringen, damit der Zugriff immer so schnell wie möglich erfolgen kann.[13]

In skalarem Kontext geben diese Funktionen die Anzahl der Elemente (Schlüssel/Wert-Paare) in dem Hash zurück. Das geschieht sehr effizient, ohne dass dabei jedes Element in dem Hash einzeln betrachtet werden muss:

```
my $anzahl = keys %hash;  # ergibt 3, also drei Schlüssel/Wert-Paare
```

Gelegentlich werden Sie sehen, dass jemand einen Hash in einem booleschen Ausdruck (wahr/falsch) benutzt, etwa so:

```
if (%hash) {
  print "Das ist wahr!\n";
}
```

Dieser Ausdruck ist nur (und nur dann) wahr, wenn der getestete Hash mindestens ein Schlüssel/Wert-Paar enthält.[14] Es ist also nur eine andere Art zu sagen: »Wenn der Hash nicht leer ist ...« Aber diese Verwendungsweise ist, wie sich gezeigt hat, eher selten.

Die Funktion each

Eine übliche Methode, über einen vollständigen Hash zu iterieren (soll heißen, jedes Element einzeln zu betrachten), besteht darin, die each-Funktion zu verwenden. Diese gibt pro Iteration ein Schlüssel/Wert-Paar als Liste aus zwei Elementen zurück.[15] Jedes Mal, wenn diese Funktion für denselben Hash aufgerufen wird, wird das nächste Schlüssel/Wert-Paar zurückgegeben, bis alle Elemente einmal gelesen wurden. Sind keine Elemente mehr übrig, gibt each eine leere Liste zurück.

---

13 Wenn Sie zwischen den Aufrufen von keys und values neue Elemente hinzugefügt hätten, würde Ihre Liste von Werten (oder Schlüsseln, je nachdem, was Sie zuerst getan haben) nun zusätzliche Elemente enthalten, die sich schwerlich mit der ersten Liste abgleichen lassen würden. Normalerweise würde kein Programmierer so etwas tun.

14 Das Ergebnis ist ein interner Debugging-String, der für die Leute, die Perl weiterentwickeln, wichtig ist. Er sieht etwa so aus: »4/16«. Es wird jedoch garantiert, dass der Wert wahr ist, sofern der Hash mindestens ein Paar enthält, und falsch, wenn der Hash leer ist. Der Rest von uns kann die Funktion also auch weiterhin dafür benutzen.

15 Bei einer anderen Methode, über den Hash zu iterieren, wird foreach auf eine Liste von Schlüsseln angewendet. Wir zeigen diese Methode am Ende dieses Abschnitts.

In der Praxis wird each ausschließlich innerhalb einer while-Schleife benutzt, zum Beispiel so:

```
while ( ($schluessel, $wert) = each %hash ) {
  print "$schluessel => $wert\n";
}
```

Hier passiert mehr, als man auf den ersten Blick denkt. Als Erstes gibt each %hash ein Schlüssel/Wert-Paar aus dem Hash in Form einer Liste aus zwei Elementen zurück. Der Schlüssel soll hier "c" sein und der Wert 3. In diesem Fall lautet die Liste ("c", 3). Die Elemente dieser Liste werden nun zwei skalaren Variablen in der Liste ($schluessel, $wert) zugewiesen. $schluessel enthält also jetzt "c" und $wert enthält 3.

Diese Listenzuweisung findet ihrerseits im Bedingungsteil der while-Schleife statt. Für diesen Teil als Ganzes gilt ein skalarer Kontext. (Um genau zu sein, handelt es sich um einen booleschen Kontext, bei dem nach einem wahren bzw. falschen Wert gesucht wird.) Der Wert einer Listenzuweisung in skalarem Kontext ist die Anzahl der Elemente der ursprünglichen Liste, also in unserem Fall 2. Da 2 ein wahrer Wert ist, begeben wir uns in den Schleifenkörper und geben die Nachricht c => 3 aus.

Für den nächsten Schleifendurchlauf versorgt uns each %hash mit einem neuen Schlüssel/Wert-Paar, sagen wir ("a", 1). (Die each-Funktion gibt uns jedes Mal ein neues Paar aus, da sie sich »merkt«, welche Paare wir bereits gesehen haben. Technisch gesprochen sagen wir, jeder Hash besitzt einen eigenen Iterator.[16]) Dieses Paar wird nun seinerseits in ($schluessel, $wert) gespeichert. Da die Anzahl der Elemente auch dieses Mal 2 war, ist die Bedingung für die Schleife ein weiteres Mal erfüllt, und der Anweisungsblock gibt dieses Mal a => 1 aus.

Beim dritten Schleifendurchlauf wissen wir bereits, was uns erwartet, und folglich ist es auch keine Überraschung, die Ausgabe b => 2 zu sehen.

Das kann natürlich nicht ewig so weitergehen. Beim vierten Versuch, each %hash auszuwerten, findet Perl keine weiteren Schlüssel/Wert-Paare mehr, und each muss folglich eine leere Liste zurückgeben.[17] Diese leere Liste wird ($schluessel, $wert) zugewiesen, wodurch beide Variablen nun undef als Wert enthalten.

---

16 Da jeder Hash seinen eigenen, privaten Iterator besitzt, können Schleifen, die each benutzen, auch ineinander verschachtelt sein, solange über *verschiedene* Hashes iteriert wird. Und wo wir uns gerade in einer Fußnote befinden, können wir Ihnen auch gleich noch sagen, dass Sie den Iterator eines Hash mit der keys- oder der values-Funktion wieder zurücksetzen können. Dies geschieht, sobald eine neue Liste im Hash gespeichert wird oder wenn each nach dem Iterieren über alle Elemente am »Ende« des Hash angekommen ist. Gleichzeitig ist das Hinzufügen von neuen Schlüssel/Wert-Paaren während des Iterierens normalerweise keine gute Idee, da dabei der Iterator nicht unbedingt zurückgesetzt wird.

17 Es wird hier im Listenkontext benutzt, kann also auch kein undef zurückgeben, um einen Fehler anzuzeigen; das wäre nämlich eine Liste mit einem Element (undef) anstelle der leeren Liste ( ), die überhaupt kein Element enthält.

Das ist aber nicht so wichtig, da das ganze Konstrukt im Bedingungsteil der while-Schleife ausgewertet wird. Wie gesagt: Der Wert einer Listenzuweisung im skalaren Kontext besteht aus der Anzahl der ursprünglichen (von each zurückgegebenen) Listenelemente. In diesem Fall ist das 0. Da 0 ein falscher Wert ist, wird hier die while-Schleife beendet, und das Programm geht weiter.

Selbstverständlich gibt each die Schlüssel/Wert-Paare in ungeordneter Reihenfolge zurück. (Das ist die Reihenfolge, die auch keys und values ergeben, nämlich die »interne« Reihenfolge des Hash.) Wenn Sie den Hash in einer bestimmten Reihenfolge abarbeiten müssen, sortieren Sie die Schlüssel, zum Beispiel so:

```perl
foreach $schluessel (sort keys %hash) {
  $wert = $hash{$schluessel};
  print "$schluessel => $wert\n";
  # wir könnten auch auf die zusätzliche Variable $wert verzichten:
  # print "$schluessel => $hash{$schluessel}\n";
}
```

Weitere Möglichkeiten zum Sortieren von Hashes werden in Kapitel 14 behandelt.

Typische Anwendung für einen Hash

An dieser Stelle wird ein konkretes Beispiel vermutlich hilfreich sein.

Die Bibliothek von Steintal benutzt ein Perl-Programm, das mithilfe von Hashes ermittelt, wie viele Bücher eine bestimmte Person ausgeliehen hat.

```perl
$buecher{"Fred"}  = 3;
$buecher{"Wilma"} = 1;
```

Herauszufinden, ob ein Element des Hash wahr oder falsch ist, ist ganz einfach:

```perl
if ($buecher{$jemand}) {
  print "$jemand hat mindestens ein Buch ausgeliehen.\n";
}
```

Es gibt aber noch weitere Elemente in dem Hash, die falsch sein können:

```perl
$buecher{"Barney"}  = 0;      # momentan keine Bücher ausgeliehen
$buecher{"Pebbles"} = undef;  # noch kein Buch ausgeliehen - neuer
                              # Benutzerausweis
```

Da Pebbles bisher noch kein Buch ausgeliehen hat, hat ihr Eintrag den Wert undef anstelle von 0.

Für jeden vergebenen Benutzerausweis gibt es einen Schlüssel in dem Hash. Für jeden Schlüssel (also für jeden Benutzer) existiert ein Wert, der die Anzahl der ausgeliehenen Bücher repräsentiert, oder undef, falls dieser Benutzer seinen Ausweis bis jetzt noch nicht gebraucht hat.

Die Funktion exists

Um herauszufinden, ob ein bestimmter Schlüssel in dem Hash existiert (also ob jemand einen Benutzerausweis hat), können Sie die Funktion exists benutzen. Diese gibt einen wahren Wert zurück, wenn der angegebene Schlüssel im Hash existiert, und falsch, wenn nicht:

```
if (exists $buecher{"Dino"}) {
    print "Na so was, Dino hat einen Benutzerausweis!\n";
}
```

Man kann also sagen: exists $buecher{"Dino"} gibt nur dann einen wahren Wert zurück, wenn Dino auch tatsächlich in der Liste der Schlüssel von %buecher gefunden wird.

Die Funktion delete

Die Funktion delete entfernt den angegebenen Schlüssel (und den dazugehörigen Wert) aus einem Hash. (Gibt es keinen solchen Schlüssel, gibt es auch nichts zu tun. Es wird in diesem Fall keine Warnung ausgegeben.)

```
my $person = "Betty";
delete $buecher{$person};  # Benutzerausweis von $person einziehen
```

Das ist *nicht* das Gleiche, wie dem Hash-Element undef zuzuweisen, sondern genau das Gegenteil! Die Auswertung von exists $buecher{"Betty"} ergibt in beiden Fällen gegenteilige Ergebnisse. Nachdem Sie mit delete einen Schlüssel aus einem Hash entfernt haben, *kann* sich dieser nicht mehr im Hash befinden. Nachdem Sie dem Schlüssel undef als Wert zuweisen, *muss* der Schlüssel existieren.

In diesem Beispiel entspricht der Unterschied zwischen delete und dem Zuweisen von undef dem Unterschied, Betty den Benutzerausweis wegzunehmen oder ihr einen bisher unbenutzten Benutzerausweis zu geben.

Interpolation von Hash-Elementen

Sie können ein einzelnes Hash-Element in einem String in doppelten Anführungszeichen so interpolieren wie andere Variablen auch:

```
foreach $person (sort keys %buecher) {
# alle Bibliotheksbenutzer in sortierter Reihenfolge
    if ($buecher{$person}) {
        print "$person hat $buecher{$person} Bücher ausgeliehen.\n";
        # Fred hat 3 Bücher ausgeliehen
    }
}
```

Ganze Hashes können jedoch nicht interpoliert werden; "%buecher" innerhalb eines Strings bedeutet also einfach nur die (literalen) Zeichen %buecher.[18] Jetzt haben Sie sämtliche magischen Sonderzeichen kennengelernt, die in Strings mit doppelten Anführungszeichen durch einen Backslash geschützt werden müssen: $ und @, da sie eine Variable einleiten, die Perl zu interpolieren versucht, ", da es das Quoting-Zeichen ist, das ohne Backslash den String vorzeitig beenden würde, und schließlich \, den Backslash selbst. Alle anderen Zeichen innerhalb von Strings in doppelten Anführungszeichen sind nicht magisch und stehen für sich selbst.[19]

Der %ENV-Hash

Wie andere Programme auch wird Perl in einer bestimmten *Umgebung* ausgeführt. Ihr Programm kann mithilfe des speziellen Hash %ENV auf die Umgebungsvariablen zugreifen. Um beispielsweise die Umgebungsvariable PATH abzufragen, können Sie so vorgehen:

```
print "PATH hat den Wert $ENV{PATH}\n";
```

Abhängig von Ihren Einstellungen und Ihrem Betriebssystem sieht die Ausgabe in etwa so aus:

```
PATH hat den Wert /usr/local/bin:/usr/bin:/sbin:/usr/sbin
```

Die meisten Umgebungsvariablen werden zwar automatisch gesetzt, aber Sie können Ihre Umgebung auch selbst bearbeiten. Wie das im Einzelnen funktioniert, hängt von Ihrem Betriebssystem und Ihrer Shell ab:

Bourne Shell

```
$ CHARACTER=Fred; export CHARACTER
$ export CHARACTER=Fred
```

csh

```
% setenv CHARACTER Fred
```

DOS- oder Windows-Befehl

```
C:> set CHARACTER=Fred
```

Sobald Sie die Umgebungsvariablen außerhalb Ihres Programmes gesetzt haben, können Sie auch innerhalb Ihres Perl-Programms darauf zugreifen[20]:

```
print "CHARACTER is $ENV{CHARACTER}\n";
```

Weitere Informationen zum Hash %ENV finden Sie in Kapitel 16.

---

18 Etwas anderes wäre auch kaum möglich. Den gesamten Hash hier als eine Folge von Schlüssel/Wert-Paaren auszugeben, wäre nicht besonders nützlich. Außerdem wird das Prozentzeichen häufig in Formatanweisungen für printf verwendet (siehe Kapitel 5). Ihm hier eine andere Bedeutung zu geben, wäre äußerst unbequem.

19 Seien Sie bei der Benutzung eines Apostrophs ('), einer linken eckigen Klammer ([), einer linken geschweiften Klammer ({), des kleinen Pfeils (->) und des doppelten Doppelpunkts (::) auf der Hut: Folgt eines dieser Zeichen direkt auf einen Variablennamen, hat es eine andere Bedeutung, als Sie denken.

20 Sollte es einmal nötig sein, können Sie die Umgebungsvariablen natürlich auch aus Ihrem Programm heraus mit den üblichen Hash-Funktionen *bearbeiten*. Beachten Sie aber, dass die Änderungen in diesem Fall nur für Ihr Programm und seine Kindprozesse gültig sind.

Übungen

Die Lösungen zu den folgenden Übungen finden Sie in Anhang A.

1. [7] Schreiben Sie ein Programm, das den Benutzer auffordert, einen Namen einzugeben, und dann den richtigen Familiennamen ausgibt. Benutzen Sie Namen Ihrer Freunde oder (wenn Sie so viel Zeit am Computer verbringen, dass Sie keine echten Menschen mehr kennen) die folgende Tabelle:

Eingabe	Ausgabe
Fred	Feuerstein
Barney	Geroellheimer
Wilma	Feuerstein

2. [15] Schreiben Sie ein Programm, das eine Reihe von Wörtern (jeweils auf einer eigenen Zeile[21]) bis zum Dateiende-Zeichen einliest und dann eine Zusammenfassung ausgibt, wie oft jedes Wort eingegeben wurde. (Tipp: Denken Sie daran, dass ein undefinierter Wert, der als Zahl benutzt wird, von Perl automatisch in eine 0 umgewandelt wird. Es könnte helfen, wenn Sie sich die Übung weiter oben noch einmal ansehen, bei der eine Gesamtsumme ermittelt wurde.) Wären die eingegebenen Wörter Fred, Barney, Fred, Dino, Wilma, Fred (jeweils auf einer eigenen Zeile) gewesen, sollte uns die Ausgabe anzeigen, dass Fred dreimal eingegeben wurde. Zusatzpunkte gibt es, wenn Sie das Ergebnis außerdem noch in Codepoint-Reihenfolge ausgeben lassen.

3. [15] Schreiben Sie ein Programm, das alle Schlüssel und Werte in %ENV auflistet. Geben Sie die Ergebnisse in zwei Spalten aus, die nach ASCII-Wert geordnet sind. Extrapunkte gibt es, wenn Sie die beiden Spalten zusätzlich noch vertikal ausrichten. Die Funktion length kann Ihnen dabei helfen, die nötige Breite der ersten Spalte zu ermitteln. Versuchen Sie, während das Programm läuft, ein paar eigene Umgebungsvariablen zu setzen und diese ebenfalls mit auszugeben.

---

21 Sie müssen die Wörter zeilenweise eingeben, da wir Ihnen bis jetzt noch nicht gezeigt haben, wie Sie einzelne Wörter aus einer Zeile extrahieren können.

Die Welt der regulären Ausdrücke

Perl unterscheidet sich in vielen Punkten von anderen Sprachen. Der wichtigste von allen ist die starke Unterstützung regulärer Ausdrücke. Mit diesen ist es möglich, eine schnelle und flexible Behandlung von Strings zu realisieren.

Diese Mächtigkeit hat allerdings auch ihren Preis. Reguläre Ausdrücke sind im Prinzip kleine Programme, die in ihrer speziellen, in Perl eingebetteten Sprache geschrieben werden. (Richtig: Sie werden gleich *noch eine* Programmiersprache lernen.[1] Zum Glück ist sie nicht besonders schwer.) In diesem Kapitel werden Sie die Welt der regulären Ausdrücke kennenlernen. Im nächsten Kapitel erfahren Sie, wie diese Welt in die Welt von Perl passt.

Reguläre Ausdrücke sind nicht nur in Perl zu finden; es gibt sie ebenso in *sed* und *awk*, *procmail*, *grep*, den meisten Texteditoren für Programmierer, wie etwa *vi* und *emacs*, sowie an einigen esoterischeren Orten. Wenn Sie schon einmal reguläre Ausdrücke gesehen haben, sind Sie den anderen ein gutes Stück voraus. Wenn Sie sich aufmerksam umsehen, werden Sie eine Reihe von Werkzeugen finden, die mit regulären Ausdrücken arbeiten, wie zum Beispiel Suchmaschinen im Web (die oft in Perl geschrieben sind), E-Mail-Clients und andere. Die schlechte Nachricht ist, dass die Syntax der verschiedenen Arten von regulären Ausdrücken immer ein wenig unterschiedlich ist. Sie müssen also lernen, den einen oder anderen Backslash zu benutzen oder wegzulassen.

---

1 Jetzt könnte man natürlich argumentieren, reguläre Ausdrücke seien keine *vollständige* Programmiersprache. Wir wollen uns ja nicht streiten, aber Perl bietet die Möglichkeit, weiteren Perl-Code in seine regulären Ausdrücke einzubetten.

Was sind reguläre Ausdrücke?

Ein *regulärer Ausdruck*, oft auch als *Suchmuster* bezeichnet, ist eine Schablone, die auf einen gegebenen String passt oder nicht passt.[2] Haben wir also eine unendlich große Anzahl von Strings, teilt das gegebene Muster diese in zwei Gruppen: diejenigen, die passen, und diejenigen, die nicht passen.

Ein Muster kann dabei auf einen möglichen String passen oder auf zwei oder hundert oder sogar auf eine unendliche Anzahl von ihnen. Oder ein Muster passt auf alle möglichen Strings *bis auf* einen, oder auch auf alle bis auf eine unendliche Anzahl davon.[3] Wir haben reguläre Ausdrücke bereits als kleine Programme in ihrer eigenen einfachen Programmiersprache bezeichnet. Diese Sprache ist deshalb so einfach, weil sie nur eine Aufgabe zu erfüllen hat: sich einen String anzusehen und zu sagen »passt« oder »passt nicht«. Das ist schon alles.[4]

Vielleicht sind Ihnen reguläre Ausdrücke schon einmal im Zusammenhang mit dem Unix-Kommando *grep* begegnet, das Textzeilen ausgibt, auf die ein bestimmtes Muster passt. Befinden sich an beliebigen Stellen einer Datei die Wörter Feuer und irgendwo dahinter Stein auf einer Zeile, findet *grep* diese Zeilen mit folgender Anweisung:

```
$ grep 'Feuer.*Stein' kapitel*.txt
kapitel3.txt:wurde der Stein zum Anzünden von Feuer verwendet. Dabei wurden Steine
kapitel3.txt:das Feuer verbrannte sämtliche Holzkonstruktionen. Die Steine wurden
kapitel9.txt:saßen sie um das Feuer. Steinalt musste der Greis sein. Dennoch hatte
```

Verwechseln Sie reguläre Ausdrücke bitte nicht mit der Mustererkennung für Dateinamen (*Globbing*), wie sie auf der Shell stattfindet. Sie benutzen das Globbing, wenn Sie beispielsweise in der Unix-Shell *.pm eingeben, um alle Dateinamen zu finden, die auf .pm enden. Das vorige Beispiel verwendet den Glob kapitel*.txt. (Vermutlich haben Sie schon gemerkt, dass Sie das Muster für *grep* mit Anführungszeichen schützen (»escapen«) mussten, damit die Shell es nicht auch wie einen Glob behandelt.) Globs benutzen zwar oft die gleichen Zeichen wie reguläre Ausdrücke, aber auf eine andere Art und Weise.[5] Wir werden in Kapitel 13 auf das Globbing eingehen. Im Moment sollten Sie allerdings möglichst nicht weiter darüber nachdenken.

---

2   Puristen wünschen sich hier vielleicht eine strengere Definition. Aber die Puristen sagen auch, die Mustererkennung von Perl basiere nicht auf richtigen regulären Ausdrücken. Wenn Ihnen reguläre Ausdrücke wichtig sind, empfehlen wir Ihnen die Lektüre des Buchs *Reguläre Ausdrücke* von Jeffrey Friedl (O'Reilly Verlag).

3   Und wie Sie bald sehen werden, gibt es auch Muster, die immer passen oder auch nie. Selbst diese können sich manchmal als nützlich erweisen. Meistens sind es jedoch Fehler.

4   Diese Programme geben außerdem einige Informationen zurück, die Perl später weiterverwenden kann. Eine dieser Informationen ist beispielsweise das »Erinnerungsvermögen«, das reguläre Ausdrücke besitzen. Wir werden in Kapitel 8 genauer darauf eingehen.

5   Globs werden (leider) gelegentlich ebenfalls als Muster bezeichnet. Und was noch schlimmer ist: In einigen schlechten Unix-Büchern für Anfänger (die vermutlich auch von Anfängern geschrieben wurden) werden Globs als »reguläre Ausdrücke« bezeichnet, was sie definitiv nicht sind. Dadurch werden viele Leute gleich zu Beginn ihrer Arbeit mit Unix unnötig verwirrt.

Einfache Mustererkennung

Um ein Muster (einen regulären Ausdruck) mit dem Inhalt von $_ zu vergleichen, schreiben Sie das Muster zwischen ein Paar Schrägstriche (/.../). Das einfache Muster ist nur eine Folge von literalen Zeichen:

```
$_ = "yabba dabba duuh";
if (/abba/) {
  print "Das Muster hat gepasst!\n";
}
```

Der Ausdruck /abba/ sucht in $_ nach dem aus vier Zeichen bestehenden String abba. Wenn der Ausdruck passt, wird ein wahrer Wert zurückgegeben. In unserem Fall passt das Muster sogar mehr als einmal, aber das macht keinen Unterschied.

Da die Mustererkennung normalerweise benutzt wird, um einen wahren oder falschen Wert zurückzugeben, findet sie sich fast immer im Bedingungsteil einer if-Anweisung oder einer while-Schleife. Weitere Gründe dafür folgen in Kapitel 8.

Sämtliche durch Backslash geschützte Zeichen, die Sie in Strings in doppelten Anführungszeichen benutzen können, haben auch in regulären Ausdrücken Gültigkeit. So könnten Sie etwa das Muster /Coke\tSprite/ benutzen, um den aus elf Zeichen bestehenden String aus Coke, einem Tabulator und Sprite zu finden.

Unicode-Eigenschaften

Unicode-Zeichen wissen etwas über sich selbst und sind nicht bloß Bitfolgen. Jedes Zeichen weiß nicht nur, was es ist, sondern auch, welche Eigenschaften es hat. Anstatt bestimmte Zeichen zu vergleichen, kann man Zeichentypen vergleichen.

Jede Eigenschaft hat einen Namen, den man in der *perluniprops*-Dokumentation nachlesen kann. Um eine bestimmte Eigenschaft zu vergleichen, setzt man ihren Namen in den Ausdruck \p{Eigenschaft} ein. Manche Zeichen sind zum Beispiel Whitespace-Zeichen, was der Eigenschaft Space entspricht. Um irgendeinen Leerraum zu vergleichen, verwendet man \p{Space}:

```
if (/\p{Space}/) { # 26 verschiedene mögliche Zeichen
    print "Der String enthält Whitespace.\n";
}
```

Wenn Sie Ziffern vergleichen wollen, verwenden Sie die Eigenschaft Digit:

```
if (/\p{Digit}/) { # 411 verschiedene mögliche Zeichen
    print "Der String enthält eine Ziffer.\n";
}
```

Diese beiden Zeichengruppen sind viel ausgedehnter, als diejenigen, mit denen Sie womöglich bisher zu tun hatten. Einige der Eigenschaften sind allerdings deutlich spezifischer. Man könnte zum Beispiel zwei Hexadezimalzahlen [0-9A-Fa-f] miteinander vergleichen, die nebeneinander stehen:

```
if (/\p{Hex}\p{Hex}/) {
    print "Der String einthält ein Paar Hexadezimalzahlen.\n";
}
```

Sie können auch Zeichen vergeichen, die *keine* bestimmten Unicode-Eigenschaften haben. Sie benutzen anstatt des kleingeschriebenen p ein großgeschriebenes, das dann die Eigenschaft verneint:

```
if (/\P{Space}/) { # Not space (many many characters!)
    print "Der String enthält ein oder mehr Nicht-Whitespace-Zeichen.\n";
}
```

Über Metazeichen

Wenn ein Muster nur auf einfache literale Strings passen würde, wäre es nicht besonders nützlich. Deshalb gibt es eine Reihe von sogenannten *Metazeichen*, die in regulären Ausdrücken eine spezielle Bedeutung haben.

Der Punkt (.) wird zum Beispiel als Wildcard-Zeichen benutzt – er passt auf ein beliebiges einzelnes Zeichen außer auf ein Newline-Zeichen (\n). Das Muster /Bet.y/ passt also auf Betty. Es passt auch auf Bet=y oder Bet.y oder irgendeinen anderen String, in dem ein Bet, gefolgt von irgendeinem Zeichen außer dem Newline-Zeichen, gefolgt von einem y, vorkommt. Das Muster würde nicht auf Bety oder Betsey passen, da zwischen dem t und dem y genau ein Zeichen stehen muss. Der Punkt passt immer auf genau ein Zeichen.

Wenn Sie einen literalen Punkt in dem String finden wollten, *könnten* Sie dafür den Punkt als Suchmuster benutzen. Das würde jedoch ein beliebiges Zeichen (außer einem Newline-Zeichen) finden, was viel mehr sein kann, als Sie wollen. Wenn Sie nur den Punkt finden wollen, müssen Sie diesen daher im Ausdruck mit einem Backslash schützen. Diese Regel gilt für alle Metazeichen in den regulären Ausdrücken von Perl: Ein vorangestellter Backslash nimmt dem Metazeichen seine Sonderbedeutung. Das Suchmuster /3\.14159/ enthält kein Metazeichen.

Unser zweites Metazeichen ist also der Backslash. Wenn Sie einen literalen Backslash meinen, müssen Sie diesem einen weiteren Backslash voranstellen, um ihm die Sonderbedeutung zu nehmen – eine Regel, die auch sonst überall bei Perl gilt:

```
$_ = 'a real \\ backslash';
if (/\\/) {
    print "Treffer!\n";
}
```

Einfache Quantifier

Oft kommt es vor, dass Sie Zeichen in einem Suchmuster wiederholen müssen. Das Sternchen (Asterisk, *) findet das vorangestellte Zeichen *keinmal oder öfter*. Das Suchmuster /Fred\t*Barney/ findet also eine beliebige Anzahl von Tabulatorzeichen zwischen Fred und Barney. Das beinhaltet Dinge wie "Fred\tBarney" (ein Tabulator), "Fred\t\tBarney" (zwei Tabulatoren), "Fred\t\t\tBarney" (drei Tabulatoren) oder "FredBarney", bei dem überhaupt nichts zwischen Fred und Barney steht. Das liegt daran, dass das Sternchen »keinmal oder mehr« bedeutet – es könnten also durchaus auch hunderte von Tabulatorzeichen dazwischen stehen, aber eben nur Tabulatoren. Merken Sie sich zum Sternchen (* als Multiplikationszeichen[6]): »Das Vorangehende in einer *beliebigen* Anzahl, also auch keinmal.«

Wenn Sie neben den Tabulatorzeichen auch noch etwas anderes finden wollen, können Sie eine Kombination aus Punkt und Sternchen (.*) benutzen. Der Punkt passt dabei auf ein beliebiges Zeichen[7]; das Sternchen besagt, dass dieses Zeichen beliebig oft (auch keinmal) vorkommen darf. Das Muster /Fred.*Barney/ findet also »alles Mögliche« zwischen Fred und Barney. Jede Zeile, in der Fred und (irgendwann später) Barney vorkommen, wird von dem Muster gefunden. Man nennt das Muster .* oft das »Alles Mögliche«-Muster, da es alles Mögliche in Strings finden kann.

Das Sternchen ist eine Sorte von *Quantifier* (Quantifizierer), da es eine bestimmte *Anzahl* des Vorangehenden bezeichnet. Neben dem Sternchen gibt es natürlich noch weitere Quantifier, zum Beispiel das Pluszeichen (+). Das Pluszeichen findet das Vorangehende einmal oder öfter: /Fred +Barney/ trifft also zu, wenn Fred und Barney durch ein oder mehrere Leerzeichen voneinander getrennt sind. (Das Leerzeichen gilt nicht als Metazeichen.) FredBarney würde also nicht gefunden, da das Pluszeichen besagt, dass mindestens ein Leerzeichen zwischen den zwei Namen stehen muss. Als Gedächtnisstütze können Sie sich zum Pluszeichen merken: »das Vorangehende *plus* (optional) eine beliebige Anzahl des Vorangehenden«.

Der dritte Quantifier ist das Fragezeichen (?), das so ähnlich funktioniert wie das Pluszeichen oder das Sternchen, nur eingeschränkter. Das Fragezeichen bedeutet: Das Vorangehende ist *optional*. Das heißt, es darf genau einmal vorkommen, oder auch nicht. Wie die anderen zwei Quantifier auch bezeichnet das Fragezeichen eine bestimmte Anzahl von Vorkommen des Vorangehenden. In diesem Fall ist das genau einmal (ein Vorkommen) oder keinmal (kein Vorkommen). Andere Möglichkeiten gibt es nicht. Das Muster /Bam-?Bam/ findet also die beiden Schreibweisen Bam-Bam und BamBam. Dieser Quantifier lässt sich recht einfach merken, indem wir sagen: »Kam das letzte Zeichen vor? Oder nicht?«

Alle drei Quantifier müssen auf etwas folgen, da sie aussagen, wie oft das *Vorangehende* vorkommen darf.

---

6   In der Mathematik der regulären Ausdrücke wird es »der Kleene-Stern« genannt.

7   Bis auf das Newline-Zeichen. Wir hören jetzt aber damit auf, Sie ständig daran zu erinnern, da Sie es inzwischen wissen sollten. Meistens macht das keinen Unterschied, da Strings nur selten Newline-Zeichen enthalten. Vergessen Sie dieses Detail nicht, denn eines Tages wird sich doch ein Newline-Zeichen in Ihren String schleichen, und dann ist es wichtig zu wissen, dass der Punkt hier keinen Treffer erzielt.

Muster gruppieren

Runde Klammern sind ebenfalls Metazeichen. Wie in der Mathematik werden auch in regulären Ausdrücken runde Klammern (( )) zum Gruppieren benutzt. So passt das Muster /Fred+/ auf Strings wie Fredddddddd, weil der Quantifizierer nur auf das zutrifft, was direkt vor ihm steht. Normalerweise sind Strings wie diese jedoch nur selten anzutreffen. Das Muster /(Fred)+/ findet Dinge wie FredFredFred, was Sie wahrscheinlich eher gebrauchen können. Und was ist mit einem Muster wie /(Fred)*/? Das findet Strings wie zum Beispiel Hallo Welt.[8]

Die Klammern ermöglichen es außerdem, Teile des gefundenen Strings direkt im Suchmuster weiterzuverwenden. Mit diesen sogenannten *Rückwärtsreferenzen* können Sie sich auf Text beziehen, der durch das Teilmuster in den runden Klammern gefunden wurde.[9] Eine Rückwärtsreferenz im Suchmuster wird durch einen Backslash gekennzeichnet, auf den eine Zahl folgt (\1, \2 und so weiter). Diese Zahl bezieht sich auf das entsprechende Klammernpaar bzw. die Capture-Gruppe.

Wenn Sie den Punkt mit runden Klammern umgeben, wird nach einem beliebigen Nicht-Newline-Zeichen gesucht. Mithilfe der Rückwärtsreferenz \1 können Sie an anderer Stelle im Suchmuster nach genau dem gleichen Zeichen (oder Teilmuster) fahnden, ohne es erneut eingeben zu müssen:

```
$_ = "abba";
if (/(.)\1/) {  # findet 'bb'
  print "Das Muster passt auf das gleiche Zeichen direkt nebenan.\n";
}
```

Das Muster (.)\1 findet also ein beliebiges Zeichen, das zweimal direkt hintereinander vorkommt. Beim ersten Versuch findet (.) das erste a. Bei der Suche nach der Rückwärtsreferenz, die als Nächstes im Suchmuster vorkommt, scheitert dieser Versuch allerdings. Also versucht Perl, für das nächste Zeichen im String einen Treffer zu erzielen. Diesmal findet (.) das erste b. Die Rückwärtsreferenz besagt, dass das folgende Zeichen ebenfalls ein b sein muss. Auch dafür findet Perl einen Treffer, und die Suche war erfolgreich!

Dabei muss die Rückwärtsreferenz nicht direkt beim Klammernpaar stehen. Der folgende Mustervergleich passt auf vier beliebige Nicht-Newline-Zeichen, die auf ein literales y folgen. Danach benutzen wir die Rückwärtsreferenz \1, um die gleichen vier Zeichen nach dem literalen d noch einmal zu finden:

```
$_ = "yabba dabba duh";
if (/y(....) d\1/) {
  print "Das Muster wurde nach dem y und dem d gefunden!\n";
}
```

---

8   Das Sternchen bedeutet *kein* oder mehr Vorkommen von Fred. Wenn Sie so bescheiden sind, ist es schwer, Sie zu enttäuschen. Dieses Muster passt auf einen beliebigen String, sogar auf einen leeren.

9   Ihnen könnten in älteren Dokumentationen und in früheren Auflagen des vorliegenden Buchs auch die Begriffe »Memories« oder »Capture Buffer« begegnen, aber offiziell heißt es »Capture Group«. Später werden Sie auch erfahren, wie man eine »noncapturing Group« erstellt.

Wenn Sie mehrere Klammernpaare verwenden, erhält jedes seine eigene Rückwätsreferenz. Im folgenden Beispiel soll ein beliebiges Nicht-Newline-Zeichen in einem Teilmuster gefunden werden, auf das ein weiteres (aber nicht unbedingt das gleiche) Zeichen in einem Teilmuster folgt. Nach den Klammernpaaren verwenden wir zuerst die Rückwärtsreferenz \2 und dann erst \1. Auf diese Weise lassen sich Palindrome wie beispielsweise abba finden:

```
$_ = "yabba dabba duh";
if (/y(.)(.)\2\1/) { # findet 'abba'
  print "Das Muster wurde nach dem y gefunden!\n";
}
```

Das führt uns zu der Frage: »Woher weiß ich, welches Klammernpaar welche Nummer erhält?« Glücklicherweise hat Larry hier das für Menschen am einfachsten zu verstehende Prinzip angewandt: Zählen Sie einfach die Anzahl der öffnenden Klammern und achten Sie dabei nicht auf Verschachtelungen.

```
$_ = "yabba dabba duh";
if (/y((.)(.)\3\2) d\1/) {
  print "Treffer!\n";
}
```

Leichter lässt sich das erkennen, wenn Sie die Einzelteile des regulären Ausdrucks auf mehrere Zeilen verteilen (auch wenn das kein gültiger regulärer Ausdruck ist)[10]:

```
(         # erste öffnende Klammer
   (.)    # zweite öffnende Klammer
   (.)    # dritte öffnende Klammer
   \3
   \2
)
```

Seit Perl 5.10 gibt es eine neue Möglichkeit, Rückwärtsreferenzen zu bezeichnen. Dabei kommt die Schreibweise \g{N} zum Einsatz. Hier steht N für die Nummer der Rückwärtsreferenz, die verwendet werden soll. Diese Schreibweise soll verdeutlichen, was wir im Suchmuster tun wollen.

Das kann beispielsweise hilfreich sein, wenn eine Rückwärtsreferenz direkt an eine Zahlengruppe angrenzen soll. In diesem regulären Ausdruck benutzen wir \1, um das in den Klammern gefundene Zeichen zu wiederholen. Direkt darauf soll die literale Zeichenkette 11 folgen:

```
$_ = "aa11bb";
if (/(.)\111/) {
  print "Treffer!\n";
}
```

---

10 Sie können reguläre Ausdrücke auch so schreiben, indem Sie den Modifier /x benutzen. Allerdings werden wir darauf erst im folgenden Kapitel eingehen.

In diesem Fall müsste Perl »raten«, was gemeint ist, \1, \11 oder \111. Da Perl so viele Rückwärtsreferenzen anlegt, wie gebraucht werden, geht es davon aus, dass wir hier \111 meinen. Da wir aber keine 111 (und nicht einmal 11) Klammernpaare haben, beklagt sich Perl zu Recht, wenn das Programm kompiliert wird.

Durch die Verwendung der Schreibweise \g{1} können wir die Rückwärtsreferenz vom restlichen Suchmuster unterscheiden:[11]

```
use 5.010;
$_ = "aa11bb";
if (/(.)\g{1}11/) {
  print "Treffer!\n";
}
```

Mit der Schreibweise \g{N} können Sie außerdem auch negative Zahlen verwenden. Anstelle der absoluten Zahl des Klammernpaares bzw. der Capture-Gruppe sind jetzt auch sogennante *relative Rückwärtsreferenzen* möglich. Die negative Zahl -1 funktioniert in unserem Beispiel von vorhin ebenfalls, zum Beispiel so:

```
use 5.010;
$_ = "aa11bb";
if (/(.)\g{-1}11/) {
  print "Treffer!\n";
}
```

Soll das Suchmuster später erweitert werden, müssen Sie nicht mehr daran denken, die Rückwärtsreferenz anzupassen. Wird vor der ursprünglichen Capture-Gruppe eine weitere eingefügt, müsste die Nummerierung für sämtliche verwendeten Rückwärtsreferenzen angepasst werden. Relative Rückwärtsreferenzen zählen dagegen von ihrer eigenen Position aus gesehen *rückwärts*. Es wird also immer eines der vorangehenden Klammernpaare verwendet, unabhängig davon, wie viele Klammernpaare es insgesamt gibt. Hier sehen Sie ein Beispiel:

```
use 5.010;
$_ = "xaa11bb";
if (/(.)(.)\g{-1}11/) {
  print "Treffer!\n";
}
```

Alternativen

Der vertikale Balken (|), in diesem Zusammenhang auch »oder« genannt, bedeutet, dass entweder der linke oder der rechte Ausdruck zutreffen kann. Trifft der Teil links vom »oder« nicht zu, wird ein weiterer Versuch mit dem rechten Teil unternommen. Das

---

11 Normalerweise können Sie die geschweiften Klammern um die Zahl in \g{1} auch weglassen und die relative Rückwärtsreferenz einfach als \g1 schreiben. In diesem Beispiel benutzen wir diese Schreibweise aber gerade *weil* sie geschweifte Klammern verwendet. Anstatt darüber nachzudenken, wo sie weggelassen werden können, sollten Sie die Klammern einfach immer benutzen, zumindest bis Sie Ihrem eigenen Sachverstand vertrauen können.

Muster /Fred|Barney|Betty/ findet also alle Strings, in denen Fred oder Barney oder Betty vorkommt.

Jetzt können Sie schon Muster schreiben wie /Fred(|\t)+Barney/, die Vorkommen von Fred und Barney finden, wenn die beiden durch eine beliebige Anzahl von Leerzeichen, Tabulatoren oder eine Mischung aus beiden getrennt sind. Das Pluszeichen bedeutet ein oder mehr Vorkommen; bei jedem Vorkommen findet das (|\t) entweder ein Leerzeichen oder einen Tabulator.[12] Zwischen den Namen muss dabei mindestens eines dieser Zeichen stehen, damit das Muster zutrifft.

Wenn die Zeichen zwischen Fred und Barney alle gleich sein sollen, könnten Sie das Muster folgendermaßen umschreiben: /Fred(+|\t+)Barney/. Jetzt müssen die Zeichen dazwischen entweder alle Leerzeichen oder alle Tabulatoren sein.

Das Muster /Fred (und|oder) Barney/ trifft auf jeden String zu, der eine der zwei Formulierungen enthält: entweder Fred und Barney oder Fred oder Barney.[13] Beide Strings würden auch von dem Muster /Fred und Barney|Fred oder Barney/ erkannt werden, aber das wäre zu viel Schreiberei. Außerdem wäre diese Version wahrscheinlich nicht so effizient wie die erste, je nachdem, welche Optimierungen in die Regex-Maschine eingebaut sind.

Zeichenklassen

Eine *Zeichenklasse* ist eine Liste von Zeichen, die innerhalb eckiger Klammern ([]) geschrieben wird. Sie passt auf ein beliebiges Zeichen dieser Liste. Es wird immer nur ein Zeichen gefunden, aber das kann ein beliebiges Zeichen dieser Klasse sein.

So passt zum Beispiel die Zeichenklasse [abcwxyz] auf jedes dieser sieben Zeichen. Zum Abkürzen können Sie mithilfe eines Bindestrichs (-) auch einen Zeichenbereich angeben, so dass die Zeichenklasse von vorhin auch als [a-cw-z] geschrieben werden kann. Hier macht sich der Vorteil noch nicht so bemerkbar, aber nehmen Sie zum Beispiel die Zeichenklasse [a-zA-Z]. Diese Klasse umfasst 52 Zeichen. Diese 52 Zeichen beinhalten keine Zeichen wie Å, É, Î, Ø und Ü. Das sind andere Zeichen, aber wir zeigen Ihnen später, wie Sie sie vergleichen.

Sie können diese Abkürzungen auf alle Arten von Zeichen anwenden, die Sie auch in Strings in doppelten Anführungszeichen verwenden können. So passt zum Beispiel die Zeichenklasse [\000-\177] auf ein beliebiges 7-Bit-ASCII-Zeichen.[14]

---

12 Diese spezielle Form der Mustererkennung lässt sich normalerweise effizienter mit einer Zeichenklasse erledigen, die Sie später in diesem Kapitel kennenlernen werden.

13 Beachten Sie, dass die Wörter und und oder in regulären Ausdrücken *keine* Operatoren sind! Sie stehen hier in Nichtproportionalschrift, weil sie Teil der Strings sind.

14 Jedenfalls dann, wenn Sie ASCII und nicht EBCDIC benutzen.

Eine Zeichenklasse ist natürlich nur sinnvoll, wenn sie Teil eines vollständigen Suchmusters ist. Daher sind Zeichenklassen in Perl auch nie allein anzutreffen. Nehmen wir zum Beispiel folgenden Code:

```
$_ = "Bitte geben Sie das Kennwort für die Arbeit am HAL-9000 ein.";
if (/HAL-[0-9]+/) {
    print "Offensichtlich geht es um einen Computer der HAL-Baureihe.\n";
}
```

Manchmal ist es leichter, die Zeichen anzugeben, die nicht gefunden werden sollen, als andersherum. Durch ein Caret-Zeichen (^) am Anfang wird eine Zeichenklasse negiert. Die Klasse [^def] passt also auf jedes Zeichen *außer* auf die drei angegebenen. Ebenso findet die Klasse [^n\-z] jedes Zeichen *außer* n, einem Bindestrich oder z. (Der Bindestrich ist hier mit einem Backslash geschützt, da er innerhalb von Zeichenklassen eine Sonderbedeutung besitzt. Der erste Bindestrich im Muster /HAL-[0-9]+/ braucht dagegen keinen Backslash, da Bindestriche *außerhalb* von Zeichenklassen keine Sonderbedeutung haben.)

Abkürzungen in Zeichenklassen

Manche Zeichenklassen werden so oft benutzt, dass Abkürzungen für sie existieren. Diese Abkürzungen waren in den ASCII-Tagen von Perl leichter zu verwenden, als man sich noch nicht um so viele Zeichen Gedanken machen musste; aber mit Unicode haben sie ihren Nutzen überlebt. Das ist zwar ziemlich bedauerlich für diejenigen unter uns, die schon sehr lange Perl nutzen, aber man muss den Tatsachen ins Auge sehen. Und Sie müssen das auch. Sie werden Code begegnen, den andere geschrieben haben – ob vor langer Zeit oder erst gestern – und in dem diese Zeichenklassen verwendet werden, weil die Autoren noch nicht bemerkt haben, dass die 1990er vorbei sind. Das ist im Bereich Perl sogar eine ziemlich große Sache, über die gern heftg gestritten wird. Im Endeffekt ist allerdings das Einzige, was zählt, funktionierender Code.

So lässt sich die Zeichenklasse für eine beliebige Ziffer, [0-9], mit dem Zeichen \d abkürzen. Das Muster aus unserem HAL-Beispiel ließe sich also auch als /HAL-\d+/ schreiben:

```
$_ = 'HAL-9000 benötigt zum Fortfahren Autorisierung.';

if (/HAL-[\d]+/) {
    say 'Der String erwähnt irgendein Modell eines HAL-Computers.';
}
```

Allerdings gibt es viel mehr Ziffern als bloß die 0 bis 9, die man in ASCII erwartet, weshalb hier zum Beispiel auch HAL-٩٠٠ als Sonderzeichen passt. Vor Perl 5.6 entsprach die Abkürzung \d der Zeichenklasse [0-9], und genauso wurde sie oft auch verwendet und wird es teilweise heute noch. Normalerweise funktioniert das auch noch, da man Zahlen wie ٤, ൭ oder ๒ so gut wie nie begegnet – außer wenn man auf Arabisch, Mongolisch oder Thai zählt. Wie auch immer, \d passt bei allen modernen Perl-Versionen auf diese Zahlen.

Um dem problemträchtigen Wechsel von der ASCII- zur Unicode-Denkweise Rechnung zu zollen, kommt in Perl 5.14 eine Möglichkeit hinzu, die alte ASCII-Semantik wiederherzustellen, wenn man es unbedingt will. Der Modifier /a am Ende des Vergleichsoperators (mehr zu den Optionen in Kapitel 8) weist Perl an, die alte ASCII-Lesart zu verwenden:

```
use 5.014;

$_ = 'HAL-9000 benötigt zum Fortfahren Autorisierung.';

if (/HAL-[\d]+/a) { # alte ASCII-Semantik
    say 'Der String erwähnt irgendein Modell eines HAL-Computers.';
}
```

Die Abkürzung \s passt auf ein beliebiges Whitespace-Zeichen, entspricht also in etwa der Unicode-Eigenschaft \p{Space}.[15] Vor Perl 5.6 passte \s nur auf die fünf Whitespace-Zeichen Seitenvorschub, Tabulator, Zeilenumbruch, Wagenrücklauf und das Leerzeichen selbst, entsprach also zusammen genommen der Zeichenklasse [\f\t\n\r]. Man kann die ASCII-Whitespace-Semantik mit /d genauso wiederbekommen wie schon eben:

```
use 5.014;

if (/\s/a) { # alte ASCII-Semantik
    say 'Der string verglich ASCII-Whitespace.';
}
```

In Perl 5.10 kamen restriktivere Zeichenklassen für Whitespace-Zeichen hinzu. Die Abkürzung \h passt nur auf horizontalen Whitespace-Zeichen, \v nur auf vertikalen. Zusammen entsprechen \h und \v der Unicode-Eigenschaft \p{Space}:

```
use 5.010;

if (/\h/) {
    say 'Der String passte auf etwas horizontalen Whitespace.';
}

if (/\v/) {
    say 'Der String passte auf etwas vertikalen Whitespace.';
}

if (/[\v\h]/) { # dasselbe wie \p{Space}, aber nicht mehr als \s
    say 'Der String passte auf einigen Whitespace.';
}
```

Die Abkürzung \R, hinzugekommen in Perl 5.10, passt dagegen auf jede Art von Zeilenumbruch. Sie müssen sich also keine Gedanken mehr darüber machen, auf welchem Betriebssystem Ihr Programm laufen soll und welche Zeichenkombination dort verwen-

---

15 Selbst in Unicode-Semantik passt \s immer noch nicht auf den vertikalen Tabulator, Zeilenumbruch oder einen nicht umbrechenden Leerraum. Wird das alles langsam etwas verwirrend? Sehen Sie sich »Know your character classes under different semantics« unter *http://www.effectiveperlprogramming.com/blog/991* an.

det wird, um einen Zeilenumbruch anzuzeigen. Das erledigt ab sofort \R für Sie. Das bedeutet, dass Sie nicht unbedingt auf die Unterschiede zwischen \r\n, \n und den anderen Zeilenenden achten müssen, die Unicode erlaubt. Es ist egal, ob DOS- oder Unicode-Endungen verwendet werden.

Die Abkürzung \w steht für ein »Wort«-Zeichen, obwohl ihre Vorstellung von einem Wort in keiner Weise einem normalen Wort entspricht. Obwohl sie sich großer Beliebtheit erfreut, ist diese Zeichenklasse schon immer ein wenig problematisch gewesen. Sie ist nicht ungeheuer problematisch, aber ihre Benennung ist etwas irreführend. Mit »Wort« war eigentlich ein *Identifikator*-Zeichen (»identifier«) gemeint, also eines dieser Zeichen, mit denen man in Perl eine Variable oder Subroutine benennen kann.[16] In ASCII-Semantik passt das \w auf die Zeichenklasse [A-Za-z0-9_], aber selbst damit verursachte es Probleme, weil die meisten Leute wollten, dass es nur auf Buchstaben passte, wie man sie in einem »echten« Wort erwarten würde. Gelegentlich sollte es auch auf Buchstaben und Zahlen passen, aber dabei wurde vergessen, dass auch der Unterstrich eingeschlossen war.

Der Trick bei einem guten Muster besteht darin, nie mehr zu vergleichen, als man vergleichen will. Und die einzig sinnvolle Verwendung für [A-Za-z0-9_] ist der Vergleich von Variablennamen. Und wie oft will man das schon?

Die Unicode-Erweiterung von \w vergleicht da schon ein bisschen mehr, nämlich über 100.000 verschiedene Zeichen.[17] Die moderne Definition von \w ist kosmopolitischer und korrekter, aber für die meisten unter uns deutlich weniger brauchbar für reale Anwendungen. Das bedeutet nicht, dass man sie ignorieren sollte: \w wird immer noch ziemlich gern verwendet und Sie werden es wahrscheinlich häufig in Code antreffen. Ihre Aufgabe besteht darin, herauszufinden, welche von den 100.000 Zeichen der jeweilige Programmierer vergleichen wollte: In den allermeisten Fällen dürfte das [a-zA-Z] sein. Mehr dazu erfahren Sie unter »Wörter verankern« auf Seite 151, wenn wir »Wortgrenzen« behandeln.

Häufig werden Ihre Muster besser und besser zu warten sein, wenn Sie diese Zeichenklassen-Abkürzungen in neuem Code vermeiden.

Negierte Abkürzungen

Gelegentlich werden Sie das Gegenteil einer dieser drei Abkürzungen ausdrücken wollen, also etwas wie [^\d], [^\w] oder [^\s], also ein Zeichen, das keine Zahl, kein Wort-Zeichen bzw. kein Leerzeichen ist. Verwenden Sie dafür einfach das Gegenstück in Großbuchstaben, also \D, \W oder \S. So werden alle Zeichen gefunden, auf die das kleingeschriebene Gegenstück *nicht* passen würde.

---

16 Eigentlich ist es ein C-Identifikator, aber Perl hat in seiner Jugend dasselbe Teil benutzt.

17 In der *perluniprops*-Dokumentation sind alle Unicode-Eigenschaften mitsamt den auf sie passenden Zeichen aufgelistet.

Diese Abkürzungen funktionieren entweder anstelle einer Zeichenklasse (das heißt, sie stehen in einem Suchmuster für sich) oder innerhalb der eckigen Klammern einer Klasse. Sie können also beispielsweise das Muster /[0-9A-F]+/i benutzen, um eine hexadezimale Zahl (zur Basis 16) zu finden. Diese verwendet die Buchstaben ABCDEF (groß- oder kleingeschrieben) als zusätzliche Ziffern.

Eine weitere kombinierte Zeichenklasse ist [\d\D], die auf eine beliebige Ziffer oder Nicht-Ziffer, d.h. auf ein beliebiges Zeichen, passt. Das wird häufig benutzt, um ein beliebiges Zeichen inklusive des Newline-Zeichens zu finden (im Gegensatz zu ., das auf alle Zeichen außer einem Newline-Zeichen passt). Die vollkommen nutzlose Zeichenklasse [^\d\D] passt auf alles, das keine Zahl oder keine Nicht-Zahl ist. Richtig – auf nichts!

Übungen

Die Lösungen zu den folgenden Übungen finden Sie in Anhang A.

Bedenken Sie: Es ist normal, einiges von dem, was reguläre Ausdrücke anstellen, überraschend zu finden. Aus diesem Grund sind die Übungen in diesem Kapitel noch wichtiger als die anderen. Erwarten Sie das Unerwartete.

1. [10] Schreiben Sie ein Programm, das jede Eingabezeile ausgibt, in der fred vorkommt. (Andere Eingabezeilen sollen nicht behandelt werden.) Findet das Muster auch Fred, frederick oder Alfred? Erstellen Sie eine kleine Textdatei, in der »fred feuerstein« und seine Freunde vorkommen. Benutzen Sie diese Datei als Eingabe für dieses und die folgenden Programme dieses Abschnitts.

2. [6] Ändern Sie das obige Programm so ab, dass auch Fred gefunden wird. Passt das Muster nun auch auf Fred, frederick oder Alfred? (Erweitern Sie Ihre Textdatei gegebenenfalls um Zeilen, in denen diese Namen vorkommen.)

3. [6] Schreiben Sie ein Programm, das jede Eingabezeile ausgibt, die einen Punkt (.) enthält. Versuchen Sie es mit der Textdatei aus der vorigen Übung: Wird auch Mr. Schiefer gefunden?

4. [8] Schreiben Sie ein Programm, das jede Zeile ausgibt, in der ein Wort mit einem Großbuchstaben beginnt, aber nicht vollständig aus Großbuchstaben besteht. Wird Fred gefunden, aber nicht fred oder FRED?

5. [8] Schreiben Sie ein Programm, das jede Zeile ausgibt, die zwei gleiche aufeinander folgende Nicht-Whitespace-Zeichen enthält, wie beispielsweise Völkerball, Butterfahrt oder Wassermann. Selbstverständlich müssen Sie nicht unbedingt *diese* Begriffe benutzen.

6. [8] Zusatzpunkte: Schreiben Sie ein Programm, das jede Zeile ausgibt, in der Wilma und Fred vorkommen.

Mustersuche mit regulären Ausdrücken

In Kapitel 7 haben Sie die Welt der regulären Ausdrücke kennengelernt. In diesem Kapitel erfahren Sie, wie diese Welt in die Welt von Perl passt.

Mustervergleiche mit m//

In Kapitel 7 haben wir unsere Suchmuster immer in einem Paar von Schrägstrichen benutzt. Eigentlich ist das nur eine Abkürzung für den Operator m// für Mustervergleiche. Wie beim qw//-Operator können Sie ein beliebiges Paar Interpunktionszeichen benutzen, um den Inhalt vom Rest des Programms abzugrenzen. Wir könnten den gleichen Ausdruck also auch als m(fred), m<fred>, m{fred} oder m[fred] schreiben, wobei paarweise auftretende Zeichen (Klammern) benutzt werden, oder auch als m,fred,, m!fred!, m^fred^, bei denen das gleiche Zeichen für den Anfang und das Ende benutzt wird.[1]

Durch die Verwendung des Schrägstrichs als Trennzeichen darf das anfängliche m weggelassen werden. Einige Perl-Programmierer drücken sich liebend gern um das Eingeben zusätzlicher Zeichen. Die meisten Suchmuster werden Ihnen daher auch in der mit Schrägstrichen geschriebenen Kurzform wie bei /fred/ begegnen.

Selbstverständlich sollten Sie Ihre Trennzeichen sorgfältig auswählen, damit das Trennzeichen selbst nicht in Ihrem Suchmuster auftaucht.[2] Anfänglich werden Sie vermutlich

---

1   Damit meinen wir die Zeichen, bei denen es keine Unterscheidung zwischen einem »linken« Zeichen und seiner »rechten« Entsprechung gibt. Das gleiche Interpunktionszeichen wird für beide Seiten benutzt.

2   Bei der Verwendung von Trennzeichen, die paarweise auftreten, müssen Sie sich normalerweise keine Sorgen darüber machen, ob diese Zeichen auch innerhalb des Suchmusters auftreten, da sie auch innerhalb des Musters immer in Paaren auftreten. m(fred(.*)barney), m{\w{2,}} und m[wilma[\n \t]+betty] funktionieren problemlos, da jedes »rechte« Trennzeichen auch eine »linke« Entsprechung hat. Die einzigen paarweise auftretenden Zeichen, die eine Ausnahme bilden, sind die spitzen Klammern (< und >). Da sie innerhalb von regulären Ausdrücken nicht als Metazeichen benutzt werden, kann es sein, dass sie etwa bei {(\d+)\s*>=?\s*(\d+)} allein vorkommen und daher mit einem Backslash geschützt werden müssen. Wenn Sie in diesem Fall spitze Klammern als Trennzeichen benutzen, müssen Sie die spitze Klammer im Ausdruck mit einem Backslash schützen, da sonst das Muster vorzeitig beendet würde.

Suchmuster, die eine einfache Web-URL finden sollen, als /http:\/\// schreiben, um das einleitende "http://" zu finden. Die Lesbarkeit wird jedoch deutlich erhöht, wenn ein besseres Trennzeichen gewählt wird, wie bei m%http://%.[3]

Geschweifte Klammern werden recht häufig als Trennzeichen eingesetzt. Benutzen Sie einen Texteditor für Programmierer, bietet dieser wahrscheinlich die Möglichkeit, von einer öffnenden geschweiften Klammer zu ihrer schließender Entsprechung zu springen, was die Pflege des Codes deutlich erleichtert.

Das Standardverhalten von regulären Ausdrücken ändern

Es gibt eine Reihe von Buchstaben, sogenannte *Flags*[4], die, hinter das schließende Trennzeichen geschrieben, das Standardverhalten eines Vergleichsoperators ändern können. /a wurde bereits in Kapitel 7 behandelt, aber es gibt noch einige mehr.

Groß- und Kleinschreibung ignorieren mit /i

Um bei einer Mustererkennung die Unterscheidung zwischen Groß- und Kleinschreibung zu ignorieren, können Sie den /i-Modifier benutzen. Dadurch werden Dinge wie FRED, fred und Fred gleichermaßen gefunden.

```
print "Wollen Sie Spielchen spielen? ";
chomp($_ = <STDIN>);
if (/ja/i) {  # Groß-/Kleinschreibung ignorieren
  print "Dann sollten Sie vielleicht Kegeln gehen.\n";
};
```

Ein beliebiges Zeichen finden mit /s

Standardmäßig passt der Punkt (.) nicht auf ein Newline-Zeichen, was für die meisten Muster, die nur in einer einzelnen Zeile suchen sollen, auch sinnvoll ist. Wenn Sie wollen, dass der Punkt auch Newline-Zeichen findet, sollten Sie den /s-Modifier benutzen. Dadurch verhält sich jeder Punkt[5] in Ihrem Suchmuster wie die Zeichenklasse [\d\D], die auf ein beliebiges Zeichen zutrifft, selbst wenn es ein Newline-Zeichen ist. Um den Unterschied zu sehen, brauchen Sie dafür natürlich einen String, der auch ein Newline-Zeichen enthält.

```
$_ = "Letzte Nacht habe ich Barney\nund Fred\nbeim Kegeln\ngetroffen.\n";
if (/Barney.*Fred/s) {
  print "In diesem String kommt erst Barney und dann Fred vor!\n";
}
```

---

3   Bedenken Sie: Der einfache Schrägstrich ist kein Metazeichen und muss daher auch nicht mit einem Backslash geschützt werden.

4   In der Welt von Perl 6 heißen solche Dinger offiziell *Adverbien*, aber der Zug ist für Perl 5 wohl abgefahren.

5   Wenn Sie nur das Verhalten einiger Punkte ändern wollen, ist es besser, diese durch [\d\D] zu ersetzen.

Ohne den /s-Modifier würde das Muster nicht zutreffen, da die zwei Namen durch Newline-Zeichen voneinander getrennt sind (also nicht auf einer Zeile stehen).

Das kann gelegentlich aber zu Problemen führen: Standardmäßig sorgt der Modifier /s dafür, dass der Punkt (.) alle Zeichen im Suchmuster findet. Um Newline-Zeichen davon auszunehmen, könnten Sie eine verneinte Zeichenklasse wie [^\n] verwenden, aber das wäre ein bisschen viel Tipperei. Daher wurde in Perl 5.12 der Modifier \N eingeführt, der im Prinzip das Gegenteil von \n bedeutet.

Leerzeichen einfügen mit /x

Der dritte Modifier ermöglicht es, eine beliebige Anzahl von Leerzeichen in einem Muster zu verwenden, um es besser lesbar zu machen.

```
/-?[0-9]+\.?[0-9]*/        # was passiert denn hier?
/ -? [0-9]+ \.? [0-9]* /x  # schon etwas besser zu lesen
```

Da /x die Verwendung von Leerzeichen in Mustern erlaubt, werden literale Leerzeichen und Tabulator-Zeichen in diesen Mustern ignoriert. Sie können stattdessen einen Backslash vor das betreffende Zeichen stellen oder \t schreiben (oder eine der vielen weiteren Möglichkeiten nutzen), um auch diese Zeichen zu finden. Allerdings ist die Verwendung von \s (oder \s* oder \s+) wesentlich gebräuchlicher, wenn Sie ohnehin auch für Leerzeichen Treffer erzielen wollen.

In Perl ist es erlaubt, als Teil des Leerraums auch Kommentare zu verwenden. Daher können Sie bei der Verwendung von /x auch Kommentare benutzen, um anderen Benutzern des Codes das Muster näher zu erläutern:

```
/
   -?      # ein optionales Minuszeichen
  [0-9]+   # eine oder mehrere Ziffern vor dem Dezimalpunkt
  \.?      # ein optionaler Dezimalpunkt
  [0-9]*   # einige optionale Ziffern nach dem Dezimalpunkt
/x         # Ende des Musters
```

Da das Doppelkreuz den Beginn eines Kommentars anzeigt, müssen Sie in den seltenen Fällen, in denen ein literales Doppelkreuz gefunden werden soll, das escapete Zeichen \# oder die Zeichenklasse [#] benutzen:

```
/
      [0-9]+ # eine oder mehrere Ziffern vor dem Dezimalpunkt
      [#]    # literales Doppelkreuz
/x           # Ende des Strings
```

Achten Sie darauf, dass der Kommentar nicht versehentlich das abschließende Trennzeichen (hier ein /) enthält, da das das Muster vorzeitig beenden würde. Das folgende Muster endet zum Beispiel eher, als man denken würde:

```
/
    -?          # mit/ohne - <--- HUCH!
    [0-9]+      # eine oder mehrere Ziffern vor dem Dezimalpunkt
    \.?         # ein optionaler Dezimalpunkt
    [0-9]*      # einige optionale Ziffern nach dem Dezimalpunkt
/x              # Ende des Strings
```

Modifier kombinieren

Wollen Sie in einem Muster mehr als einen Modifier benutzen, dann setzen Sie sie einfach ans Ende. Die Reihenfolge spielt dabei keine Rolle:

```
if (/barney.*fred/is) {  # Verwendung von /i und /s
  print "In diesem String kommt erst Barney und dann Fred vor!\n";
}
```

Und hier sehen Sie eine erweiterte Version mit Kommentaren:

```
if (m{
  barney # der kleine Typ
  .*     # alles, was dazwischen steht
  fred   # der laute Typ
}six) {  # eine Kombination aus /s und /i und /x
  print "In diesem String kommt erst Barney und dann Fred vor!\n";
}
```

Beachten Sie hier auch die Verwendung von geschweiften Klammern als Trennzeichen, wodurch Texteditoren für Programmierer leicht zwischen Anfang und Ende des regulären Ausdrucks hin- und herspringen können.

Eine Lesart für Zeichen auswählen

In Perl 5.14 kommen einige Modifier hinzu, mit denen man Perl mitteilen kann, wie es die Zeichen in einem Vergleich hinsichtlich zweier wichtiger Kriterien zu interpretieren hat, nämlich Case-Folding, die Umwandlung von Groß- in Kleinbuchstaben und umgekehrt, und Zeichenklassen-Abkürzungen. Der Inhalt dieses Abschnitts bezieht sich ausnahmslos ausschließlich auf Perl 5.14 und spätere Versionen.

Es gibt in diesem Fall drei mögliche Lesarten: ASCII, Unicode und Gebietsschema (Locale). Nur Letzteres verursacht allerdings Probleme. /a weist Perl an, ASCII zu verwenden, /u steht für Unicode und /l sagt Perl, dass es das Gebietsschema beachten soll. Ohne diese Modifier geht Perl so vor, wie es es auf Grundlage der in der *perlre*-Dokumentation beschriebenen Situationen für richtig hält. Die Modifier verwendet man, um Perl genau mitzuteilen, was man will, und zwar unabhängig davon, was sonst im Programm passiert.

Sehen wir uns zunächst die Zeichenklassen-Abkürzungen an. /a kennen Sie bereits: Das weist Perl an, nur die ASCII-Bereiche in den Zeichenklassen-Abkürzungen \w, \d und \s einzubeziehen. Der Vergleichsmodifier /u weist Perl an, die viel weiter reichenden Unicode-Bereiche für diese Abkürzungen zu verwenden. /l weist Perl an, die Locale-Einstellungen zu beachten, so dass z. B. jegliche Zeichen, die das Gebietsschema für Wort-Zeichen hält, in \w auftauchen.[6] Wenn Sie die Zeichenklassen-Abkürzungen verwenden und einer der Lesarten den Vorzug geben möchten, müssen Sie den im jeweiligen Fall passenden Modifier verwenden:

```
use 5.014;

/\w+/a    # A-Z, a-z, 0-9, _
/\w+/u    # ein beliebiges Unicode-Wort-Zeichen
/\w+/l    # Die ASCII-Version sowie Wort-Zeichen aus der Locale,
          # ggf. Zeichen wie Œ aus Latin-9
```

Welcher davon für Sie der Richtige ist? Das können wir nicht beurteilen, da wir nicht wissen, was Sie damit anstellen wollen. Je nach konkretem Fall kann jeder der Modifier der richtige sein. Natürlich können Sie auch jederzeit Ihre eigenen Zeichenklassen erstellen, um genau das zu bewerkstelligen, was Ihnen vorschwebt, falls die Abkürzungen Ihnen nicht weiterhelfen.

Kommen wir jetzt zum schwierigen Teil: dem Case Folding (der Umwandlung von Groß- in Kleinbuchstaben), bei dem Sie wissen müssen, welchen Kleinbuchstaben Sie von einem Großbuchstaben zurückbekommen sollten.[7] Wenn Sie beim Vergleich die Groß- und Kleinschreibung nicht beachten wollen, muss Perl wissen, wie es Kleinbuchstaben darstellt. In ASCII weiß man, dass der Kollege von *K* (0x4B) das *k* (0x6B) ist. Außerdem weiß man in ASCII, dass der große Kollege von *k K* ist (0x4B), was vernünftig erscheint, es aber gar nicht ist.

In Unicode ist das Ganze etwas komplizierter, aber trotzdem leicht zu handhaben, da das Mapping gut definiert ist.[8] Das Kelvin-Zeichen *K* (U+212A) hat ebenfalls *k* (0x6B) als kleines Gegenstück. Auch wenn *K* und *K* für Sie vielleicht wie das Gleiche aussehen, sind sie es für den Computer keineswegs.[9] Das heißt: Umwandlung in Kleinbuchstaben findet nicht 1:1 statt. Wenn Sie erst einmal das kleine *k* haben, können Sie nicht einfach zu seinem großen Gegenstück zurückgelangen, da es mehr als eine großgeschriebene Entsprechung dazu gibt. Und zu allem Überfluss haben einige Zeichen wie die Ligatur *ff* (U+FB00) auch noch zwei Zeichen als kleingeschriebenes Gegenstück, in diesem Fall *ff*. Das Zeichen *ß* ist ein kleingeschriebenes *ss*, aber das wollen Sie vielleicht gar nicht vergleichen. Ein einzelner Modifier /a wirkt sich auf die Zeichenklassen-Abkürzungen aus,

---

6 Außerdem gibt es noch /d, das Perl anweist, »herkömmliches« Verhalten zu zeigen, indem es rät, was es tun soll.

7 Das ist ein Teil des »Unicode-Bugs« in Perl, bei dem die interne Repräsentation darüber entscheidet, welche Antwort Sie bekommen. Die blutigen Einzelheiten können Sie in der *perlunicode*-Dokumentation nachlesen.

8 Siehe *http://unicode.org/Public/UNIDATA/CaseFolding.txt*.

9 Wenn unser Quelltext im Laufe des Herstellungsprozesses nicht beschädigt wurde, können Sie die Buchstaben auch aus dem eBook kopieren und sich selbst davon überzeugen, dass es sich um verschiedene Zeichen handelt, auch wenn sie gleich aussehen.

aber wenn zwei /a vorliegen, weist das Perl auch an, ausschließlich ASCII-Case-Folding
zu verwenden:

```
/k/aai    # vergleicht nur ASCII-K oder -k, nicht das Kelvin-Zeichen
/k/aia    # die /a-s müssen nicht nebeneinanderstehen
/ss/aai   # vergleicht nur ASCII-ss, -SS, -sS und -Ss, nicht ß
/ff/aai   # vergleicht nur ASCII-ff, -FF, -fF und -Ff, nicht ff
```

Mit Locales ist es nicht so einfach. Man muss wissen, welches Gebietsschema man verwendet, um sagen zu können, was ein Zeichen ist. Wenn der Ordinalwert 0xBC vorliegt, ist das dann das Œ von Latin-9, das ¼ von Latin-1 oder etwas anderes in irgendeinem anderen Gebietsschema? Sie kennen die kleingeschriebene Entsprechung nicht, solange Sie nicht wissen, wie das Gebietsschema diesen Wert interpretiert:[10]

```
$_ = <STDIN>;

my $OE = chr( 0xBC ); # genau das bekommen, was wir wollen

if (/$OE/i) {        # Groß-/Kleinschreibung egal? Nicht unbedingt.
    print "Found $OE\n";
}
```

In diesem Fall können unterschiedliche Ergebnisse herauskommen, je nachdem, wie Perl den String in $_ und den im Vergleichsoperator behandelt. Wenn Ihr Quellcode in UTF-8 ist, das Input aber in Latin-9, was passiert dann? In Latin-9 hat das Zeichen Œ den Ordinalwert 0xBC und sein kleingeschriebener Kollege œ 0xBD. In Unicode ist Œ Codepoint U+0152 und œ Codepoint U+0153. In Unicode ist U+0OBC ¼ und hat keine kleingeschriebene Entsprechung. Wenn Ihr Input in $_ 0xBD ist und Perl diesen regulären Ausdruck als UTF-8 behandelt, bekommen Sie nicht die Antwort, die Sie erwarten würden. Sie können allerdings den Modifier /l hinzufügen, um Perl zu zwingen, den regulären Ausdruck unter Beachtung der Regeln des Gebietsschemas zu interpretieren:

```
$_ = <STDIN>;

my $OE = chr( 0xBC ); # genau das bekommen, was wir wollen

if (/$OE/li) { # schon besser
    print "Found $OE\n";
}
```

Wenn Sie für diesen Teil immer Unicode-Semantik verwenden wollen (was Latin-1 entspricht), können Sie den Modifier /u verwenden:

```
$_ = <STDIN>;
if (/Œ/ui) {  # verwendet jetzt Unicode
    print "Found Œ\n";
}
```

---

10 Wir erstellen das Zeichen mit chr(), um sicherzugehen, dass wir das richtige Bitmuster bekommen, unabhängig von Fragen der Kodierung.

Ja, das kann schnell zu Kopfschmerzen führen. Perl gibt sein Bestes, um die Eingaben und Kodierungen, die es vorgesetzt bekommt, korrekt zu verarbeiten. Gerne würden wir die Geschichte neu schreiben – allerdings mit weniger Fehlern!

Weitere Option-Modifier

Es gibt noch eine ganze Reihe anderer Modifier. Wir werden sie erklären, sobald wir sie brauchen. Sie können die Beschreibungen aber auch in der *perlop*-Dokumentation und in den Beschreibungen des m//-Operators und anderer Operatoren für reguläre Ausdrücke nachlesen, die Sie später in diesem Kapitel kennenlernen werden.

Muster verankern

Passt ein Muster am Anfang eines Strings nicht, dann »hangelt« es sich standardmäßig so lange an dem String entlang, bis das Ende erreicht ist, und versucht dabei, an einer anderen Stelle einen Treffer zu erzielen. Es gibt jedoch eine Reihe von Ankern, mit denen Sie eine bestimmte Stelle im String festlegen können, an der das Muster passen soll.

Das \A als Ankerzeichen passt dabei ganz am Anfang eines Strings, so dass sich Ihr Muster überhaupt nicht am String entlanghangelt. Dieses Muster hier sucht ausschließlich am Anfang des Strings nach einem https:

```
m{\Ahttps?://}i
```

Wenn Sie etwas am Ende des Strings verankern wollen, verwenden Sie \z. Folgendes Muster findet .png nur ganz am Ende des Strings:

```
m{\.png\z}i
```

Warum »ganz am Ende des Strings«? Hier muss ausdrücklich gesagt werden, dass auf das \z nichts mehr folgen kann, und zwar aus geschichtlichen Gründen. Es gibt einen Anker für das Ende von Zeichenketten namens \Z, der optional einen Zeilenumbruch hinter sich gestattet. Das macht es leicht, etwas am Ende einer einzelnen Zeile zu vergleichen, ohne sich um den folgenden Zeilenumbruch Gedanken machen zu müssen:

```
while (<STDIN>) {
    print if /\.png\Z/;
}
```

Würden Newline-Zeichen als Teil des Suchmusters betrachtet, müssten Sie diese vor dem Vergleich entfernen und für die Ausgabe wieder einfügen:

```
while (<STDIN>) {
    chomp;
    print "$_\n" if /\.png\z/;
}
```

Gelegentlich werden Sie beide Anker zusammen benutzen wollen, um sicherzustellen, dass ein Muster auf einen vollständigen String zutrifft. Ein häufiges Beispiel dafür ist /\A\

s*\Z/, das auf einen leeren String passt. Dieser String darf dabei eine beliebige Anzahl von Whitespace-Zeichen enthalten, die in der Regel nicht sichtbar sind. Auf dem Papier sieht jeder String, auf den dieses Muster passt, gleich aus; das Muster wird dieser Tatsache gerecht. Ohne die Anker würde das Muster auch auf andere Strings zutreffen.

In Perl sind \A, \Z und \z Features regulärer Ausdrücke, aber sie werden nicht von allen Programmierern benutzt. Leute, die noch mit Perl 4 groß geworden sind, verwenden gewohnheitsmäßig die Zeichen das Caret (^) für den Zeilenanfang und das Dollarzeichen ($) für das Ende. Beide Zeichen funktionieren auch in Perl 5 noch. Hier markieren Sie allerdings den Anfang und das Ende einer Zeile.

Aber warum wird hier eigentlich zwischen Zeilen und Strings unterschieden? Für Perl enthält $_ einfach eine lange Zeichenkette – egal ob diese Zeilenumbrüche enthält oder nicht. Ein Mensch wird das Folgende trotzdem meistens als »mehrere Zeilen« wahrnehmen:

```
$_ = 'Das hier ist eine Wilma-Zeile
Barney steht auf einer anderen Zeile
aber weiter geht es mit Fred
und einer abschließenden Dino-Zeile';
```

Stellen Sie sich vor, Ihre Aufgabe besteht darin, Strings zu finden, in denen Fred am Ende irgendeiner Zeile steht, nicht bloß am Ende des gesamten Stings. In Perl 5 können Sie das mit dem Anker $ und dem Modifier /m erledigen, um das Suchmuster auf mehrere »Zeilen« auszuweiten. Das folgende Muster passt, weil im mehrzeiligen String Fred am Ende einer Zeile steht:

```
/Fred$/m
```

Durch das Hinzufügen des /m verändert sich die Funktionsweise des alten Ankers aus Perl 4. Jetzt passt er auf Fred, egal wo es steht, solange es entweder irgendwo im String von einem Zeilenumbruch gefolgt wird oder ganz am Ende des Strings steht.

Das /m macht dasselbe für den Anker ^. Entweder passt er auf den tatsächlichen Beginn der Zeichenkette oder auf eine Stelle direkt nach einem Zeilenumbruch. Das folgende Muster passt, weil Barney im mehrzeiligen String am Anfang einer Zeile steht:

```
/^Barney/m
```

Ohne das /m benehmen sich das ^ und das $ genau wie \A und \z. Da allerdings ja später jemand daherkommen und den Switch /m hinzufügen und somit Ihre Anker auf eine Weise ändern könnte, wie Sie es gar nicht beabsichtigt hatten, ist es sicherer, nur diejenigen Anker zu verwenden, die genau das bezeichnen, was Sie wirklich meinen. Aber wie bereits gesagt, haben viele Programmierer ihre Gewohnheiten seit Perl 4 kaum geändert, weshalb Sie auch heutzutage noch vielen ^- und $-Ankern begegnen werden, die eigentlich \A und \z sein sollten. Im weiteren Verlauf dieses Buchs werden wir \A und \z verwenden, außer wenn es uns ausdrücklich um mehrzeilige Vergleiche geht.

Wörter verankern

Anker finden sich nicht nur am Anfang oder Ende eines Strings. So passt der Anker für Wortgrenzen, \b, an beiden Enden eines Wortes.[11] Sie können daher das Muster /\bfred\b/ benutzen, um das Wort fred zu finden, frederick, alfred oder manfred mann aber auszuschließen. Das funktioniert so ähnlich wie das Feature »nur ganze Wörter finden« in der Suchfunktion von Textverarbeitungsprogrammen.

Auch hier meinen wir leider nicht die Art Wörter, an die wir normalerweise denken, sondern diese \w-Wörter aus Buchstaben, Ziffern und Unterstrichen. Der \b-Anker findet also den Anfang oder das Ende einer Gruppe von \w-Zeichen. Das funktioniert nach den Regeln, die \w befolgt, wie wir es weiter oben in diesem Kapitel besprochen haben.

In Abbildung 8-1 sehen Sie jedes »Wort« grau unterstrichen. Die Pfeile zeigen an, an welchen Stellen \b einen Treffer erzielen würde. In einem String gibt es immer eine gerade Anzahl von Wortgrenzen, da jedes Wort sowohl einen Anfang als auch ein Ende haben muss.

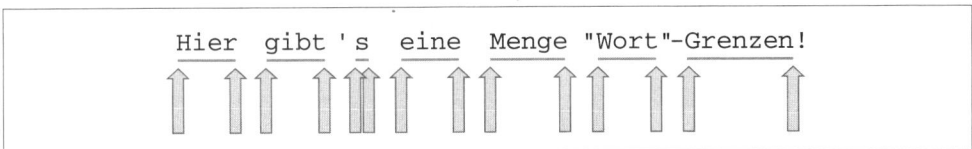

Abbildung 8-1: Wortgrenzen finden mit \b

Die »Wörter« sind Folgen von Buchstaben, Ziffern und Unterstrichen, wie sie durch das Muster /\w+/ beschrieben werden. In unserem Beispiel befinden sich daher sieben Wörter: Hier, gibt, s, eine, Menge, Wort und Grenzen.[12] Die Anführungszeichen haben keinen Einfluss auf die Wortgrenzen; diese Wörter bestehen alle aus \w-Zeichen.

Jeder Pfeil bezeichnet den Anfang oder das Ende einer Unterstreichung, da der Anker für Wortgrenzen, \b, nur am Anfang oder am Ende einer Gruppe von Wort-Zeichen passt.

Die Wortgrenze ist nützlich, um sicherzustellen, dass wir nicht versehentlich eine Sau im Saum, einen esel in der Gesellschaft oder womöglich sogar einen Uhu in Lieutenant Uhura finden. Gelegentlich werden Sie nur eine Wortgrenze benutzen wollen, zum Beispiel bei der Benutzung von /stein\b/, um etwas wie Sandstein oder Feuerstein zu finden, aber keine Stolpersteine.

---

11 Manche Implementierungen von regulären Ausdrücken benutzen für den Wortanfang und das Wortende unterschiedliche Anker. In Perl wird \b jedoch für beides benutzt.

12 Hier können Sie gut sehen, warum wir die Definition für »Wort« gern ändern würden; gibt's sollte eigentlich ein einziges Wort sein, nicht zwei Wörter, die durch einen Apostroph getrennt sind. Selbst wenn der Text meistens auf Englisch abgefasst sein sollte, gibt es eine Prise anderer Zeichen, die diesem Problem die richtige Würze verleihen.

Der Anker für Nicht-Wortgrenzen ist \B. Er trifft an jeder Stelle zu, an der \b keinen Treffer erzielen würde. Das Suchmuster /\bsuche\B/ passt demnach auf suchen und suchend, aber nicht auf Versuchung oder durchsuchen.

Der Bindungsoperator =~

Ein Mustervergleich mit dem Inhalt von $_ ist bloß das Standardverhalten. Der *Bindungsoperator* (=~) weist Perl an, einen Mustervergleich mit dem String links vom Operator durchzuführen, anstatt dafür $_ zu benutzen,[13] zum Beispiel so:

```
my $was_anderes = "Ich traeume von Betty Geroellheimer.";
if ($was_anderes =~ /\bGer/) {
  print "Oho, da liegt der Hase im Pfeffer.\n";
}
```

Wenn Sie den Bindungsoperator zum ersten Mal sehen, wirkt er wie eine Art von Zuweisungsoperator. Das ist er aber nicht. Er besagt: »Die Mustererkennung, die sonst mit $_ durchgeführt wird, soll stattdessen mit dem String links von mir durchgeführt werden!«

In dem unten stehenden (etwas ungewöhnlichen) Beispiel wird der Variablen $mag_perl abhängig von der Benutzereingabe ein boolescher Wert zugewiesen. Das Beispiel ist ein bisschen zusammengeschustert, da die eigentliche Benutzereingabe wieder verworfen wird.[14] Stattdessen wird nur getestet, ob die Eingabe auf ein bestimmtes Muster passt, und das Ergebnis dieses Vergleichs (wahr oder falsch bzw. 1 oder 0) der Variablen $mag_perl zugewiesen. Der Inhalt von $_ wird dabei weder benutzt noch verändert.

```
print "Mögen Sie Perl?\n";
my $mag_perl = (<STDIN> =~ /\bja\b/i);
... # Zeit vergeht ...
if ($mag_perl) {
  print "Sie haben vorhin gesagt, Sie mögen Perl, also ...\n";
  ...
}
```

Da der Bindungsoperator eine hohe Präzedenz hat, sind die runden Klammern um den Mustervergleich nicht unbedingt nötig. Die folgende Zeile macht daher genau das Gleiche wie das vorige Beispiel – sie speichert das Ergebnis eines Tests (und nicht die Eingabezeile) in der Variablen $mag_perl:

```
my $mag_perl = <STDIN> =~ /\byes\b/i;
```

---

13 Der Bindungsoperator hat neben der Verwendung bei der Mustererkennung auch noch andere Verwendungen, wie Sie später sehen werden.

14 Die Eingabezeile wird nur in $_ gespeichert, wenn <STDIN> im Bedingungsteil einer while-Schleife steht.

Variableninterpolation in Suchmustern

Der Vergleichsoperator benimmt sich, als wäre er ein String in doppelten Anführungszeichen, und interpoliert jegliche Variablen, die er findet. Das ermöglicht uns, kurz mal ein *grep*-ähnliches Programm zu schreiben:

```
#!/usr/bin/perl -w
my $was = "larry";

while (<>) {
    if (/\A($was)/) {  # Suchmuster am Anfang des Strings verankern
        print "Am Anfang von $_ steht $was";
    }
}
```

Das Muster besteht nun aus dem Inhalt von $was, wenn wir den Mustervergleich durchführen. Das ist so, als hätten wir /\A(larry)/ geschrieben, um larry am Anfang einer Zeile zu finden.

Anstatt den Wert von $was als literalen String einzulesen, hätten wir ihn auch als Kommandozeilenargument aus @ARGV holen können:

```
my $was = shift @ARGV;
```

Wäre das erste Kommandozeilenargument fred|barney gewesen, hätten wir als Suchmuster /\A(fred|barney)/, womit wir am Anfang jeder Zeile nach einem Vorkommen von fred oder barney suchen könnten.[15] Die runden Klammern (die bei der Suche nach larry nicht wichtig waren) sind nun notwendig, da wir sonst nach fred am Anfang des Strings oder nach barney an einer beliebigen Stelle suchen würden.

Nachdem wir die Zeile geändert haben, um uns das Suchmuster aus @ARGV zu holen, funktioniert unser Programm wie das Unix-Kommando *grep*. Wir müssen allerdings auf Metazeichen im String achten. Wäre der Inhalt von $was zum Beispiel 'fred(barney', so wäre das resultierende Suchmuster /^(fred(barney)/. Sie wissen, dass so etwas nicht funktionieren kann – Ihr Programm würde vorzeitig mit einer Fehlermeldung über einen ungültigen regulären Ausdruck beendet. Es gibt natürlich fortgeschrittene Techniken,[16] diese Art von Fehlern abzufangen (bzw. die Zauberkraft der Metazeichen von vornherein einzudämmen), so dass Ihr Programm nicht mehr abstürzt. Für den Augenblick reicht es jedoch, wenn Sie wissen, dass Ihre Benutzer mit der Möglichkeit, reguläre Ausdrücke zu verwenden, auch die Verantwortung übernehmen, diese korrekt zu verwenden.

---

15 Einige unserer Leser werden wissen, dass man fred|barney normalerweise nicht als Kommandozeilenargument eingeben kann, da der vertikale Balken als Shell-Metazeichen benutzt wird. Lesen Sie in der Dokumentation zu Ihrer Shell nach, welche Quoting-Zeichen Sie für Ihre Kommandozeilenargumente benutzen können.

16 In diesem Fall würden Sie einen eval-Block benutzen, um den Fehler abzufangen, oder Sie würden mit der quotemeta-Funktion (oder der entsprechenden \Q-Form) alle möglichen Metazeichen im interpolierten String mit einem Backslash schützen, wodurch diese Zeichen nicht mehr als Teil des regulären Ausdrucks selbst angesehen werden.

Die Speichervariablen

Normalerweise wirken sich die runden Klammern auf den Speicher der regulären Ausdrücke (»Regex-Speicher«) aus. Der Speicher enthält den Teil des Strings, der von dem Teil des Musters innerhalb der runden Klammern gefunden wurde. Gibt es mehr als ein Klammernpaar, wird auch mehr als ein Speicher angelegt. Jeder Regex-Speicher enthält einen Teil des ursprünglichen *Strings*, nicht etwa des Musters. Sie könnten in Ihrem Muster auf diese Gruppen referenzieren, indem Sie Rückverweise benutzen, aber diese Gruppen sind auch nach dem Vergleich noch vorhanden, und zwar als Speichervariablen.

Da diese Variablen Zeichenketten enthalten, sind es skalare Variablen. In Perl werden diese mit $1 und $2 angesprochen. Es gibt genau so viele dieser Variablen, wie Speicherklammern im Muster existieren. Daher bezieht sich $4, wie zu erwarten, auf denjenigen Teil der Zeichenkette, der von dem Teilmuster im vierten Klammernpaar gefunden wurde. Das ist übrigens die gleiche Zeichenkette, die bei der Mustererkennung auch mit der Rückwärtsreferenz \4 angesprochen werden kann. Dennoch handelt es sich nicht einfach um zwei Namen für die gleiche Sache: \4 bezieht sich auf den gefundenen Teilstring *während* der Mustererkennung, $4 steht dagegen für einen Teilstring, *nachdem* die Mustererkennung durchgeführt wurde.

Diese Speichervariablen bilden einen großen Teil der Macht von regulären Ausdrücken, weil wir damit Teile eines Strings finden und weiterverarbeiten können:

```
$_ = "Guten Tag, Herr Nachbar";
if (/\s(\[a-zA-Z]+),/) {        # das Wort zwischen dem Leerzeichen
                                # und dem Komma capturen
  print "das Wort war $1\n";    # das Wort war Tag
}
```

Sie können auch mehrere Speichervariablen gleichzeitig benutzen:

```
$_ = "Guten Tag, Herr Nachbar";
if (/(\S+) (\S+), (\S+) (\S+)/) {
  print "Die Wörter waren: $1 $2 $3 $4\n";
}
```

Dieser Code gibt aus: »Die Wörter waren: Guten Tag Herr Nachbar«. Das Komma wurde nicht gefunden, da es innerhalb des Ausdrucks nicht von runden Klammern umgeben war. Hätten wir die zweite schließende Klammer um ein Zeichen nach rechts verschoben, würde das Komma mit gecaptured und somit auch mit ausgegeben werden. Mit dieser Methode können wir also genau auswählen, was im Speicher abgelegt werden soll.

Es kann vorkommen, dass eine Speichervariable leer ist,[17] zum Beispiel wenn der entsprechende Teil des Suchmusters leer war. Eine Speichervariable kann also auch einen leeren String (mit einer Länge von null Zeichen) enthalten:

---

17 Ein leerer String ist etwas anderes als einer, der nicht definiert ist. Haben Sie nur drei oder weniger Klammernpaare im Muster, ist der Wert von $4 undef.

```
my $dino = "Ich glaube, in 1000 Jahren bin ich ausgestorben.";
if ($dino =~ /([0-9]*) Jahren/) {
  print "Noch '$1' Jahre zu leben.\n";   # 1000
}

my $dino = "Ich glaube, in ein paar Millionen Jahren bin ich ausgestorben.";
if ($dino =~ /([0-9]*) Jahren/) {
  print "Noch '$1' Jahre zu leben.\n";   # leerer String
}
```

Persistenz des Speichers

Die Speichervariablen behalten normalerweise ihre Werte bis zum nächsten *erfolgreichen* Mustervergleich.[18] Schlägt der folgende Mustervergleich fehl, bleiben bereits gesetzte Speichervariablen unberührt; ein erfolgreicher Vergleich setzt dagegen alle Speichervariablen wieder zurück. Sie sollten die Speichervariablen also nicht verwenden, wenn die Mustererkennung nicht tatsächlich erfolgreich war. Es kann passieren, dass Sie sonst anstelle des Erwarteten ein Wort aus dem vorangehenden Mustervergleich finden. Das folgende (schlechte) Beispiel soll eigentlich ein in $wilma gefundenes Wort ausgeben. Schlägt der Test jedoch fehl, wird der String benutzt, der sich noch in $1 befindet:

```
my $wilma = "123";
$wilma =~ /([0-9]+)/;        # klappt: $1 ist 123
$wilma =~ /([a-zA-Z]+)/;     # schlecht: ungetestetes Vergleichsergebnis
print "Wilmas Wort war $1... - oder?\n";  # immer noch 123!
```

Das ist ein weiterer Grund dafür, dass Mustervergleiche fast immer im Bedingungsblock einer if-Anweisung oder einer while-Schleife zu finden sind:

```
if ($wilma =~ /([a-zA-Z]+)/) {
  print "Wilmas Wort war $1.\n";
} else {
  print "Wilma fehlen die Worte.\n";
}
```

Da die Speichervariablen nicht für immer unangetastet bleiben, sollten Sie eine Vergleichsvariable wie $1 nicht weiter als ein paar Zeilen später ungetestet verwenden. Fügt der Wartungsprogrammierer einen weiteren regulären Ausdruck zwischen Ihrer ursprünglichen Mustererkennung und Ihrer Verwendung von $1 ein, wird statt des ursprünglichen nun der neue Wert von $1 benutzt. Aus diesem Grund ist es sinnvoll, eine Speichervariable in eine normale Variable zu kopieren, falls sie später noch einmal benutzt werden soll. Zudem wird Ihr Code dadurch besser lesbar:

```
if ($wilma =~ /([a-zA-Z]+)/) {
  my $wilma_wort = $1;
  ...
}
```

---

18 Die Regeln für den Geltungsbereich dieser Variablen sind wesentlich komplexer (weitere Informationen dazu finden Sie bei Bedarf in der Dokumentation). Solange Sie jedoch nicht erwarten, dass die Speichervariablen viele Zeilen nach der Mustererkennung noch unangetastet sind, sollten Sie damit keine Probleme haben.

Später, in Kapitel 9, werden Sie sehen, wie Sie den Wert des Speichers schon zur Zeit des Mustervergleichs *direkt* in dauerhaften Variablen ablegen können, ohne dabei explizit auf $1 zurückgreifen zu müssen.

Runde Klammern ohne Speicherfunktion

Bisher haben Sie nur runde Klammern gesehen, die Teile eines verglichenen Strings nehmen und in den Speichervariablen ablegen. Was tun Sie aber, wenn Sie die Klammern nur zum Gruppieren von Dingen verwenden wollen? Stellen Sie sich einen regulären Ausdruck vor, von dem ein Teil optional sein soll, während nur ein anderer Teil erfasst werden soll. In diesem Beispiel soll der Teilstring »Bronto« optional sein, wozu er allerdings mit runden Klammern umgeben werden muss. Später verwendet das Muster die Alternierung von »steaks« oder »burger« und speichert die gefundene Alternative.

```
if (/(Bronto)?saurier(steaks|burger)/)
    {
    print "Fred isst am liebsten $2\n";
    }
```

Selbst wenn »Bronto« nicht vorhanden ist, wird dieser Teil des Musters in $1 abgelegt. Um zu entscheiden, welche Speichervariablen verwendet werden, zählt Perl die öffnenden runden Klammern. Dadurch landet der Teil, den wir eigentlich behalten wollen, in $2. In komplizierteren Mustern kann diese Situation schnell zu Verwirrung führen.

Glücklicherweise können runde Klammern in Perls regulären Ausdrücken auch nur für die Gruppierung von Sachen verwendet werden. Dabei werden keine Speichervariablen angelegt. Diese *runden Klammern ohne Speicherfunktion* (»non-capturing parentheses«) werden mit einer speziellen Zeichenfolge eingeleitet: Hinter die öffnende Klammer stellen wir ein Fragezeichen, gefolgt von einem Doppelpunkt (?:),[19] womit Perl angewiesen wird, dieses Klammernpaar nur zum Gruppieren zu verwenden.

Wenn wir unseren regulären Ausdruck so ändern, dass um »Bronto« nichtspeichernde Klammern zum Einsatz kommen, landet der Teil, den wir tatsächlich speichern wollen, nun in $1.

```
if (/(?:Bronto)?saurier(steaks|burger)/) {
    print "Fred isst am liebsten $1\n";
}
```

Wenn wir unseren regulären Ausdruck später abändern, so dass Brontosaurierburger vom Grill möglich sind, können wir auch das neu eingefügte »gegrillte« (inklusive des Leerzeichens) optional machen, ohne dass es gespeichert wird. Auf diese Weise landet der Teil, den wir uns merken wollen, auch weiterhin in $1. Ansonsten müssten wir jedes

---

19 Dies ist die vierte Möglichkeit, ein Fragezeichen in regulären Ausdrücken zu verwenden: Sie kennen bereits das literale Fragezeichen (per Escape-Zeichen geschützt), den Quantifier für kein oder ein Vorkommen und den nicht-gierigen Quantifier, und jetzt auch das Fragezeichen als Beginn eines erweiterten Suchmusters.

Mal die Namen sämtlicher verwendeter Speichervariablen ändern, wenn wir einen regulären Ausdruck um gruppierende Klammern erweitern.

```
if (/(?:gegrillte )?(?:Bronto)?saurier?(steaks|burger)/)  {
    print "Fred isst am liebsten $1\n";
}
```

In den regulären Ausdrücken von Perl gibt es noch eine ganze Reihe weiterer spezieller Klammernsequenzen, die einige ausgefallene und komplizierte Dinge ermöglichen. Dazu gehören Look-ahead und Look-behind, eingebettete Kommentare oder sogar die Ausführung von Code mitten im Suchmuster. Die Details finden Sie in der *perlre*-Dokumentation.

Benannte Speichervariablen

Mithilfe runder Klammern können Sie Teile von Zeichenketten finden und in den Speichervariablen $1, $2 usw. ablegen. Selbst bei einfachen Mustervergleichen kann es schwierig sein, sich zu merken, welche Variable dabei was enthält. Nehmen Sie beispielsweise den folgenden regulären Ausdruck, der versucht, zwei Namen in der Variablen $namen zu finden:

```
use 5.010;
my $namen = 'Fred oder Barney';
if ( $namen =~ m/(\w+) und (\w+)/ ) {  # kein Treffer
    say "Ich sah $1 und $2";
}
```

Die mit say erzeugte Nachricht wird nicht ausgegeben, weil die Zeichenkette dort, wo wir ein und erwartet haben, das Wort oder enthält. Vielleicht kann beides sein. Also erweitern wir den regulären Ausdruck so, dass er in einem runden Klammernpaar (Sie ahnen schon, was hier passiert) Alternativen enthält, die und und oder findet;

```
use 5.010;
my $namen = 'Fred oder Barney';
if ( $namen =~ m/(\w+) (und|oder) (\w+)/ ) { # Treffer
    say "Ich sah $1 und $2";
}
```

Hoppla! Diesmal wird tatsächlich eine Nachricht ausgegeben. Diese enthält aber nicht, wie erwartet, den zweiten Namen, da wir ein weiteres Klammernpaar für die Alternative benutzt haben. Anstatt des gewünschten Namens (der jetzt in der Speichervariablen $3 steht), wird der Wert der Alternative ausgegen:

```
Ich sah Fred und oder
```

Zwar hätten wir hier auch nichtspeichernde Klammern verwenden können. Das eigentliche Problem besteht aber darin, dass die nummerierten Klammern und ihr Inhalt keinen inhaltlichen Bezug zueinander haben. Je mehr Klammernpaare und Speichervariablen Sie verwenden, desto komplizierter wird die Sache.

Anstelle von Zahlen wie $1 können wir in Perl 5.10 die einzelnen Speichervariablen direkt im regulären Ausdruck benennen. Der gefundene Text wird im speziellen Hash %+ gespeichert. Der Schlüssel ist der von uns verwendete Name, der Wert ist der gefundene Teilstring. Für benannte Speichervariablen benutzen wir die Schreibweise (?<NAME> SUCHMUSTER). Anstelle von NAME benutzen Sie Ihren eigenen Namen für die Speichervariable.[20] Für unser Beispiel nennen wir die erste Speichervariable name1 und die zweite name2. Der Zugriff auf die Werte erfolgt wie bei einem normalen Hash mit der Schreibweise $+{name1} und $+{name2}.

```
use 5.010;
my $namen = 'Fred oder Barney';
if ( $names =~ m/(?<name1>\w+) (?:und|oder) (?<name2>\w+)/ ) {
    say "Ich sah $+{name1} und $+{name2}";
}
```

Und endlich sehen wir die richtige Nachricht:

```
Ich sah Fred und Barney
```

Sobald wir die Speichervariablen benannt haben, können wir sie problemlos verschieben und neue Klammernpaare anlegen, ohne dass die Reihenfolge durcheinander gerät:

```
use 5.010;
my $namen = 'Fred oder Barney';
if ( $namen =~ m/((?<name2>\w+) (und|oder) (?<name1>\w+))/ ) {
    say "Ich sah $+{name1} und $+{name2}";
}
```

Jetzt fehlt eigentlich nur noch eine Möglichkeit, die benannten Speicher auch in Rückwärtsreferenzen nutzen zu können. Zuvor haben wir dafür so etwas wie \1 oder \g{1} benutzt. Die Schreibweise für benannte Speichervariablen lautet \g{NAME}, wie hier:

```
use 5.010;
my $namen = 'Fred Feuerstein und Wilma Feuerstein';
if( $namen =~ m/(?<nachname>\w+) und \w+ \g{nachname}/ ) {
    say "Ich sah $+{nachname}";
}
```

Dafür gibt es noch eine weitere Schreibweise. Anstelle von \g{NAME} können wir auch \k<NAME> schreiben:[21]

```
use 5.010;
my $namen = 'Fred Feuerstein und Wilma Feuerstein';
if ( $namen =~ m/(?<nachname>\w+) und \w+ \k<nachname>/ ) {
    say "Ich sah $+{nachname}";
}
```

---

20 Perl gestattet auch, die Python-Syntax (?P<NAME>...) zu benutzen, um das zu erreichen.

21 Die Schreibweise \k<NAME> unterscheidet sich etwas von \g{NAME}. Bei Mustervergleichen, die zwei oder mehr benannte Gruppen mit dem gleichen Namen verwenden, beziehen sich \k<NAME> und \g{NAME} immer auf die am weitesten links liegende Gruppe. Wenn Sie ein Fan von Python sind, dürfen Sie übrigens auch die Schreibweise (?P=NAME) benutzen.

Die automatischen Speichervariablen

Es gibt drei weitere Variablen, die Sie quasi umsonst dazubekommen.[22] Sie funktionieren sogar, wenn Sie in Ihrem Muster keine runden Klammern zum Speichern benutzen. Das war die gute Nachricht. Die schlechte Nachricht ist, dass diese Variablen seltsame Namen haben.

Larry hätte es vermutlich gefallen, diesen Variablen nicht ganz so seltsame Namen zu geben, vielleicht etwas wie $gazoo oder $ozmodiar. Das sind aber genau die Namen, die Sie vielleicht lieber in Ihrem eigenen Code benutzen wollen. Um einfache Perl-Programmierer davor zu bewahren, sich bereits in ihrem ersten Programm die Namen aller speziellen Variablen merken zu müssen,[23] hat Larry vielen von den in Perl eingebauten Variablen seltsame Namen gegeben, die »gegen die Regeln verstoßen«. In diesem Fall bestehen die Namen aus Interpunktionszeichen. Sie heißen $&, $` und $'. Sie sind hässlich und seltsam, aber das sind nun einmal ihre Namen.[24]

Derjenige Teil, auf den das Muster tatsächlich zugetroffen hat, wird automatisch in $& abgelegt:

```
if ("Guten Tag, Herr Nachbar" =~ /\s(\w+),/) {
  print "Dieses Muster passte auf '$&'.\n";
}
```

Der Teil, der gefunden wurde, ist " Tag," (ein Leerzeichen, ein Wort und ein Komma). $1 enthält dagegen nur den Teil des Strings, der auf das Muster in den runden Klammern gepasst hat; $& enthält jedoch alles, auf das das Muster zwischen den Begrenzungszeichen zutraf.

Alles, was vor dem Gefundenen in unserem String stand, wird in $` abgelegt, und alles, was nach dem Treffer stand, ist nun in $' zu finden. Wir können auch sagen, $` enthält alles, was die Regex-Maschine überspringen musste, um den Treffer zu finden, während $' den Teil des Strings enthält, zu dem das Suchmuster nie vorgedrungen ist. Wenn Sie die Werte dieser drei Variablen wieder zusammensetzen, erhalten Sie den ursprünglichen String zurück:

```
if ("Guten Tag, Herr Nachbar" =~ /\s(\w+),/) {
  print "Der String war ($`)($&)($').\n";
}
```

---

22 Von wegen! Nichts ist umsonst. Diese Variablen sind nur insofern umsonst, als sie automatisch angelegt werden. Machen Sie sich keine Sorgen, wir teilen Ihnen den tatsächlichen Preis noch rechtzeitig mit.

23 Es gibt aber ein paar eingebaute Variablennamen, die Sie vermeiden sollten, zum Beispiel $ARGV. Diese bestehen aber nur aus Großbuchstaben. Eine Liste aller eingebauten Variablen finden Sie in der *perlvar*-Dokumentation.

24 Wenn Sie diese Namen absolut nicht ausstehen können, werfen Sie einmal einen Blick auf das English-Modul, das versucht, den seltsamsten von den in Perl eingebauten Variablen englische Namen zu geben. Dieses Modul hat sich jedoch nicht so recht durchsetzen können. Stattdessen haben sich die Perl-Programmierer, seltsam wie sie sind, daran gewöhnt, die Variablennamen mit den Interpunktionszeichen zu benutzen.

Die Nachricht gibt (Guten)(Tag,)(Herr Nachbar) aus und demonstriert so die Funktionsweise der drei automatischen Speichervariablen. Gleich kommt noch mehr zu diesen Variablen.

Genau wie die nummerierten Speichervariablen kann jede dieser drei Variablen unter Umständen auch leer sein. Die drei automatischen Variablen haben dabei den gleichen Geltungsbereich wie auch die nummerierten Speichervariablen, d.h. normalerweise bis zum nächsten erfolgreichen Mustervergleich.

Wie gesagt: Die Variablen sind *quasi* umsonst. In diesem Fall bezahlen Sie die Verwendung der automatischen Speichervariablen mit gewissen Geschwindigkeitseinbußen bei der Benutzung weiterer Ausdrücke.[25]

Auch wenn das Tempo nur geringfügig leidet, vermeiden viele Programmierer die Verwendung der automatischen Speichervariablen.[26] Stattdessen umgehen sie das Problem lieber. Wenn Sie zum Beispiel den Inhalt von $& brauchen, können Sie ihn auch bekommen, indem Sie das gesamte Suchmuster mit runden Klammern umgeben und $1 anstelle von $& benutzen. (Allerdings kann es dadurch nötig werden, die Speichervariablen neu zu nummerieren.[27])

Wenn Sie mit Perl 5.10 oder höher arbeiten, können Sie aber sogar alles auf einmal haben: Der Modifier /p erlaubt Ihnen, die gleiche Art von Variablen zu verwenden, dabei aber nur für den jeweiligen regulären Ausdruck die Einbuße hinnehmen zu müssen. Statt $`, $& oder $` verwenden Sie dann ${^PREMATCH}, ${^MATCH} oder ${^POSTMATCH}. Dadurch verändern sich die Beispiele von eben folgendermaßen:

```
use 5.010;
if ("Guten Tag, Herr Nachbar" =~ /\s(\w+),/p) {
    print "Dieses Muster passte auf '${^MATCH}'.\n";
}

if ("Guten Tag, Herr Nachbar" =~ /\s(\w+),/p) {
    print "Der String war (${^PREMATCH})(${^MATCH})(${^POSTMATCH}).\n";
}
```

Diese Variablen sehen etwas merkwürdig aus, da sie geschweifte Klammern um den Namen herum haben und mit ^ anfangen. Während Perl sich weiterentwickelt, werden langsam die Namen knapp, die als spezielle Namen verwendet werden können. Dadurch, dass das ^ am Anfang steht, entsteht kein Konflikt mit Namen, die Sie sich vielleicht aus-

---

25 Für jeden Sprung in einen Block und wieder heraus, also praktisch überall.

26 Die meisten dieser Leute haben ihre Programme aber noch nicht einmal einem Benchmark-Test unterzogen, um zu sehen, ob ihr Workaround tatsächlich Zeit spart. Es ist, als seien diese Variablen giftig oder so. Gleichzeitig können wir diese Leute natürlich verstehen – die meisten Programme, die von diesen drei Variablen profitieren könnten, verbrauchen sowieso nur ein paar Minuten CPU-Zeit pro Woche. Ein Benchmark-Test und Optimierungen wären also reine Zeitverschwendung. Warum sollte man in dem Fall also Angst vor einer Millisekunde mehr haben? Übrigens arbeiten die Perl-Entwickler bereits an diesem Problem. Eine Lösung wird aber wohl vor Perl 6 nicht zur Verfügung stehen.

27 Es sei denn, Sie benutzen Perl 5.10 oder höher, wie weiter vorn in diesem Kapitel beschrieben.

denken (da das ^ in benutzerdefinierten Variablen verboten ist), aber dafür müssen dann die geschweiften Klammern um den ganzen Variablennamen herum stehen.

Speichervariablen (sowohl die automatischen als auch die nummerierten) werden am häufigsten für Ersetzungsoperationen eingesetzt, wie Sie sie in Kapitel 9 kennenlernen werden.

Allgemeine Quantifier

Als *Quantifier* bezeichnen wir ein Verfahren, mit dem innerhalb eines Suchmusters eine bestimmte Anzahl von Vorkommen von etwas definiert werden kann. Drei Quantifier kennen Sie bereits: *, + und ?. Wenn Ihnen keiner dieser drei passt, benutzen Sie einfach zwei durch ein Komma getrennte Zahlen in einem Paar geschweifter Klammern ({}). Damit können Sie angeben, wie viele Vorkommen mindestens auftreten müssen und wie viele es maximal sein dürfen.

Das Muster /a{5,15}/ passt auf fünf bis fünfzehn aufeinanderfolgende Vorkommen des Buchstabens a. Kommt das a also nur dreimal vor, passt das Muster nicht, da die Anzahl der Vorkommen zu gering ist. Kommt es dagegen fünfmal vor, haben wir einen Treffer. Auch bei zehn Vorkommen trifft das Muster noch zu. Bei zwanzig Vorkommen werden nur die ersten fünfzehn gefunden, da das der obere Grenzwert ist.

Wenn Sie die zweite Zahl weglassen (das Komma aber beibehalten), fällt der obere Grenzwert weg. Das Muster /(fred){3,}/ passt also, wenn es drei oder mehr aufeinanderfolgende Vorkommen von fred gibt. (Dabei dürfen zwischen einem fred und dem nächsten keine anderen Zeichen stehen.) Es gibt keine Obergrenze; das Muster würde also auch 88 Vorkommen von fred finden, wenn der String so viele enthält.

Lassen Sie neben dem oberen Grenzwert auch das Komma weg, gilt die angegebene Zahl als genauer Wert: Das Muster /\w{8}/ findet genau acht Vorkommen eines Wort-Zeichens (das auch Teil eines längeren Strings sein kann). Und /,{5}Chamäleon/ passt auf »Komma Komma Komma Komma Komma Chamäleon«.

Die drei Quantifier, die Sie zu Anfang schon gesehen haben, sind also auch nur häufig benutzte Abkürzungen. Das Sternchen bedeutet das Gleiche wie der Quantifier {0,}, also »keinmal oder mehr«. Das Pluszeichen bedeutet das Gleiche wie {1,}, nämlich »einmal oder mehr«, und das Fragezeichen könnten wir auch als {0,1} schreiben. In der Praxis werden Quantifier in geschweiften Klammern allerdings nur selten gebraucht – meistens reichen die Abkürzungszeichen völlig aus.

Präzedenz

Bei der Anzahl von Metazeichen in regulären Ausdrücken fällt es Ihnen vermutlich nicht leicht, sich alle Spieler dieser Mannschaft zu merken. Die Präzedenzskala zeigt uns, welche Teile der regulären Ausdrücke am engsten »zusammenhalten«. Im Gegensatz zur Präzedenzskala für Operatoren ist die Skala für reguläre Ausdrücke mit nur vier Ebenen recht einfach gehalten. Als Dreingabe werden wir alle Metazeichen, die Perl bei der Mustererkennung einsetzt, noch einmal durchgehen. Tabelle 8-1 zeigt die Reihenfolge der Präzedenz, die im Folgenden beschrieben wird.

Tabelle 8-1: Präzedenz der regulären Ausdrücke

Merkmal	Beispiel
Runde Klammern (Gruppierung oder Speicherung)	(...), (?:...), (?<NAME>...)
Quantifier	a*, a+, a?, a{n,m}
Anker und Zeichenfolgen	abc, ^, $, \A, \b, \z, \Z
Alternativen	a|b|c
Atome	a, [abc], \d, \1, \g{2}

1. Am oberen Ende der Präzedenzskala stehen die runden Klammern (( )), die zum Gruppieren und Speichern von Teilen eines Musters benutzt werden. Alles, was innerhalb runder Klammern steht, »hält enger zusammen« als anderes.

2. Auf der zweiten Ebene stehen die Quantifier. Das sind sowohl die Wiederholungszeichen – Sternchen (*), Pluszeichen (+) und das Fragezeichen (?) – als auch die Quantifier, die in geschweiften Klammern stehen, wie {5,15}, {3,} und {5}. Diese hängen immer mit dem Element zusammen, auf das sie folgen.

3. Die dritte Ebene der Präzedenzskala bilden die Anker und Zeichenfolgen. Anker sind \A, \Z, \z, ^, $, \b und \B, die Sie bereits kennengelernt haben.[28] Die Zeichenfolge (eine Reihe direkt aufeinander folgender Zeichen) ist eigentlich ein Operator, auch wenn dafür kein Metazeichen benutzt wird. Das bedeutet, dass die Buchstaben eines Wortes genauso eng zusammenhalten, wie die Anker mit einem Wort zusammenhängen.

4. Auf der vorletzten Präzedenzstufe steht der vertikale Balken (|) für Alternativen. Da er am Ende der Skala steht, kann er ein Muster effektiv in mehrere Teile spalten. Das geschieht, damit die Wörter in /fred|barney/ enger zusammenhalten als die Alternierung. Hätte die Alternierung eine höhere Priorität als eine Zeichenfolge, würde das oben stehende Muster auf fre passen, gefolgt von entweder d oder b, gefolgt von arney. Aus diesem Grund steht die Alternierung am Ende der Skala, und die Zeichenfolgen können enger zusammenhalten.

5. Das untere Ende der Präzedenzskala bilden die sogenannten *Atome*, die die kleinsten möglichen Einheiten eines Suchmusters bilden. Das sind einzelne Zeichen,

6. Zeichenklassen und Rückwärtsreferenzen.

---

28 Es gibt auch noch den Anker \G, den wir aber außen vor lassen.

Beispiele für Präzedenz

Wenn Sie einen komplexen regulären Ausdruck entschlüsseln müssen, gehen Sie am besten wie Perl selbst vor und benutzen die Präzedenzskala.

Das Muster /\Afred|barney\z/ ist also oft einfach ein Programmierfehler. Das liegt daran, dass der vertikale Balken für die Alternierung eine sehr niedrige Präzedenz hat; er teilt das Muster in zwei Teile. Das Muster passt entweder auf fred zu Beginn eines Strings oder auf barney am Ende. Vermutlich wollte der Programmierer eigentlich das Muster /\A(fred|barney)\z/ benutzen, das entweder fred oder barney findet, die für sich auf einer Zeile stehen.[29]

Und worauf passt /(wilma|pebbles?)/? Das Fragezeichen bezieht sich auf das vorhergehende Zeichen;[30] das Muster passt also entweder auf wilma oder auf pebble oder auch auf pebbles. Diese können auch Teil eines längeren Strings sein (da keine Anker benutzt werden).

Das Muster /\A(\w+)\s+(\w+)\z/ passt auf Zeilen, die ein »Wort« enthalten, gefolgt von einem oder mehreren Leerzeichen, gefolgt von einem weiteren »Wort«. Das von diesem Muster Gefundene muss auf einer Zeile für sich stehen. Damit könnten wir beispielsweise Zeilen wie fred feuerstein finden. Die Klammern um die Wörter werden nicht zum Gruppieren gebraucht, daher kann es sein, dass hier einige Teile des Strings zur späteren Verwendung in Speichern abgelegt werden sollen.

Wenn Sie versuchen, ein komplexes Suchmuster zu verstehen, kann es hilfreich sein, runde Klammern einzubauen, um die Präzedenz deutlicher hervorzuheben. Das ist in Ordnung, solange Sie sich darüber im Klaren sind, dass auch diese Klammern automatisch zum Speichern benutzt werden; benutzen Sie zum Gruppieren besser die nichtspeichernden runden Klammern.

Und es gibt noch mehr …

Wir haben hier alle Merkmale von regulären Ausdrücken behandelt, die Sie bei Ihrer täglichen Programmierarbeit brauchen könnten, aber es gibt noch weitere Verwendungsmöglichkeiten. Einige werden im Alpaka-Buch behandelt. Außerdem lohnt sich ein Blick in die *perlre-*, *perlrequick-* und *perlretut*-Dokumentationen.[31]

---

29 Eventuell gefolgt von einem Newline-Zeichen, wie im Zusammenhang mit dem \z-Anker weiter oben erwähnt.

30 Da ein Quantifier eine engere Bindung zum Buchstaben s hat als zu den anderen Buchstaben in pebbles.

31 Und sehen Sie sich bei dieser Gelegenheit im CPAN einmal das Modul YAPE::Regexp::Explain an. Es übersetzt reguläre Ausdrücke ins Englische.

Ein Programm zum Testen von Mustern

Wenn Sie während Ihrer Perl-Laufbahn einmal einen regulären Ausdruck schreiben müssen, ist es nicht immer einfach vorauszusagen, was genau das Muster tut. Es ist ganz normal, wenn Sie feststellen, dass Ihr Muster beispielsweise auf mehr oder auf weniger passt, als Sie erwartet haben. Oder das Muster passt früher, als Sie dachten, oder später oder womöglich auch gar nicht.

Das folgende Programm ist hilfreich, um ein Muster mit einigen Strings auszuprobieren, damit Sie sehen, was gefunden wurde und wo:[32]

```perl
#!/usr/bin/perl
while (<>) {                      # Benutzereingaben zeilenweise einlesen
  chomp;
  if (/IHR_MUSTER_STEHT_HIER/) {
    print "Treffer: |$`<$&>$'|\n";  # die automatischen Speichervariablen
  } else {
    print "Keine Treffer: |$_|\n";
  }
}
```

Dieses Programm zum Testen von Mustern ist für die Benutzung durch Programmierer und nicht durch Endbenutzer gedacht. Sie können das daran erkennen, dass es keinerlei Eingabeaufforderungen oder Benutzungsanweisungen enthält. Das Programm nimmt eine beliebige Anzahl von Eingabezeilen entgegen und überprüft sie anhand des von Ihnen angegebenen Musters auf Treffer (IHR_MUSTER_STEHT_HIER ist dabei natürlich durch Ihr eigenes Muster zu ersetzen). Für jede passende Zeile werden die drei automatischen Speichervariablen ($`, $& und $') verwendet, um einen Schnappschuss des Teils zu erstellen, in dem der Treffer erzielt wurde.[33] Wenn das Muster zum Beispiel /Treffer/ lautet und die Eingabe davorTrefferdanach, werden Sie sehen, dass als Ergebnis |davor<Treffer>danach| ausgegeben wird. Dabei umschließen die spitzen Klammern das, worauf Ihr Muster zutrifft. Wenn Ihr Muster auf etwas passt, was Sie nicht erwartet haben, werden Sie das sofort sehen.

Übungen

Die Lösungen zu den folgenden Übungen finden Sie in Anhang A.

Viele dieser Übungen setzen voraus, dass Sie das Testprogramm aus diesem Kapitel verwenden. Sie könnten das Programm von Hand abschreiben, wobei Sie sehr genau darauf

---

32 Falls Sie nicht das eBook benutzen und deshalb diesen Code nicht einfach mit Copy-and-Paste herüberholen können, finden Sie ihn auch auf der Website zum Buch unter *http://www.learning-perl.com* im Downloadbereich.

33 Uns ist in diesem Fall die Performance egal und wir wollen, dass das Ganze auch funktioniert, wenn Sie mit einer älteren Version als Perl 5.10 arbeiten. Deshalb verwenden wir die performancemindernden »Pro-Treffer-Variablen«.

achten müssen, sämtliche Interpunktionszeichen richtig hinzubekommen.[34] Aber vermutlich ist es leichter, wenn Sie das Programm einfach im Downloadbereich der Begleitwebsite *http://www.learning-perl.com* herunterladen.

1. [8] Benutzen Sie das Testprogramm, um ein Muster zu erstellen, das die Zeichenkette `Treffer` erkennt. Rufen Sie das Programm nun mit dem Eingabestring vorher-Treffernachher auf. Zeigt die Ausgabe die drei Teile in der richtigen Reihenfolge?

2. [7] Erstellen Sie mithilfe des Testprogramms ein Muster, das einen Treffer erzielt, sofern ein beliebiges Wort (im Sinne von `\w`) auf den Buchstaben a endet. Wird für `wilma` ein Treffer erzielt, aber nicht für `barney`? Wie steht es mit `Frau Wilma Feuerstein`? Funktioniert das Muster auch bei `wilma&fred`? Testen Sie das Muster auch mit der Beispiel-Textdatei aus Kapitel 7 (und erweitern Sie die Datei um diese Teststrings, falls sie noch nicht enthalten sind).

3. [5] Erweitern Sie das Programm aus der vorigen Übung, so dass jedes Wort, das auf a endet, in der Speichervariablen `$1` abgelegt wird. Erweitern Sie den Programmcode, so dass der Inhalt von `$1` in einfachen Anführungszeichen ausgegeben wird, zum Beispiel als `$1 enthält 'Wilma'`.

4. [5] Ändern Sie das Programm aus der vorigen Übung so ab, dass anstelle von `$1` eine benannte Speichervariable benutzt wird. Aktualisieren Sie den Code so, dass der Name der Speichervariablen mit ausgegeben wird, z.B. `'Wort' enthält 'Wilma'`.

5. [5] Übung für Zusatzpunkte: Ändern Sie das Programm aus der vorigen Übung so ab, dass bis zu fünf Zeichen (falls es so viele gibt), die auf das mit a endende Wort folgen, in einer eigenen Speichervariablen abgelegt werden. Aktualisieren Sie den Code, so dass beide Variablen ausgegeben werden. Wenn der Eingabestring beispielsweise `Gestern habe ich Wilma gesehen` lautet, sind die maximal fünf Zeichen `gese`. Lautet die Eingabe `Ich, Wilma!`, sollte die zusätzliche Speichervariable nur ein Zeichen enthalten. Findet Ihr Muster auch weiterhin die einfache Zeichenkette `wilma`?

6. [5] Schreiben Sie ein neues Programm (*nicht* das Testprogramm), das alle Eingabezeilen ausgibt, die auf ein Leerzeichen (aber nicht das Newline-Zeichen) enden. Fügen Sie am Ende der Ausgabe ein Markierungszeichen ein, damit das Leerzeichen sichtbar wird.

---

34 Wenn Sie das Programm aus dem Buch abschreiben, müssen Sie daran denken, dass das Backtick-Zeichen (`` ` ``) nicht das Gleiche ist wie ein Apostroph (`'`). Auf den meisten Systemen mit deutscher Tastaturbelegung finden Sie das Backtick-Zeichen rechts neben dem ß. Testen Sie Ihr Programm mit dem Suchmuster `/Treffer/` und dem String `vorherTrefferdanach`, wie im Text beschrieben. Stellen Sie sicher, dass das Programm richtig funktioniert, bevor Sie die Übungen absolvieren.

Textbearbeitung mit regulären Ausdrücken

Bisher haben wir Ihnen nur gezeigt, wie die Mustererkennung funktioniert. Sie können reguläre Ausdrücke aber auch einsetzen, um Text zu verändern. Hier zeigen wir Ihnen, wie Sie Suchmuster verwenden können, um Textteile zu finden, die geändert werden sollen.

Ersetzungen mit s///

Wenn Sie sich den Mustervergleich mit m// analog zur Suchfunktion Ihres Textverarbeitungsprogramms vorstellen, so entspricht der Perl-Ersetzungsoperator s/// der »Suchen und Ersetzen«-Funktion. Dieser Operator ersetzt den von dem Suchmuster gefundenen Teil einer Variablen[1] durch einen Ersetzungsstring:

```
$_ = "Er ist heute Abend beim Kegeln mit Barney.";
s/Barney/Fred/;  # Barney durch Fred ersetzen
print "$_\n";
```

Wenn der Mustervergleich fehlschlägt, bleibt die Variable unberührt:

```
# Fortsetzung von oben; $ enthält "Er ist heute Abend beim Kegeln mit Fred."
s/Wilma/Betty/;  # Wilma durch Betty ersetzen (schlägt fehl)
```

Natürlich können sowohl das Suchmuster als auch der Ersetzungsstring wesentlich komplexer sein. Hier benutzen wir im Ersetzungsstring die erste Speichervariable, $1, aus der Mustererkennung:

```
$_ = "Er ist heute Abend beim Kegeln mit Fred.";
s/mit (\w+)/gegen $1s Mannschaft/;
print "$_\n";  # Ergibt: "Er ist heute Abend beim Kegeln
               # gegen Freds Mannschaft."
```

---

1   Im Gegensatz zu m//, das auf einen beliebigen String angewendet werden kann, verändert s// Daten. Aus diesem Grund müssen die Daten in etwas enthalten sein, das wir als *lvalue* bezeichnen. Das ist so gut wie immer eine Variable, obwohl es eigentlich alles sein könnte, was links von einem Zuweisungsoperator stehen darf.

Hier noch ein paar weitere mögliche Ersetzungen. (Das sind nur Beispiele; im wirklichen Leben würden Sie normalerweise nicht so viele unzusammenhängende Ersetzungen hintereinander vornehmen.)

```
$_ = "gruener schuppiger Dinosaurier";
s/(\w+) (\w+)/$2, $1/; # jetzt ist es ein "schuppiger, gruener Dinosaurier"
s/^/riesiger, /;   # und jetzt ein "riesiger, schuppiger, gruener Dinosaurier"
s/,.*uener//;      # leerer Ersetzungsstring: nur noch ein "riesiger Dinosaurier"
s/gruener/roter/; # Mustervergleich fehlgeschlagen, immer noch ein "riesiger
Dinosaurier"
s/\w+$/($`!)$&/;   # jetzt ist es ein "riesiger (riesiger !) Dinosaurier"
s/\s+(!\W+)/$1 /; # jetzt ist es ein "riesiger (riesiger!) Dinosaurier"
s/riesig/gigantisch/;  # und jetzt ein "gigantischer (riesiger!) Dinosaurier"
```

Der s///-Operator hat einen nützlichen booleschen Wert. Dieser ist wahr, sofern die Ersetzung erfolgreich war, ansonsten falsch:

```
$_ = "Fred Feuerstein";
if (s/Fred/Wilma/) {
  print "Fred wurde erfolgreich durch Wilma ersetzt!\n";
}
```

Globales Ersetzen mit /g

Wie Sie vorhin vielleicht schon gemerkt haben, führt s/// nur die erste mögliche Ersetzung durch. Dies ist jedoch nur das Standardverhalten. Der /g-Modifier teilt s/// mit, alle möglichen Ersetzungen durchzuführen, sofern sie sich nicht überschneiden.[2]

```
$_ = "Es grient so grien!";
s/grien/gruen/g;
print "$_\n";  # "Es gruent so gruen!"
```

Oft wird die globale Ersetzung benutzt, um mehrere Whitespace-Zeichen gegen ein einzelnes Leerzeichen auszutauschen:

```
$_ = "Eingabedaten    haben manchmal\t\t zusätzlichen   Whitespace.";
s/\s+/ /g; # Ergibt "Eingabedaten haben manchmal zusätzlichen Whitespace."
```

Sobald wir zeigen, wie wir mehrere Whitespace-Zeichen auf eines reduzieren können, wollen alle gleich wissen, wie sich führende oder nachgestellte Whitespace-Zeichen entfernen lassen. Das lässt sich in zwei Schritten sehr einfach erledigen:

```
s/^\s+//; # führende Whitespace-Zeichen durch nichts ersetzen
s/\s+$//; # nachgestellte Whitespace-Zeichen durch nichts ersetzen
```

Durch die Verwendung einer Alternierung und des Modifiers /g könnten wir diese Operation auch in einem Schritt durchführen, was aber ein wenig langsamer ist (zumindest war es das, als dieses Buch geschrieben wurde). Die Regex-Maschine wird allerdings ständig optimiert. Nähere Informationen darüber, was reguläre Ausdrücke langsamer

---

2 Sie überschneiden sich nicht, da jeder neue Mustervergleich erst nach der jeweils letzten Ersetzung durchgeführt wird.

oder schneller macht, finden Sie im Buch *Reguläre Ausdrücke* von Jeffrey Friedl (O'Reilly Verlag).

```
s/^\s+|\s+$//g;  # führende und nachgestellte Leerzeichen entfernen
```

Andere Begrenzungszeichen

Genau wie bei m// und qw// lassen sich auch bei s/// andere Begrenzungszeichen verwenden. Bei der Ersetzung werden jedoch drei Begrenzungszeichen gebraucht. Die Sachlage ist hier also etwas anders.

Bei einfachen (nicht paarweise auftretenden) Zeichen gibt es kein »rechtes« und »linkes« Zeichen, Sie müssen nur drei Zeichen anstelle der Schrägstriche benutzen. Hier haben wir das Doppelkreuz[3] als Trennzeichen gewählt:

```
s#^https://#http://#;
```

Wollen Sie paarweise auftretende Zeichen benutzen, müssen Sie jeweils zwei Paare benutzen: eines für das Suchmuster und eines für den Ersetzungsstring. In diesem Fall dürfen sich die Trennzeichen um das Suchmuster von denen um den Ersetzungsstring auch unterscheiden. Sie können paarige Trennzeichen sogar zusammen mit einfachen Zeichen benutzen. Diese Beispiele haben alle die gleiche Bedeutung:

```
s{fred}{barney};
s[fred](barney);
s<fred>#barney#;
```

Ersetzungsmodifier

Zusätzlich zum /g-Modifier[4] können Sie bei Ersetzungsoperationen die Modifier /i, /x und /s benutzen, wie bei der einfachen Mustererkennung auch. Die Reihenfolge spielt dabei keine Rolle.

```
s#wilma#Wilma#gi;  # jede WiLmA oder WILMA durch Wilma ersetzen
s{__END__.*}{}s;   # aus allen folgenden Zeilen die Ende-Markierung entfernen
```

Der Bindungsoperator

Genau wie bei m// können wir mit dem Bindungsoperator ein anderes Ziel für s/// wählen.

```
$datei_name =~ s#^.*/##s;  # Pfadnamen im Unix-Stil aus $datei_name entfernen
```

---

3   Auch wenn das Doppelkreuz in Perl normalerweise einen Kommentar einleitet, muss das nicht der Fall sein, wenn der Parser weiß, dass ein Begrenzungszeichen zu erwarten ist – in diesem Fall direkt nach dem s, das eine Ersetzungsoperation einleitet.

4   Damit meinen wir Modifier mit Namen wie /i, selbst wenn als Trennzeichen kein Schrägstrich, sondern etwas anderes benutzt wird.

Nichtdestruktive Ersetzung

Was ist, wenn man gleichzeitig die Originalversion und die modifizierte Version eines Strings benötigt? Man könnte mit einer Kopie arbeiten:

```perl
my $original = 'Fred hat 1 Schnitzel gegessen';
my $kopie = $original;
$kopie =~ s/\d+ Schnitzel?/10 Schnitzel/;
```

Man könnte das auch als eine einzige Anweisung schreiben, in der die Zuweisung vorgenommen und dann die Ersetzung am Ergebnis vorgenommen wird:

```perl
(my $kopie = $original) =~ s/\d+ Schnitzel?/10 Schnitzel/;
```

Das kann allerdings etwas verwirrend sein, da viele Leute vergessen, dass das Ergebnis der Zuweisung genauso gut ist wie ein String. Tatsächlich wird also $kopie verändert. In Perl 5.14 kommt der Modifier /r hinzu, der die Funktionsweise ändert. Normalerweise ist das Ergebnis eines s/// die Anzahl der durchgeführten Ersetzungen, aber mit /r bleibt der ursprüngliche String unangetastet und eine modifizierte Kopie davon wird zurückgegeben:

```perl
use 5.014;

my $kopie = $original =~ s/\d+ Schnitzel?/10 Schnitzel/r;
```

Das sieht fast genauso aus wie im vorigen Beispiel, bloß ohne Klammern. In diesem Fall läuft das Ganze allerdings in umgekehrter Reihenfolge ab: Zuerst findet die Ersetzung statt und dann die Zuweisung.

Groß- und Kleinschreibung ändern

Oft kommt es in einer Ersetzungsoperation vor, dass ein ersetztes Wort vollständig in Großbuchstaben erscheinen soll (oder auch nicht, je nach Situation). Das lässt sich in Perl mit ein paar Backslash-Sonderzeichen leicht bewerkstelligen.[5] Das Zeichen \U (*Uppercase*) sorgt dafür, dass alles Folgende in Großbuchstaben erscheint:

```perl
$_ = "Ich sah Barney mit Fred.";
s/(fred|barney)/\U$1/gi;  # $_ enthält jetzt "Ich sah BARNEY mit FRED."
```

\L (*Lowercase*) sorgt dagegen dafür, dass alles Folgende in Kleinbuchstaben umgewandelt wird:

```perl
s/(fred|barney)/\L$1/gi;  # $_ enthält jetzt "Ich sah barney mit fred."
```

Standardmäßig wirken diese Zeichen auf den Rest des (Ersetzungs-)Strings. Die Wirkung kann mit \E aber wieder aufgehoben werden:

```perl
s/(\w+) mit (\w+)/\U$2\E mit $1/i;  # $_ enthält jetzt "Ich sah FRED mit barney."
```

---

5   Denken Sie an all unsere Warnungen in »Eine Lesart für Zeichen auswählen« auf Seite 146 in Kapitel 8.

Werden die Zeichen für Groß- und Kleinschreibung kleingeschrieben (\l und \u), so wirken sie nur noch auf den unmittelbar folgenden Buchstaben:

```
s/(fred|barney)/\u$1/ig;   # $_ enthält jetzt "Ich sah FRED mit Barney."
```

Sie können diese Zeichen sogar kombinieren. Wenn Sie beispielsweise \u und \L zusammen benutzen, so heißt das »Alles kleinschreiben, den ersten Buchstaben jedoch groß«:[6]

```
s/(fred|barney)/\u\L$1/ig;   # $_ enthält jetzt "Ich sah Fred mit Barney."
```

Diese Sonderzeichen funktionieren übrigens nicht nur im Zusammenhang mit Ersetzungsoperationen, sondern in jedem String in doppelten Anführungszeichen:

```
print "Hallo, \L\u$name\E, wollen Sie ein Spiel spielen?\n";
```

Der split-Operator

Ein weiterer Operator, der reguläre Ausdrücke benutzt, ist split. Er trennt einen String abhängig von einem vorher gewählten Muster in mehrere Einzelstrings auf. Das ist hilfreich, wenn Sie es zum Beispiel mit Daten zu tun haben, die durch Tabulatoren, Doppelpunkte, Whitespace-Zeichen oder *irgendetwas* voneinander getrennt sind.[7] Wo immer Sie das Trennzeichen mit einem (meistens einfachen) regulären Ausdruck beschreiben können, lässt sich auch split benutzen. Das sieht wie folgt aus:

```
my @felder = split /Trennzeichen/, $string;
```

Der split-Operator[8] durchsucht einen String mithilfe des Suchmusters nach Trennzeichen und gibt eine Liste der Felder (Substrings) zurück, die vorher durch das Trennzeichen miteinander verbunden waren. Die Teile des durchsuchten Strings, auf die das Suchmuster passte, werden dabei nicht in die zurückgegebenen Felder übernommen. Hier sehen Sie eine typische Anwendung für split, bei der ein String an Doppelpunkten aufgetrennt wird:

```
my @felder = split /:/, "abc:def:g:h";   # ergibt ("abc", "def", "g", "h")
```

Sie können sogar leere Felder erzeugen, wenn zwei Trennzeichen direkt aufeinander folgen:

```
my @felder = split /:/, "abc:def::g:h";   # ergibt ("abc", "def", "", "g", "h")
```

---

6 \L und \u können in beliebiger Reihenfolge miteinander kombiniert werden. Larry stellte fest, dass Leute diese beiden Zeichen manchmal auch andersherum benutzen, also brachte er Perl dazu, davon auszugehen, dass nur der erste Buchstabe großgeschrieben werden sollte und der Rest klein. Larry ist eben ein echt netter Typ.

7 Bis auf durch Kommas getrennte Werte, die auch CSV-Dateien (»comma-separated values«) genannt werden. Diese lassen sich nur sehr aufwendig mit split trennen. Stattdessen benutzen Sie besser das Perl-Modul Text::CSV.

8 Das ist ein Operator, auch wenn er sich ähnlich wie eine Funktion verhält und von den meisten Leuten als Funktion bezeichnet wird. Aber auf die technischen Details des Unterschieds können wir in diesem Buch leider nicht eingehen.

Hier noch eine Regel, die vielleicht etwas seltsam erscheint, aber nur selten Probleme bereitet: Führende leere Felder werden prinzipiell zurückgegeben, nachgestellte leere Felder dagegen werden verworfen.[9]

```
my @felder = split /:/, ":::a:b:c:::";  # ergibt ("", "", "", "a", "b", "c")
```

Häufig wird die split-Operation an einem Whitespace-Zeichen durchgeführt und dafür das Muster /\s+/ benutzt. Dadurch wird eine beliebige Anzahl aufeinanderfolgender Whitespace-Zeichen als ein Trennzeichen angesehen:

```
my $eingabe   = "Dies  ist ein \t       Test.\n";
my @argumente = split /\s+/, $eingabe;  # ("Dies", "ist", "ein", "Test.")
```

Standardmäßig trennt split den Inhalt von $_ an einem einzelnen Whitespace-Zeichen auf:

```
my @felder = split;  # funktioniert wie split /\s+/, $_;
```

Das ist fast das Gleiche wie die Verwendung des Suchmusters /\s+/, wobei in diesem speziellen Fall die führenden Whitespace-Zeichen unterdrückt werden. Wenn die Zeile mit einem oder mehreren Whitespace-Zeichen beginnt, werden zu Beginn der Liste keine leeren Felder angelegt. (Wenn Sie das gleiche Verhalten bei einem anderen String haben wollen, benutzen Sie statt des Suchmusters ein einfaches Leerzeichen in Anführungszeichen: split ' ', $anderer_string. Das ist eine Sonderform der Verwendung von split.)

Normalerweise sind die Suchmuster für split genauso einfach wie die hier gezeigten. Werden die Muster jedoch komplexer, sollten Sie die Verwendung von runden Klammern zum Speichern im Suchmuster vermeiden, da diese den »Behalte-das-Trennzeichen-Modus« auslösen (nähere Informationen finden Sie in der *perlfunc*-Dokumentation). Wenn Sie in den Anweisungen für split etwas gruppieren müssen, sollten Sie stattdessen nicht speichernde Klammern (?:) verwenden.

Die join-Funktion

Die join-Funktion benutzt keine Suchmuster, was hat sie also in diesem Kapitel zu suchen? Wir stellen diese Funktion hier vor, da sie die gegenteilige Operation von split durchführt. Was split teilt, vereinigt join wieder. split teilt einen String in eine Anzahl von Teilstrings auf, und join klebt die Teilstücke wieder zu einem einzelnen String zusammen. Die join-Funktion sieht wie folgt aus:

```
my $ergebnis = join $kleber, @teilstuecke;
```

Als erstes Argument übernimmt join den Kleber, der ein beliebiger String sein kann. Die übrigen Argumente stehen in einer Liste der Teilstücke, die wieder zusammengefügt wer-

---

9   Das ist nur das Standardverhalten. Wenn Sie die nachgestellten leeren Felder nicht verwerfen wollen, geben Sie split als drittes Argument den Wert -1 mit. Auch die nachgestellten Felder werden dann zurückgegeben. Weitere Informationen finden Sie in der *perlfunc*-Dokumentation.

den sollen. join verbindet die Teilstücke mit dem Kleber-String und gibt den resultierenden String zurück:

```
my $x = join ":", 4, 6, 8, 10, 12;  # $x enthält "4:6:8:10:12"
```

In diesem Beispiel haben wir fünf Teilstücke, aber nur vier Doppelpunkte. Es gibt also
vier »Klebestellen«. Der Kleber wird nur zwischen den einzelnen Teilstücken benutzt,
niemals davor oder danach. Es ist also immer eine Klebestelle weniger vorhanden, als es
Elemente in der Liste der Teilstücke gibt.

Es kann also sein, dass es überhaupt keine Klebestellen gibt, wenn die Liste nicht mindestens zwei Elemente enthält:

```
my $y = join "Foohu", "bar";  # ergibt einfach "bar", da kein Foohu gebraucht wird
my @leer;                     # leeres Array
my $leer = join "baz", @leer; # keine Elemente, also ein leerer String
```

Wenn wir auf $x aus dem obigen Beispiel zurückgreifen, können wir einen String auftei-
len und ihn mithilfe eines anderen Zeichens wieder zusammenfügen:

```
my @werte = split /:/, $x;    # @werte enthält (4, 6, 8, 10, 12)
my $z = join "-", @werte;     # $z enthält "4-6-8-10-12"
```

Vergessen Sie nicht, dass das erste Argument für join ein String und kein Suchmuster ist
– auch wenn split und join sehr eng verwandt sind.

m// im Listenkontext

Bei der Benutzung von split definiert das Muster das oder die Trennzeichen, also den
Teil, der nicht die nützlichen Daten enthält. Manchmal ist es aber leichter, den Teil anzugeben, den Sie behalten wollen.

Wird die Mustererkennung (m//) im Listenkontext durchgeführt, ist der Rückgabewert
eine Liste der bei der Mustererkennung angelegten Speichervariablen oder eine leere
Liste, sofern keine Treffer erzielt wurden:

```
$_ = "Hallo, werter Nachbar!";
my($erster, $zweiter, $dritter) = /(\S+) (\S+), (\S+)/;
print "$erster, mein $dritter\n";
```

Auf diese Weise können Sie den Speichervariablen leicht verständliche Namen geben.
Zudem bleiben diese Variablen auch über die Mustererkennung hinaus bestehen. (Da
dieser Code kein =~ enthält, wird die Mustererkennung auf die Standardvariable $_ ange-
wendet.)

Der Modifier /g, den Sie zuerst im Zusammenhang mit s/// gesehen haben, funktioniert
auch mit m//, wodurch an mehr als einer Stelle in der Zeichenkette Treffer erzielt werden
können. In diesem Fall legt das Muster mit nur einem Paar runder Klammern für jeden
erzielten Treffer einen neuen Speicher an:

```
my $text = "Fred ließ einen 5 Tonnen schweren Granitbrocken auf Mr. Schiefer fallen.";
my @woerter = ($text =~ /([a-z]+)/ig);
print "Ergebnis: @woerter\n";
# Ergebnis: Fred ließ einen Tonnen schweren Granitbrocken auf Mr Schiefer fallen
```

Das entspricht der Verwendung von split, allerdings mit umgekehrtem Vorzeichen. Anstatt anzugeben, was entfernt werden soll, legen wir hier fest, was behalten werden soll.

Gibt es mehr als ein Klammernpaar, kann es sein, dass ein Treffer mehr als einen String zurückgibt. Die folgende Zeichenkette soll beispielsweise in einem Hash gespeichert werden:

```
my $daten = "Barney Geroellheimer Fred Feuerstein Wilma Feuerstein";
my %nachname = ($daten =~ /(\w+)\s+(\w+)/g);
```

Bei jedem erzielten Treffer werden jeweils zwei Speichervariablen zurückgegeben, die im neu angelegten Hash als Schlüssel/Wert-Paare verwendet werden.

Weitere mächtige reguläre Ausdrücke

Nachdem Sie (fast) drei Kapitel über reguläre Ausdrücke gelesen haben, wissen Sie, dass diese eines der mächtigsten Merkmale von Perl darstellen. Im Laufe der Zeit haben die Perl-Entwickler zudem noch eine Reihe weiterer Merkmale hinzugefügt. Die wichtigsten wollen wir in diesem Abschnitt vorstellen. Gleichzeitig werden Sie noch etwas über die Arbeitsweise der Regex-Maschine (des Teils von Perl, der für die Interpretation der regulären Ausdrücke zuständig ist) lernen.

Nicht-gierige Quantifier

Die vier Quantifier, die wir in Kapitel 7 vorgestellt haben, sind alle gierig. Es wird also immer der längste mögliche String gefunden, nicht der kürzeste. Der Quantifier kann aber Zeichen des Teiltreffers wieder »freigeben«, wenn dadurch das gesamte Suchmuster eventuell doch einen Treffer erzielt. Nehmen wir zum Beispiel an, wir wenden das Muster /Fred.+Barney/ auf den String Fred und Barney waren gestern beim Bowling an. Natürlich wird hier ein Treffer erzielt. Lassen Sie uns das aber einmal im Detail betrachten.[10]

Zuerst einmal passt das Teilmuster Fred auf den entsprechenden Teil des Strings. Dann folgt das Teilmuster .+. Mit ihm werden ein oder mehrere beliebige Zeichen (außer dem Newline-Zeichen) gefunden. Der Plus-Quantifier ist gierig, das heißt, er versucht, auf so viel wie möglich zu passen. Durch den Quantifier passt dieses Teilmuster demnach auf

---

10 Die Regex-Maschine nimmt noch eine Reihe von Optimierungen vor, wodurch die Geschichte konkret etwas anders aussieht, als wir es Ihnen hier erzählen. Wie diese Optimierungen genau funktionieren, kann sich außerdem von einer Perl-Version zur nächsten wieder ändern, was Ihnen aber nicht weiter auffallen sollte. Wenn Sie wissen wollen, wie die Sache tatsächlich funktioniert, sollten Sie den neuesten Quellcode lesen. Sollten Sie einen Programmierfehler entdecken, sind wir für jeden Patch dankbar.

den gesamten Rest des Strings inklusive des Wortes `Bowling`. (Das mag Sie vielleicht überraschen, aber die Geschichte ist noch nicht zu Ende.)

Als Nächstes versucht das Teilmuster `Barney` einen Treffer zu erzielen, was aber nicht geht, da wir uns bereits am Ende des Strings befinden. Jetzt greift die »Bescheidenheit« des Quantifiers, da sein Teilmuster auch dann noch erfolgreich wäre, wenn es auf ein paar Zeichen weniger passt. Als Erstes wird der Buchstabe g vom Ende des Strings wieder freigegeben. (Der Quantifier ist zwar gierig, noch wichtiger ist ihm aber, dass das gesamte Suchmuster einen Treffer erzielt.)

Das Teilmuster `Barney` versucht erneut, einen Treffer zu erzielen, und scheitert noch einmal. Also gibt `.+` auch noch den Buchstaben n wieder frei und lässt `Barney` noch einmal probieren. So wird ein Zeichen nach dem anderen wieder freigegeben, bis schließlich auch alle Buchstaben von `Barney` wieder »sichtbar« sind. Nun kann auch das Teilmuster `Barney` einen Treffer erzielen, wodurch jetzt auch das Gesamtmuster erfolgreich ist.

Regex-Maschinen müssen diese Art von Operationen (das sogenannte »Backtracking«) recht oft durchführen. Dabei wird jede nur mögliche Kombination so lange ausprobiert, bis ein Treffer erzielt wird, oder auch nicht.[11] Wie unser Beispiel zeigt, kann die Verwendung von Quantifiern zu einer großen Anzahl von Backtracking-Operationen führen, weil der Quantifier zu viel vom String für sich beansprucht und dann von der Regex-Maschine gezwungen wird, einen Teil davon wieder zurückzugeben.

Für jeden gierigen Quantifier gibt es auch ein nicht-gieriges Gegenstück. Um dem Quantifier also etwas mehr Bescheidenheit beizubringen, stellen Sie einfach ein Fragezeichen hinter ihn. So passt der Quantifier `+?` genau wie das verwandte Pluszeichen (`+`) einmal oder mehr. Nun werden aber nicht mehr möglichst viele, sondern möglichst wenige Zeichen gefunden. Wir wollen einmal sehen, wie das funktioniert. Dafür schreiben wir unser obiges Suchmuster um und haben nun `/Fred.+?Barney/`.

Auch hier passt das Teilmuster `Fred` auf den Anfang des Strings. Diesmal folgt das Teilmuster `.+?`, das möglichst nur ein Zeichen finden will. In diesem Fall ist das das Leerzeichen direkt nach `Fred`. Das nächste Teilmuster ist `Barney`, das hier aber keinen Treffer erzielen kann (da der String momentan mit und `Barney...` beginnt). Also nimmt sich `.+?` das nächste Zeichen dazu (a) und lässt den Rest des Musters einen neuen Versuch unternehmen. Auch jetzt kann noch kein Treffer erzielt werden, also nimmt `.+?` auch noch das n dazu und so weiter, bis schließlich fünf Zeichen gefunden werden. Nun passt auch das Teilmuster `Barney`, und der gesamte reguläre Ausdruck erzielt einen Treffer.

Auch hier musste wieder einiges an Backtracking durchgeführt werden, bevor das gesamte Muster erfolgreich war. Da die Regex-Maschine in diesem Fall aber nur ein paar Versuche unternehmen musste, sollte sich die Ausführungsgeschwindigkeit erheblich

---

11 Manche regulären Ausdrücke probieren jede Möglichkeit aus, selbst wenn sie bereits eine gefunden haben, die passt. Die Regex-Maschine von Perl ist aber primär daran interessiert, ob ein Muster passt. Wurde also ein Treffer erzielt, ist die Arbeit getan. Eine eingehende Abhandlung über reguläre Ausdrücke finden Sie im Buch *Reguläre Ausdrücke* von Jeffrey Friedl.

verbessert haben. Dies gilt für Fälle, in denen Fred und Barney nahe beieinanderstehen. Befindet sich Fred dagegen eher am Anfang eines Strings und Barney eher am Ende, ist der gierige Quantifier vermutlich die bessere Wahl. Letztendlich hängt das Tempo der regulären Ausdrücke von den Daten ab, die verarbeitet werden sollen.

Bei den nicht-gierigen Quantifiern geht es aber nicht nur um Effizienz. Auch wenn beide Versionen auf denselben String passen (oder auch nicht), kann es sein, dass unterschiedliche Teilstrings gefunden werden. Nehmen wir einmal an, wir hätten etwas HTML-artigen Text[12] und wollten nun alle <bold>- und </bold>-Tags entfernen, ohne dabei den Inhalt zu verändern. Hier sehen Sie den Text:

```
Ich rede von der Zeichentrickserie mit Fred und <BOLD>Wilma</BOLD>!
```

Jetzt folgt der Versuch, die Tags zu entfernen. Können Sie den Fehler erkennen?

```
s#<BOLD>(.*)</BOLD>#$1#g;
```

Das Problem besteht darin, dass das Sternchen (*) gierig ist.[13] Was wäre zum Beispiel passiert, wenn der Text stattdessen folgendermaßen aussehen würde?

```
Ich dachte, du sagtest Fred und <BOLD>Helma</BOLD>, nicht <BOLD>Wilma</BOLD>
```

In diesem Fall würde der Ausdruck alles vom ersten <BOLD> bis zum letzten </BOLD> finden, wodurch die Tags in der Mitte weiterhin intakt bleiben. Stattdessen wollen wir hier einen nicht-gierigen Quantifier benutzen. Die nicht-gierige Form des Sternchens ist *?, wodurch wir folgende Ersetzungsfunktion bekommen:

```
s#<BOLD>(.*?)</BOLD>#$1#g;
```

Jetzt funktioniert sie richtig.

Da die nicht-gierige Version des Pluszeichens +? ist und die nicht-gierige Form des Sternchens *?, können Sie sich vermutlich bereits denken, dass die anderen zwei nicht-gierigen Quantifier eine ähnliche Form haben. Bei der nicht-gierigen Form der numerischen Quantifier steht das Fragezeichen direkt nach der schließenden geschweiften Klammer, wie bei {5,10}? oder {8,}?.[14] Und selbst das Fragezeichen hat eine nicht-gierige Version: ??. Dieser Quantifier passt entweder einmal oder gar nicht. Er bevorzugt es aber, nicht zu passen.

---

12 Auch hier benutzen wir kein echtes HTML, da HTML mit einfachen regulären Ausdrücken nicht zu parsen ist. Wenn Sie mit HTML oder einer ähnlichen Auszeichnungssprache arbeiten müssen, benutzen Sie besser ein entsprechendes Modul (zum Beispiel HTML::Parser), das mit den Komplexitäten umzugehen weiß.

13 Ein weiteres Problem besteht darin, dass wir zusätzlich die /s-Option hätten benutzen sollen, da ein End-Tag durchaus auf einer anderen Zeile stehen kann als das Start-Tag. Zum Glück ist das hier nur ein Beispiel. Bräuchten wir Code wie diesen in einem echten Programm, hätten wir unseren eigenen Rat beherzigt und ein Modul benutzt.

14 Theoretisch gibt es auch einen nicht-gierigen Quantifier, der eine exakte Anzahl bezeichnet, wie beispielsweise {3}?. Da dieser Quantifier aber auf genau drei Vorkommen des vorhergehenden Ausdrucks passt, hat die Gierigkeit in diesem Fall keine Auswirkung.

Treffer in mehrzeiligem Text finden

Die klassischen regulären Ausdrücke wurden nur auf einzelne Textzeilen angewendet. Da Perl aber mit Strings beliebiger Länge arbeiten kann, können Treffer, die sich über mehrere Zeilen erstrecken, genauso leicht gefunden werden. Selbstverständlich muss dafür auch mehrzeiliger Text vorhanden sein. Hier haben wir einen vier Zeilen langen String:

```
$_ = "Ich bin viel besser\nbeim Bowling\nals Barney,\nWilma.\n";
```

Die Anker ^ und $ stehen normalerweise für den Anfang und das Ende eines Strings (siehe Kapitel 8). Wenn Sie für reguläre Ausdrücke jedoch die /m-Option benutzen, funktionieren diese Anker auch an internen Newline-Zeichen (das m steht hier für *mehrere* Zeilen). Das heißt, die Anker funktionieren nun am Anfang und am Ende jeder Zeile und nicht mehr nur am Anfang und am Ende des ganzen Strings.[15] Demnach erzielt das folgende Suchmuster einen Treffer:

```
print "'Wilma' am Zeilenanfang gefunden.\n" if /^wilma\b/im;
```

Auf ähnliche Weise lässt sich auch eine Substitution auf jeder Zeile eines mehrzeiligen Strings durchführen. Hier lesen wir eine komplette Datei in eine Variable[16] ein und fügen zu Beginn jeder Zeile den Namen der Datei ein:

```
open DATEI, $datei_name
  or die "Kann '$datei_name' nicht öffnen: $!";
my $zeilen = join '', <DATEI>;
$zeilen =~ s/^/$datei_name: /gm;
```

Mehrere Dateien auf einmal aktualisieren

Die häufigste Art, eine Textdatei über ein Programm zu aktualisieren, besteht darin, eine neue Datei zu schreiben, die der alten stark ähnelt. Allerdings werden die Änderungen bereits beim Durchlaufen der alten Datei vorgenommen.

In diesem Beispiel haben wir hunderte von Dateien im gleichen Format. Eine dieser Dateien ist *fred03.dat*, die aus vielen Zeilen wie diesen besteht:

```
Programmname: granite
Autor: Gilbert Bates
Firma: RockSoft
Abteilung: R&D
Telefon: +1 503 555-0095
Datum: Tues March 9, 2004
Version: 2.1
Groesse: 21k
Status: Finale Betaversion
```

---

15 Deshalb empfehlen wir Ihnen, \A und \z zu benutzen, wenn es um den tatsächlichen Anfang und das tatsächliche Ende des Strings geht.

16 Hoffentlich eine kleine (Datei, nicht Variable).

Unsere Aufgabe besteht nun darin, die Datei so anzupassen, dass einige Informationen geändert werden. Hier sehen Sie, wie die Datei nach unseren Änderungen ungefähr aussehen sollte:

```
Programmname: granite
Autor: Randal L. Schwartz
Firma: RockSoft
Abteilung: R&D
Datum: Fri Aug 12 18:54:14 CEST 2005
Version: 2.1
Groesse: 21k
Status: Finale Betaversion
```

Kurz gesagt müssen drei Änderungen vorgenommen werden. Der Name des Autors soll angepasst, das Datum auf das heutige Datum (in englischer Schreibweise) aktualisiert und der Eintrag Telefon vollständig entfernt werden. Diese Änderungen müssen in hunderten von ähnlichen Dateien vorgenommen werden.

Mithilfe des Diamant-Operators (<>) ist Perl in der Lage, Dateien quasi »an Ort und Stelle« zu editieren. Hier sehen Sie ein Programm, das tut, was wir wollen, auch wenn seine Funktionsweise am Anfang vielleicht nicht gleich klar wird. Das einzige neue Merkmal dieses Programms ist die Spezialvariable $^I, die Sie aber im Moment noch ignorieren können; wir werden später genauer darauf eingehen:

```perl
#!/usr/bin/perl -w

use strict;

chomp(my $datum = `date`);
$^I = ".bak";

while (<>) {
  s/^Autor:.*/Autor: Randal L. Schwartz/;
  s/^Telefon:.*\n//;
  s/^Datum:.*/Datum: $datum/;
  print;
}
```

Da wir das aktuelle Datum benötigen, beginnt das Programm mit einem Aufruf des externen Befehls date. Eine bessere Möglichkeit, an das Datum zu kommen (wenn auch in einem etwas anderen Format), besteht im Aufruf von Perls eigener Funktion localtime im skalaren Kontext:[17]

```perl
my $datum = localtime;
```

Die folgende Zeile setzt die Variable $^I, die wir im Moment aber immer noch nicht beachten.

---

17 Wenn Sie ein anderes Datumsformat verwenden wollen, können Sie localtime auch im Listenkontext aufrufen und die zurückgegebenen Elemente nach Ihren eigenen Bedürfnissen anordnen und formatieren. Nähere Informationen finden Sie in der Dokumentation zu localtime.

Die Liste der Dateien für den Diamant-Operator kommt hier von der Kommandozeile. Die Hauptschleife liest und aktualisiert jeweils eine Zeile und gibt sie danach wieder aus. (Nach Ihrem jetzigen Wissensstand heißt das, dass der aktualisierte Inhalt der Dateien auf Ihrem Bildschirm ausgegeben wird, wo er rasend schnell an Ihnen vorbeizieht, ohne dass irgendetwas tatsächlich verändert wird. Die Auflösung dieses Rätsels folgt in wenigen Augenblicken.) Die zweite Ersetzung ist in der Lage, die komplette Zeile mit der Telefonnummer gegen einen leeren String auszutauschen, wodurch nicht einmal ein Zeilenumbruch übrig bleibt. Wird dieser String ausgegeben, kommt nichts heraus, und es ist, als hätte der Eintrag Telefon nie existiert. Für die meisten Eingabezeilen wird durch die drei Muster kein Treffer erzielt, wodurch sie unverändert wieder ausgegeben werden.

Das Ergebnis kommt dem Gewünschten bereits sehr nah. Allerdings haben wir noch nicht gezeigt, wie wir die aktualisierten Informationen wieder zurück auf die Festplatte bekommen. Die Antwort findet sich in der Variablen $^I. Solange diese den Standardwert undef hat, funktioniert alles normal. Wird ihr dagegen ein String zugewiesen, verhält sich der Diamant-Operator (<>) noch magischer als sonst.

Über die Magie des Diamant-Operators wissen wir bereits Einiges: Wird auf der Kommandozeile eine Reihe von Dateinamen angegeben, öffnet und schließt der Operator diese Dateien selbstständig; sind keine Namen angegeben, liest er dagegen von der Standardeingabe. Enthält $^I dagegen eine Zeichenkette, so wird diese als Dateiendung für eine automagisch angelegte Backup-Datei verwendet. Das wollen wir uns einmal in der Praxis ansehen.

Nun ist es für den Diamant-Operator an der Zeit, unsere Datei *fred03.dat* zu öffnen. Das geschieht wie bereits zuvor, allerdings wird die Datei jetzt zusätzlich in *fred03.dat.bak* umbenannt.[18] Wir haben zwar immer noch dieselbe Datei offen, allerdings hat diese jetzt einen anderen Namen auf der Festplatte. Als Nächstes legt der Diamant-Operator eine neue Datei an und gibt dieser den Namen *fred03.dat*. Das ist in Ordnung, weil wir diesen Namen nicht mehr anderweitig benutzen. Danach wählt der Operator die neu erzeugte Datei als Standardausgabe, wodurch alle Ausgaben des Programms hierher umgeleitet werden.[19] Die while-Schleife liest eine Zeile aus der alten Datei, aktualisiert sie und gibt sie in die neue Datei wieder aus. Auf einem typischen Rechner kann dieses Programm hunderte von Dateien in wenigen Sekunden aktualisieren. Ganz schön mächtig, was?

Und was sieht der Benutzer, wenn das Programm seine Arbeit getan hat? Er sagt: »Aha, ich weiß, was passiert ist. Perl hat meine Datei *fred03.dat* bearbeitet, die nötigen Änderungen vorgenommen und netterweise gleich eine Kopie der Originaldatei in der Backup-Datei *fred03.dat.bak* angelegt.« Wir kennen dagegen die Wahrheit: Perl hat eigentlich gar keine Datei bearbeitet. Es hat stattdessen eine modifizierte Kopie angelegt, einmal kurz

---

18 Einige der Details dieser Prozedur können auf Nicht-Unix-Systemen unterschiedlich ausfallen, aber das Ergebnis sollte ungefähr das gleiche sein. Details finden Sie in den Release Notes zu Ihrem Perl-Port.

19 Der Diamant-Operator versucht außerdem, die Dateirechte und Eigentümereinstellungen der ursprünglichen Datei so weit wie möglich zu duplizieren. War die alte Datei für jeden lesbar, sollte es die neue auch sein.

»Abrakadabra!« gesagt und, während der Zauberstab Funken sprühte, schnell die Dateien vertauscht. Toller Trick.

Manche Leute benutzen als Wert für $\$^I$ auch eine Tilde (~), da das dem Verhalten von *emacs* am nächsten kommt. Ein weiterer möglicher Wert für $\$^I$ ist der leere String. Dadurch ist das Editieren »an Ort und Stelle« ebenfalls möglich, allerdings ohne dass eine Backup-Datei angelegt wird. Da schon ein kleiner Tippfehler in Ihrem Muster sämtliche Daten löschen kann, sollten Sie den leeren String jedoch nur benutzen, wenn Sie herausfinden wollen, wie gut Ihre Backup-Bänder sind. Die Backup-Dateien lassen sich danach leicht wieder löschen. Wenn etwas schiefgeht und Sie den Backup-Dateien ihre ursprünglichen Namen wiedergeben wollen, werden Sie froh sein zu wissen, wie das mit Perl geht (siehe das Beispiel in »Dateien umbennen« in Kapitel 13).

Editieren an Ort und Stelle von der Kommandozeile aus

Ein Programm wie das aus dem vorigen Abschnitt ist relativ einfach zu schreiben. Trotzdem war Larry der Meinung, dass es noch einfacher gehen sollte.

Stellen Sie sich vor, Sie müssten hunderte von Dateien bearbeiten, in denen die falsche Schreibweise Randall in den Namen Randal mit nur einem 1 geändert werden muss. Entweder schreiben Sie ein Programm wie das aus dem vorigen Abschnitt, oder Sie benutzen einen Einzeiler wie den folgenden direkt auf der Kommandozeile:

```
$ perl -p -i.bak -w -e 's/Randall/Randal/g' fred*.dat
```

Perl besitzt eine ganze Reihe von Kommandozeilenoptionen, mit denen sich komplette Programme mit nur wenigen Tastatureingaben erstellen lassen.[20] Lassen Sie uns einen Blick auf die hier verwendeten werfen.

Die Verwendung des Stichworts perl am Anfang des Befehls hat eine ähnliche Wirkung wie die Zeile #!/usr/bin/perl am Anfang einer Datei: Sie sorgt dafür, dass das Programm *perl* verwendet wird, um die folgenden Angaben zu bearbeiten.

Die Option -p weist Perl an, ein Programm für Sie zu schreiben, allerdings nur ein sehr kleines, das etwa so aussieht:[21]

```
while (<>) {
  print;
}
```

Wenn Ihnen auch das schon zu viel ist, können Sie auch die Option -n benutzen, wodurch die automatische print-Anweisung weggelassen wird. Dadurch können Sie selbst bestimmen, was ausgegeben werden soll und was nicht. (Den Fans von *awk* sollten

---

20 Eine vollständige Liste finden Sie in der *perlrun*-Dokumentation.

21 Die print-Anweisung befindet sich in einem continue-Block. Weitere Informationen finden Sie in den *perlsyn*- und *perlrun*-Dokumentationen.

die Optionen -p und -n bereits bekannt sein.) Wie gesagt, das Programm ist nicht besonders groß, aber für den Preis einiger Tastatureingaben bekommen Sie schon ziemlich viel.

Die folgende Option ist -i.bak, wodurch der Variablen $^I der String ".bak" zugewiesen wird, bevor das Programm startet. Soll keine Backup-Datei angelegt werden, verwenden Sie -i einfach ohne Dateiendung. Wenn Sie keinen Reservefallschirm brauchen, können Sie auch nur mit einem Fallschirm aus dem Flugzeug springen.

Die Option -w kennen wir bereits: Mit ihr werden die Warnungen eingeschaltet.

Die Option -e besagt: »Jetzt folgt der ausführbare Code.« Der String s/Randall/Randal/g wird also als ausführbarer Perl-Code behandelt. Da wir (durch die Option -p) eine while-Schleife angelegt haben, wird dieser Code innerhalb der Schleife vor der print-Anweisung eingefügt. Aus technischen Gründen ist das Semikolon am Ende des -e-Codes optional. Benutzen Sie mehr als eine -e-Option und dadurch auch mehrere Codeschnipsel, kann nur das Semikolon am Ende der letzten Option weggelassen werden, ohne dass es zu Problemen kommt.

Der letzte Kommandozeilenparameter lautet fred*.dat, wodurch @ARGV mit den Dateinamen gefüllt wird, die auf das Dateinamenmuster passen. Wenn Sie die Einzelteile nun zusammensetzen, ist das, als hätten Sie ein Programm wie das folgende geschrieben und es auf die fred*.dat-Dateien losgelassen:

```
#!/usr/bin/perl -w

$^I = ".bak";

while (<>) {
  s/Randall/Randal/g;
  print;
}
```

Wenn Sie dieses Programm mit dem aus dem vorigen Abschnitt vergleichen, werden Sie feststellen, dass die beiden große Ähnlichkeit haben. Ganz schön praktisch, diese Kommandozeilenoptionen, was?

Übungen

Die Lösungen zu den folgenden Übungen finden Sie in Anhang A.

1. [7] Schreiben Sie ein Suchmuster, das drei aufeinanderfolgende Kopien des Inhalts von $was findet. Enthält $was also etwa fred, sollte Ihr Muster bei fredfredfred einen Treffer erzielen. Enthält $was dagegen fred|barney, sollte Ihr Muster etwas wie fredfredbarney oder barneyfredfred oder barneybarneybarney oder andere Variationen finden. (Tipp: Sie sollten $was zu Beginn des Testprogramms mit einer Anweisung wie $was = 'fred|barney' initialisieren.)

2. [12] Schreiben Sie ein Programm, das eine modifizierte Kopie einer Textdatei anlegt. In der Kopie soll jedes Vorkommen des Strings `Fred` (ohne Unterscheidung zwischen Groß- und Kleinschreibung) durch `Larry` ersetzt werden. (Das heißt, `Manfred Mann` wird zu `ManLarry Mann`.) Der Name der Eingabedatei sollte auf der Kommandozeile angegeben werden (ohne den Benutzer zu fragen!), während die Ausgabedatei den Namen der Eingabedatei tragen soll, dem ein `.out` angehängt wird (zum Beispiel *fred.txt.out*).

3. [8] Ändern Sie das vorige Programm so ab, dass jedes Vorkommen von `Fred` in `Wilma` und jedes Vorkommen von `Wilma` in `Fred` geändert wird. Eingaben wie `fred&wilma` sollten bei der Ausgabe als `Wilma&Fred` dargestellt werden.

4. [10] Übung für Zusatzpunkte: Schreiben Sie ein Programm, das allen Ihren bisherigen Übungsantworten eine Copyright-Zeile wie diese hinzufügt:

```
## Copyright (C) 20XX by IchBinDerIchBin
```

Diese Zeile sollte in der Datei möglichst nah an der »Shebang«-Zeile stehen. Sie sollten die Dateien »an Ort und Stelle« editieren und eine Backup-Kopie anlegen. Gehen Sie davon aus, dass dem Programm die Namen der zu bearbeitenden Dateien auf der Kommandozeile übergeben werden.

5. [15] Übung für noch mehr Zusatzpunkte: Ändern Sie das Programm aus der vorigen Übung so ab, dass Dateien, die bereits die Copyright-Zeile enthalten, nicht verändert werden. Tipp: Vielleicht hilft es, wenn Sie wissen, dass sich der Name der gerade vom Diamant-Operator gelesenen Datei in der Variablen `$ARGV` befindet.

Weitere Kontrollstrukturen

In diesem Kapitel lernen Sie weitere Möglichkeiten kennen, Perl-Code zu schreiben. Diese Techniken machen die Sprache zwar nicht unbedingt mächtiger, sorgen aber dafür, dass sich einige Aufgaben leichter und bequemer erledigen lassen. Sie müssen diese Techniken nicht unbedingt in Ihrem eigenen Code anwenden – dieses Kapitel sollten Sie aber trotzdem lesen, denn das hier Behandelte wird Ihnen früher oder später auf jeden Fall im Code anderer Leute wiederbegegnen. Spätestens wenn Sie mit dem Lesen dieses Buchs fertig sind, wird Ihnen der Anblick dieser Kontrollstrukturen vertraut sein.

Kontrollstrukturen mit unless

Bei einer if-Kontrollstruktur wird der dazugehörige Codeblock nur ausgewertet, wenn der Bedingungsblock wahr ist. Wollen Sie, dass ein Codeblock nur dann ausgeführt wird, wenn die Bedingung falsch ist, benutzen Sie stattdessen das Schlüsselwort unless:

```
unless ($fred =~ /\A[A-Z_]\w*\z/i) {
  print "Der Wert von \$fred scheint kein Identifier zu sein.\n";
}
```

Die Benutzung von unless weist Perl an, einen Codeblock auszuführen, *es sei denn*, die Bedingung ist wahr. Das entspricht einem if-Test, allerdings mit der gegenteiligen Bedingung. Man könnte auch sagen, es wird nur der else-Teil benutzt. Immer wenn Sie ein unless sehen, das Sie nicht verstehen, können Sie es folgendermaßen umschreiben:

```
if ($fred =~ /\A[A-Z_]\w*\z/i) {
  # nichts machen
} else {
  print "Der Wert von \$fred scheint kein Identifier zu sein.\n";
}
```

Diese Schreibweise ist fast genauso effizient und sollte intern den gleichen Bytecode erzeugen. Eine weitere Art, das Gleiche auszudrücken, besteht darin, im Bedingungsteil den Negationsoperator (!) zu verwenden:

```
if ( ! ($fred =~ /\A[A-Z_]\w*\z/i) ) {
  print "Der Wert von \$fred scheint kein Identifier zu sein.\n";
}
```

Sie sollten Ihren Code so schreiben, dass *Sie* ihn am besten verstehen, nicht zuletzt weil der Wartungsprogrammierer sich dadurch ebenfalls leichter zurechtfindet. Erscheint es Ihnen sinnvoll, das negierte if zu benutzen, so ist das vollkommen in Ordnung. Meistens wird es Ihnen aber natürlicher erscheinen, unless zu benutzen.

else und unless kombinieren

Sie können else und unless sogar miteinander kombinieren. Diese Schreibweise wird zwar von Perl unterstützt, kann aber zu Verwirrung führen:

```
unless ($mon =~ /\AFeb/) {
  print "Dieser Monat hat mindestens dreißig Tage.\n";
} else {
  print "Verstehen Sie, was hier passiert?\n";
}
```

Dies kann besonders dann nützlich sein, wenn der erste Teil sehr kurz ist (vielleicht eine Zeile), der zweite aber mehrere Zeilen Code enthält. Sie können anstelle von unless natürlich auch ein negiertes if benutzen, oder Sie vertauschen die beiden Blöcke und können nun eine normale if-Struktur verwenden.

```
if ($mon =~ /\AFeb/) {
  print "Verstehen Sie, was hier passiert?\n";
} else {
  print "Dieser Monat hat mindestens dreißig Tage.\n";
}
```

Dabei sollten Sie sich darüber im Klaren sein, dass Sie Ihren Code immer für mindestens zwei Leser schreiben: für den Computer, der den Code ausführt, und für den Menschen, der den Code pflegen muss. Hat der Mensch erst einmal den Überblick verloren, wird bald auch der Computer anfangen, Dinge falsch zu machen.

Kontrollstrukturen mit until

Gelegentlich ist es sinnvoll, die Bedingung einer while-Schleife umzukehren. Dafür gibt es das Schlüsselwort until:

```
until ($j > $i) {
  $j *= 2;
}
```

Diese Schleife läuft *so lange, bis* (engl.: »until«) der Bedingungsblock einen wahren Wert zurückgibt. Im Prinzip ist es also nur eine verkleidete while-Schleife mit umgekehrten Voraussetzungen. Auch bei until wird der Bedingungsteil vor der ersten Iteration zum ersten Mal ausgewertet. Dadurch kann der Codeblock übersprungen werden, sofern die

Bedingung bereits erfüllt ist.[1] Wie bei if und unless ist es auch hier möglich, die until-Schleife in eine while-Schleife umzuwandeln, indem Sie die Bedingung verneinen. Aber auch hier wird es Ihnen gelegentlich leichter fallen, until zu benutzen.

Ausdrücke modifizieren

Um eine kompaktere Schreibweise zu erreichen, ist es möglich, viele Kontrollstrukturen auch als Modifier zu benutzen. Dabei wird der Modifier hinter den Ausdruck gesetzt. Der if-Modifier funktioniert beispielsweise analog zu einem if-Block:

```
print "$n ist eine negative Zahl.\n" if $n < 0;
```

Bei der Verwendung eines Modifiers können die runden und geschweiften Klammern oft auch weggelassen werden. Dieses Beispiel erzeugt das gleiche Ergebnis wie der oben stehende Code:[2]

```
if ($n < 0) {
  print "$n ist eine negative Zahl.\n";
}
```

Auch in dieser Situation sind Perl-Programmierer bemüht, möglichst wenig zu schreiben. Die Kurzform lässt sich außerdem fast wörtlich aus dem Englischen übertragen: Gib die Nachricht aus, wenn (if) $n kleiner als null ist.

Der Bedingungsteil wird zuerst ausgewertet, obwohl er am Ende steht; die sonst übliche Schreibweise – von links nach rechts – ist hier aufgehoben. Um Perl-Code wie diesen zu verstehen, müssen Sie sich also das Verhalten des Perl-Compilers zu eigen machen und sich die Anweisung als Ganzes ansehen. Erst dann lässt sich sagen, was gemeint ist.

Natürlich gibt es noch eine ganze Reihe weiterer Modifier:

```
&fehler("Falsche Eingabe") unless &gueltig($eingabe);
$i *= 2 until $i > $j;
print " ", ($n += 2) while $n < 10;
&gruessen($_) foreach @person;
```

Diese Beispiele funktionieren so, wie Sie es (hoffentlich) erwarten. Alle oben gezeigten Formen lassen sich auf die gleiche Art wie unser Beispiel mit dem if-Modifier umformulieren:

```
while ($n < 10) {
  print " ", ($n += 2);
}
```

---

1   Hier noch ein Hinweis für Pascal-Programmierer: Die repeat-until-Anweisung in Pascal läuft immer mindestens einmal – die until-Schleife in Perl wird unter Umständen überhaupt nicht ausgeführt, sofern der Bedingungsteil bereits wahr ist, bevor die Schleife startet.

2   Sie können auch die Zeilenumbrüche weglassen. Wir sollten in diesem Zusammenhang aber darauf hinweisen, dass geschweifte Klammern einen neuen Geltungsbereich (»scope«) erzeugen. Weitere Details finden Sie in der Dokumentation.

Den Ausdruck im zweiten `print`-Argument (in den runden Klammern) sollten wir etwas genauer betrachten. Zu der Variablen $n wird 2 hinzugezählt. Das Ergebnis wird wieder in $n abgelegt. Dieser neue Wert wird schließlich von `print` ausgegeben.

Diese Kurzformen lesen sich fast wie eine natürliche Sprache: Ruf die &gruessen-Subroutine für jede (»for each«) @person in der Liste auf. Verdopple den Wert, bis (»until«) er größer ist als $j.[3]

Sehr oft werden Modifier folgendermaßen benutzt:

```
print "fred ist '$fred', barney ist '$barney'\n" if $neugierig;
```

Durch die Möglichkeit, Ihren Code quasi »rückwärts« zu schreiben, können Sie die wichtigen Teile Ihrer Anweisung an den Anfang stellen. In dieser Anweisung geht es darum, zwei Variablen zu beobachten, und nicht darum, ob Sie neugierig sind.[4] Manche Leute ziehen es vor, die gesamte Anweisung auf eine Zeile zu schreiben und dabei den Modifier-Teil mit Tabulator-Zeichen an den rechten Rand zu schieben (siehe das letzte Beispiel). Andere schreiben den Modifier lieber eingerückt eine Zeile tiefer:

```
print "fred ist '$fred', barney ist '$barney'\n"
    if $neugierig;
```

Auch wenn Sie sämtliche Modifier-Ausdrücke auch in der »altmodischen« Block-Schreibweise (mit den geschweiften Klammern nach der Bedingung) notieren können, ist das nicht unbedingt auch umgekehrt gültig. Sie können also nicht etwa schreiben: *irgendwas* if *irgendwas* while *irgendwas* until *irgendwas* unless *irgendwas* foreach *irgendwas*. Das würde Sie und die Leser Ihres Codes nur durcheinanderbringen, und Sie können nicht mehrere Anweisungen links vom Modifier verwenden. Wenn Sie also komplizierte Ausdrücke benutzen wollen, schreiben Sie diese auf die »altmodische« Art mit runden und geschweiften Klammern.

Wie bereits beim `if`-Modifier erläutert wurde, wird auch bei allen anderen Modifier-Notationen der Kontrollausdruck (rechts vom Modifier) zuerst ausgewertet. Dieses Verhalten deckt sich mit der »altmodischen« Schreibweise.

Bei der Modifier-Form der `foreach`-Schleife gibt es keine Möglichkeit, eine andere Kontrollvariable zu benutzen als $_. Das bereitet normalerweise keine Probleme. Wollen Sie dennoch eine andere Variable benutzen, müssen Sie die Anweisung in der traditionellen Form als `foreach`-Schleife aufbauen.

---

3 Zumindest hilft es *uns*, wenn wir uns das so vorstellen.

4 Den Namen $neugierig haben wir uns natürlich nur ausgedacht. Es handelt sich nicht um eine eingebaute Perl-Variable. In der Regel nennen Programmierer, die diese Technik benutzen, ihre Variable $TRACING oder benutzen einen mit dem `constant`-Pragma deklarierten konstanten Wert.

Nackte Blöcke als Kontrollstrukturen

Als »nackten« Block bezeichnen wir einen von geschweiften Klammern umgebenen Codeblock ohne Schlüsselwort oder Bedingungsteil. Nehmen Sie beispielsweise diese while-Schleife:

```
while (Bedingung) {
    Körper;
    Körper;
    Körper;
}
```

Jetzt entfernen wir das Schlüsselwort while und den Bedingungsteil und erhalten einen nackten Block:

```
{
    Körper;
    Körper;
    Körper;
}
```

Der nackte Block funktioniert im Prinzip wie eine while- oder foreach-Schleife. Der wesentliche Unterschied besteht darin, dass der Körper nur *ein einziges* Mal ausgeführt wird. Die Ausführung ist nicht von einer Bedingung abhängig. Der Block wird also auf jeden Fall ausgewertet.

Die geschweiften Klammern eines nackten Blocks können unter anderem dazu benutzt werden, einen temporären Geltungsbereich für lexikalische Variablen zu schaffen.

```
{
    print "Bitte geben Sie eine Zahl ein: ";
    chomp(my $n = <STDIN>);
    my $wurzel = sqrt $n;  # Quadratwurzel berechnen
    print "Die Quadratwurzel von $n ist $wurzel.\n";
}
```

In diesem Beispiel ist der Geltungsbereich der Variablen $n und $wurzel auf den umschließenden Block beschränkt. Prinzipiell sollten Sie Variablen im kleinstmöglichen Geltungsbereich definieren. Handelt es sich nur um ein paar Codezeilen, besteht die einfachste Möglichkeit darin, einen nackten Block zu verwenden. Werden $n oder $wurzel zu einem späteren Zeitpunkt allerdings noch gebraucht, muss der Geltungsbereich entsprechend erweitert werden.

Wir haben hier die Funktion sqrt benutzt, die Sie vermutlich noch nicht kennen. Sie ist eine von vielen eingebauten Funktionen, die Ihnen in Perl zur Verfügung stehen. Wenn Sie so weit sind, finden Sie weitere Informationen in der *perlfunc*-Dokumentation.

Die elsif-Klausel

Gelegentlich kann es sein, dass Sie eine Reihe von Bedingungen nacheinander überprüfen müssen. Eine Möglichkeit dazu besteht darin, eine Erweiterung der if-Kontrollstruktur zu benutzen: die elsif-Klausel. Hier sehen Sie ein Beispiel:

```
if ( ! defined $dino) {
  print "Der Wert ist undef.\n";
} elsif ($dino =~ /^-?\d+,?$/) {
  print "Der Wert ist eine ganze Zahl.\n";
} elsif ($dino =~ /^-?\d*,\d+$/) {
  print "Der Wert ist eine _einfache_ Fließkommazahl.\n";
} elsif ($dino eq '') {
  print "Der Wert ist ein leerer String.\n";
} else {
  print "Der Wert ist der String '$dino'.\n";
}
```

Perl überprüft hier eine Bedingung nach der anderen. Ist einer der Tests erfolgreich, wird der dazugehörige Codeblock ausgeführt. Die gesamte Kontrollstruktur hat ihre Aufgabe erledigt,[5] und es geht mit dem Rest des Programms weiter. Schlagen alle Überprüfungen fehl, wird stattdessen der Code der else-Anweisung ausgeführt. (Die Benutzung von else am Ende einer solchen Struktur ist zwar optional, hat sich aber als eine gute Idee erwiesen.)

Die Anzahl der erlaubten elsif-Klauseln ist unbegrenzt. Allerdings sollten Sie sich darüber im Klaren sein, dass Perl erst alle neunundneunzig Tests auswerten muss, bevor es den hundertsten ausführen kann. Haben Sie also mehr als ein halbes Dutzend elsif-Klauseln, sollten Sie sich eventuell eine effizientere Möglichkeit überlegen, das Gleiche auszudrücken. In der Perl-FAQ (siehe die *perlfaq*-Dokumentation) finden Sie eine Reihe von Vorschlägen, die »Case«- oder »Switch«-Anweisungen anderer Programmiersprachen nachzubilden. Benutzer von Perl 5.10 oder neuer können die neu hinzugekommene Funktion given-when verwenden, die wir in Kapitel 15 vorstellen.

Sie haben es vielleicht schon bemerkt: In Perl schreiben wir elsif mit nur einem e. Benutzen Sie stattdessen »elseif« (mit zwei e), weist Perl Sie darauf hin, dass das nicht die korrekte Schreibweise ist. Warum? Weil Larry es so will.[6]

---

5   Es wird nicht automatisch mit dem nächsten Block weitergemacht, wie es in »Switch«-Strukturen von Sprachen wie C geschieht.

6   Er sperrt sich sogar gegen jeden Vorschlag, die zweite Version zumindest als Alternative zuzulassen: »Die Schreibweise mit zwei e ist dennoch einfach zu erreichen. Schritt 1: Entwickeln Sie Ihre eigene Sprache. Schritt 2: Sorgen Sie dafür, dass viele Leute sie benutzen.« Sind Sie einmal so weit, können Sie Ihre Schlüsselwörter schreiben, wie Sie wollen. Allerdings hoffen wir, dass Sie sich nicht als erster Mensch dazu entschließen, ein »elseunless« einzuführen.

Autoinkrement und Autodekrement

Es kommt oft vor, dass eine skalare Variable um eins hoch- oder heruntergezählt werden muss. Aus diesem Grund gibt es auch dafür Abkürzungen.

Wie in C und anderen Sprachen auch sorgt der Autoinkrement-Operator (++) dafür, dass eine skalare Variable um den Wert eins erhöht wird:

```
my $steintal = 42;
$steintal++;   # zu $steintal 1 hinzuzählen; der neue Wert ist 43
```

Existiert die Variable nicht bereits, so wird sie, wenn nötig, auch in dieser Situation automatisch angelegt:

```
my @leute = qw{ Fred Barney Fred Wilma Dino Barney Fred Pebbles };
my %zaehler;                    # neuen Hash anlegen
$zaehler{$_}++ foreach @leute;  # nach Bedarf neue Schlüssel und
                                # Werte anlegen
```

Bei der ersten Iteration der foreach-Schleife wird der Wert von $zaehler{$_} um eins erhöht. In diesem Fall ist das $zaehler{"Fred"}. Dieser wird nun von undef auf 1 gesetzt (da er zuvor noch nicht existierte). Beim nächsten Schleifendurchlauf geschieht das Gleiche mit $zaehler{"Barney"}. Danach wird $zaehler{"Fred"} um eins erhöht und enthält nun den Wert 2. Bei jedem Durchlauf wird ein Element von %zaehler inkrementiert beziehungsweise neu angelegt. Ist die Schleife vollständig durchlaufen, hat $zaehler{"Fred"} folglich den Wert 3. Mit diesem Verfahren lässt sich schnell und leicht feststellen, welche Elemente wie oft in einer Liste vorhanden sind.

Analog dazu sorgt der Autodekrement-Operator (--) dafür, dass von einer skalaren Variablen eins subtrahiert wird:

```
$steintal--;   # von $steintal eins subtrahieren; jetzt wieder 42
```

Der Wert von Autoinkrement-Operationen

Sie können den Wert einer Variablen *zuerst* inkrementieren und im gleichen Arbeitsgang auslesen. Dazu schreiben Sie den ++-Operator einfach *vor* den Variablennamen. Diesen Vorgang nennen wir *Präinkrement*:

```
my $m = 5;
my $n = ++$m;  # $m auf den Wert 6 inkrementieren und ihn $n zuweisen
```

Das gleiche Verfahren funktioniert auch mit dem Operator --. Das nennen wir entsprechend *Prädekrement*:

```
my $c = --$m;  # $m auf den Wert 5 dekrementieren und ihn $c zuweisen
```

Für den Fall, dass Sie die Variable auslesen wollen, bevor der Wert verändert wird, benutzen Sie den Operator nach der Variablen. Das nennen wir *Postinkrement* oder *Postdekrement*:

```
my $d = $m++;  # $d erhält den alten Wert (5), danach wird $m auf 6 erhöht
my $e = $m--;  # $e erhält den alten Wert (6), danach wird $m auf 5 verringert
```

Das ist etwas schwierig, da wir zwei Sachen gleichzeitig erledigen. In einem Ausdruck lesen wir einen Wert aus und ändern ihn. Steht der Operator dabei vor dem Variablennamen, wird der Wert erst geändert und dann ausgelesen. Steht der Name jedoch vor dem Operator, wird der (alte) Wert zuerst ausgelesen und dann geändert. Wir könnten auch sagen: Der Operator gibt einen Wert zurück, und als Nebenwirkung wird außerdem der Wert der Variablen geändert.

Wird der Wert nicht zugewiesen, sondern nur herauf- oder heruntergezählt,[7] so macht es keinen Unterschied,[8] ob der Operator vor oder nach der Variablen steht:

```
$steintal++;  # $steintal um eins hochzählen
++$steintal;  # das Gleiche; eins zu $steintal hinzuzählen
```

Oft werden diese Operatoren in einem Hash benutzt, um zu markieren, ob (und wie oft) ein bestimmtes Element bereits vorgekommen ist:

```
my @leute = qw{ Fred Barney Bam-Bam Wilma Dino Barney Betty Pebbles };
my %gesehen;

foreach (@leute) {
  print "Hallo $_! Ich habe dich irgendwo schon einmal gesehen.\n"
    if $gesehen{$_}++;
}
```

Wenn Barney zum ersten Mal vorkommt, ist der Wert von $gesehen{$_}++ noch undef (ein falscher Wert). Gleichzeitig wird aber $gesehen{"Barney"} (der gegenwärtige Inhalt von $gesehen{$_}) um eins erhöht. Wenn Barney nun zum zweiten Mal erscheint, enthält $gesehen{"Barney"} einen wahren Wert, also wird die Nachricht ausgegeben.

Kontrollstrukturen mit for

Wie in anderen Sprachen (zum Beispiel in C) gibt es auch in Perl eine for-Kontrollstruktur:

```
for (Initialisierung; Test; Inkrement) {
  Körper;
  Körper;
}
```

Für Perl ist das eine getarnte while-Schleife, etwa so:[9]

```
Initialisierung;
while (Test) {
  Körper;
```

---

7 Man könnte auch sagen: Der ++-Operator wird in einem leeren (void) Kontext benutzt.

8 Programmierer, die sich mit der Implementierung von Sprachen beschäftigen, könnten jetzt denken, dass Postinkrement und -dekrement nicht so effizient funktionieren wie in anderen Sprachen. Perl optimiert jedoch die Post-Formen automatisch, wenn sie in einem leeren Kontext benutzt werden.

9 Die Inkrementierung wird in diesem Fall in einem continue-Block ausgeführt, den wir aber in diesem Buch nicht weiter behandeln. Die ganze Wahrheit finden Sie in der *perlsyn*-Manpage.

```
    Körper;
    Inkrement;
}
```

Meistens werden for-Schleifen benutzt, um bei Iterierungen mitzuzählen:

```
for ($i = 1; $i <= 10; $i++) {  # von 1 bis 10 zählen
    print "Ich kann schon bis $i zählen!\n";
}
```

Wenn Sie diese Notation bereits kennen, wissen Sie, was hier passiert, ohne den Kommentar lesen zu müssen: Vor dem Start der Schleife wird die Kontrollvariable $i mit dem Wert 1 initialisiert. Da es sich dabei eigentlich um eine getarnte while-Schleife handelt, wird die Schleife ausgeführt, solange (»while«) $i kleiner oder gleich 10 ist. Zwischen den einzelnen Iterationen wird der Wert von $i jeweils um 1 erhöht.

Beim ersten Schleifendurchlauf erhält $i den Wert 1. Da dieser kleiner als 10 ist, wird die Nachricht ausgegeben. Die Inkrementierung steht zwar über der Schleife, wird aber eigentlich erst am Ende des Blocks (nach dem Ausgeben der Nachricht) ausgeführt. Folglich erhält $i nun den Wert 2, was immer noch kleiner als 10 ist, und die Nachricht wird ein weiteres Mal ausgegeben. Nun wird $i um 1 auf den Wert 3 erhöht, und so weiter.

Nach dem Ausgeben der Nachricht, dass unser Programm bis 9 zählen kann, wird $i auf den Wert 10 inkrementiert, der kleiner oder *gleich* 10 ist. Ein letztes Mal geben wir die Nachricht aus und erhöhen den Wert von $i auf 11. Die Bedingung ist nun nicht mehr erfüllt, also wird an dieser Stelle die Schleife beendet und der Rest des Programms fortgesetzt.

Alle drei Teile stehen am Anfang der Schleife. Ein erfahrener Programmierer kann also in der ersten Zeile leicht erkennen: »Aha, es handelt sich offenbar um eine Schleife, die $i von 1 bis 10 hochzählt.«

Nach der Schleife enthält $i einen Wert, der um eins höher ist als in der letzten Nachricht ausgegeben, nämlich 11.[10]

Diese Art von Schleifen ist sehr vielseitig, da sie auf die verschiedensten Arten zählen kann. Zum Beispiel lässt sich von 10 bis 1 herunterzählen:

```
for ($i = 10; $i >= 1; $i--) {
    print "Ich kann herunterzählen bis $i\n";
}
```

In diesem Beispiel wird in Dreierschritten von -150 bis 1000 gezählt:[11]

```
for ($i = -150; $i <= 1000; $i += 3) {
    print "$i\n";
}
```

---

10   Sehen Sie sich »This is Spinal Tap« an, wenn Sie noch nicht das Vergnügen hatten.

11   Als letzter Wert wird hier allerdings 999 ausgegeben und nicht 1000, da jeder Wert von $i durch drei teilbar sein muss.

Alle drei Elemente, die zur Kontrolle der Schleife benutzt werden (Initialisierung, Test und Inkrementierung), können bis auf die zwei Semikola leer gelassen werden. In diesem (etwas ungewöhnlichen) Beispiel ist der Test eine Ersetzungsoperation, während die Inkrementierung leer bleibt:

```perl
for ($_ = "Steintal"; s/(.)//; ) {
# Schleife ausführen, solange s/// erfolgreich ist
  print "Ein Zeichen ist: $1\n";
}
```

War die Ersetzungsoperation erfolgreich, wird ein wahrer Wert zurückgegeben. Beim ersten Schleifendurchlauf entfernt die Ersetzungsoperation das S aus Steintal, beim zweiten das t und so weiter, bis der String schließlich leer ist. Da nun nichts mehr ersetzt (bzw. entfernt) werden kann, wird ein falscher Wert zurückgegeben und die Schleife beendet.

Wird der Testausdruck (zwischen den Semikola) weggelassen, ist er automatisch wahr, wodurch eine Endlosschleife erzeugt wird. Benutzen Sie Endlosschleifen erst, wenn Sie wissen, wie man sie beendet. Wie das geht, zeigen wir weiter hinten in diesem Kapitel. Hier sehen Sie ein Beispiel:

```perl
for (;;) {
  print "Dies ist eine Endlosschleife!\n";
}
```

Eine »perligere« Art, eine Endlosschleife zu erzeugen, sofern Sie es wollen,[12] besteht in der Verwendung von while:

```perl
while (1) {
  print "Dies ist auch eine Endlosschleife!\n";
}
```

C-Programmierer sind vielleicht mit der ersten Form vertraut, aber auch ein Perl-Anfänger sollte erkennen können, dass 1 immer wahr ist. Der zweite Weg ist dem ersten also in der Regel vorzuziehen, um absichtlich eine Endlosschleife zu erzeugen. Perl erkennt den konstanten Ausdruck und optimiert ihn intern weg, so dass es keine Unterschiede in der Effizienz gibt.

Die geheime Verbindung zwischen foreach und for

Die Schlüsselwörter foreach und for können in Perl synonym benutzt werden. Wenn Sie for schreiben, hätten Sie also genauso gut foreach benutzen können, und umgekehrt. Perl stellt fest, was Sie gemeint haben, indem es sich das Innere der runden Klammern ansieht. Stehen hier die zwei Semikola, handelt es sich offensichtlich um eine for-Schleife

---

12 Wenn Sie einmal aus Versehen eine Endlosschleife in Ihr Programm eingebaut haben, lässt sich diese meist mit Strg-C stoppen. Es kann sein, dass auch nach der Eingabe noch eine ganze Menge Ausgaben erscheint. Das hängt von der I/O Ihres Systems und anderen Faktoren ab. Wir haben Sie gewarnt!

(wie wir sie gerade besprochen haben). Gibt es keine Semikola, haben wir eine foreach-Schleife vor uns:

```
for (1..10) {  # eigentlich eine foreach-Schleife von 1 bis 10
  print "Ich kann bis $_ zählen!\n";
}
```

Das ist eine foreach-Schleife, die nur als for-Schleife geschrieben wurde. Abgesehen von diesem Beispiel werden wir in diesem Buch immer den Begriff foreach benutzen, wenn wir foreach meinen. Anders verhält sich das in der richtigen Welt. Glauben Sie, dass Perl-Programmierer dort gern diese vier zusätzlichen Buchstaben eintippen werden?[13] Außer in Anfängercode wird fast ausschließlich for benutzt. Sie müssen also, wie Perl auch, nachsehen, ob Semikola benutzt wurden, um festzustellen, welche Art von Schleife gerade benutzt wird.

In Perl ist die echte foreach-Schleife so gut wie immer die bessere Wahl. In der obigen (als for geschriebenen) foreach-Schleife kann man leicht sehen, dass von 1 bis 10 gezählt werden soll. Können Sie aber auch erkennen, was mit der unten stehenden Schleife, die eigentlich die gleiche Aufgabe erledigen soll, nicht stimmt? Bitte sehen Sie sich die Antwort in der Fußnote erst an, wenn Sie zu wissen glauben, was daran falsch ist:[14]

```
for ($i = 1; $i < 10; $i++) {  # Hoppla! Irgendwas stimmt hier nicht!
  print "Ich kann bis $_ zählen!\n";
}
```

Schleifen kontrollieren

Wie Ihnen mit Sicherheit inzwischen aufgefallen ist, ist Perl eine sogenannte »strukturierte« Programmiersprache. Der Anfang eines Codeblocks ist der einzige mögliche Einstiegspunkt. Gelegentlich wollen Sie vermutlich größere Kontrolle und mehr Flexibilität im Hinblick auf einen Block besitzen, als wir das bisher gezeigt haben. Eventuell brauchen Sie eine while-Schleife, die mindestens einmal durchlaufen wird. Es kann auch sein, dass Sie einen Codeblock einmal vorzeitig beenden müssen. Dafür gibt es in Perl drei Operatoren, mit denen Sie Schleifen eine Reihe von Tricks beibringen können.

---

13 Wenn Sie das glauben, haben Sie nicht gut aufgepasst. Unter Programmierern, besonders Perl-Programmierern, ist Faulheit eine klassische Tugend. Wenn Sie uns nicht glauben, fragen Sie beim nächsten »Perl Mongers«-Treffen jemanden.

14 Insgesamt verstecken sich hier zweieinhalb Fehler. Erstens: Im Bedingungsteil wird ein Kleiner-als-Zeichen benutzt. Die Nachricht wird also nur neun Mal ausgegeben. Das ist ein klassisches »Zaunpfahl«-Problem, bei dem der Bauer einen 30 Meter langen Zaun aufstellen will, dessen Pfähle jeweils drei Meter Abstand zueinander haben. (Es werden keine zehn Zaunpfähle gebraucht.) Zweitens heißt die Kontrollvariable $i. Im Schleifenkörper wird aber $_ benutzt. Und schließlich (das ist der halbe Fehler) ist diese Art von Schleife wesentlich schwerer zu lesen, zu schreiben, zu pflegen und zu debuggen. Deshalb sagen wir, dass eine echte foreach-Schleife in Perl meistens die bessere Wahl ist.

Der last-Operator

Der last-Operator beendet eine Schleife sofort. (Er ist mit dem »break«-Operator in C vergleichbar.) Man könnte sagen, last ist eine Art Notausgang aus Schleifenblöcken. Sobald die Bedingung für last erfüllt ist, wird die Schleife beendet. Hier sehen Sie ein Beispiel:

```
# alle Eingabezeilen ausgeben, in denen fred vorkommt; beim
# Erreichen der __END__-Markierung Schleife beenden
while (<STDIN>) {
  if (/__END__/) {
    # keine weiteren Eingaben nach dieser Zeile
    last;
  } elsif (/fred/) {
    print;
  }
}
## hier geht es nach dem last weiter...##
```

Sobald die __END__-Markierung auf einer Zeile auftaucht, wird die Schleife beendet. Der Kommentar am Schluss ist natürlich nicht notwendig. Er soll nur verdeutlichen, was in diesem Beispiel vor sich geht.

In Perl gibt es fünf verschiedene Arten von Schleifenblöcken: for, foreach, while, until und den nackten Block.[15] Die geschweiften Klammern um if-Blöcke oder Subroutinen[16] zählen dabei nicht mit. Im letzten Beispiel beendet last den gesamten Schleifenblock.

Der last-Operator wirkt immer auf den innersten gerade ausgeführten Schleifenblock. In Kürze zeigen wir Ihnen, wie Sie auch aus umgebenden Blöcken herausspringen können.

Der next-Operator

Gelegentlich wollen Sie an das Ende einer Iteration springen, ohne dabei die Schleife zu beenden. Dafür gibt es den next-Operator. Er springt an das Ende des gegenwärtigen Blocks.[17] Nach einer next-Anweisung wird sofort die nächste Iteration einer Schleife ausgeführt (ähnlich dem »continue«-Operator in C und ähnlichen Sprachen):

```
# Wörter einer oder mehrerer Eingabedateien bearbeiten
while (<>) {
  foreach (split) {  # $_ in einzelne Wörter auftrennen,
```

---

15 Richtig: Sie können last benutzen, um aus einem nackten Block zu springen. Das ist nicht dasselbe, wie nackt aus Ihrem Block zu springen.

16 Es ist vermutlich keine gute Idee, aber Sie könnten die Operatoren dazu benutzen, eine Schleife außerhalb der Subroutine zu steuern. Wird innerhalb eines Schleifenblocks eine Subroutine aufgerufen, die eine last-Anweisung enthält, ohne selbst eine Schleife auszuführen, wird stattdessen die Schleife *im Hauptprogramm* beendet. Dieses Verhalten wird in zukünftigen Versionen von Perl wahrscheinlich nicht mehr unterstützt, aber niemand wird es wirklich vermissen.

17 Das ist eine weitere unserer vielen Lügen. In Wahrheit springt next an den Anfang des (normalerweise weggelassenen) continue-Blocks, um die Schleife zu erzeugen. Die Details finden Sie in der *perlsyn*-Dokumentation.

```
                        # eines nach dem anderen $_ zuweisen
        $gesamt++;
        next if /\W/;     # bei "seltsamen" Wörtern Rest des Blocks überspringen
        $gueltig++;
        $zaehler{$_}++;   # jedes einzelne Wort zählen
            }
    }

    print "Insgesamt: $gesamt. Davon gültig: $gueltig\n";
    foreach $wort (sort keys %zaehler) {
      print "$wort $zaehler{ $wort } Mal(e) gesehen.\n";
    }
```

Dieses Beispiel ist etwas komplexer als die bisher vorgestellten. Daher wollen wir Schritt für Schritt erklären, worum es hier geht: Die while-Schleife bearbeitet nacheinander die Eingabezeilen aus dem Diamant-Operator und speichert sie in $_. Bei jedem Schleifendurchlauf enthält $_ also eine neue Zeile.

Innerhalb der while-Schleife arbeitet eine foreach-Schleife die von split zurückgegebene Liste ab. Erinnern Sie sich?[18] Wird split ohne Argumente aufgerufen, trennt es den Inhalt von $_ an Leerzeichen auf und verwandelt diese in eine Liste einzelner Wörter. Da der foreach-Schleife keine explizite Kontrollvariable zugeordnet wurde, stehen die einzelnen Wörter nacheinander in $_ zur Verfügung.

Moment, haben wir nicht gerade gesagt, dass $_ die Eingabezeilen des Diamant-Operators enthält? Richtig, in der äußeren Schleife stimmt das. Innerhalb der foreach-Schleife wird $_ jedoch nacheinander mit den von split zurückgegebenen Wörtern gefüllt. Es passiert oft, dass Perl $_ wiederverwendet, wenn es gebraucht wird.

Innerhalb der foreach-Schleife enthält $_ also jeweils ein Wort. Bei jedem Durchlauf wird $gesamt um eins erhöht und muss folglich am Ende die Gesamtzahl der gefundenen Wörter enthalten. Die folgende Zeile (um die es in diesem Beispiel eigentlich geht) überprüft, ob $_ irgendwelche Nicht-Wort-Zeichen enthält (alles außer Buchstaben, Zahlen oder Unterstrichen). Lautet das Wort beispielsweise Tom's oder Müller-Lüdenscheidt oder enthält es Kommas oder Anführungs- oder andere seltsame Zeichen, so wird von dem Suchmuster ein Treffer erzielt. Der if-Test ist erfolgreich, und next sorgt dafür, dass gleich mit dem nächsten Wort weitergemacht wird.

Haben wir dagegen ein einfaches Wort wie Fred, so wird $gueltig um eins erhöht. $zaehler{$_} speichert das neue Wort und die Anzahl seiner Vorkommen. Sind beide Schleifen beendet, haben wir jedes Wort in jeder Zeile in jeder vom Benutzer angegebenen Datei gezählt.

Auf die letzten Zeilen werden wir nicht weiter eingehen, da wir hoffen, dass Sie bereits verstehen, was hier passiert.

---

18 Wenn Sie sich nicht daran erinnern können, ist das nicht so schlimm. Verschwenden Sie keine Gehirnzellen damit, sich Sachen zu merken, die Sie mithilfe von *perldoc* auch nachschlagen können.

Wie auch last kann next mit allen fünf Schleifenarten benutzt werden. Wenn die Schleifen ineinander verschachtelt sind, wirkt next auf den innersten der gerade ausgeführten Blöcke. Am Ende dieses Abschnitts zeigen wir Ihnen, wie Sie dieses Verhalten ändern können.

Der redo-Operator

Das dritte Mitglied des Schleifenkontrolltrios heißt redo. Damit wird an den Anfang des gegenwärtigen Schleifenblocks zurückgesprungen, ohne dass der Bedingungsteil erneut überprüft oder eine weitere Iteration ausgeführt wird. (In C und ähnlichen Sprachen gibt es keinen Operator dieses Typs.) Hier sehen Sie ein Beispiel:

```
# Rechtschreibprüfung
my @woerter = qw{ Fred Barney Pebbles Dino Wilma Betty };
my $fehler = 0;

foreach (@woerter) {
    print "Schreiben Sie das Wort '$_': ";
    chomp(my $versuch = <STDIN>);
    if ($versuch ne $_) {
        print "Das ist leider falsch.\n\n";
        $fehler++;
        redo;  # an den Anfang des Schleifenkörpers zurückspringen
    }
}
print "Sie haben den Test mit $fehler Fehlern absolviert.\n";
```

Wie die anderen zwei Operatoren kann auch redo mit allen fünf Arten von Schleifenblöcken benutzt werden. Bei verschachtelten Schleifen arbeitet redo ebenfalls im innersten gerade ausgeführten Block.

Der größte Unterschied zwischen next und redo besteht darin, dass next zur nächsten Iteration springt, während redo die aktuelle Iteration wiederholt. Hier sehen Sie ein Beispielprogramm, das Ihnen ein Gefühl für die Arbeitsweise dieser drei Operatoren vermitteln soll:

```
foreach (1..10) {
    print "Iteration Nummer $_.\n\n";
    print "Bitte wählen Sie: last, next, redo oder vielleicht etwas anderes? ";
    chomp(my $auswahl = <STDIN>);
    print "\n";
    last if $auswahl =~ /last/i;
    next if $auswahl =~ /next/i;
    redo if $auswahl =~ /redo/i;
    print "Aha - etwas ganz anderes... noch einmal!\n\n";
}
print "Und Schluss!\n";
```

Wenn Sie die Return-Taste betätigen, ohne etwas einzugeben, zählt die Schleife einfach nur von einer Zahl zur nächsten (versuchen Sie das ruhig zwei-, dreimal). Wenn Sie beim vierten Durchlauf das Wort `last` wählen, wird die Schleife sofort beendet, und es gibt keinen fünften Versuch. Wählen Sie stattdessen `next`, springt die Schleife direkt zur fünften Iteration, ohne dabei die »Noch einmal«-Nachricht auszugeben. Falls Sie beim vierten Durchlauf `redo` eingeben, wird Iteration Nummer 4 nochmals ausgeführt.

Benannte Blöcke

Wenn Sie einmal mit einem Schleifenblock arbeiten müssen, der nicht der innerste ist, können Sie ein Label benutzen, um dem Block einen Namen zu geben. Label dürfen, wie alle Perl-Identifier, aus Buchstaben, Ziffern und Unterstrichen bestehen, aber nicht mit einer Ziffer beginnen. Da es in diesem Fall kein besonderes vorangestelltes Zeichen gibt, müssen Sie vorsichtig sein, nicht versehentlich einen Funktionsnamen als Label zu benutzen. Label, die `print` oder `if` heißen, sind also eine schlechte Idee. Es wird daher empfohlen, für Label immer Großbuchstaben zu benutzen. Dadurch werden nicht nur mögliche Verwechslungen ausgeschlossen, sie lassen sich im Code auch leichter finden. Label werden jedoch nur in sehr wenigen Perl-Programmen tatsächlich benutzt.

Um einen Block zu benennen, schreiben Sie das Label und einen Doppelpunkt direkt vor die Schleifendeklaration. Innerhalb der Schleife kann das Label je nach Bedarf mit `last`, `next` oder `redo` angesprochen werden:

```
ZEILE: while (<>) {
  foreach (split) {
    last ZEILE if /__END__/;  # ZEILE-Schleife vorzeitig beenden
    ...;
  }
}
```

Aus Gründen der Lesbarkeit hat es sich bewährt, das Label ganz links im Code zu positionieren, auch wenn der Rest des Codes stärker eingerückt ist. Das Label benennt immer den ganzen Block und keine bestimmte Stelle im Code.[19]

Im vorigen Beispiel zeigt die spezielle Markierung `__END__` das Ende aller Eingaben an. Sobald diese Markierung auftaucht, werden alle weiteren Zeilen (egal aus welcher Datei) ignoriert.

Oft ist es sinnvoll, als Label ein Hauptwort zu wählen.[20] So könnten wir beispielsweise eine äußere Schleife, die zeilenweise arbeitet, mit dem Namen ZEILE benennen, während eine innere Schleife mit dem Namen WORT die einzelnen Wörter einer ZEILE bearbeitet. Dadurch können wir etwas sagen wie next (springe zum nächsten) WORT oder redo (bearbeite nochmals die gegenwärtige) ZEILE.

---

19 Das ist schließlich nicht goto.

20 Perl ist es aber egal, ob Sie Ihre Schleifenlabel ATUK, UUUL oder ZOGZOG nennen. (Diese Pointe verstehen Sie vermutlich nur, wenn Sie in den 70er Jahren »Caveman« gesehen haben.)

Der Bedingungsoperator ?:

Als Larry darüber entschied, welche Operatoren in Perl zur Verfügung stehen sollten, wollte er, dass ehemalige C-Programmierer alle Operatoren, die sie von C bereits kannten, auch in Perl weiterbenutzen konnten.[21] Das hatte zur Folge, dass einer der verwirrendsten C-Operatoren ebenfalls in Perl möglich sein musste: der Bedingungsoperator ?: . Dieser Operator kann recht nützlich sein, auch wenn er auf den ersten Blick etwas konfus wirkt.

Der ternäre Operator gleicht einem if-then-else-Test in einem einzigen Ausdruck. Er wird als »ternär« (bzw. trinär) bezeichnet, da er mit drei Operanden arbeitet:

```
Ausdruck ? wahr_Ausdruck : falsch_Ausdruck
```

Zu Beginn wird der linke Ausdruck ausgewertet. Ist dieser wahr, wird der Ausdruck in der Mitte benutzt. Ist er falsch, wird der rechte Ausdruck benutzt. Es wird also immer ein Ausdruck ignoriert (der mittlere oder der linke). Ist der linke Ausdruck falsch, wird der mittlere ignoriert, und der rechte Ausdruck bestimmt den Rückgabewert des Ganzen.

In diesem Beispiel bestimmt der Rückgabewert der &ist_wochenende-Subroutine, welcher String der Variablen $ort zugewiesen wird:

```
my $ort = &ist_wochenende($tag) ? "zu Hause" : "bei der Arbeit";
```

Und hier berechnen wir einen Durchschnittswert und geben ihn zurück. Gibt es keinen Durchschnitt, verwenden wir stattdessen eine Zeile mit Bindestrichen:

```
my $durchschnitt = $n ? ($gesamt/$n) : "-----";
print "Durchschnitt: $durchschnitt\n";
```

Sie können Strukturen, die den ?:-Operator benutzen, auch als if-Struktur wiedergeben. Das ist oft aber weder bequemer, noch ist es leichter verständlich:

```
my $durchschnitt;
if ($n) {
    $durchschnitt = $gesamt / $n;
} else {
    $durchschnitt = "-----";
}
print "Durchschnitt: $durchschnitt\n";
```

Mit dem folgenden Trick können Sie eine nette mehrfache Verzweigung programmieren:

```
my $groesse =
    ($breite < 10) ? "klein"  :
    ($breite < 20) ? "mittel" :
    ($breite < 50) ? "gross"  :
                     "sehr_gross"; # Standardwert
```

---

21 Um genau zu sein, verzichtete er auf die Operatoren, die in Perl nicht gebraucht werden, wie etwa den Operator, der eine Zahl in die Speicheradresse einer Variablen verwandelt. Dafür gibt es in Perl eine Reihe von zusätzlichen Operatoren (zum Beispiel den Anhängen-Operator), um die C-Entwickler Perl beneiden.

Das sind einfach drei ineinander verschachtelte ?:-Operatoren. Haben Sie das zugrunde liegende Konzept erst einmal erfasst, funktioniert diese Methode sehr zuverlässig.

Natürlich müssen Sie den ternären Operator nicht benutzen. Besonders Anfänger werden ihn zunächst eher vermeiden wollen. Früher oder später werden Sie ihn aber im Code anderer Leute sehen. Vielleicht haben Sie ja eines Tages auch einen guten Grund, ihn in Ihren eigenen Programmen einzusetzen.

Logische Operatoren

Perl besitzt alle nötigen logischen Operatoren, um mit booleschen Werten (wahr/falsch) arbeiten zu können. Oft ist es sinnvoll, logische Überprüfungen mit dem logischen UND-(&&) beziehungsweise ODER-Operator (||) vorzunehmen:

```
if ($nachtisch{'Pudding'} && $nachtisch{'Eis'}) {
    # beides ist wahr
    print "Hurra! Pudding und Eis!\n";
} elsif ($nachtisch{'Pudding'} || $nachtisch{'Eis'}) {
    # mindestens eines von beiden ist wahr
    print "Immer noch gut...\n";
} else {
    # keines von beiden ist wahr - nichts tun (vielleicht schmollen).
}
```

Ist die linke Seite einer logischen UND-Operation falsch, ist automatisch der ganze Ausdruck falsch. Damit das logische UND einen wahren Wert zurückgibt, müssen jedoch beide Seiten wahr sein. Ist also die linke Seite falsch, wäre es sinnlos, die rechte überhaupt auszuwerten. Überlegen Sie, was in unserem Beispiel passiert, wenn $stunde den Wert 3 enthält:

```
if ( (9 <= $stunde) && ($stunde < 17) ) {
    print "Sollten Sie nicht bei der Arbeit sein?\n";
}
```

Entsprechend wird beim logischen ODER die rechte Seite nicht ausgewertet, wenn die linke Seite der Operation *wahr* ist. Was passiert hier, wenn $name den Wert Fred enthält?

```
if ( ($name eq 'Fred') || ($name eq 'Barney') ) {
    print "Du bist mein Typ!\n";
}
```

Aufgrund dieses Verhaltens nennt man diese logischen Operatoren auch Short-Circuit-Operatoren (»Kurzschlussoperatoren«). Wann immer es geht, nehmen diese Operatoren den kürzesten möglichen Weg. Es ist üblich, sich auf dieses Verhalten zu verlassen. In diesem Beispiel soll ein Durchschnittswert berechnet werden:

```
if ( ($n != 0) && ($summe/$n < 5) ) {
    print "Der Durchschnittswert liegt unter 5.\n";
}
```

Hier wird die rechte Seite nur ausgewertet, wenn die linke Seite wahr ist. Eine versehentliche Division durch null kann also nicht vorkommen, und ein Programmabsturz wird verhindert. (Mehr dazu folgt in »Fehler mit eval abfangen«.)

Der Wert von Short-Circuit-Operatoren

Anders als bei C (und ähnlichen Sprachen) ist der Rückgabewert eines Kurzschlussoperators nicht einfach ein boolescher Wert, sondern der Wert des letzten ausgewerteten Teilausdrucks. Ist also der letzte ausgewertete Teil wahr, ist auch der ganze Ausdruck wahr. Wenn der letzte Teil falsch ist, gilt das ebenfalls für den gesamten Ausdruck.

Da der Rückgabewert nicht einfach nur ein boolescher Wert ist, kann er für eine Reihe nützlicher Aufgaben benutzt werden. In diesem Beispiel benutzen wir das logische ODER, um einen Standardwert anzulegen:

```
my $nachname = $nachname{$irgendjemand} || '(Kein Nachname vorhanden)';
```

Gibt es in dem Hash keinen Eintrag für $irgendjemand, ist der Wert der linken Seite undef, also falsch. Das logische ODER muss demnach den Wert der rechten Seite benutzen, wodurch diese zum Standardwert wird. Bei dieser Ausdrucksweise ersetzt der Standardwert nicht einfach nur undef, sondern genauso gut jeglichen falschen Wert. Das können Sie mit dem Bedingungsoperator beheben:

```
my $nachname = defined $nachname{$irgendjemand} ?
        $nachname{$irgendjemand} : '(Kein Nachname vorhanden)';
```

Aber das ist zu viel Arbeit, und man muss zweimal $nachname{$irgendjemand} schreiben. In Perl 5.10 ist eine bessere Möglichkeit dafür hinzugekommen, die im folgenden Abschnitt behandelt wird.

Der Definiert-oder-Operator

Im vorigen Abschnitt haben Sie gesehen, wie man mit dem ||-Operator einen Standardwert verwenden kann. Dabei haben wir allerdings den Sonderfall außen vor gelassen, dass der definierte Wert zwar falsch, aber als Wert durchaus akzeptabel ist. Danach haben wir Ihnen die hässlichere Variante mit dem Bedingungsoperator gezeigt.

In Perl 5.10 können Sie Probleme wie dieses vermeiden, indem Sie den neuen Definiert-oder-Operator // verwenden. Dieser greift nur dann auf den Standardwert zurück, wenn der Wert auf der linken Seite überhaupt nicht definiert ist. Ist der Nachname beispielsweise 0, so funktioniert diese Version trotzdem.

```
use 5.010;
my $nachname = $nachname{$irgendjemand} // '(Kein Nachname vorhanden)';
```

Manchmal wollen Sie einer Variable nur dann einen Wert zuweisen, wenn sie noch keinen hat, und sie ansonsten in Ruhe lassen. Vielleicht sollen nur dann Nachrichten ausgegeben werden, wenn die Umgebungsvariable WORTREICH gesetzt wird. Den Wert für den Schlüssel WORTREICH können Sie im Hash %ENV überprüfen. Gibt nur den Schlüssel, aber noch keinen Wert, sollten Sie selbst einen zuweisen:

```
use 5.010;
my $Wortreich = $ENV{WORTREICH} // 1;
print "Ich kann mit Dir sprechen!\n" if $Wortreich;
```

Diese Methode können Sie in Aktion betrachten, indem Sie // mehrere Werte übergeben und beobachten, welche davon durch den Standardwert ersetzt werden.

```
use 5.010;
foreach my $versuch ( 0, undef, '0', 1, 25 ) {
    print "Probiere [$versuch] ---> ";
    my $wert = $versuch // 'Standardwert';
    say "\tDer Wert ist [$wert]";
}
```

Die Ausgabe zeigt, dass nur dann der Standardwert benutzt wird, wenn $versuch den Wert undef hat.

```
Probiere [0] --->      Der Wert ist [0]
Probiere [] --->       Der Wert ist [Standardwert]
Probiere [0] --->      Der Wert ist [0]
Probiere [1] --->      Der Wert ist [1]
Probiere [25] --->     Der Wert ist [25]
```

Gelegentlich wollen Sie einen Wert setzen, falls es noch keinen gibt. Wenn Sie beispielsweise bei aktivierten Warnungen versuchen, einen undefinierten Wert auszugeben, erhalten Sie eine nervige Fehlermeldung:

```
use warnings;
my $name;  # kein Wert, also undefiniert!
printf "%s", $name; # Benutzung eines nicht initalisierten Werts in printf ...
```

Manchmal ist der Fehler aber auch harmlos. Wenn Sie davon ausgehen können, dass versucht wird, einen undefinierten Wert auszugeben, können Sie auch einfach eine leere Zeichenkette ausgeben:

```
use 5.010;
use warnings;
my $name;  # kein Wert, also undefiniert!
printf "%s", $name // '';
```

Kontrollstrukturen mit teilweise auswertenden Operatoren

Die vorhin vorgestellten Operatoren &&, ||, // und ?: haben eines gemeinsam: Abhängig davon, ob der Ausdruck auf der linken Seite wahr ist, wird gegebenenfalls ein anderer Ausdruck ausgewertet (oder eben nicht). Aus diesem Grund werden diese Operatoren auch als *teilweise auswertende* Operatoren bezeichnet. Nicht alle umgebenden Ausdrücke werden ausgewertet. Alle teilweise auswertenden Operatoren funktionieren also gleichzeitig auch als Kontrollstrukturen.[22] Nicht dass Larry ein brennendes Verlangen nach noch mehr Kontrollstrukturen gehabt hätte. Nachdem diese Operatoren aber erst einmal in Perl zur Verfügung standen, erhielten sie automatisch auch diese Funktionalität. Das liegt daran, dass alles, was man benutzen kann, um ein Stück Code zu aktivieren oder zu deaktivieren, automatisch als Kontrollstruktur zu betrachten ist.

Glücklicherweise werden Sie das nur merken, wenn die Nebenwirkungen eines kontrollierten Ausdrucks eine Rolle spielen, wie zum Beispiel das Ändern eines Variablenwerts oder die Ausgabe von Daten. Nehmen wir einmal die folgende Codezeile:

```
($m < $n) && ($m = $n);
```

Als Erstes sollte Ihnen auffallen, dass das Ergebnis des logischen UND nirgendwo weiterbenutzt wird.[23] Woran liegt das?

Ist $m tatsächlich kleiner als $n, ist der linke Ausdruck wahr. Die rechte Seite wird also ausgewertet, und die Zuweisung wird vorgenommen. Ist $m nicht kleiner als $n, ist dieser Ausdruck falsch, und die linke Seite wird übersprungen. Die oben stehende Zeile funktioniert also genau wie der folgende (leichter verständliche) Code:

```
if ($m < $n) { $m = $n; }
```

Oder vielleicht sogar das hier:

```
$m = $n if $m < $n;
```

Stellen Sie sich vor, Sie pflegen ein Programm weiter, in dem die folgende Zeile vorkommt:

```
($m > 10) || print "Warum ist das nicht größer?\n";
```

Ist $m tatsächlich größer als zehn, ist die linke Seite wahr, und das logische ODER hat seine Aufgabe erledigt. Ist $m jedoch kleiner, ist die linke Seite falsch, und die Nachricht wird ausgegeben. Auch das könnte (und sollte wahrscheinlich auch) besser in der traditionellen Notation ausgedrückt werden, vermutlich mit if oder unless.[24]

Wenn Ihr Hirn besonders verdreht ist, können Sie lernen, diese Zeilen als Klartext zu lesen. Zum Beispiel: Überprüfe, ob $m größer ist als $n, *und wenn das der Fall ist*, nimm die Zuweisung vor. Überprüfe, ob $m größer ist als 10, *oder wenn das nicht der Fall ist*, gib die Nachricht aus.

Oft wird diese Art, Kontrollstrukturen zu schreiben, von ehemaligen C-Programmierern oder Perl-Programmierern, die schon länger dabei sind, angewandt. Warum? Nun, manche finden, dass das effizienter ist. Andere glauben, diese Tricks lassen ihren Code cooler erscheinen. Wieder andere haben einfach nur bei jemandem abgeguckt.

---

22 Sie haben sich vermutlich schon gewundert, warum wir die logischen Operatoren gerade in diesem Kapitel behandeln, oder?

23 Es kann jedoch der Rückgabewert einer Subroutine sein, wenn das der letzte ausgewertete Ausdruck ist.

24 Am häufigsten begegnet man einem Ausdruck dieser Art im Code von Leuten, die aus der Welt der Shell-Skripten kommen und ihnen vertraute Ausdrucksweisen in die neue Sprache übertragen.

Gleichermaßen kann auch der Bedingungsoperator ?: als Kontrollstruktur benutzt werden. In diesem Fall soll $x der kleineren von zwei Variablen zugewiesen werden:

```
($m < $n) ? ($m = $x) : ($n = $x);
```

Ist $m kleiner, wird ihm $x zugewiesen, ansonsten erhält $n den Wert von $x.

Sie können das logische UND und ODER auch noch auf eine andere Art schreiben, und zwar als and und or.[25] Diese Operatoren verhalten sich im Prinzip genau wie && und ||. Der einzige Unterschied besteht darin, dass die als Wörter geschriebenen Operatoren eine wesentlich geringere Präzedenz besitzen. Da diese Wörter nicht so stark an den benachbarten Teilen eines Ausdrucks »kleben«, können unter Umständen einige runde Klammern weggelassen werden.

```
$m < $n and $m = $n;  # wird trotzdem besser mit if formuliert
```

Es kann aber auch sein, dass Sie die runden Klammern erst recht brauchen. Präzedenz ist oft der Grund für Programmierfehler. Benutzen Sie runde Klammern, um genau auszudrücken, was Sie meinen, bis Sie sich über die Präzedenz genau im Klaren sind. Generell kann man sagen, dass die Wort-Formen einen Ausdruck in zwei Hälften teilen, wobei zuerst alles auf der linken Seite abgearbeitet wird und dann (bei Bedarf) alles auf der rechten.

Auch wenn die Verwendung der logischen Operatoren als Kontrollstrukturen verwirrend sein kann, ist ihre Verwendung gelegentlich sinnvoll. Der Perl-typische Weg, eine Datei zu öffnen, sieht so aus:[26]

```
open my $fh, "<", $dateiname
  or die "Kann '$dateiname' nicht öffnen: $!";
```

Durch die Verwendung des Kurzschlussoperators or mit niedriger Präzedenz sagen wir Perl: »Öffne diese Datei ... oder stirb!« Wenn das open erfolgreich ist, wird ein wahrer Wert zurückgegeben, und die or-Operation ist vollständig. Schlägt open dagegen fehl, sorgt der falsche Wert dafür, dass or den Teil auf der rechten Seite auswertet, der das Programm mit einer Nachricht beendet.

Die Benutzung dieser Operatoren als Kontrollstrukturen gehört zur Umgangssprache von Perl. Richtig benutzt, wird Ihr Code dadurch mächtiger. Falsch benutzt, wird er unlesbar. Gehen Sie also behutsam mit diesen Operatoren um.[27]

---

25 Es gibt außerdem noch das not mit niedriger Präzedenz (das dem Operator für logische Verneinung ! entspricht) und das äußerst seltene xor.

26 Außer wenn Sie autodie verwenden.

27 Wenn Sie diese Formen (alles außer or die) öfter als einmal im Monat benutzen, gilt das als Überdosierung.

Übungen

Die Lösungen zu diesen Übungen finden Sie in Anhang A.

1. [25] Schreiben Sie ein Programm, das den Benutzer wiederholt auffordert, eine geheime Zahl einzugeben, bis die richtige Zahl erraten wurde. Ihr Programm sollte diese Zahl zufällig ermitteln, indem es die Zauberformel int(1 + rand 100) benutzt.[28] Rät der Benutzer falsch, sollte das Programm in Abhängigkeit von der Eingabe »Zu hoch« oder »Zu niedrig« ausgeben. Gibt der Benutzer das Wort quit oder exit oder eine leere Zeile ein, sollte das Programm beendet werden. Errät der Benutzer die richtige Zahl, soll das Programm ebenfalls beendet werden.

2. [10] Passen Sie das Programm aus der vorigen Übung so an, dass zusätzliche Debugging-Informationen wie beispielsweise die gewählte Geheimzahl ausgegeben werden. Stellen Sie dabei sicher, dass Sie die Debugging-Informationen deaktivieren können, ohne dass dadurch Warnmeldungen ausgegeben werden. Wenn Sie bereits Perl 5.10 oder höher benutzen, verwenden Sie dafür den Operator //, ansonsten den Bedingungsoperator.

3. [10] Modifizieren Sie das Programm aus Übung 3 in Kapitel 6 (zum Anzeigen der Umgebungsvariablen) so, dass bei Umgebungsvariablen ohne Wert der String (undefinierter Wert) ausgegeben wird. Sie können die neuen Umgebungsvariablen auch im Programm selbst setzen. Stellen Sie sicher, dass Ihr Programm für Variablen mit einem falschen Wert die richtigen Ausgaben erzeugt. Wenn Sie bereits Perl 5.10 oder höher benutzen, verwenden Sie dafür den Operator //, ansonsten den Bedingungsoperator.

---

28 Wenn Sie wissen wollen, was die Funktionen int und rand machen, können Sie die Details in der *perlfunc*-Dokumentation nachschlagen.

Perl-Module

Die Möglichkeiten von Perl gehen weit über das hinaus, was wir Ihnen in diesem Buch zeigen können. Zudem gibt es eine Menge Leute, die eine Menge interessanter Sachen mit Perl anstellen. Haben Sie ein Problem zu lösen, hat wahrscheinlich schon jemand eine Lösung im Comprehensive Perl Archive Network (CPAN) zur Verfügung gestellt. Das CPAN ist ein weltweiter Verbund von Servern und Spiegelservern, die tausende von Modulen mit wiederverwendbarem Perl-Code enthalten. Genaugenommen stellen die Module den Großteil dessen dar, was wir »Perl« nennen, da Larry es als erweiterbare Sprache konzipiert hat.

Wenn Sie erfahren möchten, wie man Module schreibt, sollten Sie das Alpaka-Buch heranziehen. In diesem Kapitel werden wir Ihnen zeigen, wie Sie bereits existierende Module verwenden können. Das tun wir nicht, um Ihnen einen Überblick über die Module zu geben, sondern um Sie mit der Benutzung des CPAN vertraut zu machen.

Module finden

Es gibt zwei Arten von Modulen: solche, die Perl in der Standarddistribution bereits beiliegen, und solche, die Sie sich aus dem CPAN herunterladen und selbst installieren können. Falls wir nicht gesondert darauf hinweisen, liegen die hier besprochenen Module Perl bereits bei.[1]

Wenn Sie Module finden wollen, die Perl nicht beiliegen, bietet die CPAN-Suche unter *http://search.cpan.org* einen guten Ausgangspunkt. Sie haben die Möglichkeit, die verschiedenen Kategorien zu durchstöbern oder direkt zu suchen. Sie können dort die Dokumentation der Module lesen, ohne dafür erst das gesamte Paket herunterladen zu müssen. Zudem können Sie sich in der Distribution umsehen und die Dateien

---

[1] Einige kommerzielle Anbieter legen ihren Perl-Versionen noch mehr Module bei. Genaugenommen gibt es noch eine dritte Sorte von Modulen, nämlich Anbietermodule, die allerdings eine Zugabe darstellen. Sehen Sie in Ihrem Betriebssystem nach, wenn Sie wissen wollen, was bei Ihnen vielleicht noch so dabei ist.

anschauen, ohne die Module installieren zu müssen. Zur Untersuchung einer Distribution gibt es außerdem noch viele andere Werkzeuge.

Bevor Sie sich auf die Suche nach einem Modul machen, sollten Sie überprüfen, ob es nicht bereits installiert ist, indem Sie beispielsweise versuchen, die Dokumentation des Moduls mit perldoc anzeigen zu lassen. Das Modul *CGI.pm* (auf das wir unter »CGI. pm« auf Seite 215 noch genauer zu sprechen kommen) liegt Perl bereits bei. Sie sollten daher also auch seine Dokumentation lesen können.

```
$ perldoc CGI
```

Versuchen Sie das mit einem nicht installierten Modul, erhalten Sie eine Fehlermeldung:

```
$ perldoc Llamas
$ No documentation found for "Llamas".
```

Eventuell liegt die Dokumentation auf Ihrem System auch in anderen Formaten vor (zum Beispiel HTML) – sofern sie vorhanden ist.[2]

Der eingebaute Befehl cpan kann ein *autobundle*[3] erstellen, eine Liste von allem, was bei Ihnen installiert ist, einschließlich der Versionsnummern:

```
$ cpan -a
```

Module installieren

Um ein neues Modul zu installieren, müssen Sie sich bloß seine Distribution herunterladen, sie entpacken und ein paar Shell-Befehle ausführen. Es gibt zwei Haupt-Bausysteme für Perl-Distributionen, die ähnlich funktionieren. Beachten Sie die *README*- oder *INSTALL*-Datei, die weiterführende Informationen enthalten kann. Verwendet das Modul MakeMaker[4], sieht die Befehlsfolge in etwa so aus:

```
$ perl Makefile.PL
$ make install
```

Wenn Sie Module nicht in den systemweiten Bibliotheksverzeichnissen installieren können, können Sie *Makefile.PL* über das Argument INSTALL_BASE ein anderes Verzeichnis angeben.

```
$ perl Makefile.PL INSTALL_BASE=/Users/fred/lib
```

Einige Modulautoren verwenden alternativ das Modul Module::Build, um ihre Schöpfungen bauen und installieren zu lassen. Die Befehlsfolge sieht in diesem Fall in etwa so aus:

---

2 Die Perl-Dokumentation wird im Alpaka-Buch behandelt. Die Moduldokumentation befindet sich meistens in derselben Datei wie der eigentliche Code.

3 Bundle-Dateien sind spezielle Dateien, die manche CPAN-Clients benutzen, um alles, was schon installiert wurde, auf demselben oder einem anderen Rechner neu zu installieren.

4 Damit ist das Modul ExtUtils::MakeMaker gemeint, das Perl standardmäßig beiliegt. Es ist dafür zuständig, dass die Datei mit den für Ihr System und Ihre Perl-Installation richtigen Installationsinformationen angelegt wird.

```
$ perl Build.PL
$ ./Build install
```

Wie eben können Sie ein abweichendes Installationsverzeichnis angeben:

```
$ perl Build.PL --install_base=/Users/fred/lib
```

Einige Module besitzen Abhängigkeiten; sie funktionieren also nur, wenn Sie vorher bestimmte andere Module installiert haben. Anstatt die ganze Arbeit selbst zu erledigen, können wir auch *CPAN.pm*[5] benutzen, das Perl standardmäßig beiliegt. Von der Kommandozeile aus können Sie die *CPAN.pm*-Shell starten, in die Sie dann die nötigen Befehle eingeben können:

```
$ perl -MCPAN -e shell
```

Aber selbst das kann noch recht kompliziert sein, weshalb einer unserer Autoren vor einiger Zeit ein Skript namens *cpan* geschrieben hat, das Teil von Perls Standarddistribution ist und normalerweise zusammen mit *perl* und dessen Werkzeugen installiert wird. Sie brauchen das Skript nur mit einer Liste der Module aufzurufen, die Sie installieren wollen:

```
$ cpan Module::CoreList LWP CGI::Prototype
```

Vielleicht sagen Sie jetzt: »Aber ich habe gar keine Kommandozeile!« Wenn Sie den ActiveState-Port von Perl benutzen (für Windows, Linux oder Solaris), können Sie den Perl Package Manager (PPM)[6] verwenden, der die Module für Sie installiert. Die ActiveState-Portierungen sind auch auf CD oder DVD erhältlich.[7] Eventuell besitzt Ihr Betriebssystem eigene Möglichkeiten zur Installation von Software (inklusive der Perl-Module).

Es gibt noch ein weiteres praktisches Werkzeug namens *cpanm* (das steht für *cpanminus*), das allerdings (noch) nicht mit Perl mitgeliefert wird. Es ist ein konfigurationsloser, leichtgewichtiger CPAN-Client, der fast alles erledigt, was es üblicherweise so zu tun gibt. Er steht als Einzeldatei unter *http://xrl.us/cpanm* zum Download zur Verfügung.

Wenn Sie *cpanm* haben, müssen Sie ihm einfach nur mitteilen, welche Module Sie installieren möchten:

```
$ cpanm DBI WWW::Mechanize
```

---

5   Dabei wird bei einigen populären Modulen das ».pm« mitgesprochen, um das Modul besser von anderen Sachen unterscheiden zu können. In diesem Fall ist das CPAN-Archiv etwas anderes als das CPAN-Modul, weshalb Letzteres als »*CPAN.pm*« bezeichnet wird.

6   *http://aspn.activestate.com/ASPN/docs/ActivePerl/faq/ActivePerl-faq2.html*.

7   Sie können auch Ihre eigenen CDs und DVDs erstellen, indem Sie eine lokale Modulsammlung anlegen. Neben dem regulären CPAN, das mittlerweile fast 4 GByte groß ist, gibt es noch ein »Mini-CPAN« (ebenfalls von einem der Autoren), das nur die letzten Versionen aller Dinge enthält und ca. 800 MByte groß ist. Sehen Sie sich hierzu beispielsweise das Modul `CPAN::Mini` an.

Eigene Verzeichnisse verwenden

Eines der häufigsten Probleme bei der Perl-Modulinstallation ist, dass die CPAN-Werkzeuge neue Module standardmäßig in die Verzeichnisse installieren wollen, in denen sich *perl* befindet. Es kann aber sein, dass man nicht die erforderlichen Rechte hat, um in diesen Verzeichnissen neue Dateien zu erstellen.

Die einfachste Möglichkeit, als Anfänger Perl-Modul in eigenen Verzeichnissen zu installieren, besteht in der Verwendung von local::lib. Dieses Modul setzt Umgebungsvariablen, die bestimmen, wo CPAN-Clients Module installieren. Die Einstellungen, die diese Variablen vornehmen, können Sie sich ansehen, indem Sie das Modul ohne irgendetwas anderes auf der Kommandozeile laden:[8]

```
$ perl -Mlocal::lib
export PERL_LOCAL_LIB_ROOT="/Users/fred/perl5";
export PERL_MB_OPT="--install_base /Users/fred/perl5";
export PERL_MM_OPT="INSTALL_BASE=/Users/fred/perl5";
export PERL5LIB="...";
export PATH="/Users/brian/perl5/bin:$PATH";
```

Der *cpan*-Client unterstützt dieses Verhalten, wenn Sie bei der Installation den Switch -I verwenden:[9]

```
$ cpan -I Set::Crossproduct
```

Das Werkzeug *cpanm* ist ein bisschen schlauer. Haben Sie bereits die gleichen Umgebungsvariablen gesetzt, die auch local::lib benutzen würde, greift *cpanm* auf Ihre Einstellungen zurück. Wenn nicht, überprüft es die Schreibrechte in den Standard-Modulverzeichnissen. Wenn Sie keine Schreibrechte besitzen, verwendet es automatisch local::lib für Sie. Wenn Sie wollen, dass local::lib auf jeden Fall verwendet wird, können Sie das ausdrücklich festlegen:

```
$ cpanm --local-lib HTML::Parser
```

Fortgeschrittene Benutzer können ihren CPAN-Client auch so konfigurieren, dass er in von ihnen ausgewählte Verzeichnisse installiert. Das können Sie in Ihrer CPAN.pm-Konfiguration einstellen, wodurch Module automatisch in ihr privates Bibliotheksverzeichnis installiert werden, wenn Sie die CPAN.pm-Shell verwenden. Dafür müssen Sie zwei Einstellungen verändern, und zwar für die Systeme ExtUtils::Makemaker und Module::Build:

```
$ cpan
cpan> o conf makepl_arg INSTALL_BASE=/Users/fred/perl5
cpan> o conf mbuild_arg "--install_base /Users/fred/perl5"
cpan> o conf commit
```

---

8 Glauben Sie uns einfach. Wir haben noch nichts über Kommandozeilen-Switches erzählt, aber Sie können sie alle in der *perlrun*-Dokumentation nachlesen.

9 Sie benötigen dafür eine aktuelle Version von CPAN.pm oder dem Modul App::Cpan. Das Feature local::lib wurde in Perl 5.14 hinzugefügt.

Das sind übrigens die gleichen Einstellungen, die `local::lib` für Ihre Umgebung vorgenommen hat. Da die Einstellungen direkt in der Konfiguration von CPAN.pm vorgenommen wurden, werden diese Verzeichnisse bei der Installation eines Moduls automatisch mit einbezogen.

Wenn Sie sich für einen Speicherort für Ihre Module entschieden haben, müssen Sie Ihren Programmen mitteilen, wo sie zu finden sind. Wenn Sie `local::lib` verwenden, laden Sie dieses Modul einfach ins Programm:

```
# innerhalb Ihres Perl-Programms
use local::lib;
```

Wenn Sie die Module an einem anderen Ort installiert haben, können Sie das Pragma `lib` zusammen mit einer Liste zusätzlicher Modulverzeichnisse verwenden:

```
# auch innerhalb Ihres Perl-Programms
use lib qw( /Users/fred/perl5 );
```

Das sollte reichen, damit Sie loslegen können. Im Alpaka-Buch gehen wir auf dieses Thema viel genauer ein, und Sie erfahren sogar, wie Sie Ihre eigenen Module erstellen. Außerdem können Sie die Einträge in der *perlfaq8*-Dokumentation durchlesen.

Einfache Module benutzen

Stellen Sie sich vor, Sie hätten einen langen Dateinamen, zum Beispiel */usr/local/bin/perl*, in Ihrem Programm und wollten nun den *Basisnamen* (basename) ohne den Verzeichnisteil ermitteln. Das geht ganz leicht, denn der Basisname ist ganz einfach alles, was hinter dem letzten Schrägstrich steht, in unserem Fall *perl*:

```
my $name = "/usr/local/bin/perl";
(my $basisname = $name) =~ s#.*/;  # Hoppla!
```

Wie Sie bereits wissen, nimmt Perl zuerst die Zuweisung innerhalb der Klammern vor und führt erst danach die Substitution durch. Diese soll einen String, der auf einen Schrägstrich endet (also den Verzeichnisteil), durch nichts ersetzen, wodurch der Basisname übrig bleibt. Sie können das auch mit dem Switch `/r` für den Ersetzungsoperator erledigen:

```
use 5.014;
my $name = "/usr/local/bin/perl";
my $basename = $name =~ s#.*/##r;  # Huch!
```

Wenn Sie diese Methode ausprobieren, scheint alles zu funktionieren, tatsächlich gibt es aber drei Probleme.

Erstens können Unix-Datei- oder -Verzeichnisnamen Newline-Zeichen enthalten. (Das ist zwar nicht sehr wahrscheinlich, aber trotzdem erlaubt.) Da der Punkt (.) in regulären Ausdrücken aber keine Newline-Zeichen finden kann, wird unser obiges Beispiel bei Dateinamen wie `"/home/fred/feuerstein\n/brontosaurus"` nicht funktionieren. Der Code wird `"feuerstein\n/brontosaurus"` für den Basisnamen halten. Dieses Verhalten ließe sich mit der /s-Option abstellen (sofern Sie sich an diesen subtilen und selten auftretenden Fall erinnern), wodurch die Ersetzungsfunktion jetzt folgendermaßen aussieht: s#.*/s

Das zweite Problem besteht darin, dass unsere Routine Unix-spezifisch ist. In unserem Beispiel wird davon ausgegangen, dass als Verzeichnis-Trennzeichen ein vorwärts gerichteter Schrägstrich benutzt wird. Von manchen Systemen werden jedoch Backslashes oder Doppelpunkte als Trennzeichen verwendet. Auch das wird nicht berücksichtigt. Sie denken vielleicht, dass Ihre Arbeit Ihre Unix-Umgebung nie verlassen wird, aber die meisten nützlichen Skripten (und auch ein paar weniger nützliche) neigen dazu, sich in der freien Natur fortzupflanzen.

Das dritte (und größte) Problem besteht darin, dass wir versuchen, eine Aufgabe zu bewältigen, für die es bereits eine Lösung gibt. Perl wird mit einer Reihe von *Modulen* verteilt, mit denen die bereits eingebaute Funktionalität auf einfache Weise erweitert werden kann. Und wenn Ihnen die mitgelieferten Module nicht ausreichen sollten, finden Sie eine große Anzahl weiterer nützlicher Module im CPAN, und jede Woche kommen wieder ein paar neue hinzu. Um die enthaltenen Funktionen benutzen zu können, müssen Sie (oder besser Ihr Systemadministrator) diese Module einfach installieren.

Im Folgenden stellen wir Ihnen einige Module vor, die zur Perl-Standarddistribution gehören. (Diese Module können einiges mehr, als wir hier zeigen. Das ist nur ein Überblick, um die allgemeinen Prinzipien für die Benutzung einfacher Module darzustellen.)

Wir können an dieser Stelle leider nicht das vollständige Wissen vermitteln, das für die Verwendung von Modulen nötig ist. Dazu ist das Verständnis einiger fortgeschrittener Techniken wie Referenzen und Objekte notwendig.[10] Diese Themen (und wie man selbst Module schreibt) werden ausführlich im Alpaka-Buch behandelt. Weitere Informationen zu anderen interessanten und nützlichen Modulen finden Sie in Anhang B.

Das Modul File::Basename

Im vorigen Beispiel haben wir versucht, den Basisnamen eines Dateinamens auf eine nicht portable Weise zu ermitteln. Wir haben gezeigt, dass etwas, das oberflächlich einfach scheint, sehr subtilen falschen Annahmen ausgeliefert sein kann. (In diesem Fall war es die Annahme, dass in Datei- oder Verzeichnisnamen keine Newline-Zeichen vorkommen.) Außerdem haben wir versucht, das Rad neu zu erfinden, indem wir ein Problem lösen wollten, das andere bereits viele Male vor uns schon bearbeitet (und von Programmierfehlern befreit) haben. Machen Sie sich also keine Gedanken: Das passiert uns allen.

Im Folgenden sehen Sie eine bessere Methode, den Basisnamen eines Dateinamens zu ermitteln. Eines der Perl-Standardmodule heißt File::Basename. Mit dem Befehl perldoc File::Basename können Sie in der Dokumentation des Moduls die genauen Benut-

---

10 Wie Sie auf den folgenden Seiten sehen werden, können Sie einige Module, die mit Objekten und Referenzen arbeiten, trotzdem verwenden, ohne diese fortgeschrittenen Techniken verstehen zu müssen.

zungsanweisungen und die Funktionsweise nachlesen. Das ist immer der erste Schritt bei der Benutzung von Modulen. (Oft ist es auch der dritte und der fünfte Schritt ...)

Sobald Sie genug wissen, um das Modul benutzen zu können, binden Sie es mit der use-Anweisung in Ihr Programm ein:[11]

```
use File::Basename;
```

Während der Kompilierung sieht Perl diese Codezeile und lädt daraufhin das Modul. Von diesem Zeitpunkt an verhält sich Perl, als hätte es eine Reihe neuer Funktionen bekommen, die Sie im weiteren Verlauf Ihres Programms mitbenutzen können.[12] Die Funktion, die wir in unserem früheren Beispiel neu zu erfinden versucht haben, steht uns nun unter dem Namen basename zur Verfügung:

```
use File::Basename;

my $name = "/usr/local/bin/perl";
my $basisname = basename $name; # ergibt 'perl'
```

Das funktioniert so weit für Unix. Wie sieht es aber aus, wenn Ihr Programm unter Mac-Perl oder Windows oder VMS laufen soll, um nur ein paar Möglichkeiten zu nennen? Kein Problem: Das Modul erkennt, welches Betriebssystem Sie benutzen, und wendet die entsprechenden Regeln für Dateinamen an. (Dazu muss der für Ihr System passende Pfad in $name stehen.)

File::Basename stellt weitere verwandte Funktionen bereit. So können Sie mithilfe der dirname-Funktion den Verzeichnisteil des vollständigen Dateinamens ermitteln. Außerdem lässt sich mit dem Modul ein Dateiname von seiner Endung trennen, oder Sie können die Standardregeln ändern, nach denen das Modul Dateinamen behandelt.[13]

Nur bestimmte Funktionen eines Moduls verwenden

Angenommen, Sie stellen beim Benutzen von File::Basename fest, dass Sie bereits eine eigene Subroutine mit dem Namen &dirname in Ihrem Programm verwenden. Das heißt, es gibt eine Subroutine, die den gleichen Namen hat wie eine der Funktionen des

---

11 Es ist allgemein üblich, die Module zu Beginn des Programms einzubinden, damit der Wartungsprogrammierer gleich weiß, welche Module hier verwendet werden. Das macht die Sache zudem wesentlich einfacher, wenn es darum geht, das Programm auf einem neuen Rechner zu installieren.

12 Sie haben es geahnt: Die Sache ist weit komplexer und hat mit Sachen wie Packages und voll qualifizierten Namen zu tun. Hat Ihr Programm einmal die Länge von mehr als ein paar hundert Zeilen Code im Hauptprogramm erreicht (den Code in Modulen nicht mitgerechnet), was schon ziemlich viel für ein Perl-Programm ist, sollten Sie sich vielleicht mit diesen fortgeschrittenen Sachverhalten auseinandersetzen. Fangen Sie mit der *perlmod*-Dokumentation an.

13 Das kann zum Beispiel notwendig sein, wenn Sie einmal auf einem Windows-Rechner mit Unix-Dateinamen arbeiten müssen, etwa beim Versenden von Anweisungen über eine FTP-Verbindung.

Moduls.[14] Jetzt haben Sie ein Problem, da `dirname` im Modul ebenfalls als Subroutine definiert wurde. Was ist also zu tun?

Wenn Sie `File::Basename` in der use-Anweisung eine *Importliste* übergeben, die angibt, welche Funktionsnamen benutzt werden sollen, werden alle anderen Routinen nicht geladen. In diesem Beispiel importieren wir nur die basename-Funktion:

```
use File::Basename qw/ basename /;
```

Hier laden wir zwar das Modul, importieren aber überhaupt keine Funktion:

```
use File::Basename qw/ /;
```

Das wird oft auch als leere Klammer geschrieben:

```
use File::Basename ();
```

Normalerweise können wir nach dem Importieren von Funktionsnamen kurze, einfache Funktionsnamen wie `basename` und `dirname` benutzen. Aber auch ohne ein explizites Importieren lassen sich diese Funktionen nutzen. In diesem Fall müssen wir sie allerdings mit ihrem vollen Namen aufrufen. (Dadurch werden mögliche Konflikte mit Subroutinen gleichen Namens vermieden, da der Namensraum unseres Programms unverändert bleibt.)

```
use File::Basename qw/ /;    # keine Funktionsnamen importieren

my $betty = &dirname($wilma); # eigene Subroutine &dirname benutzt
                              # (nicht gezeigt)

my $name = "/usr/local/bin/perl";
my $verzeichnis = File::Basename::dirname $name;  # dirname-Funktion
                                                  # aus dem Modul
```

Wie Sie sehen, lautet der vollständige Name der dirname-Funktion aus dem Modul `File::Basename::dirname`. Der vollständige Name einer Funktion lässt sich immer benutzen, sobald das Modul einmal geladen ist – ob wir den kurzen Namen der Funktion nun importiert haben oder nicht.

Die meiste Zeit wird Ihnen die Standardimportliste, die das Modul von sich aus bereitstellt, genügen. Sie können diese aber mit Ihrer eigenen Liste überschreiben, falls Sie bestimmte Standardfunktionen nicht verwenden wollen. Ein anderer Grund für die Benutzung einer eigenen Importliste könnte vorliegen, wenn Sie bestimmte Funktionen importieren wollen, die nicht standardmäßig zur Verfügung stehen. Die meisten Module besitzen eine Reihe von (selten genutzten) Funktionen, die aber nicht Teil der Standardliste sind.

---

14 Nun gut, es ist nicht besonders wahrscheinlich, dass Sie in Ihrem Programm bereits eine Subroutine mit dem Namen &dirname verwenden, aber das ist schließlich nur ein Beispiel. Manche Module bieten hunderte von Funktionen, wodurch Namenskonflikte wesentlich wahrscheinlicher werden.

Manche Module importieren mehr Symbole als andere. Die Dokumentation des betreffenden Moduls sollte darüber Aufschluss geben, welche Symbole das sind. Es steht Ihnen frei, diese Liste zu überschreiben, wie wir es bereits mit File::Basename getan haben. Wenn Sie als Importliste eine leere Liste angeben, werden keine Symbole importiert.

Das Modul File::Spec

Jetzt können Sie also den Basisnamen einer Datei ermitteln. Das ist für sich gesehen schon recht nützlich, wird aber oft in Verbindung mit einem Verzeichnisnamen benutzt, um den vollständigen Dateipfad zu bekommen. In diesem Beispiel benutzen wir einen Dateinamen wie */home/rootbeer/eis-2.1.txt* und wollen dem Basisnamen ein Präfix voranstellen:

```
use File::Basename;

print "Bitte geben Sie einen Dateinamen ein: ";
chomp(my $alter_name = <STDIN>);

my $verzeichnis = dirname $alter_name;
my $basisname   = basename $alter_name;

$basisname =~ s/^/kein/;   # Präfix hinzufügen
my $neuer_name = "$verzeichnis/$basisname";

rename($alter_name, $neuer_name)
  or warn "Kann '$alter_name' nicht in '$neuer_name' umbenennen: $!";
```

Erkennen Sie das Problem in diesem Beispiel? Wieder einmal gehen wir davon aus, dass die Dateinamen sich an Unix-Konventionen halten und einen Schrägstrich als Verzeichnistrennzeichen verwenden. Glücklicherweise wird zusammen mit Perl ein Modul verbreitet, das auch dieses Problem lösen kann.

Das Modul File::Spec wird verwendet, um *Dateispezifikationen* zu manipulieren, also die Namen von Dateien, Verzeichnissen und anderen Sachen, die im Dateisystem gespeichert sind. Ähnlich wie File::Basename kann auch dieses Modul selbstständig ermitteln, welches Betriebssystem benutzt wird, und wählt die richtigen Regeln aus. Im Gegensatz zu File::Basename ist File::Spec jedoch ein objektorientiertes Modul (oft als »OO« abgekürzt).

Wenn Sie das OO-Fieber nie gepackt hat, muss Sie das nicht weiter kümmern. Wenn Sie sich mit Objekten auskennen, ist das großartig – Sie können dieses Modul benutzen. Wenn Sie keine Ahnung haben, was Objekte sind und wie sie funktionieren, ist das aber auch nicht so schlimm. Geben Sie einfach die Symbole ein, wie wir es Ihnen hier zeigen, und es funktioniert, als wüssten Sie genau, was hier passiert.

In diesem Fall wissen wir aus der Dokumentation von File::Spec, dass wir eine *Methode* namens catfile benutzen wollen. Was ist jetzt bitte eine Methode? Soweit es uns hier betrifft, ist eine Methode eine andere Art von Funktion. Der Unterschied ist, dass Sie die

Methoden aus dem Modul File::Spec immer mit ihrem vollständigen Namen ansprechen müssen. Das geht wie folgt:

```
use File::Spec;

.
.   # Werte für $verzeichnis und $basisname wie oben gezeigt ermitteln
.

my $neuer_name = File::Spec->catfile($verzeichnis, $basisname);

rename($alter_name, $neuer_name)
  or warn "Kann '$alter_name' nicht in '$neuer_name' umbenennen: $!";
```

Wie Sie sehen, besteht der vollständige Name einer Methode aus dem Namen des Moduls (das hier *Klasse* genannt wird), einem kleinen Pfeil (->) und dem kurzen Namen der Methode. Es ist wichtig, hier den kleinen Pfeil zu benutzen und nicht die doppelten Doppelpunkte, die wir bei File::Basename verwendet haben.

Auch hier werden die Methoden mit ihrem vollständigen Namen aufgerufen. Welche Symbole werden aber nun importiert? Keines! Das ist bei OO-Modulen ganz normal. Sie brauchen sich keine Sorgen zu machen, ob es irgendwo eine Subroutine mit dem gleichen Namen wie eine von File::Spec bereitgestellte Methode gibt.

Sollten Sie sich mit Modulen wie diesem überhaupt beschäftigen? Wenn Sie sich sicher sind, dass Ihr Programm nur unter Unix ausgeführt wird und Sie die Regeln für Dateinamen unter Unix[15] vollständig verstehen, ziehen Sie es vielleicht vor, Ihre Annahmen in Ihrem Programm hart zu codieren. Aber diese Module ermöglichen es Ihnen, Ihre Programme in kürzerer Zeit stabiler und portabler zu machen – und das alles ohne Zusatzkosten.

Path::Class

Das Modul File::Spec funktioniert mit Dateipfaden fast jeder Plattform, aber das Interface ist etwas klobig. Das Modul Path::Class, das nicht mit Perl mitgeliefert wird, hat ein angenehmeres Interface:

```
my $dir    = dir( qw(Users fred lib) );
my $subdir = $dir->subdir( 'perl5' );     # Users/fred/lib/perl5
my $parent = $dir->parent;                # Users/fred

my $windir = $dir->as_foreign( 'Win32' ); # Users\fred\lib
```

---

15 Wenn Sie nicht wussten, dass Datei- und Verzeichnisnamen unter Unix Newline-Zeichen enthalten können, dann kennen Sie *nicht* alle Regeln, richtig?

CGI.pm

Zum Schreiben von CGI-Skripten (die in diesem Buch nicht behandelt werden) sollten Sie das Modul *CGI.pm* benutzen.[16] Sofern Sie nicht genau wissen, was Sie tun (und manchmal selbst dann), brauchen Sie sich auf diese Weise nicht um die Schnittstelle und das Parsen der Eingaben zu kümmern – beides Dinge, die vielen Leuten Schwierigkeiten machen. Lincoln Stein, der Autor von *CGI.pm*, hat eine Menge Zeit aufgewendet, um sicherzustellen, dass das Modul mit den meisten Servern und Betriebssystemen funktioniert. Verwenden Sie das Modul und konzentrieren Sie sich lieber auf die interessanten Teile Ihres Skripts.

Das CGI-Modul kommt in zwei Geschmacksrichtungen: die gute alte funktionsorientierte Schnittstelle und die objektorientierte Schnittstelle. Wir werden hier die erste Möglichkeit benutzen. Wie zuvor können Sie auch hier den Beispielen aus der Dokumentation von *CGI.pm* folgen. Unser einfaches CGI-Skript parst die CGI-Eingaben und gibt die Namen und Werte der Eingabeelemente in Form eines Klartextdokuments wieder aus. In der Importliste benutzen wir das sogenannte *Export-Tag* :all. Anstatt, wie bei den zuvor besprochenen Modulen, nur eine einzelne Funktion zu laden, kann mit einem Export-Tag eine ganze Funktionsgruppe angegeben werden.[17]

```perl
#!/usr/bin/perl

use CGI qw(:all);

print header("text/plain");

foreach $param ( param( ) )
        {
        print "$param: " . param($param) . "\n";
        }
```

Noch ausgefallener wird es, wenn wir HTML-Code ausgeben wollen. Auch dafür bietet *CGI.pm* eine Reihe von Hilfsfunktionen, die uns die Arbeit erleichtern. So kann der CGI-Header über die Funktion header( ) ausgegeben werden, während die einleitenden Teile des HTML-Dokuments über die Funktion start_html( ) erstellt werden können. Ähnliches gilt für viele andere HTML-Tags, für die es Funktionen gleichen Namens gibt, wie zum Beispiel h1( ) für das Tag <H1>.

---

16 Wie beim Modul CPAN.pm betonen wir hier das ».pm« in CGI.pm, um das Modul vom eigentlichen Protokoll zu unterscheiden.

17 Das Modul besitzt noch eine ganze Reihe weiterer Export-Tags, mit denen verschiedene Funktionsgruppen ausgewählt werden können. Die CGI-bezogenen Funktionen laden Sie beispielsweise über das Tag :cgi, während die Funktionen zum Erzeugen von HTML-Code über das Tag :html4 angesprochen werden. Weitere Details finden Sie in der Dokumentation zu *CGI.pm*.

```
#!/usr/bin/perl

use CGI qw(:all);

print header(),
        start_html("Das hier ist der Titel der Seite"),
        h1( "Eingabeparameter" );

my $listen_eintraege;
foreach my $param ( param() )
        {
        $listen_eintraege .= li( "$param: " . param($param) );
        }

print ul( $listen_eintraege );

print end_html();
```

War das nicht einfach? Sie brauchen dafür nicht zu wissen, wie *CGI.pm* die Sache erledigt, sondern müssen nur darauf vertrauen, dass alles korrekt funktioniert. Nachdem Sie die schwierigen Aufgaben an *CGI.pm* delegiert haben, können Sie sich nun ganz den interessanten Teilen Ihres Programms widmen.

Über die hier besprochenen Möglichkeiten hinaus besitzt *CGI.pm* noch eine ganze Reihe weiterer Fähigkeiten, beispielsweise zur Behandlung von Cookies, Weiterleitungen und mehrseitigen Formularen. Leider haben wir hier nicht genug Platz, um diese Angelegenheit genauer zu besprechen, aber Sie können bei den Beispielen in der Dokumentation mehr erfahren.

Datenbanken und DBI

Das Modul DBI (Database Interface) gehört nicht zur Standarddistribution von Perl. Trotzdem ist es eines der populärsten Module, da die meisten Leute früher oder später eine Verbindung zu irgendeiner Datenbank aufbauen müssen. Das Schöne an DBI ist, dass Sie dieselbe Schnittstelle für fast jede Art von Datenbankserver (selbst virtuelle) benutzen können. Das Spektrum reicht von einfachen CSV-Dateien bis hin zu großen Datenbankservern wie Oracle, wobei auch Treiber für ODBC existieren. Für einige Treiber gibt es auch Unterstützung von kommerziellen Anbietern. Die vollständigen Details finden Sie im Buch *Programming the Perl DBI* (O'Reilly) von Alligator Descartes und Tim Bunce. Zusätzliche Informationen gibt es auch auf der DBI-Website unter *http://dbi.perl. org/*.

Nach der Installation müssen Sie noch einen DBD (Database Driver, Datenbanktreiber) installieren. Eine Suche im CPAN gibt Ihnen eine lange Liste von DBDs aus. Installieren Sie den für Ihren Datenbankserver richtigen Treiber, und stellen Sie dabei sicher, dass Sie die für Ihre Serverversion passende Version des Treibers auswählen.

DBI ist ein objektorientiertes (»OO«) Modul. Sie müssen allerdings keine Kenntnisse der OO-Programmierung haben, um es zu benutzen; folgen Sie einfach den Beispielen in der Dokumentation. Um eine Verbindung zu einer Datenbank herzustellen, laden Sie das Modul mit use und verwenden dann seine connect-Methode.

```
use DBI;

$dbh = DBI->connect($datenquelle, $benutzername, $passwort);
```

Die $datenquelle enthält Informationen, die sich speziell auf den DBD beziehen, den Sie benutzen wollen. Daher finden Sie diese Informationen auch im DBD. Für PostgreSQL ist DBD::Pg der richtige Treiber, und die $datenquelle sieht in etwa so aus:

```
my $datenquelle = "dbi:Pg:dbname=name_der_datenbank";
```

Nachdem die Verbindung zur Datenbank hergestellt ist, besteht der übliche Ablauf aus der Vorbereitung (prepare), dem Ausführen (execute) und dem Lesen der Datenbankabfragen.

```
my $sth = $dbh->prepare("SELECT * FROM foo WHERE bla");
$sth->execute();
my @zeilen_array = $sth->fetchrow_array;
$sth->finish;
```

Wenn Sie damit fertig sind, müssen Sie die Verbindung zur Datenbank wieder beenden.

```
$dbh->disconnect();
```

Es gibt jede Menge anderer Sachen, die Sie mit DBI außerdem erledigen können. Weitere Details finden Sie in der Dokumentation zu DBI.

Datum und Uhrzeit

Es gibt eine Menge Module, die Daten und Uhrzeiten für Sie verarbeiten können, von denen das beliebteste DateTime von Dave Rolsky ist. Es ist eine Komplettlösung, die die Feinheiten von Zeitzonen, Datumsmathematik und vieles andere behandelt. Dieses Modul müssen Sie sich von CPAN besorgen.

Oft liegt die Zeit als Systemzeit (oder »Epochenzeit«) vor, die man leicht in ein DateTime-Objekt umwandeln kann:

```
my $dt = DateTime->from_epoch( epoch => time );
```

Von dort aus kann man auf diverse Teile des Datums zugreifen, um zu bekommen, was man benötigt:

```
print $dt->ymd;       # 2011-04-23
print $dt->ymd('/');  # 2011/04/23
print $dt->ymd('');   # 20010423
```

Wenn Sie zwei DateTime-Objekte haben, können Sie Datumsberechnungen damit anstellen, und zwar mithilfe der normalen mathematischen Operatoren, die DateTime überlädt:

```
my $dt1 = DateTime->new(
    Jahr => 1987,
    Monat => 12,
    Tag => 18,
    );

my $dt2 = DateTime->new(
    Jahr => 2011,
    Monat => 5,
    Tag => 1,
    );

my $dauer = $dt2 - $dt1;
```

Weil Datumsberechnungen kompliziert sind, können Sie das nicht einfach in eine einzige Zahl umwandeln:

```
my @einheiten = $dauer->in_units( qw(Jahr Monat Tag) );

printf '%d Jahre, %d Monate und %d Tage', @einheiten;
```

Das ergibt die folgende Ausgabe:

```
23 Jahre, 4 Monate und 14 Tage
```

Sie können auch mit einer Dauer anfangen und sie zu einem Datum hinzufügen. Stellen Sie sich vor, Sie brauchen das Datum, das fünf Tage nach dem Datum in $dt2 liegt. Erstellen Sie die Dauer und fügen Sie sie zum bereits vorliegenden Datum hinzu:

```
my $dauer = DateTime::Duration->new( Tage => 5 );
my $dt3 = $dt2 + $dauer;
print $dt3->ymd;              # 2011-05-06
```

Wenn Sie nicht den ganzen Leistungsumfang benötigen, den DateTime bietet, können Sie es auch mit einem anderen Modul probieren. Wenn Sie lediglich die Zeit als Objekt behandeln wollen, können Sie Time::Piece verwenden, das die Perl-eigene Funktion localtime durch eine eigene Version ersetzt. Diese gibt anstelle einer langen Liste ein entsprechendes Objekt zurück. Außerdem bietet es viele bequeme Funktionen, um die einzelnen Teile eines Datums auf verschiedene Weise wiederzugeben, zum Beispiel durch Umwandlung des Monats in einen Namen statt einer Zahl:

```
use Time::Piece;
my $t = localtime;
print 'Der Monat ist ' . $t->Monat . "\n"; # Der Monat ist Apr
```

Time::Piece wird ab Perl 5.10 mitgeliefert, Sie finden die aktuelle Version auch im CPAN.

Übungen

Die Lösungen zu den folgenden Übungen finden Sie in Anhang A. Denken Sie bitte daran, dass Sie einige Module vom CPAN installieren müssen. Außerdem besteht ein Teil der Aufgabe bei diesen Übungen darin, Recherchen zum Modul anzustellen, indem Sie seine Dokumentation lesen.

1. [15] Installieren Sie das Modul `Module::CoreList` aus dem CPAN. Geben Sie eine Liste aller Module aus, die Perl 5.010 beiliegen. Um einen Hash anzulegen, für dessen Schlüssel die Namen aller mit einer bestimmten Perl-Version installierten Module verwendet werden, können Sie die folgende Zeile verwenden:

   ```
   my %module = %{ $Module::CoreList::version{5.010} };
   ```

2. [20] Schreiben Sie ein Programm, das mithilfe von `DateTime` das Intervall zwischen dem aktuellen Zeitpunkt und einem Datum errechnet, das im Format »Jahr Monat Tag« auf der Kommandozeile eingegeben wird:

   ```
   $ perl duration.pl 1960 9 30
   50 Jahre, 8 Monate und 20 Tage
   ```

Dateitests

Wir haben bereits gezeigt, wie Sie ein Datei-Handle für Ausgaben an die damit verbundene Datei öffnen. Das erzeugt normalerweise eine neue Datei. Eine bereits existierende Datei gleichen Namens wird überschrieben. Vielleicht wollen Sie überprüfen, ob es eine solche Datei gibt und wie alt sie ist. Oder Sie haben eine Liste mit Dateien und wollen herausfinden, welche Dateien eine bestimmte Größe überschreiten oder über einen bestimmten Zeitraum nicht mehr benutzt worden sind. Dafür hält Perl einen kompletten Satz von Dateitest-Operatoren bereit.

Dateitest-Operatoren

Perl verfügt über eine Reihe von Dateitest-Operatoren, mit denen Sie an bestimmte Informationen über Dateien kommen können. Sie haben alle die Form -X, wobei das X den jeweiligen Test repräsentiert (und es gibt auch einen literalen Dateitest-Operator namens -X, was das Ganze etwas verkompliziert). In den meisten Fällen geben diese Operatoren wahr oder falsch zurück. Obwohl wir die Dinger »Operatoren« nennen, finden Sie die Dokumentationen zu ihnen in *perlfunc*.[1]

Bevor wir ein Programm starten, das eine neue Datei erzeugt, vergewissern wir uns, dass die Datei noch nicht existiert – damit wir nicht versehentlich eine wichtige Tabellenkalkulationsdatei oder den Kalender mit den Geburtstagen überschreiben. Dazu verwenden wir den Dateitest -e:

```
die "Hoppla! Eine Datei mit dem Namen '$dateiname' gibt es bereits.\n"
    if -e $dateiname;
```

---

1   Um an die entsprechende Liste zu kommen, geben Sie auf der Kommandozeile *perldoc -f -X* ein. Dieses -X ist literal und kein Befehlszeilen-Switch. Es steht stellvertretend für alle Dateitest-Operatoren, da man diese nicht mithilfe von *perldoc* einzeln nachlesen kann.

Die Variable $! wurde in dieser Nachricht nicht benutzt, da wir in diesem Fall nicht wissen wollen, ob das System eine Anfrage nicht bearbeiten konnte.

Im nächsten Beispiel wollen wir herausfinden, ob eine Datei noch aktuell ist. Dabei testen wir nicht einen String mit einem Dateinamen, sondern ein bereits geöffnetes Dateihandle. Wir gehen davon aus, dass die Konfigurationsdatei unseres Programms normalerweise alle zwei Wochen aktualisiert wird. (Vielleicht wird nach Computerviren gesucht.) Wenn unsere Datei während der letzten 28 Tage nicht verändert wurde, stimmt irgendetwas nicht. Der Dateitest mit -M gibt den Zeitpunkt der letzten Änderung der Datei in Tagen seit Start des Programms zurück. Das scheint ein ganz schöner Happen zu sein, aber sehen Sie mal, wie praktisch der Code ist:

```
warn "Die Konfigurationsdatei sieht ziemlich alt aus!\n"
  if -M CONFIG > 28;
```

Das dritte Beispiel ist etwas komplexer. Wir stellen uns vor, uns geht langsam der Plattenplatz aus. Anstatt nun eine neue Festplatte zu kaufen, haben wir uns entschieden, große und unbenutzte Dateien auf einem Backup-Band zu sichern. Wir müssen also unsere Liste mit Dateien[2] durchsehen, um festzustellen, welche größer als 100 KByte sind. Wir wollen aber nur Dateien auf die Backup-Bänder übertragen, die älter als 90 Tage sind (damit wir sichergehen können, dass sie nicht zu oft benutzt werden). Der Dateitest-Operator -s gibt anstelle von wahr oder falsch die Dateigröße in Bytes zurück (und eine bestehende Datei kann auch 0 Bytes groß sein):[3]

```
my @original_dateien = qw/ fred barney betty wilma pebbles dino bam-bam /;
my @grosse_alte_dateien;
# diese Dateien sollen auf die Backup-Bänder überspielt werden
foreach my $dateiname (@original_dateien) {
  push @grosse_alte_dateien, $dateiname
    if -s $dateiname > 100_000 and -A $dateiname > 90;
}
```

Das ist das erste Mal, dass wir die Kontrollvariable für eine foreach-Schleife mit my deklarieren. Das beschränkt den Geltungsbereich auf die Schleife selbst, sollte also auch mit use strict funktionieren. Tun wir das nicht, würde zur Schleifenkontrolle womöglich die globale Variable $dateiname benutzt werden.

Die Namen der Dateitests bestehen aus einem Bindestrich, direkt gefolgt von einem Buchstaben. Diesem wird der Name der zu testenden Datei oder des Dateihandles nachgestellt. Die meisten Tests geben wahr oder falsch zurück, manche aber auch interessantere Werte. In Tabelle 12-1 finden Sie eine vollständige Liste aller Dateitestoperatoren. Die Besonderheiten besprechen wir im Anschluss an die Tabelle.

---

2   Es kommt wesentlich öfter vor, dass die Dateien mit einem Glob oder einem Verzeichnis-Handle direkt vom Dateisystem gelesen werden (siehe Kapitel 13) und nicht, wie in unserem Beispiel, aus einem Array. Da Sie diese Methoden noch nicht kennengelernt haben, benutzen wir hier einfach eine Liste.

3   Wie Sie am Ende des Kapitels sehen werden, gibt es eine Methode, um dieses Beispiel noch effizienter zu gestalten.

Tabelle 12-1: Dateitests und ihre Bedeutungen

Dateitest	Bedeutung
-r	Datei oder Verzeichnis ist für diesen (effektiven) Benutzer oder diese Gruppe lesbar
-w	Datei oder Verzeichnis ist für diesen (effektiven) Benutzer oder diese Gruppe schreibbar
-x	Datei oder Verzeichnis ist für diesen (effektiven) Benutzer oder diese Gruppe ausführbar
-o	Datei oder Verzeichnis gehört diesem (effektiven) Benutzer
-R	Datei oder Verzeichnis ist für tatsächliche(n) Benutzer oder Gruppe lesbar
-W	Datei oder Verzeichnis ist für tatsächliche(n) Benutzer oder Gruppe schreibbar
-X	Datei oder Verzeichnis ist für tatsächliche(n) Benutzer oder Gruppe ausführbar
-O	Datei oder Verzeichnis gehört diesem tatsächlichen Benutzer
-e	Datei- oder Verzeichnisname existiert
-z	Datei existiert und hat die Größe null (für Verzeichnisse immer unwahr)
-s	Datei existiert und hat eine andere Größe als null (der Wert ist die Größe in Bytes)
-f	Angabe ist eine »einfache« Datei
-d	Angabe ist ein Verzeichnis
-l	Angabe ist ein symbolischer Link
-S	Angabe ist ein Socket
-p	Angabe ist eine benannte Pipe (ein »fifo«)
-b	Angabe ist eine spezielle Blockdatei (etwa eine mountfähige Festplatte)
-c	Angabe ist eine zeichenspezifische Datei (z. B. ein I/O-Gerät, wie Monitor usw.)
-u	Datei oder Verzeichnis ist setuid
-g	Datei oder Verzeichnis ist setgid
-k	Datei oder Verzeichnis hat das »Sticky Bit« gesetzt
-t	Dateihandle ist ein TTY (Rückgabewert der isatty( )-Systemfunktion; Dateinamen können mit diesem Test nicht überprüft werden)
-T	Datei sieht aus wie eine »Text«-Datei
-B	Datei sieht aus wie eine »Binär«-Datei
-M	»Alter« der Datei (in Tagen)
-A	Zeit seit dem letzten Zugriff (in Tagen)
-C	Zeit seit der letzten Änderung des Inode (in Tagen)

Mit den Tests -r, -w, -x und -o lässt sich feststellen, ob das angegebene Attribut für die effektive User- oder Gruppen-ID[4], also für die für das Programm »zuständige« Person, wahr ist.[5] Die Tests überprüfen dabei die für diese Datei gesetzten Rechte. Benutzt Ihr

---

4   Die Tests -o und -O beziehen sich nur auf die Benutzer-ID, nicht aber auf die Gruppen-ID.

5   Ein Hinweis für die Fortgeschrittenen unter Ihnen: Die entsprechenden Tests -R, -W, -X und -O überprüfen die Attribute für die echte Benutzer- und Gruppen-ID. Das kann von Bedeutung sein, wenn Ihr Programm als set-ID-Programm ausgeführt wird. In diesem Fall ist das meistens die ID des Benutzers, der das Programm aufgerufen hat. Weitere Informationen über set-ID-Programme finden Sie in guten Büchern über fortgeschrittene Unix-Programmierung.

System sogenannte Access Control Lists (ACLs), werden diese in die Überprüfung mit einbezogen. Diese Tests geben darüber Aufschluss, ob das System versuchen würde, etwas zuzulassen. Das bedeutet aber nicht, dass es auch wirklich möglich ist. So kann ein -w-Test für eine Datei auf einer CD-ROM zutreffen, auch wenn Sie eigentlich nicht in diese Datei schreiben können. Ist eine Datei als »ausführbar« gekennzeichnet, meldet der -x-Test einen Erfolg, obwohl die Datei eventuell leer ist.

Wenn der -s-Test erfolgreich ist, wird ein wahrer Wert zurückgegeben, nämlich die Länge der Datei in Bytes. Das ist eine Zahl ungleich null und demnach im Sinne von Perl wahr.

Im Unix-Dateisystem[6] gibt es sieben verschiedene Arten von »Dateien«. Diese werden durch die Dateitests -f, -d, -l, -S, -p, -b und -c repräsentiert. Jede im Dateisystem abgelegte Datei sollte einem dieser Attribute entsprechen. Wenn Sie einen symbolischen Link auf eine Datei überprüfen, werden sowohl der Test -f als auch -l einen wahren Wert zurückgeben. Wenn Sie also wissen wollen, ob etwas tatsächlich ein symbolischer Link ist, sollten Sie den -l-Test zuerst durchführen. (In Kapitel 13 werden wir in »Links und Dateien« auf Seite 244 näher auf symbolische Links eingehen.)

Die Tests auf das Alter einer Datei, -M, -A und -C (ja, das sind alles Großbuchstaben), geben die Anzahl der Tage seit der letzten Änderung, dem letzten Zugriff oder der letzten Inode-Änderung aus.[7] (Der Inode enthält alle Informationen über eine Datei, aber nicht ihren Inhalt. Weitere Informationen finden Sie in der *perlfunc*-Dokumentation für die Funktion stat oder in einem guten Unix-Buch.) Der zurückgegebene Wert ist eine Fließkommazahl, die das Alter in Tagen wiedergibt. Wenn die Datei zum Beispiel vor einem Tag und einer Sekunde geändert wurde, ist der Rückgabewert womöglich 1.00001. (Diese »Tage« werden nicht unbedingt so gezählt, wie wir Menschen das tun würden. Wenn Sie zum Beispiel um 1.30 Uhr eine Datei überprüfen, die eine Stunde vor Mitternacht geändert wurde, so liegt der Rückgabewert von -M ungefähr bei 0.1, obwohl die Datei nach unseren Maßstäben eigentlich »gestern« geändert wurde.)

Wenn Sie das Alter einer Datei überprüfen, kann es vorkommen, dass ein negativer Wert wie -1.2 zurückgegeben wird. Das bedeutet, der Zeitstempel für den letzten Zugriff auf die Datei liegt 30 Stunden in der Zukunft. Der Nullpunkt ist dabei der Zeitpunkt, zu dem Ihr Programm gestartet wurde.[8] Läuft Ihr Programm also bereits seit einiger Zeit, ist es durchaus möglich, dass die Datei erst vor wenigen Momenten geändert wurde. Es kann

---

6   Das gilt auch für viele Nicht-Unix-Systeme, auch wenn hier nicht alle Tests sinnvoll sind. So werden Sie außerhalb von Unix eher selten blockspezifische Dateien finden.

7   Diese Informationen können sich auf manchen Nicht-Unix-Systemen von den hier genannten unterscheiden, da nicht alle Zeiten auf die gleiche Art erfasst werden wie bei Unix. So enthält bei manchen Systemen das ctime-Feld (das mit dem -C-Test überprüft werden kann) das Erstellungsdatum der Datei (das bei Unix nicht erfasst wird) und nicht die Änderungszeit des Inode. Details finden Sie in der *perlport*-Dokumentation.

8   Dieser Zeitpunkt wird beim Start des Programms in der Spezialvariablen $^T festgehalten. Wollen Sie das Alter einer Datei also abhängig von einer anderen Startzeit berechnen, können Sie diesen Wert (mit einer Anweisung wie $^T = time) auch im Programm noch ändern.

aber auch sein, dass der Zeitstempel tatsächlich (absichtlich oder versehentlich) auf einen Wert in der Zukunft gesetzt wurde.

Mit den Tests -T und -B wird versucht zu ermitteln, ob es sich bei der überprüften Datei um eine Text- oder um eine Binärdatei handelt. Leute, die sich gut mit Dateisystemen auskennen, wissen, dass es kein Bit gibt, das (zumindest auf Unix-artigen Betriebssystemen) zum Anzeigen dieser Eigenschaften verwendet wird. Woher soll Perl das dann also wissen? Die Antwort ist: Perl schummelt. Es öffnet die zu überprüfende Datei, sieht sich die ersten paar tausend Bytes an und stellt basierend auf dem Gefundenen eine Vermutung an. Werden beispielsweise eine Menge Nullbytes, unübliche Kontrollzeichen und Bytes, bei denen das hohe Bit gesetzt ist, gefunden, geht Perl von einer Binärdatei aus. Wenn kaum seltsame Zeichen gefunden werden, scheint es sich um eine Textdatei zu handeln. Wie Sie sich vermutlich denken können, liegt Perl hier auch gelegentlich einmal falsch. Das Verfahren ist also nicht perfekt. Wenn Sie jedoch versuchen, anhand dieser Operatoren Ihren Quellcode von kompilierten Dateien zu unterscheiden oder HTML-Dateien von PNGs, so sollten diese Tests vollkommen ausreichen.

Sie denken vermutlich, dass -T und -B sich prinzipiell widersprechen, da eine Textdatei nicht gleichzeitig binär sein kann und umgekehrt. Es gibt aber zwei Sonderfälle, in denen es zu einer Übereinstimmung kommt. Wenn die Datei nicht vorhanden ist oder nicht gelesen werden kann, sind beide Operatoren falsch, da eine nicht existente Datei weder Text noch binäre Daten enthalten kann. Die andere Möglichkeit ist, dass es sich um eine leere Datei handelt. In diesem Fall sind beide Tests wahr, da nicht festgestellt werden kann, ob es sich nun um eine leere Binär- oder eine leere Textdatei handelt.

Mit dem -t-Test können Sie ermitteln, ob das angegebene Dateihandle mit einem TTY (z. B. einer Tastatur oder einem Bildschirm) verbunden ist, also interaktiv genutzt werden kann. Gibt der Test -t STDIN einen wahren Wert zurück, bedeutet das, dass Sie Ihrem Benutzer interaktiv Fragen stellen können. Ist der Rückgabewert falsch, bekommt Ihr Programm seine Eingaben vermutlich aus einer Datei oder Pipe, nicht von der Tastatur.[9]

Wenn Sie nicht wissen, was die anderen Dateitests bedeuten, ist das nicht so schlimm. Wenn Sie noch nie von ihnen gehört haben, werden Sie sie vermutlich auch in Zukunft nicht brauchen. Sollten Sie jetzt trotzdem neugierig sein, besorgen Sie sich am besten ein gutes Buch über Unix-Programmierung. (Auf Nicht-Unix-Systemen sollten die Testergebnisse denen unter Unix entsprechen, bzw. die Tests geben bei nicht verfügbaren Merkmalen undef zurück. In der Regel ist das Verhalten der Tests auch auf anderen Systemen leicht vorherzusagen.)

Wenn Sie Dateitests ohne die Angabe eines Dateinamens oder -handles durchführen (in der Form -r oder -s), wird als Standardwert der in $_ stehende Dateiname angenommen. Eine Ausnahme bildet hier der -t-Test, da es sinnlos ist, diesen Test mit Dateinamen

---

9   Das Modul IO::Interactive könnte hier die bessere Wahl sein, da die Sachlage in Wirklichkeit etwas komplizierter ist. Das wird in der Dokumentation zum besagten Modul erläutert.

durchzuführen (da sie keine TTYs sein können). Standardmäßig wird STDIN überprüft. Wollen Sie mehrere Dateien auf Lesbarkeit überprüfen, schreiben Sie Folgendes:

```
foreach (@eine_menge_dateinamen) {
  print "$_ ist lesbar\n" if -r;  # das Gleiche wie -r $_
}
```

Falls Sie die Parameter weglassen, müssen Sie aufpassen, dass das auf den Test Folgende nicht versehentlich wie ein Parameter *aussieht*. Wollen Sie beispielsweise die Größe einer Datei in KByte anstatt in Byte ausgeben, könnten Sie versucht sein, das Ergebnis von -s durch 1000 (oder 1024) zu dividieren:

```
# der Dateiname steht in $_
my $groesse_in_K = -s / 1000;  # Hoppla!
```

Sieht der Perl-Parser an dieser Stelle einen Schrägstrich, hält er diesen nicht für den Divisionsoperator, sondern für den optionalen Parameter des -s-Tests. Perl hält den Schrägstrich für den Beginn eines regulären Ausdrucks. Eine sehr einfache Methode, diese Verwirrung zu vermeiden, besteht darin, den Dateitest mit runden Klammern zu umgeben:

```
my $groesse_in_k = (-s) / 1024;  # benutzt standardmäßig $_
```

Am sichersten ist es selbstverständlich, einem Dateitest explizit einen Parameter (z.B. einen Dateinamen) zu übergeben.

Mehrere Attribute einer Datei auf einmal überprüfen

Durch die Kombination mehrerer Dateitests für dieselbe Datei lassen sich komplexe logische Bedingungen aufstellen. Wenn wir beispielsweise nur mit Dateien arbeiten wollen, die sowohl les- als auch schreibbar sind, können wir die Überprüfung auf beide Attribute per and miteinander verknüpfen:

```
if (-r $datei and -w $datei) {
    ... }
```

Diese Vorgehensweise kann jedoch recht kostspielig werden. Für jeden Dateitest muss Perl beim Dateisystem sämtliche Informationen zur betreffenden Datei einholen (hinten den Kulissen verwendet Perl dafür die Funktion stat, zu der wir weiter hinten in diesem Kapitel kommen werden.) Obwohl beim Test -r eigentlich schon alle Informationen zur Verfügung stehen, muss Perl sie für den Test -w komplett noch einmal abfragen. So eine Verschwendung! Besonders bei der Arbeit mit vielen Dateien kann das zu Performanzproblemen führen.

Perl besitzt eine spezielle Abkürzung, die uns eine Menge Arbeit ersparen kann. Das virtuelle Dateihandle _ (tatsächlich nur ein Unterstrich) verwendet die Informationen, die bei der letzten Abfrage der Dateiattribute bereits eingeholt wurden. Dadurch muss Perl die Dateiinformationen nur einmal abfragen:

```
if (-r $datei and -w _) {
    ... }
```

Um _ benutzen zu können, müssen die Dateitests nicht einmal direkt nebeneinander verwendet werden. Im folgenden Beispiel stehen die Tests in separaten if-Bedingungen:

```
if (-r $datei) {
    print "Die Datei ist lesbar!\n";
}


if (-w _) {
    print "Die Datei ist schreibbar!\n";
}
```

Allerdings dürfen Sie nicht aus den Augen verlieren, welche Datei tatsächlich zuletzt überprüft wurde. Wenn zwischen Tests noch etwas anderes geschieht, wie beispielsweise ein Subroutinenaufruf, ist die zuletzt getestete Datei möglicherweise eine andere. Das folgende Beispiel ruft die Subroutine nachschlagen auf, die ebenfalls einen Dateitest enthält. Wenn wir nach der Beendigung der Subroutine einen weiteren Test durchführen wollen, enthält _ nicht wie erwartet das Dateihandle für $datei, sondern für $andere_datei.

```
if (-r $datei) {
    print "Die Datei ist lesbar!\n";
    }
nachschlagen( $andere_datei );
if (-w _) {
    print "Die Datei ist schreibbar!\n";
    }
sub nachschlange {
    return -w $_[0];
    }
```

Dateitests stapeln

Vor Perl 5.10 mussten wir sämtliche Dateitestoperatoren einzeln aufrufen und womöglich sogar das Dateihandle _ verwenden, um ein wenig Arbeit zu sparen. Um herauszufinden, ob eine Datei les- und schreibbar ist, würden wir etwas wie das hier verwenden:

```
if (-r $datei and -w _) {
    print "Die Datei ist les- und schreibbar!\n";
    }
```

Viel einfacher ist es jedoch, die Tests auf einmal durchzuführen. Ab Perl 5.10 können Sie die Dateitest-Operatoren »stapeln«, indem Sie sie nacheinander vor den Dateinamen stellen, wie hier gezeigt:

```
use 5.010;

if (-w -r $datei) {
    print "Die Datei ist les- und schreibbar!\n";
    }
```

Dieses »gestapelte« Beispiel tut das Gleiche wie das vorige, ohne dass sich dabei die Syntax stark verändert. Auch wenn es aussieht, als wären die Dateitests in der Reihenfolge vertauscht, führt Perl den am nächsten am Dateinamen stehenden Test zuerst aus. Normalerweise spielt das aber keine Rolle.

Gestapelte Dateitest sind besonders gut für komplexe Situationen geeignet. Vielleicht benötigen Sie eine Liste aller Verzeichnisse unseres Benutzers, die les-, schreib- und ausführbar[10] sind. Dafür müssen wir nur die richtigen Dateitests angeben:

```
use 5.010;

if (-r -w -x -o -d $verzeichnis) {
    print "Mein Verzeichnis ist les-, schreib- und ausführbar!\n";
    }
```

Die Rückgabewerte von gestapelten Dateitests beschränken sich auf wahr und falsch, was eigentlich nur für Vergleichsoperationen hilfreich ist. Man könnte denken, dass der erste Teil des Codes überprüft, ob es sich um ein Verzeichnis handelt, und dann, ob es weniger als 512 Bytes groß ist. Das stimmt aber nicht:

```
use 5.010;
if( -s -d $datei < 512) { # FALSCH! MACHEN SIE DAS NICHT!
    print "Dieses Verzeichnis ist kleiner als 512 Bytes!\n";
    }
```

Wenn wir die gestapelten Dateitests in der traditionellen Schreibweise betrachten, wird klar, was hier vor sich geht. Für die Vergleichsoperation wird das Ergebnis der Kombination aus den Dateitests verwendet:

```
if (( -d $datei and -s _ ) < 512) {
    print "Dieses Verzeichnis ist kleiner als 512 Bytes!\n";
    }
```

Wenn der Dateitestoperator -d einen falschen Wert zurückgibt, vergleicht Perl diesen falschen Wert (0) mit 512. Das ergibt wiederum einen wahren Wert, da 0 tatsächlich kleiner ist als 512. Anstatt sich über Verwirrungen dieser Art Sorgen zu machen, ist es in solchen Situationen meist leichter, separate Dateitests zu verwenden. Der Wartungsprogrammierer nach Ihnen wird es Ihnen danken:

```
if (-d $datei and -s _ < 512) {
    print "Dieses Verzeichnis ist kleiner als 512 Bytes!\n";
    }
```

Die Funktionen stat und lstat

Die Dateitests sind zwar sehr hilfreich, wenn es um das Ermitteln der verschiedenen Attribute einer Datei oder eines Dateihandles geht – sie geben aber nicht alle Informationen preis. Es gibt beispielsweise keinen Dateitest, der die Anzahl der Links auf eine Datei

---

10 D.h. sie können durchsucht werden.

oder ihre User-ID (uid) zurückgibt. Um an diese Informationen zu gelangen, müssen Sie die stat-Funktion aufrufen. Diese gibt so ziemlich alle Informationen zurück, die der Unix-Systemaufruf *stat* über eine Datei ermitteln kann (und mehr, als Sie tatsächlich wissen wollen).[11]

Als Operanden übernimmt stat ein Dateihandle (inklusive des virtuellen Dateihandles _) oder einen Ausdruck, der einen Dateinamen zurückgibt. Wenn stat nicht ausgeführt werden konnte, wird eine leere Liste zurückgegeben (meistens dann, wenn eine überprüfte Datei nicht existiert). War stat jedoch erfolgreich, gibt es eine aus 13 Elementen bestehende Liste mit Zahlen zurück. Diese lassen sich am einfachsten anhand der folgenden Liste skalarer Variablen erklären:

```
my($dev, $ino, $mode, $nlink, $uid, $gid, $rdev,
   $size, $atime, $mtime, $ctime, $blksize, $blocks)
     = stat($dateiname);
```

Die Variablennamen beziehen sich auf die stat-Struktur, die in der Dokumentation zum Unix-Systemkommando stat(2) detailliert beschrieben ist. Hier finden Sie eine kurze Übersicht der wichtigsten Einträge:

$dev *und* $ino

> Die Geräte- (»device«) und die Inode-Nummer der Datei. Zusammen ergeben diese zwei Zahlen das »Nummernschild« der Datei. Selbst wenn die Datei mehr als einen Namen (hard link) hat, wird die Kombination dieser zwei Nummern immer einen einmaligen Wert ergeben.

$mode

> Die Bits, die die Rechte für diese Datei wiedergeben, sowie einige andere. Wenn Sie jemals das Unix-Kommando ls -l benutzt haben, um sich eine Liste von Dateien anzeigen zu lassen, wissen Sie, dass jede Zeile mit etwas wie -rwxr-xr-x beginnt. Die neun Buchstaben und Bindestriche in den Dateirechten[12] beziehen sich auf die neun niedrigsten Bits in $mode, in diesem Beispiel ist das die oktale Zahl 0755. Die höheren Bits geben Aufschluss über andere Details der Datei. Wenn Sie mit dem Modus arbeiten müssen, brauchen Sie die bitorientierten Operatoren, die wir weiter hinten in diesem Kapitel vorstellen werden.

---

11 Auf Nicht-Unix-Systemen geben sowohl die Operatoren stat und lstat als auch die Dateitests Werte zurück, die sich so eng wie möglich an denen von Unix orientieren. Wenn ein System beispielsweise keine User-IDs vorhält (da es nur einen »Benutzer« gibt), wird als Wert für die User- und Gruppen-ID jeweils null zurückgegeben, weil der einzige Benutzer in diesem Zusammenhang als Systemadministrator gilt. Schlagen stat oder lstat fehl, wird eine leere Liste zurückgegeben. Wenn der einem Dateitest zugrunde liegende Systemaufruf fehlschlägt, wird als Wert allgemein undef zurückgegeben. Aktuelle Informationen zum Verhalten dieser Operatoren auf verschiedenen Systemen finden Sie in der *perlport*-Dokumentation.

12 Das erste Zeichen in diesem String ist ein Bit, das nicht die Dateirechte bezeichnet, sondern den Typ des Eintrags: Ein Bindestrich (-) steht für eine normale Datei, d für ein Verzeichnis und l für einen symbolischen Link. Das *ls*-Kommando unterscheidet diese Angaben von den anderen Bits nach den neun niedrigsten.

`$nlink`

Die Anzahl der (harten) Links beziehungsweise der »echten« Namen, die eine Datei oder ein Verzeichnis aufweist. Für Verzeichnisse ist das immer eine Zahl größer oder gleich 2, für Dateien (normalerweise) 1. Wir werden darauf näher eingehen, wenn wir in Kapitel 13 in »Links und Dateien« auf Seite 244 das Anlegen von Links auf Dateien behandeln. In der Ausgabe von ls -l finden Sie diesen Wert als Zahl unmittelbar nach der Angabe über die Dateirechte.

`$uid` *und* `$gid`

Die Besitzrechte an der Datei in Form der User- und Gruppen-ID.

`$size`

Die Größe der Datei in Bytes, wie sie auch vom -s-Dateitest zurückgegeben wird.

`$atime`, `$mtime` *und* `$ctime`

Die drei Zeitstempel für den letzten Zugriff, für die letzte Änderung und für die letzte Modifizierung des Inode einer Datei. Diese werden im Timestamp-Format des Systems wiedergegeben, einer 32-Bit-Zahl, die angibt, wie viele Sekunden seit der sogenannten *Epoche* vergangen sind. Das ist ein willkürlich festgelegter Zeitpunkt, mit dessen Hilfe ermittelt wird, wie viel Zeit auf Ihrem System bereits vergangen ist (die sogenannte Systemzeit). Auf Unix- und einigen anderen Systemen wurde dafür der 1. Januar 1970, 0.00 Uhr Universalzeit (UTC, ehemals GMT, Greenwich Mean Time) festgelegt. Auf anderen Systemen kann es aber auch ein anderer Zeitpunkt sein.[13] Weiter hinten in diesem Kapitel zeigen wir, wie Sie den Wert eines Zeitstempels in nützlichere Informationen umwandeln können.

Wenn Sie stat für einen symbolischen Link aufrufen, werden die Informationen derjenigen Datei ausgegeben, auf die der Link zeigt (es sei denn, auf das Ziel kann gerade nicht zugegriffen werden). Benötigen Sie tatsächlich einmal die (meistens nutzlosen) Informationen über den Link selbst, benutzen Sie anstelle von stat die Funktion lstat (die dieselben Informationen wie stat in derselben Reihenfolge zurückgibt). Ist der Operand für lstat kein symbolischer Link, verhält es sich wie bei stat.

Wie bei den Dateitests wird auch von stat oder lstat standardmäßig der Wert von $_ benutzt. Falls Sie also keinen expliziten Namen für die Datei oder das Dateihandle angeben, wird der zugrunde liegende Systemaufruf mit dem Wert der skalaren Variable $_ ausgeführt.

---

13 Auf Macintosh-Rechnern ist das bei Systemversionen unter OS X beispielsweise der 1. Januar 1904, 0.00 Uhr. Mit der Anweisung print scalar localtime(0); können Sie die auf Ihrem System gültige Epoche ermitteln. – Anm.d.Ü.

Die Funktion localtime

Das Zeitstempel-Format (wie es etwa von stat zurückgegeben wird; z. B. 1180630098) ist für die meisten Menschen nicht besonders nützlich, es sei denn, Sie wollen zwei Werte durch eine Subtraktion miteinander vergleichen. Vermutlich wollen Sie diesen Wert eher in etwas Verständlicheres, wie etwa »Thu May 31 09:48:18 2007«, umwandeln. Dafür können Sie in Perl die Funktion localtime in skalarem Kontext benutzen:

```
my $zeitstempel = 1180630098;
my $datum = localtime $zeitstempel;
```

Im Listenkontext gibt localtime eine Liste von Zahlen zurück, von denen einige vermutlich nicht ganz Ihren Erwartungen entsprechen:

```
my($sekunden, $minuten, $stunde, $tag, $monat, $jahr, $wochentag, $tag_im_jahr, $ist_
sommerzeit)
  = localtime $zeitstempel;
```

Der Wert von $monat enthält eine Zahl zwischen 0 und 11, die sich sehr gut als Index für ein Array mit Monatsnamen benutzen lässt. Der Wert von $jahr ist seltsamerweise die Anzahl der seit 1900 vergangenen Jahre. Wollen Sie also die tatsächliche Jahreszahl ermitteln, müssen Sie zu diesem Wert 1900 hinzuaddieren. Der Wert von $wochentag liegt zwischen 0 (für Sonntag) und 6 (für Samstag), der Wert von $tag_im_jahr liegt zwischen 0 (für den 1. Januar) und 364 bzw. 365 (für den 31. Dezember).

Parallel dazu gibt es noch zwei weitere Funktionen, die in diesem Zusammenhang nützlich sind. Die Funktion gmtime funktioniert analog zu localtime, nur dass sie die Zeit als Universalzeit (UTC, ehemals GMT) ausgibt. Den Zeitstempel für die gegenwärtige Zeit (von der Systemuhr) können Sie mit der Funktion time ermitteln. Sowohl localtime als auch gmtime benutzen standardmäßig den Wert von time, wenn kein Parameter angegeben wurde:

```
my $jetzt = gmtime;
# den gegenwärtigen Zeitstempel für die universelle Zeit als String auslesen
```

Weitere Informationen zum Bearbeiten von Zeit- und Datumsinformationen finden Sie in den Hinweisen über nützliche Module in Anhang B.

Bitorientierte Operatoren

Wenn Sie Zahlen Bit für Bit bearbeiten müssen, wie zum Beispiel die von stat zurückgegebenen Modus-Bits, so benötigen Sie die bitorientierten Operatoren. Diese Operatoren führen binäre mathematische Operationen mit den Werten aus. Der bitorientierte UND-Operator (&) verrät Ihnen, welche Bits im linken *und* im rechten Argument gesetzt sind. So ergibt der Ausdruck 10 & 12 als Ergebnis den Wert 8. Das bitorientierte UND benötigt in beiden Operanden ein Einer-Bit, um als Ergebnis wieder ein Einer-Bit zurückzugeben. Daraus ergibt sich: Die bitorientierte UND-Operation von zehn (oder binär ausgedrückt

1010) und zwölf (binär 1100) ergibt acht (oder 1000, mit nur einem Einer-Bit an der Stelle, an der beide Operanden ein Einer-Bit besaßen). Sehen Sie sich dazu Abbildung 12-1 an.

Abbildung 12-1: Bitorientierte UND-Addition

Beispiele für die verschiedenen bitorientierten Operatoren und ihre Bedeutungen finden Sie in der folgenden Tabelle:

Ausdruck	Bedeutung
10 & 12	Bitorientiertes UND – in beiden Operanden gesetzte Bits (ergibt 8)
10 | 12	Bitorientiertes ODER – im einen oder im anderen Operanden gesetzte Bits (ergibt 14)
10 ^ 12	Bitorientiertes XOR (Exklusiv-ODER) – Bits, die in einem Operanden gesetzt sind, aber nicht im anderen (ergibt 6)
6 << 2	Bitorientiertes Verschieben nach links – verschiebt den linken Operanden um die Anzahl von Stellen, die im rechten Operanden angegeben werden. Wird an den niederwertigen Stellen mit Null-Bits aufgefüllt (ergibt 24).
25 >> 2	Bitorientiertes Verschieben nach rechts – verschiebt den linken Operanden um die im rechten Operanden angegebene Anzahl von Stellen. Die niederwertigen Bits werden ignoriert (ergibt 6).
~ 10	Bitorientiertes Negieren, auch unäres Bitkomplement genannt – kehrt jedes Bit der im Operanden angegebenen Zahl um (ergibt 0xFFFFFFF5, Details im Text)

Hier folgen ein paar Beispiele dafür, was Sie mit den in $mode enthaltenen Daten, die von stat zurückgegeben werden, tun können. Die Ergebnisse dieser Bitveränderungen könnten beispielsweise im Zusammenhang mit dem Systemkommando chmod benutzt werden, das Sie in Kapitel 13 kennen lernen werden:

```
# $mode ist der von stat zurückgegebene Moduswert von CONFIG
warn "Au weia! Die Konfigurationsdatei ist schreibbar für alle!\n"
   if $mode & 0002;                    # Sicherheitsproblem
my $klassisch  = 0777 & $mode;         # zusätzliche hohe Bits
                                       # maskieren
my $u_plus_x  = $klassisch | 0100;     # ein Bit einschalten
my $go_minus_r = $klassisch & (~ 0044); # zwei Bits ausschalten
```

Mit Bitstrings arbeiten

Alle bitorientierten Operatoren arbeiten sowohl mit Bitstrings als auch mit Integern. Ist einer der Operanden ein Integer, ist auch das Ergebnis ein Integer. (Dieser hat mindestens eine Länge von 32 Bit, kann aber auch länger sein, sofern Ihr Rechner das unterstützt. Haben Sie also einen 64-Bit-Rechner, ist das Ergebnis der Operation ~10 der Wert

0xFFFFFFFFFFFFFFF5. Die gleiche Operation würde auf einem 32-Bit-Rechner den Wert 0xFFFFFFF5 ergeben.)

Sind beide Operanden einer bitorientierten Operation jedoch Strings, führt Perl die Operation an diesen Bitstrings aus. Demnach hat die Operation "\xAA" | "\x55" den String "\xFF" zum Ergebnis. Diese Werte bestehen jeweils aus einzelnen Bytes und das Ergebnis ist ein Byte, bei dem alle acht Bits gesetzt sind. Bitstrings können unterschiedlich lang sein.

Das ist einer der wenigen Fälle, in denen Perl zwischen Strings und Zahlen unterscheidet. Weitere Informationen zur Verwendung der bitorientierten Operatoren mit Strings finden Sie in der *perlop*-Dokumentation.

Übungen

Die Lösungen zu den folgenden Übungen finden Sie in Anhang A.

1. [15] Schreiben Sie ein Programm, das auf der Kommandozeile eine Liste von Dateien entgegennimmt. Für jede Datei soll ausgegeben werden, ob sie existiert und ob sie lesbar, schreibbar oder ausführbar ist. (Tipp: Es könnte hilfreich sein, eine Funktion zu benutzen, die sämtliche Tests für eine Datei nach der anderen ausführt.) Welche Informationen gibt das Programm über eine Datei aus, deren Modus auf 0 gesetzt wurde? (Unter Unix benutzen Sie die Anweisung chmod 0 datei_name, um eine Datei als weder lesbar noch schreibbar noch ausführbar zu markieren.) Die meisten Shells erlauben es, ein Sternchen als Synonym für »alle Dateien im gegenwärtigen Verzeichnis« anzugeben. Sie könnten Ihr Programm also als ./ueb12-1 * aufrufen, um die Attribute mehrerer Dateien auf einmal zu ermitteln.

2. [10] Schreiben Sie ein Programm, das die älteste auf der Kommandozeile angegebene Datei ermittelt und ihr Alter in Tagen ausgibt. Wie verhält sich das Programm, wenn die Liste leer ist (also keine Dateien auf der Kommandozeile angegeben wurden)?

3. [10] Schreiben Sie ein Programm, das gestapelte Dateitests verwendet, um alle auf der Kommandozeile angegebenen Dateien mit Ihrer Benutzerkennung aufzulisten, die les- und schreibbar sind.

Zugriff auf Verzeichnisse

Die Dateien, die wir in Kapitel 12 erzeugt haben, befanden sich in der Regel am selben Ort wie das Programm, das sie erzeugt hat. Mit den heutigen Betriebssystemen ist es jedoch möglich, Dateien in Verzeichnissen zu organisieren. Dadurch können wir unsere »Hoelderlin Express«-MP3s und die Lama-Buch-Dateien an getrennten Orten aufbewahren, so dass nicht versehentlich die MP3s an den Verlag geschickt werden. Mit Perl können Sie direkt auf Verzeichnisse zugreifen, wobei sich die Arbeitsweise von System zu System selten unterscheidet.

Im Verzeichnisbaum navigieren

Ihr Programm besitzt ein sogenanntes Arbeitsverzeichnis, das als Startpunkt für relative Pfadnamen benutzt wird. Wenn Sie sich auf die Datei fred beziehen, ist eigentlich »fred im gegenwärtigen Arbeitsverzeichnis« gemeint.

Mit dem Operator chdir kann das Arbeitsverzeichnis gewechselt werden. Er funktioniert analog zum Unix-Systemkommando cd:

```
chdir '/etc' or die "chdir nach /etc nicht möglich: $!";
```

Da es sich dabei um einen Systemaufruf handelt, wird bei Auftreten eines Fehlers der Wert von $! gesetzt. Wird von chdir ein falscher Wert zurückgegeben, sollten Sie normalerweise den Wert von $! überprüfen, da offenbar etwas anders verlaufen ist als angefordert.

Sämtliche Prozesse, die Perl startet, erben das Arbeitsverzeichnis (mehr dazu in Kapitel 14). Ein Wechsel des Arbeitsverzeichnisses innerhalb Ihres Programms hat keinen Einfluss auf den Prozess, der Perl gestartet hat, wie zum Beispiel die Shell.[1] Aus die-

---

[1] Das ist keine Einschränkung auf Seiten von Perl, sondern ein Merkmal von Unix, Windows und anderen Betriebssystemen. Sollten Sie einmal das Arbeitsverzeichnis Ihrer Shell ändern müssen, finden Sie die nötigen Informationen in der Dokumentation.

sem Grund ist es nicht möglich, ein Perl-Programm zu schreiben, das das cd-Kommando der Shell ersetzt.

Wenn Sie chdir keine Parameter mitgeben, versucht Perl so gut es geht, Ihr Home-Verzeichnis zu ermitteln und dieses als Arbeitsverzeichnis zu benutzen. Auch hier verhält sich chdir analog zur Verwendung des Shell-Kommandos cd ohne zusätzliche Parameter. Das ist einer der seltenen Fälle, in denen beim Weglassen eines Parameters nicht die Standardvariable $_ benutzt wird.

Manche Shells gestatten es, bei cd einen Pfad zu benutzen, dem eine Tilde vorangestellt wurde, um das Home-Verzeichnis eines anderen Benutzers als Startpunkt zu benutzen (wie zum Beispiel cd ~merlyn). Das ist eine Funktion der Shell, nicht des Betriebssystems. Da Perl in diesem Fall aber direkt mit dem System kommuniziert, ist die Verwendung der vorangestellten Tilde zusammen mit chdir nicht möglich.

Globbing

Normalerweise besitzt die Shell die Fähigkeit, ein Dateinamenmuster in eine Liste der passenden Dateinamen zu expandieren. Dieses Verfahren wird *Globbing* genannt. Wenn Sie dem *echo*-Kommando zum Beispiel das Dateinamenmuster *.pm übergeben, erzeugt die Shell daraus eine Liste der passenden Dateinamen:

```
$ echo *.pm
barney.pm dino.pm fred.pm wilma.pm
$
```

Dabei muss das echo-Kommando nicht wissen, wie aus dem Muster *.pm eine Liste der Dateinamen erzeugt wird, da die Shell das bereits erledigt hat. Dieses Verfahren funktioniert sogar mit Ihren Perl-Programmen:

```
$ cat >argumente_zeigen
foreach $arg (@ARGV) {
  print "Ein Argument ist $arg\n";
}
^D
$ perl argumente_zeigen *.pm
Ein Argument ist barney.pm
Ein Argument ist dino.pm
Ein Argument ist fred.pm
Ein Argument ist wilma.pm
$
```

argumente_zeigen muss nichts vom Globbing verstehen, da die Namen bereits expandiert in @ARGV vorliegen.

Gelegentlich müssen wir in unseren Perl-Programmen auch mit Dateinamenmustern wie *.pm arbeiten. Lässt sich das Muster in die entsprechenden Dateinamen verwandeln, ohne dass wir uns dabei anstrengen müssen? Aber sicher – benutzen Sie einfach den glob-Operator:

```
    my @alle_dateien = glob '*';
    my @pm_dateien   = glob '*.pm';
```

`@alle_dateien` enthält dabei alle Dateinamen im gegenwärtigen Arbeitsverzeichnis in alphabetischer Reihenfolge. Wie bei der Shell werden Dateien, deren Namen mit einem Punkt beginnen, nicht mit angezeigt. Das Array `@pm_dateien` enthält eine Liste aller Dateien, deren Namen auf `.pm` enden, als hätten wir das Muster `*.pm` auf der Kommandozeile benutzt.

Sie können alles, was Sie auf der Kommandozeile als Dateinamenmuster angeben dürfen, auch als (einzelnes) Argument für `glob` benutzen. Dazu gehören auch mehrere durch Leerzeichen getrennte Muster:

```
    my @alle_dateien_auch_die_mit_punkt = glob '.* *';
```

In diesem Beispiel haben wir zusätzlich den »Punkt-Sternchen«-Parameter verwendet. Dadurch werden auch Dateien gefunden, die mit einem Punkt beginnen. Das Leerzeichen hat in diesem Parameter eine Sonderbedeutung – es trennt zwei verschiedene Glob-Muster.[2]

Der Grund dafür, dass `glob` das gleiche Verhalten wie die Shell hat, ist, dass bei Perl-Versionen vor 5.6 im Hintergrund */bin/csh*[3] aufgerufen wurde, um die Expansion durchzuführen. Gewissenhafte Perl-Hacker haben Globs bisher vermieden, da diese sehr zeitaufwendig waren und bei großen Verzeichnissen oft nicht funktionierten. Stattdessen verwendeten sie lieber Verzeichnis-Handles, auf die wir später in diesem Kapitel zu sprechen kommen. Falls Sie eine aktuelle Perl-Version benutzen, brauchen Sie sich über diese Sachen jedoch keine Sorgen zu machen.

Eine alternative Globbing-Syntax

Selbst wenn wir hier sehr frei mit dem Wort »Globbing« umgehen und über den glob-Operator reden, werden Sie das Wort glob in Programmen, die Globbing benutzen, nur selten finden. Das liegt daran, dass viele alte Programme geschrieben wurden, bevor der glob-Operator einen Namen hatte. Stattdessen wurde er, ähnlich wie ein Dateihandle, durch die Verwendung spitzer Klammern aufgerufen:

```
    my @alle_dateien = <*>;
    # genau das Gleiche wie my @alle_dateien = glob "*";
```

Der Wert zwischen den spitzen Klammern wird, ähnlich einem String in doppelten Anführungszeichen, interpoliert. Werden also Perl-Variablen in einem Glob benutzt,

---

2   Windows-Benutzer sind es vermutlich gewohnt, das Muster `*.*` zu benutzen, um »alle Dateien« zu finden. Tatsächlich bedeutet dieses Muster aber »alle Dateien, deren Namen einen Punkt enthalten« – selbst bei Perl unter Windows.

3   Oder mit einem entsprechenden Ersatz, wenn keine C-Shell zur Verfügung steht.

werden sie durch den enthaltenen Wert ersetzt, bevor das Globbing durchgeführt wird:

```
my $verzeichnis = '/etc';
my @dateien_im_verzeichnis = <$verzeichnis/* $verzeichnis/.*>;
```

In diesem Beispiel werden alle Dateien (inklusive derjenigen, die mit einem Punkt beginnen) aus dem angegebenen Verzeichnis ermittelt, da der gegenwärtige Wert von $verzeichnis für das Globbing benutzt wurde.

Wie entscheidet Perl aber nun, welcher Operator benutzt werden muss, wenn die eckigen Klammern sowohl für das Lesen von einem Dateihandle als auch für Globs benutzt werden können? Ein Dateihandle-Name muss ein gültiger Perl-Identifier sein. Ist das der Fall, wird von einem Dateihandle gelesen, anderenfalls wird die Globbing-Operation vorgenommen, zum Beispiel:

```
my @dateien = <FRED/*>;     # ein Glob
my @zeilen  = <FRED>;       # Lesen von einem Dateihandle
my $name    = 'FRED';
my @dateien = <$name/*>;    # ein Glob
```

Es gibt eine Ausnahme: Ist der Inhalt eine einfache skalare Variable (aber kein Hash- oder Arrayelement), handelt es sich um *Lesen von einem indirekten Dateihandle*.[4] Dabei wird der Wert der Variablen als Name des Dateihandles benutzt, aus dem gelesen werden soll:

```
my $name   = 'FRED';
my @zeilen = <$name>; # indirektes Lesen vom Dateihandle FRED
```

Die Entscheidung, ob es sich um einen Glob handelt oder ob von einem Dateihandle gelesen werden soll, wird zur Kompilierungszeit getroffen, ist also unabhängig vom Inhalt der Variablen.

Wenn Sie wollen, können Sie den readline-Operator benutzen,[5] um das Lesen von einem indirekten Dateihandle durchzuführen, wodurch Ihr Code leichter verständlich wird.

```
my $name = 'FRED';
my @zeilen = readline FRED;  # aus FRED lesen
my @zeilen = readline $name; # aus FRED lesen
```

Der readline-Operator wird jedoch nur selten benutzt. Das Lesen von indirekten Dateihandles ist nicht besonders üblich und wird in der Regel sowieso mit einer einfachen skalaren Variable durchgeführt.

---

4   Wenn das indirekte Handle ein Textstring ist, haben wir es hier mit einer »symbolischen Referenz« zu tun, deren Verwendung unter use strict nicht erlaubt ist. Ist das indirekte Handle ein Typeglob oder eine Referenz auf ein I/O-Objekt, würde diese Aktion auch unter use strict funktionieren.

5   Sofern Sie Perl in der Version 5.005 oder später benutzen.

Verzeichnishandles

Eine weitere Möglichkeit, an die Liste der Dateinamen zu kommen, besteht darin, ein Verzeichnishandle zu benutzen. Ein Verzeichnishandle sieht wie ein Dateihandle aus und verhält sich auch so. Sie können es öffnen (mit `opendir` anstelle von `open`), daraus lesen (mit `readdir` anstelle von `readline`) und es wieder schließen (mit `closedir` anstelle von `close`). Dabei wird jedoch nicht der *Inhalt* einer Datei, sondern es werden die *Namen* von Dateien (und anderen Sachen) gelesen, zum Beispiel:

```perl
my $verzeichnis = '/etc';
opendir VH, $verzeichnis or die "Kann $verzeichnis nicht öffnen: $!";
foreach $datei (readdir VH) {
  print "Eine Datei in $verzeichnis ist $datei\n";
}
closedir VH;
```

Genau wie Dateihandles werden auch Verzeichnishandles automatisch geschlossen, sobald das Programm beendet wird oder der gleiche Handle-Name zum Öffnen eines anderen Verzeichnisses verwendet wird.

Im Gegensatz zum Globbing, das in älteren Perl-Versionen einen neuen Prozess starten musste, starten Verzeichnishandles keine neuen Prozesse. Programme, die sehr viele Rechnerressourcen benötigen, können dadurch effizienter arbeiten. Verzeichnishandles sind allerdings stärker in der Low-Level-Programmierung angesiedelt, wir müssen also mehr Aufgaben selbst erledigen.

Beispielsweise werden die Dateien ohne klare Reihenfolge zurückgegeben.[6] Die Liste enthält *alle* Dateien, nicht nur diejenigen, die auf ein bestimmtes Muster passen (wie `*.pm` in unseren Globbing-Beispielen). Zudem werden auch die Dateien zurückgegeben, die mit einem Punkt beginnen oder deren Name nur aus einem oder zwei Punkten besteht.[7] Wollten wir also nur die Dateien finden, die auf *pm* enden, könnten wir eine Filterfunktion innerhalb einer Schleife benutzen:

```perl
while ($name = readdir VH) {
  next unless $name =~ /\.pm$/;
  ... weitere Arbeitsschritte ...
}
```

Beachten Sie, dass wir hier einen regulären Ausdruck und keinen Glob benutzen. Wenn Sie alle Punkt-Dateien ausfiltern wollen, können Sie Folgendes schreiben:

```perl
next if $name =~ /^\./;
```

---

6   Das ist die gleiche ungeordnete Reihenfolge von Verzeichniseinträgen, wie sie auch von `ls -f` oder `find` zurückgegeben wird.

7   Machen Sie nicht den gleichen Fehler wie viele alte Unix-Programme, die annehmen, dass Punkt und Punkt-Punkt immer als erste Einträge (sortiert oder unsortiert) zurückgegeben werden. Wenn Ihnen das noch nicht aufgefallen ist, versuchen Sie das eben Gesagte am besten einfach wieder zu vergessen, da es eine falsche Annahme ist. Es tut uns schon jetzt leid, dass wir Sie überhaupt darauf hingewiesen haben.

Wollen Sie die Dateinamen für das gegenwärtige Verzeichnis (Punkt) und das darüberliegende Verzeichnis (Punkt-Punkt) ausfiltern, können Sie das mit folgender Formulierung explizit angeben:

```
next if $name eq '.' or $name eq '..';
```

Als Nächstes sehen wir uns den Teil an, der die meisten Leute durcheinanderbringt – passen Sie also gut auf. Die vom readdir-Operator zurückgegebenen Dateinamen enthalten keinen Pfadnamen-Anteil, sondern nur den *Namen* der Datei innerhalb des Verzeichnisses. Der zurückgegebene Name ist also nicht */etc/passwd*, sondern nur *passwd*. (Dies ist ein weiterer Punkt, in dem sich Verzeichnishandles von Globs unterscheiden – es ist also offensichtlich, warum man hier durcheinanderkommen kann.)

Benötigen Sie auch den Verzeichnisnamen, müssen Sie ihn von Hand hinzufügen:

```
opendir VERZ_HANDLE, $verzeichnis
  or die "Kann $verzeichnis nicht öffnen: $!";
while (my $name = readdir VERZ_HANDLE) {
  next if $name =~ /^\./;            # "Punkt"-Dateien überspringen
  $name = "$verzeichnis/$name";      # Pfad hinzufügen
  next unless -f $name and -r $name; # nur lesbare Dateien
  ...
}
```

Ohne diesen Trick wären die Dateitests im gegenwärtigen Arbeitsverzeichnis ausgeführt worden, obwohl wir eigentlich die Dateien in $verzeichnis überprüfen wollten. Das ist der absolut häufigste Fehler beim Arbeiten mit Verzeichnishandles.

Verzeichnisse rekursiv bearbeiten

Vermutlich werden Sie während der nächsten paar Dutzend Stunden Ihrer Perl-Karriere noch keine rekursiven Verzeichnisoperationen durchführen müssen. Anstatt Sie mit der Möglichkeit abzulenken, jetzt gleich die ganzen hässlichen *find*-Skripten durch Perl ersetzen zu können, hoffen wir, dass Sie mit dem Hinweis auf die File::Find-Bibliothek zufrieden sind. Mit diesem Perl beiliegenden Modul lassen sich rekursive Verzeichnisoperationen erstellen. Wir sagen das hier nur, damit Sie nicht, wie fast jeder, nach den ersten paar Dutzend Stunden versuchen, Ihre eigenen Routinen zu schreiben, und über Dinge wie »lokale Verzeichnishandles« und »wie komme ich jetzt wieder in das ursprüngliche Verzeichnis zurück?« stolpern.

Dateien und Verzeichnisse bearbeiten

Perl wird oft dazu benutzt, Dateien und Verzeichnisse zu bearbeiten. Da Perl im Unix-Umfeld groß geworden ist und dort auch noch einen Großteil seiner Zeit verbringt, können die Beschreibungen in diesem Kapitel etwas Unix-lastig erscheinen. Das Gute ist aber, dass diese Dinge, soweit irgend möglich, auch auf Nicht-Unix-Systemen funktionieren.

Dateien löschen

Die meiste Zeit erzeugen wir Dateien, so dass unsere Daten uns für einige Zeit erhalten bleiben. Wenn aber eine Datei nicht mehr benötigt wird, ist die Zeit gekommen, sie zu löschen. Auf der Shell-Ebene von Unix gibt es das rm-Kommando, um eine oder mehrere Dateien zu entfernen:

```
$ rm schiefer steintal lava
```

Analog dazu gibt es in Perl den unlink-Operator:

```
unlink 'schiefer', 'steintal', 'lava';
```

Damit schicken wir die angegebenen Dateien auf Nimmerwiedersehen in den Bit-Himmel.

Da wir unlink eine Liste übergeben können und die glob-Funktion eine Liste zurückgibt, können wir die zwei miteinander kombinieren, um mehrere Dateien auf einmal zu löschen:

```
unlink glob '*.o';
```

Ähnlich wie beim Befehl rm *.o bei der Verwendung einer Shell werden hier alle Dateien, die auf .o enden, gelöscht. Allerdings muss bei unlink nicht extra ein neuer Prozess gestartet werden. Wir können unsere wichtigen Dateien also noch schneller loswerden.

Der Rückgabewert von unlink teilt uns mit, wie viele Dateien erfolgreich entfernt wurden. Wenn wir das in das erste Beispiel mit einbauen, können wir den Erfolg direkt überprüfen:

```
my $hasta_la_vista = unlink "schiefer", "steintal", "lava";
print "Ich habe gerade $hasta_la_vista Datei(en) erfolgreich entfernt\n";
```

Wenn $hasta_la_vista den Wert 3 hat, wissen wir, dass alle Dateien gelöscht worden sind. Ist der Wert 0, sind alle Dateien noch vorhanden. Was ist aber, wenn der Wert 1 oder 2 ist? In diesem Fall haben wir keine Möglichkeit zu sagen, welche Dateien entfernt wurden. Wenn Ihnen diese Informationen wichtig sind, müssen Sie die Dateien der Reihe nach mit einer Schleife entfernen:

```
foreach my $datei (qw(schiefer steintal lava)) {
    unlink $datei or warn "Konnte $datei nicht löschen: $!\n";
}
```

In diesem Fall ist der Rückgabewert 0, wenn eine Datei nicht gelöscht werden konnte, und 1, wenn das Entfernen erfolgreich war. Das sieht wie ein netter boolescher Wert aus, mit dem wir die warn-Funktion kontrollieren können. or warn verhält sich ähnlich wie or die, nur dass kein schwerwiegender Fehler ausgelöst wird (siehe Kapitel 5). In diesem Fall stellen wir ein Newline-Zeichen hinter die warn-Nachricht, denn der Fehler wurde ja nicht von *unserem* Programm verursacht.

Wenn eine unlink-Operation fehlschlägt, enthält die Variable $! eine Nachricht, die den zugrunde liegenden Systemfehler erklärt, weshalb wir sie hier mit ausgeben. Dieses Verfahren ist nur sinnvoll, wenn die Dateien der Reihe nach abgearbeitet werden, da beim nächsten Systemfehler die Variable mit einem neuen Wert gefüllt wird. Mit `unlink` lassen sich keine Verzeichnisse entfernen (genauso wenig wie Sie ein Verzeichnis mit einem einfachen Aufruf von `rm` entfernen können). Stattdessen wird dafür die `rmdir`-Funktion benutzt, auf die wir in Kürze kommen werden.

Eine wenig bekannte Tatsache über Unix ist, dass es Dateien gibt, die Sie weder lesen noch schreiben noch ausführen können, oder die sogar jemand vollkommen anderem gehören, und die Sie dennoch löschen können. Das liegt daran, dass die Erlaubnis, die `unlink` zum Löschen einer Datei braucht, nicht von den Dateirechten abhängt, sondern von den Rechten des Verzeichnisses, in dem sich die Datei befindet.

Wir sagen das an dieser Stelle, da viele neue Perl-Programmierer diese Erfahrung machen. Um das Verhalten von `unlink` zu testen, erzeugen sie eine Datei, ändern die Rechte per `chmod` auf 0 *datei*, damit die Datei nicht mehr gelesen oder geschrieben werden kann, und erwarten dann, dass `unlink` fehlschlägt. Stattdessen verschwindet die Datei, ohne auch nur mit der Wimper zu zucken.[8] Wenn Sie sehen wollen, wie `unlink` die Segel streicht, versuchen Sie, */etc/passwd* oder eine andere Systemdatei zu löschen. Da das Dateien des Systemadministrators sind, können Sie sie nicht entfernen.[9]

Dateien umbenennen

Wollen Sie eine Datei umbenennen, so lässt sich das mit der `rename`-Funktion leicht erledigen:

```
rename 'alt', 'neu';
```

Das funktioniert so ähnlich wie das Unix-Kommando `mv`, das eine Datei mit dem Namen *alt* nimmt und sie in die Datei *neu* im selben Verzeichnis umbenennt. Sie können die Dateien dabei sogar verschieben:

```
rename 'woanders/auf_der/platte/Datei', 'Datei';
```

Damit wird unsere `Datei` aus einem anderen Verzeichnis in das gegenwärtige Arbeitsverzeichnis verschoben, vorausgesetzt, der Benutzer, der das Programm ausführt, hat die nötigen Rechte.[10]

Wie die meisten Funktionen, die das System anweisen, etwas Bestimmtes zu tun, gibt `rename` falsch zurück, wenn es fehlschlägt, und setzt `$!` auf den Wert des Systemfehlers. Sie können also auch hier `or die` (oder `or warn`) benutzen, um den Benutzer zu informieren.

---

8 Einige dieser Leute wissen, dass `rm` den Benutzer normalerweise vor dem Löschen einer Datei fragt. `rm` ist allerdings auch ein Kommando, `unlink` dagegen ein Systemaufruf, und Systemaufrufe fragen nie nach einer Erlaubnis und entschuldigen sich auch nicht.

9 Wenn Sie natürlich verrückt genug sind, das auszuprobieren, während Sie als Systemadministrator eingeloggt sind, verdienen Sie auch, was Ihnen widerfährt.

10 Dabei muss sich die Datei im selben Dateisystem befinden. Wir werden später in diesem Kapitel sehen, warum es diese Regel gibt.

Häufig wird in Newsgroups, die sich mit der Benutzung von Unix-Shells befassen, die Frage[11] gestellt, wie bei Dateien, die auf *.alt* enden, die Endung gegen *.neu* ausgetauscht werden kann. Hier sehen Sie, wie Sie dieses Problem mithilfe von Perl in den Griff bekommen:

```perl
foreach my $datei (glob "*.alt") {
  my $neue_datei = $datei;
  $neue_datei =~ s/\.alt$/.neu/;
  if (-e $neue_datei) {
    warn "Kann $datei nicht in $neue_datei umbenennen: $neue_datei existiert bereits\n";
  } elsif (rename $datei, $neue_datei) {
    # Erfolg. Nichts tun.
  } else {
    warn "Umbenennen von $file in $newfile fehlgeschlagen: $!\n";
  }
}
```

Der Test, ob $neue_datei existiert, wurde gebraucht, da rename den alten Namen auch dann überschreibt, wenn es bereits eine Datei dieses Namens gibt. Es wird dabei stillschweigend davon ausgegangen, dass der Benutzer die dafür nötigen Rechte besitzt. Durch diesen Test ist es weniger wahrscheinlich, dass Informationen versehentlich verloren gehen. Hätten Sie dagegen gewollt, dass existierende Dateien wie *wilma.neu* überschrieben werden, wäre ein Test mit -e nicht notwendig gewesen.

Die ersten zwei Zeilen in der Schleife lassen sich auch zu einer zusammenfassen:

```perl
(my $neue_datei = $datei) =~ s/\.alt$/.neu/;
```

Dabei wird zuerst die Variable $neue_datei deklariert und dann mit dem Wert von $datei gefüllt. Schließlich wird die Ersetzungsoperation auf $neue_datei angewandt. Das lässt sich folgendermaßen formulieren: »$datei unter Verwendung der Ersetzungsoperation auf der rechten Seite in $neue_datei umwandeln.« Richtig, aus Gründen der Präzedenz sind die runden Klammern notwendig.

Manche Programmierer, die diese Ersetzungsoperation zum ersten Mal sehen, wundern sich, warum hier der Backslash vor dem Punkt nur im vorderen Teil benutzt wird. Die zwei Teile der Ersetzung verhalten sich nicht symmetrisch zueinander. Der linke Teil ist ein regulärer Ausdruck, während der rechte sich wie ein String in doppelten Anführungszeichen verhält. Wir benutzen hier das Suchmuster /\.alt$/, um Vorkommen von ».alt am Ende des Strings verankert« zu finden. (Wir sagen hier »am Ende verankert«, da wir nicht das *erste* Vorkommen von *.alt* in einer Datei wie *betty.alt.alt* ersetzen wollen.) Auf der rechten Seite können wir *.neu* schreiben, um den Ersetzungsstring festzulegen.

---

11 Die Frage nach dem Umbenennen mehrerer Dateien auf einmal ist die am häufigsten in diesen Newsgroups gestellte Frage überhaupt. Aus diesem Grund wird sie in den FAQs auch immer als Erstes beantwortet. Und dennoch bleibt sie die häufigste. Hmmm.

Links und Dateien

Es ist hilfreich, sich ein wenig damit zu beschäftigen, wie Unix mit Dateien und Verzeichnissen umgeht. Das gilt auch dann, wenn Ihr Nicht-Unix-System leichte Unterschiede aufweist. Wie üblich gibt es auch hierzu mehr zu berichten, als wir es hier tun. Vollständige Informationen finden Sie in einem guten Buch über die Interna von Unix.

Ein *gemountetes Volume* ist eine Festplatte (oder etwas anderes, das sich mehr oder weniger so verhält, wie zum Beispiel eine Festplattenpartition, eine Diskette, eine CD-ROM oder eine DVD-ROM). Es kann eine beliebige Anzahl von Dateien und Verzeichnissen enthalten. Jede Datei wird dabei in einem nummerierten *Inode* gespeichert. Das können wir uns wie ein bestimmtes Grundstück auf der Festplatte vorstellen. Eine Datei kann im Inode 613 gespeichert sein, eine andere im Inode 7033.

Um eine Datei zu finden, müssen wir sie in einem Verzeichnis suchen. Ein Verzeichnis ist eine spezielle Art von Datei, die vom System unterhalten wird. Sie enthält eine Tabelle der Dateinamen und deren Inode-Nummern.[12] Jedes Verzeichnis enthält, neben anderen Sachen, immer auch zwei spezielle Einträge. Der eine ist . (»Punkt« genannt), der für den Namen eben dieses Verzeichnisses steht. Der andere ist .. (»Punkt Punkt«), der für das in der Hierarchie eine Ebene höher liegende Verzeichnis steht (also für das Elternverzeichnis).[13]

Abbildung 13-1 zeigt eine Darstellung zweier Inodes. Der eine enthält eine Datei namens *henne*, der andere ist Barneys Verzeichnis mit Gedichten, */home/barney/gedichte*, in dem die Datei *henne* zu finden ist. Die Datei ist im Inode 613 gespeichert und das Verzeichnis im Inode 919. (Der Verzeichnisname *gedichte* taucht nicht in der Illustration auf, da er in einem anderen Verzeichnis enthalten ist.) Das Verzeichnis enthält Einträge für drei Dateien (unter anderem auch *henne*) und zwei weitere Verzeichnisse (von denen eines auf das in Inode 919 gespeicherte Verzeichnis selbst zeigt) und die dazugehörigen Inode-Nummern.

Wenn in einem bestimmten Verzeichnis eine neue Datei angelegt werden soll, fügt das System einen Eintrag mit dem Namen der Datei und der dazugehörigen Inode-Nummer hinzu. Woher weiß das System jedoch, dass ein bestimmter Inode noch frei ist? Jeder Inode enthält eine Zahl, den sogenannten *Linkzähler*. Wird der Inode noch nirgendwo benutzt, hat sein Linkzähler prinzipiell den Wert null, und der Inode steht zum Speichern einer Datei zur Verfügung. Wird ein Inode zu einem Verzeichnis hinzugefügt, wird dessen Linkzähler um eins erhöht. Wird ein Inode aus einem Verzeichnis entfernt, wird dessen Linkzähler um eins verringert. Für die oben gezeigte Datei *henne* steht der Linkzähler auf 1, wie Sie dem Kasten über den Daten des Inode entnehmen können.

---

12 Auf Unix-Systemen (andere besitzen normalerweise keine Inodes, harte Links und dergleichen) können Sie das ls-Kommando mit der Option -i benutzen, um sich die Inode-Nummer anzeigen zu lassen. Probieren Sie etwas wie ls -ail. Wenn dabei zwei oder mehr Dateien die gleiche Inode-Nummer haben, handelt es sich nur um eine Datei, die mehr als einen Namen besitzt.

13 Das *root*-Verzeichnis unter Unix besitzt kein Elternverzeichnis. In diesem Verzeichnis sind . und .. gleichbedeutend.

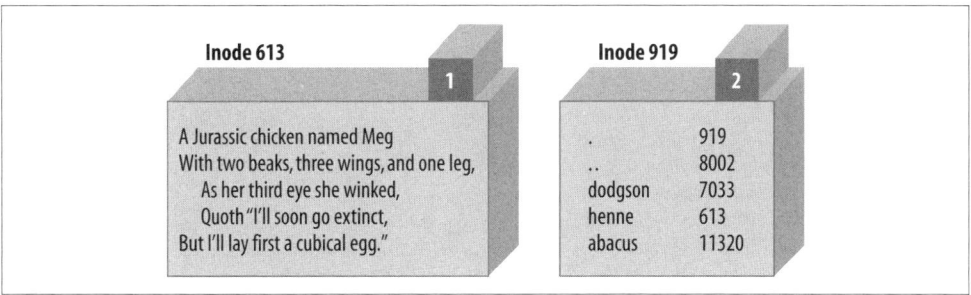

Abbildung 13-1: Die Henne vor dem Ei

Manche Inodes haben jedoch mehr als einen Eintrag. Wir haben bereits gesehen, dass jedes Verzeichnis auch einen Eintrag für . enthält, was auf den Inode des Verzeichnisses selbst verweist. Daher ist der Wert des Linkzählers für ein Verzeichnis immer mindestens zwei: einmal für den Eintrag im Elternverzeichnis und einmal für den Eintrag in sich selbst. Für jedes enthaltene Unterverzeichnis wird der Linkzähler nochmals erhöht, da auch diese Unterverzeichnisse jeweils einen Verweis auf unser Verzeichnis (..) enthalten. [14] In Abbildung 12-1 hat der Linkzähler für den Inode unseres Verzeichnisses den Wert 2. Der Linkzähler enthält die Anzahl der echten Namen eines Inode.[15]

Ist es möglich, dass der Inode einer Datei mehr als einen Eintrag in einem Verzeichnis erhält? Selbstverständlich. Angenommen, Barney benutzt im gegenwärtigen Verzeichnis die Perl-Funktion link, um einen neuen Link zu erzeugen:

```
link 'henne', 'ei'
  or warn "Kann keinen Link zwischen henne und ei anlegen: $!";
```

Das funktioniert so ähnlich wie die Eingabe des Kommandos ln henne ei in einer Unix-Shell. War link erfolgreich, gibt es wahr zurück. Schlägt das Anlegen des Links fehl, wird falsch zurückgegeben und $! gesetzt. Das überprüft Barney in seiner Fehlermeldung. Nachdem diese Anweisung ausgeführt wurde, ist *henne* nun ein anderer Name für *ei* und umgekehrt. Keiner der beiden Namen hat einen höheren Stellenwert als der andere. Es würde schon etwas detektivische Feinarbeit erfordern, herauszufinden, ob nun die Henne oder das Ei zuerst da war. Abbildung 13-2 zeigt uns die neue Situation, bei der es nun zwei Links auf Inode 613 gibt.

---

14 Daraus folgt, dass der Linkzähler für ein Verzeichnis immer den Wert »zwei plus die Anzahl der enthaltenen Verzeichnisse« hat. Das kann sich jedoch von System zu System unterscheiden.

15 In der traditionellen Ausgabe von ls -l erscheint die Anzahl der harten Links auf eine Datei rechts von der Liste der Dateirechte (zum Beispiel -rwxr-xr-x). Jetzt wissen Sie, warum diese Zahl für Verzeichnisse größer als 1 und für Dateien fast immer 1 ist.

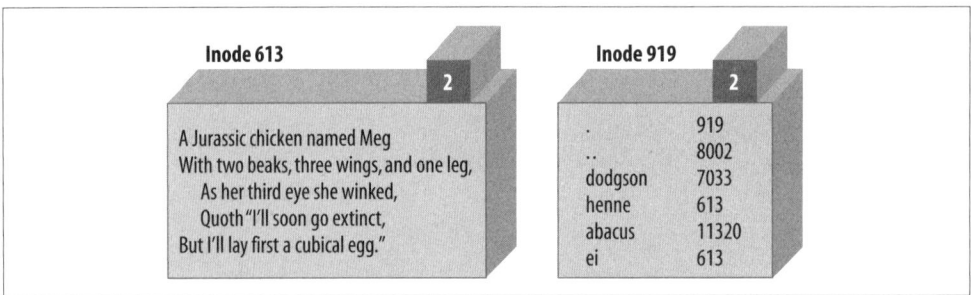

Abbildung 13-2: Die Verbindung zwischen Henne und Ei

Die zwei Dateinamen verweisen auf denselben Ort auf dem Speichermedium. Wenn die Datei *henne* eine Datenmenge von 200 Bytes enthält, verhält sich die Datei *ei* genauso. Beide Dateien zusammen ergeben in diesem Fall ebenfalls 200 Bytes, da es sich nur um eine Datei mit zwei Namen handelt. Ergänzt Barney die Datei *ei* um eine Zeile Text, so ist diese Zeile nun auch in *henne* zu finden.[16]

Löscht Barney nun versehentlich (oder absichtlich) die Datei *henne*, so sind die Daten nicht verloren, da sie über den Dateinamen *ei* weiterhin zur Verfügung stehen. Das funktioniert natürlich auch umgekehrt: Wird *ei* gelöscht, hätte er immer noch die *henne*. Erst wenn beide Dateinamen entfernt werden, gehen die Daten tatsächlich verloren.[17]

Eine weitere Regel über Links besagt: Die Inode-Nummern eines Verzeichniseintrags beziehen sich auf Inodes, die sich alle auf demselben gemounteten Volume befinden.[18] Durch diese Regel wird sichergestellt, dass die Verbindungen zwischen Dateien und Verzeichnissen auch dann noch funktionieren, wenn der Datenträger (etwa eine Diskette) auf einem anderen Rechner benutzt wird. Deshalb ist das Verschieben einer Datei von einem Verzeichnis in ein anderes mithilfe der rename-Funktion nur möglich, wenn sich beide Verzeichnisse auf demselben Dateisystem (gemounteten Volume) befinden. Wollten Sie die Daten zwischen verschiedenen Dateisystemen verschieben, müsste das System die Daten des Inode selbst verschieben. Diese Operation ist für einen einfachen Systemaufruf jedoch zu komplex.

Eine weitere Einschränkung für Links besteht darin, dass keine Links auf Verzeichnisse angelegt werden können. Der Grund dafür ist ihre hierarchische Struktur. Wäre es möglich, das zu ändern, würden sich Hilfsprogramme wie find und pwd vermutlich schnell im Dateisystem verlaufen.

---

16 Wenn Sie mit der Verwendung von Links und dem Ändern von Textdateien experimentieren, müssen Sie daran denken, dass viele Texteditoren nicht die Datei selbst, sondern eine Kopie bearbeiten. Wollte Barney also *ei* bearbeiten, kann es gut sein, dass er am Ende eine neue Datei mit dem Namen *ei* erhält. Statt einer Datei mit zwei Namen hätte Barney jetzt also zwei unabhängige Dateien.

17 Auch wenn das System den Inode in der Regel nicht sofort wieder überschreibt, gibt es keinen einfachen Weg, die Daten zurückzubekommen. Wann haben Sie Ihr letztes Backup gemacht?

18 Mit Ausnahme des Eintrags .. im Wurzelverzeichnis des Volume. Dieser Eintrag zeigt auf das Verzeichnis, in dem das Volume gemountet ist.

Links können also nur für Dateien angelegt werden, und sie funktionieren nicht über die Grenzen eines Dateisystems hinweg. Zum Glück gibt es jedoch noch eine andere Art von Links, die diese Einschränkungen nicht aufweist: *symbolische Links*.[19] Ein symbolischer Link (oder auch *Soft Link*, im Unterschied zu echten oder *harten Links*, die wir bisher behandelt haben) ist ein spezieller Verzeichniseintrag, der das System anweist, an einem anderen Ort nach der angegebenen Datei zu suchen. Nehmen wir mal an, Barney erzeugt wie folgt mithilfe der symlink-Funktion von Perl einen symbolischen Link (im selben Verzeichnis wie im vorigen Beispiel):

```
symlink 'dodgson', 'carroll'
    or warn "Kann keinen symbolischen Link von dodgson zu carroll anlegen: $!";
```

Das verhält sich so ähnlich wie die Anweisung ln -s dodgson carroll in einer Shell. Das Ergebnis sehen Sie in Abbildung 13-3, zusammen mit dem Gedicht in Inode 7033.

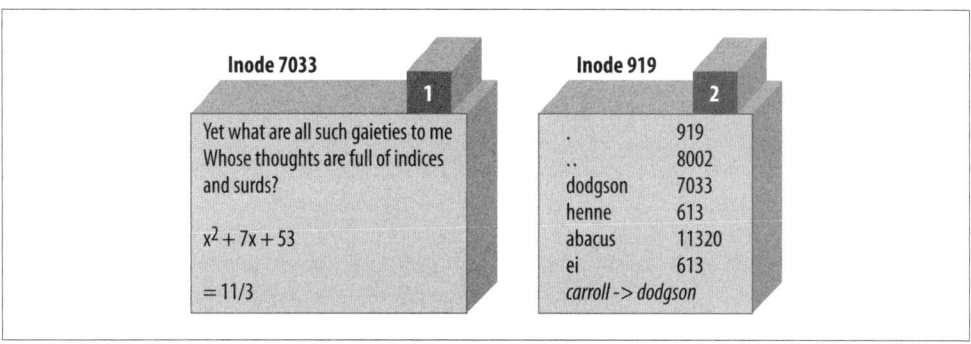

Abbildung 13-3: Ein symbolischer Link auf Inode 7033

Wenn Barney jetzt die Datei */home/barney/gedichte/carroll* zum Lesen öffnet, erhält er die gleichen Daten, als hätte er stattdessen */home/barney/gedichte/dodgson* geöffnet, da das System automatisch dem symbolischen Link folgt. Das ist jedoch kein »echter« Name für die Datei, da (wie im Diagramm zu sehen ist) der Linkzähler für Inode 7033 immer noch den Wert 1 enthält. Der symbolische Link stellt also folgende Anweisung an das System dar: »Wenn jemand an dieser Stelle nach *carroll* sucht, suche stattdessen etwas mit dem Namen *dodgson*.«

Symbolische Links sind nicht an die Grenzen eines Dateisystems gebunden. Im Gegensatz zu harten Links können sie auf einen beliebigen Dateinamen verweisen, also auch auf Verzeichnisse. Das funktioniert sogar, wenn es die Datei gar nicht gibt.

Wenn bei der Verwendung von harten Links einer der Dateinamen gelöscht wird, sind die Daten immer noch über den anderen Namen zugänglich – bei symbolischen Links ist das nicht möglich. Würde Barney die Datei *dodgson* löschen, könnte das System dem

---

19 Einige alte Unix-Systeme unterstützen noch keine symbolischen Links. Diese Systeme sind heutzutage aber sehr selten.

symbolischen Link nicht mehr folgen.[20] Selbst wenn ein Eintrag mit dem Namen *carroll* noch existiert, würde der Versuch, daraus zu lesen, zu einer Fehlermeldung wie etwa `file not found` führen. Das Ergebnis des Dateitests `-l 'carroll'` wäre wahr, der Test `-e 'carroll'` würde jedoch falsch ergeben, da der symbolische Link zwar vorhanden ist, die dazugehörige Datei aber nicht.

Da symbolische Links auch auf Dateien zeigen können, die noch nicht existieren, kann man sie verwenden, wenn außerdem noch eine Datei angelegt wird. Die meisten von Barneys Dateien liegen in seinem Home-Verzeichnis */home/barney*. Er muss aber oft auch auf ein Verzeichnis zugreifen, das einen langen, schwer zu schreibenden Namen trägt: */usr/local/opt/system/httpd/root-dev/users/staging/barney/cgi-bin*. Er legt nun einfach einen symbolischen Link */home/barney/mein_zeug* an, der auf den langen Namen verweist. Dadurch kann er ganz leicht auf das Verzeichnis zugreifen. Legt er (von seinem Home-Verzeichnis aus) eine Datei *mein_zeug/bowling* an, so liegt diese Datei tatsächlich unter */usr/local/opt/system/httpd/root-dev/users/staging/barney/cgi-bin/bowling*. Verschiebt der Systemadministrator diese Dateien nächste Woche nach */usr/local/opt/internal/httpd/www-dev/users/staging/barney/cgi-bin*, muss Barney nur den symbolischen Link anpassen, und alle seine Programme können die Dateien problemlos finden.

Es ist üblich, */usr/bin/perl* oder */usr/local/bin/perl* oder beide als symbolische Links auf den Perl-Interpreter zeigen zu lassen. Auf diese Art ist es einfach, auf eine neue Perl-Version umzusteigen. Ihre alte Version ist noch in Betrieb, schließlich wollen Sie ja nicht für Störungen im Ablauf sorgen. Wenn der Wechsel vollzogen werden soll, brauchen Sie nur einen oder zwei symbolische Links zu ändern, und jedes Programm, das mit `#!/usr/bin/perl` beginnt, benutzt ab sofort die neue Version. Sollte es wider Erwarten zu Schwierigkeiten beim Umstieg kommen, sind die symbolischen Links auf die alte Version schnell wiederhergestellt. (Als guter Administrator fordern Sie Ihre Benutzer rechtzeitig dazu auf, ihren Code mit dem neuen */usr/bin/perl-7.2* zu testen, bevor der Wechsel vollzogen wird. Außerdem teilen Sie Ihren Benutzern mit, dass während der einmonatigen Übergangszeit die alte Version bei Bedarf weiter benutzt werden kann, indem die erste Programmzeile in `#!/usr/bin/perl-6.1` geändert wird.)

Sowohl harte als auch weiche Links sind sehr nützlich. Viele Nicht-Unix-Systeme besitzen weder harte noch weiche Links, und der Mangel macht sich schmerzhaft bemerkbar. Auf manchen Nicht-Unix-Systemen sind symbolische Links als »Shortcut« oder »Alias« implementiert. Aktuelle Informationen dazu finden Sie in der *perlport*-Manpage.

Wenn Sie wissen wollen, worauf ein symbolischer Link zeigt, können Sie die `readlink`-Funktion benutzen. Diese Funktion teilt entweder mit, wohin der Link zeigt, oder gibt `undef` zurück, wenn das Argument kein symbolischer Link ist.

```
my $wo   = readlink 'carroll';            # ergibt "dodgson"
my $perl = readlink '/usr/local/bin/perl'; # sagt uns vielleicht, wo
                                          # perl zu finden ist
```

---

20 Das Entfernen von *carroll* hätte in diesem Fall natürlich nur den symbolischen Link entfernt.

Beide Arten von Links lassen sich mit unlink entfernen – jetzt wissen Sie auch, woher diese Funktion ihren Namen hat. unlink entfernt den Verzeichniseintrag für einen Dateinamen, wodurch der Linkzähler um eins dekrementiert und möglicherweise der Inode wieder freigegeben wird.

Anlegen und Entfernen von Verzeichnissen

Mithilfe der Funktion mkdir lassen sich innerhalb eines existierenden Verzeichnisses Unterverzeichnisse anlegen.

```perl
mkdir 'fred', 0755 or warn "Kann Verzeichnis fred nicht anlegen: $!";
```

Auch hier wird bei Erfolg wahr zurückgegeben und bei einem Fehlschlag die Variable $! gesetzt.

Das zweite Argument, 0755, steht hier für die Dateirechte, die das Verzeichnis zu Beginn erhalten soll.[21] Diese lassen sich aber jederzeit ändern. Entsprechend den Vorgaben für die Dateirechte unter Unix wird hier ein oktaler Wert verwendet. Dieser legt in Form von Gruppen zu je drei Bits fest, wer Dateien in dem Verzeichnis lesen oder schreiben darf und wer das Recht hat, es zu durchsuchen. Es ist also auch unter Windows oder MacPerl gelegentlich hilfreich, etwas über die Dateirechte unter Unix zu wissen, wenn Sie die mkdir-Funktion benutzen wollen. Der Modus 0755 ist angemessen, da er Ihnen die vollständigen Nutzerrechte einräumt, allen anderen aber nur Lesezugriff gewährt.

Der zweite Parameter für mkdir muss nicht als oktaler Wert angegeben werden. Es kann ein beliebiger numerischer Wert verwendet werden (entweder literal oder als Berechnung). Solange Sie aber nicht im Kopf ausrechnen können, dass der oktale Wert 0755 der dezimalen Zahl 493 entspricht, ist es leichter, Perl die Umrechnungen zu überlassen. Wenn Sie einmal versehentlich die führende Null fortlassen, geht Perl vom dezimalen Wert 755 aus. Der entspricht in der oktalen Schreibweise dem Wert 1363, einer wahrhaft seltsamen Angabe für die Nutzungsrechte.

Wie Sie in Kapitel 2 gesehen haben, wird ein String auch dann nicht als oktaler Wert interpretiert, wenn er mit einer führenden Null beginnt. Das folgende Beispiel funktioniert also nicht:

```perl
my $name   = "fred";
my $rechte = "0755";  # Achtung ... das funktioniert nicht
mkdir $name, $rechte;
```

Hoppla! Jetzt haben wir ein Verzeichnis angelegt, das die seltsamen Rechte 01363 hat. Das liegt daran, dass der String 0755 als dezimaler Wert angesehen wird. Abhilfe bringt

---

21 Der tatsächliche Wert für die Dateirechte wird auf die übliche Weise durch den umask-Wert verändert. Weitere Informationen finden Sie in der *umask(2)*-Manpage.

hier die oct-Funktion, die die Auswertung eines Strings als oktalen Wert erzwingt. Das funktioniert selbst dann, wenn der String keine führende Null enthält.

```
mkdir $name, oct($rechte);
```

Wenn Sie den Wert für die Rechte im Programm direkt angeben, können Sie eine Zahl anstelle des Strings benutzen. Die oct-Funktion wird am häufigsten gebraucht, wenn der Wert für die Rechte aus einer Benutzereingabe stammt. Im folgenden Beispiel werden die Argumente aus der Kommandozeile übernommen:

```
my ($name, $rechte) = @ARGV;  # die ersten zwei Argumente sind der Verzeichnisname
                              # und die dazugehörigen Rechte
mkdir $name, oct($rechte) or die "Kann $name nicht anlegen: $!";
```

Der in $rechte enthaltene Wert wird anfangs als einfacher String angesehen. Mithilfe der oct-Funktion erzwingen wir die Interpretation als oktalen Wert.

Ähnlich der unlink-Funktion gibt es zum Entfernen leerer Verzeichnisse die Funktion rmdir, die allerdings immer nur ein Verzeichnis per Aufruf entfernen kann.

```
rmdir glob "fred/*";  # alle leeren Verzeichnisse unterhalb von fred/ entfernen

foreach my $verz (qw(fred barney betty)) {
    rmdir $verz or warn "rmdir kann Verzeichnis $verz nicht entfernen: $!\n";
}
```

Sind im zu löschenden Verzeichnis noch Dateien enthalten, schlägt die Ausführung von rmdir fehl. Ein erster Lösungsansatz besteht darin, das Verzeichnis zuerst mit unlink zu leeren und dann das jetzt hoffentlich leere Verzeichnis mit rmdir zu entfernen. Angenommen, wir müssten während der Ausführung eines Programms eine größere Anzahl temporärer Dateien anlegen:

```
my $temp_verz = "/tmp/scratch_$$";
# Dateinamen basierend auf Prozess-ID; Erläuterung im Text
mkdir $temp_verz, 0700 or die "Kann $temp_verz nicht anlegen: $!";
...
# $temp_verz als Speicherort für alle temporären Dateien benutzen
...
unlink glob "$temp_verz/* $temp_verz/.*";  # $temp_verz ausleeren
rmdir $temp_verz;  # jetzt leeres Verzeichnis entfernen
```

Der Name für das hier verwendete Verzeichnis enthält den Wert der gegenwärtigen Prozess-ID, die für jeden gerade laufenden Prozess einmalig ist. Diese steht uns in Perl (ähnlich wie auf der Shell) in Form der speziellen Variable $$ zu Verfügung. Wir nutzen das, um Konflikte mit anderen Programmen zu vermeiden, die ebenfalls die Prozess-ID als Teil der verwendeten Pfadnamen benutzen. (Eigentlich ist es sogar üblich, auch den Namen des Programms im Namen zu verwenden. Wenn das Programm beispielsweise *steinbruch* heißt, lautet der Verzeichnisname vermutlich */tmp/steinbruch_$$*.)

Der letzte Aufruf von unlink am Ende des Programms sollte alle Dateien im temporären Verzeichnis entfernen, woraufhin das nun leere Verzeichnis mit rmdir gelöscht werden kann. Wenn das temporäre Verzeichnis seinerseits jedoch Unterverzeichnisse enthält, schlägt unlink und folglich auch rmdir fehl. Eine robustere Lösung bietet die Funktion rmtree. Sie wird vom Modul File::Path bereitgestellt, das Teil der Standarddistribution von Perl ist.

Zugriffsrechte ändern

Unter Unix lassen sich die Zugriffsrechte einer Datei mit dem Kommando chmod verändern. In Anlehnung daran gibt es in Perl die Funktion chmod:

```
chmod 0755, 'fred', 'barney';
```

Wie viele andere Funktionen, die mit dem Betriebssystem interagieren, gibt auch chmod die Anzahl der erfolgreich geänderten Dateien zurück. Bei einem Aufruf mit nur einem Dateinamen wird bei einem Fehlschlag die Variable $! mit einem entsprechenden Wert gefüllt. Der erste Parameter ist der Wert für die Unix-Zugriffsrechte (auch bei Perl-Versionen, die nicht unter Unix benutzt werden). Aus den gleichen Gründen, die wir bei der Beschreibung von mkdir angeführt haben, wird der Wert normalerweise als oktale Zahl angegeben. Die folgenden Parameter sind die Namen der Dateien oder Verzeichnisse, deren Rechte geändert werden sollen.

Symbolische Angaben für die Zugriffsrechte (zum Beispiel +x oder go=u-w), die mit dem Unix-Kommando chmod verwendet werden können, haben für die Funktion chmod in Perl keine Gültigkeit.[22]

Besitzrechte ändern

Wenn Ihr Betriebssystem es zulässt, können Sie mithilfe der Funktion chown die Besitzrechte und die Gruppenzugehörigkeit einer Liste von Dateien ändern. Der Eigentümer und die Gruppe können in derselben Operation zusammen geändert werden. Beide Parameter müssen numerische Werte für die Benutzer- und Gruppen-ID sein, zum Beispiel:

```
my $benutzer = 1004;
my $gruppe   = 100;
chown $benutzer, $gruppe, glob '*.o';
```

Was machen Sie aber, wenn Sie anstelle eines numerischen Wertes einen Benutzernamen wie zum Beispiel merlyn haben? In diesem Fall können Sie die Funktion getpwnam benutzen, um die entsprechende Benutzer-ID zu ermitteln. Zum Feststellen der zu einem Gruppennamen gehörigen Gruppen-ID gibt es analog dazu die Funktion getgrnam:[23]

---

22 Es sei denn, Sie haben das Modul File::chmod aus dem CPAN installiert. Es ermöglicht die Verwendung symbolischer Benutzer- und Gruppennamen mit chmod.

23 Das sind die zwei hässlichsten Funktionsnamen, die die Menschheit kennt. Geben Sie aber nicht Larry die Schuld dafür. Er hat nur die Namen benutzt, die sich die Leute aus Berkeley dafür ausgedacht haben.

```
defined (my $benutzer = getpwnam 'merlyn')
    or die 'Benutzer nicht bekannt';
defined (my $gruppe = getgrnam 'hoelderlin')
    or die 'Gruppe nicht bekannt';
chown $benutzer, $gruppe, glob '/home/merlyn/*';
```

Die defined-Funktion überprüft, ob der Rückgabewert nicht undef ist. Das wäre der Fall, wenn der angefragte Benutzer oder die Gruppe nicht gültig ist.

Die Funktion chown gibt bei Erfolg die Anzahl der bearbeiteten Dateien zurück und setzt bei einem Fehlschlag die Variable $!.

Zeitstempel ändern

In seltenen Fällen wollen Sie andere Programme eventuell täuschen, was den letzten Zugriff oder das letzte Änderungsdatum einer Datei angeht. Mit der Funktion utime lassen sich die Bücher ein bisschen frisieren. Die ersten zwei Argumente sind die neuen Zeitstempel für den letzten Zugriff und die letzte Änderung der Datei. Alle weiteren Parameter werden als Dateinamen angesehen, deren Zeitstempel modifiziert werden soll. Die Zeitangaben müssen im internen Zeitstempelformat übergeben werden (das ist das gleiche Format, wie es zum Beispiel die in Kapitel 12 vorgestellte Funktion stat-Funktion verwendet).

Ein angenehmer Wert für Zeitstempel ist zum Beispiel »jetzt«, wie er bereits im korrekten Format von der time-Funktion zurückgegeben wird. Um alle Dateien im gegenwärtigen Verzeichnis so aussehen zu lassen, als wären sie erst vor einem Tag aktualisiert worden, wobei der letzte Zugriff erst gerade eben stattgefunden hat, könnten wir Folgendes schreiben:

```
my $jetzt  = time;
my $vorher = $jetzt - 24 * 60 * 60;  # Sekunden pro Tag
utime $jetzt, $vorher, glob '*';
# Zugriff auf jetzt setzen; letzte Änderung vor einem Tag
```

Es hält Sie niemand davon ab, eine Datei zu erzeugen, deren Zeitstempel weit in die Vergangenheit oder Zukunft zeigt (sofern Sie keine 64-Bit-Zeitstempel haben, sind das bei Unix-Zeitstempeln Werte zwischen 1970 und 2038 beziehungsweise die entsprechenden Werte für Ihr System). Diese Methode eignet sich zum Beispiel, um ein Verzeichnis anzulegen, in dem sich die Notizen für Ihren Roman über Zeitreisen befinden.

Der dritte Zeitstempel (der ctime-Wert) wird prinzipiell bei jeder Änderung einer Datei auf »jetzt« gesetzt. Das kann auch mit utime nicht verändert werden (beziehungsweise würde nach Ihrer Änderung automatisch wieder auf »jetzt« umgestellt werden). Der Hauptnutzen besteht in der Möglichkeit, inkrementelle Backups durchzuführen. Ist der ctime-Wert einer Datei neuer als der auf dem Backup-Band, ist es Zeit, wieder einmal ein Backup durchzuführen.

Übungen

Die Programme hier können unter Umständen Schaden anrichten. Testen Sie sie nur in weitgehend leeren Verzeichnissen, damit nicht versehentlich etwas Wichtiges gelöscht wird.

Die Antworten zu den folgenden Übungen finden Sie in Anhang A.

1. [12] Schreiben Sie ein Programm, das den Benutzer nach einem Verzeichnisnamen fragt und dann in dieses Verzeichnis wechselt. Nach dem Wechsel soll eine Liste der Dateien in alphabetischer Reihenfolge ausgegeben werden. Namen, die mit einem Punkt beginnen, sollen dabei unberücksichtigt bleiben. (Tipp: Ist diese Aufgabe leichter mit einem Verzeichnishandle oder mit einem Glob zu erledigen?) Wenn nicht in das Verzeichnis gewechselt werden konnte, soll eine Meldung an den Benutzer ausgegeben werden, ohne den Inhalt anzuzeigen.

2. [4] Ändern Sie das Programm so ab, dass auch Dateien angezeigt werden, deren Name mit einem Punkt beginnt.

3. [5] Wenn Sie für die vorige Übung ein Verzeichnishandle benutzt haben, schreiben Sie das Programm nun so um, dass es einen Glob benutzt. Haben Sie in der letzten Übung einen Glob benutzt, soll nun ein Verzeichnishandle benutzt werden.

4. [6] Schreiben Sie ein Programm, das wie rm funktioniert und alle auf der Kommandozeile angegebenen Dateien entfernt. (Die Optionen von rm brauchen Sie dabei nicht mit zu berücksichtigen.)

5. [10] Schreiben Sie ein Programm, das wie mv funktioniert. Der durch das erste Kommandozeilenargument angegebene Dateiname soll in den im zweiten Argument angegebenen umbenannt werden. (Die Optionen von mv oder zusätzliche Argumente brauchen Sie nicht zu berücksichtigen.) Denken Sie daran, dass das Ziel auch ein Verzeichnis sein kann; in diesem Fall soll für das neue Verzeichnis der gleiche Basisname benutzt werden wie für das Original.

6. [7] Sofern Ihr Betriebssystem es unterstützt, schreiben Sie ein Programm, das wie ln funktioniert. Es soll ein harter Link vom ersten Kommandozeilenargument zum zweiten angelegt werden. (Auch hier brauchen Sie auf eventuelle Optionen oder zusätzliche Argumente keine Rücksicht zu nehmen.) Wenn auf Ihrem System keine harten Links angelegt werden können, soll eine Nachricht ausgegeben werden, welche Operation Sie durchgeführt hätten, wenn sie möglich wäre. Tipp: Dieses Programm hat etwas mit dem vorigen gemeinsam – das kann Ihnen vielleicht etwas Zeit beim Programmieren sparen.

7. [7] Sofern Ihr System es unterstützt, ändern Sie Ihr Programm aus der vorigen Übung so, dass die Option -s vor den übrigen Argumenten angegeben werden kann. Sie soll anzeigen, dass anstelle des harten Links ein symbolischer Link erzeugt wird. (Auch wenn Ihr System keine harten Links unterstützt, sollten Sie probieren, ob sich mit diesem Programm symbolische Links anlegen lassen.)

8. [7] Sofern Ihr Betriebssystem es unterstützt, schreiben Sie ein Programm, das sämtliche symbolischen Links im gegenwärtigen Verzeichnis findet und ausgibt, auf welche Dateien sie verweisen (wie `ls -l` es tun würde: `name -> wert`).

Strings und Sortierfunktionen

Wie wir bereits am Anfang dieses Buches gesagt haben, ist Perl entwickelt worden, um Programmierprobleme zu lösen, die zu 90% mit Texten und zu 10% mit anderen Dingen zu tun haben. Es ist also nicht überraschend, dass Perl sehr gute Möglichkeiten zur Textbearbeitung besitzt. Dazu gehört zum Beispiel alles, was wir bisher im Zusammenhang mit regulären Ausdrücken gesehen haben. Manchmal ist ihre Benutzung jedoch zu aufwendig und wir wollen Strings lieber mit etwas Einfacherem manipulieren. Einige Möglichkeiten wollen wir in diesem Kapitel vorstellen.

Substrings finden mit index

Wie Sie einen Substrings wiederfinden, hängt davon ab, wo Sie ihn verloren haben. Wenn es sich um einen größeren String handelt, haben Sie Glück, denn in diesem Fall können Sie die index-Funktion von Perl benutzen. Das sieht folgendermaßen aus:

```
$wo = index($grosser_string, $substring);
```

In diesem Fall spürt Perl das erste Vorkommen des Substrings innerhalb des großen Strings auf. Der Rückgabewert ist ein nullbasierter Integer-Wert, der für die Position des ersten Buchstabens steht. Wenn der Substring ganz am Anfang des großen Strings steht, gibt index als Ergebnis den Wert 0 zurück. Beginnt der Substring erst ein Zeichen weiter hinten, ist es 1, und so weiter. Wenn index den Substring überhaupt nicht finden kann, ist der Rückgabewert -1.[1] In diesem Beispiel erhält $wo demnach den Wert 6:

```
my $zeug = "Hallo Welt!";
my $wo   = index($zeug, "Wel");
```

---

[1] Ehemalige C-Programmierer erkennen hier vermutlich eine Ähnlichkeit zu der Funktion index in C. Wir wollen natürlich Programmierer, die C weiterhin benutzen, nicht ausschließen – wenn Sie das Buch aber bis hierhin gelesen haben, sollten Sie inzwischen eigentlich ein ehemaliger C-Programmierer sein.

Sie können sich die Position auch als die Anzahl von Buchstaben vorstellen, die übersprungen werden muss, um den Substring zu erreichen. Der Wert von $wo ist 6, das heißt, wir müssen die ersten sechs Buchstaben von $zeug überspringen, um Wel zu finden.

Die index-Funktion gibt immer die Position des ersten Vorkommens eines Substrings zurück. Sie können index aber auch anweisen, weiter hinten im String mit der Suche zu beginnen. Dafür übergeben Sie einen optionalen dritten Parameter, der die Position im String angibt, von der aus gesucht werden soll:

```
my $zeug = "Hallo Welt!";
my $wo1 = index($zeug, "l");          # $wo1 erhält 2
my $wo2 = index($zeug, "W", $wo1 + 1); # $wo2 erhält 6
my $wo3 = index($zeug, "W", $wo2 + 1); # $wo3 erhält -1 (nichts gefunden)
```

(Selbstverständlich würden Sie für die wiederholte Suche nach einem Substring normalerweise eine Schleife benutzen.) Der dritte Parameter gibt einen Minimalwert für den Rückgabewert an. Wenn der Substring an dieser Position oder danach nicht gefunden werden kann, ist der Rückgabewert -1.

Gelegentlich ziehen Sie es vielleicht vor, das letzte Vorkommen eines Substrings zu ermitteln. Dafür gibt es die Funktion rindex, die am Ende des Strings mit der Suche beginnt. Im folgenden Beispiel ermitteln wir auf diese Weise den letzten Schrägstrich, der die Position 4 in einem String hat, wobei wie mit index von links gezählt wird:

```
my $letzter_schraegstrich = rindex("/etc/passwd", "/"); # der Wert ist 4
```

rindex kann ebenfalls ein optionaler dritter Parameter übergeben werden. In diesem Fall gibt er den maximal erlaubten Rückgabewert an:

```
my $fred = "Yabba dabba duh!";
my $wo1 = rindex($fred, "abba");          # $wo1 erhält 7
my $wo2 = rindex($fred, "abba", $wo1 - 1); # $wo2 erhält 1
my $wo3 = rindex($fred, "abba", $wo2 - 1); # $wo3 erhält -1
```

Substrings manipulieren mit substr

Die Funktion substr ermittelt einen Teil (Substring) eines größeren Strings. Das sieht folgendermaßen aus:

```
my $substring = substr($string, $start_position, $laenge);
```

Es können insgesamt drei Argumente übergeben werden: ein String, eine nullbasierte Startposition (wie zum Beispiel der Rückgabewert von index) und eine optionale Längenangabe für den Substring. Rückgabewert ist der gefundene Substring:

```
my $heiss = substr("Fred J. Feuerstein", 8, 5);    # ergibt "Feuer"
my $kalt  = substr "Fred J. Feuerstein", 13, 1000; # ergibt "stein"
```

Wie Ihnen im letzten Beispiel vielleicht aufgefallen ist, würde die angegebene Länge für den Substring (hier 1.000 Zeichen) weit über den String hinausreichen. Perl beschwert sich nicht darüber, sondern gibt Ihnen einfach einen kürzeren Substring zurück, als man denken sollte. Wenn Sie sichergehen wollen, dass alles bis zum Ende des Strings zurückgegeben wird, lassen Sie den dritten Parameter (die Längenangabe) weg:

```
my $kiesel = substr "Fred J. Feuerstein", 13;  # ergibt "stein"
```

Als Startposition für die Suche in einem größeren String kann auch ein negativer Wert angegeben werden, wobei nun vom Ende des Strings aus gezählt wird (die Position -1 steht für das letzte Zeichen).[2] In diesem Beispiel steht die Position -3 für die Anzahl der Zeichen vom Ende des Strings aus gesehen, hier das erste e:

```
my $henne = substr("ein sehr langer String", -3, 2); # $henne erhält "ei"
```

Die Funktionen index und substr lassen sich gut zusammen verwenden. Im folgenden Beispiel ermitteln wir einen Substring, der an der Position des Buchstabens l beginnt:

```
my $lang   = "ein sehr langer String";
my $rechts = substr($lang, index($lang, "l") );
```

Und jetzt kommt etwas richtig Geniales. Der ausgewählte Teil des Strings kann geändert werden, wenn der String in einer Variablen steht:[3]

```
my $string = "Hallo Welt!";
substr($string, 0, 5) = "Schöne neue";
# $string enthält nun "Schöne neue Welt!"
```

Der zugewiesene (Sub-)String muss übrigens nicht die gleiche Länge haben wie der zu ersetzende Substring. Die Länge des Originalstrings wird angepasst. Und wenn das immer noch nicht genug Eindruck auf Sie macht, können Sie den Bindungsoperator (=~) benutzen, um die Operation auf einen Teil eines Strings zu beschränken. Im folgenden Beispiel werden alle Vorkommen von fred durch barney ersetzt, sofern sie sich in den letzten zwanzig Zeichen des Strings befinden:

```
substr($string, -20) =~ s/fred/barney/g;
```

Um ehrlich zu sein, haben wir diese Funktionalität noch nie in unserem Code gebraucht, und es ist auch nicht wahrscheinlich, dass Sie in eine solche Situation kommen. Es ist aber doch schön zu wissen, dass Perl mehr kann, als Sie jemals brauchen werden, oder?

Die meisten Aufgaben, für die substr und index benutzt werden, lassen sich auch mit regulären Ausdrücken erledigen. Tun Sie das ruhig, wo es Ihnen angemessen scheint. Aber substr und index sind oft schneller, da sie nicht den Overhead der Regex-Maschine mitschleppen. Sie nehmen keine Rücksicht auf reguläre Ausdrücke, es gibt keine Metazeichen und es werden auch keine Speichervariablen angelegt.

---

2   Das funktioniert analog zur in Kapitel 3 beschriebenen Indizierung von Arrayelementen. Dabei erhält das erste Element den Index 0, wenn Sie »von vorne nach hinten« vorgehen, und das letzte Element den Index -1, wenn Sie »von hinten nach vorne« vorgehen. Das erste Zeichen eines Substrings erhält also die Position 0, wenn Sie von links nach rechts vorgehen, das letzte Zeichen die Position -1, wenn Sie rückwärts vorgehen.

3   Technisch gesehen muss dieser Wert ein *lvalue* sein. Eine genaue Erklärung würde den Rahmen dieses Buchs jedoch übersteigen. Sie können sich einen *lvalue* als etwas vorstellen, das auf der linken Seite einer skalaren Zuweisung (das heißt links vom Gleichheitszeichen) stehen darf. Das ist in der Regel eine Variable, kann aber auch etwas anderes sein (wie Sie hier sehen können), sogar der Aufruf eines substr-Operators.

Neben der Zuweisung (die auf den ersten Blick etwas seltsam aussehen kann) können Sie `substr` auch auf traditionellere Art benutzen.[4] Dabei werden vier Argumente übergeben, wobei das vierte Argument der String ist, durch den der Substring ersetzt werden soll:

```
my $bisheriger_wert = substr($string, 0, 5, "Schoene neue");
```

Der bisherige Wert (also der ersetzte Substring) wird als Rückgabewert benutzt. Sie können diese Funktion aber auch in einem leeren Kontext benutzen, um ihn zu verwerfen.

Daten mit sprintf formatieren

Die Funktion `sprintf` übernimmt die gleichen Argumente wie `printf` (abgesehen von dem optionalen Dateihandle, versteht sich). Anstatt den angegebenen String jedoch auszugeben, wird dieser zurückgegeben. Das ist praktisch, wenn Sie einen formatierten String zur späteren Verwendung in einer Variablen ablegen wollen oder mehr Kontrolle über das Ergebnis ausüben wollen, als `printf` ermöglicht:

```
my $datum_uhrzeit = sprintf
  "%02d.%02d.%4d %2d:%02d:%02d Uhr",
  $tag, $monat, $jahr, $std, $min, $sek;
```

In diesem Beispiel erhält `$datum_uhrzeit` einen Wert wie `"19.01.2038  3:00:08 Uhr"`. Im Formatstring (dem ersten Argument für `sprintf`) werden an manchen Stellen Zahlen mit vorangestellten Nullen verwendet, die wir im Zusammenhang mit `printf` in Kapitel 5 noch nicht erwähnt haben. Dadurch wird `sprintf` angewiesen, den übergebenen String mit Nullen aufzufüllen, bis die durch die Zahl angegebene Breite erreicht ist. Ohne die führenden Nullen würde der resultierende String etwa so aussehen: `"19.1.2038  3: 0: 8 Uhr"`.

»Geld«-Werte mit sprintf formatieren

Häufig wird `sprintf` benutzt, um eine Zahl auf eine bestimmte Länge von Stellen auf- oder abzurunden. Das ist beispielsweise der Fall, wenn ein bestimmter Geldwert in der Form `2.50` angezeigt werden soll – und nicht als `2.5` und erst recht nicht als `2.49997`. Mit der Formatangabe `"%.2f"` ist das nicht schwer:

```
my $geld = sprintf "%.2f", 2.49997;
```

Die ganzen Begleiterscheinungen, die das Runden mit sich bringt, sind vielfältig und nicht immer offensichtlich. In den meisten Fällen sollten Sie die Zahlen daher mit der größtmöglichen Genauigkeit im Speicher behalten und erst für die endgültige Ausgabe runden.

---

4 »Traditionell« meinen wir hier im Sinne von »Funktionsaufruf«, nicht im Sinne von »Perl«, da dieses Merkmal erst vor relativ kurzer Zeit dazugekommen ist.

Wenn Sie einen sehr großen »Geld«-Wert haben, wollen Sie eventuell Kommas zur Tausendergruppierung benutzen,[5] um ihn lesbarer zu machen. Die unten stehende Subroutine kann Ihnen dabei behilflich sein:

```
sub viel_geld {
    my $zahl = sprintf "%.2f", shift @_;
    # bei jedem Schleifendurchlauf ein Komma hinzufügen
    1 while $zahl =~ s/^(-?\d+)(\d\d\d)/$1,$2/;
    # Dollarzeichen einfügen
    $zahl =~ s/^(-?)/\$ $1/;
    $zahl;
}
```

Diese Subroutine benutzt einige Techniken, die Sie so vielleicht noch nicht gesehen haben, die aber auf dem bereits Gelernten basieren. Die erste Zeile sorgt dafür, dass im ersten (und einzigen) Parameter genau zwei Ziffern nach dem Punkt stehen. Wäre der erste Parameter also beispielsweise die Zahl 12345678.9, so hätte $zahl den Wert "12345678.90".

In der folgenden Zeile benutzen wir einen while-Modifier. Wie in Kapitel 10 erklärt wurde, lässt sich diese Formulierung auch als traditionelle while-Schleife schreiben:

```
while ($zahl =~ s/^(-?\d+)(\d\d\d)/$1,$2/) {
    1;
}
```

Damit weisen wir Perl an, den Schleifenkörper so lange auszuführen, wie die Substitutionsoperation einen wahren Wert zurückgibt (also erfolgreich ist). Aber der Schleifenkörper tut gar nichts. Das macht für Perl keinen Unterschied. Wir dagegen können daraus erkennen, dass der Zweck der Schleife die Auswertung des Bedingungsteils ist, und nicht die Ausführung des nutzlosen Schleifenkörpers. Wir benutzen als Platzhalter den traditionell üblichen Wert 1, jeder andere wahre Wert wäre genauso sinnvoll.[6] Die gezeigte Schreibweise funktioniert also wie das darüber stehende Beispiel und bedeutet in etwa:

```
'weitermachen' while $zahl =~ s/^(-?\d+)(\d\d\d)/$1,$2/;
```

Wir wissen jetzt, dass der eigentliche Zweck der Schleife die Substitution ist. Als Nächstes wollen Sie vermutlich wissen, was in der Substitution passiert. Die Variable $zahl enthält zu diesem Zeitpunkt einen String wie "12345678.90". Die Mustererkennung findet den ersten Teil des Strings, geht aber nicht über den Dezimalpunkt hinaus. (Erkennen Sie, warum?) Die Speichervariable $1 erhält "12345" und $2 "678". Durch die Substitution wird die ursprüngliche Zahl also zu "12345,678.90". (Wie gesagt: Der Dezimalpunkt wird von dem Muster nicht gefunden, der letzte Teil des Strings wird also nicht verändert.)

---

5   Ja, wir wissen, dass nicht überall auf der Welt Kommas zum Trennen von Ziffern benutzt werden und auch nicht überall die Ziffern in Dreiergruppen aufgeteilt werden, und auch das Währungssymbol wird nicht überall so benutzt wie bei US-Dollars. Aber es ist ein gutes Beispiel für unsere Zwecke.

6   Will sagen: genauso sinnlos. Perl optimiert den statischen Ausdruck übrigens weg, bevor das Programm ausgeführt wird. Diese Formulierung kostet also keine zusätzliche Laufzeit.

Wissen Sie, was der Bindestrich am Anfang des Musters bedeutet? (Tipp: Der Bindestrich ist nur an einer bestimmten Stelle im String erlaubt.) Falls Sie nicht darauf kommen, finden Sie die Lösung am Ende dieses Abschnitts.

Aber wir sind noch nicht ganz fertig. Da die Ersetzung erfolgreich war, wird versucht, die Schleife ein weiteres Mal auszuführen. Dieses Mal trifft das Muster nur auf einen Teil des Strings bis zum Komma zu, wodurch $zahl nun den Wert "12,345,678.90" hat. Auf diese Art wird bei jedem Schleifendurchlauf ein weiteres Komma eingefügt.

Wo wir gerade von der Schleife sprechen: Sie ist immer noch nicht ganz fertig. Da auch die letzte Ersetzung erfolgreich war, wird noch einmal versucht, die Schleife auszuführen. Diesmal wird jedoch kein Treffer gefunden, da das Muster mindestens vier Ziffern am Anfang des Strings vorgibt. Die Bedingung ist also nicht mehr erfüllt, folglich wird die Schleife an dieser Stelle beendet.

Warum hätten wir nicht einen /g-Modifier für eine globale Suche benutzen können? Schließlich hätten wir uns damit die Schwierigkeiten und die Verwirrung mit der 1 while-Schleife erspart. Der Grund ist, dass wir uns rückwärts vom Dezimalpunkt aus zum Anfang des Strings vorarbeiten. Die Kommas lassen sich also nicht mit einer s///g-Ersetzung allein einfügen.[7]

Haben Sie herausgefunden, was der Bindestrich am Anfang des Suchmusters zu bedeuten hat? Durch ihn ist es möglich, am Anfang des Strings ein optionales Minuszeichen anzugeben. Die letzte Zeile funktioniert nach dem gleichen Prinzip. $zahl kann am Ende also etwas wie "$12,345,678.90" oder auch "-$12,345,678.90" enthalten. Das Dollarzeichen muss nicht unbedingt das erste Zeichen im String sein, ansonsten wäre diese Zeile wesentlich einfacher. Die letzte Zeile gibt schließlich einen formatierten Geld-Wert zurück, so dass wir ihn nun in unsere Jahresbilanz einfügen können.

Nicht-Dezimalzahlen interpretieren

Enthält ein String eine Zahl, die nicht dezimal, sondern mit einer anderen Basis notiert ist, so können Sie die Funktionen hex() (für Zahlen mit der Basis 16) bzw. oct() (für Zahlen mit der Basis 8) verwenden, um sie korrekt zu interpretieren. Interessanterweise ist oct() schlau genug, auch dann die richtige Basis zu erkennen, wenn Sie Präfix-Zeichen für binäre oder hexadezimale Zahlen benutzt haben. Tatsächlich ist das einzig gültige Präfix für einen Hex-Wert die Zeichenfolge 0x:

```
hex('DEADBEEF')      # 3_735_928_559 dezimal
hex('0xDEADBEEF')    # 3_735_928_559 dezimal

oct('0377')          # 255 dezimal
oct('377')           # 255 dezimal
```

---

7 Zumindest lässt sich diese Aufgabe nicht ohne die bereits gezeigten fortgeschrittenen Techniken für reguläre Ausdrücke erledigen. Diese verdammten Perl-Entwickler machen es einem aber auch immer schwerer, Perl-Bücher zu schreiben, in denen ein »geht nicht« vorkommt.

```
oct('0xDEADBEEF')     # 3_735_928_559 dezimal, führendes 0x gesehen
oct('0b1101')         # 13 dezimal, führendes 0b gesehen
oct("0b$bits")        # $bits von binär umwandeln
```

Fortgeschrittenes Sortieren

In Kapitel 3 haben wir Ihnen gezeigt, wie Sie mit dem eingebauten sort-Operator eine Liste in ASCII-betischer Reihenfolge sortieren können. Was ist aber zu tun, wenn Sie eine numerische Sortierung brauchen? Oder eine Sortierung, die auf in einem Hash gespeicherten Informationen basiert? Nun – Perl lässt Sie Listen in einer von Ihnen festgelegten Reihenfolge sortieren. Beispiele für all dies finden Sie am Ende dieses Kapitels.

Um Perl mitzuteilen, in welcher Reihenfolge Ihre Liste sortiert werden soll, definieren Sie eine *Sortierungssubroutine*, kurz *Sortierroutine*. Wenn Sie jemals Informatikunterricht gehabt haben, werden Ihnen bei diesem Wort womöglich Sachen wie »Bubblesort«, »Shellsort« oder »Quicksort« in den Sinn kommen, und Sie sagen »Nie wieder!«. Aber keine Sorge, eigentlich ist das gar nicht so schwer. Perl weiß nämlich, wie es sortieren muss, aber nicht, welche Reihenfolge Sie wollen. Ihre Sortierroutinen brauchen Perl also nur mitzuteilen, welche Elemente zuerst kommen und welche zum Schluss.

Sortieren bedeutet, einen Haufen Dinge in eine bestimmte Reihenfolge zu bringen, indem man sie alle miteinander vergleicht. Es können aber immer nur zwei Dinge gleichzeitig miteinander verglichen werden, wodurch sich nach und nach herausstellt, was weiter vorne stehen muss und was später kommt. Perl kennt diese Schritte bereits – bis auf die von Ihnen gewünschte Reihenfolge. Das ist der einzige Teil, den Sie noch schreiben müssen.

Daraus folgt, dass Ihre Subroutine letztendlich immer nur zwei Dinge miteinander vergleichen muss. Sobald Sie in der Lage sind, diese in die richtige Reihenfolge zu bringen, kann Perl herausfinden, wie die Liste insgesamt zu sortieren ist (indem es die Sortierroutine wiederholt anwendet).

Die Sortierroutine wird wie eine normale Subroutine definiert (na ja, fast). Diese wird wiederholt aufgerufen und überprüft dabei paarweise die Elemente der zu sortierenden Liste.

Um eine Subroutine zu entwickeln, die zwei Parameter zum Sortieren übernimmt, könnten Sie anfangs also versuchen, Folgendes zu schreiben:

```
sub irgendeine_sortier_routine {  # so funktioniert es eigentlich nicht
  my($a, $b) = @_;                # zwei Parameter übernehmen und benennen
  # Vergleich von $a und $b beginnt hier
  ...
}
```

Jetzt wird diese Subroutine aber wieder und wieder aufgerufen, oftmals mehrere hundert oder tausend Male. Die Deklarierung und die Zuweisung auf die Variablen $a und $b nimmt zwar nur wenig Zeit in Anspruch, aber wenn das bei jedem der tausend Aufrufe geschieht, kann es einen wesentlichen Einfluss auf die Geschwindigkeit haben, mit der Ihr Programm ausgeführt wird.

Das gefällt uns nicht. (Tatsächlich funktioniert die oben gezeigte Methode auch nicht.) Stattdessen verhält es sich so, als hätte Perl uns diese Arbeit abgenommen, bevor der Code der Subroutine überhaupt begonnen hat. Sortierroutinen werden ohne die erste Zeile geschrieben; die Variablen $a und $b enthalten dabei bereits die richtigen Werte: zwei Elemente der ursprünglichen Liste.

Die Sortierroutine gibt einen codierten Wert zurück, der darüber Aufschluss gibt, wie sich die Elemente zueinander verhalten (so ähnlich wie qsort(3) in C, nur dass Perl intern seine eigene Sortierfunktion benutzt). Wenn in der sortierten Liste $a vor $b kommen soll, sollte die Subroutine -1 zurückgeben. Soll stattdessen $b vor $a kommen, sollte die Subroutine 1 zurückgeben.

Ist die Reihenfolge von $a und $b nicht wichtig, gibt die Subroutine 0 zurück. Das kann passieren, wenn Sie sortieren, ohne dabei auf Groß- und Kleinschreibung zu achten, zum Beispiel wenn Sie fred und Fred miteinander vergleichen. Oder vielleicht wollen Sie eine numerische Sortierung vornehmen und haben es gerade mit zwei gleichen Zahlen zu tun.

Eine Subroutine für das numerische Sortieren könnte so aussehen:

```
sub numerisch {
    # Sortierroutine, $a und $b sind bereits vorhanden
    if ($a < $b) { -1 } elsif ($a > $b) { 1 } else { 0 }
}
```

Um diese Sortierroutine benutzen zu können, schreiben Sie den Namen der Routine (ohne das Ampersand-Zeichen) zwischen das Wort sort und die zu sortierende Liste. In diesem Beispiel wird eine numerisch sortierte Liste im Array @sortiert abgelegt:

```
my @sortiert = sort numerisch @ein_paar_zahlen;
```

Wir haben hier die Subroutine numerisch genannt, da sie beschreibt, auf welche Art sortiert werden soll. Wichtiger ist es aber, dass sich die Codezeile fast wie in einer natürlichen Sprache lesen lässt: »sort(iere) numerisch«. Aus dem gleichen Grund beginnen viele Sortierroutinen mit nach_, um zu beschreiben, wonach sortiert wird. Hier hätten wir beispielsweise auch nach_zahlen sagen können, aber das war uns dann doch zuviel Tipparbeit, was die Gefahr von Fehlern erhöht.

Denken Sie daran, dass wir die Variablen $a und $b nicht zu deklarieren brauchen – hätten wir es trotzdem getan, würde die Routine nicht richtig funktionieren. Wir überlassen das Setzen von $a und $b Perl, müssen uns also nur noch um den eigentlichen Vergleich kümmern.

Die oben stehende Routine lässt sich noch weiter vereinfachen (wodurch sie gleichzeitig auch effizienter wird). Da der Vergleich mit drei möglichen Ergebnissen recht oft vorkommt, gibt es in Perl eine bequeme Abkürzung dafür. In diesem Fall ist das der Raumschiff-Operator[8] (`<=>`). Dieser vergleicht zwei Zahlen miteinander und gibt -1, 0 oder 1 zurück, wie wir es für einen numerischen Vergleich brauchen. Unsere Sortierroutine lässt sich also folgendermaßen verbessern:

```
sub numerisch { $a <=> $b }
```

Neben dem speziellen Operator für den numerischen Vergleich gibt es auch einen entsprechenden Dreiwege-Operator für den Vergleich von Strings: `cmp` (*comp* are). Der Raumschiff-Operator ähnelt im Aussehen den anderen Operatoren für numerische Vergleiche, wie etwa `>=`. Das Raumschiff ist jedoch drei Zeichen lang, da es drei mögliche Rückgabewerte hat. Der cmp-Operator hat dagegen eine gewisse Ähnlichkeit mit anderen Operatoren für den Stringvergleich, zum Beispiel mit `ge`. Er besteht aber ebenfalls aus drei Buchstaben, da auch er nicht nur zwei, sondern drei mögliche Rückgabewerte besitzt.[9]

Ohne nähere Angaben ergibt `cmp` das gleiche Ergebnis wie ein sort ohne weitere Angaben. Die folgende Subroutine sollten Sie also niemals schreiben müssen, da sie auch nur die Standardreihenfolge erzeugt:[10]

```
sub nach_Codepoint { $a cmp $b }
my @strings = sort nach_Codepoint @irgendwelche_strings;
```

Aber Sie können cmp benutzen, um komplexere Sortierregeln aufzustellen, zum Beispiel für das Sortieren, bei dem nicht auf Groß- und Kleinschreibung geachtet wird:

```
sub ohne_unterschied { "\L$a" cmp "\L$b" }
```

In diesem Fall vergleichen wir den String in $a (in Kleinbuchstaben umgewandelt) mit dem String in $b (in Kleinbuchstaben umgewandelt), wodurch wir eine Reihenfolge bekommen, in der die Groß- und Kleinschreibung keine Bedeutung mehr hat.

Denken Sie aber daran, dass es in Unicode das Konzept der kanonischen und kompatiblen Äquivalenz gibt, das in Anhang C behandelt wird. Um äquivalente Formen nebeneinander zu sortieren, müssen Sie die nicht zusammengesetzten Formen sortieren. Wenn Sie es mit Unicode-Strings zu tun haben, wird das vermutlich Ihr übliches Vorgehen sein:

```
use Unicode::Normalize;

sub equivalents { NFKD($a) cmp NFKD($b) }
```

Dabei ändern wir nicht die Elemente selbst,[11] sondern benutzen nur ihre Werte. Das ist wichtig, denn aus Effizienzgründen sind $a und $b keine Kopien der Elemente, die mit-

---

8   Wir haben uns diesen Namen ausgesucht, weil der Operator aussieht wie ein TIE-Fighter aus *Star Wars*. Na ja, zumindest für uns.

9   Das ist kein Zufall. Larry macht so etwas absichtlich, damit Sie Perl leichter begreifen können. Larry ist mit Leib und Seele Sprachwissenschaftler und weiß, wie Leute eine Sprache begreifen.

10 Der einzige Fall, in dem Sie so etwas schreiben müssen, tritt ein, wenn Sie ein Einführungsbuch zu Perl schreiben und es für ein Beispiel brauchen.

11 Außer wenn die Subroutine, die Sie aufrufen, ihre Argumente verändert, aber das dürfte nur selten der Fall sein.

einander verglichen werden sollen, sondern neue temporäre Aliase für die Elemente der Ursprungsliste. Wenn Sie diese ändern, hat das direkte Auswirkungen auf die ursprünglichen Daten. Tun Sie das nicht – dieses Vorgehen wird weder unterstützt noch empfohlen.

Solange Ihre Sortierroutinen so einfach sind wie die hier gezeigten (also meistens), können Sie Ihren Code sogar noch weiter vereinfachen, indem Sie anstelle des Namens der Routine diese selbst wie folgt direkt in die Zeile schreiben:

```
my @sortiert = sort { $a <=> $b } @ein_paar_zahlen;
```

In neueren Perl-Programmen werden fast keine separaten Suchroutinen mehr benutzt. Stattdessen befindet sich, wie oben gezeigt, der benötigte Code fast immer direkt (»inline«) in der Anweisung selbst.

Um Zahlen in absteigender Reihenfolge zu sortieren, könnten Sie zum Beispiel den reverse-Operator benutzen:

```
my @absteigend = reverse sort { $a <=> $b } @ein_paar_zahlen;
```

Es gibt aber einen Trick, der hier ganz praktisch ist: Die Vergleichsoperatoren (<=> und cmp) sind ziemlich kurzsichtig; das heißt, sie können nicht sehen, welcher Operand nun $a und welcher $b ist, sondern nur, welcher *Wert* auf der linken und der rechten Seite steht. Wenn Sie $a und $b also vertauschen, würde der Vergleichsoperator jedes Mal ein umgekehrtes Ergebnis erzeugen. Eine andere Möglichkeit, die Reihenfolge umzukehren, sieht also so aus:

```
my @absteigend = sort { $b <=> $a } @ein_paar_zahlen;
```

Mit etwas Übung erkennen Sie auf den ersten Blick, was hier passiert: Es wird in absteigender Reihenfolge sortiert (weil $b vor $a kommt), und zwar numerisch (da hier der Raumschiff-Operator benutzt wird und nicht cmp). In modernen Perl-Versionen ist es nicht mehr so wichtig, welche der beiden Formen Sie verwenden, da reverse als Modifier für sort erkannt wird. Außerdem werden intern spezielle Abkürzungen benutzt, die verhindern, dass auf die eine Art sortiert wird, nur um die Reihenfolge danach wieder umzukehren.

Hashes abhängig von den Werten sortieren

Wenn Sie eine Zeit lang Listen in die richtige Reihenfolge gebracht haben, wird irgendwann die Situation auftauchen, in der Sie einen Hash anhand seiner Werte sortieren wollen. Nehmen wir einmal an, drei unserer Hauptdarsteller waren letzte Nacht zusammen beim Bowling und haben die Ergebnisse im folgenden Hash abgelegt. Wir wollen die Liste der Spieler in der richtigen Reihenfolge ausgeben; der Gewinner soll also ganz oben stehen. Dafür müssen wir den Hash nach den Spielergebnissen sortieren:

```
my %ergebnisse = ("Barney" => 195, "Fred" => 205, "Dino" => 30);
my @rangfolge  = sort nach_spielstand keys %ergebnisse;
```

Natürlich kann man einen Hash eigentlich nicht nach Spielergebnissen sortieren. Das ist hier nur eine verbale Abkürzung. Sie können einen Hash nicht sortieren. Stattdessen haben wir bisher bei der Verwendung von sort mit Hashes deren Schlüssel (in Code-point-Reihenfolge) sortiert. Auch hier werden wir wieder die Schlüssel sortieren, diesmal jedoch in der Reihenfolge, die von den dazugehörigen Werten vorgegeben wird. In unserem Fall ist das eine Liste mit den Namen unserer Darsteller, bei der die Reihenfolge vom jeweiligen Spielergebnis abhängt.

Diese Sortierroutine lässt sich recht leicht schreiben. Wir brauchen einen numerischen Vergleich der Spielergebnisse anstelle der Namen. Anstatt $a und $b zu vergleichen (die Namen der Spieler), brauchen wir $ergebnisse{$a} und $ergebnisse{$b} (ihre Spielergebnisse). Wenn Sie sich das so vorstellen, schreibt es sich fast von selbst:

```
sub nach_spielstand { $ergebnisse{$b} <=> $ergebnisse{$a} }
```

Lassen Sie uns das Stück für Stück durchgehen, um zu sehen, wie es funktioniert. Stellen Sie sich vor, dass beim ersten Aufruf $a den Wert Barney und $b den Wert Fred hat. Der Vergleich lautet also $ergebnisse{"Fred"} <=> $ergebnisse{"Barney"}, was (nach den Ergebnissen im Hash) dem Vergleich 205 <=> 195 entspricht. Berücksichtigen Sie, dass der Raumschiff-Operator kurzsichtig ist: Wenn er 205 vor 195 sieht, sagt er sich sinngemäß: »Das ist die falsche numerische Reihenfolge. 195 ($b) sollte eigentlich vor 205 ($a) kommen.« Folglich teilt er Perl mit, dass Fred vor Barney kommen sollte.

Beim zweiten Aufruf der Routine nehmen wir an, dass $a nochmals den Wert Barney hat und $b nun Dino enthält. Aufgrund der Kurzsichtigkeit vergleicht der Raumschiff-Operator 30 <=> 195 und gibt folglich aus, dass die Reihenfolge diesmal stimmt: $a kommt tatsächlich vor $b. Barney steht also vor Dino. Jetzt hat Perl genügend Informationen, um die Liste in die richtige Reihenfolge zu bringen: Fred ist der Gewinner, Barney belegt den zweiten Platz, und zum Schluss kommt Dino.

Wir benutzen in unserem Vergleich $ergebnisse{$b} vor $ergebnisse{$a}, weil wir die Spielergebnisse in *absteigender* Reihenfolge sortieren wollen. Der höchste Wert des Gewinners soll an erster Stelle stehen. Sie können (mit ein bisschen Übung) auch diesen Vergleich auf den ersten Blick durchschauen: $ergebnisse{$b} <-> $ergebnisse{$a} bedeutet, die Liste in absteigender numerischer Reihenfolge nach den Spielergebnissen zu sortieren.

Nach mehreren Kriterien sortieren

Wir haben vergessen zu erwähnen, dass es beim Bowling gestern Abend noch einen vierten Spieler gab. Der Hash hat also eigentlich folgendes Aussehen:

```
my %ergebnisse = (
  "Barney" => 195, "Fred" => 205,
  "Dino" => 30, "Bam-Bam" => 195,
);
```

Wie Sie sehen, hat Bam-Bam das gleiche Ergebnis wie Barney. Wer kommt also zuerst in der Rangliste? Das lässt sich nicht sagen, da der Raumschiff-Operator in diesem Fall null zurückgeben muss, wenn er die Ergebnisse für diese beiden Spieler vergleicht (da beide das gleiche Ergebnis haben).

Vielleicht ist das in diesem Fall nicht so schlimm, aber wir wollen die Sortierung gründlich durchführen. Wenn mehrere Spieler das gleiche Ergebnis haben, sollen sie in der Ergebnisliste beieinander stehen. Innerhalb dieser Gruppe sollen die Namen der Spieler aber in Codepoint-Reihenfolge aufgeführt sein. Wie sieht nun die Suchroutine dafür aus? Ganz einfach:

```perl
my @rangfolge = sort nach_ergebnis_und_name keys %ergebnisse;

sub nach_ergebnis_und_name {
  $ergebnisse{$b} <=> $ergebnisse{$a}   # Ergebnisse in absteigender
    or                                  # numerischer Reihenfolge
  $a cmp $b                             # Namen in Codepoint-Reihenfolge
}
```

Wenn der Raumschiff-Operator zwei verschiedene Spielergebnisse sieht, soll das Resultat dieses Vergleichs benutzt werden. Es wird in diesem Fall entweder -1 oder 1 zurückgegeben (für Perl beides wahre Werte). Der Rest des Ausdrucks mit dem or niedriger Präzedenz wird also übersprungen, und das Ergebnis des Vergleichs wird zurückgegeben. (Erinnern Sie sich? Bei der Verwendung von or als Short-Circuit-Operator wird der Wert des zuletzt ausgewerteten Ausdrucks zurückgegeben.) Wenn das Raumschiff dagegen zwei identische Werte sieht, gibt es 0 zurück, und der cmp-Operator ist an der Reihe. Er vergleicht nun die Schlüssel miteinander und gibt eine angemessene Reihenfolge zurück. Haben also zwei Spieler das gleiche Ergebnis, löst der String-Vergleich der Schlüssel den Gleichstand auf.

Wenn wir die Sortierroutine nach_ergebnis_und_name auf die hier beschriebene Weise benutzen, ist der Rückgabewert niemals 0. (Können Sie erkennen, warum nicht? Die Antwort finden Sie in der Fußnote.[12]) Jetzt haben wir unsere Sortierung gründlich genug vorgenommen, das heißt, wir können sicher sein, dass eine Sortierung unserer Daten heute das gleiche Ergebnis liefert wie morgen.

Eine Sortierroutine muss nicht auf zwei Sortierebenen beschränkt sein. Im unten stehenden Beispiel sortiert die Bücherei von Steintal eine Liste der Benutzer-IDs mithilfe einer Sortierung auf fünf Ebenen.[13] Dieses Beispiel sortiert nach der noch ausstehenden Leihgebühr (die von der Subroutine &leihgebuehr berechnet wird, die hier nicht gezeigt ist), nach der Anzahl der ausgeliehenen Bücher (aus dem Hash %buecher), nach dem Namen

---

12 Es kann nur dann 0 zurückgegeben werden, wenn die zwei Strings identisch sind. Wir wissen aber, dass die Strings immer unterschiedlich sind (da es sich um die Schlüssel zu einem Hash handelt). Wenn Sie der Funktion eine Liste übergeben hätten, die doppelte Strings enthält, wäre 0 als Rückgabewert dagegen nicht ungewöhnlich.

13 Heutzutage ist es nicht unüblich, Sortierfunktionen mit fünf Ebenen zu benutzen – in prähistorischen Zeiten war es das schon.

(und zwar zuerst nach dem Familiennamen und dann nach dem Vornamen, die ebenfalls aus Hashes stammen) und schließlich nach der ID-Nummer des Benutzers, für den Fall, dass alle anderen Vergleiche kein unterschiedliches Ergebnis liefern:

```
@benutzer_IDs = sort {
    &leihgebuehr($b)      <=> &leihgebuehr($a)    or
    $buecher{$b}          <=> $buecher{$a}        or
    $familien_name{$a} cmp $familien_name{$b} or
    $vorname{$a}          cmp $vorname{$b}        or
    $a <=> $b
} @benutzer_IDs;
```

Übungen

Die Lösungen zu den folgenden Übungen finden Sie in Anhang A.

1. [10] Schreiben Sie ein Programm, das eine Liste von Zahlen einliest, diese numerisch sortiert und die resultierende Liste in einer rechtsbündigen Spalte wieder ausgibt. Verwenden Sie die unten stehenden Beispielzahlen oder benutzen Sie die Datei *numbers* von der O'Reilly-Website (siehe Vorwort):

   ```
   17 1000 04 1.50 3.14159 -10 1.5 4 2001 90210 666
   ```

2. [15] Schreiben Sie ein Programm, das die Vornamen aus dem unten stehenden Hash in alphabetischer Reihenfolge ausgibt. Dabei soll auf Groß- und Kleinschreibung keine Rücksicht genommen werden. Zuerst soll nach den Nachnamen sortiert werden. Wenn sich die Nachnamen gleichen, soll stattdessen nach den Vornamen sortiert werden (unabhängig von Groß- und Kleinschreibung). Zuerst soll also Fred ausgegeben werden, und zum Schluss Betty. Personen mit demselben Nachnamen sollen in einer Gruppe beisammenstehen. Die Daten sollen nicht geändert werden! Die Namen sollen exakt so geschrieben werden, wie sie hier auftauchen:

   ```
   my %nachname = qw{
      fred feuerstein Wilma Feuerstein Barney Geroellheimer
      betty geroellheimer Bam-Bam Geroellheimer PEBBLES FEUERSTEIN
   };
   ```

3. [15] Schreiben Sie ein Programm, das einen String nach allen Vorkommen eines Substrings durchsucht. Die Position innerhalb des großen Strings soll ausgegeben werden. Ist der String, in dem gesucht werden soll, also "Dies ist ein Test", sollen für den Substring "es" die Positionen 2 und 14 ausgegeben werden. Ist der Substring "T", soll die Position 13 zurückgegeben werden. Was wird zurückgegeben, wenn der Substring "d" eingegeben wird?

Intelligente Vergleiche und given-when

Wäre es nicht toll, wenn die Computer selbst herausfinden könnten, was wir von Ihnen wollen? Zumindest Perl versucht sein Bestes, um Ihnen Zahlen zu geben, wenn Sie mit Zahlen arbeiten wollen, Strings, wenn Sie mit Strings arbeiten wollen, Einzelwerte, wenn Sie Einzelwerte benötigen, und Listen, wenn Sie Listen brauchen. Mit dem neuen Operator für intelligente Vergleiche und der given-when-Kontrollstruktur geht das in Perl 5.10 jetzt noch besser.

Intelligente Vergleiche gab es erstmalig in Perl 5.10.0, aber in kaputter Form. Das ist jedoch nicht weiter schlimm, denn die meisten Probleme waren mit Perl 5.10.1 beseitigt. (Das bedeutet, dass Sie für dieses Kapitel gegebenenfalls eine aktualisierte Version benötigen.) Lassen Sie sich nicht einmal im Traum einfallen, in Perl 5.10.0 intelligente Vergleiche zu benutzen, da Ihnen das später bloß Probleme bereiten wird. In diesem Sinne werden wir in diesem Kapitel genauer auf die Perl-Versionen achten und die Release-Nummer hinter dem Punkt mitangeben, um Sie daran zu erinnern, dass Sie eine entsprechende Version benutzen müssen:

```
use 5.010001;   # mindestens 5.10.1
```

Der Operator für intelligente Vergleiche

Der Operator für intelligente Vergleiche ~~ (auch »Doppeltilde« oder »Mach-was-ich-will-Operator«) untersucht seine beiden Operanden und entscheidet selbstständig, auf welche Weise er sie vergleichen soll. Wenn die Operanden aussehen wie Zahlen, führt er einen numerischen Vergleich durch; ist einer der Operanden ein regulärer Ausdruck, führt er eine Mustersuche durch. Er kann außerdem eine Reihe komplexer Aufgaben erledigen, für die normalerweise eine Menge Code nötig wäre. Er erspart Ihnen also auch noch eine Menge Arbeit.

Die Doppeltilde ~~ hat große Ähnlichkeit mit dem Bindungsoperator =~, den Sie bereits aus Kapitel 8 kennen. Aber ~~ kann noch mehr, z.B. den Bindungsoperator ersetzen. Bisher haben Sie Mustervergleiche durchgeführt, indem Sie z.B. die Variable $name und einen regulären Ausdruck mithilfe von =~ miteinander verbunden haben:

```
print "Fred kommt in \$name vor!\n" if $name =~ /Fred/;
```

Wenn Sie jetzt den Bindungsoperator gegen die Doppeltilde austauschen, können Sie genau das Gleiche tun:

```
use 5.010001;
say "Fred kommt in $name vor!" if $name ~~ /Fred/;
```

Der Operator für intelligente Vergleiche »sieht«, dass auf der linken Seite ein Skalar steht und auf der rechten ein regulärer Ausdruck, und schließt daraus, dass er einen Mustervergleich durchführen soll. Und das ist erst der Anfang.

Ihre wahre Stärke spielt die Doppeltilde bei komplexeren Operationen aus. Stellen Sie sich vor, Sie wollen eine Nachricht ausgeben, falls einer der Schlüssel im Hash %namen auf das Suchmuster Fred passt. Die Funktion exists kann hier nicht benutzt werden, da sie nur einen Schlüssel zur selben Zeit überprüft. Möglicherweise könnten Sie eine foreach-Schleife verwenden, die jeden Schlüssel anhand eines regulären Ausdrucks überprüft, und diejenigen Schlüssel überspringen, auf die das Muster nicht passt. Wenn Sie einen Schlüssel finden, der passt, können Sie die Variable $flag setzen und die verbleibenden Iterationen der Schleife mit last überspringen.

```
my $flag = 0;
foreach my $schluessel ( keys %namen ) {
    next unless $schluessel =~ /Fred/;
    $flag = $schluessel;
    last;
    }
print "Ich habe einen Schlüssel gefunden, der auf 'Fred' passt. Es war $flag\n" if $flag;
```

Puh! Das war eine Menge Arbeit, nur um den Sachverhalt zu erklären. Immerhin funktioniert diese Methode in allen Versionen von Perl 5. Mit der Doppeltilde brauchen Sie jedoch nur noch den Hash auf der einen Seite und den regulären Ausdruck auf der anderen:

```
use 5.010001;
say "Ich habe einen Schlüssel gefunden, der auf 'Fred' passt. Es ist $1" if %namen ~~ /
(Fred)/;
```

Der Operator für intelligente Vergleiche weiß, was zu tun ist, weil er einen Hash und einen regulären Ausdruck sieht. Mit diesen beiden Operanden weiß der Operator, dass er den regulären Ausdruck auf der rechten Seite auf alle Schlüssel in %namen anwenden soll. Erzielt er für einen Schlüssel einen Treffer, weiß er, dass die Suche beendet ist und er einen wahren Wert zurückgeben soll. Der Operator ist in dem Sinne »intelligent«, als er die einer Situation angemessene Aktion durchführt. Tatsächlich ist nur der *Operator* immer der Gleiche, während sich die *Operation* je nach Kontext ändern kann.

Wie wissen Sie, was der Operator tun wird? Es gibt in der *perlsyn*-Dokumentation eine Tabelle, die Ihnen Auskunft darüber gibt, was er für jede beliebigen zwei Operanden tun wird, einschließlich der Seite, auf der sie erscheinen. In diesem Fall ist es egal, auf welcher Seite der Hash bzw. der Regex steht, denn die Tabelle sagt das Gleiche. Man hätte es auch mit vertauschten Operanden schreiben können:

```perl
use 5.010001;

say "Ich habe einen Schlüssel gefunden, der auf 'Fred' passt" if /Fred/ ~~ %namen;
```

Wenn Sie zwei Arrays vergleichen wollen (um die Dinge zu vereinfachen, haben beide Arrays hier die gleiche Länge), könnten Sie die Indizes des einen Arrays durchlaufen und die dazu gehörigen Elemente in beiden Arrays miteinander vergleichen. Jedesmal, wenn Sie zwei gleiche Elemente gefunden haben, erhöhen Sie den Zähler in $gleich. Wenn $gleich nach dem Durchlaufen der Schleife der Anzahl der Elemente in @namen1 entspricht, müssen die Arrays gleich sein:

```perl
my $gleich = 0;
foreach my $index ( 0 .. $#namen1 ) {
    last unless $namen1[$index] eq $namen2[$index];
    $gleich++;
    }
print "Die Arrays haben die gleichen Elemente!\n"
    if $gleich == @namen1;
```

Auch dies ist zu viel Arbeit. Zum Glück hilft uns auch hier der Operator für intelligente Vergleiche weiter. Platzieren Sie die Arrays einfach links und rechts vom ~~-Operator. Dieser kleine Codeschnipsel erledigt die gleiche Arbeit wie das vorige Beispiel – nur mit wesentlich weniger Tipparbeit:

```perl
use 5.010001;
say "Die Arrays haben die gleichen Elemente!"
    if @namen1 ~~ @namen2;
```

Und noch ein Beispiel: In diesem Szenario soll der Rückgabewert einer Funktion mit einer Reihe möglicher oder erwarteter Werte verglichen werden. Wenn Sie sich noch einmal die Subroutine max() aus Kapitel 4 ansehen, dann wissen Sie, dass die Routine einen der an sie übergebenen Werte zurückgeben soll. Wie bei den vorigen komplizierten Beispielen könnten Sie auch hier den Rückgabewert von max() mit seiner Argumenteliste vergleichen:

```perl
my @zahlen   = qw( 1 2 3 27 42 );
my $ergebnis = max( @zahlen );
my $flag = 0;
foreach my $zahl ( @zahlen ) {
    next unless $ergebnis == $zahl;
    $flag = 1;
    last;
    }
print "Das Ergebnis ist eine der eingegebenen Zahlen\n" if $flag;
```

Sie wissen schon, was jetzt kommt: Schon wieder zu viel Arbeit! Sie können diesen ganzen Code weglassen, wenn Sie stattdessen ~~ benutzen. Das ist wesentlich einfacher als das vorige Beispiel:

```
use 5.010001;
my @zahlen  = qw( 1 2 3 27 42 );
my $ergebnis = max( @zahlen );
say "Das Ergebnis [$ergebnis] ist eine der eingegebenen Zahlen (@zahlen)"
    if @zahlen ~~ $ergebnis;
```

Auch wenn die Operanden vertauscht sind erhalten Sie das korrekte Ergebnis. Dem Operator für intelligente Vergleiche ist es egal, auf welcher Seite die Operanden in diesem Fall stehen:

```
use 5.010001;
my @zahlen  = qw( 1 2 3 27 42 );
my $ergebnis = max( @zahlen );
say "Das Ergebnis [$ergebnis] ist eine der eingegebenen Zahlen (@zahlen)"
    if $ergebnis ~~ @zahlen;
```

Der Operator für intelligente Vergleiche ist *kommutativ*. Das heißt nichts anderes, als dass die Reihenfolge der Operanden keine Rolle spielt (wie Sie vielleicht noch aus dem Mathematikunterricht wissen). Die Doppeltilde funktioniert wie eine Addition oder Multiplikation. Sie erhalten in beiden Fällen die gleiche Antwort. Dabei spielt es auch keine Rolle, welche Art von Vergleich durchgeführt wird. Die beiden folgenden Beispiele machen das Gleiche:

```
use 5.010;
say "Ich habe einen Namen gefunden, der auf 'Fred' passt." if $name ~~ /Fred/;
say "Ich habe einen Namen gefunden, der auf 'Fred' passt." if /Fred/ ~~ $name;
```

Präzedenz bei intelligenten Vergleichen

Nachdem Sie erfahren haben, wie der Operator für intelligente Vergleiche Ihnen eine Menge Arbeit ersparen kann, brauchen Sie nur noch zu wissen, welche Arten von Vergleichen Sie damit durchführen können. In der *perlsyn*-Manpage finden Sie unter der Überschrift »Smart matching in detail.« eine ausführliche Tabelle. In Tabelle 15-1 finden Sie einige der Dinge, die die Doppeltilde so kann.

Tabelle 15-1: Präzedenz bei intelligenten Mustervergleichen von Operandenpaaren

Beispiel	Art des Vergleichs
%a ~~ %b	Identische Schlüssel in beiden Hashes
%a ~~ @b oder @a ~~ %b	Mindestens ein Schlüssel von %a ist in @b enthalten
%a ~~ /Fred/ oder /Fred/ ~~ %b	Das Muster passt auf mindestens einen der Schlüssel
'Fred' ~~ %a	Der Hash-Schlüssel $a{Fred} existiert
@a ~~ @b	Arrays sind gleich

Tabelle 15-1: Präzedenz bei intelligenten Mustervergleichen von Operandenpaaren (Fortsetzung)

Beispiel	Art des Vergleichs
`@a ~~ /Fred/`	Auf mindestens eins der Elemente in @a passt das Suchmuster
`@a ~~ 123`	Mindestens eines der Elemente ist die Zahl 123
`@a ~~ 'Fred'`	Mindestens eines der Elemente ist die Zeichenkette 'Fred'
`$name ~~ undef`	$name ist nicht definiert
`$name ~~ /Fred/`	Mustervergleich
`123 ~~ '123.0'`	Numerische Gleichheit mit Zeichenkette, die "wie eine Zahl aussieht"
`'Fred' ~~ 'Fred'`	Gleichheit der Zeichenketten
`123 ~~ 456`	Numerische Gleichheit

Bei Vergleichen mit Hilfe der Doppeltilde durchsucht Perl die Tabelle von oben nach unten nach einer passenden Vergleichsmethode, die es für die zwei Operanden anwenden kann. Der erste passende Vergleich wird durchgeführt, wobei die Reihenfolge der Operanden manchmal eine Rolle spielt. Zum Beispiel bei einem intelligenten Vergleich eines Arrays mit einem Hash:

```
use 5.010001;
if ( @array ~~ %hash ) { ... }
```

Perl findet den Vergleich zwischen Array und Hash, der überprüft, ob mindestens eines der Elemente in @array einem Schlüssel in %hash entspricht. Das ist noch recht einfach, weil es für diese zwei Operanden nur eine Art von Vergleich gibt.

Der intelligente Vergleichsoperator ist nicht immer kommutativ, was, wie Sie sich vielleicht aus dem Mathematikunterricht erinnern, eine elegante Ausdrucksweise dafür ist, dass die Reihenfolge der Operanden egal ist. Wenn auf der linken Seite eine Zahl steht, bekommen Sie einen numerischen Vergleich, aber wenn links ein String steht, bekommen Sie einen Stringvergleich. Das Ergebnis des Vergleichs einer Zahl mit einem String fällt unterschiedlich aus, je nachdem, was zuerst kommt:

```
use 5.010001;

say "match number ~~ string" if 4 ~~ '4abc';
say "match string ~~ number" if '4abc' ~~ 4;
```

Man bekommt nur für einen der intelligenten Vergleiche ein Ergebnis zurück:

```
match string ~~ number
```

Ersteres ist ein Stringvergleich, obwohl eine Zahl auf der linken Seite steht. Der einzige Eintrag in der Präzedenztabelle mit einer Zahl »Num« auf der linken Seite erwartet auf der rechten Seite einen Operanden, der »wie eine Zahl aussieht«. Das 4abc sieht für Perl nicht genug nach einer Zahl aus, weshalb der intelligente Vergleich schließlich auf der untersten Stufe landet, wo irgendwas mit irgendwas verglichen wird. Die entsprechende Operation ist ein Stringvergleich.

Auf der linken Seite steht »irgendwas«, während auf der rechten Seite eine Zahl steht. Das liegt ein paar Stufen über dem Vergleich, der im Fall davor ausgelöst wurde.

Wie sieht es aber mit zwei Skalaren aus?

```
use 5.010001;
if ( $fred ~~ $barney ) { ... }
```

Auf den ersten Blick lässt sich nicht sagen, welche Art von Vergleich durchzuführen ist, weil Perl zuerst den Inhalt $fred und $barney untersuchen muss. Erst wenn Perl die tatsächlich enthaltenen Daten sieht, kann es entscheiden, ob ein zahlenmäßiger oder ein String-Vergleich durchgeführt werden soll.

Um zu ermitteln, wie $fred und $barney verglichen werden, untersucht Perl die enthaltenen Werte und befolgt dann die Regeln, die wir Ihnen gerade erklärt haben. Es durchläuft die Präzedenztabelle von oben nach unten, bis es ein passendes Szenario findet und wendet dann den entsprechenden Vergleich auf die Operanden an. Hierbei gibt es einen Trick: Perl kann bestimmte Zeichenketten als Zahlen erkennen, die im Perl-Slang als *numish* bezeichnet werden. Das heißt soviel wie »sieht aus wie eine Zahl«, z.B. '123', '3. 14149' und so weiter. Beide Beispiele stehen in Anführungszeichen; es sind also echte Zeichenketten. Sind beide Operanden Zahlen, oder sehen sie aus wie Zahlen, führt Perl einen numerischen Vergleich durch, ansonsten einen String-Vergleich.

Die given-Anweisung

Die given-when-Kontrollstruktur ermöglicht es Ihnen, einen Codeblock auszuführen, wenn die mit given angegebene Bedingung erfüllt ist. Dies ist Perls Entsprechung für die switch-Anweisung aus C – aber natürlich wesentlich »perliger«. Sie ist ein wenig extravaganter, und deshalb hat sie auch einen ausgefalleneren Namen.

Hier ein wenig Code, der in $ARGV[0] das erste auf der Kommandozeile angegebene Argument übernimmt und danach auf der Suche nach Fred eine Reihe von when-Bedingungen durchläuft. Jeder when-Block hat seine eigene Methode Fred zu finden. Die Stärke der Einschränkung nimmt nach unten hin zu:

```
use 5.010001;
given ( $ARGV[0] ) {
    when ( 'Fred' )   { say 'Der Name ist Fred'}
    when ( /fred/i )  { say 'Der Name enthält fred' }
    when ( /\AFred/ ) { say 'Der Name fängt mit Fred' an }
    default           { say 'Kein Fred zu finden' }
    }
```

Das Argument von given wird in $\_$ [1] zur Verfügung gestellt und jede der when-Bedingungen unternimmt damit einen impliziten intelligenten Mustervergleich. Mit einem expliziten intelligenten Mustervergleich sähe das vorige Beispiel in etwa so aus:

```perl
use 5.010001;
given( $ARGV[0] ) {
    when ( $_ ~~ 'Fred' )   { say 'Der Name ist Fred' }
    when ( $_ ~~ /\AFred/ ) { say 'Der Name beginnt mit Fred' }
    when ( $_ ~~ /fred/i )  { say 'Der Name enthält fred' }
    default                 { say 'Kein Fred zu finden' }
}
```

Konnte keine der when-Bedingungen für $\_$ erfüllt werden, wird der default-Block ausgeführt. Hier sehen Sie die Ausgabe von mehreren Versuchen:

```
$ perl5.10.1 switch.pl Fred
Der Name ist Fred
$ perl5.10.1 switch.pl Frederick
Der Name beginnt mit Fred
$ perl5.10.1 switch.pl Barney
Kein Fred zu finden
$ perl5.10.1 switch.pl Alfred
Der Name enthält fred
```

»Tolle Wurst«, könnten Sie jetzt sagen, »ich könnte dieses Beispiel genauso gut mit if-elsif-else schreiben.« Das nächste Beispiel macht exakt das. Diesmal verwenden wir ein weiteres neues Merkmal von Perl 5.10: die Möglichkeit, $\_$ mit my als lexikalische Variable zu deklarieren und damit sämtliche Regeln für den Geltungsbereich (»Scoping«) mit zu benutzen:[2]

```perl
use 5.010001;
{
my $_ = $ARGV[0]; # lexikalische Spezialvariable $_ ab Perl 5.10!
    if ( $_ ~~ 'Fred' )   { say 'Der Name ist Fred' }
elsif ( $_ ~~ /\AFred/ ) { say 'Der Name beginnt mit Fred' }
elsif ( $_ ~~ /fred/i )  { say 'Der Name enthält fred' }
else                     { say "Kein Fred zu finden" }
}
```

Wäre given tatsächlich nur eine andere Schreibweise für if-elsif-else, dann wäre das wirklich nicht weiter interessant. Tatsächlich kann given-when jedoch eine bestimmte Bedingung erfüllen und trotzdem die anderen ausprobieren. Im Gegensatz dazu führt if-elsif-else immer nur einen Block Code aus, wenn eine bestimmte Bedingung erfüllt ist.

---

1 Die Perl-Insider bezeichnen given als sogenannten *Topicalizer*, weil er sein Argument zum aktuellen Inhalt oder Thema (engl. »topic« – in Perl 6 einfach nur ein weiterer schicker Name für $\_$) macht.

2 Die speziellen Variablen von Perl sind globale Variablen, wie wir in Kapitel 4 gezeigt haben. Die Variable $\_$ ist allerdings so nützlich, dass Perl 5.10 Ihnen gestattet, sie auch lexikalisch zu benutzen. Sie können $\_$ aber auch auf einen bestimmten Geltungsbereich beschränken. So bleiben andere Programmteile von Perls Operatoren und eingebauten Funktionen, die $\_$ verwenden, ungestört.

Bevor wir weitermachen, sollten wir ein paar Dinge klarstellen, damit Sie wirklich alles verstehen, was hier passiert. Sofern Sie nichts anderes festlegen, wird am Ende jedes when-Blocks eine implizite break-Anweisung eingefügt. Hiermit wird Perl angewiesen, das given-when-Konstrukt zu verlassen und mit dem restlichen Code weiterzumachen. Das vorige Beispiel enthält also tatsächlich break-Anweisungen, auch wenn Sie diese nicht selbst einzugeben brauchen:

```
use 5.010001;
given( $ARGV[0] ) {
    when ( $_ ~~ 'Fred' )   { say 'Der Name ist Fred'; break }
    when ( $_ ~~ /fred/i )   { say 'Der Name enthält fred'; break }
    when ( $_ ~~ /\AFred/ ) { say 'Der Name beginnt mit Fred'; break }
    default                 { say "Kein Fred zu finden"; break }
    }
```

Das wird unserem Problem aber nicht wirklich gerecht. Die Vergleiche in unserem Beispiel werden in ihrer Reihenfolge immer spezieller. Sobald der Vergleich für /fred/i zutrifft, führt Perl keine der übrigen when-Überprüfungen mehr durch, sondern macht mit dem Rest des Programms weiter. Der Test, ob das Argument tatsächlich Fred ist, wird nicht durchgeführt, weil der erste when-Block die komplette Kontrollstruktur beendet.

Wenn Sie dagegen eine continue-Anweisung ans Ende der when-Blocks stellen, versucht Perl, auch die folgenden Vergleiche durchzuführen und den zuvor begonnenen Prozess zu wiederholen. Das kann if-then-else beispielsweise nicht. Ist ein anderer when-Block ebenfalls erfolgreich, führt Perl auch dessen Block aus (wobei auch hier am Ende jeweils ein implizites break steht, sofern Sie nicht etwas anderes sagen). Versehen Sie alle when-Blöcke mit einem continue, so probiert Perl sämtliche Möglichkeiten durch:

```
use 5.010001;
given ( $ARGV[0] ) {
    when ( $_ ~~ 'Fred' )   { say 'Der Name ist Fred'; continue }
    when ( $_ ~~ /fred/i )   { say 'Der Name enthält fred'; continue }
    when ( $_ ~~ /\AFred/ ) { say 'Der Name beginnt mit Fred'; continue } # Hoppla!
    default                 { say "Kein Fred zu finden" }
    }
```

Mit diesem Code gibt es allerdings ein kleines Problem. Jetzt wird bei jeder Ausführung auch der default-Block mit ausgeführt:

```
$ perl5.10.1 switch.pl Alfred
Der Name enthält fred
Kein Fred zu finden
```

Der default-Block funktioniert wie ein when, dessen Bedingung immer wahr ist. Besitzt der vorige when-Block eine continue-Anweisung, so wird automatisch auch der folgende default-Block ausgeführt. Es ist, als ob der default-Block eine weitere when-Anweisung wäre:

```
use 5.010001;
given ( $ARGV[0] ) {
    when ( $_ ~~ 'Fred' )   { say 'Der Name ist Fred'; continue }
```

```
    when ( $_ ~~ /\AFred/ ) { say 'Der Name beginnt mit Fred'; continue }
    when ( $_ ~~ /fred/i )  { say 'Der Name enthält fred'; continue } # Hoppla!
    when ( 1 == 1       )   { say "Kein Fred zu finden" } # default
    }
```

Das Problem können wir allerdings leicht umgehen, indem wir das letzte continue weglassen, wodurch der Prozess mit dem letzten when endet:

```
use 5.010001;
given ( $ARGV[0] ) {
    when ( $_ ~~ 'Fred' )   { say 'Der Name ist Fred'; continue }
    when ( $_ ~~ /\AFred/ ) { say 'Der Name beginnt mit Fred'; continue }
    when ( $_ ~~ /fred/i )  { say 'Der Name enthält fred'; break } # Alles OK!
    when ( 1 == 1       )   { say "Kein Fred zu finden" }
    }
```

Nachdem wir Ihnen alles gezeigt haben, was hinter den Kulissen vor sich geht, können wir unsere Anweisungen in der Schreibweise neu formulieren, die Sie in Ihren Programmen verwenden sollten:

```
use 5.010001;
given ( $ARGV[0] ) {
    when ( 'Fred' )   { say 'Der Name ist Fred'; continue }
    when ( /\AFred/ ) { say 'Der Name beginnt mit Fred'; continue }
    when ( /fred/i )  { say 'Der Name enthält fred'; }
    default           { say "Kein Fred zu finden" }
    }
```

»Dumme« Vergleiche

Trotz der Möglichkeit, mit given-when intelligente Vergleiche durchzuführen, können Sie auch weiterhin die bereits bekannten »dummen« Vergleiche verwenden. Dabei sind diese natürlich nicht wirklich dumm, sondern einfach nur die bereits bekannten regulären Ausdrücke. Sieht Perl einen expliziten Vergleichsoperator (jeglicher Art) oder den Bindungsoperator, macht es einfach, dass was diese Operatoren sonst auch tun:

```
use 5.010001;
given ( $ARGV[0] ) {
    when ( $_ eq 'Fred' ) { say 'Der Name ist Fred'; continue }
    when ( $_ =~ /\AFred/ ) { say 'Der Name beginnt mit Fred'; continue }
    when ( $_ =~ /fred/i ) { say 'Der Name enthält fred' }
    default                { say "Kein Fred zu sehen" }
    }
```

Sie können sogar beide Arten von Vergleichen miteinander mischen. Die einzelnen when-Ausdrücke ermitteln dabei selbst, welcher Vergleich im Einzelnen durchgeführt werden soll.

```
use 5.010001;
given ( $ARGV[0] ) {
    when ( 'Fred' )          { #intelligent
        say 'Der Name ist Fred'; continue }
```

```
when ( $_ =~ /\AFred/ ) { #dumm
    say 'Der Name beginnt mit Fred'; continue }
when ( /fred/i )        { #intelligent
    say 'Der Name enthält fred' }
default                 { say "Kein Fred zu finden" }
}
```

Beachten Sie, dass es für Mustervergleiche keinen Unterschied zwischen intelligenten und dummen Vergleichen gibt, weil der Operator für reguläre Ausdrücke bereits standardmäßig mit $_ arbeitet.

Der Operator für intelligente Vergleiche findet *gleiche* Dinge (oder zumindest fast gleiche). Er kann daher nicht für Tests auf »größer als« oder »kleiner als« verwendet werden. Für diese Fälle müssen Sie die expliziten Vergleichsoperatoren einsetzen:

```
use 5.010001;
given ( $ARGV[0] ) {
    when ( ! /\A-?\d+\.\d+\z/ ) { #intelligent
        say 'Keine Zahl!' }
    when ( $_ > 10 )            { #dumm
        say 'Zahl ist größer als 10'  }
    when ( $_ < 10 )            { #dumm
        say 'Zahl ist kleiner als 10' }
    default                     { say 'Zahl ist 10' }
}
```

Unter bestimmten Umständen verwendet Perl automatisch dumme Vergleiche, beispielsweise bei der Verwendung des Rückgabewerts einer Subroutine[3] in einem when-Block. In diesem Fall überprüft Perl den Rückgabewert darauf, ob er wahr oder falsch ist:

```
use 5.010001;
given ( $ARGV[0] ) {
    when ( name_enthaelt_fred( $_ ) ) { #dumm
        say 'Der Name enthält fred'; continue }
}
```

Die Subroutinen-Regel gilt auch für die eingebauten Perl-Funktionen defined, exists und eof, die ebenfalls wahr oder falsch zurückgeben.

Verneinte Ausdrücke, inklusive negierte reguläre Ausdrücke (!~) verwenden ebenfalls keine intelligenten Vergleiche. Diese Fälle funktionieren wie die Bedingungen für Kontrollstrukturen, die Sie in den vorigen Kapiteln bereits gesehen haben:

```
use 5.010001;
given( $ARGV[0] ) {
    when( ! $boolean ) { #dumm
        say 'Der Name enthält fred' }
    when( ! /fred/i   ) { #dumm
        say 'Kein Fred zu finden' }
}
```

---

3 Auch für Methodenaufrufe verwendet Perl keine intelligenten Vergleiche. Allerdings kommen wir erst im Buch *Einführung in Perl-Objekte, Referenzen & Module* (O'Reilly) zur objektorientierten Programmierung.

when mit vielen Elementen verwenden

Gelegentlich wollen Sie eine große Anzahl von Elementen verarbeiten, given kann aber immer nur eine Sache übernehmen. In diesem Fall könnten Sie given mit einer foreach-Schleife umgeben. Um beispielsweise alle Elemente in @namen zu bearbeiten, könnten Sie $name das aktuelle Element der Variablen zuweisen dieses dann für given verwenden:

```
use 5.010001;
foreach my $name ( @namen ) {
    given( $name ) {
        ...
        }
    }
```

Sie ahnen es schon ... auch das ist zu viel Arbeit. (Haben Sie denn immer noch nicht genug davon?) Wir speichern also das aktuelle Element von @namen in $_, damit auch given darauf zugreifen kann. Das klingt immer noch zu kompliziert und das ist es auch. Perl ist schlauer (was haben Sie anderes erwartet?):

Um mehrere Elemente zu verarbeiten, brauchen Sie given gar nicht. Lassen Sie einfach foreach das aktuelle Element in $_ ablegen. Für intelligente Vergleiche muss das aktuelle Element sowieso in $_ stehen.

```
use 5.010001;
foreach ( @names ) { # keine benannte Variable verwenden!
    when ( /fred/i )  { say 'Der Name enthält fred'; continue }
    when ( /\AFred/ ) { say 'Der Name beginnt mit Fred'; continue }
    when ( 'Fred'   ) { say 'Der Name ist Fred'; }
    default           { say 'Kein Fred zu finden' }
    }
```

Wenn Sie eine längere Namensliste abarbeiten wollen, scheint es sinnvoll, den aktuellen Namen mit auszugeben. Hierfür können Sie den foreach-Block z.B. um eine say-Anweisung erweitern:

```
use 5.010001;
foreach ( @namen ) { # keine benannte Variable verwenden!
    say "\nAktueller Name ist $_";

    when ( /fred/i )  { say 'Der Name enthält fred'; continue }
    when ( /\AFred/ ) { say 'Der Name beginnt mit Fred'; continue }
    when ( 'Fred'   ) { say 'Der Name ist Fred'; }
    default           { say 'Kein Fred zu finden' }
    }
```

Sie können zwischen den when-Blöcken sogar zusätzliche Anweisungen, z.B. Debugging-Meldungen einfügen, bevor die default-Zeile kommt (die Sie ebenfalls mit when verwenden können):

```
use 5.010001;
foreach ( @namen ) { # keine benannte Variable verwenden!
    say "\nAktueller Name ist $_";
```

```
when ( /fred/i  )  { say 'Der Name enthält fred'; continue }
when ( /\AFred/ ) { say 'Der Name beginnt mit Fred'; continue }
when ( 'Fred'   )  { say 'Der Name ist Fred'; }
say "Standardwert aus default-Block ...";
default            { say "Kein Fred zu finden" }
}
```

Übungen

Die Antworten zu den folgenden Übungen finden Sie in Anhang A.

1. [15] Passen Sie das Programm zum Erraten der Zahlen aus den Übungen 1 und 2 in Kapitel 10 so an, dass given verwendet wird. Wie würden Sie mit nicht numerischen Eingaben umgehen? Sie müssen nicht unbedingt intelligente Vergleiche verenden.

2. [15] Schreiben Sie unter Verwendung von given-when ein Programm, das eine Zahl als Eingabe übernimmt. Ist die Zahl durch 3 teilbar, soll »yabba« ausgegeben werden, ist sie durch 5 teilbar »dabba« und bei einer durch 7 teilbaren Zahl »duuuh«. Für 15 sollte beispielsweise »Yabba Dabba« ausgegeben werden, weil sie durch 3 und durch 5 teilbar ist. Was ist die erste Zahl, für die »yabba dabba duuuh« ausgegeben wird?

3. [15] Schreiben Sie unter Verwendung von for-when ein Programm, dass von der Kommandozeile eine Liste mit Dateinamen übernimmt. Für jede Datei soll ausgegeben werden, ob die Datei les-, schreib- oder ausführbar ist. Sie müssen hierfür keine intelligenten Vergleiche verwenden.

4. [20] Verwenden Sie given und intelligente Vergleiche, um ein Programm zu schreiben, das sämtliche Zahlen ausgibt, durch die eine auf der Kommandozeile angegebene Zahl teilbar ist (»Divisoren«, außer der 1 und der Zahl selbst). Für die Zahl 99 sollte das Programm beispielsweise die Zahlen 3, 9, 11 und 33 ausgeben. Ist die Zahl eine Primzahl (und besitzt daher keine Divisoren), sollte stattdessen eine entsprechende Meldung ausgegeben werden. Ist das auf der Kommandozeile angegebene Argument keine Zahl, sollte nicht versucht werden, die Divisoren zu berechnen, sondern stattdessen eine Fehlermeldung ausgegeben werden. Das ist zwar auch mit if und dummen Vergleichen möglich, aber Sie sollten für diese Übung ausschließlich intelligente Vergleiche einsetzen.

   Als kleine Hilfestellung hier eine Subroutine, die eine Liste der Divisoren für eine bestimmte Zahl zurückgibt. Hierbei werden alle Zahlen durchprobiert, die kleiner sind als die Hälfte von $zahl:

```
sub divisoren {
    my $zahl = shift;
    my @divisoren = ();
    foreach my $divisor ( 2 .. ( $zahl/2 ) ) {
        push @divisoren, $divisor unless $zahl % $divisor;
        }
    return @divisoren;
    }
```

5. [20] Passen Sie das Programm aus der vorigen Übung so an, dass außerdem ausgegeben wird, ob die Zahl gerade oder ungerade ist, ob es sich um eine Primzahl handelt
(d.h. es gibt keine Divisoren außer 1 und der Zahl selbst) und ob sie durch Ihre Lieblingszahl teilbar ist. Auch hier sollten Sie ausschließlich intelligente Vergleiche verwenden.

Prozessverwaltung

Eine der schönsten Sachen für Programmierer ist es, den Code anderer Leute zu starten, ohne ihn selbst schreiben zu müssen. Es ist Zeit zu lernen, wie Sie mit Kindern[1] umgehen, indem Sie andere Programme direkt von Perl aus starten.

Wie bei allem in Perl gibt es auch hier mehr als einen Weg, das zu tun, inklusive einer Menge an Überschneidungen und speziellen Features. Wenn Ihnen die erste Möglichkeit nicht gefällt, lesen Sie einfach ein paar Seiten weiter, bis Sie eine Lösung finden, die Ihnen zusagt.

Perl ist sehr portabel. Im Rest dieses Buchs werden Sie nur an wenigen Stellen Hinweise finden, dass etwas unter Unix auf diese Art funktioniert und auf jene unter Windows und wieder anders unter VMS. Wenn Sie jedoch von Ihrem Programm aus andere Programme aufrufen wollen, werden sich diese auf dem Macintosh vermutlich von denen auf einem Cray unterscheiden. Die Beispiele in diesem Kapitel sind hauptsächlich Unix-basiert. Falls Sie nicht mit Unix arbeiten, können Sie davon ausgehen, dass es einige Unterschiede gibt.

Die Funktion system

Der einfachste Weg, in Perl einen Kindprozess zu erzeugen, der ein Programm ausführt, ist die Verwendung der Funktion system. Um zum Beispiel das Unix-Kommando date von Perl aus aufzurufen, teilen Sie system mit, dass dies das Programm ist, das Sie starten wollen:

```
system 'date';
```

Dieser Befehl wird vom *Elternprozess* ausgeführt. Hierbei erstellt der Befehl system eine identische Kopie Ihres Perl-Programms, den so genannten Kindprozess. Dieser Kindprozess verwandelt sich augenblicklich in den Befehl, den Sie ausführen wollen (z. B. *date*),

---

1   Wir meinen natürlich Kindprozesse.

und erbt dabei Standardeingabe, -ausgabe und Standardfehlerausgabe von Perl. Das bedeutet, dass die von date erzeugten Daten nun an dem Ort landen, der durch das STDOUT von Perl definiert ist.

Der Parameter für die system-Funktion entspricht normalerweise der Eingabe auf der Shell. Wenn wir ein komplexeres Kommando, zum Beispiel ls -l $HOME, ausführen wollten, müssten wir alle diese Dinge als Parameter angeben:

```
system 'ls -l $HOME';
```

Wir müssen hier einfache Anführungszeichen benutzen, da $HOME eine Shell-Variable ist. Hätten wir doppelte Anführungszeichen benutzt, hätte die Shell das Dollarzeichen nie zu Gesicht bekommen, da Perl bereits versucht hätte, die Variable zu interpolieren. Alternativ dazu kommt auch noch die folgende Schreibweise infrage:

```
system "ls -l \$HOME";
```

Aber das kann schnell zu Verwirrung führen.

Das normale Unix-Kommando date gibt einfach nur etwas aus. Aber nehmen wir einmal an, das Kommando wäre etwas gesprächiger und würde uns fragen: »Welche Zeitzone soll benutzt werden?«[2] Diese Meldung wird auf der Standardausgabe angezeigt. Daraufhin »lauscht« das Programm an der (von Perl geerbten) Standardeingabe auf eine Antwort. Sie sehen die Frage und geben die Antwort ein (z. B. »Ostfriesland-Zeit«), woraufhin date seine Aufgabe zu Ende bringt.

Während der Kindprozess läuft, wartet Perl geduldig, bis die Aufgabe beendet ist. Wenn die Ausführung von date 37 Sekunden dauert, pausiert Perl für diese Zeit. Sie können aber die Shell dazu bringen, diesen Prozess als Hintergrundprozess auszuführen:[3]

```
system "lange_dauernder_prozess mit parametern &";
```

Hier wird die Shell gestartet, die dann das Ampersand-Zeichen am Ende der Kommandozeile bemerkt, wodurch lange_dauernder_prozess im Hintergrund ausgeführt wird. Dadurch wird die Shell wesentlich schneller beendet, und Perl macht mit der Ausführung des Programms weiter. In diesem Fall ist lange_dauernder_prozess eigentlich sogar ein Enkel des Perl-Prozesses. Perl nimmt von diesem Prozess keinerlei Notiz mehr und kann auch nicht darauf zugreifen.

---

2 Soweit wir wissen, hat bisher noch niemand ein solches *date*-Kommando geschrieben.

3 Verstehen Sie, was wir mit der Abhängigkeit vom System meinen? Die Unix-Shell (*/bin/sh*) erlaubt es, das Ampersand zu benutzen, um einen Hintergrundprozess zu erzeugen. Wenn Ihr Nicht-Unix-System dieses Verfahren nicht unterstützt, können Sie auf diese Art keine Hintergrundprozesse erzeugen.

Wenn das Kommando »einfach genug« ist, wird nicht extra eine Shell benutzt. Für Dinge wie date und ls wird das Kommando direkt von Perl aufgerufen. Falls erforderlich, werden die in der geerbten Umgebungsvariable PATH[4] stehenden Informationen durchsucht, um das Kommando zu finden. Sobald der String aber etwas Seltsames findet (zum Beispiel Shell-Metazeichen wie ein Dollarzeichen, ein Semikolon oder einen vertikalen Balken), ruft Perl die Standard-Bourne-Shell (*/bin/sh*[5]) auf, um sich mit den komplizierten Dingen zu beschäftigen. In diesem Fall ist die Shell der Kindprozess, und die ausgeführten Kommandos sind die Enkel (oder weiter entfernte Nachkommen). So können Sie ein komplettes kleines Shell-Skript als Argument übergeben:[6]

```
system 'for i in *; do echo == $i ==; cat $i; done';
```

Auch hier benutzen wir einfache Anführungszeichen, da die Dollarzeichen für die Shell bestimmt sind und nicht für Perl. Doppelte Anführungszeichen hätten dafür gesorgt, dass Perl die Variable $i durch seinen Wert ersetzt hätte, die Shell also keine Chance gehabt hätte, ihren eigenen Wert zu benutzen.[7] Dieses kleine Shell-Skript durchläuft übrigens alle Dateien im gegenwärtigen Verzeichnis und gibt jeweils ihren Namen und ihren Inhalt aus. Probieren Sie es aus, wenn Sie uns nicht glauben.

Die Shell vermeiden

Die Funktion system kann auch mit mehr als einem Argument aufgerufen werden.[8] Dabei wird keine Shell gestartet, egal wie kompliziert der Text ist:[9]

```
my $tar_datei = 'irgendwas*fieses.tar';
my @verzeichnisse = qw(fred|feuerstein <barney&geroellheimer> betty );
system 'tar', 'cvf', $tar_datei, @verzeichnisse;
```

In diesem Fall gibt der erste Parameter ('tar') den Namen eines Kommandos an, das im normalen PATH-Suchpfad zu finden ist. Die übrigen Argumente werden nacheinander direkt an dieses Kommando übergeben. Selbst wenn diese Argumente Zeichen enthalten, die für eine Shell eine Sonderbedeutung haben könnten, wie zum Beispiel der Name in

---

4   Der Suchpfad lässt sich jederzeit anpassen, indem Sie $ENV{'PATH'} ändern. Dabei handelt es sich um eine vom Elternprozess (normalerweise von der Shell) geerbte Umgebungsvariable. Die Änderung wird an alle folgenden Kindprozesse weitervererbt, hat aber keine Wirkung auf vorherige Elternprozesse. Der PATH-Suchpfad ist eine Liste von Verzeichnissen, in denen (selbst auf einigen Nicht-Unix-Systemen) nach ausführbaren Programmen gesucht wird.

5   Oder was auch immer beim Kompilieren von Perl festgelegt wurde. Auf Unix-Systemen ist es fast immer */bin/sh*.

6   Im CPAN gibt es ein Programm, das Shell-Code in Perl-Befehle konvertiert. Randal hat es an einem sehr denkwürdigen Tag hochgeladen. Es benutzt für seine Aufgabe genau diesen Trick.

7   Wenn Sie $i auf '$i' gesetzt hätten, würde das Ganze sowieso funktionieren, und zwar so lange, bis der Wartungsprogrammierer die Zeile sieht und aus dem Programm »herausoptimiert«.

8   Oder Sie benutzen einen Parameter als »indirektes Objekt«, wie zum Beispiel in der Anweisung system { 'fred' } 'barney';, bei der eigentlich das Programm barney ausgeführt wird. Die Anweisung macht barney jedoch glauben, es sei fred. Weitere Informationen finden Sie in der *perlfunc*-Manpage.

9   Sehen Sie sich für mehr Details bitte das Kapitel über Sicherheit in *Mastering Perl* an.

$tar_datei oder die Namen in @verzeichnisse, hätte die Shell keine Chance, diesen String falsch zu interpretieren. Dem tar-Kommando werden also fünf Argumente übergeben. Vergleichen Sie das mit diesem Sicherheitsproblem:

```
system "tar cvf $tar_datei @verzeichnisse";  # Hoppla!
```

Hier haben wir über eine Pipe eine Reihe von Sachen an das feuerstein-Kommando übergeben, dieses als Hintergrundprozess weiterlaufen lassen und schließlich die Datei *betty* für eine Ausgabe geöffnet. Die Auswirkungen sind relativ harmlos, aber was wäre, wenn @verzeichnisse ein bisschen interessanter wäre, so zum Beispiel:

```
my @verzeichnisse = qw( ; rm -rf / );
```

Es spielt keine Rolle, dass @verzeichnisse eine Liste ist, da Perl sie einfach in einen einzelnen String interpoliert, der an system weitergegeben wird.

Das kann einem schon Angst machen,[10] besonders wenn die Variablen aus Benutzereingaben stammen, wie etwa einem Webformular oder etwas Ähnlichem. Wenn Sie es also einrichten können, system in der Form mit mehreren Argumenten aufzurufen, ist das vermutlich der bessere Weg, einen Subprozess zu starten. (Dabei müssen Sie allerdings darauf verzichten, dass die Shell die I/O-Umleitungen, Hintergrundprozesse usw. für Sie übernimmt.)

Aus Redundanzgründen ist der Aufruf von system mit nur einem Argument fast das Gleiche wie die korrekte Version mit mehreren Argumenten:

```
system $kommando_zeile;
system '/bin/sh', '-c', $kommando_zeile;
```

Die zweite Version wird aber so gut wie nie benutzt, es sei denn, Sie wollten Ihre Eingaben von einer anderen Shell bearbeiten lassen, zum Beispiel der C-Shell:

```
system '/bin/csh', '-fc', $kommando_zeile;
```

Auch diese Vorgehensweise ist ziemlich selten, da die Einzig Wahre Shell[11] wesentlich mehr Flexibilität bietet, insbesondere was die Skripting-Möglichkeiten angeht.

Der Rückgabewert hängt vom Exit-Status des erzeugten Kindprozesses ab.[12] Unter Unix bedeutet ein Exit-Status von 0, dass alles in Ordnung ist; ein anderer Wert weist auf einen Fehler hin.

---

10 Es sei denn, Sie benutzen Taint-Checking und haben alles getan, um im Vorfeld sicherzustellen, dass der Benutzer Ihnen nichts Böses will.

11 Das ist normalerweise */bin/sh* oder was auf Ihrem Unix-System der Bourne-Shell am nächsten kommt. Ist auf Ihrem System keine Einzig Wahre Shell installiert, ermittelt Perl, welcher andere Kommandozeilen-Interpreter aufgerufen werden soll. Das kann einige bemerkenswerte Folgen haben. Diese werden in der Dokumentation zu der von Ihnen verwendeten Perl-Portierung erläutert.

12 Dabei handelt es sich um den »wait«-Status. Das ist der exit-Status des Kindprozesses, multipliziert mit 256 (plus 128, wenn ein Coredump ausgelöst wurde). Wurde die Beendigung durch ein Signal ausgelöst, wird außerdem noch die Nummer dieses Signals hinzuaddiert. Diese Details überprüfen wir jedoch nur äußerst selten, ein boolescher wahr/falsch-Wert reicht bei fast allen Anwendungen aus.

```
unless (system "date") {
  # Rückgabewert war 0 - erfolgreich
  print "Sie haben das Datum erhalten. Alles in Ordnung!\n";
}
```

Beachten Sie, dass wir hier das Gegenteil des sonst üblichen »Wahr ist gut – falsch ist schlecht«-Prinzips vor uns haben. Wollen wir also eine Anweisung im typischen »Tu dies oder stirb (die)«-Stil schreiben, müssen wir wahr und falsch vertauschen. Am einfachsten geht das, indem wir dem system-Operator ein Ausrufezeichen (logisches NICHT) voranstellen:

```
!system 'rm -rf diese dateien loeschen'
  or die 'Irgendetwas ist schiefgelaufen.';
```

In diesem Fall wäre die Benutzung von $! in der Fehlermeldung nicht angemessen, weil die Fehlerquelle mit größter Wahrscheinlichkeit mit dem externen rm-Kommando zu tun hat. Stünde das Problem dagegen mit einem Aufruf von system innerhalb des Perl-Programms in Zusammenhang, könnte $! hier Klarheit schaffen.

Die Funktion exec

Alles, was wir bisher bezüglich der Schreibweise und Bedeutung über die system-Funktion gesagt haben, gilt auch für die Funktion exec, bis auf einen (wichtigen) Unterschied: system erzeugt einen Kindprozess, der sich darum kümmert, die Anweisung auszuführen, während Perl sich ein bisschen ausruht. Die Funktion exec sorgt jedoch dafür, dass der Perl-Prozess selbst diese Aufgabe übernimmt. Stellen Sie sich das eher wie eine »goto«-Anweisung vor und nicht wie einen Subroutinenaufruf.

Im nächsten Beispiel wollen wir das steintal-Kommando im /tmp-Verzeichnis aufrufen. Diesem Kommando sollen die Argumente -o args1 übergeben werden, gefolgt von den Argumenten, mit denen unser Programm aufgerufen wurde. Das würde dann so aussehen:

```
chdir '/tmp' or die "Kein chdir nach /tmp möglich: $!";
exec 'steintal', '-o', 'args1', @ARGV;
```

Erreichen wir in unserem Programm die exec-Anweisung, sucht Perl das steintal-Kommando und »springt« direkt hinein. Ab diesem Punkt gibt es keinen Perl-Prozess mehr, sondern nur noch einen Prozess, der das steintal-Kommando ausführt.[13] Das bedeutet: Nachdem das Kommando ausgeführt wurde, wird nicht zum Perl-Programm zurückgekehrt.

Diese Möglichkeit ist besonders dann sinnvoll, wenn Ihr Perl-Programm eine bestimmte Umgebung erzeugen soll, in der das externe Programm ausgeführt werden soll. Sie kön-

---

[13] Das ist eigentlich der gleiche Prozess, der auch den Unix-exec(2)-Aufruf (oder etwas Entsprechendes) durchgeführt hat. Die Prozess-ID bleibt dabei gleich.

nen die Umgebungsvariablen beeinflussen und das aktuelle Arbeitsverzeichnis sowie die Standard-Datei-Handles verändern:

```
$ENV{PATH} = "/bin:/usr/bin";
$ENV{DEBUG} = 1;
$ENV{ROCK} = "granit";

chdir '/Users/fred';
open STDOUT, ">", "/tmp/granit.out";

exec "steintal";
```

Wenn wir hier system anstelle von exec benutzt hätten, müsste Perl jetzt so lange herumstehen und Däumchen drehen, bis das andere Programm beendet wird. Erst dann würde auch Perl beendet. Dadurch würden wertvolle Ressourcen sinnlos verschwendet.

Es kommt allerdings eher selten vor, dass exec benutzt wird, außer im Zusammenhang mit fork (das Sie später kennenlernen werden). Wenn Sie sich jetzt fragen, ob Sie system oder exec benutzen sollen, ist system fast immer die richtige Wahl.

Nach dem Aufruf von exec hat Perl keinerlei Kontrolle mehr über das externe Programm. Es ist sinnlos, nach einem Aufruf weiteren Perl-Code in Ihrem Programm ausführen zu wollen, abgesehen von der Fehlerbehandlung für den Fall, dass das Kommando nicht ausgeführt werden konnte:

```
exec "date";
die "Konnte date nicht starten: $!";
```

Umgebungsvariablen

Wenn Sie (mit einer der oben beschriebenen Methoden) einen neuen Prozess starten, kann es nötig werden, die Umgebungsvariablen auf die eine oder andere Art einzurichten. Sie können den Prozess in einem bestimmten Arbeitsverzeichnis starten, das er von Ihrem Prozess erbt. Ein weiteres häufiges Detail der Konfiguration sind Umgebungsvariablen.

Eine der bekanntesten Umgebungsvariablen ist PATH. (Wenn Sie noch nicht davon gehört haben, haben Sie vermutlich bis jetzt noch nicht mit Systemen gearbeitet, die Umgebungsvariablen benutzen.) Unter Unix und ähnlichen Systemen enthält PATH eine durch Doppelpunkte getrennte Liste von Verzeichnissen, in denen nach Kommandos gesucht werden soll. Wenn Sie beispielsweise das Kommando rm fred eingeben, versucht das System, das Kommando rm in einem Verzeichnis dieser Liste zu finden. Perl (oder Ihr System) konsultiert PATH immer dann, wenn ein auszuführendes Programm gefunden werden soll. Führt dieses Programm seinerseits andere Programme aus, werden auch diese in den in PATH stehenden Verzeichnissen gesucht. (Wenn Sie einen vollständigen Namen für das Kommando angeben, wie etwa /bin/echo, besteht kein Bedarf mehr für die Verwendung von PATH. Das ist in der Regel aber nicht so bequem.)

Wie Sie vermutlich noch aus Kapitel 6 wissen, werden sämtliche Umgebungsvariablen in Perl im speziellen Hash %ENV vorgehalten. Jeder Schlüssel in dem Hash entspricht dabei einer Umgebungsvariablen. Beim Programmstart enthält %ENV die vom Elternprozess (meistens von einer Shell) geerbte Umgebung. Änderungen, die in diesem Hash vorgenommen werden, beeinflussen die Umgebungsvariablen der Prozesse, die Ihr Programm startet, sowie vermutlich auch die Umgebung Ihres Programms. Nehmen wir einmal an, Sie sollten das Hilfsprogramm make ausführen (das seinerseits andere Programme ausführt), wobei aber zuerst in einem privaten Verzeichnis nach Kommandos (inklusive make) gesucht werden soll. Wenn Sie Ihr Kommando ausführen, soll aber die Umgebungsvariable IFS nicht gesetzt werden, da sonst make oder irgendein Unterkommando nicht korrekt arbeiten würde. Das geht folgendermaßen:

```perl
$ENV{'PATH'} = "/home/duennbier/bin:$ENV{'PATH'}";
delete $ENV{'IFS'};
my $make_ergebnis = system 'make';
```

Neu erzeugte Prozesse erben von ihrem Elternprozess die Umgebungsvariablen, das gegenwärtige Arbeitsverzeichnis, die Standardein- und -ausgabe, die Standardfehlerausgabe und ein paar etwas esoterischere Dinge. Weitere Details finden Sie in der Dokumentation zur Programmierung auf Ihrem System. (Auf den meisten Systemen ist es nicht möglich, die Umgebungsvariablen der Shell oder anderer Elternprozesse zu ändern, die Ihr Programm gestartet haben.)

Backquotes zum Abfangen von Ausgaben benutzen

Mit system und exec wird für die Ausgaben externer Kommandos die Standardausgabe des aufrufenden Prozesses (in diesem Fall also Ihres Programms) benutzt. Gelegentlich wollen Sie die Ausgabe aber auch als String in Ihrem Programm weiterverarbeiten. Das funktioniert ganz einfach, indem Sie das auszuführende Kommando in Backquotes schreiben:

```perl
my $jetzt = `date`;          # Ausgabe von date in $jetzt ablegen
print "Es ist jetzt $jetzt";
# ein Newline-Zeichen ist bereits in der Ausgabe enthalten
```

Normalerweise gibt date einen String von etwa 30 Zeichen Länge auf seiner Standardausgabe aus, der das gegenwärtige Datum und die Uhrzeit enthält, gefolgt von einem Newline-Zeichen. Durch die Backquotes können wir Ausgaben, die das Kommando in seine Standardausgabe schreibt, »abfangen« und in unserem Programm als String weiterverarbeiten. In unserem Beispiel weisen wir diesen Wert der Variablen $jetzt zu.

Das funktioniert ähnlich wie die Backquotes der Unix-Shell. Bei der Verwendung von Backquotes auf der Shell wird jedoch das Newline-Zeichen am Ende entfernt, um eine Verwendung als Teil von etwas anderem zu erleichtern. Perl dagegen ist ehrlich und gibt Ihnen die ganze Ausgabe. Um in Perl das gleiche Ergebnis zu erhalten wie auf der Shell, müssen wir noch ein zusätzliches chomp einbauen:

```
chomp(my $jetzt_ohne_newline = `date`);
print "Gerade eben war es $jetzt_ohne_newline, glaube ich.\n";
```

Der Wert zwischen den Backquotes funktioniert wie der Aufruf von system mit nur einem Argument.[14] Er wird wie ein String in doppelten Anführungszeichen interpretiert. Backslash-geschützte Zeichen und Variablen werden also entsprechend interpoliert.[15] Um zum Beispiel die Dokumentation für eine Liste von Perl-Funktionen einzulesen, können wir das *perldoc* mehrere Male hintereinander aufrufen, wobei jedes Mal ein neues Argument übergeben wird:

```
my @funktionen = qw{ int rand sleep length hex eof not exit sqrt umask };
my %doku;

foreach (@funktionen) {
  $doku{$_} = `perldoc -t -f $_`;
}
```

Bei jedem Aufruf enthält $_ einen anderen Wert. Wir führen das gleiche Kommando also mehrmals hintereinander aus, wobei sich jeweils immer nur ein Parameter ändert. Falls Sie einige dieser Funktionen noch nicht kennen, könnte es nützlich sein, sie in der Dokumentation nachzuschlagen, um ihre Funktionsweise kennenzulernen.

Anstelle der Backquotes kann man auch den allgmeinen Quoting-Operator qx() verwenden:

```
foreach (@funktionen) {
  $doku{$_} = qx(perldoc -t -f $_);
}
```

Wie andere allgemeine Quotes verwenden Sie auch diese Form hauptsächlich, wenn das allgemein Quote-Zeichen selbst Teil des Inhalts ist. Soll Ihr Befehl beispielsweise ein Backquote-Zeichen enthalten, müssten Sie dieses erst mühsam mit einem Backslash schützen. Das können Sie sich ersparen, wenn Sie die qx()-Schreibweise verwenden. Daneben haben allgemeine Quotes noch einen weiteren Vorteil: Wenn Sie einfache Anführungszeichen als Trennzeichen benutzen, wird der Inhalt nicht interpoliert. Wollen Sie beispielsweise die Prozess-ID der Shell ausgeben und nicht die von Perl, können Sie qx() verwenden, um die Interpolierung zu verhindern:

```
my $ausgabe = qx'echo $$';
```

Auch auf die Gefahr hin, Ihnen schlechtes Benehmen beizubringen, indem wir zeigen, wie man es nicht machen sollte: Benutzen Sie bitte keine Backquotes, wenn der Wert nicht in irgendeiner Form weiterbenutzt wird.[16]

```
print "sumselprunz wird gestartet:\n";
`sumselprunz -aktiv`; # Machen Sie das bitte nicht!
print "Fertig!\n";
```

---

14 Das heißt, es wird prinzipiell von der Einzig Wahren Shell (*/bin/sh*) oder etwas Entsprechendem ausgeführt.

15 Wenn Sie einen literalen Backslash übergeben wollen, müssen Sie zwei dafür schreiben. Brauchen Sie zwei Backslashes (was auf Windows-Systemen keine Seltenheit ist), müssen Sie vier übergeben.

16 Das nennt man einen »void-Kontext«.

Das Problem besteht darin, dass Perl härter arbeiten muss, um die Ausgaben abzufangen, selbst wenn Sie diese nicht weiterverarbeiten. Außerdem haben Sie keine Möglichkeit, die Argumentenliste genau zu steuern, da im Unterschied zu system nur ein Argument übergeben werden kann. Benutzen Sie also aus Sicherheits- und Effizienzgründen in dieser Situation lieber system.

Die Standardfehlerausgabe eines in Backquotes stehenden Kommandos geht genau dahin, wo auch die von Perl landet. Gibt das Kommando seine Fehlermeldungen normalerweise auf der Standardfehlerausgabe aus, werden sie wahrscheinlich auf dem Bildschirm des Benutzers ausgegeben. Das kann besonders dann verwirrend sein, wenn der Benutzer das sumselprunz-Kommando nicht selbst aufgerufen hat, aber trotzdem seine Fehlermeldungen zu sehen bekommt. Wenn Sie die Fehlermeldungen auf der Standardausgabe ausgeben wollen, können Sie diese mit dem Unix-Kommando 2>&1 umleiten.

```
my $ausgabe_mit_fehlermeldungen = `sumselprunz -aktiv 2>&1`;
```

Dadurch werden die Standardfehlerausgabe und die Standardausgabe, ähnlich wie im Terminal, auf demselben Kanal ausgegeben, wobei die Reihenfolge hier aufgrund der Pufferung eventuell anders ist. Wollen Sie die Ausgaben und die Fehlermeldungen des aufgerufenen Programms getrennt halten, gibt es eine Reihe flexiblerer Lösungen.[17]

In ähnlicher Weise erbt das aufgerufene Programm auch die Standardeingabe von Ihrem Programm. Die Programme, die mit Backquotes aufgerufen werden, nehmen aber keine Eingaben von der Standardeingabe entgegen, so dass es damit selten Probleme gibt. Hätten wir aber beispielsweise ein date-Kommando, das uns nach einer Zeitzone fragt (wie wir es uns weiter vorn vorgestellt haben), gäbe es jetzt ein Problem. Das Kommando fordert Sie auf, eine Zeitzone anzugeben. Diese Aufforderung wird in die Standardausgabe geschrieben und von unserem Programm abgefangen. Daraufhin versucht date, von der Standardeingabe die Angaben des Benutzers entgegenzunehmen. Dieser hat aber keine Ahnung, dass er überhaupt etwas eingeben soll. Stattdessen wird er sich bei Ihnen melden, um Ihnen mitzuteilen, dass sich Ihr Programm offenbar aufgehängt hat.

Lassen Sie also am besten Ihre Finger von Kommandos, die aus der Standardeingabe lesen. Wenn Sie sich nicht sicher sind, ob es der Fall ist, können Sie die Standardeingabe aus */dev/null* lesen:

```
my $ergebnis = `irgendein_fragwuerdiges_kommando arg arg aargh </dev/null`;
```

Auf diese Weise wird die als Kindprozess erzeugte Shell angewiesen, ihre Eingaben aus */dev/null* zu lesen, und das fragwürdige Enkelkind bekommt bei dem Versuch zu lesen schlimmstenfalls sofort ein Dateiende angezeigt.

---

17 Zum Beispiel das Perl-Standardmodul IPC::Open3. Oder Sie schreiben Ihre eigenen Forking-Routinen, die wir später behandeln werden.

Backquotes im Listenkontext benutzen

Bei Verwendung von Backquotes im skalaren Kontext wird das, was abgefangen wird, als ein einziger langer String zurückgegeben, selbst wenn es für Sie so aussieht, als gäbe es mehrere »Zeilen«, weil Zeilenumbrüche enthalten sind.[18] Wollen wir aber die Ausgaben eines Kommandos abfangen, das mehrere Zeilen zurückgibt, ist es leichter, diese im Listenkontext einzulesen. Dabei enthält jedes Element der Liste eine Zeile der Ausgabe des aufgerufenen Programms.

Beispielsweise gibt das Unix-Kommando who für jedes Login auf dem System eine eigene Textzeile aus:

```
merlyn    tty/42     Dec 7  19:41
fred      console    Dec 2  14:15
fred      tty/12     Dec 6  23:00
```

Die linke Spalte enthält den Benutzernamen und die mittlere den TTY-Namen (also den Namen der Verbindung, über die der Benutzer mit unserem Rechner verbunden ist). Die übrigen Spalten enthalten das Datum und die Uhrzeit, zu dem bzw. der die Benutzer sich eingeloggt haben (außerdem vermutlich noch Angaben über den entfernten Rechner, aber nicht in diesem Beispiel). In skalarem Kontext würden wir diese Informationen als einen langen String einlesen, den wir zuerst selbst wieder auftrennen müssten:

```
my $who_string = `who`;
my @who_zeilen = split /\n/, $who_string;
```

Im Listenkontext kommen die Daten jedoch bereits zeilenweise bei uns an:

```
my @who_zeilen = `who`;
```

Jedes Element in @who_zeilen enthält nun eine Ausgabezeile, die von einem Newline-Zeichen beendet wird. Dieses ließe sich leicht mithilfe von chomp entfernen, an dieser Stelle wollen wir aber einen etwas anderen Weg einschlagen. Wenn wir das in Backquotes stehende who-Kommando als Teil einer foreach-Schleife benutzen, können wir automatisch über die zurückgegebenen Zeilen iterieren, von denen jede einzelne nacheinander in $_ zu finden ist:

```
foreach (`who`) {
  my($user, $tty, $datum) = /(\S+)\s+(\S+)\s+(.*)/;
  $ttys{$user} .= "$tty am $datum\n";
}
```

Für die oben stehenden Daten wird die Schleife dreimal durchlaufen. (Vermutlich hat Ihr System zu jedem Zeitpunkt mehr als nur drei aktive Logins.) Die erste Anweisung innerhalb der Schleife ist ein regulärer Ausdruck, der keinen Bindungsoperator benutzt und daher auf den Inhalt von $_ angewendet wird. Das trifft sich gut, denn genau hier stehen unsere Daten.

---

18 Einem Computer sind Zeilen ganz egal. Uns sind sie wichtig, und deshalb sagen wir dem Computer, dass er für uns übersetzen soll. Aus Sicht des Computers sind diese Zeilenumbrüche einfach nur Zeichen.

Der reguläre Ausdruck sucht nach einem Wort, einigen Leerzeichen, einem weiteren Wort, weiteren Leerzeichen und dem Rest der Zeile bis zum Newline-Zeichen (da der Punkt in der Standardeinstellung keine Newline-Zeichen findet).[19] Das ist praktisch, da die Daten in $_ genau auf diese Weise strukturiert sind. Die Speichervariable $1 enthält demnach bei einem erfolgreichen Treffer im ersten Schleifendurchlauf merlyn; $2 hat den Wert tty/42 und $3 erhält Dec 7 19:41.

Wir nehmen hier die Mustererkennung in einem Listenkontext vor. Dadurch wird nicht einfach wahr oder falsch zurückgegeben, sondern eine Liste der gefundenen Treffer (wie in Kapitel 8 beschrieben wurde). Dadurch enthält $user nun den Wert merlyn, und so weiter.

Die zweite Anweisung innerhalb der Schleife hängt die Informationen über TTY und das Datum dann an einen (möglicherweise undefinierten) Wert im Hash an, da ein Benutzer durchaus mehr als einmal eingeloggt sein kann, wie fred in unserem Beispiel.

Externe Prozesse mit IPC::System::Simple

Die Ausführung oder das Auslesen der Ausgaben externer Befehle ist eine komplizierte Angelegenheit, vor allem da Perl darauf ausgelegt ist, auf so vielen verschiedenen Plattformen zu laufen, die alle ihre eigene Funktionsweise haben. Das Modul IPC::System::Simple von Paul Fenwick schafft hier Abhilfe, indem es ein vereinfachtes Interface bietet, das die Komplexität der betriebssystemspezifischen Feinheiten versteckt. Das Modul wird (noch) nicht mit Perl mitgeliefert. Sie können es aber aus dem CPAN herunterladen und selbst installieren.[20]

Über dieses Modul gibt es an sich nicht viel zu sagen, weil es wirklich einfach ist. Sie können es verwenden, um die eingebaute Funktion system durch seine eigene, robustere Version zu ersetzen:

```
use IPC::System::Simple qw(system);

my $tar_datei = 'irgendwas*fieses.tar';
my @verzeichnisse = qw(fred|feuerstein <barney&geroellheimer> betty );
system 'tar', 'cvf', $tar_datei, @verzeichnisse;
```

stellt das Modul den Befehl systemx zur Verfügung, der nie Probleme mit nicht beabsichtigten Shell-Aktionen haben dürfte:

```
systemx 'tar', 'cvf', $tar_datei, @verzeichnisse;
```

---

19 Nun wissen Sie, warum beim Standardverhalten kein Newline-Zeichen gefunden wird: um das Schreiben von Suchmustern wie diesem zu erleichtern, ohne sich dabei Sorgen um das Newline-Zeichen am Ende des Strings machen zu müssen. Denken Sie daran: Wenn Sie Perl 5.12 oder später nutzen, können Sie \N verwenden, um »kein Zeilenumbruch« zu sagen, was viel schöner ist.

20 Siehe *http://search.cpan.org/dist/IPC-System-Simple*.

Wenn Sie die Ausgabe abfangen wollen, ändern Sie system bzw. systemx in capture bzw. capturex, die beide wie Backquotes funktionieren (nur besser):

```perl
my @ausgabe = capturex 'tar', 'cvg', $tar_datei, @verzeichnisse;
```

Paul hat eine Menge Arbeit investiert, um sicherzustellen, dass diese Subroutinen unter Windows richtig funktionieren. Es gibt noch viel mehr, was dieses Modul zu bieten hat, um Ihnen das Leben zu erleichtern. Wir bitten Sie aber, dazu die Moduldokumentation zu konsultieren, da für einige der raffinierteren Features Referenzen erforderlich sind, die wir noch nicht behandelt haben.[21] Wir empfehlen Ihnen, nach Möglichkeit dieses Modul anstelle der entsprechenden Perl-eigenen Befehle zu verwenden.

Prozesse als Datei-Handles

Bis jetzt haben wir uns Möglichkeiten angesehen, mit synchronen Prozessen zu arbeiten, bei denen Perl die Kontrolle behält, indem es ein Kommando startet, (normalerweise) wartet, bis es wieder beendet ist, und am Ende möglicherweise dessen Ausgaben einliest. Perl kann aber auch Kindprozesse erzeugen, die am Leben bleiben und dabei mit Perl kommunizieren,[22] bis die Aufgabe erledigt ist.

Um einen weiteren (parallelen) Prozess zu erzeugen, benutzen Sie den Namen des Kommandos als »Dateinamen« einer open-Anweisung. Dabei wird dem Namen des Kommandos ein vertikaler Balken, ein sogenanntes »Pipe«-Zeichen, voran- oder nachgestellt. Aus diesem Grund nennt man diese Vorgehensweise auch *piped open*. Bei der Schreibweise mit zwei Argumenten kommt die Pipe vor oder hinter das Kommando, das Sie aufrufen wollen:

```perl
open DATE, 'date|'   or die "Kann keine Pipe von date anlegen: $!";
open MAIL, '|mail merlyn' or die "Kann keine Pipe zu mail anlegen: $!";
```

Im ersten Beispiel, bei dem das Pipe-Zeichen auf der rechten Seite steht, wird die Standardausgabe des Kommandos mit dem zum Lesen geöffneten Datei-Handle DATE verbunden. Das funktioniert so ähnlich wie die Anweisung date | Ihr_Programm auf der Shell. Im zweiten Beispiel steht das Pipe-Zeichen auf der linken Seite. Dabei entsteht eine Verbindung zwischen dem zum Schreiben geöffneten Datei-Handle MAIL und der Standardeingabe des Kommandos. Das entspricht in etwa dem Shell-Befehl Ihr_Programm | mail merlyn. In beiden Fällen wird ein Kommando gestartet, das unabhängig vom Perl-Prozess existiert.[23]

---

21 Aber Sie haben dieses Buch hier jetzt ja fast durch, und *Objekte, Module, Referenzen*, das nächste Buch in dieser Reihe, fängt mit Referenzen an.

22 Mithilfe von Pipes, oder was Ihr System sonst für die Interprozess-Kommunikation benutzt.

23 Wird der Perl-Prozess abgebrochen, bevor ein lesendes Kommando beendet wurde, wird standardmäßig ein Dateiende-Zeichen übergeben. Handelte es sich dagegen um ein schreibendes Kommando, wird stattdessen ein »Broken Pipe«-Fehlersignal übergeben.

Kann der Kindprozess nicht erzeugt werden, schlägt die open-Anweisung fehl. Wenn das Kommando nicht existiert oder aufgrund eines Fehlers beendet wird, wird der Fehler (in der Regel) nicht beim Öffnen, sondern erst beim Schließen des Datei-Handle sichtbar. Wir kommen gleich dazu.

Die Schreibweise mit drei Argumenten ist ein wenig trickreich, weil für das lesende Datei-Handle das Pipe-Zeichen hinter dem Befehl stehen muss. Dafür gibt es aber spezielle Modi. Für den Datei-Handle-Modus verwenden Sie -|, wenn Sie ein lesendes Datei-Handle brauchen; wenn Sie ein schreibendes Datei-Handle brauchen, benutzen Sie |-, um anzuzeigen, auf welcher Seite der Pipe Sie den Befehl platzieren möchten:

```
open my $date_fh, '-|', 'date' or die "Kann keine Pipe von date anlegen: $!";
open my $mail_fh, '|-', 'mail merlyn'
        or die "Kann kein Pipe zu mail anlegen: $!";
```

Verwenden Sie open mit einer Pipe, können Sie auch mehr als drei Argumente angeben. Die vierte und alle weiteren Optionen werden dann als Argumente des Befehls »durchgereicht«. Sie können den Befehlsstring auch aufteilen, um dessen Namen von seinen Argumenten zu trennen:

```
open my $mail_fh, '|-', 'mail', 'merlyn'
or die "Kann kein Pipe zu mail anlegen: $!";
```

Ist das mit dem Prozess verbundene Datei-Handle einmal geöffnet, gibt es für Perl im Rest des Programms keinen Unterschied zu einem normalen Datei-Handle mehr. Wollten wir einen Unterschied feststellen, müssten wir schon einen gewaltigen Aufwand betreiben. Um an die Daten aus dem zum Lesen geöffneten Datei-Handle zu kommen, können wir also die übliche Schreibweise benutzen:

```
my $jetzt = <$date_fh>;
```

Um Daten an den mail-Prozess zu übergeben (der auf den Körper der Nachricht an *merlyn* an seiner Standardeingabe lauscht), reicht ein normales print zusammen mit dem Datei-Handle:

```
print $mail_fh "Es ist jetzt $jetzt";
# wir gehen davon aus, dass $jetzt mit einem Newline-Zeichen endet
```

Als Gedächtnisstütze können Sie sich vorstellen, die Datei-Handles seien mit »magischen« Dateien verbunden. Eine Datei enthält dabei die Ausgaben des date-Kommandos, und eine andere Datei wird automatisch vom mail-Kommando verschickt.

Wenn ein Prozess mit einem zum Lesen geöffneten Datei-Handle verbunden ist und dann vorzeitig beendet wird, gibt das Datei-Handle sofort ein Dateiende-Zeichen zurück, wie das auch bei einer normalen Datei der Fall wäre. Schließen Sie ein zum Schreiben an einen Prozess geöffnetes Datei-Handle, so wird dem Prozess ein Dateiende angezeigt. Um das Senden der E-Mail also zu beenden, benutzen Sie einfach eine close-Anweisung:

```
close $mail_fh;
die "mail: Exit-Status ungleich null: $?" if $?;
```

Wird ein mit einem Prozess verbundenes Datei-Handle geschlossen, wartet Perl, bis der Prozess beendet wurde, um seinen Exit-Status ermitteln zu können. Den finden wir in der Variablen $? (in Anlehnung an die Variable gleichen Namens in der Bourne-Shell). Dieser Wert entspricht dem von system zurückgegebenen Wert: null bei Erfolg und ungleich null bei einer Fehlfunktion. Jeder Prozess, der danach beendet wird, überschreibt diesen Wert wieder. Es ist also empfehlenswert, diesen Wert möglichst schnell irgendwo zu speichern, wenn Sie ihn noch brauchen. (Falls Sie daran interessiert sind, finden Sie in $? auch den Exit-Status des jeweils letzten mit system oder in Backquotes ausgeführten Kommandos.)

Die Prozesse sind wie bei einem in einer Pipeline ausgeführten Kommando miteinander synchronisiert. Versuchen Sie aus einem Prozess zu lesen, ohne dass Daten zur Verfügung stehen, wird dieser quasi »schlafen geschickt« (ohne dabei zusätzliche CPU-Zeit zu verbrauchen), bis wieder Daten gesendet werden. Auf ähnliche Weise wird ein schreibender Prozess langsamer, falls das lesende Programm nicht mithalten kann. Zwischen den Programmen besteht ein Puffer (meistens so um die 8 KByte), wodurch die Programme nicht genau das gleiche Tempo haben müssen.

Warum sollte man Prozesse als Datei-Handles benutzen? Weil das der einzige leichte Weg ist, vorher in unserem Programm berechnete Daten an einen anderen Prozess zu schicken. Wenn Sie nur aus dem Prozess lesen, sind Backquotes oft die bessere Lösung, es sei denn, Sie wollten die Ausgaben direkt bei ihrer Ankunft weiterverarbeiten.

Das Unix-Kommando find spürt Dateien basierend auf ihren Eigenschaften auf. Das kann unter Umständen recht lange dauern, wenn eine große Anzahl von Dateien durchsucht werden soll (etwa wenn die Suche im *root*-Verzeichnis begonnen wird). Sie können das find-Kommando zwar auch in Backquotes verwenden, normalerweise ist es in diesem Fall aber sinnvoller, die Ergebnisse gleich zu sehen:

```
open F, "find / -atime +90 -size +1000 -print|" or die "Kindprozess: $!";
while (<$find_fh>) {
  chomp;
  printf "%s Grösse: %dK Letzter Zugriff vor %.2f Tagen\n",
    $_, (1023 + -s $_)/1024, -A $_;
}
```

In diesem Beispiel sucht find nach Dateien, die während der letzten 90 Tage nicht mehr geändert wurden und größer als 1.000 Blocks sind. (Die sind gute Kandidaten zum Speichern auf einem Backup-Medium.) Während find sucht und sucht, wartet Perl geduldig auf einen Treffer. Wird eine Datei gefunden, reagiert Perl auf den eingehenden Namen und zeigt einige Informationen dazu an. Wenn wir das find-Kommando in Backquotes geschrieben hätten, bekämen wir die Ergebnisse erst nach dem Ende der Suche zu sehen. Es ist jedoch angenehmer, die ersten Treffer schon während der Suche zu sehen.

Ganz tief unten mit fork

Die bisher beschriebenen Schnittstellen funktionieren alle auf einer verhältnismäßig hohen Abstraktionsebene. Perl ermöglicht es jedoch, fast direkt auf die tiefer darunterliegenden Systemaufrufe zur Prozessverwaltung des jeweiligen Systems zuzugreifen. Wenn Sie so etwas noch nie gemacht haben,[24] werden Sie diesen Abschnitt vermutlich überspringen. Auch wenn es für dieses Kapitel eigentlich etwas zu viel Stoff ist, wollen wir uns eine schnelle Implementierung des Folgenden ansehen:

```
system 'date';
```

Das lässt sich mithilfe von Funktionen einer niedrigeren Ebene (»Low-Level«) bewerkstelligen:

```
defined(my $pid = fork) or die "Kein fork möglich: $!";
unless ($pid) {
  # dies ist der Kindprozess
  exec 'date';
  die "Kein exec für date möglich: $!";
}
# dies ist der Elternprozess
waitpid($pid, 0);
```

Zu Beginn steht die Überprüfung des Rückgabewertes von fork. Bei einem Fehlschlag ist dieser Wert undef. Normalerweise gibt es aber keine Probleme, so dass ab der zweiten Zeile zwei separate Prozesse bestehen. Wir unterscheiden den Elternprozess vom Kindprozess, indem wir den Wert von $pid in der unless-Anweisung überprüfen. Nur im Elternprozess enthält $pid einen Wert ungleich null, so dass die exec-Anweisung nur vom Kindprozess ausgeführt wird. Der Elternprozess überspringt diesen Block und wird durch die waitpid-Funktion angewiesen zu warten, bis der eben erzeugte Kindprozess beendet ist (andere während dieser Zeit beendete Kindprozesse werden ignoriert). Wenn das jetzt alles böhmische Dörfer für Sie sind, wird keiner Ihrer Freunde Sie auslachen, wenn Sie auch weiterhin system benutzen.

Fur diesen Mehraufwand bekommen Sie die vollständige Kontrolle über das Erzeugen der verschiedenen Pipes und das Ändern von Datei-Handles und die Möglichkeit, die ID Ihres Prozesses und gegebenenfalls die Ihres Elternprozesses herauszufinden. Das ist aber wie gesagt alles ein bisschen zu kompliziert, um es in diesem Kapitel genau zu erklären. Details finden Sie in der *perlipc*-Dokumentation (sowie in einem guten Buch zur Anwendungsprogrammierung für Ihr System).

---

24 Oder wenn Sie mit einem System arbeiten, das kein Forking unterstützt. Die Perl-Entwickler arbeiten jedoch hart daran, das Forking auch auf diesen Systemen zu ermöglichen.

Signale schicken und empfangen

Ein Unix-Signal[25] ist eine kleine Nachricht, die an einen Prozess gesandt werden kann. Dieses Signal ist nicht besonders ausführlich, sondern verhält sich eher wie eine Autohupe. Woher sollen wir aber nun wissen, was das Signal jeweils bedeutet? Heißt es »Vorsicht, die Brücke ist kaputt!« oder vielleicht »Es ist grün!« oder womöglich »Sofort anhalten! Sie haben ein Baby auf dem Dach sitzen!« oder einfach »Hallo Welt!«? Glücklicherweise sind Unix-Signale etwas einfacher zu verstehen, da es für jede dieser Situationen einen unterschiedlichen »Hupton« gibt.[26]

Die verschiedenen Signale haben unterschiedliche Namen (wie zum Beispiel SIGINT, ein »Interrupt-Signal«), können aber auch über einen bestimmten ganzzahligen Wert (im Bereich zwischen 1 und 15, 1 und 31 oder 1 und 63, je nachdem, welche Unix-Variante Sie benutzen) angesprochen werden. Programme oder das Betriebssystem schicken normalerweise Signale an ein anderes Programm, wenn ein wichtiges Ereignis stattfindet. Das kann zum Beispiel die Eingabe eines Interrupt-Zeichens (normalerweise Strg-C) am Terminal sein. Dadurch wird ein SIGINT-Signal an alle mit diesem Terminal verbundenen Prozesse geschickt.[27] Einige Signale werden automatisch vom System verschickt, andere können auch von anderen Prozessen stammen.

Auch von Ihrem Perl-Prozess aus können Sie Signale an andere Prozesse schicken. Dafür müssen Sie allerdings die Prozess-ID des anderen Prozesses kennen. Diese herauszufinden, kann unter Umständen etwas kompliziert sein.[28] Wir nehmen hier einfach an, Sie wollten ein SIGINT-Signal an den Prozess mit der ID 4201 schicken. Das geht ganz einfach, wenn Sie wissen, dass SIGINT die Nummer 2 hat:[29]

```
kill 2, 4201 or die "Kein SIGINT an Prozess 4201 möglich: $!";
```

Die kill-Funktion heißt so, weil ihr Hauptzweck darin besteht, Prozessen ein Ende zu bereiten, die schon zu lange laufen, daher der Name. Sie können anstelle der 2 auch den String 'INT' einsetzen, so dass es nicht nötig ist, die Nummer zu kennen:

```
kill 'INT', 4201 or die "Kein SIGINT an Prozess 4201 möglich: $!";
```

---

25 Windows kennt keine Signale. Es ist eine ganz andere Tierart.

26 Natürlich nicht exakt diese Situationen, sondern deren Entsprechungen in der Unix-Welt. Die Signale haben die Namen SIGHUP, SIGCONT, SIGINT und SIGZERO (Pseudo-Signal, Null-Signal ohne Wirkung auf den Prozess).

27 Und Sie haben gedacht, die Eingabe von Strg-C würde Ihr Programm stoppen. Tatsächlich wird daraufhin aber ein SIGINT an den Prozess geschickt, was standardmäßig dafür sorgt, dass das Programm angehalten wird. Gleich werden wir zeigen, wie Sie das Verhalten Ihres Programms beim Erhalt eines SIGINT ändern können. Dadurch ist es möglich, vor dem Beenden noch etwas anderes ausführen zu lassen.

28 Normalerweise haben Sie Zugriff auf die Prozess-ID, da der Kindprozess mit fork gestartet wurde. Die Prozess-ID externer Programme ist nicht ohne Weiteres zu ermitteln. Viele Programme, die über eine längere Zeit laufen, legen ihre ID daher in einer Datei ab. Details finden Sie normalerweise in der Dokumentation des betreffenden Programms.

29 Auf Unix-Systemen können Sie sich eine Liste anzeigen lassen, indem Sie kill -l auf der Kommandozeile eingeben.

Sie können sogar den Operator => benutzen, um den Namen des Signals implizit mit Quote-Zeichen zu umgeben:

```
kill INT => 4201 or die "Kein SIGINT an Prozess 4201 möglich: $!";
```

Wenn ein Prozess nicht mehr existiert,[30] gibt kill falsch zurück. Um herauszufinden, ob ein Prozess noch »am Leben« ist, schicken Sie dem Prozess das spezielle Signal mit der Nummer 0. Dieses Signal klopft gewissermaßen an, um zu sehen, ob jemand zu Hause ist, betritt das Haus aber nicht. Mit dem folgenden Codestück können Sie feststellen, ob der betreffende Prozess noch am Leben ist:

```
unless (kill 0, $pid) {
  warn "$pid ist nicht hier!";
}
```

Interessanter als das Verschicken von Signalen ist vermutlich das Abfangen von Signalen. Wozu soll das gut sein? Stellen wir uns mal vor, wir hätten ein Programm, das eine Reihe von Dateien im /tmp-Verzeichnis anlegt. Diese sollen bei Beendigung des Programms wieder gelöscht werden. Gibt nun jemand Strg-C ein, wird das Programm normalerweise sofort beendet, ohne die erzeugten Dateien zu entfernen. Um dieses Verhalten zu ändern, können Sie einen Signal-Handler anlegen, der dafür sorgt, dass vor dem Programmende noch aufgeräumt wird:

```
my $temp_verzeichnis = "/tmp/mein_prog.$$"; # temporäre Dateien hier
                                            # anlegen
mkdir $temp_verzeichnis, 0700
  or die "Kann $temp_verzeichnis nicht anlegen: $!";

sub aufraeumen {
  unlink glob "$temp_verzeichnis/*";
  rmdir $temp_verzeichnis;
}

sub sig_int_handler {
  &aufraeumen();
  die "Programm wird vorzeitig beendet...\n";
}

$SIG{'INT'} = 'sig_int_handler';
.
.   # Zeit vergeht. Das Programm erzeugt einige temporäre Dateien im
.   # Verzeichnis. Schließlich drückt jemand Strg-C.
.
# das normale Programmende
&aufraeumen();
```

Die Zuweisung auf den speziellen %SIG-Hash sorgt dafür, dass statt des Standardverhaltens unser Handler ausgeführt wird. Der Schlüssel ist der Name des Signals (ohne das

---

30 Das Schicken von Signalen an Prozesse, die nicht Ihnen gehören, ist in der Regel dem Superuser vorbehalten. Es wäre sowieso nicht sehr nett, dem Programm eines anderen Benutzers ein SIGINT zu schicken.

vorangestellte SIG), und der Wert ist ein String,[31] der den Namen der auszuführenden Subroutine ohne das sonst übliche Ampersand-Zeichen enthält. Erhält Ihr Programm nun ein SIGINT-Signal, bricht Perl mit der Ausführung ab und springt zu der angegebenen Subroutine. In unserem Beispiel werden die temporären Dateien nun also auch bei einem vorzeitigen Programmende noch entfernt. (Falls niemand Strg-C eingibt, werden wir die Subroutine &aufraeumen() noch am Ende des Programms benutzen.)

Gelegentlich soll eine Aktion nur *unter*brochen, aber nicht gleich vollständig *ab*gebrochen werden. In diesem Fall können Sie eine Subroutine benutzen, die zum Hauptprogramm zurückkehrt, anstatt es zu beenden. Im unten stehenden Beispiel wird eine Datei zeilenweise bearbeitet, was einige Sekunden dauert. Sie wollen nun eine Möglichkeit haben, das Programm vorzeitig zu beenden, wobei die aktuelle Zeile aber noch bis zu ihrem Ende verarbeitet werden soll. Dafür können Sie ein Flag benutzen, das am Ende jeder Zeile überprüft wird. Wird während der Bearbeitung der Datei Strg-C eingegeben, setzt die Subroutine &sig_int_handler das Flag, das bei jedem Schleifendurchlauf erneut überprüft werden kann:

```
my $int_count = 0;
sub sig_int_handler { $int_count++ }
$SIG{'INT'} = 'sig_int_handler';
...;
$int_count = 0;
while (<DATEI>) {
  ...; # langwieriges Bearbeiten einer Zeile ...
  if ($int_count) {
    # Vorgang unterbrechen
    print "[Bearbeitung unterbrochen ...]\n";
    last;
  }
}
```

Sobald eine Zeile bearbeitet wurde, wird der Wert von $int_count überprüft. Solange niemand Strg-C eingibt, ist dieser Wert 0[32], und die Schleife bearbeitet die nächste Zeile. Erhält unser Programm nun ein SIGINT-Signal, wird der Wert von $int_count auf den Wert 1 gesetzt. Bei der nächsten Prüfung am Ende einer Zeile wird daraufhin die Schleife beendet.

Die oben gezeigten Verfahren ermöglichen es also, ein Programm direkt zu beenden oder einfach ein Flag zu setzen, und viel mehr müssen Sie über das Abfangen von Signalen auch nicht wissen. Meistens bearbeitet Perl Signale erst, wenn ein Punkt erreicht ist, an dem es sicher ist, das zu tun. Zum Beispiel gibt Perl die meisten Signale nicht aus, solange es dabei ist, Speicher zuzuweisen oder seine internen Datenstrukturen zu verändern.

---

31 Der Wert kann auch eine Referenz auf eine Subroutine sein, auf die wir hier aber nicht weiter eingehen.

32 Wenn Sie sich dafür interessieren, wie Perl in diesem Fall vorgeht, sehen Sie sich bitte die *perlipc*-Dokumentation an.

Manche Signale, beispielsweise SIGILL, SIGBUS und SIGSEGV, sendet Perl direkt, so dass sie noch nicht sicher sind.

Übungen

Die Lösungen zu den folgenden Übungen finden Sie in Anhang A.

1. [6] Schreiben Sie ein Programm, das in ein bestimmtes (hart codiertes) Verzeichnis wechselt, wie etwa in das *root*-Verzeichnis Ihres Systems. Dort soll das Kommando ls -l ausgeführt werden, um ein ausführliches Listing dieses Verzeichnisses zu erstellen. (Haben Sie kein Unix-System, benutzen Sie stattdessen das entsprechende Kommando Ihres Systems.)

2. [10] Ändern Sie das vorige Programm so ab, dass die Ausgabe des Kommandos in eine Datei namens *ls.out* umgeleitet wird. Die Ausgabe von Fehlern soll in einer Datei namens *ls.err* abgelegt werden. (Sie brauchen sich nicht darum zu kümmern, dass eine dieser Dateien eventuell leer bleibt.)

3. [8] Schreiben Sie ein Programm, das die Ausgabe des date-Kommandos parst, um den gegenwärtigen Tag zu ermitteln. Handelt es sich um einen Wochentag, soll die Nachricht gehen Sie zur Arbeit ausgegeben werden, ansonsten gehen Sie spielen. Die Ausgabe des date-Kommandos beginnt mit Mon für Montag[33] usw. Falls Ihr System kein date-Kommando besitzt, benutzen Sie stattdessen das folgende Programm (aber nur, wenn Sie versprechen, uns nicht fragen, wie es funktioniert):

```
#!/usr/bin/perl
        print localtime() . "\n";
```

4. [15] (Nur unter Unix) Schreiben Sie ein Programm, das eine Endlosschleife verwendet, um Signale abzufangen und dabei jeweils protokolliert, welches Signal abgefangen wurde und wie oft es diesem Signal schon begegnet ist. Das Programm soll beendet werden, wenn es das Signal INT abfängt. Wenn Sie *kill* auf der Kommandozeile verwenden können, können Sie Signale senden wie gezeigt:

```
kill -USR1 12345
```

5. Wenn Sie *kill* nicht auf der Kommandozeile verwenden können, dann schreiben Sie ein weiteres Programm, um ihm Signale zu senden. Vielleicht reicht dafür ein Perl-Einzeiler aus:

```
$ perl -e 'kill HUP => 12345'
```

---

33 Jedenfalls, wenn die Wochentage in Englisch angegeben werden. Möglicherweise müssen Sie Ihr Programm ein wenig anpassen, wenn das auf Ihrem System nicht der Fall ist.

Fortgeschrittene Perl-Techniken

Was wir bisher in diesem Buch behandelt haben, bildet das Basiswissen, das Sie von Perl haben sollten. Es gibt aber noch viele weitere Techniken, die zwar nicht obligatorisch sind, als zusätzliche Werkzeuge in Ihrer Sammlung aber recht wertvoll sein können. Die wichtigsten haben wir in diesem Kapitel für Sie zusammengestellt. Es ist gewissermaßen ein Cliffhanger zum nächsten Buch in dieser Reihe, *Objekte*, *Module*, *Referenzen*, dessen Lektüre Sie als Nächstes angehen sollten.

Lassen Sie sich nicht vom Titel dieses Kapitels täuschen, die hier behandelten Techniken sind nicht unbedingt schwieriger als das bisher Behandelte. Mit »fortgeschritten« meinen wir nur, dass sie für Perl-Anfänger nicht unbedingt nötig sind. Zum ersten Mal in diesem Buch können Sie ein Kapitel überspringen (oder überfliegen) und gleich anfangen, mit Perl zu arbeiten. Sehen Sie sich das Kapitel später wieder an, wenn Sie Perl noch genauer kennenlernen wollen. Betrachten Sie dieses Kapitel einfach als eine einzige große Fußnote.[1]

Fehler mit eval abfangen

Gelegentlich kann Ihr ganz normaler Allerweltscode zu einem fatalen Fehler führen, der Ihr Programm zum Absturz bringt:

```perl
my $barney = $fred / $dino;  # Fehler durch eine Division durch null?

my $wilma = '[abc';
print "Treffer\n" if /\A($wilma)/;  # Fehler durch ungültigen regulären Ausdruck?

open my $caveman, '<', $fred       # vom Benutzer ausgelöster Fehler durch 'die'?
  or die "Kann Datei '$fred' nicht zum Lesen öffnen: $!";
```

---

1   Wir haben uns das in der Entwurfsphase dieses Buchs tatsächlich überlegt, stießen bei den Lektoren von O'Reilly jedoch mit unserer Idee auf deutliche Ablehnung.

Sie könnten sich zwar die Arbeit machen und versuchen, einige dieser Fehler zu verhindern, aber das ist nicht immer leicht. (Wie wollen Sie zum Beispiel feststellen, ob der String in $wilma tatsächlich einen regulären Ausdruck enthält?[2]) Zum Glück bietet Perl eine einfache Möglichkeit, um diese fatalen Fehler abzufangen: Umgeben Sie den fraglichen Code mit einem eval-Block:

```
eval { $barney = $fred / $dino } ;
```

Selbst wenn der Wert von $dino tatsächlich null ist, stürzt Ihr Programm nicht ab. Sobald eval auf einen normalerweise fatalen Fehler trifft, hält es den ganzen Block an und macht mit dem Rest des Programms weiter. Achten Sie auf das Semikolon hinter dem eval-Block: Der eval-Block ist ein Ausdruck (und keine Kontrollstruktur wie while oder foreach), so dass am Ende auf jeden Fall ein Semikolon stehen muss.

Der Rückgabewert von eval ist der letzte ausgewertete Ausdruck, wie bei einer Subroutine. Anstatt $barney eval zu verwenden, können Sie $barney im Geltungsbereich außerhalb des eval-Block deklarieren:

```
my $barney = eval { $fred / $dino }
```

Wenn dieses eval einen Fehler abfängt, gibt es undef zurück. Sie können den Operator defined-or benutzen, um einen Standardwert wie NaN (»Not a Number«) zu setzen:

```
use 5.010;
my $barney = eval { $fred / $dino } // 'NaN';
```

Wenn innerhalb eines eval-Blocks ein fataler Fehler auftritt, wird der Block zwar nicht weiter ausgeführt, aber Ihr Programm stürzt nicht gleich davon ab. Sie wollen vermutlich sofort, nachdem die eval-Anweisung beendet wurde, wissen, ob der Block erfolgreich ausgeführt werden konnte. Die Antwort darauf finden Sie in der Spezialvariablen $@, sofern eval tatsächlich einen fatalen Fehler abgefangen hat. $@ enthält in diesem Fall die »letzten Worte« Ihres Programms, vielleicht etwas wie Illegal division by zero at mein_ programm line 12. Wenn kein Fehler auftritt, enthält $@ auch keine Meldung, was sich gut als boolescher Wert benutzen lässt. Daher sieht man oft direkt nach einem eval-Block den folgenden Code:

```
use 5.010;
my $barney = eval { $fred / $dino } // 'NaN';
print "Ich konnte nicht durch \$dino teilen: $@" if $@;
```

Sofern Sie sicher sind, dass die Auswertung einen definierten Wert ergibt, können Sie auch direkt auf den Rückgabewert des eval testen. Sie sollten diesem Vorgehen sogar dem vorigen Beispiel gegenüber den Vorzug geben, wenn es für Ihre Zwecke funktioniert:

```
unless( eval { $fred / $dino } // "NaN";
    print "Ich konnte nicht durch \$dino teilen: $@" if $@;
}
```

---

2   Es ist leicht, einen regulären Ausdruck auf Gültigkeit zu überprüfen, aber wir haben Ihnen bis jetzt noch nicht die Werkzeuge vorgestellt, die man dafür benötigt. Siehe das Kapitel über reguläre Ausdrucksobjekte in *Intermediate Perl*.

Manchmal hat der Teil, den Sie testen wollen, keinen sinnvollen Rückgabewert, selbst wenn der Test erfolgreich verläuft:

```
unless( eval {some_sub(); 1 } ) {
    print "Ich konnte nicht durch \$dino teilen: $@" if $@;
}
```

Im Listenkontext gibt ein gescheitertes eval eine leere Liste zurück. Schlägt das eval im folgenden Beispiel fehl, erhält @durchschnittswerte nur zwei Elemente:

```
my @durchschnittswerte = ( 2/3, eval { $fred / $dino }, 22/7);
```

Der eval-Block ist ein ganz normaler Perl-Block. Das heißt, er schafft einen neuen Geltungsbereich für lexikalische (my) Variablen und kann beliebig viele Anweisungen enthalten. Im unten stehenden Beispiel sehen Sie, wie ein eval benutzt werden kann, um mehrere fatale Fehler auf einmal abzufangen:

```
foreach my $person (qw/ fred wilma betty barney dino pebbles /) {
  eval {
    open FILE, "<$person"
      or die "Kann Datei '$person' nicht öffnen: $!";

    my($gesamt, $zaehler);

    while (<$fh>) {
      $gesamt += $_;
      $zaehler++;
    }

    my $durchschnitt = $gesamt/$zaehler;
    print "Durchschnittlicher Wert für $person war $durchschnitt\n";

    &mach_was($person, $durchschnitt);
  };

  if ($@) {
    print "Es ist ein Fehler aufgetreten ($@), Programm geht weiter\n";
  }
}
```

Wie viele mögliche fatale Fehler werden hier abgefangen? Tritt ein Fehler beim Öffnen einer Datei auf, wird dieser abgefangen. Die Berechnung des Durchschnitts könnte eine Division durch null bedeuten, aber das führt nicht zum vorzeitigen Abbruch des Programms. Und selbst wenn wir die mysteriöse Subroutine &mach_was aufrufen, sind wir gegen mögliche Fehler geschützt. (Das kann besonders dann praktisch sein, wenn Sie eine von jemand anderem geschriebene Subroutine benutzen müssen, aber nicht wissen, ob diese Person defensiv genug programmiert hat, um Ihr Programm vor einem Absturz zu bewahren.) Manche Programmierer benutzen absichtlich die, um zu signalisieren, dass es Probleme gibt, weil sie davon ausgehen, dass Sie die Fehler per eval abfangen. Mehr dazu in Kürze.

Wenn bei der Bearbeitung einer dieser Dateien ein Fehler auftritt, bekommen wir eine Fehlermeldung angezeigt, aber unser Programm macht ohne sich zu beklagen mit der nächsten Datei weiter.

Sie können auch mehrere eval-Blöcke ineinander verschachteln. Der innere Block fängt während der Ausführung auftretende Fehler ab und sorgt dafür, dass diese den umgebenden Code nicht erreichen. Wird das innere eval beendet und hat es einen Fehler abgefangen, wollen Sie diesen eventuell mit die weiterleiten, so dass das äußere eval ihn abfangen kann. Sie könnten den Code folgendermaßen abändern, um Fehler bei der Division separat abzufangen:

```perl
foreach my $person (qw/ fred wilma betty barney dino pebbles /) {
  eval {
    open my $fh, '<', $person
      or die "Kann die Datei '$person' nicht öffnen: $!";

    my($gesamt, $zaehler);

    while (<$fh>) {
      $gesamt += $_;
      $zaehler++;
    }

    my $durchschnitt = eval { $gesamt/$zaehler } // 'NaN'; # Inneres eval
    print "Durchschnittlicher Wert für Datei $person war $durchschnitt\n";

    &mach_was($person, $durchschnitt);
  };

    if ($@) {
      print "Es ist ein Fehler aufgetreten ($@), Programm läuft weiter\n";
    }
}
```

Es gibt vier Arten von Problemen, die auch eval nicht fangen kann. Zur ersten Gruppe gehören Syntaxfehler im Quellcode selbst, beispielsweise Anführungszeichen, die nicht zusammen passen, fehlende Semikola, fehlende Operanden oder ungültige literale reguläre Ausdrücke:

```perl
eval {
  print "Die Anführungszeichen passen nicht zusammen';
  my $summe = 42 +;
  /[abc/
  print "Endausgabe\n";
}
```

Der *perl*-Compiler fängt solche Fehler ab, während er den Quellcode parst, und beendet seine Arbeit, bevor er das Programm startet. Das eval kann Fehler erst dann abfangen, wenn der Perl-Code tatsächlich läuft.

Zur zweiten Gruppe gehören die schwerwiegenden Fehler, die *perl* selbst zum Absturz bringen, beispielsweise Speicherplatzmangel oder nicht abgefangene Signale. Diese Art

Fehler führt zu einem Absturz des *perl*-Interpreters selbst, und da *perl* dann nicht mehr läuft, kann es derartige Fehler auch nicht abfangen. Einige dieser Fehler sind in der *perldiag*-Dokumentation aufgeführt und mit einem (X) markiert, falls Sie neugierig sind.

Die dritte Gruppe von Problemen, die ein eval-Block nicht abfangen kann, sind Warnungen, und zwar sowohl solche, die vom Benutzer stammen (von warn), als auch die von Perl durch die Kommandozeilenoption -w bzw. das Pragma use warnings erzeugte interne Warnungen. Um Warnungen abzufangen, gibt es einen eigenen, von eval unabhängigen Mechanismus; Einzelheiten erfahren Sie in der Erklärung zum Pseudosignal __WARN__ in der Perl-Dokumentation.

Die letzte Sorte von Fehlern sind eigentlich keine richtigen Fehler, aber jetzt ist ein guter Zeitpunkt, um sie zu erwähnen. Der Operator exit beendet das Programm sofort, selbst wenn er von einer Subroutine innerhalb eines eval-Blocks aufgerufen wird. Wenn Sie exit aufrufen, wollen Sie ja, dass das Programm abbricht. Das soll so sein, und deshalb verhindert eval nicht, dass es passiert.

Wir sollten auch noch erwähnen, dass es eine weitere Form von eval gibt, die gefährlich sein kann, wenn sie nicht richtig angewandt wird. Es kann sogar vorkommen, dass Ihnen jemand rät, eval aus Sicherheitsgründen gar nicht zu benutzen. Dieser jemand hat dann insofern Recht, als man eval nur mit großer Sorgfalt verwenden sollte; aber eigentlich meint er die *andere* Form von eval, die auch als »eval mit Strings« bezeichnet wird. Dieses eval nimmt einen String, kompiliert ihn als Perl-Code und führt diesen Code dann aus, als ob Sie ihn direkt ins Programm hineingeschrieben hätten. Beachten Sie, dass das Ergebnis einer jeden String-Interpolierung gültiger Perl-Code sein muss:

```
my $operator = 'unlink';
eval "$operator \@dateien;";
```

Wenn das Schlüsselwort eval direkt vor einem Codeblock in geschweiften Klammern steht, wie es in diesem Abschnitt meistens der Fall war, müssen Sie sich keine Gedanken machen: Das sind »ungefährliche« evals.

Fortgeschrittene Fehlerbehandlung

Obwohl die meisten Sprachen ihre eigene Art der Fehlerbehandlung besitzen, gibt es fast überall das beliebte Konzept der *Ausnahme*. Hierbei wird versucht, den Code auszuführen. Geht dabei etwas schief, wird eine Ausnahme ausgelöst, die Sie dann abfangen können. Normalerweise werden Ausnahmen in Perl per die ausgelöst, das Sie wiederum mit einem eval-Block anfangen können. Um zu ermitteln, was passiert ist, können Sie den Wert von $@ untersuchen:

```
eval {
  ...;
  die "Eine unerwartete Ausnahme" if $unerwartet;
  die "ungültiger Nenner" if $dino == 0;
  $barney = $fred / $dino;
```

```
    }
if ( $@ =~ /unerwartet/ ) {
    ...;
    }
elsif( $@ =~ /nenner/ ) {
    ...;
    }
```

Diese Art von Code birgt allerdings eine Reihe subtiler Probleme in sich, die größtenteils mit dem dynamischen Geltungsbereich der Variable $@ zu tun haben. Kurz gesagt: Da $@ eine spezielle Variable ist und ihre Verwendung von eval in ein eval auf höherer Ebene verschachtelt sein könnte (selbst wenn Sie das gar nicht wissen), müssen Sie sicherstellen, dass ein Fehler, den Sie abfangen, nicht mit Fehlern auf höherer Ebene in Konflikt gerät:

```
{
local $@; # Legen Sie sich nicht mit Fehlern auf höherer Ebene an

eval {
    ...;
    die "Eine unerwartete Ausnahme" if $unerwartet;
    die "ungültiger Nenner" if $dino == 0;
    $barney = $fred / $dino;
    }
if ( $@ =~ /unerwartet/ ) {
    ...;
    }
elsif( $@ =~ /Nenner/ ) {
    ...;
    }
}
```

Aber das ist noch nicht alles, und es geht hier um ein kniffliges Problem, bei dem man sich leicht vertun kann. Das Modul Try::Tiny löst dieses Problem weitgehend für Sie (und erklärt es sogar, sofern Sie es wirklich wissen wollen). Es ist nicht in der Standardbibliothek enthalten, aber Sie können es sich aus dem CPAN besorgen.[3] Die Grundform sieht so aus:

```
use Try::Tiny;

try {
    ...; # etwas Code, der möglicherweise einen Fehler auslöst
    }
catch {
    ...; # etwas Code, der den Fehler behandelt
    }
finally {
    ...;
    }
```

---

3 Siehe *http://search.cpan.org/dist/Try-Tiny/*.

Das try verhält sich wie das eval, das wir uns gerade angesehen haben. Der catch-Block wird nur durchlaufen, wenn ein Fehler auftritt. Der finally-Block wird immer durchlaufen, so dass Sie jegliche gewünschte Aufräumabeiten durchführen können. Sie müssen aber weder catch noch finally verwenden. Um Fehler einfach zu ignorieren, benutzen Sie try:

```
my $barney = try { $fred / $dino };
```

Sie können catch einsetzen, um den Fehler abzufangen. Anstatt sich mit $@ herumzuschlagen, legt Try::Tiny die Fehlermeldung in $_. Sie können zwar trotzdem auf $@ zugreifen, aber genau das soll ja durch die Verwendung von Try::Tiny vermieden werden:

```
use 5.010;

my $barney =
  try { $fred / $dino }
  catch {
    say "Der Fehler war $_"; # nicht $@
    };
```

Der finally-Block läuft auf jeden Fall, ob ein Fehler aufgetreten ist oder nicht. Wenn in @_ Argumente zu finden sind, hat es einen Fehler gegeben:

```
use 5.010;

my $barney =
  try { $fred / $dino }
  catch {
    say "Der Fehler war $_"; # nicht $@
    }
  finally {
    say @_ ? 'Es ist ein Fehler aufgetreten' : 'Alles hat funktioniert';
    };
```

autodie

Ab 5.10.1 verfügt Perl über das Pragma autodie, das Ihnen mehr Kontrolle darüber gibt, wie Sie Fehler in Ihrem Programm behandeln. In diesem Buch haben Sie meistens die verwendet, um eventuell auftretende Fehler angemessen zu behandeln, wie bei diesem Aufruf von open:

```
open my $fh, '>', $dateiname or
  die "Konnte $dateiname nicht zum Schreiben öffnen: $!";
```

Für sich genommen, sieht das in Ordnung aus, aber wollen Sie das wirklich jedes Mal machen, wenn Sie open benutzen? Was ist mit all den anderen eingebauten Variablen, die mit dem System interagieren und Fehler produzieren können? Anstatt jedes Mal dieses or die ... einzutippen, können Sie es von autodie automatisch hinzufügen lassen:

```
use autodie;

open my $fh, '>', $dateiname; # "stirbt" bei einem Fehler immer noch
```

Wenn das nicht funktioniert, erhalten Sie eine Fehlermeldung, die Ihrer eigenen vermutlich stark ähnelt:

```
Can't open '/does/not/exist' for writing: 'No such file or directory'
```

Die Magie von autodie funktioniert mit den meisten Perl-eigenen Operatoren für die Arbeit mit Dateien, Datei-Handles, Interprozess-Kommunikation und Sockets. Anhand einer Importliste können Sie selbst festlegen, für welche Operatoren autodie funktionieren soll:[4]

```
use 5.010;

open my $fh, '>', $dateiname; # "stirbt" bei Fehler immer noch

given ($@) {
  when (undef) { say "Kein Fehler"; }
  when ('open') { say "open-Fehler"; }
  when (':io') { say "Nicht von open ausgelöster IO-Fehler"; }
  when (':all') { say "Alle anderen autodie-Fehler" }
  default { say "Definitiv kein autodie-Fehler" }
  }
```

Sie könnten autodie auch mit Try::Tiny kombinieren:

```
use 5.010;

use autodie;
use Try::Tiny;

try {
  open my $fh, '>', $dateiname; # "stribt" bei Fehler immer noch
  }
catch {
  when( 'open' ) { say 'open-Fehler aufgetreten' }
  };
```

Elemente mit grep aus einer Liste filtern

Gelegentlich wollen Sie nur bestimmte Elemente einer Liste benutzen, zum Beispiel die ungeraden Zahlen aus einer Zahlenliste oder alle Zeilen aus einer Textdatei, die Fred enthalten. In diesem Abschnitt zeigen wir, wie sich so etwas mithilfe des grep-Operators erledigen lässt.

Lassen Sie uns einmal die erste Aufgabe ausprobieren und aus einer langen Liste von Zahlen nur die ungeraden herausfiltern. Dafür können wir das benutzen, was wir bereits kennen:

---

4 Im Alpaka-Buch finden Sie Einzelheiten zu Importlisten.

```
my @ungerade_zahlen;

foreach (1..1000) {
  push @ungerade_zahlen, $_ if $_ % 2;
}
```

Im oben stehenden Code benutzen wir den Modulo-Operator (%), den Sie bereits aus Kapitel 2 kennen. Haben wir eine gerade Zahl vor uns, ergibt diese Zahl »modulo zwei« den Wert null, also einen falschen Wert. Eine ungerade Zahl ergibt jedoch eins. Da das ein wahrer Wert ist, werden nur die ungeraden Zahlen zum Array hinzugefügt.

Der oben stehende Code ist vollkommen in Ordnung – bis auf eines: Er ist etwas länger als eigentlich nötig, da es ja den grep-Operator in Perl gibt:

```
my @ungerade_zahlen = grep { $_ % 2 } 1..1000;
```

Diese Zeile filtert sämtliche 500 ungeraden Zahlen mit nur einer einfachen Codezeile heraus. Aber wie geht das? Das erste Argument für grep ist ein Block, der $_ als Platzhalter für jedes Element der Liste verwendet. Dieser gibt einen booleschen Wert (wahr/falsch) zurück. Die übrigen Argumente sind die Elemente der Liste, die durchsucht werden soll. Für jedes Element der Liste (in $_) wird der Block erneut ausgewertet, ähnlich wie in der vorher benutzten foreach-Schleife. Die Elemente, für die die Auswertung einen wahren Wert ergab, werden zur Ergebnisliste unserer grep-Operation hinzugefügt und schließlich in @ungerade_zahlen gespeichert.

Während grep ausgeführt wird, wird für jedes Element der übergebenen Liste nacheinander ein Alias in $_ abgelegt. Dieses Verhalten haben Sie ebenfalls schon in der foreach-Schleife gesehen. Es gilt in der Regel nicht als besonders gute Idee, $_ innerhalb des grep-Ausdrucks zu verändern, da die Veränderungen die Originaldaten beschädigen könnten.

Der grep-Operator teilt sich seinen Namen mit dem klassischen Unix-Hilfsprogramm, das basierend auf einem regulären Ausdruck die passenden Zeilen aus einer Datei zurückgibt. Die Funktionalität der grep-Funktion von Perl geht aber noch weit darüber hinaus. Im folgenden Beispiel lassen wir uns alle Zeilen aus einer Datei ausgeben, die fred enthalten:

```
my @passende_zeilen = grep { /\bfred\b/i } <$fh>;
```

Die Syntax von grep lässt sich sogar noch weiter vereinfachen. Wenn Sie zum Filtern nur einen einfachen Ausdruck (anstelle eines ganzen Blocks) brauchen, können Sie diesen Ausdruck, gefolgt von einem Komma, benutzen. Hier sehen Sie die vereinfachte Version des oben stehenden Beispiels:

```
my @passende_zeilen = grep /\bfred\b/i, <$fh>;
```

Für den skalaren Kontext hat grep einen speziellen Modus. Anstelle der Elemente selbst gibt er deren *Anzahl* zurück. Um die Zahl der passenden Zeilen einer Datei zu ermitteln, könnten Sie beispielsweise mit dem zusätzlichen Array arbeiten, wie hier gezeigt:

```
my @passende_zeilen = grep /\bfred\b/i, <$fh>;
my $zeilen_zaehler = @passende_zeilen;
```

Wenn Sie das Ergebnis dagegen direkt einer skalaren Variablen zuweisen, können Sie sich das Zwischenarray (und den dafür nötigen Arbeitsspeicher) auch sparen:

```
my $zeilen_zaehler = grep /\bfred\b/i, <$fh>;
```

Listenelemente umwandeln mit map

Eine andere oft vorkommende Aufgabe ist das Umwandeln von Elementen einer Liste. Nehmen Sie zum Beispiel eine Liste mit Zahlen, die für die Ausgabe als »Geld«-Werte formatiert werden sollen (wie wir das mit der Subroutine &viel_geld in Kapitel 13 getan haben). Wir wollen dabei nicht die Originaldaten verändern, sondern eine modifizierte Kopie der Liste anlegen, die nur für die Ausgabe benutzt werden soll:

```
my @daten = (4.75, 1.5, 2, 1234, 6.9456, 12345678.9, 29.95);
my @formatierte_daten;

foreach (@daten) {
  push @formatierte_daten, &viel_geld($_);
}
```

Das sieht dem Beispielcode aus dem Abschnitt über grep recht ähnlich, oder? Dann wird es Sie nicht überraschen, wenn auch der Ersetzungscode dem vorigen Beispiel ähnelt:

```
my @daten = (4.75, 1.5, 2, 1234, 6.9456, 12345678.9, 29.95);

my @formatierte_daten = map { &viel_geld($_) } @daten;
```

Der map-Operator sieht grep so ähnlich, weil er die gleiche Art von Argumenten übernimmt: einen Block, in dem $_ benutzt wird, und eine Liste mit Elementen, die bearbeitet werden soll. Auch die Funktionsweise ist ähnlich: Für jedes Element der Liste wird der Block einmal ausgewertet, wodurch $_ jedes Mal einen Alias auf das gerade bearbeitete Element der Originalliste enthält. Der letzte Ausdruck des Blocks wird jedoch anders benutzt; anstatt einen booleschen Wert zurückzugeben, wird sein Ergebnis zur resultierenden Liste hinzugefügt.[5]

Eine grep- oder map-Anweisung lässt sich immer auch als foreach-Schleife formulieren, in der die bearbeiteten Elemente einem temporären Array zugewiesen werden. Die Kurzform ist jedoch in beiden Fällen effizienter und bequemer. Da das Ergebnis von map und grep eine Liste ist, lässt es sich direkt an eine andere Funktion weitergeben. Hier geben wir die Liste mit »Geld«-Werten als eingerückte Liste unter einer gemeinsamen Überschrift aus:

```
print "Die Geldwerte sind:\n",
  map { sprintf("%25s\n", $_) } @formatierte_daten;
```

---

5 Ein weiterer wichtiger Unterschied besteht darin, dass der von map benutzte Ausdruck im Listenkontext ausgewertet wird. Anstatt jedes Element einzeln zurückzugeben, kann eine beliebige Anzahl von Elementen auf einmal bearbeitet werden.

Wir hätten die Bearbeitung auch ohne die Verwendung des temporären Arrays @formatierte_daten erledigen können:

```
my @daten = (4.75, 1.5, 2, 1234, 6.9456, 12345678.9, 29.95);
print "Die Geldwerte sind:\n",
  map { sprintf("%25s\n", &viel_geld($_) ) } @daten;
```

Wie bei grep lässt sich auch die Syntax von map noch vereinfachen. Wenn Sie für die Auswahl nur einen einfachen Ausdruck benötigen (anstelle eines ganzen Blocks), können Sie auch hier diesen Ausdruck, gefolgt von einem Komma, benutzen und die geschweiften Klammern für den Block weglassen:

```
print "Einige Potenzen von zwei sind:\n",
  map "\t" . ( 2 ** $_ ) . "\n", 0..15;
```

Spezielle Werkzeuge für Listen

Auch für den Fall, dass Sie Listen auf spezielle Weise bearbeiten müssen, hält Perl die passenden Werkzeuge bereit. Viele Programme machen schließlich nichts anderes, als Listen auf die eine oder andere Art durch die Mangel zu drehen.

Das Modul List::Util ist in der Standardbibliothek etnhalten und bietet leistungsstarke Versionen von gebräuchlichen Werkzeugen zur Bearbeitung von Listen. Sie sind auf C-Ebene implementiert.

Angenommen, Sie wollen wissen, ob eine Liste ein Element enthält, auf das bestimmte Bedingungen zutreffen. Normalerweise würden Sie die Liste hierfür mit einer Schleife umgeben, die solange ausgeführt wird, bis das erste passende Element gefunden wurde. Die Verwendung von grep ist hier wenig sinnvoll, weil es prinzipiell die gesamte Liste durchläuft, was gerade bei langen Liste eine Menge überflüssiger Arbeit bedeuten würde:

```
my $erster_treffer;
foreach (@zeichen) {
  if (/\bPebbles\b/i) {
    $erster_treffer = $_;
    last;
  }
}
```

Das ist ziemlich viel Code. Stattdessen können Sie die Subroutine first von List::Util benutzen:

```
use List::Util qw(first);
my $erster_treffer = first { /\bPebbles\b/i } @zeichen;
```

In den Übungen zu Kapitel 4 haben Sie die Subroutine &total erstellt. Wenn Sie da schon List::Util gekannt hätten, hätten Sie deutlich weniger Arbeit gehabt:

```
use List::Util qw(sum);
my $gesamt = sum( 1..1000 ); # 500500
```

In Kapitel 4 hat außerdem die Subroutine &max ziemlich geschuftet, um das größte Element aus einer Liste herauszusuchen. Das müssen Sie eigentlich nicht selbst erledigen; genau hierfür ist schließlich die Funktion max aus List::Util gemacht:

```perl
use List::Util qw(max);
my $max = max( 3, 5, 10, 4, 6 );
```

Die max-Funktion beschäftigt sich ausschließlich mit Zahlen. Wenn Sie dasselbe mit Strings machen wollen (mithilfe von Stringvergleichen), benutzen Sie stattdessen maxstr:

```perl
use List::Util qw(maxstr);
my $max = maxstr( @strings );
```

Um die Elemente einer Liste zufällig zu mischen, können Sie die Funktion shuffle benutzen:

```perl
use List::Util qw(shuffle);
my @gemischt = shuffle(1..1000); # Zufallsreihenfolge der Elemente
```

Es gibt noch ein Modul namens List::MoreUtils, das noch raffiniertere Subroutinen bietet. Dieses Modul wird nicht mit Perl mitgeliefert und Sie müssen es sich vom CPAN besorgen. Damit können Sie überprüfen, ob kein, irgendein oder alle Element einer Liste eine Bedingung erfüllen. Jede dieser Subroutinen verwendet die gleiche Blocksyntax wie grep:

```perl
use List::MoreUtils qw(none any all);

if (none { $_ > 100 } @zahlen) {
  print "Keine Elemente über 100\n"
} elsif (any { $_ > 50 } @zahlen) {
  print "Einige Elemente über 50\n";
} elsif (all { $_ < 10 } @zahlen) {
  print "Alle Elements weniger als 10\n";
}
```

Wenn Sie die Elemente einer Liste zu Gruppen zusammengefasst bearbeiten wollen, können Sie das mithilfe von natatime (»N at a time«, »jeweils N«) tun:

```perl
use List::MoreUtils qw(natatime);

my $iterator = natatime 3, @array;
while( my @dreiergruppe = $iterator->() ) {
  print "Enthält jetzt: @dreiergruppe";
}
```

Angenommen, Sie wollen mehrere Listen ein einem großen Array zusammenführen. Hierbei sollen jeweils die ersten Elemente der einzelnen Listen hintereinander stehen, gefolgt von allen zweiten Elementen, und so weiter. Anstatt eine eigene Subroutine zu schreiben, können Sie hierfür auch die List::Util-Funktion mesh verwenden:

```perl
use List::MoreUtils qw(mesh);

my @abc = 'a' .. 'z';
my @zahlen = 1 .. 20;
my @dinosaurier = qw( dino );

my @grosses_array = mesh @abc, @zahlen, @dinosaurier
```

Dadurch wird das erste Element von @abc (a) zum ersten Element von @grosses_array; das erste Element von @zahlen (1) landet an zweiter Stelle, während das erste (und einzige) Element von @dinosaurier (dino) in @grosses_array die dritte Position einnimmt. Danach geht es wieder mit @abc weiter, um das nächste Element zu holen (b), und so weiter.

```
a 1 dino b 2 c 3 ...
```

Neben den hier gezeigten enthält List::Util noch viele andere nützliche und interessante Subroutinen. Bevor Sie also das Rad noch einmal erfinden, werfen Sie lieber einen Blick in die Dokumentation.

Slices

Oft müssen Sie mit einer bestimmten Anzahl von Elementen aus einer gegebenen Liste arbeiten. Zum Beispiel speichert die Bibliothek von Steintal die Informationen über ihre Benutzer in einer großen Datei.[6] Jede Zeile der Datei enthält sechs durch Doppelpunkte voneinander getrennte Felder, die einen Benutzer beschreiben. Die folgenden Daten sind enthalten: Benutzername, Nummer des Leihausweises, Straße und Hausnummer, Telefon bei der Arbeit, Telefon zu Hause und die Anzahl der ausgeliehenen Bücher. Hier ist ein typischer Auszug aus der Datei:

```
Fred Feuerstein:2168:Kopfsteinstr. 33:0555-1212:0555-2121:3
Barney Geroellheimer:709918:Haldenweg 10:0555-3333:0555-3438:0
```

Eine der Anwendungen der Bücherei benötigt zum Arbeiten die Kartennummer und die Anzahl der ausgeliehenen Bücher, andere Daten werden nicht gebraucht. Dafür käme eventuell der folgende Code in Frage:

```
while (<$fh>) {
  chomp;
  my @datensatz = split /:/;
  my($ausweis_nr, $ausgeliehen) = ($datensatz[1], $datensatz[5]);
  ... # irgendetwas mit diesen zwei Variablen machen
}
```

Das Array @datensatz wird jedoch ansonsten nicht weiter benutzt. Das sieht sehr nach Verschwendung aus.[7] Vielleicht ist es besser, das Ergebnis von split gleich einer Liste von Skalaren zuzuweisen:

```
my($name, $ausweis_nr, $adresse, $arbeit, $zuhause, $ausgeliehen) = split /:/;
```

Dadurch vermeiden wir zwar das Anlegen des Arrays @datensatz, dafür haben wir jetzt vier skalare Variablen zu viel, die wir nicht brauchen. Manche Leute würden nun

---

6   Eigentlich sollte eine Datenbank mit allen Schikanen zum Einsatz kommen. Es ist geplant, gleich nach der nächsten Eiszeit umzusteigen.

7   Es ist keine große Verschwendung, aber folgen Sie uns trotzdem. All diese Techniken werden von Programmierern benutzt, die Slices nicht verstehen. Daher lohnt es sich, die verschiedenen Optionen einmal aufzulisten.

Dummy-Variablennamen benutzen, wie $dummy_1, die zeigen sollen, dass dieses von split zurückgegebene Element nicht weiter wichtig ist. Aber Larry dachte sich, das sei zu viel Aufwand, und erdachte eine spezielle Verwendung von undef. Wenn versucht wird, eine Zuweisung auf ein undefiniertes Listenelement vorzunehmen, wird das entsprechende Element der Ursprungsliste einfach ignoriert:

```
my(undef, $ausweis_nr, undef, undef, undef, $ausgeliehen) = split /:/;
```

Ist das jetzt besser? Na ja, es hat zumindest den Vorteil, dass es keine unbenutzten Variablen mehr gibt. Dafür müssen Sie jetzt die undefs zählen, um festzustellen, welches Element $ausgeliehen tatsächlich ist. Das ist hier noch verhältnismäßig einfach, kann aber bei einer größeren Anzahl von Listenelementen schnell unhandlich werden. Wenn wir beispielsweise nur den mtime-Wert der stat-Funktion ermitteln wollen, könnten wir das folgendermaßen schreiben:

```
my(undef, undef, undef, undef, undef, undef, undef,
   undef, undef, $mtime) = stat $irgendeine_datei;
```

Wenn Sie hier die falsche Anzahl von undefs benutzen, bekommen Sie womöglich aus Versehen den atime- oder ctime-Wert – ein Programmierfehler, der ziemlich schwer zu finden sein dürfte. Es gibt aber eine bessere Möglichkeit. Perl ermöglicht es, auch auf einzelne Elemente einer Liste über einen Index zuzugreifen. Das nennen wir einen *Listen-Slice*. Der mtime-Wert ist das Element mit dem Index 9 in der von stat zurückgegebenen Liste.[8] Auf dieses Element können wir nun mit einem Index zugreifen:

```
my $mtime = (stat $irgendeine_datei)[9];
```

Die Klammern um die Rückgabeliste (den Rückgabewert von stat) sind hier notwendig. Die unten stehende Schreibweise würde nicht funktionieren:

```
my $mtime = stat($irgendeine_datei)[9];  # Syntax-Fehler
```

Um Listen-Slices zu erzeugen, stellen Sie einer Liste (in runden Klammern) den Index in eckigen Klammern nach. Die runden Klammern, die den Funktionsaufruf enthalten, zählen nicht mit.

Kommen wir nun zur Bibliothek von Steintal zurück. Hier arbeiten wir mit der von split zurückgegebenen Liste. Um die nötigen Elemente 1 und 5 als Slices aus der Liste zu extrahieren, stellen wir dieser den entsprechenden Index nach:

```
my $ausweis_nr  = (split /:/)[1];
my $ausgeliehen = (split /:/)[5];
```

Das ist schon nicht schlecht. Es wäre aber einfacher und effizienter, wenn wir split nur einmal aufrufen müssten. Zum Glück können Slices nicht nur im skalaren Kontext benutzt werden. Wenn wir Slices im Listenkontext benutzen, lassen sich die beiden benötigten Elemente in einem Arbeitsgang auslesen:

```
my($ausweis_nr, $ausgeliehen) = (split /:/)[1, 5];
```

---

8   Es ist das zehnte Element, trägt aber den Index 9. Die Indizierung beginnt, genau wie bei Arrays, bei 0.

Jetzt holen wir uns die Elemente mit den Indizes 1 und 5 aus der Liste und geben diese ihrerseits als Liste mit zwei Elementen zurück. Weisen wir diese Elemente nun den zwei my-Variablen zu, haben wir genau das, was wir wollten: Wir benutzen den Slice nur einmal und setzen mit einer einfachen Formulierung unsere beiden Variablen.

Ein Slice ist oft der einfachste Weg, einige Elemente aus einer Liste auszulesen. Im folgenden Beispiel holen wir uns das erste und das letzte Element, wobei wir berücksichtigen, dass der Index für das letzte Element mit -1 angegeben werden kann:[9]

```
my($erster, $letzter) = (sort @namen)[0, -1];
```

Die Indizes eines Slice können in einer beliebigen Reihenfolge auftreten. Sie können einen Wert sogar wiederholen, wenn Sie wollen. Dieses Beispiel liest fünf Elemente aus einer Liste mit zehn Elementen aus:

```
my @namen  = qw{ null eins zwei drei vier fuenf sechs sieben acht neun };
my @zahlen = ( @namen )[ 9, 0, 2, 1, 0 ];
print "Steintal @zahlen\n";  # ergibt Steintal neun null zwei eins null
```

Array-Slices

Das oben stehende Beispiel lässt sich noch weiter vereinfachen. Wenn Sie Slices auf Arrays anwenden, können die runden Klammern weggelassen werden. Wir hätten den Slice also auch folgendermaßen schreiben können:

```
my @zahlen = @namen[ 9, 0, 2, 1, 0 ];
```

Dabei geht es nicht einfach nur darum, die runden Klammern wegzulassen. Wir haben hier eine neue Notation für den Zugriff auf Arrayelemente vor uns: einen Array-Slice. In Kapitel 3 haben wir gesagt, dass das @-Zeichen in @namen »alle Elemente« bedeutet. Im linguistischen Zusammenhang handelt es sich aber eher um eine Pluralmarkierung (wie das nachgestellte »s« in »Lamas« oder »Pumas«). In Perl steht das $ für etwas Einzelnes (S wie »Singular«) und das @ (a wie »Array«) für eine Liste von Dingen.

Ein Slice ist immer eine Liste. Daher wird für die Definition eines Array-Slice auch das @-Zeichen benutzt. Wenn Sie in einem Programm etwas wie @namen[...] sehen, tun Sie es Perl gleich und beachten sowohl das @-Zeichen am Anfang als auch die eckigen Klammern am Ende. Die eckigen Klammern am Ende stehen für die Indizes einer Liste, und das @-Zeichen zeigt an, dass eine Liste[10] zurückgegeben wird. Ein $ würde für ein einzelnes Element stehen (siehe Abbildung 17-1).

---

9   Es ist nicht sehr wahrscheinlich, dass die Verwendung einer Sortierung die effizienteste Möglichkeit ist, um Extremwerte in einer Liste zu ermitteln. Der sort-Mechanismus von Perl ist jedoch schnell genug, um bei Listen mit bis zu mehreren hundert Elementen noch akzeptable Ergebnisse zu liefern.

10 Diese Liste muss deshalb nicht unbedingt mehrere Elemente enthalten – sie kann auch nur ein Element enthalten, oder womöglich gar keins.

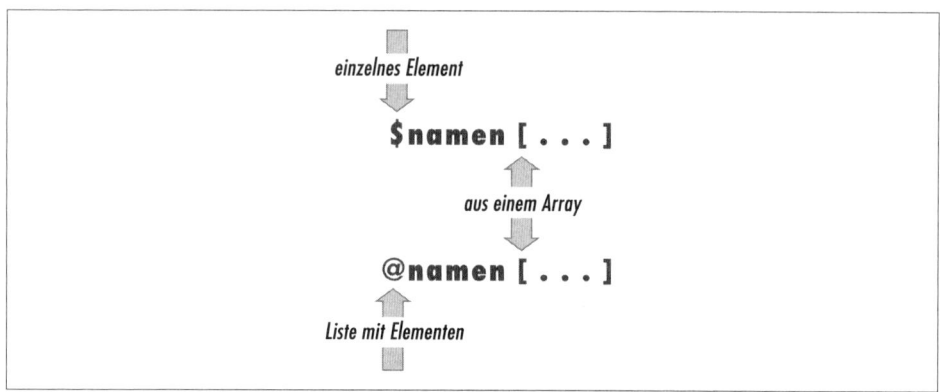

Abbildung 17-1: Vergleich von Array-Slices mit einzelnen Elementen

Das Zeichen vor dem Variablennamen ($ oder @) legt also fest, in welchem Kontext der Indexausdruck zu verstehen ist. Bei einem Dollarzeichen wird der Ausdruck in skalarem Kontext ausgewertet, und es wird nur ein einzelner Index benutzt. Steht dort ein @-Zeichen, wird der Ausdruck im Listenkontext ausgewertet, wodurch entsprechend mit einer Liste von Indizes gearbeitet wird.

Der Ausdruck @namen[2, 5] bezeichnet also das Gleiche wie ($namen[2], $namen [5]). Wenn Sie eine Liste von Werten aus einem Array auslesen wollen, können Sie die Slice-Notation benutzen. Das gilt auch für jeden anderen Ort in Ihrem Programm, an dem Sie sonst einzelne Elemente benutzt hätten.

Der Slice lässt sich zudem an einer Stelle benutzen, an der die Verwendung von Listen nicht funktioniert: Ein Slice kann direkt in einen String interpoliert werden:

```
my @namen  = qw{ null eins zwei drei vier fuenf sechs sieben acht neun };
print "Steintal @namen[ 9, 0, 2, 1, 0 ]\n";
```

Wenn wir an dieser Stelle das gesamte Array @namen interpoliert hätten, würden sämtliche Elemente durch Leerzeichen voneinander getrennt ausgegeben. Interpolieren wir stattdessen @namen[9, 0, 2, 1, 0], bekommen wir nur diese Elemente, ebenfalls durch Leerzeichen voneinander getrennt.[11] Lassen Sie uns für einen Moment in die Bücherei von Steintal zurückkehren. Vielleicht muss unser Programm Adresse und Telefonnummer von Mister Schiefer aktualisieren, da er in ein großes neues Haus in Hollyrock umgezogen ist. Liegen uns alle nötigen Informationen in @datensatz vor, können wir Folgendes schreiben, um diese zwei Arrayelemente zu aktualisieren:

```
my $neues_telefon_zu_Hause = "555-6099";
my $neue_adresse           = "Quarzchaussee 324";
@datensatz[2, 3] = ($neue_adresse, $neues_telefon_zu_Hause);
```

---

11 Um genau zu sein, werden die Elemente durch das Zeichen getrennt, das in der speziellen Perl-Variablen $" enthalten ist. Standardmäßig ist das ein Leerzeichen. Dieser Wert sollte nicht verändert werden. Intern führt Perl die Operation join $", @liste durch, wobei @liste für die Liste steht, die ausgegeben werden soll.

Auch hier bietet der Array-Slice die Möglichkeit, die Liste der Elemente knapper zu formulieren. Die letzte Zeile ist demnach das Gleiche wie eine Zuweisung auf ($datensatz[2], $datensatz[3]), nur eben kompakter und effizienter.

Hash-Slices

Analog zu den Array-Slices lassen sich auch aus Hashes einzelne Elemente mit einem Slice auslesen. Dementsprechend sprechen wir hier von einem *Hash-Slice*. Erinnern Sie sich noch an den Bowling-Abend unserer drei Darsteller? Die Spielergebnisse wurden im Hash %ergebnisse gespeichert. Sie lassen sich entweder mit einer Liste von Hash-Elementen auslesen oder mit einem Slice. Beide Techniken sind gleichwertig – eine der beiden ist jedoch klarer und effizienter als die andere:

```
my @drei_ergebnisse = ($ergebnisse{"barney"}, $ergebnisse{"fred"}, $ergebnisse{"dino"});

my @drei_ergebnisse = @ergebnisse{ qw/ barney fred dino/ };
```

Ein Slice ist immer eine Liste, weshalb wir auch bei der Notation für Hash-Slices das @-Zeichen benutzen. Wenn das jetzt klingt, als ob wir uns wiederholen, liegt das daran, dass wir betonen wollen, dass Hash- und Array-Slices zueinander analog sind. Wenn es nicht so klingt, als ob wir uns wiederholen, liegt das daran, dass wir betonen wollen, dass Hash- und Array-Slices zueinander analog sind. Wenn Sie in einem Perl-Programm etwas wie @ergebnisse{...} sehen, müssen Sie sich, wie Perl auch, sowohl das @-Zeichen am Anfang des Ausdrucks als auch die geschweiften Klammern am Ende des Ausdrucks ansehen. Die geschweiften Klammern bedeuten, dass Sie in einen Hash indizieren; das @-Zeichen am Anfang weist darauf hin, dass Sie mit einer Liste von Elementen arbeiten wollen und nicht nur mit einem einzelnen Element – dafür würde ein Dollarzeichen benutzt werden (siehe Abbildung 17-2).

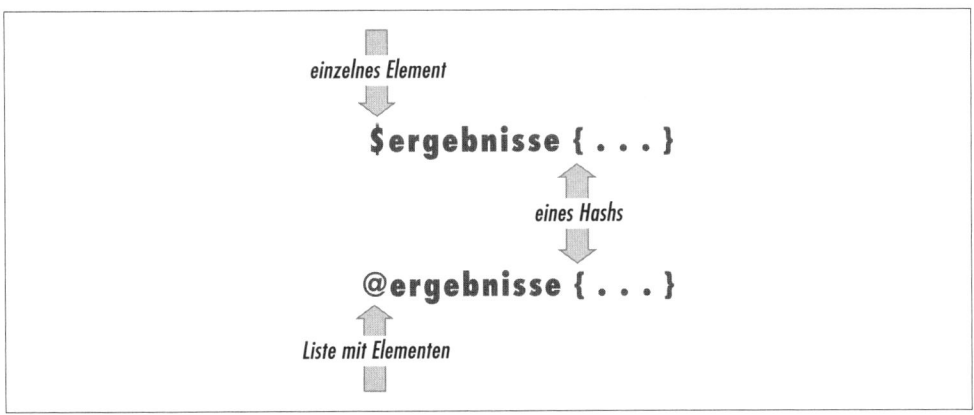

Abbildung 17-2: Hash-Slices im Vergleich mit einem einzelnen Element

Auch hier legt das Zeichen vor dem Variablennamen ($ oder @) fest, in welchem Kontext der Index-Ausdruck ausgewertet wird. Wenn hier ein Dollarzeichen steht, wird der Ausdruck in skalarem Kontext ausgewertet und nur ein einzelner Schlüssel benutzt.[12] Handelt es sich um ein @-Zeichen, wird der Ausdruck im Listenkontext ausgewertet und eine Liste von mehreren Schlüsseln verwendet.

An diesem Punkt ist es normal, wenn Sie sich fragen, warum kein Prozentzeichen (%) benutzt wird, obwohl wir doch von einem Hash sprechen. Das Prozentzeichen wird verwendet, wenn wir den gesamten Hash ansprechen wollen. Ein Hash-Slice dagegen ist immer eine Liste (wie die anderen Slices auch) und kein Hash.[13] In Perl bedeutet das Dollarzeichen immer etwas Einzelnes, das @-Zeichen eine Liste von Dingen und das Prozentzeichen einen Hash.

Wie Sie es bereits von den Array-Slices kennen, können Sie an einer beliebigen Stelle Ihres Programms anstelle einer Liste von Hashelementen auch einen Hash-Slice einsetzen. Wir können die Spielergebnisse unserer Freunde jetzt auf einfache Weise aktualisieren (ohne die anderen Elemente des Hash dabei zu stören):

```perl
my @spieler = qw/ barney fred dino /;
my @bowling_ergebnisse = (195, 205, 30);
@ergebnisse{ @spieler } = @bowling_ergebnisse;
```

Die letzte Zeile tut das Gleiche, als hätten wir eine Zuweisung auf die Liste ($ergebnisse{"barney"}, $ergebnisse{"fred"}, $ergebnisse{"dino"}) vorgenommen.

Auch ein Hash-Slice kann interpoliert werden. Hier geben wir eine Liste unserer Lieblingsspieler aus:

```perl
print "Heute Abend spielten: @spieler\n";
print "Die Ergebnisse sind: @ergebnisse{@spieler}\n";
```

Übung

Die Lösung für die folgende Übung finden Sie in Anhang A.

1. [30] Schreiben Sie ein Programm, das zeilenweise eine Liste von Strings einliest. Der Benutzer soll interaktiv eine Reihe von Suchmustern eingeben können, die auf Teile der Strings passen könnten. Für jedes Muster soll Ihr Programm ausgeben, auf wie viele Strings das Muster gepasst hat, und dann, um welche Strings es sich dabei gehandelt hat. Lesen Sie die Datei nicht für jedes Muster neu ein, sondern behalten Sie sie im Speicher. Der Dateiname darf im Programm hart codiert sein. Wenn ein Suchmuster ungültig ist (zum Beispiel weil die runden Klammern nicht zusammenpassen), soll das Programm den Fehler zwar mitteilen, aber nicht abbrechen. Statt-

---

12 Es gibt eine Ausnahme, der Sie aber vermutlich eher nicht beggnen werden, da sie in modernen Perl-Programmen kaum noch benutzt wird. Näheres finden Sie im Eintrag zur Spezialvariablen $; in der *perlvar*-Manpage.

13 Ein Hash-Slice ist ein Slice (und kein Hash), genau wie ein Dachziegel ein Ziegel ist (und kein Dach), während ein Ziegeldach ein Dach ist (und kein Ziegel). Mehr oder weniger.

dessen soll der Benutzer ein neues Muster eingeben können. Gibt der Benutzer eine Leerzeile ein, soll das Programm beendet werden. Falls Sie eine Datei voll mit interessanten Dingen suchen, an denen Sie Ihre Suchmuster ausprobieren können, versuchen Sie es einmal mit der Datei *sample_text*, die Sie sich sicherlich schon von der O'Reilly-Webseite zu diesem Buch heruntergeladen haben (siehe Vorwort).

2. [15] Schreiben Sie ein Programm, das einen Bericht über das letzte Zugriffs- und Änderungsdatum (in »Epochen«-Zeit) der Dateien im aktuellen Verzeichnis erstellt. Verwenden Sie stat, um auf die Zeiten zuzugreifen, und ein Listen-Slice, um die Elemente zu extrahieren. Lassen Sie die Ergebnisse in drei Spalten ausgeben, in folgender Art:

```
fred.txt 1294145029 1290880566
barney.txt 1294197219 1290810036
betty.txt 1287707076 1274433310
```

3. [15] Ändern Sie Ihre Antwort zu Übung 2 so, dass die Zeiten im Format JJJJ-MM-TT ausgegeben werden. Verwenden Sie eine map mit localtime und ein Slice, um die »Epochen«-Zeiten in die benötigten Datums-Strings umzuwandeln. Beachten Sie, was in der Dokumentation zu localtime zu den Jahres- und Monatswerten gesagt wird, die es zurückgibt. Ihr Bericht sollte in etwa so aussehen:

```
fred.txt        2011-10-15      2011-09-28
barney.txt      2011-10-13      2011-08-11
betty.txt       2011-10-15      2011-07-24
```

Lösungen zu den Übungen

In diesem Anhang finden Sie die Lösungen zu den Übungen am Ende jedes Kapitels.

Lösungen zu den Übungen in Kapitel 1

1. Diese Übung ist leicht, da wir Ihnen das Programm schon gezeigt haben.

   ```
   print "Hallo Welt!\n";
   ```

   Wenn Sie Perl 5.10 oder neuer verwenden, können Sie es mit say versuchen:

   ```
   use 5.010;
   say "Hallo Welt!";
   ```

   Wenn Sie es von der Kommandozeile aus probieren möchten, ohne eine Datei zu erstellen, können Sie Ihr Programm auf der Kommandozeile mit dem Switch -e angeben:

   ```
   $ perl -e 'print "Hallo Welt\n"'
   ```

2. Der Befehl perldoc sollte bei Ihrem *perl* dabeigewesen sein, also müssten Sie ihn direkt starten können.

3. Dieses Programm ist auch einfach, sofern Sie die vorige Übung geschafft haben:

   ```
   @zeilen = `perldoc -u -f atan2`;
   foreach (@zeilen) {
       s/\w<([^>]+)>/\U$1/g;
       print;
   }
   ```

Lösungen zu den Übungen in Kapitel 2

1. So könnte eine mögliche Lösung aussehen:

   ```
   #!/usr/bin/perl -w
   $pi = 3.141592654;
   $umfang = 2 * $pi * 12.5;
   print "Der Umfang eines Kreises mit dem Radius 12.5 ist $umfang.\n";
   ```

Das Programm beginnt mit der typischen #!-Zeile; Ihr Pfad zu Perl kann sich davon unterscheiden. Außerdem haben wir die Warnungen eingeschaltet.

Die erste richtige Codezeile füllt die Variable $pi mit dem Wert von π. Es gibt eine Reihe von Gründen, aus denen ein guter Programmierer wie hier gezeigt eine Konstante[1] benutzen würde: Es kostet Zeit, 3.141592654 in Ihr Programm einzufügen, wenn Sie den Wert mehr als einmal brauchen. Zudem könnte es einen mathematischen Fehler bedeuten, wenn Sie an einer Stelle Ihres Programms 3.141592654 schreiben und 3.14159 an einer anderen. Auf die hier beschriebene Art gibt es nur eine Stelle in Ihrem Programm, an der Sie überprüfen müssen, ob Sie nicht versehentlich 3.141952654 eingegeben haben und Ihre Raumsonde dadurch womöglich zum falschen Planeten schicken. Es ist einfacher, $pi einzugeben als π, insbesondere, wenn es bei Ihnen keine Unicode-Unterstützung gibt.

Außerdem ist Ihr Programm leichter zu pflegen, falls sich der Wert von π jemals ändern sollte.[2]

Als nächstes berechnen wir den Umfang und legen den Wert in $umfang ab. Am Schluss wird dieser Wert in einer Nachricht ausgegeben. Die Nachricht endet auf ein Newline-Zeichen, da jede Ausgabezeile eines guten Programms dies tun sollte. Falls Sie kein Newline-Zeichen benutzen, sieht Ihre Ausgabe, abhängig vom Shell-Prompt, unter Umständen wie folgt aus:

```
Der Umfang eines Kreises mit dem Radius 12.5 ist 78.53981635.bash-2.01$
```

Der graue Kasten am Ende der Zeile steht hierbei für die blinkende Einfügemarke. Der seltsame Text hinter Ihrer Nachricht ist die Eingabeaufforderung der Shell.[3] Da der Umfang des Kreises eigentlich nicht 78.53981635.bash-2.01$, ist, könnte dies womöglich als Programmierfehler angesehen werden. Benutzen Sie also lieber \n am Ende jeder Ausgabezeile.

2. So könnte eine mögliche Lösung aussehen:

```perl
#!/usr/bin/perl -w
$pi = 3.141592654;
print "Wie lautet der Radius? ";
chomp($radius = <STDIN>);
$umfang = 2 * $pi * $radius;
print "Der Umfang eines Kreises mit dem Radius $radius ist $umfang.\n";
```

Dies ist fast das gleiche Programm wie in der vorigen Übung, nur dass wir hier die Variable $radius benutzen, wo vorher der unveränderliche Wert 12.5 stand. Hätten wir das erste Programm mit etwas mehr Weitsicht geschrieben, hätten wir auch dort schon die Variable $radius verwendet. Mit Hilfe des chomp-Operators entfernen wir das Newline-Zeichen am Ende der Zeile. Selbst wenn wir das nicht getan hätten,

---

1 Falls Sie nach einer formelleren Art von Konstanten suchen, sollten Sie sich einmal das constant-Pragma ansehen.

2 Dies wurde vor über hundert Jahren durch eine Gesetzesänderung im US-Staat Indiana tatsächlich einmal fast gemacht. Details finden Sie unter *http://www.cs.uwaterloo.ca/~alopez-o/math-faq/node45.html*.

3 Wir haben die Leute von O'Reilly gefragt, ob sie nicht zusätzlich Geld ausgeben wollten, um die Einfügemarke mit blinkender Tinte zu drucken. Der Vorschlag wurde leider abgelehnt.

würde unser mathematischer Ausdruck noch funktionieren, da der String "12.5\n" für die Berechnung automatisch in die Zahl 12.5 umgewandelt wird. Geben wir am Ende des Programms jedoch die Nachricht aus, bekommen wir jetzt eine Ausgabe wie die folgende:

```
Der Umfang eines Kreises mit dem Radius 12.5
   ist 78.53981635.
```

Das liegt daran, dass das Newline-Zeichen sich immer noch in $radius befindet, auch wenn wir die Variable zwischenzeitlich als Zahl benutzt haben. Da sich in der print-Anweisung zwischen $radius und dem Wort "ist" ein Leerzeichen befindet, wird dieses nun als erstes Zeichen der zweiten Zeile ausgegeben. Die Moral von der Geschicht' lautet: Benutzen Sie chomp für Ihre Eingaben, es sei denn, Sie haben einen guten Grund, dies nicht zu tun.

3. So könnte eine mögliche Lösung aussehen:

```
#!/usr/bin/perl -w
$pi = 3.141592654;
print "Wie lautet der Radius? ";
chomp($radius = <STDIN>);
$umfang = 2 * $pi * $radius;
if ($radius < 0) {
  $umfang = 0;
}
print "Der Umfang eines Kreises mit dem Radius $radius ist $umfang.\n";
```

Hier haben wir einen Test auf einen ungültigen Radius eingebaut. Auf diese Weise wird bei einem ungültigen Radius jedenfalls kein negativer Wert mehr ausgegeben. Sie hätten auch den Radius auf null setzen können, um dann den Umfang zu berechnen, aber es gibt schließlich mehr als eine mögliche Lösung. Das ist übrigens das Motto von Perl: »Es gibt mehr als eine Lösung« (»There Is More Than One Way To Do It«, TIMTOWTDI). Aus diesem Grund beginnen die Lösungen zu den Übungen mit dem Satz: »So könnte eine mögliche Lösung aussehen.«

4. So könnte eine mögliche Lösung aussehen:

```
print "Bitte geben Sie die erste Zahl ein: ";
chomp($eins = <STDIN>);
print "Bitte geben Sie die zweite Zahl ein: ";
chomp($zwei = <STDIN>);
$ergebnis = $eins * $zwei;
print "Das Ergebnis ist $ergebnis.\n";
```

Beachten Sie, dass wir in dieser Antwort die #!-Zeile nicht mit angegeben haben. Von jetzt an gehen wir davon aus, dass Sie wissen, dass die Zeile da ist, damit Sie sie nicht jedesmal mitlesen müssen.

Vermutlich ist die Wahl der Namen für die Variablen nicht besonders gelungen. In einem großen Programm könnte der Wartungsprogrammierer denken, die Variable $zwei solle den Wert 2 enthalten. In diesem kurzen Programm ist das wahrscheinlich noch nicht so wichtig, aber wir hätten die Variablen etwas verständlicher benennen können, beispielsweise $erste_antwort.

In diesem Programm würde es keinen Unterschied machen, ob wir chomp benutzen oder nicht, da die Variablen $eins und $zwei nicht mehr als Strings benutzt werden, nachdem sie deklariert wurden. Wenn der Wartungsprogrammierer aber nächste Woche die ausgegebene Nachricht in etwas wie Das Ergebnis der Multiplikation von $eins und $zwei ist $ergebnis.\n ändert, werden uns diese elendigen Newline-Zeichen immer weiter verfolgen. Auch in diesem Fall gilt also: Benutzen Sie chomp,[4] es sei denn, Sie haben einen guten Grund, dies nicht zu tun. Die folgende Übung zeigt einen solchen Fall.

5. So könnte eine mögliche Lösung aussehen:

```
print "Bitte geben Sie einen String ein: ";
$string = <STDIN>;
print "Bitte geben Sie eine Anzahl ein: ";
chomp($anzahl = <STDIN>);
$ergebnis = $string x $anzahl;
print "Das Ergebnis ist:\n$ergebnis";
```

Das Programm ist fast das gleiche wie das aus der letzten Übung. Hier »multiplizieren« wir einen String. Wir haben also die Struktur der vorigen Übungen beibehalten. Hier benutzen wir aber für den String kein chomp, da die Aufgabenstellung verlangte, die Strings auf eigenen Zeilen auszugeben. Hätte der Benutzer fred und ein Newline-Zeichen als String und 3 für die Zahl eingegeben, stünde nun hinter jedem Vorkommen automatisch ein Newline-Zeichen – und genau das wollten wir ja.

In der print-Anweisung am Ende des Programms stellen wir dem $ergebnis ein zusätzliches Newline-Zeichen voran, damit das erste fred auch auf einer eigenen Zeile ausgegeben wird. Hätten wir das nicht getan, stünde des erste fred am Ende der ersten Zeile und die anderen zwei in einer Reihe untereinander:

```
Das Ergebnis ist: fred
fred
fred
```

Gleichzeitig haben wir am Ende der print-Anweisung kein Newline-Zeichen angegeben, da $ergebnis dies bereits enthalten sollte.

In den meisten Fällen ist es Perl egal, an welcher Stelle in Ihrem Programm Sie Leerzeichen benutzen. Sie können sie benutzen oder auch weglassen, ganz wie Sie wollen. Aber es ist wichtig, nicht versehentlich eine falsche Schreibweise zu benutzen. Stünde der x-Operator direkt an dem davor stehenden Variablennamen $str, würde Perl hierin die Variable $strx sehen und das funktioniert nun einmal nicht.

---

4   Mampfen (*chomping*) ist wie kauen: Es ist nicht immer nötig, tut meistens aber auch keinem weh.

Lösungen zu den Übungen in Kapitel 3

1. So könnte eine mögliche Lösung aussehen:

```
print "Bitte geben Sie einige Zeilen ein, und drücken Sie dann Strg-D:\n";
# oder auch Strg-Z
@zeilen = <STDIN>;
@zeilen_umgedreht = reverse @zeilen;
print @zeilen_umgedreht;
```

Oder noch einfacher:

```
print "Bitte geben Sie einige Zeilen ein, und drücken Sie dann Strg-D:\n";
print reverse <STDIN>;
```

Die meisten Perl-Programmierer ziehen vermutlich die zweite Lösung vor, solange keine Liste der Zeilen für eine spätere Verwendung angelegt werden muss.

2. So könnte eine mögliche Lösung aussehen:

```
@namen = qw/ Fred Betty Barney Dino Wilma Pebbles Bambam /;
print "Geben Sie zeilenweise ein paar Zahlen zwischen 1 und 7 ein,
und drücken Sie dann Strg-D:\n";
chomp(@zahlen = <STDIN>);
foreach (@zahlen) {
  print "$namen[ $_ - 1 ]\n";
}
```

Wir müssen hier 1 von der Index-Zahl abziehen, damit der Benutzer Zahlen von 1 bis 7 eingeben kann, obwohl die Arrayindizes von 0 bis 6 gehen. Eine andere Möglichkeit wäre die Verwendung eines Dummy-Elements in unserem @namen, und zwar wie folgt:

```
@namen = qw/ dummy_element Fred Betty Barney Dino Wilma Pebbles Bambam /;
```

Schreiben Sie sich ein paar Zusatzpunkte gut, wenn Sie zusätzlich noch überprüft haben, ob die Benutzereingaben im Bereich zwischen 1 und 7 liegen.

3. Hier sehen Sie eine mögliche Lösung, bei der alles auf einer Zeile ausgegeben wird:

```
chomp(@zeilen = <STDIN>);
@sortiert = sort @zeilen;
print "@sortiert\n";
```

Um die Ausgaben auf ihren eigenen Zeilen darzustellen, können Sie auch folgendes schreiben:

```
print sort <STDIN>;
```

Lösungen zu den Übungen in Kapitel 4

1. So könnte eine mögliche Lösung aussehen:

```
sub gesamt {
  my $summe;  # private Variable
  foreach (@_) {
    $summe += $_;
```

```
    }
    $summe;
}
```

Diese Subroutine benutzt die Variable `$summe`, um den Gesamtwert zu speichern. Zu Beginn ist der Wert von `$summe` noch `undef`, da wir die Variable neu angelegt haben. (Es gibt keine automatische Verbindung zwischen `@_`, dem Parameterarray, und `$_`, der Standardvariablen für die `foreach`-Schleife.)

Beim ersten Schleifendurchlauf wird zur Variablen `$summe` die erste Zahl (in `$_`) hinzugezählt. Bis zu diesem Zeitpunkt ist der Wert von `$summe` selbstverständlich `undef`, da wir hier bisher noch nichts gespeichert haben. Da wir die Variable aber hier als Zahl benutzen (was Perl an dem numerischen Operator `+=` erkennt), wird sie behandelt, als hätte sie bereits den Wert 0. Perl addiert zur ersten Zahl 0 hinzu und speichert das Ergebnis wieder in `$summe`.

Beim nächsten Schleifendurchlauf wird der nächste Parameter zum Wert von `$summe` hinzuaddiert, der nun nicht länger `undef` ist. Die Summe von Parameter und Wert wird wiederum in `$summe` gespeichert. Dies wird nun so lange wiederholt, bis es keine Parameter mehr gibt und der Wert von `$summe` an die aufrufende Anweisung zurückgegeben wird.

In dieser Subroutine gibt es eine mögliche Fehlerquelle, je nachdem wie Sie sich die Dinge vorstellen. Nehmen wir an, die Subroutine wäre mit einer leeren Parameterliste aufgerufen worden (worauf wir in der neugeschriebenen Subroutine `&max` im Kapitel selbst eingegangen sind). Der Wert von `$summe` wäre in diesem Fall `undef`, und dieser Wert würde auch zurückgegeben. In der Subroutine wäre es aber vermutlich korrekter, stattdessen 0 zurückzugeben. (Wenn Sie das Ergebnis einer leeren Liste jedoch von der Summe aus (3, -5, 2) unterscheiden wollen, wäre es richtig, `undef` zurückzugeben.)

Wollen Sie jedoch keine undefinierten Werte zurückgeben, so gibt es ein einfaches Mittel dagegen: Initialisieren Sie `$summe` einfach mit dem Wert 0 anstatt das standardmäßige `undef` zu benutzen:

```
my $summe = 0;
```

Nun gibt die Subroutine immer einen Wert zurück, selbst wenn eine leere Parameterliste übergeben worden ist.

2. So könnte eine mögliche Lösung aussehen:

```
# Denken Sie daran, die Subroutine &gesamt aus der vorigen Übung einzubauen.
print "Die Zahlen von 1 bis 1000 ergeben zusammen", &gesamt(1..1000),".\n";
```

Wir können die Subroutine nicht direkt aus einem String in doppelten Anführungszeichen heraus aufrufen.[5] Stattdessen übergeben wir den Subroutinenaufruf einfach als weiteres Element der Liste, die `print` übergeben wird. Das Gesamtergebnis ist 500500, eine runde Summe. Hierbei sollten Sie kaum bemerken, wie die Zeit

---

5   Jedenfalls nicht ohne einige fortgeschrittene Tricks anzuwenden. Es ist aber selten, dass sich etwas in Perl überhaupt nicht erledigen lässt.

vergeht. Die Arbeit mit Parameterlisten, die tausend Werte enthalten, ist für Perl reine Routine.

3. Hier eine mögliche Lösung:

```perl
sub durchschnitt {
    if (@_ == 0) { return }
    my $anzahl = @_;
    my $summe = &gesamt(@_);  # übernommen aus der Lösung zu Übung 1
    $summe/$anzahl;
}
sub ueber_durchschnitt {
    my $durchschnitt = &durchschnitt(@_);
    my @liste;
    foreach $element (@_) {
        if ($element > $durchschnitt) {
            push @liste, $element;
        }
    }
    @liste;
}
```

Die Subroutine durchschnitt kehrt zurück, ohne dass bei einer leeren Parameterliste ein expliziter Rückgabewert zurückgegeben wird. Hierdurch erhält die aufrufende Funktion den Wert undef[6], um zu berichten, dass aus einer leeren Liste kein Durchschnitt errechnet werden kann. Ist die Liste nicht leer, erleichtert uns die Verwendung von &gesamt die Berechnung des Durchschnittswertes. Hierbei ist die Benutzung der temporären Variablen $summe und $anzahl eigentlich nicht nötig, macht den Code aber lesbarer.

Die zweite Subroutine ueber_durchschnitt erzeugt eine Liste der gewünschten Einträge und gibt diese zurück. (Warum wird hier als Kontrollvariable wohl $element benutzt und nicht Perl beliebteste Standardvariable $_?) Beachten Sie, dass diese zweite Subroutine eine andere Methode anwendet, um mit leeren Parameterlisten umzugehen.

4. Um uns zu merken, welche Person die Subroutine begruesse zuletzt begrüßt hat, benutzen wir eine sogenannten *Zustandsvariable*. Zu Beginn des Programms hat sie noch den Wert undef. Auf diese Weise stellen wir fest, dass Fred die erste Person ist, die begrüßt wird. Am Ende der Subroutine speichern wir den aktuellen $namen in der Zustandsvariablen $letzter_name, damit wir ihn bis zum nächsten Mal nicht vergessen:

```perl
use 5.010;

begruesse( 'Fred' );
begruesse( 'Barney' );

sub begruesse {

    state $letzte_person;
```

---

6   Oder eine leere Liste, wenn &durchschnitt im Listenkontext aufgerufen wird.

```
        my $name = shift;

        print "Hallo $name! ";

        if( defined $letzte_person ) {
            print "$letzte_person war auch gerade da!\n";
        }
        else {
            print "Du bist der erste hier!\n";
        }

        $last_person = $name;
    }
```

5. Hier ist die Lösung so ähnlich wie für die vorige Übung. Diesmal speichern wir allerdings alle Namen, die wir bereits gesehen haben. Anstelle einer skalaren Variable verwenden wir diesmal als Zustandsvariable allerdings das Array @namen, dem wir die neuen Namen per push hinzufügen:

```
use 5.010;

begruesse( 'Fred' );
begruesse( 'Barney' );
begruesse( 'Wilma' );
begruesse( 'Betty' );

sub begruesse {
    state @namen;

    my $name = shift;

    print "Hallo $name! ";

    if( @namen ) {
        print "Die folgenden Personen waren vor Dir hier: @namen\n";
    }
    else {
        print "Du bist der erste hier!\n";
    }

    push @namen, $name;
}
```

Lösungen zu den Übungen in Kapitel 5

1. So könnte eine mögliche Lösung aussehen:

```
print reverse <>;
```

Das ist ziemlich einfach. Diese Formulierung funktioniert, weil print eine Liste von Strings erwartet. Diese bekommt es, indem es reverse im Listenkontext aufruft. reverse sucht seinerseits nach einer Liste von Strings, die es umdrehen kann. Diese bekommt es, indem es die vom Diamant-Operator zurückgegebenen Daten ebenfalls im Listenkontext benutzt. Der Diamant-Operator gibt eine Liste aller Zeilen der Dateien zurück, die der Benutzer angegeben hat. Diese Liste entspricht der Ausgabe von *cat*. reverse dreht diese Liste nun um, und print gibt sie aus.

2. So könnte eine mögliche Lösung aussehen:

```
print "Geben Sie einige Zeilen ein, und drücken Sie dann Strg-D:\n";
# oder Strg-Z
chomp(my @zeilen = <STDIN>);

print "1234567890" x 7, "12345\n";  # 75 Zeichen breites "Lineal"

foreach (@zeilen) {
  printf "%20s\n", $_;
}
```

Wir beginnen damit, alle Textzeilen einzulesen und mittels chomp die Newline-Zeichen zu entfernen. Als nächstes geben wir unsere »Lineal«-Zeile aus. Da wir dies nur als Hilfe beim Debuggen brauchen, wird diese Zeile normalerweise auskommentiert, wenn unser Programm fertiggestellt ist. Wir hätten nun die Zeile "1234567890" so oft eingeben können, wie wir sie brauchen, oder sie einfach kopieren und einfügen können, um die »Lineal«-Zeile zu erzeugen. Stattdessen benutzen wir einfach den x-Operator.

Schließlich iteriert die foreach-Schleife über unsere Liste und gibt dabei jede Zahl im Format %20s aus. Sie hätten aber auch ein Format erzeugen können, mit dem die Liste auf einmal ausgegeben wird, ohne dabei eine Schleife benutzen zu müssen:

```
my $format = "%20s\n" x @zeilen;
printf $format, @zeilen;
```

Häufig sind die Spalten versehentlich nur 19 Zeichen breit. Das geschieht, wenn Sie sich[7] sagen: »Wozu wenden wir chomp auf den Inhalt an, wenn wir die Newline-Zeichen am Ende doch wieder einbauen müssen?«. Folglich lassen Sie das chomp weg und benutzen das Format "%20s" (ohne das Newline-Zeichen).[8] Und plötzlich fehlt der Ausgabe ein Zeichen. Wie kann das sein?

Das Problem tritt auf, wenn Perl die Anzahl der Leerzeichen zu berechnen versucht, die gebraucht werden, um Ihre Zeilen rechtsbündig auszugeben. Gibt der Benutzer Hallo und ein Newline-Zeichen ein, sieht Perl 6 Zeichen und nicht 5, da auch der Zeilenumbruch ein Zeichen ist. Hieraufhin werden 14 Leerzeichen ausgegeben und ein String von 6 Zeichen Länge. Das ergibt genau die 20 Zeichen, die in der Formatangabe "%20s" vorgegeben waren. Hoppla!

Perl sieht sich den Inhalt eines Strings nicht an, um die Breite zu ermitteln. Stattdessen werden einfach nur die enthaltenen Zeichen gezählt. Ein Newline-Zeichen (aber

---

7   Oder Larry, falls der neben Ihnen steht.

8   Es sei denn, Larry sagt Ihnen, das nicht zu tun.

auch andere Zeichen, wie der Tabulator oder das NUL-Zeichen) bringen die Sache durcheinander.[9]

3. So könnte eine mögliche Lösung aussehen:

```perl
print "Wie viele Zeichen soll die Spalte breit sein? ";
chomp(my $breite = <STDIN>);

print "Geben Sie einige Zeilen ein, und drücken Sie dann Strg-D:\n";
# oder Strg-Z
chomp(my @zeilen = <STDIN>);

print "1234567890" x (( $breite + 9 ) / 10), "\n";
# "Lineal"-Zeile nach Bedarf anpassen

foreach (@zeilen) {
  printf "%${breite}s\n", $_;
}
```

Dieses Programm funktioniert fast genau wie das vorige. Der einzige Unterschied besteht darin, dass wir nun den Benutzer einen Wert für die Breite angeben lassen. Wir holen diese Information zuerst ein, da auf manchen Systemen keine weiteren Daten mehr angegeben werden können, nachdem einmal das Dateiende-Zeichen benutzt wurde. In der Praxis würden Sie selbstverständlich eine bessere Methode benutzen, um das Ende der Eingabe zu ermitteln, wie Sie in späteren Lösungen zu den Übungen sehen werden.

Ein weiterer Unterschied zum vorigen Programm ist die Linealzeile. Wir haben hier ein bisschen Mathe benutzt, um die Linealzeile mindestens so breit zu machen, wie benötigt. Haben Sie das geschafft, gibt es auch hier einige Zusatzpunkte. Eine weitere Herausforderung besteht darin, zu beweisen, dass unsere Berechnungen auch richtig sind. (Tipp: Es können auch Breiten wie 50 und 51 eingegeben werden. Bedenken Sie auch, dass die Zahlenangabe für x abgeschnitten und nicht gerundet wird.)

Um das Format zu erzeugen, haben wir den Ausdruck "%${breite}s\n" verwendet, in dem die Variable $breite interpoliert wird. Die geschweiften Klammern werden hier gebraucht, um den Namen vom folgenden s zu isolieren. Ohne geschweifte Klammern würden wir versuchen, eine Variable mit dem Namen $breites, zu interpolieren. Alternativ hätten Sie für die Erzeugung des Format-Strings auch einen Ausdruck wie '%' . $breite . "s\n" einsetzen können.

Durch die Verwendung von $breite haben wir eine weitere Situation, in der auf jeden Fall chomp verwendet werden muss. Tun wir das nicht, sähe der resultierende Format-String jetzt so aus: "%30\ns\n", was nicht besonders nützlich wäre.

Leute, die printf bereits einmal gesehen haben, denken vielleicht an eine weitere Lösungsmöglichkeit. Da printf seine Wurzeln in C hat, das keine Interpolation in

---

9 Wie Larry Ihnen vermutlich inzwischen erklärt hat.

Strings besitzt, können wir den gleichen Trick wie die C-Programmierer anwenden. Wird anstelle einer numerischen Angabe für die Feldbreite ein Sternchen (*) benutzt, ersetzt Perl dieses durch die Angabe im ersten übergebenen Parameter.

```
printf "%*s\n", $breite, $_;
```

Lösungen zu den Übungen in Kapitel 6

1. So könnte eine mögliche Lösung aussehen:

```
my %nachname = qw{
  Fred Feuerstein
  Barney Geroellheimer
  Wilma Feuerstein
};
print "Bitte geben Sie einen Vornamen ein: ";
chomp(my $name = <STDIN>);
print "Aha, Sie meinen $name $nachname{ $name }.\n";
```

In diesem Fall benutzen wir eine qw//-Liste (mit geschweiften Klammern als Trennzeichen), um den Hash zu initialisieren. Solange wir mit einfachen Daten arbeiten, ist das völlig in Ordnung, da sowohl die Schlüssel als auch die Werte einfache Namen sind. Sobald Ihre Daten jedoch Leerzeichen oder anderes enthalten – zum Beispiel wenn Herr Müller-Lüdenscheidt oder Die sieben Zwerge Steintal einen Besuch abstatten – würde diese einfache Methode nicht mehr so gut funktionieren.

Eventuell haben Sie sich entschieden, jedes Schlüssel/Wert-Paar für sich zuzuweisen, wie hier:

```
my %nachname;
$nachname{"Fred"}   = "Feuerstein";
$nachname{"Barney"} = "Geroellheimer";
$nachname{"Wilma"}  = "Feuerstein";
```

Beachten Sie, dass Sie Ihren Hash zuerst deklarieren müssen, bevor Sie ihm irgendwelche Werte zuweisen können. (Falls use strict benutzt wird, müssen Sie Ihren Hash mit my deklarieren.) Auf die folgende Art lässt sich my jedoch nicht benutzen:

```
my $nachname{"Fred"} = "Feuerstein";  # Hoppla!
```

Der my-Operator funktioniert nur mit vollständigen Variablen, niemals mit einem einzelnen Element eines Arrays oder Hashs. Und wo wir gerade von lexikalischen Variablen reden: Es ist Ihnen vielleicht aufgefallen, dass die lexikalische Variable $name innerhalb des Funktionsaufrufs von chomp durchgeführt wird. Es kommt recht häufig vor, dass eine my-Variable, wie hier gezeigt, erst bei Bedarf deklariert wird.

Dies ist ein weiterer Grund, warum die Verwendung von chomp so wichtig ist. Gibt jemand den aus fünf Zeichen bestehenden String "Fred\n" ein und vergessen wir, mit chomp das Newline-Zeichen zu entfernen, wird versucht, das Hashelement mit dem Schlüssel "Fred\n" zu finden, und das gibt es nicht. Natürlich ist auch die Verwendung von chomp nicht hundertprozentig wasserdicht. Gibt jemand beispielsweise den String "Fred \n" (mit einem Leerzeichen nach Fred) ein, hätten wir bis jetzt keine Möglichkeit herauszufinden, dass eigentlich Fred gemeint war.

Falls Sie mit exists überprüft haben, ob der angegebene Schlüssel existiert, können Sie dem Benutzer zumindest mitteilen, dass ein Name offenbar falsch geschrieben wurde. Schreiben Sie sich ein paar Zusatzpunkte gut, wenn Sie das gemacht haben.

2. So könnte eine mögliche Lösung aussehen:

```
my(@woerter, %zaehler, $wort);  # (optionales) Deklarieren der Variablen
chomp(@woerter = <STDIN>);

foreach $wort (@woerter) {
  $zaehler{$wort} += 1;          # oder $zaehler{$wort} = $zaehler{$wort}+1;
}

foreach $wort (keys %zaehler) {  # oder sort keys %zaehler
  print "$wort kam $zaehler{$wort} mal vor.\n";
}
```

Hier haben wir alle Variablen zu Beginn des Programms deklariert. Wenn Sie vor Perl bereits andere Sprachen, wie etwa Pascal, gelernt haben (bei denen Variablen am Anfang deklariert werden), kommt Ihnen diese Methode vermutlich eher bekannt vor, als die Variablen erst zu deklarieren, wenn sie wirklich gebraucht werden. Wir deklarieren hier unsere Variablen auf jeden Fall, da wir davon ausgehen, dass standardmäßig use strict benutzt wird. Prinzipiell erwartet Perl solche Deklarationen jedoch nicht.

Als nächstes benutzen wir den Zeileneingabe-Operator <STDIN> im Listenkontext, um alle Eingabezeilen in das Array @woerter einzulesen; danach wenden wir chomp auf alle eingelesenen Zeilen gleichzeitig an. Das Array @woerter enthält nun sämtliche eingegebenen Wörter als separate Elemente (sofern sie jeweils auf einer eigenen Zeile gestanden haben, wie es verlangt war, versteht sich).

Nun geht die erste foreach-Schleife die Wörter durch. In der Schleife findet sich hierbei die wichtigste Anweisung des gesamten Programms. Hier wird zum Wert von $zaehler{$wort} eins hinzugezählt und das Ergebnis wieder in $zaehler{$wort} gespeichert. Sie können hier beide Schreibweisen benutzen, wobei die kurze Version (mit dem +=-Operator) ein wenig effizienter ist, da Perl das $wort im Hash nur einmal nachschlagen muss.[10]

In der ersten foreach-Schleife zählen wir auf diese Weise zum Wert von $zeaehler{$wort} für jedes Wort eins hinzu. Wäre das erste Wort fred gewesen, würden wir nun also $zaehler{"fred"} um eins erhöhen. Da wir $zaehler{"fred"} hier jedoch zum erstenmal zu Gesicht bekommen, ist dessen Wert noch undef. Wir benutzen den Wert hier aber als Zahl (durch die Benutzung von += beziehungsweise

---

10 Zumindest in einigen Versionen von Perl sorgt die Kurzform dafür, dass keine Warnung über die Benutzung eines undefinierten Werts ausgegeben wird. Verwenden Sie den Autoinkrement-Operator, ++, gibt es ebenfalls keine Warnung, auch wenn Sie diesen bis jetzt noch nicht kennen.

+, falls Sie die lange Form gewählt haben), daher wandelt Perl diesen Wert automatisch von undef in eine 0 um. Schließlich wird er um eins erhöht, so dass $zaehler{"fred"} nun den Wert 1 besitzt.

Nehmen wir an, beim nächsten Schleifendurchlauf laute das Wort barney. Wir addieren eins zu $zaehler{"barney"} und verwandeln so auch dessen Wert von undef in 1.

Im dritten Schleifendurchlauf wird als Wort ein weiteres Mal fred eingegeben. Wir addieren zum Wert von $zaehler{"fred"} also erneut eins hinzu und erhöhen ihn so von 1 auf 2. Das Ergebnis wird auch hier wieder in $zaehler{"fred"} gespeichert, was bedeutet, dass wir fred zweimal gesehen haben.

Wenn wir zum Ende der foreach-Schleife kommen, haben wir also ermittelt, wie oft jedes Wort eingegeben wurde. In unserem Hash gibt es für jedes (einmalige) Wort einen Schlüssel, wobei der dazugehörige Wert die Anzahl der Vorkommen des Wortes wiedergibt.

Als Nächstes durchläuft nun die zweite foreach-Schleife die Schlüssel unseres Hashs, also die eingegebenen Wörter. Wie bereits gesagt, kann ein Schlüssel jeweils immer nur einmal vorkommen. Bei jedem Schleifendurchlauf sehen wir also nun ein anderes Wort, für das wir eine Nachricht wie »fred kam 3 mal vor.« ausgeben.

Wollen Sie sich mit dieser Lösung ein paar Zusatzpunkte verdienen, können Sie die Schlüssel (keys) vor der Ausgabe noch sortieren. Enthält die Ausgabeliste mehr als ein Dutzend Elemente, ist eine Sortierung empfehlenswert, da die Person, die das Programm debuggen muss, das gesuchte Element leichter finden kann.

3. Ein möglicher Lösungsweg sieht so aus:

```
my $laengster = 0;
foreach my $schluessel ( keys %ENV ) {
    my $schluessel_laenge = length( $schluessel );
    $laengster = $schluessel_laenge if $schluessel_laenge > $laengster;
    }


foreach my $schluessel ( sort keys %ENV ) {
    printf "%-${laengster}s  %s\n", $schluessel, $ENV{$schluessel};
    }
```

In der ersten foreach-Schleife durchlaufen wir alle Schlüssel von %ENV und ermitteln anhand von length ihre Länge. Ist die gerade ermittelte Länge größer als die in $laengster gespeicherte, legen wir die neue Länge in $laengster ab.

Nachdem wir alle Schlüssel überprüft haben, verwenden wir printf, um die Schlüssel und Werte in zwei Spalten auszugeben. Wir verwenden hier den gleichen Trick wie in Übung 3 aus Kaptel 5, indem wir $laengster in den Vorlagenstring interpolieren.

Lösungen zu den Übungen in Kapitel 7

1. Hier eine mögliche Lösung:

```
while (<>) {
  if (/fred/) {
    print;
  }
}
```

Das ist noch ziemlich einfach. Der wichtigere Teil dieser Übung besteht jedoch darin, dieses Programm mit den Beispiel-Strings zu testen. Wird beispielsweise kein Treffer für Fred erzielt, ist das ein Zeichen dafür, dass das Muster zwischen Groß- und Kleinschreibung unterscheidet. (Wir werden später sehen, wie man das ändern kann.) Das Muster findet frederick und Alfred, weil in beiden Zeichenketten der aus vier Buchstaben bestehende String fred enthalten ist. (Eine weitere Möglichkeit wäre, die Treffer auf ganze Wörter zu beschränken, wodurch für frederick und Alfred keine Treffer erzielt werden. Dazu kommen wir allerdings erst später.)

2. Eine mögliche Lösung sieht so aus: Ändern Sie das Muster aus der Antwort zur ersten Übung in /[fF]red/. Sie hätten auch /(f|F)red/ oder /fred|Fred/ benutzen können, wobei die Verwendung einer Zeichenklasse allerdings effizienter ist.

3. Eine mögliche Lösung sieht so aus: Ändern Sie das Muster aus der Antwort zur ersten Übung in /\./. Der Backslash ist nötig, weil der Punkt in regulären Ausdrük-ken als Metazeichen verwendet wird. Alternativ hätten Sie den Punkt auch in eine Zeichenklasse schreiben können: /[.]/.

4. Hier eine mögliche Lösung: Ändern Sie das Muster aus der Lösung zur ersten Übung in /[A-Z][a-z]+/.

5. Hier eine mögliche Lösung:

   Ändern Sie das Suchmuster aus der Lösung zur ersten Übung in /(\S)\1/. Die Zeichenklasse \S passt auf Zeichen, die keine Whitespace-Zeichen sind, während die runden Klammern die Verwendung der Rückwärtsreferenz \1 ermöglichen, mit der ein weiteres Vorkommen des ersten Zeichens direkt nach dem ersten gefunden wird.

6. So könnte eine mögliche Lösung aussehen:

```
while (<>) {
  if (/Wilma/) {
    if (/Fred/) {
      print;
    }
  }
}
```

Hierbei wird nur dann auf /Fred/ getestet, wenn wir /Wilma/ bereits gefunden haben. Fred kann in einer Zeile aber auch vor Wilma stehen. Der eine Test ist hier vom Ergebnis des anderen abhängig.

Wenn Sie den verschachtelten if-Test vermeiden wollten, hätten Sie auch folgendes schreiben können:[11]

```
while (<>) {
  if (/Wilma.*Fred|Fred.*Wilma/) {
    print;
  }
}
```

Das funktioniert, da Wilma entweder vor Fred stehen kann oder aber Fred vor Wilma. Ein Muster wie /Wilma.*Fred/ hätte bei Fred und Wilma Feuerstein keinen Treffer erzeugt, obwohl in dieser Zeile beide Namen vorkommen.

Wir haben dies als Übung für Zusatzpunkte definiert, da viele Leute an dieser Stelle eine mentale Sperre besitzen. Wir haben Ihnen zwar einen »oder«-Operator gezeigt (in Form des vertikalen Balkens »|«), aber keine Möglichkeit, »und« auszudrücken. Der Grund liegt darin, dass es in regulären Ausdrücken kein »und« gibt.[12] Wenn Sie herausfinden wollen, ob zwei verschiedene Muster auf einen String zutreffen, müssen Sie beide Muster einzeln überprüfen.

Lösungen zu den Übungen in Kapitel 8

1. Es gibt einen einfachen Weg, dies zu erledigen, den wir bereits im Text des Kapitels vorgestellt haben. Wenn Ihre Ausgabe nicht vorher<Treffer>nachher lautet, wie es eigentlich sein sollte, haben Sie einen schwereren Weg gewählt.

2. Eine mögliche Lösung sieht so aus:

```
/a\b/
```

(Dies ist ein Muster für die Verwendung im Testprogramm.) Findet Ihr Muster versehentlich auch barney, so haben Sie vermutlich keinen Anker für die Wortgrenze verwendet.

3. Hier eine mögliche Lösung:

```
#!/usr/bin/perl
while (<STDIN>) {
  chomp;
  if (/(\b\w*a\b)/) {
    print "Treffer: |$`<$&>$'|\n";
    print "\$1 enthält '$1'\n";        # die neue Ausgabezeile
  } else {
    print "Kein Treffer: |$_|\n";
  }
}
```

---

11 Jemand, der bereits den logischen UND-Operator kennt, hätte die Tests auf /fred/ und /wilma/ im gleichen Bedingungsblock durchführen können. Diese Methode ist nicht nur effizienter und besser skalierbar als die hier gezeigte Methode, sondern auch insgesamt einfach besser. Da diese Methode jedoch erst in Kapitel 10 vorgestellt wird, können wir sie hier noch nicht anwenden.

12 Es gibt ein paar trickreiche und fortgeschrittene Methoden, etwas zu erreichen, das landläufig als »und«-Operation bezeichnet wird. Diese ist aber vermutlich nicht so effizient wie das logische UND von Perl. Das hängt ganz davon ab, welche Optimierungen Perl und seine Regex-Maschine durchführen können.

Dieses Muster verwendet ein Paar Wortgrenzen-Anker (\b)[13] innerhalb runder Klammern. Es würde aber genauso funktionieren, wenn die Anker außerhalb der Klammern stehen würden, weil die Anker sich auf eine Position innerhalb der Zeichenkette beziehen, aber nicht auf bestimmte Zeichen innerhalb des Strings. Man sagt daher auch, die Anker haben eine »Breite von Null Zeichen« (zero width).

4. Die Antwort zu dieser Übung entspricht der zur letzten, nur dass sich der reguläre Ausdruck geringfügig unterscheidet:

```perl
#!/usr/bin/perl

use 5.010;

while (<STDIN>) {
  chomp;
  if (/(?<Wort>\b\w*a\b)/) {
    print "Passt: |$`<$&>$'|\n";
    print "'WorT' enthält '$+{Wort}'\n"; # Die neue Ausgabezeile
  } else {
    print "Kein Treffer: |$_|\n";
  }
}
```

5. Eine mögliche Lösung sieht so aus:

```perl
m!
  (\b\w*a\b)      # $1: ein Wort, das auf a endet
  (.{0,5})        # $2: bis zu fünf folgende Zeichen
!xs               # die Modifier /x und /s
```

(Vergessen Sie nicht den Code, um $2 auszugeben, nachdem Sie jetzt zwei Speichervariablen verwenden. Wenn Sie das Muster ändern, so dass wieder nur eine Speichervariable benutzt wird, können Sie die zusätzliche Zeile einfach auskommentieren.) Wenn Ihr Muster nicht mehr auf wilma passt, benötigen Sie vielleicht ein oder mehr Zeichen anstelle von keinem oder mehr. Der Modifier /s wurde weggelassen, weil die Daten keine Newline-Zeichen enthalten sollen. (Enthalten die Daten Newline-Zeichen, kann es passieren, dass durch /s die Ausgaben verändert werden.)

6. Hier eine mögliche Lösung:

```perl
while (<>) {
  chomp;
  if (/\s+$/) {
    print "$_#\n";
  }
}
```

Wir haben hier das Doppelkreuz (#) als Markierungszeichen verwendet.

---

13 Zugegebenermaßen wird der erste Anker nicht wirklich gebraucht. Das liegt an bestimmten Details der Gierigkeit, auf die wir hier aber nicht weiter eingehen. Eventuell ist die Verwendung von zwei Ankern effizienter; auf jeden Fall ist diese Schreibweise verständlicher und das ist, was am Ende zählt.

Lösungen zu den Übungen in Kapitel 9

1. So könnte eine mögliche Lösung aussehen:

    ```
    /($was){3}/
    ```

    Ist $was einmal interpoliert, haben wir ein Muster wie /(fred|barney){3}/. Ohne die Klammern sähe das Muster so aus: /fred|barney{3}/, was das Gleiche bedeutet wie /fred|barneyyy/. Die runden Klammern müssen also auf jeden Fall benutzt werden.

2. Hier eine mögliche Lösung:

    ```
    my $eingabe = $ARGV[0];
    if (! defined $eingabe) {
      die "Benutzung: $0 Dateiname";
    }
    my $ausgabe = $eingabe;
    $ausgabe =~ s/(\.\w+)?$/.out/;
    if (! open $ein_fh, '<', $eingabe ) {
      die "Kann '$eingabe' nicht öffnen: $!";
    }
    if (! open $aus_fh, '>', $ausgabe ) {
      die "Kann nicht in '$ausgabe' schreiben: $!";
    }
    while (<$ein_fh>) {
      s/Fred/Larry/gi;
      print $aus_fh $_;
    }
    ```

    Das Programm beginnt damit, seinem einzigen Kommandozeilen-Parameter einen Namen zu geben ($eingabe), oder sich zu beschweren, falls dieser nicht angegeben wurde. Der Inhalt von $eingabe wird nun in die Variable $ausgabe kopiert. Auf $ausgabe wird danach eine Ersetzung angewendet, um die Dateiendung, falls vorhanden, in .out zu ändern. (Es hätte auch ausgereicht, dem Dateinamen .out einfach anzuhängen.)

    Sind die Dateihandles EIN und AUS einmal geöffnet, kann das eigentliche Programm beginnen. Falls Sie die Optionen /g und /i nicht benutzt haben, ziehen Sie sich einen halben Punkt ab, da *jedes* Vorkommen von fred und jedes Vorkommen von Fred geändert werden soll.

3. Eine mögliche Lösung sieht so aus:

    ```
    while (<$ein_fh>) {
      chomp;
      s/Fred/\n/gi;          # alle FREDs ersetzen
      s/Wilma/Fred/gi;       # alle WILMAs ersetzen
      s/\n/Wilma/g;          # Platzhalter ersetzen
      print $aus_fh "$_\n";
    }
    ```

    Dieser Code ersetzt die Schleife aus dem vorigen Programm. Um die beiden Wörter zu vertauschen, benötigen wir einen »Platzhalter«-String, der in den Daten selbst nicht vorkommt. Durch die Verwendung von chomp (und das abschließende Anhängen des Newline-Zeichens für die Ausgaben) stellen wir sicher, dass ein Newline-Zeichen (\n) als Platzhalter verwendet werden kann. (Sie können aber auch einen anderen String als Platzhalter benutzen, der sehr wahrscheinlich nicht in den Daten vorkommt, wie etwa das NUL-Zeichen, \0.)

4. Eine mögliche Lösung könnte so aussehen:

```
$^I = ".bak";          # Backups anlegen
while (<>) {
  if (/\A#!/) {        # Ist das die Shebang-Zeile?
    $_ .= "## Copyright (C) 20XX by IchBinDerIchBin\n";
  }
}
```

Rufen Sie das Programm mit den Namen der zu ändernden Dateien auf. Wenn Sie alle Ihre Übungsdateien als *ueb01-1*, *ueb01-2*, usw. benannt haben, so dass alle mit *ueb...* beginnen, würden Sie schreiben:

```
./copyright_einfuegen ueb*
```

5. Um sicher zu stellen, dass der Copyright-Hinweis nur einmal eingefügt wird, müssen die Dateien zweimal durchlaufen werden. Zuerst erstellen wir einen »Satz« mit einem Hash, dessen Schlüssel die Dateinamen sind und deren Werte hier nicht wichtig sind. Aus reiner Bequemlichkeit verwenden wir hier den Wert 1:

```
my %diese_dateien_bearbeiten;
foreach (@ARGV) {
  $diese_dateien_bearbeiten{$_} = 1;
}
```

Im folgenden Schritt durchsuchen wir die Dateien und diejenigen aus der Liste, die bereits einen Copyright-Hinweis enthalten. Der Name der gegenwärtigen Datei befindet sich in $ARGV, so dass wir diese Variable als Schlüssel für den Hash benutzen können:

```
while (<>) {
  if (/\A## Copyright/) {
    delete $diese_dateien_bearbeiten{$ARGV};
  }
}
```

Am Schluss läuft das Programm genauso ab wie zuvor. Der einzige Unterschied besteht darin, dass @ARGV nun eine gekürzte Liste mit Dateinamen enthält:

```
@ARGV = sort keys %diese_dateien_bearbeiten;
$^I = ".bak";          # Backups anlegen
while (<>) {
  if (/\A#!/) {        # Ist das die Shebang-Zeile?
    $_ .= "## Copyright (C) 20XX by IchBinDerIchBin\n";
  }
  print;
}
```

Lösungen zu den Übungen in Kapitel 10

1. So könnte eine mögliche Lösung aussehen:

```
my $geheimzahl = int(1 + rand 100);
# Kommentarzeichen in der nächsten Zeile kann beim Debuggen weggelassen werden
# print "Nicht weitersagen. Die Geheimzahl ist $geheimzahl.\n";

while (1) {
    print "Bitte geben Sie eine Zahl zwischen 1 und 100 ein: ";
    chomp(my $versuch = <STDIN>);
    if ($versuch =~ /quit|exit|\A\s*\z/i) {
        print "Schade, dass Sie aufgeben. Die Geheimzahl war $geheimzahl.\n";
        last;
    } elsif ($versuch < $geheimzahl) {
        print "Zu klein. Versuchen Sie es noch einmal!\n";
    } elsif ($versuch == $geheimzahl) {
        print "Richtig geraten. Herzlichen Glückwunsch!\n";
        last;
    } else {
        print "Zu groß. Versuchen Sie es noch einmal!\n";
    }
}
```

Zu Beginn unseres Programms wählen wir eine geheime Zahl zwischen 1 und 100 aus. Hierfür müssen Sie wissen, dass die Perl-Funktion für Zufallszahlen rand heißt. Die Anweisung rand 100 erzeugt also eine Zufallszahl zwischen 0 und 100 (ohne 100 selbst mit einzubeziehen). Die größte mögliche Zahl, die dieser Ausdruck erzeugen kann, ist also etwas wie 99.999.[14] Wenn wir zu dem von rand erzeugten Wert 1 hinzufügen, bekommen wir einen Bereich zwischen 1 und 100.999. Als nächstes verkürzt die Funktion int das Ergebnis auf den dazugehörigen ganzzahligen Wert, den wir nun als Geheimzahl benutzen können.

Die auskommentierte Zeile kann Ihnen während der Entwicklung und beim Debugging behilflich sein, oder Sie können einfach schummeln. Der Hauptteil des Programms ist eine endlose while-Schleife, die den Benutzer so lange raten lässt, bis die last-Anweisung ausgeführt wird.

Es ist wichtig, dass wir noch vor den Zahlen auf einen möglichen String testen. Können Sie erkennen, was passieren würde, wenn der Benutzer quit eingibt? Die Eingabe würde als Zahl interpretiert werden (was bei eingeschalteten Warnungen für einen entsprechenden Hinwes gesorgt hätte). Da der String als Zahl interpretiert den Wert Null hätte, bekäme der arme Benutzer nun die Meldung angezeigt, dass seine Eingabe zu klein war. In diesem Fall würde der String-Test in unserem Programm unter Umständen niemals ausgeführt.

Eine weitere Möglichkeit, eine Endlosschleife zu erzeugen, bestünde darin, einen nackten Block mit einer redo-Anweisung zu versehen. Dies ist nicht effizienter oder

---

14 Der größtmögliche Wert hängt hierbei von Ihrem System ab. Wenn Sie wirklich mehr wissen müssen, finden Sie mehr Informationen unter *http://www.cpan.org/doc/FMTEYEWTK/random*.

langsamer, sondern nur eine andere Möglichkeit, das Gleiche zu tun. Wenn Sie mehrere Schleifendurchläufe zu erwarten haben, ist es in der Regel besser, die Anweisung auch als Schleife zu formulieren. Sollen die Anweisungen aber nur in Ausnahmefällen wiederholt werden, ist die Verwendung eines nackten Blocks angemessener.

2. Dieses Programm ist eine leicht veränderte Form der vorigen Antwort. Während wir das Programm entwickeln, soll die Geheimzahl ausgegeben werden. Hat die Variable $Debug einen wahren Wert, geben wir die Geheimzahl daher per print aus. Der Wert von $Debug ist entweder der in der Umgebungsvariable bereits gesetzte Wert oder der Standardwert 1. Durch den Operator // wird der Wert nur dann auf 1 gesetzt, wenn $ENV{DEBUG} nicht definiert ist.

```
use 5.010;

my $Debug = $ENV{DEBUG} // 1;

my $geheimzahl = int(1 + rand 100);

print "Nicht weitersagen, aber die Geheimzahl lautet $geheimzahl.\n"
    if $Debug;
```

Damit das auch ohne Perl 5.10 funktioniert, müssen wir uns etwas mehr Arbeit machen:

```
my $Debug = defined $ENV{DEBUG} ? $ENV{DEBUG} : 1;
```

3. Hier eine Lösungsmöglichkeit, die stark von der Lösung zu Übung 3 aus Kapitel 6 inspiriert ist:

Zu Beginn des Programms setzen wir die Umgebungsvariablen. Die Schlüssel ZERO und LEER besitzen falsche, aber definierte Werte, während der Schlüssel UNDEFINIERT keinen Wert hat.

Später, im Argument für printf, setzen wir den Operator // ein, um nur dann den String (undefiniert) auszugeben, wenn $ENV{$schluessel} keinen definierten Wert hat:

```
use 5.010;

$ENV{ZERO}       = 0;
$ENV{LEER}       = '';
$ENV{UNDEFINIERT} = undef;

my $laengster = 0;
foreach my $schluessel ( keys %ENV )
    {
    my $schluessel_laenge = length( $schluessel );
    $laengster = $schluessel_laenge if $schluessel_laenge > $laengster;
    }

foreach my $schluessel ( sort keys %ENV )
    {
    printf "%-${laengster}s  %s\n", $schluessel, $ENV{$schluessel} // "(undefiniert)";
    }
```

Durch die Verwendung von // gibt es keine Konflikte mit falschen Werten wie denen in $ENV{ZERO} und $ENV{LEER}.

Um das ohne Perl 5.10 zu erreichen, müssen wir stattdessen den ternären Operator verwenden:

```
printf "%-${laengster}s  %s\n", $schluessel,
    defined $ENV{$schluessel} ? $ENV{$schluessel} : "(undefiniert)";
```

Lösungen zu den Übungen in Kapitel 11

1. Diese Antwort verwendet eine Hash-Referenz. Über die müssen Sie sich zwar in *Alpaka-Buch* schlau machen, aber das, was Sie hier brauchen, haben wir Ihnen schon gezeigt. Sie müssen nicht wissen, wie das Ganze genau funktioniert, solange Sie wissen, *dass* es funktioniert.

   Hier ist eine mögliche Lösung:

   ```
   #!/usr/bin/perl
   use Module::CoreList;
   my %module = %{ $Module::CoreList::version{5.010} };
   print join "\n", schluessel %module;
   ```

2. Wenn Sie das Modul aus dem CPAN installiert haben, müssen Sie einfach nur zwei Datumsangaben erstellen und sie voneinander subtrahieren. Denken Sie daran, die Daten in die richtige Reihenfolge zu setzen:

   ```
   use DateTime;
   my $t = localtime;
   my $jetzt = DateTime->new(
       Jahr  => $t[5] + 1900,
       Monat => $t[4] + 1,
       Tag   => $t[3],
   );
   my $damals = DateTime->new(
       Jahr  => $ARGV[0],
       Monat => $ARGV[1],
       Tag   => $ARGV[2],
       );
   my $dauer = $jetzt - $damals;
   my @einheiten = $dauer->in_einheiten( qw(Jahre Monate Tage) );
   printf "%d Jahre, %d Monate und %d Tage\n", @einheiten;
   ```

   Wenn Sie das Modul Time::Piece benutzen, müssen Sie sich nicht mit den Merkwürdigkeiten von localtime herumschlagen, beispielsweise seinen Offsets für das Verzögern beim Zählen der Jahre und Monate:

   ```
   use Time::Piece;
   my $t = localtime;
   my $jetzt = DateTime->new(
       Jahr  => $t->year,
       Monat => $t->mon,
       Tag   => $t->mday,
       );
   ```

Wenn Sie es ein bisschen raffinierter machen wollen, können Sie überprüfen, ob das eingegebene Datum tatsächlich in der Vergangenheit liegt (ansonsten kommt eine negative Dauer heraus, aber vielleicht stört Sie das ja gar nicht). Die mathematischen Vergleichsoperatoren funktionieren auch mit Datumsangaben:

```perl
if( $jetzt < $damals ) {
    die "Das eingegebene Datum liegt in der Zukunft!\n";
}
```

Lösungen zu den Übungen in Kapitel 12

1. So könnte eine mögliche Lösung aussehen:

```perl
foreach my $datei (@ARGV) {
  my $attrib = &attribute_ermitteln($datei);
  print "'$datei' $attrib.\n";
}

sub attribute_ermitteln {
  # Merkmale für die angegebene Datei ermitteln
  my $datei = shift @_;
  return "existiert nicht" unless -e $datei;

  my @attribute;
  push @attribute, "lesbar"      if -r $datei;
  push @attribute, "schreibbar"  if -w $datei;
  push @attribute, "ausfuehrbar" if -x $datei;
  return "existiert" unless @attribute;
  'ist ' . join " und ", @attribute;  # Rückgabewert
}
```

Auch bei dieser Lösung ist es wieder handlich, eine Subroutine zu benutzen. Die Hauptschleife gibt für jede Datei eine Zeile aus, die die Merkmale enthält, etwa 'cereal-killer' ist ausfuehrbar oder 'sumselprunz' existiert nicht.

Die Subroutine ermittelt die Attribute für die angegebene Datei. Wenn die Datei nicht exitsiert, hat es keinen Sinn, die Tests durchzuführen. Daher überprüfen wir dies zuerst. Gibt es keine Datei dieses Namens, wird die Subroutine vorzeitig beendet.

Wenn die Datei existiert, erzeugen wir nun eine Liste ihrer Attribute. (Geben Sie sich ein paar Extrapunkte, wenn Sie hier das spezielle Datei-Handle – anstelle von $datei benutzt haben, damit nicht für jeden Test ein neuer Systemaufruf durchgeführt werden muss.) Es ist kein Problem, weitere Tests in die Subroutine einzubauen. Was passiert aber, wenn keiner der Tests erfolgreich ist? Wenn wir sonst nichts zu melden haben, können wir zumindest dem Benutzer mitteilen, dass die Datei existiert. Also tun wir das auch. Die unless-Klausel benutzt hierbei die Tatsache, dass @attribute wahr ist (im Booleschen Sinne), wenn es Elemente enthält.

Wenn wir einige Attribute gefunden haben, hängen wir diese mit einem " und " aneinander und schreiben ein " ist " an den Anfang. Hierdurch bekommen wir einen beschreibenden String, wie zum Beispiel ist lesbar und schreibbar. Diese Methode ist aber nicht perfekt. Gibt es etwa drei Attribute, lautet der String nun ist lesbar und schreibbar und ausfuehrbar. Das sind zwar zu viele unds, aber wir können damit leben. Wollen Sie aber weitere Attribute hinzufügen, sollten Sie das Programm vermutlich dahingehend ändern, dass es Dinge ausgibt wie ist lesbar, schreibbar, ausfuehrbar und enthaelt etwas, sofern Ihnen das wichtig ist.

Wurden aus irgendeinem Grund keine Dateinamen auf der Kommandozeile angegeben, produziert das Programm auch keine Ausgaben. Das hat Sinn, denn wenn Sie nach Informationen für keine Datei fragen, sollten Sie auch keine Ausgaben bekommen. Vergleichen Sie dies mit dem Verhalten des Programms in der nächsten Übung.

2. So könnte eine mögliche Lösung aussehen:

```
die "Kein Dateiname angegeben!\n" unless @ARGV;
my $aelteste_datei = shift @ARGV;
my $hoechstes_alter = -M $aelteste_datei;

foreach (@ARGV) {
  my $alter = -M;
  ($aelteste_datei, $hoechstes_alter) = ($_, $alter)
    if $alter > $hoechstes_alter;
}

printf "Die aelteste Datei ist %s mit einem Alter von %.1f Tagen.\n",
  $aelteste_datei, $hoechstes_alter;
```

Dieses Programm fängt an, dass es sich beklagt, wenn auf der Kommandozeile kein Dateiname angegeben wurde. Wir machen das, weil wir den Namen der ältesten Datei ermitteln wollen, und das geht nun einmal nur, wenn wir auch Dateien haben, die wir überprüfen können.

Wieder einmal benutzen wir einen »Hochwassermarken«-Algorithmus. Die erste Datei ist mit Sicherheit die älteste, die wir bisher gesehen haben. Auch ihr Alter müssen wir ermitteln, damit wir einen Wert für $hoechstes_alter haben.

Für alle weiteren Dateien ermitteln wir, genau wie bei der ersten Datei, das Alter mit dem -M-Test (nur dass wir hier die Standardvariable $_ für den Dateitest benutzen). In der Regel versteht man unter dem »Alter« einer Datei das letzte Änderungsdatum, auch wenn Sie im Prinzip einen anderen Test benutzen könnten. Ist das Alter der überprüften Datei höher als der Wert von $hoechstes_alter, benutzen wir eine Listenzuweisung, um den Namen und das Alter gemeinsam zu aktualisieren. Wir hätten hier auch mehrere skalare Zuweisungen benutzen können, aber die Listenzuweisung ist für das Aktualisieren mehrerer Variablen einfach praktischer.

Das mit -M ermittelte Alter speichern wir in der Variablen $alter. Was wäre wohl passiert, wenn wir stattdessen jedesmal einen neuen -M-Test durchgeführt hätten? Sofern wir nicht das spezielle Datei-Handle _ benutzt hätten, wäre jedesmal eine neue Anfrage an das System ausgeführt worden – eine potenziell langsame Operation (auch wenn Sie das erst merken, wenn Sie Hunderte oder Tausende Dateien bearbeiten müssten und vielleicht selbst dann noch nicht). Viel wichtiger ist, dass wir überlegen, was passiert, wenn jemand eine Datei aktualisiert, während wir gerade den Test durchführen. In diesem Fall sehen wir das Alter einer Datei, die vielleicht das höchste Alter bis jetzt hat. Bevor wir nun -M ein zweites Mal ausführen können, aktualisiert nun jemand diese Datei, wodurch der Zeitstempel auf die gegenwärtige Zeit gesetzt wird. Plötzlich steht nun in $hoechstes_alter der niedrigste nur mögliche Wert. Das Resultat wäre, dass wir nur die älteste der Dateien finden könnten, die ab diesem Moment getestet werden, und die nicht die älteste aller Dateien. Dies ist ein Problem, das nur sehr schwer zu debuggen wäre.

Am Ende des Programms benutzen wir printf, um den Namen und das Alter der ältesten Datei auszugeben. Hierbei runden wir das Alter auf das nächste Zehntel eines Tages. Geben Sie sich ein paar Extrapunkte, wenn Sie sich die Arbeit gemacht haben, diesen Wert in Tage, Stunden und Minuten umzurechnen.

3. So könnte eine mögliche Lösung aussehen:

```perl
use 5.010;
say "Suche nach meinen Dateien, die les- und schreibbar sind.";
die "Keine Dateien angegeben!\n" unless @ARGV;
foreach my $datei ( @ARGV ) {
    say "$datei ist les- und schreibbar." if -o -r -w $file;
}
```

Um gestapelte Dateitests verwenden zu können, benötigen wir Perl 5.10. Daher beginnen wir das Programm mit der entsprechenden use-Anweisung. Enthält @ARGV keine Elemente, beenden wir das Programm mit die, ansonsten durchlaufen wir @ARGV mit einer foreach-Schleife.

Für die Lösung benötigen wir drei verschiedene Dateitest-Operatoren: -o zum Testen, ob die Datei uns gehört, -r, um zu sehen, ob die Datei lesbar ist, und -w zum Prüfen, ob die Datei schreibbar ist. Das Stapeln der drei Operatoren in der Form -o -r -w erzeugt einen zusammengefassten Test, der nur erfolgreich ist, wenn alle drei Operatoren einen wahren Wert zurückgeben – genau was wir wollen.

Mit Perl-Versionen vor 5.10 wäre etwas mehr Code nötig. Die say-Anweisungen werden zu print (mit zusätzlichem Newline-Zeichen am Ende), und die gestapelten Tests werden separat durchgeführt und mit dem Kurzschluss-Operator && kombiniert:

```perl
print "Suche nach meinen Dateien, die les- und schreibbar sind.\n";

die "Keine Dateien angegeben!\n" unless @ARGV;

foreach my $datei ( @ARGV ) {
    print "$datei ist les- und schreibbar\n"
        if( -w $datei && -r _ && -o _ );
}
```

Lösungen zu den Übungen in Kapitel 13

1. Eine Möglichkeit besteht darin, einen Glob zu benutzen:

```
print "Welches Verzeichnis? (Home-Verzeichnis = leere Zeile) ";
chomp(my $verz = <STDIN>);
if ($verz =~ /\A\s*\Z/) {          # eine Leerzeile
  chdir or die "Kann nicht in Ihr Home-Verzeichnis wechseln: $!";
} else {
  chdir $verz or die "chdir nach '$verz' nicht möglich: $!";
}

my @dateien = <*>;
foreach (@dateien) {
  print "$_\n";
}
```

Zuerst geben wir eine Eingabeaufforderung aus und lesen den gewünschten Verzeichnisnamen ein, wobei das Newline-Zeichen am Ende gegebenenfalls mit chomp entfernt wird. (Ohne chomp hätten wir unter Umständen versucht, in ein Verzeichnis zu wechseln, dessen Name am Ende ein Newline-Zeichen trägt. Unter Unix ist die Verwendung von Newline-Zeichen in Dateinamen erlaubt. Es kann daher nicht davon ausgegangen werden, dass die Funktion chdir dieses Zeichen ignoriert.)

Wenn der Name eines Verzeichnisses angegeben wurde, versuchen wir nun in dieses Verzeichnis zu wechseln. Gibt es einen Fehler, wird das Programm abgebrochen. Wurde kein Name angegeben, versuchen wir stattdessen in das Home-Verzeichnis zu wechseln.

Ein Glob mit dem Sternchen sorgt schließlich dafür, dass alle Dateinamen des (neuen) Arbeitsverzeichnisses eingelesen werden. Diese werden automatisch alphabetisch sortiert und nacheinander ausgegeben.

2. So könnte eine mögliche Lösung aussehen:

```
print "Welches Verzeichnis? (Home-Verzeichnis = leere Zeile) ";
chomp(my $verz = <STDIN>);
if ($verz =~ /\A\s*\Z/) {          # Leerzeile
  chdir or die "Kann nicht in Ihr Home-Verzeichnis wechseln: $!";
} else {
  chdir $verz or die "chdir nach '$verz' nicht möglich: $!";
}

my @dateien = <.* *>;        # .*-Dateien einbeziehen
foreach (sort @dateien) {    # sortieren
  print "$_\n";
}
```

Es gibt zwei Unterschiede zur vorigen Übung: Der Glob enthält zusätzlich das Muster »Punkt Sternchen«, wodurch jetzt auch Dateinamen gefunden werden, die mit einem Punkt beginnen. Zweitens müssen wir die Liste explizit sortieren, da die Dateinamen, die mit einem Punkt beginnen, in der Liste vor oder nach den anderen Namen stehen sollen.

3. So könnte eine mögliche Lösung aussehen:

```
print 'Welches Verzeichnis? (Home-Verzeichnis = leere Zeile) ';
chomp(my $verz = <STDIN>);
if ($verz =~ /\A\s*\Z/) {          # eine Leerzeile
  chdir or die "Kann nicht in Ihr Home-Verzeichnis wechseln: $!";
} else {
  chdir $verz or die "chdir nach '$verz' nicht möglich: $!";
}

opendir PUNKT, "." or
   die "Kann das gegenwärtige Verzeichnis nicht öffnen: $!";
foreach (sort readdir PUNKT) {
  # next if /\A\./; # "Punkt"-Dateien ggf. überspringen
  print "$_\n";
}
```

Auch hier haben wir wieder die gleiche Struktur, wie bei den beiden vorigen Programmen. Diesmal haben wir uns jedoch entschieden, ein Verzeichnishandle zu öffnen. Nachdem wir das gegenwärtige Arbeitsverzeichnis gewechselt haben, wollen wir es öffnen. Dafür soll das Verzeichnishandle PUNKT sorgen.

Warum ausgerechnet PUNKT? Weil der Benutzer auch relative Verzeichnisnamen wie fred eingeben kann und nicht nur absolute wie /etc. Während es bei den absoluten Namen keine Probleme mit dem Öffnen gibt, sieht das bei den relativen schon anders aus. Zuerst versuchen wir beispielsweise mittels chdir nach fred zu wechseln, um es dann mit opendir zu öffnen. Aber das würde fred in dem neuen Verzeichnis öffnen und nicht fred im ursprünglichen Verzeichnis. Der einzige Name, bei dem wir sicher sein können, dass er immer »das gegenwärtige Verzeichnis« bezeichnet, ist ».« (jedenfalls unter Unix-Systemen und deren Verwandten).

Die Funktion readdir gibt alle in dem Verzeichnis enthaltenen Dateinamen zurück. Diese werden nun sortiert und dann ausgegeben. Hätten wir die erste Übung auf diese Weise gelöst, wären die mit einem Punkt beginnenden Dateinamen übersprungen worden. Hierfür muss das Kommentarzeichen in der auskommentierten Zeile in der foreach-Schleife entfernt werden.

Jetzt fragen Sie sich vielleicht, warum wir denn dann überhaupt ein chdir durchgeführt haben. Schließlich lassen sich readdir und dessen Freunde nicht nur mit dem gegenwärtigen Verzeichnis benutzen. Der Hauptgrund besteht darin, dass wir dem Benutzer die Möglichkeit geben wollten, mit einem Tastendruck in sein Home-Verzeichnis zu wechseln. Diese Übung könnte der Anfang eines Hilfsprogramms zur Dateiverwaltung werden. Vielleicht bestünde der nächste Schritt darin, den Benutzer zu fragen, welche Dateien auf ein Backup-Band überspielt werden sollen.

4. So könnte eine mögliche Lösung aussehen:

```
unlink @ARGV;
```

Oder wenn Sie den Benutzer bei eventuellen Problemen warnen wollen:

```
foreach (@ARGV) {
  unlink $_ or warn "Kann '$_' nicht löschen: $!, Programm geht weiter.\n";
}
```

Hierbei gelangen alle auf der Kommandozeile übergebenen Argumente nacheinander in die Spezialvariable $_, die wir als Argument für unlink benutzen. Läuft etwas schief, gibt die Warnung darüber Aufschluss.

5. So könnte eine mögliche Lösung aussehen:

```
use File::Basename;
use File::Spec;

my($quelle, $ziel) = @ARGV;

if (-d $ziel) {
  my $basisname = basename $quelle;
  $ziel = File::Spec->catfile($ziel, $basisname);
}

rename $quelle, $ziel
  or die "Kann '$quelle' nicht in '$ziel' umbenennen: $!\n";
```

Das Arbeitspferd dieses Programms ist die letzte Anweisung. Die übrigen Anweisungen sind aber nötig, wenn es sich bei der Zielangabe um ein Verzeichnis handelt. Nach dem Laden der Module geben wir den übergebenen Kommandozeilen-Argumenten selbsterklärende Namen. Ist $ziel ein Verzeichnis, müssen wir den Basisnamen aus $quelle ermitteln und diesen dem Verzeichnis in $ziel hinzufügen. Nachdem $ziel die nötigen Informationen enthält, können wir rename benutzen, um unsere Aufgabe zu vollenden.

6. So könnte eine mögliche Lösung aussehen:

```
use File::Basename;
use File::Spec;

my($quelle, $ziel) = @ARGV;

if (-d $ziel) {
  my $basisname = basename $quelle;
  $ziel = File::Spec->catfile($ziel, $basisname);
}

link $quelle, $ziel
  or die "Harter Link zwischen '$quelle' und '$ziel' nicht möglich: $!\n";
```

Im Tipp zu dieser Aufgabe haben wir gesagt, dieses Programm habe sehr große Ähnlichkeit mit dem vorangehenden. Tatsächlich besteht der einzige Unterschied darin, dass wir anstelle von rename die Funktion link benutzen. Unterstützt Ihr System keine harten Links, haben Sie als letzte Anweisung in Ihrem Programm vermutlich folgendes stehen:

```
print "Versucht, einen Link zwischen '$quelle' und '$ziel' anzulegen.\n";
```

7. So könnte eine mögliche Lösung aussehen:

```
use File::Basename;
use File::Spec;
```

```
my $symlink = $ARGV[0] eq '-s';
shift @ARGV if $symlink;

my($quelle, $ziel) = @ARGV;

if (-d $ziel) {
  my $basisname = basename $quelle;
  $ziel = File::Spec->catfile($ziel, $basisname);
}

if ($symlink) {
  symlink $quelle, $ziel
or die "Symlink zwischen '$quelle' und '$ziel' nicht möglich: $!\n";
} else {
  link $quelle, $ziel
    or die "Harter Link zwischen '$quelle' und '$ziel' nicht möglich: $!\n";
}
```

Die ersten paar Zeilen des Programms (nach den beiden use-Anweisungen) sehen sich das erste übergebene Kommandozeilen-Argument an. Ist dies -s, soll ein symbolischer Link angelegt werden, und wir vermerken dies mit einem wahren Wert in $symlink. Nachdem wir die Option -s gesehen haben, müssen wir sie aus @ARGV entfernen, um an die übrigen Argumente zu gelangen. Das machen wir in der darunterstehenden Zeile. Die nun folgenden Zeilen haben wir wörtlich aus den früheren Übungen übernommen. Wenn $symlink einen wahren Wert enthält, versuchen wir am Schluss des Programms einen symbolischen Link anzulegen. Ist der Wert von $symlink falsch, wird stattdessen versucht, einen harten Link anzulegen.

8. So könnte eine mögliche Lösung aussehen:

```
foreach ( glob( '.* *' ) ) {
  my $ziel = readlink $_;
  print "$_ -> $ziel\n" if defined $ziel;
}
```

Alle vom Glob zurückgegebenen Dateinamen sind nacheinander in $_ zu finden. Wenn eines der Elemente ein symbolischer Link ist, gibt readlink einen definierten Wert zurück und die Dateien werden angezeigt. Ist die Bedingung nicht erfüllt, kann das Element übersprungen werden.

Lösungen zu den Übungen in Kapitel 14

1. So könnte eine mögliche Lösung aussehen:

```
my @zahlen;
push @zahlen, split while <>;
foreach (sort { $a <=> $b } @zahlen) {
  printf "%20g\n", $_;
}
```

Kommt Ihnen die zweite Zeile zu verwirrend vor? Das haben wir mit Absicht gemacht. Auch wenn wir Ihnen empfehlen, klar verständlichen Code zu schreiben,

---

gibt es Leute, die ihre Programme gern so schwer verständlich wie möglich gestalten.[15] Daher möchten wir, dass Sie auf das Schlimmste vorbereitet sind. Irgendwann werden auch Sie einmal mit so verwirrendem Code wie dem obenstehenden arbeiten müssen.

Der while-Modifier in der betreffenden Zeile hat die gleiche Bedeutung wie die folgende Schreibweise:

```
while (<>) {
    push @zahlen, split;
}
```

Das ist zwar schon besser, aber immer noch ein bisschen unklar. Die while-Schleife liest die Eingaben zeilenweise ein (abhängig von den Benutzerangaben, wie am Diamantoperator zu erkennen ist). Die Funktion split trennt einen String standardmäßig an Whitespace-Zeichen auf und gibt eine Liste von Wörtern zurück, beziehungsweise in unserem Fall eine Liste von Zahlen. Letztlich besteht die Eingabe aus einer Reihe von durch Whitespace-Zeichen getrennten Zahlen. Unabhängig von der verwendeten Schreibweise sorgt die while-Schleife also dafür, dass das Array @zahlen mit den Zahlen aus der Eingabe gefüllt wird.

Die foreach-Schleife übernimmt die sortierte Liste und gibt die einzelnen Werte unter Benutzung des numerischen Formats %20g in einer rechtsbündigen Spalte aus. Sie hätten auch das Format %20s benutzen können. Das ist allerdings ein Format für Strings, was bedeutet, dass die Strings in der Ausgabe nicht verändert worden wären. Ist Ihnen aufgefallen, dass die Beispieldaten sowohl 1.50 als auch 1.5 sowie 04 und 4 enthielten? Hätten Sie diese Zahlen als Strings ausgegeben, wären die zusätzlichen Nullen mit ausgegeben worden. %20g ist dagegen ein numerisches Format, was bedeutet, dass gleiche Zahlen in der Ausgabe auch gleich aussehend dargestellt werden. Je nachdem, was Sie machen wollen, können beide Formate korrekt sein.

2. So könnte eine mögliche Lösung aussehen:

```
# Vergessen Sie nicht, den Hash %nachname einzubauen.
# Sie finden ihn entweder im Beispieltext oder in der
# heruntergeladenen Datei.

my @schluessel = sort {
    "\L$nachname{$a}" cmp "\L$nachname{$b}" # nach Nachnamen sortieren
        or
    "\L$a" cmp "\L$b"                       # nach Vornamen sortieren
```

---

15 Normalerweise empfehlen wir, in einem richtigen Programm keinen verwirrenden Code zu benutzen. Es kann aber ein nettes Spiel sein, verwirrenden Code zu schreiben. Es kann aber auch lehrreich sein, die verworrenen Beispiele anderer Leute zu studieren und ein oder zwei Wochenenden damit zu verbringen herauszufinden, was dieser Code tut. Wenn Sie ein paar interessante Codeschnipsel sehen wollen und vielleicht etwas Hilfe bei deren Interpretation brauchen, fragen Sie beim nächsten Treffen der Perl Mongers. Oder suchen Sie im Web nach JAPHs. Sie können aber auch ausprobieren, wie gut Sie das Beispiel am Ende der Lösungen zu diesem Kapitel entziffern können.

```
    } keys %nachname;

    foreach (@schluessel) {
      print "$nachname{$_}, $_ \n";              # Geroellheimer, Bam-Bam
    }
```

Zu dieser Lösung gibt es nicht viel zu sagen. Wir bringen die Schlüssel in die richtige Reihenfolge und geben sie dann aus. Wir geben hier den Nachnamen zuerst aus, weil wir gerade Lust dazu haben. Die Aufgabenstellung überlässt das Ihnen.

3. So könnte eine mögliche Lösung aussehen:

```
    print "Bitte geben Sie einen String ein: ";
    chomp(my $string = <STDIN>);

    print "Bitte geben Sie einen Substring ein: ";
    chomp(my $sub = <STDIN>);

    my @positionen;

    for (my $pos = -1; ; ) {
    # trickreiche Verwendung der dreiteiligen for-Schleife
      $pos = index($string, $sub, $pos + 1);  # nächste Position finden
      last if $pos == -1;
      push @positionen, $pos;
    }

    print "Fundorte von '$sub' in '$string' waren: @positionen\n";
```

Dieses Programm beginnt recht einfach, indem die vom Benutzer eingegebenen Strings eingelesen werden und ein Array deklariert wird, das die Fundorte des Substrings aufnehmen soll. Aber auch hier scheint der Code »auf Schlauheit optimiert« zu sein, was man eigentlich nur zum Spaß tun sollte, aber niemals in einem richtigen Programm. Dennoch wird hier eine gültige Technik gezeigt, die in einigen Fällen recht nützlich sein kann, daher wollen wir sie uns einmal näher ansehen:

Der Geltungsbereich der my-Variablen $pos ist auf die for-Schleife beschränkt und hat zu Beginn den Wert -1. Um Sie nicht länger auf die Folter zu spannen: Diese Variable enthält die Position des Substrings innerhalb des größeren Strings. Die Test- und Inkrementierungsteile der Schleife sind leer, wodurch wir eine Endlosschleife bekommen (aus der wir irgendwann wieder mit last herausspringen).

Die erste Anweisung des Schleifenkörpers sucht nach einem Vorkommen des Substrings, der an der Position $pos +1 oder dahinter beginnt. Das bedeutet: Bei der ersten Iteration (in der $pos noch den Wert -1 hat) beginnt die Suche an Position 0, dem Anfang des Strings. Den Fundort des Substrings legen wir in $pos ab. Falls das -1 ist, ist die Arbeit der for-Schleife bereits zu Ende und wir steigen mit dem Aufruf von last aus. Ist der Wert jedoch nicht -1, legen wir die gefundene Position in @positionen ab und führen einen weiteren Schleifendurchlauf durch. Jetzt bedeutet $pos + 1 die Suche nach dem Substring direkt hinter dem Fundort des ersten Vorkommens. So bekommen wir nach und nach die gesuchten Antworten, und die Welt ist wieder glücklich und zufrieden.

Wenn Sie die trickreiche for-Schleife nicht benutzen wollen, können Sie das gleiche Ergebnis folgendermaßen erreichen:

```
{
  my $pos = -1;
  while (1) {
    ... # der gleiche Schleifenkörper wie bei der for-Schleife
        # im vorigen Beispiel
  }
}
```

Der umgebende nackte Block beschränkt den Geltungsbereich von $pos. Das ist zwar nicht notwendig, oft aber eine gute Idee, um jede Variable im kleinstmöglichen Geltungsbereich zu deklarieren. Hierdurch sind weniger Variablen während des gesamten Programms »am Leben«, was die Gefahr verringert, dass Sie den Namen $pos versehentlich für einen anderen Zweck wiederverwenden. Aus dem gleichen Grund sollten Sie den Variablen, die einen größeren Geltungsbereich haben müssen, einen längeren Namen geben, wodurch die Wahrscheinlichkeit einer versehentlichen Wiederverwendung ebenfalls herabgesetzt wird. Vielleicht wäre in unserem Fall ein Name wie $substring_position nicht schlecht.

Wenn Sie dagegen versuchen, Ihren Code so verwirrend wie möglich zu gestalten (Schande über Sie!), könnten Sie ein Monster wie das untenstehende erschaffen (Schande über uns!).

```
for (my $pos = -1; -1 !=
  ($pos = index
    +$string,
    +$sub,
    +$pos
    +1
  );
push @positionen, (((((+$pos))))) `{
    'for ($pos != 1; # ;$pos++) {
      print "Position $pos\n";#;';#' } pop @positionen;
}
```

Dieser trickreichere Code ersetzt die for-Schleife aus dem ersten Lösungsansatz. Inzwischen sollten Sie genug wissen, um diesen Code selbst zu entziffern, oder auch, um Ihren eigenen verworrenen Code zu schreiben und Ihre Freunde damit zu verblüffen und Ihre Feinde zu verwirren. Benutzen Sie diese Kräfte nur für Gutes, aber nie für Schlechtes!

Ach ja! Welche Ergebnisse haben Sie bei der Suche nach dem Substring d in Dies ist ein Test bekommen? Es gab keinen Treffer an Position 0, da das d klein geschrieben war und folglich nicht auf das D in Dies passen kann.

Lösungen zu den Übungen in Kapitel 15

1. Hier sehen Sie eine Möglichkeit, das Programm zum Erraten der Zahlen aus Kapitel 10 neu zu schreiben. Wir benutzen keine intelligenten Vergleiche, sondern given:

```
use 5.010;

my $Debug = $ENV{DEBUG} // 1;

my $geheimzahl = int(1 + rand 100);

say 'Nicht weitersagen. Die Geheimzahl ist $geheimzahl.'
    if $Debug;

SCHLEIFE: {

    print 'Bitte geben Sie eine Zahl zwischen 1 und 100 ein: ';
    chomp(my $versuch = <STDIN>);

    my $gefunden = 0;

    given( $versuch ) {
        when( ! /^\d+$/ )         { say "Keine Zahl!" }
        when( $_ > $geheimzahl ) { say 'Zu groß!' }
        when( $_ < $geheimzahl ) { say 'Zu klein!'   }
        default                  { say 'Genau richtig!'; $gefunden++ }
        }

    last SCHLEIFE if $gefunden;
    redo SCHLEIFE;
}
    redo SCHLEIFE;
```

Im ersten when-Block überprüfen wir, bevor weitere Schritte unternehmen, ob es sich bei der Eingabe tatsächlich um eine Zahl handelt. Enthält die Eingabe etwas anderes als Ziffern oder auch nur einen leeren String, brauchen wir auch keine Meldungen im numerischen Kontext durchzuführen.

Beachten Sie, dass wir im default-Block keine last-Anweisung verwenden. Das haben wir zu Anfang zwar gemacht, dafür aber eine Warnmeldung von Perl 5.10.0 kassiert (vielleicht verschwindet die Meldung aber in zukünftigen Versionen.)

2. Hier ist eine mögliche Lösung:

```
use 5.010;

for (1 .. 105) {
    my $zahl = '';
    given ($_) {
        when (not $_ % 3) { $zahl .= ' yabba'; continue }
        when (not $_ % 5) { $zahl .= ' dabba'; continue }
        when (not $_ % 7) { $zahl .= ' duuuh' }
    }
    say "$_ $zahl";
}
```

3. Eine mögliche Lösung sieht so aus:

```
use 5.010;

for( @ARGV )
    {
    say "Bearbeite $_";

    when( ! -e ) { say "\tDatei existiert nicht!" }
    when( -r _ ) { say "\tSchreibbar!"; continue }
    when( -w _ ) { say "\tLesbar!";     continue }
    when( -x _ ) { say "\tAusführbar!"; continue }
    }
```

Für diese Lösung ist es nicht nötig, given zu benutzen, weil wir die when-Blöcke direkt in der for-Schleife verwenden können. Zuerst überprüfen wir, ob die Datei existiert, oder – um genau zu sein – ob sie nicht existiert. Wird der erste when-Block ausführt, geben wir die Meldung aus, dass die Datei nicht existiert, und verlassen uns auf die implizite break-Anweisung, die verhindert, dass weitere Tests mit when durchgeführt werden.

Im zweiten when-Block überprüfen wir mit -r, ob die Datei lesbar ist. Zudem setzen wir hier das spezielle Dateihandle _ ein, das die Informationen vom letzten stat-Aufruf (über den die Tests ihre Informationen erhalten) puffert. Zwar würde dieses Programm auch ohne _ funktionieren, aber es müsste dann etwas mehr Arbeit erledigen. Am Ende dieses when-Blocks verwenden wir die Anweisung continue, damit auch der Test im folgenden when-Block ausgeführt wird.

4. Und hier eine Möglichkeit, die Aufgabe mit when und intelligenten Vergleichen zu lösen:

```
use 5.010;

say "Überprüfe die Zahl <$ARGV[0]>";

given( $ARGV[0] ) {
    when( ! /^\d+$/ ) { say "Das ist gar keine Zahl!" }

    my @divisoren - divisoren( $_ );

    my @leer;
    when( @divisoren ~~ @leer ) { say "Primzahl" }

    default { say "$_ ist teilbar durch @divisoren" }
    }

sub divisoren {
    my $zahl = shift;

    my @divisoren = ();
    foreach my $divisor ( 2 .. $zahl/2 ) {
        push @divisoren, $divisor unless $zahl % $divisor;
        }

    return @divisoren;
    }
```

Zu Beginn geben wir aus, welche Zahl überprüft werden soll. Schließlich ist es immer von Vorteil, zu wissen, ob unser Programm gerade läuft. Wir umgeben $ARGV[0] mit spitzen Klammern, damit sich der Wert besser vom Rest des Strings abhebt.

In unserer given-Anweisung gibt es eine Reihe von when-Blocks, die von einigen zusätzlichen Anweisungen umgeben sind. Der erste when-Block testet anhand eines regulären Ausdrucks, der nur Ziffern findet, ob es sich bei der Eingabe um eine Zahl handelt. Schlägt der reguläre Ausdruck fehl, soll der Codeblock die Meldung »Das ist gar keine Zahl!« ausgeben. Dieser when-Block besitzt eine implizite break-Anweisung, die verhindert, dass die given-Struktur weiter ausgeführt wird. Wurde tatsächlich eine Zahl eingegeben, rufen wir jetzt die Subroutine divisoren() auf. Das hätten wir zwar auch außerhalb der given-Struktur tun können. Allerdings hätte Perl eine Warnung ausgegeben, wenn wir nicht mit einer Zahl arbeiten (sondern z. B. mit »Fred«). Auf die hier gezeigte Weise verhindert der erste when-Block die Warnmeldung.

Nach dem Aufruf der Subroutine wollen wir natürlich wissen, ob @divisoren tatsächlich etwas enthält. Zwar hätten wir dafür einfach das Array in einem skalaren Kontext verwenden können, um die Anzahl der Elemente zu ermitteln, aber die Aufgabenstellung fordert, dass wir intelligente Vergleiche verwenden. Wir wissen, dass für einen intelligenten Vergleich beide Arrays die gleiche Länge und Reihenfolge der Elemente haben müssen. Daher erzeugen wir einfach das komplett elementbefreite Hilfsarray @leer. Wenn wir es mit @divisoren vergleichen, ist der intelligente Vergleich nur erfolgreich, wenn keine Divisoren enthalten sind. In diesem Fall führen wir den when-Block, der ebenfalls eine implizite break-Anweisung enthält.

Ist die Zahl keine Primzahl, führen wir schließlich den default-Block aus, der eine Liste der Divisoren für die eingegebene Zahl erstellt.

Hier kommt noch ein kleines Zuckerstückchen, über das wir in diesem Buch eigentlich nicht reden sollten. Schließlich reden wir erst in *Intermediate Perl* (O'Reilly Verlag) offiziell über Referenzen. Wir haben uns in der Lösung die Arbeit gemacht, ein benanntes leeres Array anzulegen, um @divisoren auf Inhalt zu überprüfen. Mit einem anonymen Array hätten wir uns diesen Arbeitsschritt sparen können:

```
when( @divisoren ~~ [] ) { ... }
```

5. Hier eine mögliche Lösung basierend auf der Lösung zur letzten Übung:

```
use 5.010;

say "Überprüfe <$ARGV[0]>";

my $lieblingszahl = 42;

given( $ARGV[0] ) {
    when( ! /^\d+$/ ) { say "Das ist gar keine Zahl!" }
    my @divisoren = divisoren( $ARGV[0] );

    when( @divisoren ~~ 2 ) { # @divisoren enthält 2
```

```
            say "$_ ist gerade";
            continue;
            }

      when( !( @divisoren ~~ 2 ) ) { # 2 ist nicht in @divisoren enthalten
            say "$_ is ungerade";
            continue;
            }

      when( @divisoren ~~ $lieblingszahl ) {
            say "$_ ist durch meine Lieblingszahl teilbar";
            continue;
            }

      when( $lieblingszahl ) { # oder auch $_ ~~ $lieblingszahl
            say "$_ ist meine Lieblingszahl";
            continue;
            }

      my @leer;
      when( @divisoren ~~ @leer ) { say "Primzahl" }

      default { say "$_ ist teilbar durch @divisoren" }
      }

  sub divisoren {
      my $zahl = shift;

      my @divisoren = ();
      foreach my $divisor ( 2 .. ($zahl/2 + 1) ) {
            push @divisoren, $divisor unless $zahl % $divisor;
            }
      return @divisoren;
      }
```

Diese Erweiterung der vorigen Übung verwendet weitere when-Blöcke, um die zusätzlichen Meldungen auszugeben. Sobald wir das Array @divisoren erstellt haben, verwenden wir einen intelligenten Vergleich, um zu sehen, was es enthält. Ist die Zahl 2 enthalten, haben wir es mit einer gerade Zahl zu tun, was entsprechend gemeldet wird. Wir verwenden hier eine explizite continue-Anweisung, damit given auch den folgenden when-Block ausführt. Für ungerade Zahlen verwenden wir den gleichen intelligenten Vergleich, verneinen aber das Ergebnis. Um zu sehen, ob sich unsere Lieblingszahl in @divisoren befindet, machen wir das Gleiche. Wir können sogar überprüfen, ob die überprüfte Zahl unserer Lieblingszahl entspricht.

Lösungen zu den Übungen in Kapitel 16

1. So könnte eine mögliche Lösung aussehen:

```
chdir '/' or die "Kann nicht ins Root-Verzeichnis wechseln: $!";
exec 'ls', '-l' or die "exec ls nicht möglich: $!";
```

Mit der ersten Zeile machen wir das Root-Verzeichnis zum gegenwärtigen Arbeits-verzeichnis. In diesem Beispiel ist der Wert hartcodiert. In der zweiten Zeile rufen wir die exec-Funktion mit mehreren Argumenten auf und geben das Ergebnis auf der Standardausgabe aus. Wir hätten exec hier auch in der Ein-Argument-Form aufrufen können, aber die gezeigte Methode tut keinem weh.

2. So könnte eine mögliche Lösung aussehen:

```
open STDOUT, '>', 'ls.out' or die "Kann ls.out nicht schreiben: $!";
open STDERR, '>', 'ls.err' or die "Kann ls.err nicht schreiben: $!";
chdir '/' or die "Kann nicht ins Root-Verzeichnis wechseln: $!";
exec 'ls', '-l' or die "exec ls nicht möglich: $!";
```

In den ersten zwei Zeilen verbinden wir STDOUT und STDERR mit Dateien im gegen-wärtigen Verzeichnis (bevor wir versuchen, das Verzeichnis zu wechseln). Nachdem wir den Wechsel vollzogen haben, wird ls ausgeführt, dessen Ausgabe wir in die zuvor angelegte Datei im ursprünglichen Verzeichnis schicken.

Und wo würde die Ausgabe des letzten die landen? In *ls.err*, da wir die Ausgaben von STDERR dorthin umgeleitet haben. Das Gleiche würde mit der die-Nachricht der chdir-Anweisung geschehen. Kann die Umleitung von STDERR in der zweiten Zeile dagegen nicht vorgenommen werden, wird stattdessen das alte STDERR benutzt. Für alle drei Standard-Datei-Handles (STDIN, STDOUT und STDERR) gilt: Kann keine Umlei-tung vorgenommen werden, sind die ursprünglichen Datei-Handles weiterhin offen.

3. So könnte eine mögliche Lösung aussehen:

```
if (`date` =~ /\AS/) {
  print "Gehen Sie spielen!\n";
} else {
  print "Gehen Sie arbeiten!\n";
}
```

Diese Möglichkeit funktioniert aus zwei Gründen. Zum einen gibt das date-Kommando als erstes den Wochentag aus. Zum einen beginnen Saturday und Sun-day beide mit einem S. Daher müssen wir nur überprüfen, ob die Ausgabe mit einem S beginnt. Es gibt viele noch schwierigere Möglichkeiten, dieses Programm zu schreiben. Die meisten davon kennen wir aus unseren Kursen.

Hätten wir den obenstehenden Code in einem echten Programm benutzt, wäre ver-mutlich eher das Muster /\A(Sat|Sun)/ zum Einsatz gekommen. Das ist zwar ein wenig ineffizienter, aber das ist ziemlich unerheblich. Außerdem ist diese Schreib-weise für den Wartungsprogrammierer wesentlich leichter zu verstehen.

4. Um Signale abzufangen, richten wir Signal-Handler ein. Verwenden wir dafür aus-schließlich die Techniken, die in diesem Buch behandelt werden, müssen wir einige Arbeitsschritte mehrfach erledigen. In jeder Handler-Subroutine richten wir eine state-Variable ein, damit wir die Anzahl der Aufrufe dieser Subroutine zählen kön-nen. Wir benutzen eine foreach-Schleife, um daraufhin den rechten Subroutinenna-men dem entsprechenden Schlüssel in %SIG zuzuweisen. Zum Schluss erstellen wir eine Endlosschleife, damit das Programm auf unbestimmte Dauer weiterläuft:

```
use 5.010;
sub my_hup_handler  { state $n; say 'HUP abgefangen: ', ++$n }
sub my_usr1_handler { state $n; say 'USR1 abgefangen: ', ++$n }
sub my_usr2_handler { state $n; say 'USR2 abgefangen: ', ++$n }
sub my_usr2_handler { say 'INT abgefangen. Aufregend.'; exit }
say "Ich bin $$";
foreach my $signal ( qw(int hup usr1 usr2) ) {
    $SIG{ uc $signal } = "my_${signal}_handler";
    }
while(1) { sleep 1 };
```

Wir benötigen eine weitere Abschluss-Session, um ein Programm laufen zu lassen, das die Signale sendet:

```
$ kill -HUP 61203
$ perl -e 'kill HUP => 61203'
$ perl -e 'kill USR2 => 61203'
```

Die Ausgabe zeigt den laufenden Signalzähler, während wir sie abfangen:

```
$ perl signal_catcher
Ich bin 61203
HUP gefangen: 1
HUP gefangen: 2
USR2 gefangen: 1
HUP gefangen: 3
USR2 gefangen: 2
INT gefangen. Aufregend.
```

Lösung zu der Übung in Kapitel 17

1. So könnte eine mögliche Lösung aussehen:

```
my $dateiname = 'pfad/zu/sample_text';
open my $fh, '<', $dateiname
  or die "Kann '$dateiname' nicht lesen: $!";
chomp(my @strings = <FILE>);

while (1) {
  print 'Bitte geben Sie ein Suchmuster ein: ';
  chomp(my $muster = <STDIN>);
  last if $muster =~ /\A\s*\Z/;
  my @treffer = eval {
    grep /$muster/, @strings;
  };
  if ($@) {
    print "Fehler: $@";
  } else {
    my $zaehler = @treffer;
    print "Es wurden $zaehler passende Strings gefunden:\n",
      map "$_\n", @treffer;
  }
  print "\n";
}
```

Hier benutzen wir einen eval-Block, um Fehler abzufangen, die bei der Benutzung der regulären Ausdrücke auftreten können. Innerhalb des Blocks benutzen wir grep, um die passenden Strings aus der Liste der Strings herauszufiltern.

Wenn der eval-Block beendet ist, können wir eventuelle Fehlermeldungen ausgeben. Ist kein Fehler aufgetreten, geben wir jetzt die passenden Strings aus. Wir haben map benutzt, um an die Strings vor der Ausgabe wieder ein Newline-Zeichen anzuhängen.

2. Dieses Programm ist einfach. Es gibt viele Möglichkeiten, an eine Dateiliste zu kommen, aber da uns nur die im aktuellen Arbeitsverzeichnis interessieren, können wir dafür einfach einen Glob benutzen. Mithilfe von foreach platzieren wir jeden einzelnen Dateinamen in die Variable $_, weil wir wissen, dass stat diese Variable standardmäßig verwendet. Wir fassen das gesamte stat ein, bevor wir den Slice durchführen:

```
foreach ( glob( '*' ) ) {
  my( $atime, $mtime ) = (stat)[8,9];
  printf "%-20s %10d %10d\n", $_, $atime, $mtime;
  }
```

Wir wissen, dass wir die Indizes 8 und 9 benutzen müssen, da wir uns die Dokumentation zu stat angesehen haben. Die Autoren der Dokumentation waren so freundlich, eine Tabelle mitzuliefern, aus der zu den Indexnummern der Listenelemente zu erkennen ist, was das jeweilige Element tut, so dass wir nicht selbst durchzählen müssen.

Wenn wir nicht $_ benutzen wollen, können wir unsere eigene Kontrollvariable verwenden:

```
foreach my $file ( glob( '*' ) ) {
  my( $atime, $mtime ) = (stat $file)[8,9];
  printf "%-20s %10d %10d\n", $file, $atime, $mtime;
  }
```

3. Diese Lösung baut auf der vorigen auf. Der Trick besteht jetzt darin, localtime zu benutzen, um die Epochenzeiten in Datumsstrings der Form JJJJ-MM-TT umzuwandeln. Bevor wir das ins Gesamtprogramm integrieren, sehen wir uns an, wie wir das tun würden, und zwar in der Annahme, dass die Zeit in $_ zu finden ist (der map-Kontrollvariablen).

Wir besorgen uns die Indizes für das Slice aus der localtime-Dokumentation:

```
my( $Jahr, $Monat, $Tag ) = (localtime)[5,4,3];
```

Wir bemerken, dass localtime das Jahr minus 1900 zurückgibt und den Monat minus 1 (mindestens minus 1, wie wir Menschen zählen), also müssen wir entsprechende Anpassungen vornehmen:

```
$Jahr += 1900; $Monat += 1;
```

Dann können wir alles zusammensetzen, um das Format zu bekommen, das wir haben wollen, wobei wir den Monat und den Tag gegebenenfalls mit Nullen auffüllen:

```
sprintf '%4d-%02d-%02d', $Jahr, $Monat, $Tag;
```

Um das auf eine Liste von Zeitpunkten anzuwenden, verwenden wir map. Beachten Sie, dass localtime einer derjenigen Operatoren ist, die nicht standardmäßig $_ verwenden. Deshalb müssen Sie es explizit als Argument dazuliefern:

```
my @zeitpunkte = map {
  my( $Jahr, $Monat, $Tag ) = (localtime($_))[5,4,3];
  $Jahr += 1900; $Monat += 1;
  sprintf '%4d-%02d-%02d', $Jahr, $Monat, $Tag;
  } @epochen_zeitpunkte;
```

Das müssen wir dann in die stat-Zeile aus dem vorigen Programm einsetzen, so dass wir das hier bekommen:

```
foreach my $datei ( glob( '*' ) ) {
  my( $atime, $mtime ) = map {
    my( $Jahr, $Monat, $Tag ) = (localtime($_))[5,4,3];
    $Jahr += 1900; $Monat += 1;
    sprintf '%4d-%02d-%02d', $Jahr, $Monat, $Tag;
    } (stat $datei)[8,9];
  printf "%-20s %10s %10s\n", $datei, $atime, $mtime;
  }
```

Der Sinn dieser Übung bestand hauptsächlich darin, die speziellen Techniken anzuwenden, die in Kapitel 17 besprochen wurden. Die Aufgabe kann man allerdings auch auf eine andere Weise erledigen, die deutlich einfacher ist. Das Modul POSIX, das mit Perl mitgeliefert wird, hat eine Subroutine namens strftime, die einen Formatstring à la sprintf und die Zeitkomponenten in der gleichen Reihenfolge entgegennimmt, wie localtime sie zurückgibt. Dadurch wird das map viel einfacher:

```
use POSIX qw(strftime);
foreach my $datei ( glob( '*' ) ) {
  my( $atime, $mtime ) = map {
    strftime( '%Y-%m-%d', localtime($_) );
    } (stat $datei)[8,9];
  printf "%-20s %10s %10s\n", $datei, $atime, $mtime;
  }
```

Über das Lama hinaus

Wir haben in diesem Buch bereits Vieles besprochen, aber es gibt noch mehr. In diesem Anhang wollen wir Ihnen erzählen, wozu Perl sonst noch in der Lage ist, und Ihnen Hinweise geben, wo Sie weiterführende Dokumentationen und Informationen finden können. Einige der Sachen, die wir hier beschreiben, befinden sich gerade im Umbruch. Es kann also sein, dass sich einiges bereits geändert hat, wenn Sie dieses Buch lesen. Das ist einer der Gründe dafür, dass wir Sie für eine detaillierte Abhandlung so oft auf die Dokumentation verweisen. Wir erwarten nicht, dass Sie jedes Wort dieses Anhangs lesen, hoffen aber, dass Sie zumindest die Überschriften überfliegen, und sei es auch nur, damit Sie dagegenhalten können, wenn jemand sagt: »Sie können Perl nicht für Projekt X benutzen, weil Perl Y nicht beherrscht.«

Das Wichtigste ist, nicht zu vergessen, dass Sie alles Wichtige, was wir hier *nicht* behandeln, in unserem weiterführenden Buch *Einführung in Perl-Objekte, Referenzen & Module* (O'Reilly Verlag) finden, das wegen seines Covertiers hier einfach kurz Alpaka-Buch genannt wird. Lesen Sie das Alpaka-Buch, wenn Sie (allein oder zusammen mit anderen) Programme schreiben, die länger als 100 Zeilen sind. Vor allem, wenn Sie Fred und Barney nicht mehr lesen können und Lust auf eine andere fiktive Welt mit sieben Leuten[1] auf einer abgeschiedenen Insel haben.

Nach dem Alpaka-Buch geht es dann mit *Mastering Perl* (O'Reilly Verlag), auch als das »Vikunja-Buch« bekannt, weiter. Es behandelt beispielsweise Aufgaben, die Ihnen bei Ihrer täglichen Arbeit mit Perl immer wieder begegnen werden, wie Benchmarks, Profiling, Konfiguration von Programmen und Logging. Außerdem werden die notwendigen Aufgaben bei der Arbeit mit dem Code anderer Leuten besprochen, und wie Sie ihn am besten in Ihre eigenen Programme integrieren.

Es gibt noch viele andere gute Bücher zu entdecken. Je nachdem, mit welcher Perl-Version Sie arbeiten, sollten Sie sich entweder *perlfaq2* oder *perlbook* ansehen, wo viele

---

1 Die »Schiffbrüchigen.«

Empfehlungen aufgeführt sind. Das ist vor allem sinnvoll, damit Sie nicht Ihr Geld für ein Buch ausgeben, das nichts taugt oder veraltet ist.

Weiterführende Dokumentation

Die Perl beiliegende Dokumentation erscheint am Anfang vermutlich etwas umfangreich. Glücklicherweise können Sie aber Ihren Computer benutzen, um die Dokumentation nach Stichwörtern zu durchsuchen. Wenn Sie Informationen zu einem bestimmten Thema suchen, sind vermutlich die Dokumentationen zu *perltoc* (table of contents, Inhaltsverzeichnis) und *perlfaq* (frequently asked questions, häufig gestellte Fragen) ein guter Ausgangspunkt. Auf den meisten Systemen ermöglicht das Kommando *perldoc* das Auffinden der Dokumentation zu Perl, zu den installierten Modulen und zu verwandten Programmen (inklusive *perldoc* selbst). Die gleiche Dokumentation (allerdings nur für die gerade aktuelle Perl-Version) finden Sie auch online unter der Adresse *http://perldoc.perl.org*.

Reguläre Ausdrücke

Ja, über reguläre Ausdrücke gibt es noch mehr zu sagen, als wir es in diesem Buch getan haben. Das Buch *Reguläre Ausdrücke* von Jeffrey Friedl (O'Reilly Verlag) ist eines der besten technischen Bücher, die wir jemals gelesen haben.[2] Zur Hälfte behandelt es reguläre Ausdrücke im Allgemeinen und zur anderen Hälfte reguläre Ausdrücke in Perl, die ja als »Perl-Compatible Regular Expressions« (PCRE) auch Teil vieler anderer Sprachen sind. Ein großer Teil des Buchs beschreibt detailliert, wie die Regex-Maschine intern funktioniert und warum es effizienter ist, reguläre Ausdrücke auf die eine Art zu schreiben und nicht auf die andere. Jeder, der es mit Perl ernst meint, sollte dieses Buch lesen. Sehen Sie sich außerdem die *perlre*-Dokumentation an (sowie die verwandten Dokumentationen zu *perlretut* und *perlrequick*). Auch das Alpaka-Buch und *Mastering Perl* gehen weiter auf reguläre Ausdrücke ein.

Packages

Packages[3] erlauben Ihnen, mehrere Namensräume nebeneinander zu benutzen. Nehmen Sie an, zehn Programmierer arbeiten alle an einem großen Projekt. Wenn Sie nun in Ihrem Teil des Projekts die globalen Variablen $fred, @barney, %betty und &wilma benut-

---

2 Und das sagen wir nicht, weil dieses Buch auch bei O'Reilly erschienen ist, sondern weil es tatsächlich ein hervorragendes Buch ist.

3 Der Name »Package« ist vermutlich eine etwas unglückliche Wahl, da es viele Leute an speziell »verpackte« Codeteile denken lässt (genau das ist in Perl aber ein Modul oder eine Bibliothek). Alles, was ein Package tut, ist, einen Namensraum (eine Sammlung von globalen Symbolnamen wie $fred oder &wilma) zu definieren. Ein Namensraum ist kein Codestück.

zen, und jemand anders benutzt die gleichen Namen in seinem Teil, haben Sie ein Problem. Pakkages sorgen dafür, dass sich die Variablen verschiedener Programmteile nicht in die Quere kommen. Ihr Kollege kann zwar auf Ihre Variable $fred zugreifen und umgekehrt, aber nicht aus Versehen. Mithilfe von Packages wird Perl skalierbar, und große Programme lassen sich leichter verwalten. Das Alpaka-Buch behandelt Packages im Detail.

Die Funktionalität von Perl erweitern

Ein guter Ratschlag, der regelmäßig in Perl-Diskussionsforen zu hören ist, lautet: »Versuchen Sie nicht, das Rad neu zu erfinden.« Wahrscheinlich können Sie den Code anderer Leute in Ihrem Programm weiterverwenden. Das geschieht in der Regel mithilfe einer Bibliothek oder eines Moduls. Viele Erweiterungen gehören bereits zur Perl-Standarddistribution, andere können Sie aus dem CPAN herunterladen. Sie können selbstverständlich auch Ihre eigenen Module schreiben.

Bibliotheken

Perl unterstützt, wie viele andere Programmiersprachen auch, die Verwendung von Bibliotheken. Das sind (größtenteils) Sammlungen von Subroutinen für einen bestimmten Zweck. In modernen Perl-Programmen werden dafür allerdings meistens Module benutzt.

Module

Ein Modul können Sie sich wie eine »schlaue« Bibliothek vorstellen. Auch das Modul enthält eine Sammlung von Subroutinen. Diese lassen sich in den meisten Fällen jedoch wie Perl-eigene Funktionen benutzen. Module sind insofern schlauer als Bibliotheken, als sie ihre Details in einem separaten Package unterbringen und nur die von Ihnen angeforderten Dinge in Ihr Programm exportieren. Dadurch wird verhindert, dass ein Modul versehentlich auf den Symbolen Ihres Codes herumtrampelt.

Auch wenn eine große Anzahl von Modulen in reinem Perl geschrieben ist, kann durchaus auch eine andere Sprache dafür benutzt werden, wie etwa C. Der MD5-Algorithmus ist eine effiziente Methode zur Berechnung von Prüfsummen.[4] Dafür müssen auf unterster Ebene eine Menge Bits hin- und hergeschoben werden. Das lässt sich zwar auch in Perl erledigen, ist aber einige hundertmal langsamer.[5] MD5 wurde entwickelt, um sich

---

4 Eigentlich ist es keine richtige Prüfsumme, aber für diese Erklärung reicht es.

5 Das Modul Digest::Perl::MD5 implementiert den MD5-Algorithmus in reinem Perl. Auch wenn sich die Ergebnisse leicht unterscheiden können, mussten wir feststellen, dass diese Implementierung ungefähr 280-mal langsamer ist als Digest::MD5. Eine Menge der Bit-Schiebereien werden im C-Algorithmus auf eine einzige Maschinenanweisung zusammenkompiliert. Ganze Codezeilen brauchen also gerade einmal ein paar Prozessortakte. Perl ist zwar schnell, aber wir wollen nicht unrealistisch werden.

leicht in C implementieren zu lassen. Daher benutzt das Modul `Digest::MD5` kompilierten C-Code, um seine Aufgabe schneller zu erledigen. Wenn Sie dieses Modul in Ihrem Programm benutzen, ist das so, als hätte Perl nun eine eingebaute Funktion zum Erzeugen von MD5-Prüfsummen.

Module finden und installieren

Wollen Sie herausfinden, ob das Modul, das Sie brauchen, bereits bei Ihnen installiert ist, können Sie das Programm *inside* benutzen. Es steht im CPAN unter *http://www.cpan.org/ authors/id/P/PH/PHOENIX/* zum Herunterladen bereit.

Wird keines der bereits installierten Module Ihren Ansprüchen gerecht, können Sie das CPAN unter der Adresse *http://search.cpan.org/* nach geeigneten Modulen durchsuchen. Eine detaillierte Anleitung zum Installieren von Modulen finden Sie in der *perlmodinstall*-Dokumentation.

Wenn Sie ein Modul benutzen wollen, schreiben Sie die nötige use-Anweisung meistens an den Anfang Ihres Programms. Dadurch ist es leicht nachvollziehbar, welche Module gebraucht werden, falls einmal jemand anderes Ihr Programm installieren muss.

Eigene Module schreiben

In dem seltenen Fall, dass es das von Ihnen benötigte Modul noch nicht gibt, kann ein fortgeschrittener Programmierer eines in Perl oder einer anderen Sprache (zum Beispiel C) schreiben. Nähere Informationen finden Sie in den *perlmod*- und *perlmodlib*-Dokumentationen. Das Alpaka-Buch behandelt das Schreiben und Testen sowie die Distribution von Modulen.

Datenbanken

Wenn Sie eine Datenbank haben, kann Perl auch damit arbeiten. Dieser Abschnitt beschreibt einige der gängigsten Datenbanktypen. In Kapitel 15 haben wir bereits kurz das `DBI`-Modul angesprochen.

Direkter Zugriff auf Systemdatenbanken

Mithilfe von Modulen kann Perl auf einige Systemdatenbanken direkt zugreifen. Das sind Datenbanken wie beispielsweise die Windows Registry (in der rechnerspezifische Einstellungen gespeichert sind) oder die Unix-Passwortdatenbank (die Benutzernamen, -IDs und verwandte Informationen enthält) oder die Domainnamen-Datenbank (mit deren Hilfe sich IP-Adressen in Rechnernamen übersetzen lassen und umgekehrt).

Zugriff auf textbasierte (»Flatfile«) Datenbanken

Wollen Sie auf textbasierte (»Flatfile«) Datenbanken zugreifen, gibt es eine Reihe von Modulen, die Ihnen dabei helfen können. (Offenbar kommen jeden Monat ein oder zwei neue heraus, daher wäre eine Liste an dieser Stelle sowieso schon wieder veraltet.)

Weitere Operatoren und Funktionen

Ja, es gibt mehr Operatoren und Funktionen, als wir hier unterbringen könnten, von den skalaren Operatoren .. und , über wantarray und goto bis hin zu caller und chr. Näheres finden Sie in den Dokumentationen zu *perlop* und *perlfunc*.

Transliterationen mit tr///

Der tr///-Operator sieht zwar wie ein regulärer Ausdruck aus, dient aber eigentlich dazu, eine bestimmte Gruppe von Buchstaben in eine andere umzuwandeln. Außerdem kann er ausgewählte Zeichen sehr effizient zählen. Näheres finden Sie in der *perlop*-Dokumentation.

Here-Dokumente

Here-Dokumente sind eine nützliche Methode, das Quoting auch über mehrere Zeilen auszuführen. Informationen dazu finden Sie in der *perldata*-Dokumentation.

Mathematik

Mit Perl lässt sich jede nur denkbare Art von mathematischen Berechnungen durchführen.

Fortgeschrittene mathematische Funktionen

Sämtliche grundsätzlichen mathematischen Funktionen (Quadratwurzel, Kosinus, Logarithmus, Absolutwerte und viele andere) existieren in Perl bereits als eingebaute Funktionen. Details finden Sie in der *perlfunc*-Dokumentation. Einige andere Funktionen wurden weggelassen (wie die Berechnung von Tangenten oder Zehnerlogarithmen), da sie sich von den Grundfunktionen ableiten oder aus einem Modul importieren lassen. (Eine große Sammlung von mathematischen Funktionen finden Sie zum Beispiel im POSIX-Modul.)

Abstrakte und komplexe Zahlen

Auch wenn Perl diese Zahlen von sich aus nicht unterstützt, gibt es Module, die das Arbeiten mit komplexen Zahlen ermöglichen. Diese überladen die normalen Operatoren, so dass auch komplexe Zahlen mit dem *-Operator eine Multiplikation vornehmen können oder sich mit sqrt eine Wurzel ziehen lässt. Das Modul heißt `Math::Complex`.

Große Zahlen und Zahlen hoher Präzision

Die Module `Math::BigInt` und `Math::BigFloat` ermöglichen das Rechnen mit beliebig großen Zahlen und mit Zahlen, die eine beliebige Anzahl von Nachkommastellen besitzen. So können Sie bei Bedarf zum Beispiel die Faktorisierung von 2.000 oder den Wert von π auf zehntausend Stellen genau berechnen.

Listen und Arrays

Perl besitzt eine Reihe von Möglichkeiten, um ganze Arrays oder Listen einfach zu bearbeiten.

map und grep

In Kapitel 16 haben wir Ihnen die Listenverarbeitungsoperatoren `map` und `grep` vorgestellt. Diese können mehr, als wir hier zeigen konnten. Weitere Informationen finden Sie in der *perlfunc*-Dokumentation und im Alpaka-Buch.

Bits und Bytes

Mithilfe des Operators `vec` können Sie ein Array von Bits (einen sogenannten *Bitstring*) bearbeiten. So können Sie Bit Nummer 123 setzen, Bit Nummer 456 löschen und den Zustand von Bit 789 überprüfen. Bitstrings können eine beliebige Länge haben. Der `vec`-Operator kann auch mit Datenstücken anderer Größe arbeiten, solange die Größe eine kleine Zweierpotenz ist, was zum Beispiel nützlich sein kann, wenn Sie einen String als ein kompaktes Array von Nibbles betrachten wollen. Näheres finden Sie in der *perlfunc*-Dokumentation und in *Mastering Perl*.

Formate

Mit den Formaten von Perl ist es einfach, auf der Basis von Schablonen Berichte (»reports«) mit einem festgelegten Format und automatischen Kopfzeilen zu erstellen. Sie sind eigentlich einer der Hauptgründe dafür, dass Larry Perl entwickelt hat: als »Practical Extraction and *Report* Language«. Dennoch haben Formate ihre Grenzen. Sie brechen einem das Herz, wenn man auch nur ein kleines bisschen mehr braucht, als die Formate leisten können. Meistens bedeutet das nämlich, dass Sie den gesamten Ausgabeabschnitt Ihres Programms wieder herausreißen und durch Code ersetzen müssen, der keine Formate benutzt. Wenn Sie sich aber sicher sind, dass Formate *alles* bieten, was Sie brauchen, und auch alles bieten, was Sie *jemals* brauchen werden, können sie ganz nett sein. Nähere Informationen finden Sie in der *perlform*-Dokumentation.

Netzwerke und Interprozess-Kommunikation (IPC)

Wenn es irgendwie möglich ist, dass die Programme auf Ihrem System miteinander kommunizieren, kriegt Perl das vermutlich hin. Dieser Abschnitt zeigt Ihnen einige gängige Methoden.

System V IPC

Sämtliche Standardfunktionen, die für System V IPC notwendig sind, werden direkt von Perl unterstützt. So lassen sich Message Queues, Semaphore und Shared Memory benutzen. Ein Perl-Array wird anders in einem Datenstück gespeichert[6] als ein Array in C; Shared Memory kann also nicht einfach auf die Daten zugreifen. Es gibt jedoch Module, die diese Datenstrukturen übersetzen, so dass Sie so tun können, als stünden sie im Shared Memory. Weitere Informationen finden Sie in den Dokumentationen zu *perlfunc* und *perlipc*.

Sockets

Perl bietet volle Unterstützung für TCP/IP-Sockets, was bedeutet, dass Sie auch einen Webserver in Perl schreiben können oder einen Webbrowser, einen Usenet-News-Server oder -Client, einen Finger-Daemon oder -Client, einen FTP-Server oder -Client, einen SMTP- oder POP-Server oder -Client, und auch so ziemlich alles andere, was im Internet an Protokollen benutzt wird. Sie müssen sich in die Low-Level-Hintergründe nicht selbst einarbeiten, da für sämtliche gängigen Protokolle Module im Net::-Namensraum zur Verfügung stehen; und viele davon werden mit Perl mitgeliefert. So lässt sich mit dem LWP-Modul und nur ein oder zwei Zeilen zusätzlichen Codes ein Webserver oder -client schreiben.[7] Das LWP-Modul (eigentlich eine ganze Reihe von eng miteinander verwobenen Modulen, die zusammen so ziemlich alles implementieren, was im Web passiert) ist außerdem ein großartiges Beispiel für Perl-Code höchster Qualität, wenn Sie von den Besten kopieren wollen. Brauchen Sie ein Modul für ein anderes Protokoll, suchen Sie nach dem Namen des betreffenden Protokolls.

---

6   Es wäre eigentlich sogar eine Lüge zu behaupten, ein Perl-Array sei in »einem Datenstück« gespeichert, da es mit ziemlicher Sicherheit über mehrere verschiedene Datenstücke verteilt ist.

7   LWP macht es einfach, einen Webbrowser zu schreiben, der eine Seite oder ein Bild aus dem Web herunterlädt. Die Darstellung eines HTML-Dokuments ist jedoch ein ganz anderes Problem. Sie könnten mithilfe von Tk- oder Gtk-Widgets eine X11-Darstellung erzeugen oder mithilfe von Curses die Seite auf einem zeichenorientierten Terminal ausgeben. Es kommt nur darauf an, die richtigen Module aus dem CPAN zu benutzen.

Sicherheit

Perl besitzt eine Reihe leistungsstarker sicherheitsbezogener Merkmale, die ein in Perl geschriebenes Programm sicherer machen können als das gleiche Programm in C. Das wichtigste Merkmal ist dabei wohl die Datenflussanalyse, besser bekannt als *Taint-Checking* (»taint«: verunreinigen, verderben). Ist das Taint-Checking eingeschaltet, behält Perl den Überblick darüber, welche Daten von einem Benutzer oder aus der Umgebung des Programms übergeben wurden (und deshalb nicht vertrauenswürdig sind). Perl sorgt dafür, dass diese Daten nicht benutzt werden, um auf einen anderen Prozess, eine andere Datei oder ein Verzeichnis zuzugreifen, solange die Daten nicht »entgiftet« sind. Dieses Verfahren ist zwar nicht perfekt, aber mächtig genug, um einige sicherheitsbezogene Fehler zu verhindern. Weitere Informationen zu Themen, die die Sicherheit betreffen, finden Sie in der *perlsec*-Dokumentation.

Debugging

Ein guter Debugger liegt Perl bereits bei. Er unterstützt Breakpoints, Watchpoints, den Single-Step-Modus und auch so ziemlich alles andere, was Sie von einem Kommandozeilen-Perl-Debugger erwarten würden. Der Debugger ist übrigens selbst in Perl geschrieben. (Hat also der Debugger selbst irgendwelche Bugs, wissen wir nicht so recht, wie wir die finden sollen.) Zusätzlich zu den anderen Merkmalen besteht der Hauptvorteil darin, dass Sie auch Perl-Code im Debugger ausführen können. Sachen wie das Aufrufen von Subroutinen, das Ändern von Variablen oder auch das Neudefinieren einer Subroutine sind möglich, während Ihr Programm läuft. Weitere Informationen und Details finden Sie in der *perldebug*-Dokumentation und im Alpaka-Buch.

Eine weitere Debugging-Strategie besteht in der Verwendung des `B::Lint`-Moduls, das Sie sogar vor potenziellen Problemen warnen kann, die selbst der `-w`-Switch übersieht.

Kommandozeilenoptionen

Es gibt eine Reihe von Kommandozeilenoptionen für Perl. Viele dieser Optionen ermöglichen es, eine Menge nützlicher Programme direkt von der Kommandozeile aus zu schreiben. Weitere Informationen finden Sie in der *perlrun*-Dokumentation.

Eingebaute Variablen

Perl besitzt Dutzende eingebauter Variablen (wie `@ARGV` und `$0`), die nützliche Informationen zur Verfügung stellen oder das Verhalten von Perl selbst beeinflussen. Details finden Sie in der *perlvar*-Dokumentation.

Syntaxerweiterungen

Es gibt noch eine Reihe weiterer Tricks, die Sie mit der Perl-Syntax anwenden können, wie zum Beispiel den `continue`- und den `BEGIN`-Block. Weitere Informationen dazu finden Sie in den Dokumentationen zu *perlsyn* und *perlmod*.

Referenzen

Die Referenzen ähneln den Pointern in C. Sie verhalten sich aber eher wie ihr Gegenstück in Pascal oder Ada. Eine Referenz zeigt auf einen bestimmten Speicherbereich. Da es aber keine Pointer-Arithmetik oder direkte Allozierung und Deallozierung von Speicher gibt, können Sie sicher sein, dass alle Referenzen gültig sind. Referenzen machen es möglich, objektorientiert zu programmieren, komplexe Datenstrukturen zu erzeugen und andere interessante Tricks zu nutzen. Sehen Sie sich dazu die Dokumentationen zu *perlreftut* und *perlref* an. Das Alpaka-Buch geht ebenfalls detailliert auf Referenzen ein.

Komplexe Datenstrukturen

Mithilfe von Referenzen ist es möglich, in Perl komplexe Datenstrukturen zu erzeugen, zum Beispiel zweidimensionale Arrays.[8] Sie können aber auch noch viel interessantere Dinge aufbauen, wie Arrays von Hashes oder Hashes von Hashes oder sogar einen Hash von Arrays von Hashes.[9] Im Alpaka-Buch wird auch das ausführlich behandelt, einschließlich Techniken für komplexe Datenmanipulation wie Sortierung und Zusammenfassung. Lesenswert sind dazu die Dokumentationen zu *perldsc* (Data-Structures Cookbook) und *perllol* (Lists of Lists).

Objektorientierte Programmierung

Ja, auch in Perl gibt es Objekte. Dadurch ist es modewortkompatibel mit all den anderen Sprachen, die Objekte benutzen. Mithilfe von objektorientierter (OO) Programmierung ist es möglich, benutzerdefinierte Datentypen mit assoziierten Fähigkeiten zu benutzen, Eigenschaften zu vererben und Methoden dynamisch nachzuschlagen oder zu überschreiben.[10] Im Gegensatz zu anderen objektorientierten Sprachen zwingt Perl Sie jedoch nicht dazu, Objekte zu benutzen.

---

8 Na gut, eigentlich nicht, aber Sie können es so gut fälschen, dass Sie den Unterschied selbst kaum erkennen werden.

9 Diese Strukturen lassen sich eigentlich nicht erzeugen. Das sind nur sprachliche Abkürzungen für das, was tatsächlich passiert. Was wir in Perl ein »Array von Arrays« nennen, ist in Wirklichkeit ein Array mit Referenzen auf Arrays.

10 OO hat seine eigene Fachsprache. Die in der einen OO-Sprache benutzten Fachbegriffe gleichen oft nicht einmal denen in einer anderen OO-Sprache.

Wenn Ihr Programm aber einmal länger als *N* Zeilen ist, kann es für den Programmierer effizienter sein (wenn auch bei der Ausführung ein kleines bisschen langsamer), das Programm objektorientiert anzulegen. Niemand kennt den genauen Wert von *N*, aber wir schätzen ihn auf ein paar tausend oder so. Für den Anfang sollten Sie die Dokumentationen zu *perlobj* und *perlboot* lesen, und dann mit Damian Conways exzellentem Buch *Object-Oriented Perl* (erschienen bei Manning Press) weitermachen. Auch das Alpaka-Buch behandelt Objekte ausführlich.

Zu der Zeit, als dieses Buch hier geschrieben wurde, erfreute sich das Metaobjektsystem Moose in Perl gerade großer Beliebtheit. Es setzt quasi auf die schlichten Perl-Objekte auf und stellt eine deutlich angenehmere Schnittstelle bereit.

Anonyme Subroutinen und Closures

Es mag am Anfang vielleicht etwas seltsam scheinen, aber gelegentlich kann es nützlich sein, Subroutinen ohne Namen zu benutzen. Solche Subroutinen können als Parameter an andere Subroutinen übergeben werden, oder Sie können über Arrays oder Hashes darauf zugreifen, um Sprungtabellen zu erstellen. Closures sind ein mächtiges Konzept, das Perl aus Lisp übernommen hat. Eine Closure ist (grob gesagt) eine anonyme Subroutine mit privaten Daten. Auch dieses Thema wird im Alpaka-Buch behandelt.

Gebundene Variablen

Eine gebundene Variable kann benutzt werden wie jede andere Variable auch, nur dass im Hintergrund Ihr eigener Code benutzt wird. Sie könnten also einen Skalar erzeugen, der eigentlich auf einem entfernten Rechner gespeichert ist, oder ein Array, das sich immer wieder selbst sortiert. Weiteres dazu finden Sie in der *perltie*-Dokumentation und in *Mastering Perl*.

Operatoren überladen

Mithilfe des overload-Moduls ist es möglich, Operatoren (wie Addition, Anhängen, Vergleich und sogar die implizite Umwandlung von Strings in Zahlen) neu zu definieren. Dadurch können Sie (zum Beispiel) ein Modul schreiben, das komplexe Zahlen mit 8 multipliziert und als Ergebnis wiederum eine komplexe Zahl zurückgibt.

Dynamisches Laden

Die grundsätzliche Idee hinter dem dynamischen Laden besteht darin, Ihr Programm während der Laufzeit entscheiden zu lassen, ob zusätzlich benötigte Funktionen geladen werden sollen. Perl-Code lässt sich jederzeit dynamisch laden. Meist ist es aber interessanter, kompilierte Erweiterungen auf diese Weise in Ihr Programm einzubinden.[11] So können Sie Module nutzen, die keinen Perl-Code enthalten.

Einbetten

Das Einbetten ist (sinngemäß) das Gegenteil des dynamischen Ladens.

Nehmen Sie einmal an, Sie wollen ein cooles Textverarbeitungsprogramm schreiben, zum Beispiel in C++.[12] Sie entscheiden, dass Sie Ihren Benutzern die Verwendung von Perls regulären Ausdrücken als zusätzliche, extrastarke Ersetzungsfunktion ermöglichen wollen. Also betten Sie Perl in Ihr Programm ein. Dann wird Ihnen klar, dass Sie Ihren Benutzern einen Teil der Leistungsfähigkeit von Perl zugänglich machen könnten. So könnte ein Power-User beispielsweise eine Subroutine schreiben, die als Menüpunkt in Ihrem Programm auftaucht. Benutzer könnten die Funktionsweise Ihres Textverarbeitungsprogramms an ihre Bedürfnisse anpassen, indem sie etwas Perl-Code schreiben. Also richten Sie auf Ihrer Website ein Forum ein, in dem die Benutzer diese Perl-Schnipsel miteinander austauschen können. Schon bald haben Sie tausende von neuen Programmierern, die die Funktionalität Ihres Programms erweitern, ohne dass Ihre Firma einen Cent dafür bezahlen müsste. Und was müssen Sie Larry dafür bezahlen? Gar nichts. Sehen Sie sich einmal die Lizenzen an, mit denen Perl verteilt wird. Larry ist nämlich ein netter Kerl. Zumindest sollten Sie ihm eine Dankesnachricht zukommen lassen.

Auch wenn wir von einem solchen Textverarbeitungsprogramm noch nicht gehört haben, haben einige Leute diese Technik schon benutzt, um andere mächtige Programme zu erschaffen. Ein Beispiel dafür ist mod_perl, das Perl in den Apache-Webserver einbettet. Wenn Sie darüber nachdenken, Perl irgendwo einzubetten, sollten Sie sich mod_perl einmal ansehen. Da der Quellcode vollständig veröffentlicht ist, können Sie gut sehen, wie das Einbetten von Perl funktioniert.

Andere Sprachen nach Perl konvertieren

Wenn Sie alte *sed*- und *awk*-Programme nach Perl konvertieren wollen, haben Sie Glück: Perl ist in der Lage, alles zu tun, was diese Programme können. Außerdem gibt es noch ein Konvertierungsprogramm, das vermutlich bereits auf Ihrem System installiert ist. Sehen Sie sich dafür die Dokumentation für *s2p* (für *sed*-Programme) oder *a2p* (für *awk*-

---

11 Das dynamische Laden vorkompilierter Erweiterungen ist möglich, sofern Ihr System es unterstützt. Ist das nicht der Fall, können Sie diese Erweiterungen beim Kompilieren von Perl statisch einbinden.

12 Das ist vermutlich die Sprache, die wir zum Schreiben eines Textverarbeitungsprogramms benutzt hätten. Sicher, wir lieben Perl, aber wir haben niemals einen mit unserem eigenen Blut besiegelten Eid abgelegt, keine andere Sprache zu benutzen. Wenn die Sprache X die beste Wahl ist, benutzen Sie Sprache X. Oft genug ist X aber Perl.

Programme) an.[13] Da Programme nicht so gut programmieren können wie Menschen, sind die Ergebnisse in Perl nicht unbedingt die besten. Aber es ist ein guter Anfang, und mit ein bisschen Optimierung haben Sie, was Sie brauchen. Das konvertierte Programm kann zudem schneller oder langsamer als das Original sein. Aber nachdem Sie die gröbsten Ineffizienzprobleme gelöst haben, die der maschinenerzeugte Perl-Code aufgeworfen hat, sollten die Ergebnisse vergleichbar sein.

Haben Sie Algorithmen in C, die Sie von Perl aus benutzen wollen? Wieder ist das Glück auf Ihrer Seite. Es ist nicht schwer, C-Code in ein kompiliertes Modul einzubetten, das von Perl aus benutzt werden kann. Im Prinzip können Sie jede beliebige Sprache benutzen, mit der sich Objektcode erzeugen lässt, um ein Modul zu erzeugen. Sehen Sie sich dazu die *perlxs*-Dokumentation, das `Inline`-Modul sowie das SWIG-System an.

Haben Sie Shell-Skripten, die Sie nach Perl konvertieren wollen? Tja, das war's dann wohl mit Ihrem Glück. Es gibt leider keine automatische Möglichkeit, Shell-Skripten nach Perl zu konvertieren. Das liegt daran, dass die Shell kaum etwas selbst erledigt. Stattdessen verbringt sie die meiste Zeit damit, andere Programme auszuführen. Wir könnten ein Programm schreiben, das für jede Shell-Zeile einen Systemaufruf durchführt, aber das wäre viel langsamer als die Shell. Es ist schon das Intelligenzniveau eines Menschen erforderlich, um herauszufinden, wie die Shell-Aufrufe von *cut*, *rm*, *sed*, *awk* und *grep* in effizienten Perl-Code verwandelt werden könnten. Meistens ist es daher besser, das Shell-Skript komplett in Perl neu zu schreiben.

find-Kommandozeilen nach Perl konvertieren

Eine immer wieder auftretende Aufgabe für Systemadministratoren besteht darin, den Verzeichnisbaum rekursiv nach bestimmten Dingen zu durchsuchen. Unter Unix benutzen wir dafür typischerweise das `find`-Kommando. Diese Aufgabe lässt sich aber auch direkt von Perl aus durchführen.

Das Perl beiliegende Kommando `find2perl` übernimmt die gleichen Argumente wie `find`. Anstatt die angeforderten Dinge zu finden, wird ein Perl-Programm ausgegeben, das die gesuchten Dinge findet. Da es sich um ein Programm handelt, können Sie es an Ihre Bedürfnisse anpassen. (Das Programm ist jedoch auf etwas seltsame Art geschrieben.)

Ein Argument, das in `find2perl` zur Verfügung steht, aber nicht in `find` selbst, ist die `-eval`-Option. Dadurch wird dem Programm mitgeteilt, dass es sich bei den folgenden Angaben um Perl-Code handelt, der immer dann ausgeführt werden soll, wenn eine Datei gefunden wurde. Wird etwas gefunden, ist das gegenwärtige Arbeitsverzeichnis das Verzeichnis, in dem sich die Datei befindet. Der Name der Datei ist in `$_` zu finden.

---

13 Wenn Sie *gawk* oder *nawk* oder eine andere Variante benutzen, kann es gut sein, dass *a2p* auch deren Programme konvertieren kann. Beide Konvertierungsprogramme wurden bereits vor langer Zeit geschrieben und haben nur wenige Updates erlebt, um mit neuen Perl-Versionen benutzbar zu bleiben.

Hier folgt ein Beispiel für die Benutzung von `find2perl`. Stellen Sie sich vor, Sie seien der Systemadministrator eines Unix-Rechners und wollten alle alten Dateien im */tmp*-Verzeichnis löschen.[14] Das folgende Kommando könnte ein entsprechendes Programm erzeugen:

```
$ find2perl /tmp -atime +14 -eval unlink >Perl-Programm
```

Mit diesem Kommando wird */tmp* (und rekursiv alle Unterverzeichnisse) nach Dateien durchsucht, deren `atime`- (also Letzter-Zugriff-)Wert mindestens 14 Tage zurückliegt. Für jede Datei soll `unlink` ausgeführt werden. `unlink` benutzt standardmäßig die Variable `$_` als Name der Datei, die entfernt werden soll. Die Ausgabe (die wir hier in die Datei *Perl-Programm* umgeleitet haben) ist das Programm, das all das erledigt. Jetzt müssen Sie das Programm nur noch so ausführen, wie Sie es brauchen.

Kommandozeilenoptionen in Ihren Programmen

Wenn Sie Programme schreiben wollen, denen man Kommandozeilenoptionen übergeben kann (wie zum Beispiel die Perl-Option `-w` für die Warnungen), können Sie Module benutzen, die dafür eine Standardmethode bereitstellen. Sehen Sie sich dafür die Dokumentation zu den Modulen `Getopt::Long` und `Getopt::Std` an.

Eingebettete Dokumentation

Das Format für die Dokumentation von Perl heißt *POD* (Plain Old Documentation). Sie können die Dokumentation in diesem Format auch in Ihre eigenen Programme einbetten. Außerdem lässt sich das POD-Format automatisch in HTML und diverse andere Formate konvertieren. Weitere Informationen dazu finden Sie in der *perlpod*-Dokumentation und im Alpaka-Buch.

Weitere Möglichkeiten, Datei-Handles zu öffnen

Zum Öffnen von Dateien gibt es noch andere mögliche Modi. Lesen Sie dazu die *perlopentut*-Dokumentation. Das Perl-eigene `open` hat so viele Features, dass ihm eine eigene Dokumentationsseite gewidmet ist.

Threads und Forking

Perl unterstützt jetzt auch Threads. Auch wenn sich dieses Feature noch in einem experimentellen Stadium befindet, kann es für manche Anwendungen nützlich sein. Die Benut-

---

14 Diese Aufgabe wird normalerweise von einem *cron*-Job am frühen Morgen erledigt.

zung von fork (sofern verfügbar) wird besser unterstützt. Sehen Sie sich dazu die Dokumentationen zu *perlfork* und *perlthrtut* an.

Grafische Benutzerschnittstellen (GUIs)

Es gibt mehrere GUI-Toolkits mit Perl-Interfaces. Sehen Sie sich im CPAN Tk, Wx und weitere an.

Und mehr …

Wenn Sie sich die Liste der Module im CPAN ansehen, werden Sie Module für die verschiedensten Zwecke finden. Sie reichen vom Erzeugen von Diagrammen und anderen Grafiken bis zum Herunterladen von E-Mails, von der Berechnung einer Kredittilgung bis zur Berechnung der Zeit des Sonnenaufgangs. Das CPAN wird ständig um neue Module erweitert; Perl ist heute also bereits mächtiger als zu dem Zeitpunkt, als wir dieses Buch schrieben. Wir können das nicht alles im Auge behalten, also machen wir an dieser Stelle Schluss.

Larry behält inzwischen auch nicht mehr die ganze Entwicklung von Perl im Auge, denn das Perl-Universum ist riesig und dehnt sich immer weiter aus. Da er immer wieder eine neue Ecke in diesem sich ewig ausdehnenden Universum finden kann, wird ihm Perl wohl nicht so schnell langweilig werden. Und wir vermuten, auch uns nicht. Vielen Dank, Larry!

Das kleine Unicode-ABC

Das hier ist keine vollständige oder umfassende Einführung in Unicode, sondern gerade genug, damit Sie diejenigen Bereiche von Unicode verstehen, die wir in *Einführung in Perl* behandeln. Unicode ist ein bisschen trickreich, und zwar nicht nur, weil es eine ganz neue Art und Weise darstellt, sich Zeichenketten vorzustellen, und viel spezielles Vokabular verwendet, sondern auch, weil es in Computersprachen allgemein mangelhaft implementiert ist. Mit Perl 5.14 wurde die Handhabung von Unicode in Perl stark verbessert, aber sie ist immer noch nicht perfekt. Man kann allerdings sagen, dass es die beste Unicode-Unterstützung weit und breit ist.

Unicode

Das Universal Character Set (UCS) ist die abstrakte Zuordnung von *Zeichen* zu *Codepoints*. Das hat nichts mit einer bestimmten Repräsentation im Speicher zu tun, wodurch es möglich wird, dass es mindestens eine Methode der Handhabung von Zeichen gibt, die vom konkreten Betriebssystem unabhängig ist. Eine *Kodierung* macht aus den Codepoints eine bestimmte Repräsentation im Speicher, indem die abstrakte Abbildung innerhalb eines Computers physisch wiedergegeben wird. Wenn Sie sich einen Speicher vorstellen, denken Sie vermutlich an Bytes; in Unicode verwendet man allerdings den Begriff der *Oktette* (siehe Abbildung C-1). Verschiedene Kodierungen speichern die Zeichen auf verschiedene Weise. In die andere Richtung, also um die Oktette als Zeichen zu interpretieren, *dekodiert* man sie. Über diese Vorgänge müssen Sie sich nicht allzu viele Gedanken machen, denn die meisten Handgriffe übernimmt Perl für Sie.

Wenn man über einen Codepoint spricht, gibt man seine Nummer hexadezimal auf folgende Weise an: (U+0158). Das ist das Zeichen Ř. Codepoints haben auch Namen, der gerade genannte heißt zum Beispiel »Lateinischer Großbuchstabe R mit Hatschek«. Nicht nur das, Codepoints wissen auch gewisse Dinge über sich selbst: Sie wissen, ob sie ein Groß- oder ein Kleinbuchstabe sind, ein Buchstabe oder eine Zahl oder ein Whitespace-Zeichen, und so weiter. Sie wissen, was ihre Entsprechung als Groß- oder

Kleinbuchstabe, Kapitälchen etc. ist, wenn es eine gibt. Das heißt, dass wir nicht nur mit den einzelnen Buchstaben arbeiten können, sondern auch über Zeichen*typen* sprechen können. All das ist in Unicode-Datendateien festgelegt, die mit *perl* mitgeliefert werden. In Ihrem Perl-Bibliotheksverzeichnis gibt es ein Verzeichnis namens *unicore*: Dorther holt sich Perl alles, was es über Zeichen wissen muss.

Abbildung C-1: Der Codepoint eines Zeichens ist nicht sein Speicher. Die Kodierung wandelt Zeichen in Speicher um.

UTF-8 & Co.

Die bevorzugte Kodierung in Perl ist UTF-8, was für »UCS Transformation Format 8-Bit« steht. Rob Pike und Ken Thompson haben diese Kodierung eines Nachts in einem Restaurant in New Jersey auf der Rückseite eines Papier-Platzdeckchens entworfen.[1] Sie stellt nur eine mögliche Kodierung dar, ist aber sehr beliebt, da sie diverse Nachteile nicht hat, die andere Kodierungen mit sich bringen. Wenn Sie Windows nutzen, wird Ihnen früher oder später UTF-16 über den Weg laufen. Über diese Kodierung haben wir nichts Vorteilhaftes zu berichten, weshalb wir es vorziehen, höflich zu schweigen.

Alle Beteiligten auf Augenhöhe bringen

Alles für die Verwendung von Unicode vorzubereiten, kann ziemlich frustrierend sein, weil jeder einzelne Teil des Systems wissen muss, was für eine Kodierung er zu erwarten hat, damit er sie korrekt darstellen kann. Wenn Sie dabei irgendeinen Fehler machen, sieht das Ergebnis eventuell wie Kraut und Rüben aus, ohne irgendeinen Hinweis darauf, welcher Teil nicht das tut, was er soll. Wenn Ihr Programm UTF-8 ausgibt, muss Ihr Terminal das wissen, damit es die Zeichen korrekt darstellt. Wenn Sie UTF-8 eingeben, muss Ihr Perl-Programm das wissen, damit es die eingegebenen Zeichenketten richtig interpretiert. Wenn Sie Daten in eine Datenbank eingeben, muss der Datenbankserver sie korrekt abspeichern und auch zurückgeben. Und Sie müssen Ihren Editor so einrichten,

---

1 Sie können sich Rob Pikes eigene Version der Geschichte der Erfindung von UTF-8 auf *http://www.cl.cam.ac. uk/~mgk25/ucs/utf-8-history.txt* durchlesen.

dass er Ihren Quelltext in UTF-8 abspeichert, wenn Sie wollen, dass *perl* Ihr Getipptes als UTF-8 interpretiert.

Wir wissen natürlich nicht, welches Terminal Sie benutzen, und wir werden hier nicht die Anleitungen für alle Terminals auflisten (sondern gar keine). Die meisten modernen Terminalprogramme verfügen in den Voreinstellungen über die entsprechenden Optionen.

Abgesehen von der Kodierung müssen diverse Programme mitgeteilt bekommen, wie sie die gewünschte Kodierung ausgeben sollen. Manche sehen dafür in der Umgebungsvariable LC_* nach, während andere ihre eigene haben:

```
LESSCHARSET=utf-8
LC_ALL=en_US.UTF-8
```

Wenn irgendetwas von Ihrem Pager (z. B. less, more oder type) nicht korrekt dargestellt wird, sollten Sie in der entsprechenden Dokumentation nachsehen, welche Einstellungen er von Ihnen benötigt, um mit der Kodierung umgehen zu können.

Extravagante Zeichen

Um in Unicode zu denken, braucht man eine ganz andere Denkweise, als man sie von ASCII gewohnt ist. Was ist zum Beispiel der Unterschied zwischen *é* und *é*. Mit bloßem Auge können Sie ihn vermutlich nicht erkennen, und auch wenn Sie die digitale Version unseres Buchs lesen, kann es gut sein, dass der Unterschied im Laufe des Herstellungsprozesses »behoben« wurde. Vielleicht glauben Sie uns gar nicht, dass überhaupt ein Unterschied besteht, aber es gibt ihn. Das erste ist ein einzelnes Zeichen, während das zweite aus zwei Zeichen besteht. Wie das sein kann? Für Menschen ist beides dasselbe. Für uns ist beides dasselbe *Graphem* bzw. dieselbe *Glyphe*, da das Konzept dahinter dasselbe ist, egal, auf welche Weise der Computer es umsetzt. Uns kommt es in erster Linie auf das Endergebnis an, das Graphem, denn damit vermitteln wir unseren Lesern Informationen.

Bevor es Unicode gab, wurden Zeichen wie *é* in üblichen Zeichensätzen als so genannte Atome definiert, also als zusammengehörige, in sich geschlossene Gebilde. Dem entspricht das erste der beiden Beispielzeichen im vorigen Absatz (glauben Sie uns einfach). Unicode dagegen führte zusätzlich das Konzept der *diakritischen Zeichen* ein, also der Akzente, Punkte und anderer Zusatzzeichen, die sich mit anderen Zeichen verbinden. Für »nonmark« + unicode gibt es weniger als zehn Google-Treffer, von denen sich zwei auf dieses Buch beziehen und der Rest nach Kauderwelsch aussieht. Das zweite *é* ist in Wirklichkeit das »normale« Zeichen *e* (U+0065, »Lateinischer Kleinbuchstabe e«) zusammen mit dem diakritischen Zeichen ´ (U+0301, »Verbindungszeichen Akut«), dem Akzent oben drauf. Diese zwei Zeichen bilden zusammen das Graphem. Deshalb sollte man eigentlich damit aufhören, die Gesamtdarstellung »Zeichen« zu nennen, und sie stattdessen »Graphem« nennen. Das endgültige Graphem kann aus einem oder mehr

Zeichen bestehen. Das ist vielleicht ein bisschen kleinlich, aber dadurch wird es deutlich leichter, über Unicode zu sprechen, ohne dabei durchzudrehen.

Wenn man heute noch einmal neu anfangen könnte, müsste sich Unicode wahrscheinlich gar nicht mit der Ein-Zeichen-Version von *é* herumschlagen, aber es gibt sie nun einmal aus historischen Gründen. Deshalb kann Unicode mit ihr umgehen, um abwärtskompatibel zu sein und den Texten wohlwollend entgegenzutreten, die es schon gibt. Unicode-Codepoints haben dieselben Ordinalwerte für die Kodierungen ASCII und Latin-1, nämlich die Codepoints von 0 bis 255. Auf diese Weise dürfte es problemlos klappen, Ihre ASCII- und Lateinisch-1-Zeichenketten als UTF-8 zu behandeln (aber nicht als UTF-16, bei dem jedes Zeichen mindestens zwei Byte groß ist).

Die Ein-Zeichen-Version von *é* ist ein *verschmolzenes* Zeichen, weil zwei (oder mehr) Zeichen durch einen einzigen Codepoint repräsentiert werden. Das »normale« und das diakritische Zeichen werden zu einem einzigen zusammengesetzt (U+00E9, »Lateinischer Kleinbuchstabe e mit Akut«), das seinen eigenen Codepoint besitzt. Die Alternative ist die *zusammengesetzte* Version, die zwei Zeichen verwendet.

Und warum sollte Sie das interessieren? Nun, wie können Sie Text korrekt sortieren, wenn das, was für Sie ein und dasselbe ist, eigentlich zwei verschiedene Zeichen sind? Der Perl-Befehl sort richtet sich nach Zeichen, nicht nach Graphemen. Deshalb werden die Zeichenketten »\x{E9}« und »\x{65}\x{301}«, die beide *é* entsprechen, nicht an die gleiche Stelle sortiert. Bevor Sie also diese Strings sortieren, müssen Sie sicherstellen, dass die beiden *é* zueinander sortiert werden, egal, wodurch sie repräsentiert werden. Computer sortieren Elemente nicht so, wie wir Menschen sie gerne sortiert haben möchten. Uns ist es herzlich egal, ob Zeichen verschmolzen oder zusammengesetzt sind. Die Lösung dieses Problems zeigen wir Ihnen gleich, und Sie sollten sich dazu auch Kapitel 14 ansehen.

Noch extravagantere Zeichen

Es kommt aber noch schlimmer, obwohl das, was jetzt kommt, vielen von Ihnen vielleicht nicht so wichtig ist. Was ist der Unterschied zwischen *fi* und *fi*. Wenn der Setzer hier keine Angleichung durchgeführt hat, sind im ersten Fall das *f* und das *i* voneinander getrennt, während sie im zweiten Fall zu einer Ligatur zusammengesetzt sind, was die Lesbarkeit in der Regel verbessert.[2] Der überhängende Teil des *f* rückt dem Punkt vom *i* ziemlich auf die Pelle, was etwas unschön ist.[3] Womöglich sind Ligaturen Ihnen noch nie

---

2   O'Reillys automatisiertes Satzsystem wandelt unser fi nicht in die entsprechende Ligatur um, solange wir es nicht explizit angeben. Das beschleunigt vermutlich den Workflow der Dokumente, auch wenn wir so einige Grapheme von Hand zurechtschieben müssen.

3   Da wir nicht tatsächlich jeden einzelnen Buchstaben in einem Wort lesen, sondern es als Ganzes erfassen, ist die Ligatur eine kleine Verbesserung für unsere Mustererkennung. Darum verbinden Schriftsetzer die zwei Grapheme.

aufgefallen, aber allein in diesem Absatz finden sich mehrere Beispiele dafür, und in gesetzten Büchern werden sie häufig verwendet.[4]

Der Unterschied ähnelt dem zwischen der verschmolzenen und der zusammengesetzten Form von *é*, ist aber nicht genau der gleiche. Die beiden *é* sind *normalformäquivalent*, weil unabhängig von der konkreten Durchführung das Ergebnis immer gleich aussieht und dasselbe damit gemeint ist. Das *fi* und das *fi* dagegen sind optisch nicht dasselbe und deshalb nur *kompatibilitätsäquivalent*.[5] Darüber brauchen Sie nicht allzu viel zu wissen, außer dass Sie sowohl normalformäquivalente als auch kompatibilitätsäquivalente Formen zu gemeinsamen Formen zerlegen können, die sinnvolles Sortieren ermöglichen (siehe Abbildung C-2).

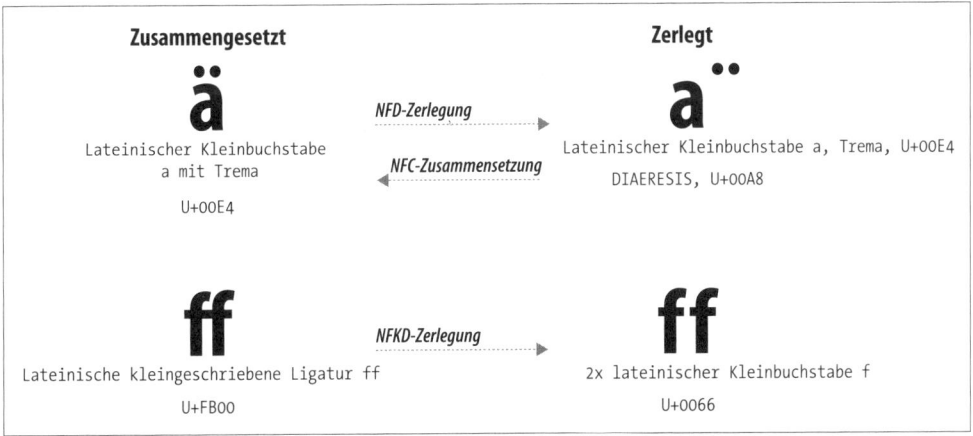

Abbildung C-2: Man kann normalformäquivalente Formen zerlegen und wieder zusammensetzen, aber kompatible Formen lediglich zerlegen.

Angenommen, Sie wollen überprüfen, ob ein String ein *é* oder ein *fi* enthält, egal in welcher Form: Um das zu tun, zerlegen Sie die Strings, um sie auf eine gemeinsame Form zu bringen. Um Unicode-Strings zu zerlegen, verwendet man das Modul `Unicode::Normalize`, das der Standarddistribution von Perl beiliegt. Es stellt zum Zerlegen zwei Subroutinen bereit. Sie benutzen die Subroutine `NFD` (»Normalization Form Decomposition«), die normalformäquivalente Formen in die gleiche zerlegte Form umwandelt. Sie verwenden die Subroutine `NFKD` (»Normalization Form Kompatibility Decomposition«). Im folgenden Beispiel liegt ein String mit zusammengesetzten Zeichen vor, die zerlegt und auf verschiedene Weise verglichen werden. Die »Huch«-Meldungen sollten nicht ausgegeben werden, die »Jawoll«-Meldungen schon:

---

4   In eBooks normalerweise aber nicht, da es ihnen nicht darauf ankommt, hübsch auszusehen.

5   Die grausigen Einzelheiten entnehmen Sie bitte dem Abschnitt »Unicode Normalization Forms« des Unicode Standard Annex Nr. 15.

```perl
use utf8;
use Unicode::Normalize;

# U+FB01 - fi-Ligatur
# U+0065 U+0301 - zerlegtes é
# U+00E9 - zusammengesetztes é

binmode STDOUT, ':utf8';

my $string =
    "Kannst Du mein R\x{E9}süm\x{E9} \x{FB01}nden?";

if( $string =~ /\x{65}\x{301}/ ) {
    print "Huch! Habe ein zerlegtes é\n gefunden";
}
if( $string =~ /\x{E9}/ ) {
    print "Jawoll! Habe ein zusammengesetztes é\n gefunden";
}

my $nfd = NFD( $string );
if( $nfd =~ /\x{E9}/ ) {
    print "Huch! Habe ein zusammengesetztes é\n gefunden";
}
if( $nfd =~ /fi/ ) {
    print "Huch! Habe ein zerlegtes fi\n gefunden";
}

my $nfkd = NFKD( $string );
if( $string =~ /fi/ ) {
    print "Huch! Habe ein zerlegtes fi\n gefunden";
}
if( $nfkd =~ /fi/ ) {
    print "Jawoll! Habe ein zerlegtes fi\n gefunden";
}
if( $nfkd =~ /\x{65}\x{301}/ ) {
    print "Jawoll! Habe ein zerlegtes é\n gefunden";
}
```

Wie Sie sehen, passen die NFKD-Formen immer auf die zerlegten Formen, weil NFKD() sowohl Normalform- als auch Kompatibilitätsäquivalente zerlegt. Die NFKD-Formen passen nicht auf die Kompatibilitätsäquivalente:

```
Jawoll! Habe ein zusammengesetztes é gefunden
Jawoll! Habe ein zerlegtes fi gefunden
Jawoll! Habe ein zerlegtes é gefunden
```

Es ist allerdings Vorsicht angebracht: Man kann Normalformen zerlegen und wieder zusammensetzen, aber nicht unbedingt kompatible Formen wieder zusammensetzen. Wenn man die Ligatur zerlegt, bekommt man die zwei separaten Grapheme *f* und *i*. Der Zusammensetzmechanismus (*recomposer*) kann nicht wissen, ob die beiden aus einer

Ligatur stammen oder schon ursprünglich getrennt waren.[6] Und da ist wieder der Unterschied zwischen Normalformen und kompatiblen Formen: Die Normalformen sehen in beiden Fällen gleich aus.

Unicode in Perl verarbeiten

Dieser Abschnitt stellt einen kurzen Überblick über die gebräuchlichsten Methoden dar, mit denen man Unicode in Perl-Programme integriert. Er ist keine allgemeingültige Anleitung, und selbst bei den Punkten, die wir erläutern, lassen wir einige Einzelheiten weg. Es handelt sich um ein umfangreiches Thema, und wir wollen Sie nicht abschrecken. Verschaffen Sie sich zunächst einmal einen ersten Eindruck, indem Sie diesen Anhang hier lesen. Sollten Sie sich aber mit einem Problem konfrontiert sehen, dann wenden Sie sich bitte den umfassenderen Informationsquellen zu, die wir zum Abschluss auflisten werden.

Unicode im Quelltext verwenden

Wenn Sie literale UTF-8-Zeichen in Ihrem Quellcode verwenden möchten, müssen Sie perl mitteilen, dass es den Quellcode als UTF-8 lesen soll. Das tun Sie mit dem Pragma utf8, dessen einzige Aufgabe darin besteht, *perl* mitzuteilen, wie es den Quelltext interpretieren soll. Im folgenden Beispiel enthält der String Unicode-Zeichen:

```
use utf8;
my $string = "Hier ist mein ☞ Résumé";
```

Einige Zeichen können Sie auch in den Namen von Variablen und Subroutinen verwenden:

```
use utf8;

my %résumés = qw(
    Fred => 'fred.doc',
    ...
    );

sub π () { 3.14159 }
```

Das Pragma utf8 hat bloß die Aufgabe, perl zu sagen, dass es Ihren Quellcode als UTF-8 interpretieren soll, sonst tut es nichts. Wenn Sie sich dazu entschließen, mit Unicode zu arbeiten, ist es am besten, dieses Pragma immer in Ihren Quellcode mitaufzunehmen, wenn Sie nicht einen triftigen Grund haben, es sein zu lassen.

---

6   Deshalb übergehen wir im Buch NFC und NFKC: Sie zerlegen und setzen zusammen, aber NFKC kann nicht zuverlässig die Ursprungsform wiederherstellen.

Noch extravagantere Zeichen mit Namen

Unicode-Zeichen haben auch Namen. Wenn Sie ein Zeichen nicht einfach mit Ihrer Tastatur eingeben und sich auch die Codepoints nicht merken können, können Sie seinen Namen verwenden (auch wenn das viel mehr Tipperei bedeutet). Das Modul charnames, das mit Perl mitgeliefert wird, ermöglicht den Zugriff auf diese Namen. Schreiben Sie den Namen innerhalb von doppelten Anführungszeichen in ein \N{...} hinein:

```
my $string = "\N{THAI CHARACTER KHOMUT}"; # U+0E5B
```

Beachten Sie, dass die Musterabschnitte der Vergleichs- und Ersetzungsoperatoren ebenfalls von doppelten Anführungszeichen umgeben sind, es aber auch eine Zeichenklassenabkürzung namens \N gibt, die »kein Newline-Zeichen« bedeutet (siehe Kapitel 8). Normalerweise klappt es aber ganz gut, weil es nur einige wenige seltsame Fälle gibt, in denen Perl durcheinanderkommen könnte.[7]

STDIN oder STDERR lesen bzw. schreiben

Auf niedrigster Ebene besteht Ihre Ein- und Ausgabe einfach nur aus Oktetten. Ihr Programm muss wissen, wie es diese kodiert bzw. dekodiert. Das haben wir weitestgehend in Kapitel 5 behandelt, aber hier folgt noch einmal eine Zusammenfassung.

Es gibt zwei Möglichkeiten, mit Datei-Handles eine bestimmte Kodierung zu verwenden. Die erste benutzt binmode:

```
binmode STDOUT, ':encoding(UTF-8)';
binmode $fh, ':encoding(UTF-16LE)';
```

Sie können die Kodierung auch angeben, wenn Sie das Datei-Handle öffnen:

```
open my $fh, '>:encoding(UTF-8)', $dateiname;
```

Wenn Sie die Kodierung für alle Datei-Handles festlegen wollen, die Sie noch öffnen werden, können Sie das Pragma open benutzen. Sie können es auf alle Eingabe- oder alle Ausgabe-Datei-Handles anwenden:

```
use open IN => ':encoding(UTF-8)';
use open OUT => ':encoding(UTF-8)';
```

Sie können auch beides mit einem einzigen Pragma erledigen:

```
use open IN => ":crlf", OUT => ":bytes";
```

Wenn Sie dieselbe Kodierung für Ein- und Ausgabe verwenden möchten, können Sie sie zur gleichen Zeit festlegen und dabei IO verwenden oder es auch weglassen:

```
use open IO => ":encoding(iso.8859.1)";
use open ':encoding(UTF-8)';
```

---

7 Eine ausführliche Erörterung des \N-Problems finden Sie unter *http://www.effectiveperlprogramming.com/blog/972*.

Da die Standard-Datei-Handles bereits geöffnet sind, können Sie die bereits angegebene Kodierung mithilfe des Subpragmas :std anwenden:

```
use open ':std';
```

Letzteres zeigt nur Wirkung, wenn Sie schon explizit eine Kodierung angegeben haben.

Sie können das auch auf der Kommandozeile eingeben, und zwar mit dem Switch -C. Er setzt die Kodierungen auf den Standard-Datei-Handles anhand der Argumente, die Sie ihm übergeben:

```
I    1     STDIN wird in UTF-8 erwartet
O    2     STDOUT ist in UTF-8
E    4     STDERR ist in UTF-8
S    7     I + O + E
i    8     UTF-8 ist der Standard-PerlIO-Layer für Eingabe-Datenströme
o    16    UTF-8 ist der Standard-PerlIO-Layer für Ausgabe-Datenströme
D    24    i + o
```

In der *perlrun*-Dokumentation finden Sie weitere Informationen über Kommandozeilen-Switches einschließlich der Einzelheiten zu -C.

Dateien schreiben und lesen

Dieses Thema haben wir in Kapitel 5 behandelt, aber hier kommt noch einmal die Zusammenfassung. Wenn Sie eine Datei öffnen, sollten Sie die Form mit drei Argumenten verwenden und die Kodierung angeben, damit Sie genau wissen, was Sie zurückbekommen:

```
open my( $read_fh ),      '<:encoding(UTF-8)',      $dateiname;
open my( $write_fh ),     '>:encoding(UTF-8)',      $datei_name;
open my( $append_fh ),    '>>:encoding(UTF-8)',     $datei_name;
```

Denken Sie allerdings daran, dass Sie sich, zumindest aus Ihrem Programm heraus, nicht die Kodierung der Eingabe aussuchen können. Geben Sie keine Kodierung für die Eingabe an, wenn Sie sich nicht sicher sind, dass die Eingabe auch wirklich in dieser Kodierung daherkommen wird. Beachten Sie, dass Sie zwar eigentlich die Eingabe *dekodieren*, aber trotzdem :encoding verwenden.

Wenn Sie nicht sagen können, welche Art Eingabe Sie bekommen werden (und eines der Gesetze des Programmierens besagt, dass Sie es mit jeder nur möglichen Kodierung zu tun bekommen werden, wenn Sie das Programm bloß oft genug laufen lassen), können Sie auch einfach den rohen Datenstrom lesen und raten, um welche Kodierung es sich handelt, zum Beispiel mit Encode::Guess. Es gibt da allerdings eine Menge Tücken, auf die wir an dieser Stelle nicht eingehen werden.

Wenn die Daten erst einmal im Programm sind, müssen Sie sich um die Kodierung keine Gedanken mehr machen. Perl bewahrt die Daten intelligent auf und weiß, wie es sie manipuliert. Erst wenn Sie sie in einer Datei abspeichern wollen (oder sie in ein Socket schicken usw.), müssen Sie sie wieder kodieren.

Mit Kommandozeilenargumenten umgehen

Wie bereits gesagt, müssen Sie mit der Quelle jeglicher Daten vorsichtig umgehen, wenn Sie die Daten als Unicode behandeln wollen. Das Array @ARGV ist ein Sonderfall, da es seine Werte von der Kommandozeile bekommt, die wiederum die Locale verwendet:

```
use I18N::Langinfo qw(langinfo CODESET);
use Encode qw(decode);
my $codeset = langinfo(CODESET);
foreach my $arg ( @ARGV ) {
    push @new_ARGV, decode $codeset, $_;
}
```

Mit Datenbanken umgehen

Unser Lektor lässt uns wissen, dass wir nicht mehr viel Platz haben, und wir sind fast am Ende des Buchs angelangt! Wir haben also nicht viel Platz, um dieses Thema zu behandeln, aber das ist nicht schlimm, weil es eigentlich nicht viel mit Perl zu tun hat. Aber ein paar Sätze dürfen wir noch schreiben. Es ist wirklich jammerschade, dass wir nicht näher auf all die Arten eingehen können, auf die Datenbankserver uns das Leben erschweren, und auch nicht darauf, wie sie es alle auf verschiedene Weise tun.

Irgendwann werden Sie irgendwelche Informationen in einer Datenbank speichern wollen. Das beliebteste Perl-Modul für Datenbankzugriff, DBI, ist *Unicode-transparent*, was bedeutet, dass es die Daten, die es empfängt, direkt an die Datenbank weitergibt, ohne irgendetwas an ihnen zu verändern. Sehen Sie sich seine diversen Treiber an (z. B. DBD:: mysql), um herauszufinden, welche treiberspezifischen Einstellungen Sie brauchen. Sie müssen außerdem Datenbankserver, Schemata, Tabellen und Spalten korrekt einrichten. Jetzt verstehen Sie, warum wir froh sind, dass wir keinen Platz mehr haben!

Weiterführende Literatur

In der Perl-Dokumentation ist so einiges zu finden, das Ihnen mit den Perl-bezogenen Aspekten von Unicode weiterhilft, unter anderem die Dokumentationen *perlunicode*, *perlunifaq*, *perluniintro*, *perluniprops* und *perlunitut*. Und vergessen Sie nicht, sich die Dokumentationen zu den Unicode-Modulen anzusehen, die Sie verwenden.

Die offizielle Unicode-Seite *http://www.unicode.org* bietet Informationen über fast alles, was Sie jemals bezüglich Unicode wissen wollen könnten, und ist ein guter Ausgangspunkt.

Außerdem gibt es ein Kapitel über Unicode in *Effective Perl Programming* (Addison-Wesley), das auch von einem der Autoren dieses Buchs hier stammt.

Index

Über die Autoren

Randal L. Schwartz ist mit zwei Jahrzehnten Praxis ein Veteran der Software-Industrie. Randal ist Mitautor der Standardwerke *Programmieren mit Perl, 1. Auflage*, *Einführung in Perl* und *Effektiv Perl programmieren*. Er schreibt regelmäßig Artikel für *UNIX Review*, *WebTechniques*, *SysAdmin* und das *Linux Magazine*. Er beteiligt sich außerdem regelmäßig an verschiedenen Perl-Newsgruppen und ist seit ihrer Einführung Moderator der Newsgruppe *comp.lang.perl.announce*. Sein spezieller Humor und sein technisches Können sind legendär (wobei einige dieser Legenden vermutlich von ihm selbst stammen). Seit 1985 besitzt und leitet Randal die Firma Stonehenge Consulting Services.

Tom Phoenix arbeitet seit 1982 im Bildungssektor. Nach mehr als dreizehn Jahren mit Sezieren, Explosionen, interessanten Tieren und Hochspannungsentladungen während seiner Arbeit in einem Wissenschaftsmuseum ist er seit 1996 als Perl-Dozent für die Stonehenge Consulting Services tätig. Seitdem ist er an viele interessante Orte dieser Welt gereist. Es kann also gut sein, dass Sie ihm auf dem nächsten Treffen der Perl Mongers in die Arme laufen. Wenn er Zeit hat, beantwortet er Fragen in den Newsgruppen *comp. lang.perl.misc* und *comp.lang.perl.moderated* und trägt dazu bei, die Nützlichkeit von Perl weiter zu steigern. Neben seiner Arbeit mit Perl, Perl-Hackern und verwandten Gebieten verbringt Tom seine Zeit mit Amateur-Kryptographie und Esperanto. Er lebt in Portland, Oregon.

brian d foy arbeitet seit 1998 als Lehrer bei Stonehenge Consulting Services. Perl benutzt er seit seinen Tagen als Physikstudent. Er gründete die erste Perl User Group, die *New York Perl Mongers*, wie auch die ehrenamtliche, gemeinnützige Organisation *Perl Mongers, Inc.*, die geholfen hat, mehr als 200 Perl User Groups weltweit zu etablieren. Er betreut den *perlfaq*-Teil der Perl-Standarddokumentation sowie einige CPAN-Module und Skripten. Er ist Herausgeber des Perl-Magazins *The Perl Review* und regelmäßig Referent auf Konferenzen wie der Perl Conference, Perl University, MarcusEvans Bio-Informatics '02 und YAPC. Seine Artikel über Perl erschienen im *O'Reilly Network*, *The Perl Journal*, *Dr. Dobbs*, *The Perl Review*, auf *use.perl.org* und in verschiedenen Perl-Newsgroups.

Über den Übersetzer

Jørgen W. Lang lebt als freier Übersetzer, Webdesigner und -programmierer sowie als Dozent für Webdesign und CGI-Programmierung irgendwo zwischen Frankreich und Dänemark. Neben der Musik widmet er sich, falls er Zeit hat, der Beantwortung von Fragen in den deutschsprachigen Newsgruppen *de.comp.lang.perl.misc* und *de.comp.lang. perl.cgi*. Unter der Adresse *http://www.worldmusic.de/perl/* hat er eine Reihe von Ressourcen zusammengetragen, die besonders Anfängern den Einstieg in Perl erleichtern sollen. Zu erreichen ist er unter *jwl@worldmusic.de*.

Kolophon

Das Tier auf dem Cover von *Einführung in Perl* ist ein Lama. Es gehört zu den domestizierten südamerikanischen Kamelen und ist in der Andenregion heimisch. Zur Gruppe der Lamas gehören auch das domestizierte Alpaka und die wild lebenden Vorfahren Guanako und Vikunja. Knochenfunde in antiken Ansiedlungen lassen den Schluss zu, dass Lamas und Alpakas schon vor 4.500 Jahren als Haustiere gehalten wurden. Als 1531 die spanischen Konquistadoren das Inkareich in den Hochanden unterwarfen, fanden sie beide Tierarten in großer Zahl vor. Diese Kamelarten sind an das Leben im Hochgebirge angepasst – ihr Hämoglobin kann mehr Sauerstoff aufnehmen als das anderer Säugetiere.

Lamas werden bis zu 140 Kilogramm schwer und werden hauptsächlich als Lasttiere verwendet. Eine Karawane kann aus vielen hundert Tieren bestehen und bis zu 35 Kilometer am Tag zurücklegen. Lamas können bis zu 25 Kilogramm Gewicht tragen. Sie können schnell ihre Laune verlieren und fangen dann an zu spucken oder zu beißen, um ihre Abneigung zu zeigen. Den Bewohnern der Anden bieten die Lamas Nahrung, Wolle für Kleidung (obwohl das kleinere Alpaka bessere Wolle gibt), Häute für Leder und Fett für Kerzen. Ihre Wolle kann auch zu Seilen oder Decken verarbeitet und ihr getrockneter Dung als Brennmaterial verwendet werden.

Der Umschlagentwurf für dieses Buch stammt von Edie Freedman, die dafür einen Stich des *Dover Pictorial Archive* aus dem 19. Jahrhundert verwendet hat. Das Coverlayout der deutschen Ausgabe wurde von Marcia Friedman und Michael Henri Oreal mit Quark XPress 4.1 unter Verwendung der Schriftart ITC Garamond von Adobe erstellt. Die in diesem Buch enthaltenen Abbildungen stammen von Robert Romano und Jessamyn Read und wurden mit Macromedia Freehand 9 und Adobe Photoshop 6 erzeugt.